行政法における
組織規範の法的性質

船渡康平

有斐閣

はしがき

　本書は，2024 年 4 月に東京大学大学院法学政治学研究科に提出した博士（法学）学位申請論文に加筆・修正を施したものである。この論文は，「行政法における組織規範の法的性質 (1) ～ (6・完)」国家学会雑誌 134 巻 1 = 2 号（2021）～135 巻 3 = 4 号（2022）（以下，はしがきにおいて「連載論文」という）に加筆・修正を施したものであり，連載論文は，2020 年 2 月末に東京大学大学院法学政治学研究科に提出した助教論文に加筆・修正を施したものである。

　本書において引用した文献は，原則的に，脱稿時の 2024 年 5 月 20 日までに接し得たものに限定している。ただし，例外的に，引用した日本語文献の改訂版に校正時に接し得た場合には，改訂版を引用している。また，2024 年 7 月に実施された口頭試問における指摘に対する応答も，校正の都合で一部にとどまるものの，本書の記述に反映させるよう試みた。

　本書は長大であるが，最後に「要約」を付しているので，必要に応じて参照していただければ幸いである。

　本書を執筆した経緯を簡単に記せば，以下のようになる。

　著者は，学部生の時に行政学と行政法学を勉強した際，次のような印象を漠然と抱いた。すなわち，一方で，行政学では，政策立案をはじめとする行政組織内部における諸活動についての考察が，1 つの主題となっているように思える。他方で，行政法学では，こうした行政組織内部における諸活動をいかに把握しいかに統制するのかという問題が，重要であるにもかかわらず，主題といえるほどには十分に検討されていないように思える。

　このような印象を抱きつつ法科大学院に進学した後は，行政組織内部における諸活動を把握し統制することに関わる問題を，自分なりに検討することを試みた。法科大学院における研究では行政裁量論の観点から検討したが，助教として引き続き研究する機会を得てからは，検討の観点をさらに広げたいと考えた。検討の観点を模索する中で得たのは，組織規範の観点から検討することが

i

有効ではないかという構想である。この構想は，次の事柄に支えられている。すなわち，行政法学は行政活動を把握し統制するために法規範を用いているという指摘があること，法規範の中でも組織規範が行政活動の把握・統制のために重要である（あるいはこれから重要になる）という指摘があること（こうした指摘についての詳細は，本書の序章を参照されたい），組織規範が行政組織内部における諸活動をも規律対象としていること，である。

　しかし，著者は，この構想をもとにした研究に本格的に着手する前に，そもそも組織規範とはいかなる性質を持つ法規範であるのか，組織規範によって行政活動の把握・統制をいかに行えるのか，という問題を考察する必要があると考えた。本書は，この考えに立って，これらの問題を検討したものである。

　これらの問題の検討は本書で終了したわけではなく，本書の結章で述べるように，本書には課題が残されている。また，以上で述べた本書執筆の経緯からして，著者には，当初の構想をもとにした研究に本格的に着手する作業が残されている。本書に残された課題を遂行すること，当初の構想をもとにした研究に本格的に着手することを含めて，さらに研究を進めていくつもりである。

　本書が成立するにあたっては，多くの方の恩恵にあずかった。ここでは，本書の成立への関わりが特に深い方々に限ってお名前を挙げ，お礼申し上げたい。

　山本隆司先生には，助教時における指導教員として，著者に自由を保障していただき，また，著者が研究のことで相談をお願いした際には，長時間にわたり議論をしていただいた。本書は未熟な書物であるが，本書の刊行によって，山本先生からいただいた学恩に少しでも報いることができれば，それは著者にとって望外の喜びである。

　宇賀克也先生・交告尚史先生・齋藤誠先生・太田匡彦先生には，法科大学院在籍中・助教時に参加した講義・演習・研究会等の場において，様々なご指導をいただいた。先生方からいただいたご指導は，本書を書く際にも意識したつもりである。

　連載論文については，東京大学公法研究会において書評会を開催していただき，特に，評者をお引き受けいただいた西上治先生からは，全体の構造から個々の論証に至るまで，的確なご指摘を多数頂戴した。

　巽智彦先生・西上先生・土井翼先生・小川亮先生には，連載論文の草稿に目を通していただき，今後の研究の指針となる的確なご指摘を頂戴した。

はしがき

　有斐閣法律編集局学習書編集部の佐藤文子さん・井植孝之さんをはじめとする有斐閣の方々には，本書の企画・編集に際し，大変お世話になった。

　最後に，著者をここまで見守ってくれた，亡祖父，祖母，父，母，兄に，そして，日々の生活を支えてくれる妻・真由子に，感謝したい。

　2024 年 10 月

船 渡 康 平

＊　本書は，東京大学学術成果刊行助成制度の助成を受けて刊行される。
＊　本研究は，JSPS 科研費 20K13310 および 23K01079 の助成を受けたものである。

目　次

序　章　問題の設定

第1節　組織規範の法的性質と考察の視座————————————1

第1款　組織規範への関心と用語の定義……………………………2

第1項　組織規範への関心……………………………………… 2

第2項　組織規範の定義………………………………………… 4

1　組織規範の定義 *4*
2　法哲学における定義の不採用 *6*

第2款　組織規範を考察する視座…………………………………7

第1項　従来の視座と組織規範の性質………………………… 7

1　法律の留保で問題となる法規範の区別 *8*
2　根拠規範・組織規範が要請される根拠 *9*
3　法規範の定立権者・法形式 *12*
4　法律による行政の原理・司法審査との関係 *13*
5　組織規範の考察に関する方法論 *14*
6　行政統制における機能の仕方 *15*

第2項　本書の視座……………………………………………… 20

1　従来の視座の正当性 *20*
2　各視座の相互関係 *21*
3　本書の視座 *22*
4　検討すべき組織規範の性質 *26*
5　類似の議論との同異 *29*

第2節　問題の設定——————————————————————31

第1款　組織規範の裁判規範性……………………………………31

第1項　現　状………………………………………………… 31

1　学説における説明 *31*
2　分　析 *35*

第2項　問題の提示……………………………………………… 49

第2款　組織規範と帰属……………………………………………49

第1項　組織規範一般についての見解の相違………………… 50

1 帰属と組織規範との関係 *50*
2 問題の存在 *53*

第2項　組織規範違反と行為の帰結……………………………………*60*

1 現　状 *60*
2 想定される応答とその問題点 *63*

第3項　問題の提示………………………………………………………*71*

第3款　問題の設定と検討の方法……………………………………*71*

第1項　問題の設定………………………………………………………*71*

1 問題の設定 *71*
2 問題相互の関係 *72*

第2項　課題の設定と検討の方法………………………………………*73*

1 課題の設定 *73*
2 検討の方法 *73*

第4款　行　論……………………………………………………………*77*

第1章　組織規範の裁判規範性

第1節　裁判規範性を持つための条件————————————*79*

第1款　裁判規範性と取消訴訟…………………………………………*79*

第1項　取消訴訟における違法性の意味………………………………*81*

1 法・法命題概念による区別 *81*
2 法・法命題概念の変容と今日における議論 *82*
3 外部効果の内実 *86*
4 外部効果の判断方法 *101*

第2項　帰属の問題・訴訟の所管配分との関係………………………*105*

1 外部効果の必要性 *105*
2 外部効果の内実と判断方法 *106*

第2款　小括と次節への接続……………………………………………*108*

第1項　小　括……………………………………………………………*109*

第2項　次節への接続……………………………………………………*109*

1 次節における検討の視角の設定 *109*
2 行政組織編成権の問題との関係 *109*

v

第2節　組織規範と外部効果―――――――――――112

第1款　考察対象となる組織規範の類型化・選定――――――112

第1項　類型化・選定作業――――――――――――112

 1　合目的性の基準　*112*
 2　組織規範の類型化・選定　*113*

第2項　考察対象となる組織規範の提示――――――119

第2款　官庁の組織・手続に関する組織規範――――――119

第1項　官庁管轄規範――――――――――――120

 1　概念の整理　*120*
 2　法律概念論争の文脈　*124*
 3　機関を担う人間との関係における外部効果　*127*
 4　議論の停滞と萌芽　*131*
 5　組織規範の実体法実現機能　*136*
 6　管轄規範の機能の分析　*143*
 7　管轄を持つ官庁の行為を求める権利を否定する見解　*154*
 8　憲法原理による立法者の拘束　*166*

第2項　官庁の所在地を定める規範――――――――191

 1　外部効果を否定する見解　*191*
 2　外部効果を肯定する見解　*192*
 3　小　括　*194*

第3項　官庁間の手続規範――――――――――194

 1　Dürfen と Können の制限　*195*
 2　基本的な発想の維持　*195*
 3　議論の不存在　*199*

第3款　官庁内組織に関する組織規範――――――――200

第1項　内的構成規範――――――――――――200

 1　前　提　*200*
 2　議論状況と考察の手がかり　*200*

第2項　署名権を分配する規範―――――――――202

 1　署名権を分配する規範の概念と本項の行論　*202*
 2　始点としての Heinrich Triepel の見解　*204*
 3　Triepel からの逸脱とその正当化　*207*
 4　署名権と代表との関係　*216*
 5　署名権を分配する規範の外部効果の否定　*226*
 6　官庁内 Mandat の機能と外部効果　*232*
 7　署名と代表力との結合　*242*

目　次

第4款　第2節小括……………………………………………………… *245*

第2章　組織規範と帰属

第1節　組織規範と帰属との結合────────────────*247*

第1款　帰属の概念と対象・主体……………………………………… *248*

第1項　帰属・行政主体の概念…………………………………………*248*

　1　人格・帰属の概念 *248*
　2　組織・法人・行政主体の概念 *252*

第2項　帰属の対象としての行為………………………………………*255*

　1　行為と法効果 *255*
　2　帰属を要請する根拠 *255*
　3　根拠の関係 *257*

第2款　帰属と代表（Vertretung）………………………………… *257*

第1項　複数の代表形態，代表の要件と効果…………………………*258*

　1　帰属と代表 *258*
　2　代表の要件と効果 *259*

第2項　代表形態の同異…………………………………………………*262*

　1　検討の視角・対象の限定 *262*
　2　法人論 *263*
　3　機関性と代理の共通点 *273*
　4　機関性と代理の差異 *274*

第3項　評　価……………………………………………………………*278*

第3款　帰属の段階に応じた代表形態の選択…………………………… *281*

第1項　問題の所在………………………………………………………*281*

　1　理論上の背景 *281*
　2　実定法上の背景 *282*

第2項　法人の行為 ──職による法人の代表………………………*287*

第3項　機関の行為──自然人による機関の代表……………………*287*

　1　出発点としての Hans Julius Wolff の見解 *288*
　2　機関性と代理の併用 *290*
　3　勤務法による代表 *296*

第4項　小　括……………………………………………………………*312*

vii

第4款　代表力の規律と組織規範…………………………………… 312

第1項　代表力の積極的基礎付け……………………………………313

1　一体的考察 313
2　分節的考察 317

第2項　代表力の制限と拡大…………………………………………320

1　組織規範・形式規範による代表力の制限 320
2　権利外観法理による代表力の拡大 322

第5款　第1節小括……………………………………………………… 323

第2節　組織規範違反と行為の帰結――――――――――324

第1款　官庁管轄規範………………………………………………… 324

第1項　連邦行政手続法制定前の議論………………………………324

1　管轄規範と帰属とを関係付けない見解 324
2　管轄規範と帰属とを関係付ける見解 326

第2項　連邦行政手続法制定とその後の議論………………………332

1　連邦行政手続法の制定 332
2　管轄規範に違反した行為が帰属する根拠 335

第2款　その他の組織規範…………………………………………… 350

第1項　官庁の所在地規範・官庁間の同意手続規範・内的構成規範
……………………………………………………………350

第2項　署名権を分配する規範………………………………………350

1　Jürgen Kübler の見解 351
2　Ulrich Stelkens の見解 353

第3款　中間総括と要件としての代表力…………………………… 354

第1項　中間総括………………………………………………………354

第2項　要件としての代表力…………………………………………355

第4款　帰属の否定という事態の裁判上の意味と概念の性格……… 358

第1項　前　提…………………………………………………………358

1　帰属の否定という事態の論じ方 358
2　用いられる概念とその性格 360

第2項　訴訟法上・実体法上の意味…………………………………361

1　訴訟法上の意味 361
2　実体法上の意味 367

3 概念の選択・性格 *372*

結　章　解答の提示

第1節　日本への導入可能性―――――――――――――*373*

第1款　組織規範の裁判規範性……………………………… *374*

第1項　裁判規範性を持つための条件……………………*374*

1　裁判規範性を論じる2つの局面 *374*
2　外部効果の要否と内実 *374*

第2項　組織規範と外部効果…………………………………*384*

1　組織規範の分類 *384*
2　外部効果の判断 *385*

第2款　組織規範と帰属との結合………………………………… *387*

第1項　帰属の対象と理論構成………………………………*387*

1　帰属の対象 *387*
2　組織規範と帰属とを結合させる理論構成 *388*

第2項　組織規範違反の行為の帰結…………………………*394*

1　組織規範に違反した行為の帰結その1 *394*
2　帰属の否定という事態の裁判上の意味，この事態を把握する概念 *396*
3　組織規範に違反した行為の帰結その2 *414*

第2節　解　　答――――――――――――――――――――*416*

第3節　展望と現代的展開――――――――――――――――*419*

第1款　解答を見直す必要性……………………………………… *419*

第2款　当初の問題意識に対する展望…………………………… *421*

第3款　現代的展開――情報技術の進展との関係……………… *423*

第1項　情報技術の進展と行政法学の課題…………………*423*

第2項　全自動化行政行為の争訟の場面における統制………*425*

1　行政行為の全自動化を規律する法規範を組織規範として
　捉える見解 *426*
2　さらなる検討の必要性 *428*

第3項　全自動化行政行為の争訟以外の場面における統制………*429*

1 全自動化行政行為の民主的統制 *429*
2 民主的統制の前提問題としての帰属の問題 *430*
3 さらなる検討の必要性 *432*

要　約　*433*

主要参照文献一覧　*446*
事項索引　*456*
人名索引　*459*

凡　例

* ＊　注番号は，節ごとに1から振っている。
* ＊　引用に際して，旧字体を新字体に改めた。また，傍点は，すべて「・」に統一した。
* ＊　引用文中の／は，原文において改行されていることを意味する。
* ＊　引用文中の〔　〕・［　］は，本書著者（船渡）による補足を意味する。
* ＊　文献の引用方法および略称は，当該文献が出版された地域における慣用に従った。

法令略称等一覧

日　本
憲　法　日本国憲法（昭和21年11月3日憲法）

行訴法　行政事件訴訟法（昭和37年法律第139号）

行手法　行政手続法（平成5年法律第88号）

地自法　地方自治法（昭和22年法律第67号）

ドイツ
（ボン）基本法　Grundgesetz für die Bundesrepublik Deutschland v. 23. 05. 1949

官吏地位法　Gesetz zur Regelung des Statusrechts der Beamtinnen und Beamten in den Ländern（Beamtenstatusgesetz）v. 17. 06. 2008

官吏法大綱法　Rahmengesetz zur Vereinheitlichung des Beamtenrechts（Beamtenrechtsrahmengesetz）v. 01. 07. 1957

行政裁判所法　Verwaltungsgerichtsordnung v. 21. 01. 1960

公課法　Abgabenordnung v. 16. 03. 1976

裁判所構成法　Gerichtsverfassungsgesetz v. 12. 09. 1950

財政裁判所法　Finanzgerichtsordnung v. 06. 10. 1965

連邦行政手続法（文脈上この法律を指すことが明らかな箇所では，さらに省略して「行手法」と呼ぶ）　Verwaltungsverfahrensgesetz v. 25. 05. 1976

序　章　問題の設定

　本書は，行政法を構成する法規範の一種である「組織規範」が法規範として
いかなる性質を持つか（つまり組織規範の法的性質）を検討するものである。

　本章では，まず，本書の問題関心を説明した後，日本において組織規範を考
察する際にいかなる視座が設定されてきたか，それらの視座にはいかなる問題
があるかを確認し，本書が採用する視座を示す（第1節）。次に，本書が採用す
る視座によると具体的にいかなる問題が抽出されるかを検討し，本書が取り組
む問題を設定する（第2節）。

第1節　組織規範の法的性質と考察の視座

　今日，行政法を構成する法規範の中に，「行政組織法」（以下単に「組織法」と
いうことがある）あるいは「組織規範」という法規範が存在することは承認さ
れている。しかし，日本では，組織法についての研究はこれまで低調であっ
た[1]。その結果として，今日でも，組織法に関する用語法の差異が議論を混乱
させることがあり[2]，また，なぜ，いかにして組織法を考察するかについて明
確な議論が十分に蓄積していない，という状況にある。

1）参照，木藤茂「2つの『行政機関』概念と行政責任の相関をめぐる一考察──行政組織法と
　行政救済法の『対話』のための1つの視点」行政法研究2号（2013）7頁，8頁，西上治『機
　関争訟の「法律上の争訟」性』（有斐閣，2017）2頁，原田大樹「本書の問題意識」同『公共
　部門法の組織と手続』（東京大学出版会，2024）1頁。なお，近時は本文で述べた「状況は改
　善されてきている」（西上・本注書2頁注5）と指摘されるが，それでも，行政法を構成する
　他の法規範と比べれば研究が低調であることには変わりがない。
2）こうした状況を整理し問題の所在を示すものとして，松戸浩「行政組織と法律との関係
　（上）（下）──我国に於ける学説の検討」自研78巻1号（2002）89頁，100-101頁，78巻4
　号（2002）110頁，115-121頁，同「組織法と作用法」髙木光＝宇賀克也編『行政法の争点』
　（有斐閣，2014）18-19頁。

1

序章　問題の設定

　こうした状況において考察を行う際には，まず，組織法のいかなる問題を考察するかを示し，その考察に必要な用語の意味を検討に耐えられる程度に明確にしておくことが必要である（第1款）。次に，組織法をなぜ，いかにして考察するかについて整理が必要である（第2款）。

第1款　組織規範への関心と用語の定義

　本款では，まず，本書の関心が，組織法が法規範としての性質（以下単に「性質」ということがある）において作用法といかなる共通点・差異を持つかにあること，を説明する（第1項）。次に，この関心からすると本書の考察対象には「組織規範」という用語が関わることになることを説明し，「組織規範」という用語を定義する（第2項）。

第1項　組織規範への関心

　まず，本書が組織法のいかなる問題を考察するかを簡単に示す。

　今日の行政法学において，組織法が，行政法を構成する他の法規範と区別されるが関係を持つことは，一般に承認されている[3]（そこでいう他の法規範には，作用法・救済法，実体法・手続法等が含まれる。本書では，組織法・組織規範と対比される法規範として，「行政作用に関する法」[4]である作用法を念頭に置く）。このように

　3）参照，大橋洋一「新世紀の行政法理論——行政過程論を越えて」同『都市空間制御の法理論』（有斐閣，2008）326頁，343-344頁〔初出2001〕，宇賀克也『行政法概説Ⅲ　行政組織法／公務員法／公物法（第6版）』（有斐閣，2024）2-6頁。実体法関係・手続法関係・組織法関係という区別およびそれらの相互関係について参照，山本隆司『行政上の主観法と法関係』（有斐閣，2000）445-449頁，454頁，太田匡彦「行政作用の認識または切り出しについて——現代の行政手法の把握のために」現代行政法講座編集委員会編『現代行政法講座Ⅰ　現代行政法の基礎理論』（日本評論社，2016）105頁，114-117頁。

　　対して，ドイツ法を主たる比較対象としない論者は，組織法とその他の法規範とを明確には区別しないことを主張する。例えば参照，橋本博之「行政主体論に関する覚え書き——情報公開制度との関連で——」立教法学60号（2002）30頁，35頁，38-39頁，41頁，仲野武志『公権力の行使概念の研究』（有斐閣，2007）132頁，同「法律上の争訟と既得権の観念（1）」法学67巻2号（2003）174頁，196-197頁（なお，仲野の見解の位置付けについて参照，原田大樹「法秩序・行為形式・法関係——書評：仲野武志『公権力の行使概念の研究』」同『公共制度設計の基礎理論』（弘文堂，2014）235頁，254頁〔初出2007〕）。しかし，橋本・仲野も一定の区別を承認しているように見える（参照，橋本博之『現代行政法』（岩波書店，2017）2-5頁，仲野・前掲「既得権」183頁注6）。

　4）宇賀・前掲注3）2頁。作用法については本款第2項1も参照。

第1節　組織規範の法的性質と考察の視座

組織法が他の法規範と区別されることは，組織法が他の法規範と比べて何らか
の差異を持つことを前提とする。本書の関心は，"では，組織法は，法規範と
しての性質において，他の法規範といかなる点で共通し，いかなる点で異なる
のか（つまり他の法規範と比べていかなる同異を持つか）"という問いに向けられる。

　本書がこの関心を持つ背景には3つの認識がある。そのうち前二者は組織法
の法規範としての性質に関心を向けることに関わり，最後者は同異に関心を向
けることに関わる。

　第1に，（行政）法学は，（行政）法という規範を対象とした考察をするも
の[5]，そして「法を手がかりに社会に存在する諸要素……を秩序づけようとす
る考察」[6]をするものであるところ，本書も法学の観点からの考察を行う以上，
法規範としての性質に関心を向ける必要がある，という認識である。

　第2の認識は第1の認識と関係する。まず，組織法の考察には（特に行政学
との間での）学際的考察が必要であるという指摘[7]が有力に行われているとこ
ろ，学際的な考察を行うためには，法的な言明の内容，法外の言明の内容，そ
れらの関係を明瞭に把握する必要がある。そして，法学の立場から考察をする
場合にはまず法的な言明を獲得する必要があると思われるところ，法的な言明
を得るためには法規範そのものへの注目が有効である。以上のような認識であ
る。

　第3に，ある法規範が他の法規範と異なる性質を持つ場合，それに応じて，
考察の方法を変化させねばならないことがあるという認識である。この認識を
支える主張として，例えば藤谷武史の主張を挙げられる。藤谷は，財政活動に
関与する国家機関を名宛人とする内部法として財政法を捉えられるところ，こ
の財政法を法学的に研究するためには従来の法学とは異なる方法を採る必要が
あるとして，その方法を探る[8]。藤谷の検討が行政組織法の議論状況を参照し
つつ行われていること[9]からも，財政法と同様の事情は行政組織法にも妥当す

---

5) 参照，太田・前掲注3) 112頁。同旨をいうものとしてさらに参照，柳瀬良幹「行政学と行
　政法学」田中二郎ほか編『行政法講座　第1巻　行政法序論』（有斐閣，1966）69頁，76-78
　頁。
6) 太田・前掲注3) 112頁。
7) 参照，佐藤功『行政組織法（新版・増補）』（有斐閣，1986）36-37頁。
8) 参照，藤谷武史「財政活動の実体法的把握のための覚書 (1)」国家119巻3＝4号（2006）
　127頁，138-140頁，151頁，153-154頁。
9) 参照，藤谷・前掲注8) 139頁，153-154頁。

序章　問題の設定

るといえよう[10]。

第2項　組織規範の定義

1　組織規範の定義

本款第1項で述べたように，本書は組織法と作用法との間の法規範の性質における同異に関心を持つ。そうすると，本書の考察には，行政法学上の用語としては「組織規範」が関わることになる。それゆえ，以下の考察のために「組織規範」という用語を定義する必要が生じる。議論の混乱を避けるため，本書では，最大公約数となる定義を示し，そこから議論を出発させることとする。

本書では，行政組織法を，「行政の組織に関する法」[11]と定義し，組織規範を，専らその規律対象に着目して，"行政機関の設立に関する定め，行政機関の所掌事務の定め，行政機関相互の関係を規律する定め"と定義する[12]。したがって，本書では，公務員法は行政組織法・組織規範とは区別されたものとして考える[13]。

行政組織法は組織規範と同義であることが多い[14]。もっとも，両者が区別されることもあり，この場合には，行政組織法という用語は，行政作用法（学）・行政救済法（学）との差異を行政法（学）の体系編成の観点から強調する際に用いられるようである[15]。このように行政組織法と組織規範には差異が全くないわけではないが，本書は，第1に，両者を同義で用いる例が多いことに鑑み，特に指摘する場合を除いて両者を同義で用い，第2に，法規範に関心を持って

---

10)　行政組織法を対象としつつ，本文で記載した第3の認識と同旨のことを示唆するものとして，藤田宙靖「はしがき」同『行政組織法（新版）』（良書普及会，2001）3頁。

11)　藤田宙靖『行政組織法（第2版）』（有斐閣，2022）1頁。同旨，宇賀・前掲注3）2頁。ただし，藤田自身はこの定義に批判的である（参照，藤田・本注書1-2頁）。

12)　参照，塩野宏『行政法Ⅲ　行政組織法（第5版）』（有斐閣，2021）8頁，19頁，宇賀克也『行政法概説Ⅰ　行政法総論（第8版）』（有斐閣，2023）34頁。

13)　公務員法を組織法から基本的に区別するものとして参照，藤田宙靖「公務員法の位置付け──行政組織法理の体系化へ向けての一考察──」同『行政法の基礎理論　下巻』（有斐閣，2005）32頁，56頁〔初出1985〕，宇賀・前掲注3）375頁。

14)　両者を同義で用いる例として参照，野呂充「行政法の規範体系」磯部力ほか編『行政法の新構想Ⅰ　行政法の基礎理論』（有斐閣，2011）41頁，49-51頁，松戸・前掲注2）「組織法」18-19頁。

15)　参照，髙木光『行政法』（有斐閣，2015）68頁。また，小林博志「ドイツ法と『行政庁』概念の展開」同『行政組織と行政訴訟』（成文堂，2000）3頁，9頁注1・2〔初出1981〕が示す「行政組織法」の意味に関する区別も，本文と同旨をいうものと解される。

4

第 1 節　組織規範の法的性質と考察の視座

いることを強調すべく，原則として「組織規範」という用語を使用する。

　前々段落に記載したように規律対象の観点から定義された組織規範には，一定の性質が付与されることがあり，こうした性質としては，例えば，「ある自然人の行為の効果を行政主体に帰属させる」という性質が挙げられる。もっとも，この性質に関しては，「ある自然人の行為の効果を行政主体に帰属させるのが組織規範である」[16]として，組織規範の定義として示されることもある。しかし，以下の 3 点からすると，規律対象の観点からの定義が出発点としては適切であると考えられる。第 1 に，「ある自然人の行為の効果を行政主体に帰属させるのが組織規範である」という定義を採る論者がこの定義を貫徹しているかについて疑問の余地がある（本章第 2 節第 2 款第 2 項 2 (2)参照）ため，これらの論者にあっても別の定義を採っていると理解すべきことである。第 2 に，規律対象の観点から組織規範の定義をする者が多いことである。第 3 に，組織規範を規律対象の観点から定義してもなお，組織規範が「ある自然人の行為の効果を行政主体に帰属させる」という性質を持つ[17]という形で，「ある自然人の行為の効果を行政主体に帰属させるのが組織規範である」ことを表現できることである。

　なお，本款第 1 項で述べたように，本書は，組織規範と対比される法規範として「作用法」を念頭に置くところ，作用法は「根拠規範」・「規制規範」に区分されると理解する[18]。組織規範との対比で，これらについてもその規律対象に着目した定義を与えておく。「根拠規範とは，組織規範が定める所掌事務の範囲内において，行政機関の具体的な活動を議会が事前承認し，その実体的要件・効果を定めたものである。」「規制規範とは，行政作用のあり方を規制する規範であ」る[19]。

---

16) 塩野宏『行政法 I　行政法総論（第 6 版補訂版）』（有斐閣，2024）82 頁。
17) 規律対象の観点から組織規範を定義し，それが本文で挙げた性質を持つという思考を示すものとして，宇賀・前掲注 12）34 頁。
18) なお，問題によっては，根拠規範・規制規範の区分とは別の観点から，作用法は実体法・手続法に区分されることもある。
19) 根拠規範・規制規範の定義につき，宇賀・前掲注 12）34 頁。この定義が規律対象に着目したものと理解できることにつき参照，松戸・前掲注 2）「組織法」18-19 頁。本文の定義と概ね同旨をいうものとして，塩野・前掲注 16）82 頁。

5

序章　問題の設定

2　法哲学における定義の不採用

　法哲学においては，法規範一般が，組織規範と他の法規範（行為規範・裁決規範・強制規範等）とに区別されることがある[20]。そして，行政法における組織規範を考察する際にも，こうした法哲学における組織規範の定義を出発点とする立場があり得る[21]。

　しかし，本書は法哲学における組織規範の定義を採用しない。なぜなら，以下の2点からして，法哲学における組織規範の定義を出発点とすると，“行政法における組織規範の考察のために最大公約数的な定義を出発点とし，議論の混乱を回避したい”という本書の意図に反するからである。その2点とは，第1に，法哲学における組織規範の定義は，行政法における組織規範の考察に際しては基本的に受容されていないことである[22]。第2に，法哲学における組織規範の定義が正当であり得る（そしてそれゆえに行政法学における組織規範の定義が正当でない可能性がある）としても[23]，法哲学における組織規範の定義を出発点とすると，本書が対象とする行政法上の議論を法哲学上の定義から読み直すことがその都度必要になるといった複雑な考慮が必要になることである。

　作業の順序としては，本書の考察を一旦完結させた後，法哲学における組織規範の定義を用いた考察を別途行い，考察の結果を対照させる作業を行うべきであると考える。

---

20) これらの区別について参照，清宮四郎「ブルクハルトの組織法・行態法論」同『国家作用の理論』（有斐閣，1968）281頁，283-284頁〔初出1942〕。法哲学における近時の標準的な理解を示すものとして参照，田中成明『現代法理学』（有斐閣，2011）67-71頁。

21) 法学諸領域における組織規範についての見解を批判的に考察した後，「その研究領域は……法哲学に及」ぶとされる（稲葉馨「行政『組織法』の概念」同『行政組織の法理論』（弘文堂，1994）41頁，67頁注48〔初出1989〕）Walther Burckhardt の見解を自己の見解の基礎に据えるものとして，堀内健志「公法学上の『組織法（規範）』に関する基本的考察」同『立憲理論の主要問題——Rechtssatz 論の方法と構造——』（多賀出版，1987）139頁，193-194頁〔初出1980-1981〕。

22) 参照，堀内健志「公法学上の「組織法」と「内部法」とを概念上区別する必要はないか——藤田宙靖著『行政組織法』にみる「公務員法」の位置づけ——」青森法政論叢9号（2008）81頁，84-85頁。

23) 組織法を把握するために一定の視座の選択が必要であることの必要性，その視座の限界を認識することの必要性について参照，稲葉・前掲注21）88-89頁。

第2款　組織規範を考察する視座

本節第1款第1項で示した関心から，本書は，本節第1款第2項1で定義した意味での組織規範にいかなる性質が与えられ，その性質が他の法規範といかなる点で共通し，いかなる点で異なるかを解明することを目指す。

このように組織規範と他の法規範の同異を考察するためには，組織規範と他の法規範とに共通する視座[24]を設定し，その視座からそれぞれの法規範を検討・比較することが必要であろう。その際，いかなる視座を設定するかは，基本的には論者の問題関心により任意に決定できると考えられ，実際，多くの論者が組織規範に対して様々な視座から考察を行ってきた。しかし，論者が選択した視座の有効性は，考察の目的にどれだけ寄与できるかという観点から（も）評価されると考えられるから，これまで設定されてきた視座が本書の関心・考察の目的にどれだけ応えるものであるかは検討を要する。

そこで以下では，まず，組織規範の性質を論じたと理解できる従来の議論を対象とし，それらの議論が提示する，組織規範の性質を検討するための視座を確認する。その際，組織規範と他の法規範の同異を解明したいという本書の問題関心にどれだけ応える視座であるかを検討するために，併せて，各視座から導かれる組織規範の性質，組織規範と他の法規範の同異も確認する（第1項）。次に，第1項での確認の結果を整理して，本書にとってはいずれの議論にも一定の問題点が存在することを示した後，それらの問題点を克服するものとして，本書が採用する考察の視座を提示する（第2項）。

第1項　従来の視座と組織規範の性質

本項では，今日に至るまで設定されてきた，組織規範の性質を検討するための視座を，各視座から導かれる組織規範の性質および他の法規範との同異と併せて，整理する[25]。

---

24) 田村悦一「行政組織法の課題」公法50号（1988）142頁，146頁のいう，作用法と組織法との間の「共通の土俵」を参照。

25) 組織規範の性質を主題としない論稿の中にも，本書にとって重要なものは存在するが，これらの論稿については本款第2項5で言及する。

序章　問題の設定

1　法律の留保で問題となる法規範の区別

1938 年に日本の行政法学において「初めて組織法と作用法の区別を正面から取り上げ」[26]た田中二郎は，法律の留保において要請される（あるいは問題となる）法規範がいかなるものかという視座において，組織規範と行為規範（作用法）の性質の差異を論じた。田中によれば，組織規範は，「機関の行為を国家の行為として効力を生ぜしめる為めの不可欠の条件」[27]であり，これは，「人民の権利自由の保障といふ政治的要請に基いて……発達した」法律の留保に関して問題となる法規範ではない[28]。法律の留保で問題となるのは専ら行為規範である[29]とされる。

前段落で示したとおり，1938 年の段階での田中は「組織規範」を本書とは異なり規律対象の観点から定義しなかった。しかし，後に田中は，本書が定義した意味での組織規範についても，法律の留保で問題となる法規範ではないという性質を付与する姿勢を示した[30]。したがって，前段落で示した田中の見解は，本書が定義した意味での組織規範が持つ性質を論じたものと理解できる。実際，法律の留保で問題となる規範ではないという性質を組織規範が持つことは，組織規範を規律対象の観点から定義する今日の一般的見解からも基本的に支持されている[31]。

これに対し，組織規範による授権も一定の観点からは作用法（根拠規範）による授権を代替し得るという見解も存在する[32]。この見解は，「行政機関が（行為形式を問わず）様々な判断をする際に，その前提にあるべき国会レベルの

---

26)　松戸・前掲注 2)「組織法」18 頁。田中に先行する諸学説も，法律の留保で問題となる法規範を論じる際，作用法と組織規範との区別に相当する区別を示していた（参照，小林博志「警察行政と組織法・行政官庁理論」同・前掲注 15) 66 頁，72-74 頁〔初出 2000〕）が，作用法と組織規範との区別を明確に提示し，後の学説に強い影響を与えたのは田中であると評価できる。

27)　田中二郎「『法律による行政』の原理——行政に於ける法律の支配とその限界——」同『法律による行政の原理』（酒井書店，1954) 1 頁，7 頁注 5〔初出 1938〕。

28)　参照，田中・前掲注 27) 4-5 頁。本文で引いた説明が敷衍される同論文 14-19 頁も参照。

29)　参照，田中・前掲注 27) 5 頁。なお，この論文で田中は「法律による行政の原理」の適用如何を問題にしているが，実際に検討されているのは専ら（法律による行政の原理の一部である）法律の留保の問題である。より包括的に，組織規範と法律による行政の原理との関係については，本項 4，藤田・前掲注 11) 66-68 頁を参照。

30)　参照，田中二郎『行政法総論』（有斐閣，1957) 31-32 頁，36 頁注 19。そこでは，組織規範が機関の行為を国家へと帰属させるという性質を持つとの理解も維持されている。

31)　参照，宇賀・前掲注 12) 34-35 頁。

8

価値判断がどの程度稠密になされている必要があるか」[33]という観点から，組織規範による授権と作用法による授権の一定の相対化を行うもの（そしてその結果として，組織規範も法律の留保で問題となる規範であり得ることを認めるもの）である。しかし，この見解も，これ以外の観点において，組織規範と作用法が異なる性質を持ち得ることを認める[34]。

2　根拠規範・組織規範が要請される根拠

　組織規範の性質を論じる視座として，第2に，法律の留保原則が妥当する領域において，根拠規範・組織規範がそれぞれ要請される根拠を問うというものがある。

　この視座を設定したのは松戸浩である。松戸は，一般的には法律の留保の対象とはならない行政指導に関し，法律の留保の問題とは別の文脈で組織規範が行政指導の法的根拠として挙げられているという現象に注目した[35]。この現象への注目から出発した松戸は，「行政指導の法的根拠として任務規定・所掌事務規定〔つまり組織規範の一種〕を挙げることの理論的背景」[36]の検討へと進み，この検討の中で，"法律の留保原則が妥当する領域において，根拠規範（作用法）・組織規範がそれぞれ要求される理由は何か"という視座を設定し，

---

32) 代表例として，中川丈久「行政活動の憲法上の位置づけ——法律の留保論の多義性，およびアメリカ行政法における法律の留保について——」神戸法学年報14号（1998）125頁，205頁。中川による論稿以外の素材をも取り上げてこの見解を検討するものとして，松戸・前掲注2）「（下）」110-112頁，113頁注3，同「外部法と内部法の『はざま』（上）」法時95巻6号（2023）87頁，91-92頁。

33) 中川・前掲注32）205頁。

34) なお，中川・前掲注32）205-206頁では，「法律の留保問題を，行政機関に権利義務関係を創出させるために必要な授権や，抑制的行動の要求という観点から理解する限りにおいて，組織法と作用法の峻別が必要」とされている。確かに，この記述は，法律の留保の問題を「行政機関に権利義務関係を創出させるために必要な授権や，抑制的行動の要求という観点から理解する」場合以外は，組織法と作用法の峻別の必要性を否定するものとも読める。しかし，中川の後の論稿では，組織規範と作用法とが（体系編成上共通性を持つとされるものの）区別されること自体は否定されていない（参照，同「行政法の体系における行政行為・行政処分の位置付け」高木光ほか編『阿部泰隆先生古稀記念　行政法学の未来に向けて』（有斐閣，2012）59頁，65-69頁，72-73頁。後掲注73）の中川の論稿も参照）。それゆえ，"本注冒頭に引いた記述は，法律の留保の問題を「行政機関に権利義務関係を創出させるために必要な授権や，抑制的行動の要求という観点から理解する」場合以外でも，組織規範と作用法とを峻別する必要性を否定するものではない"と理解しておくことが穏当であろう。

35) 参照，松戸浩「行政指導の法的根拠（1）」広島法学29巻4号（2006）1頁，2頁，14頁。

36) 松戸浩「行政指導の法的根拠（3・完）」広島法学30巻3号（2007）47頁。

組織規範の固有の性質を検討する。

(1) **法律の留保原則が妥当する領域について**

松戸によれば，法律の留保原則が妥当する領域において，「組織規範とは別に根拠規範が要求される理由としては，……法律の留保の対象とされる活動を行政の裁量に委ねず，これに就いて，直接に民主的に正当化された立法者の予めの判断を行なわせることや，官庁による侵害がどのようになされるかを私人に予見可能なものとするなど個人の権利保護を確保すること」[37]にある，とされる。対して，組織規範が要求される理由は，こうした「法治主義的民主的理由によるものではなく，」[38]行政機関に対する活動の委任を行い，「行政機関が活動を行なう為の条件」[39]を整備することにある，とされる。すなわち，組織規範の固有の性質は，「国家機関に対する責務の配分及び当該責務の遂行の委任」[40]を行う点にある，とされるのである。

(2) **法律の留保原則が妥当しない領域について**

なお，松戸は，法律の留保原則が妥当しない領域においても，組織規範は本項2(1)で見たような性質を持つとする。

ただし，この領域については，①本項2(1)で見たような性質を持つ組織規範が同時に「根拠規範」としても機能しているという見方が示される。この領域については，さらに，②松戸が，「国家機関に対する責務の配分及び当該責務の遂行の委任」を行うという性質を，「自然人の行為を行政主体へと帰属させる」という本項1で見た田中の見解で指摘されていた性質と，同一のものとして捉えていることが示唆される。以上①・②を示す松戸の記述を引いておこう。松戸曰く，「組織規範が行政機関といった組織の構成単位に事務を配分することは，……当該構成単位がその属する主体の為に当該事務を遂行すべきことも含意している。そうであるならば，組織規範は行政活動の根拠規範としての側面も有するのであり，ただ法律の留保原則の対象とされている行政活動の場合一般的にはそれでは不十分であると評価されるに留まる。従って行政指導などについては組織規範はその根拠規範として捉えることも可能であり，寧ろ法人

---

37) 松戸・前掲注36) 51頁。
38) 松戸・前掲注36) 51頁。
39) 松戸・前掲注36) 53頁。
40) 松戸・前掲注36) 60頁。

の機関による行為乃至活動に求められる法人への帰属の法的根拠を考慮するならば，かかる根拠規範としての組織規範の存在は不可欠であるといえる」[41]。

このように考える松戸は，「組織規範は行政指導を根拠づけるものではなく行政指導の限界を画する外枠であるとの〔一般になされる〕説明は，必ずしも正鵠を射たものではない」と指摘し，松戸自身は，組織規範が存在するがゆえに行政機関が行政指導を行い得るという点を強調する[42]。

(3) 注意点

以上の松戸の見解については次の2点につき注意を要する。

第1に，松戸においても，「国家機関に対する責務の配分及び当該責務の遂行の委任」を行うという性質を持つ組織規範が同時に行政活動に対する枠としても機能することは，否定されていない[43]。

第2に，本項2(2)で見た「行政指導などについては組織規範はその根拠規範として捉えることも可能であ」るという松戸の主張についていえば，この主張の中で用いられる「根拠規範」という言葉は，「組織規範が定める所掌事務の範囲内において，行政機関の具体的な活動を議会が事前承認し，その実体的要件・効果を定めたもの」という本書が採用した根拠規範の定義（本節第1款第2項1参照），換言すれば，組織規範があることを前提として具体的な行政活動の実体的要件・効果を定めた規範という定義，とは異なる意味で用いられているように見受けられる。意味の違いを具体的に説明すると，本書が採用した根拠規範の定義からすれば，組織規範とは別の法規範として根拠規範が想定されることになるのに対し，ここで松戸が述べていることは，組織規範たる法規範が同時に行政活動の根拠となるということである。ここで松戸が述べていることを本書の根拠規範の定義を用いて説明すると，この場面では組織規範とは別の法規範があるわけではないから，「組織規範さえあれば根拠規範なしに行いうる行政活動も」[44]ある，という説明の仕方になろう。とすると，「行政指導などについては組織規範はその根拠規範として捉えることも可能であ」るという松戸の主張は，本書の意味における組織規範と根拠規範の同異を論じるものでは

---

41) 松戸・前掲注32) 90-91頁。傍点引用者。本文で引いた説明に近い説明として参照，松戸・前掲注36) 52頁。

42) 参照，松戸・前掲注36) 52頁。

43) 参照，松戸・前掲注36) 52頁。

44) 宇賀・前掲注12) 36頁。

ないことになる。

　なお，行政指導等とは異なり，本項2(1)で見た法律の留保原則が妥当する領域についての松戸の主張では本書と同じ意味で「根拠規範」という言葉が用いられているように思われるから，こちらの主張は，本書の意味における組織規範と根拠規範の同異を論じるものであるといえよう。

3　法規範の定立権者・法形式

　組織規範の性質を論じる視座として，第3に，法規範の定立権者・法形式がある。

(1)　組織規範の法規性

　法規範の定立権者・法形式の問題は，組織規範に関しては，行政組織編成権の分配の問題として議論されてきた。この議論の当初においては，法規の定立は法律によってのみ可能であるという前提の下で，組織規範が法規であるか否かが組織規範の定立権者・法形式を決める基準（行政組織編成権の分配の基準）として用いられていた[45]。

　すなわち，ここでは，法規範の定立権者・法形式という視座が設定され，組織規範が法規であるか否かが論じられたのである。そして，組織規範は法規性を持たない，あるいは，組織規範は当然に法規であるわけではないが法規であり得る，というものとして，組織規範の特質が理解されたのであった。

(2)　組織規範の機能

　しかし，組織規範の定立権者・法形式（行政組織編成権の分配）に関し，法規であるか否かを基準とするのは適切ではないと理解されるようになった[46]ため，法規範の定立権者・法形式という視座においても組織規範の法規性の問題は論じられなくなった。近時は，組織規範の定立権者・法形式（行政組織編成権の分配）を重要事項留保説の観点から論じる立場[47]が有力になり，この立場においては，組織規範による行政組織の編成がいかなる意味で重要であるかという形で，組織規範の機能・性質が論じられ得る。例えば，組織規範は行政組織の決定をするものであるところ，行政組織の決定は，「組織に対する国民の透視可

---

45)　ここでの法規概念の多様性を含めて参照，松戸・前掲注2)「（上）」93-95頁。

46)　参照，松戸・前掲注2)「（上）」99-100頁，村西良太『執政機関としての議会——権力分立論の日独比較研究』（有斐閣，2011）249-261頁。

第1節　組織規範の法的性質と考察の視座

能性を担保するという」機能や,「その組織によって以後運営される行政活動を予見的に決定する機能・誘導する機能を」持つ, といったことが指摘される[48]。

4　法律による行政の原理・司法審査との関係

　組織規範の性質を論じる視座として, 第4に, 法律による行政の原理・司法審査との関係というものがある。

　この視座を設定したのは田中二郎である。田中は, 規律対象の観点から定義した組織規範を「行政組織法」と呼び, その特質に関心を示す。田中は, 一方で, 本項3⑴の見解と同様に行政組織法の定立権者・法形式の視座から行政組織法の特質を見出す[49]が, 他方で, これとは別の視座として,「行政主体と……人民との間の権利義務に関する定めをするもの」か否か, そして, (法律による行政の原理が妥当して) 紛争に対し司法審査が及ぶか否かという視座を設定する[50]。この視座から, 行政作用法は,「行政主体と人民との間の権利義務に関する定めをする」ものであり, 行政作用法「に関する一切の法律上の争訟について, ……司法審査が行なわれなければならない」, という性質を持つとされる[51]。対して行政組織法は,「行政主体と……人民との間の権利義務に関

---

47) 参照, 大橋洋一「制度的留保理論の構造分析——行政組織の法定化に関する一考察」同・前掲注3) 264頁, 282-283頁〔初出2000〕。民主的統制の必要性という観点を重視する限りでは, 塩野・前掲注12) 11頁のいう「民主的統治構造説」も重要事項留保説と共通する。ただし, 両説の関係については議論の余地がある (例えば, 高橋信行「行政組織編成権」髙木＝宇賀編・前掲注2) 168頁, 169頁, 沼本祐太「行政組織編成権の日独仏比較研究——行政各部編成論第一部——」行政法研究37号 (2021) 129頁, 148-158頁における両説の位置付けを対比されたい)。

48) 参照, 大橋・前掲注47) 283頁。これらを組織規範の機能として理解できることにつき, 参照, 同『行政法Ⅰ　現代行政過程論 (第5版)』(有斐閣, 2023) 422-423頁, 423頁注1。

49) 参照, 田中二郎『新版　行政法　中巻 (全訂第2版)』(弘文堂, 1976) 16頁。本文で示した読解を敷衍する。田中・本注書16頁で述べられているのは,「行政組織法は, ……その組織をどのように運営していくべきかについて, その内部的・自主的規律に委ねている」ことであるが, この説明の意味は一見して明確でない。佐藤功は, 田中のこの説明を, 法律形式によることなく組織規範を定立し組織のあり方を自ら定められることを述べたものと読解するようである (参照, 佐藤・前掲注7) 19頁。田中の説明の読解という形では示されていないが, 佐藤と同旨をいうものとして参照, 小早川光郎『行政法　上』(弘文堂, 1999) 97頁)。本書は佐藤のこの読解に依拠している。

50) 参照, 田中・前掲注49) 15頁。

51) 参照, 田中・前掲注49) 15頁。

13

序章　問題の設定

する定めをするものではな」く、「行政組織法が法律（又は条例）の形式で定められているということは、直ちに、行政組織の内部関係における法解釈上の疑義や紛争について、当然に、司法審査が及ぶべきことを意味するものではない」、という性質を持つとされる[52]。

5　組織規範の考察に関する方法論

組織規範の性質を論じる視座として、第5に、組織規範の考察に関する方法論というものがある。

この視座を設定したのは佐藤功である。佐藤は、本書のいう組織規範を「行政組織法」と呼びつつ[53]、「行政組織法の法的性質の問題の核心」は、「行政組織法が法規たる性質——したがって法律の形式——をもつべきか」という本項3(1)で示した議論であると整理する[54]。しかし、佐藤は、行政組織法の意義と特質を論じるにあたって、こうした「法律学的考察」の必要性を認めつつも、この考察のみでは不十分であるとし、行政組織法の考察方法という視座から行政組織法の特質を指摘する[55]。すなわち、佐藤は、「法律学的考察」に加え、「行政組織におけるいろいろの法概念が現実具体的な現代行政組織においていかなる意味をもち、いかなる役割を果たしているか」についての考察も経なければならないという点をも、行政組織法の特質とする[56]。後者の考察は、行政組織そのものに注目した、伝統的には行政学で行われてきた考察を意味する[57]ため、佐藤は、（少なくとも）行政学と行政法学の両面から行政組織についての考察をせねばならないという点を行政組織法の特質とするといえる[58]。

佐藤が行政組織法の特質として明示するのは以上のような方法論的側面であるが、佐藤は、さらに、この方法を適用して行政組織法の考察を行った帰結として、本項4までの見解とは異なる性質を組織規範に与えている、と理解できる。すなわち、佐藤は、行政学の知見を利用して、行政組織の構成原理として

---

52) 参照、田中・前掲注49) 15頁。本項4で見た田中の主張の意味については、本章第2節第1款第1項で詳細に検討する。

53) 参照、佐藤・前掲注7) 1-6頁。

54) 参照、佐藤・前掲注7) 12頁。

55) 参照、佐藤・前掲注7) 21-24頁。

56) 参照、佐藤・前掲注7) 24頁。

57) 参照、佐藤・前掲注7) 35頁、44頁。同書の「旧版はしがき」4頁も参照。

58) この理解の背景にある佐藤の認識について参照、佐藤・前掲注7) 29-37頁。

14

分配・結合・調整の３つを提示し，こうした前法学的な組織原理の「法的な表現」が行政組織法である，と主張するのである[59]。換言すれば，佐藤は，組織規範に，前法学的な組織原理の法的な表現であるという性質を与えている，と理解できるのである。

6 行政統制における機能の仕方

(1) 藤田宙靖の見解

こうした前法学的な組織原理の表現という点を組織規範の性質として明確に示し，加えて別の視座をも設定するのが，藤田宙靖である。

藤田は，その考察の対象を「行政組織法」としている。この「行政組織法」は，ある法規範を，「私人の個人的利益には直接に関わらない……法関係」たる「行政の内部関係」を規律するという視角から把握することによって，特定されるものである[60]。これに対し，ある法規範を，「行政主体とその外にある私人との関係である『行政の外部関係』」を規律するという視角から把握することによって特定されるのが，「行政作用法」である[61]。藤田においては，同一の法規範が「行政作用法」的側面と「行政組織法」的側面を併せ持つことが承認されているように，この「行政組織法」は，組織規範と同一ではなく，組織規範（を含む行政法規範）の１つの側面を切り出したものである[62]。こうして特定された「行政組織法」について，藤田は，次の３つの視座を示し，「行政作用法」と異なる性質を持つと述べる。

---

59) 参照，佐藤・前掲注7) 42-44頁，56-59頁。
60) 参照，藤田・前掲注11) 4頁，11頁，12頁注11，48-49頁。ただし，藤田は，本文の次の段落で示す「狙い」の観点も，ある法規範から「行政組織法」を特定するために機能させる。
　　なお，本文では，「行政の内部関係」を規律するという視角から把握することによって「行政組織法」が特定される，と表現した。これに対し，松戸・前掲注2)「組織法」18-19頁は，藤田の見解を分析する際に，内部関係・外部関係による区別（つまり内部関係を規律するか外部関係を規律するかという区別）と考察の視角による区別とでは区別の基準が異なると述べる。このことからすれば，"本文のように「行政の内部関係」を規律するという視角から把握すると表現することは，２つの区別が異なることを理解していない"として，松戸は反対するかもしれない。
　　確かに，後者の区別には本文の次の段落で示すような「狙い」の観点が含まれる点で，両区別は同一ではない。しかし，内部関係・外部関係による区別も，それはそれで１つの考察の視角による区別であるとはいえよう。
61) 参照，藤田・前掲注11) 4頁，12頁注11。
62) 参照，藤田・前掲注11) 12-13頁注11。

序章　問題の設定

　第 1 に，藤田は，法規範の基本的な狙いがどの点にあるのかという視座を設定する。この視座の下で，一方で，「『法律による行政の原理』により『私人』の権利・利益を守るという狙い」を持つものとして捉えられるのが「行政作用法」であり，他方で，「複数の『部分的要素』の存在を認める……と同時に」，これらの要素「を『一体』として機能せしめる」という狙いを持つものが「行政組織法」である，とされる[63]。

　「行政組織法」がこうした狙いを持つとされるのは，藤田自身の「組織」についての考察に由来する。すなわち，藤田は，「行政組織法」学「の関心は，……『組織』を『組織』として動かすための法規範の内容を明らかにするところにある」と考えた上で，「『組織』の概念に共通する最低限度の要素は，複数の『部分的要素』の存在を認めることと同時に，これらの要素が，何らかの意味において『一体』として機能している，ということを認識するところにある」[64]と述べる。このように組織の構成原理が組織に関する前法学的な考察から導出されている点で，藤田と佐藤は共通する（藤田自身，藤田の「組織」の理解と，佐藤が示した組織の理解とがほぼ同様であることを示している[65]）。したがって，藤田も，佐藤と同様に，前法学的な組織原理を実現するという性質を「行政組織法」に与えているといえよう。

　第 2 に，藤田は，法規範としての性質という視座を設定する。この視座の下で，一方で，「行政作用法」においては，「当事者の相互関係が『拘束力』を以て定められている」かということ，換言すれば，「『法』が裁判規範として果してまたどのように有効に働くか，ということ」[66]が重要とされる（「行政作用法」の裁判規範的性質）。他方で，「行政組織法」においては，このことは「行政作用法」ほどには重要とされず，むしろ，「何を『行い得る』かが『定められている』，ということ」，換言すれば，「『法』が行政機関の行為規範（行動規範）として，果してまたどのように機能するか，ということが，重要」[67]とされる

---

63) 参照，藤田・前掲注 11) 11-12 頁。なお，複数の「部分的要素」の存在を認めることと，それらを「一体」として機能せしめることの中では，後者に力点があると解される（参照，同書 98 頁注 43)。

64) 藤田・前掲注 11) 11-12 頁。

65) 参照，藤田・前掲注 11) 12 頁注 10。

66) 藤田・前掲注 11) 14 頁。

67) 藤田・前掲注 11) 14 頁。

16

第1節　組織規範の法的性質と考察の視座

（「行政組織法」の行為規範的性質）。

　第3に，藤田自身は強調しないが，藤田は，行政統制の手段として「行政組織法」を捉えた上で，統制がいかなる見地から行われているかという視座をも設定しているようである。敷衍すれば，藤田は，この視座を設定した上で，一方で，「行政組織法」に，「民主的コントロール」を中心とした「見地から規律を行」うものであるという性質を与え[68]，他方で，「行政作用法」に，「『私人』の権利義務を保護する」という見地から規律を行うものであるという性質を与えているように見える[69]。

　なお，藤田は，これら3つの視座以外の視座からも組織規範の性質を検討する余地を残している。すなわち，藤田も，組織規範は外部関係にとって意味を持ち得ることを認める[70]ため，組織規範の「行政作用法」的側面[71]を検討するための別の視座を設定する余地を残しているのである。しかし，藤田は，組織規範の持つ「行政作用法」的側面を検討するための視座を設定すること，この視座から組織規範の性質を検討することを，未だ十分には行っていない[72]。

(2)　憲法原理・ガバナンス・アカウンタビリティ実現のための法

　近時，憲法原理・ガバナンス・アカウンタビリティといった法原理を実現するための法規範の1つとして組織規範を把握する立場が登場した。この立場では，藤田において見られた行政統制の手段として組織規範を考察するという視座が強調され（(a)・(b)），また，藤田において十分に追究されなかった組織規範

68）参照，藤田・前掲注11）27頁。同「『行政主体』の概念に関する若干の整理」同・前掲注13）82頁，97-99頁〔初出2003〕からも同様の理解が窺える。

69）参照，藤田・前掲注11）69-70頁。もっとも，藤田は，「行政作用法」が民主的コントロールの見地から規律を行うともいう（参照，藤田宙靖『新版　行政法総論（上）』（青林書院，2020）61頁，149-150頁）。しかし，藤田が「行政作用法」における基本的な思考とする「法律による行政の原理」は，究極的には，「私人の権利や自由を保護する，という狙いを持っている」ものとされる（藤田・本注書62頁。藤田の見解につき松戸・前掲注2）「（下）」114頁注5も参照）。したがって，"藤田は，「行政作用法」と「行政組織法」の主たる狙いがいずれにあるかという形において，本文で述べた対比をなしている"という理解はなお成り立つと考えられる。

70）参照，藤田・前掲注11）116-117頁注62。

71）参照，藤田・前掲注11）13頁注11。松戸・前掲注2）「（上）」101頁も参照。

72）藤田が本文で挙げた3つの視座以外で組織規範を考察するのは，①法律の留保により要求される法律の根拠を組織規範でも代替できるかという問題（藤田・前掲注69）69-70頁，96頁），この問題と関連するが，②警察法2条の意義についての問題（同「警察法2条の意義に関する若干の考察」同『行政法の基礎理論　上巻』（有斐閣，2005）351頁，354頁，367頁，379-398頁〔初出1988-1989〕），③後述する帰属の問題に関してのみである。

17

の「行政作用法」的側面もこの視座において検討される ((c))。

(a) 法原理の実現手段・統制手段としての組織規範　　確かに，この立場も，佐藤・藤田と同様に，組織規範が組織を定める機能を持つことを認める。しかし，この立場においては，"組織は民主政原理・法治国原理・ガバナンス・アカウンタビリティの確保といった諸要請を満たすように構成されねばならない"という法的な構成原理が設定される[73]。この立場を採る論者においては，佐藤・藤田と異なり，組織の構成原理が，組織についての前法学的考察からではなく，憲法原理・ガバナンス・アカウンタビリティといった法原理から導出されているのである[74]。

そして，これらの法原理が行政に対して一定の秩序付け・規律・統制を行うものであること[75]から，この立場においては，これらの法原理を実現し行政を統制する法規範としての性質が組織規範に付与されることになる。例えば中川丈久の見解においては，行政組織法には行政統御法の一種としての性質が付与される。行政統御法とは，「個別の行政作用や行政組織においてなされる種々の意思決定が，『公正・適正』であり，『効率的・能率的』であり，『民主的』であること等を求め」る定め，すなわち，「行政のガバナンスとアカウンタビ

---

73) 民主政原理を中心とするものとして，塩野宏「特殊法人に関する一考察——行政組織法的観点からみた——」同『行政組織法の諸問題』(有斐閣，1991) 3頁，19頁，33-34頁〔初出1975〕。行政責任体制という法的構成原理を設定するものとして，兼子仁『行政法学』(岩波書店，1997) 21-22頁，53-54頁，224-225頁。ガバナンス・アカウンタビリティから考察するものとして，中川・前掲注34) 66頁注28，同「行政手続法の整備——抜本的な見直しに向けて」行政法研究30号 (2019) 3頁，20-23頁。中川に類似する発想として，大橋・前掲注48) 60-63頁，422-423頁，同「比較で見る『法の一般原則』」同『対話型行政法の開拓線』(有斐閣，2019) 98頁，116頁〔初出2016〕，宇賀・前掲注3) 7-8頁。民主政原理・法治国原理・権力分立原理から考察するものとして，山本隆司「行政組織における法人」小早川光郎＝宇賀克也編『塩野宏先生古稀記念　行政法の発展と変革　上巻』(有斐閣，2001) 847頁，869-876頁，891-893頁，同「行政の主体」磯部ほか編・前掲注14) 89頁，92-100頁。山本の示す憲法原理の内容の一部と，中川のいう（良き）ガバナンスの内容とが重なることについて，山本隆司「現代における行政法学の体系」現代行政法講座編集委員会編・前掲注3) 31頁，45頁。

74) 佐藤も組織について民主的統制が必要であることを認めるが，佐藤は，組織を民主的に統制するという要請を法原理ではなく政治的な原理と考える（佐藤・前掲注7) 21-24頁，33-34頁，36-37頁注1)。藤田も民主的統制の観点を組織の構成原理として強調しない。

75) 民主政原理・法治国原理に関して参照，山本・前掲注73)「体系」42-44頁，ガバナンスに関して参照，中川丈久「行政による新たな法的空間の創出——三者関係としての『統治システム』の視点から——」長谷部恭男ほか編『岩波講座　憲法4　変容する統治システム』(岩波書店，2007) 195頁，197頁。

第 1 節　組織規範の法的性質と考察の視座

リティの法」[76]である。

　(b)　組織規範と他の法規範との比較への関心　　一定の法原理を実現し行政を統制する法規範として組織規範を捉えるこうした立場においては，次のように，行政法を構成する他の法規範と組織規範とを共通の視座から比較する可能性が生じる。まず，組織規範が実現すべき法原理たる憲法原理・ガバナンス・アカウンタビリティは，行政法全体が実現するべきものとされる[77]。そのため，これらの法原理を実現し行政を統制するという点において，組織規範は他の法規範と共通性を有することになる。そうすると，例えば，行政統制における機能の仕方という視座を設定し，この視座において，組織規範と他の法規範との間にいかなる同異があるかといった問いを立てることが可能になるのである。

　実際，これらの論者においては，組織規範と他の法規範との間にいかなる同異があるかという考察への関心が明示される。例えば大橋洋一は，組織規範を実体法・手続法と並ぶ行政統制に関わる 1 つの法規範であると位置付け，三者間に「主従の関係は存在しない」こと，「3 つの法を統合的に捉えるという視点からは，行政作用法と行政組織法をこれまでのように峻別して取り扱うべきではない。そうした隔離は，理論上，比較検討の機会を奪うものである」ことを指摘する[78]。

　(c)　組織規範による行政統制　　そして，まさに行政統制における機能の仕方という視座から，組織規範と他の法規範の同異が解明されつつある。確かに，この視座が強調されるに至ったのは，本項 6(2)(a)で述べたように，組織の構成原理を法原理に求めたことによる。しかし，この視座それ自体は，どのように組織を構成するかという場面にとどまらず，行政活動の統制が問題となる場面一般において，組織規範の性質を問うことを可能にするのである。

　具体的には，裁判統制に関して組織規範の特質が語られることがある。すな

---

76)　中川・前掲注 73) 21 頁。

77)　参照，兼子・前掲注 73) 54 頁，中川・前掲注 75) 195-198 頁，山本・前掲注 73)「体系」39-46 頁，大橋・前掲注 48) 60-63 頁。したがって，これらの論者においては，藤田と異なり，統制がいかなる見地から行われているかという視座からは作用法と組織規範との差異がそれほど強調されない。

78)　参照，大橋洋一「制度変革期における行政法の理論と体系」同・前掲注 3) 346 頁，351-352 頁〔初出 2003〕。この指摘に着目するものとして参照，松戸浩「行政組織法の課題」行政法研究 20 号（2017）129 頁，129-130 頁。

19

序章　問題の設定

わち，塩野宏は，組織規範はその裁判規範的性格が問題とされると指摘した上で，「一般に，行政組織法が法律（又は条例）の形式で定められているということは，直ちに，行政組織の内部関係における法解釈上の疑義や紛争について，当然に，司法審査が及ぶべきことを意味するものではない」[79]という本項4で挙げた田中二郎の見解を，組織規範の裁判規範性を否定する主張として引く。そして，塩野は，この主張に対する批判を加え，自身の結論として，「組織規範には，裁判規範とならないものがあるという意味では，一般の行政作用法に対する特色はみられる」と述べるのである[80]。

　もっとも，行政統制における機能の仕方という視座から考察する論者は，組織規範が裁判統制において機能することよりも，組織規範により一定の構造・条件を備えた行政組織が設置され，それにより行政活動に一定の方向付けがなされること自体を，組織規範による統制として重視しているように思われる[81]。

第2項　本書の視座

1　従来の視座の正当性

　本款第1項で示した視座を整理する。組織規範と他の法規範に共通する視座としては，①法律の留保で問題となる法規範か否か，②根拠規範（作用法）・組織規範が要求される根拠，③法規範の定立権者・法形式，④法律による行政の原理・司法審査との関係，⑤法規範の考察方法，⑥法の狙い，⑦法規範の性質（行為規範性と裁判規範性），⑧行政統制における機能の仕方，があった（⑥・⑦は藤田のいう「行政組織法」に関して示された視座であるが，本書の意味での組織規範にも利用できよう）。

　これらの視座のうちどれか1つのみが正しいと考える根拠はなく，これらの視座はそれぞれ組織規範の性質を明らかにするために正当なものであるといえよう（ただし，これらの視座において提示された性質が組織規範の持つ性質として正当であるか否かは，別の問題である）。また，これらの視座およびこれらの視座にお

---

79) 田中・前掲注49) 15頁。

80) 本段落につき参照，塩野・前掲注12) 18-20頁。山本隆司「行政法の法典化」ジュリ1304号 (2006) 81頁，88頁も，組織規範が裁判規範性を持ち得ることを認める見解として位置付けられる。

81) 参照，大橋・前掲注78) 352頁，同「行政の自己制御と法」同・前掲注73)『対話型』136頁，137頁，142-144頁〔初出2011〕，宇賀・前掲注12) 49-50頁。

いて提示された性質が組織規範を検討する視座として・組織規範の性質として完結的なものであると考えねばならない根拠も見出せない。とはいえ，本書にとってこれらの視座において検討すべき点があれば，その点の検討を深めることを優先すべきであろう。

そこで，以下では，これらの視座において検討すべき点があるか否かを考察する。考察の順序としては，まず，前提作業として，これらの視座の相互関係について一定の整理を行う（2）。次に，組織規範と他の法規範の同異を解明したいという本書の問題関心と，そのためには共通の視座の設定が有効であるという認識とに基づいて，優先して採用すべき視座を示し，その視座においてなお検討すべき点が残っていることを述べる（3）。

2　各視座の相互関係

従来の視座の相互関係を整理するにあたり，まず，「行政統制」という用語を定義する。この用語の意味を「法律による行政の原理」と等値することを反省する近時の再検討[82]に鑑みて，本書は，この用語を狭く理解し，「行政活動，すなわち基本決定または個別執行に係る案件の処理が適切に行われているかどうかを，当該案件処理を直接に担当する機関以外の他の公の機関において評価・審査し，さらに，場合によっては審査の結果にもとづいて必要な処置を施すこと」[83]と定義する。

行政統制をこう定義すると，第1に，①・③の視座は⑧行政統制における機能の仕方という視座とは区別され[84]，第2に，④・⑦の視座は⑧の視座に包含できるものと考えられる。第2点について敷衍すれば，まず，⑦法規範の性質（行為規範性・裁判規範性）を問う視座は，ある法規範が，行為規範として行政

---

82) 参照，高田篤「行政機関との関係における議会——行政統制を中心にして——」公法72号（2010）36頁，36-48頁。さらに参照，石川健治「統治のヒストーリケ」［平康弘・樋口陽編『危機の憲法学』（弘文堂，2013）15頁，33-39頁。

83) 小早川・前掲注49）71頁。ただし本節注100）も参照。

84) 結論として本書と同じ扱いをするものとして参照，中川・前掲注32）190頁，小早川・前掲注49）54-56頁，97-99頁。なお，「議会が法律を定め，行政機関はそれに拘束される，という法律による行政の原理の基本構造そのもの」を行政統制とする，行政統制概念についての広い理解を採り，①・③の視座を議会による行政統制の1つとして⑧の視座に包含させるとしても（文献引用を含め，こうした理解について参照，高田・前掲注82）36-38頁，松戸浩「議会による行政組織・人事の統制」公法72号（2010）165頁，166頁，170-171頁），以下本文で行う考察は妥当するから，視座の設定に関する本書の結論に影響はない。

序章　問題の設定

に一定の行為を指示するか，それにとどまらず行政活動を統制する裁判におい
て裁判所によって統制基準としても採用されるか，という形で，行政統制にお
ける機能の仕方を切り出した視座であるといえる[85]。次に，直前に述べたこと
と関係するが，④法律による行政の原理・司法審査との関係という視座は，あ
る法規範が裁判所による行政統制において機能し得るかという問題を扱うもの
といえる。そうすると，④の視座も行政統制の1つの局面を切り出したものと
いえる。

3　本書の視座

(1)　行政統制における機能の仕方という視座の採用

本項2で整理した視座のうち，組織規範の法規範としての性質において他の
法規範との同異を解明したいという本書の関心から優先して採用すべき視座は，
①・②・③・⑤・⑥ではなく，⑧行政統制における機能の仕方から組織規範を
検討する視座である。以下，順を追ってこのことを説明する。

　　(a)　組織規範の法的性質への関心　　①・③・⑤の視座は，組織規範の法
規範としての性質への関心に応えにくい。以下それぞれ敷衍する。

①法律の留保で問題となる法規範か否かという視座からの考察は，組織規範
が（法律に留保される）行政活動の根拠とはならないという消極的な性質のみを
与え得るものにとどまる。規律密度の観点から組織規範が作用法を代替し得る
可能性が与えられることを除けば，積極的に組織規範の性質を解明する視座と
はならない[86]。

③法規範の定立権者・法形式という視座は，確かに，いかなる意味で「重
要」といえるかという見地から組織規範の性質を論じることを可能にするもの
ではある。しかし，この視座においては，同時に，法律という法形式を用いる
ことの意義や行政に対する議会の役割を検討すべきであり[87]，法規範自体の性

---

85)　一定の行為を指示することを統制概念に含めることは不可能ではない。参照，柴田尭史
「公法学におけるコントロール概念の展開 (2)，(3・完)——ドイツにおける1990年代以降
の議論——」阪大法学64巻6号 (2015) 1681頁，1694頁，65巻1号 (2015) 179頁，187-
188頁。これらの論稿でなされている「コントロール」と「統制」との区別を本書が考慮する
必要がないことについて参照，同「『公法』におけるコントロール概念 (1)——ドイツにお
けるコントロール概念の展開——」阪大法学59巻6号 (2010) 1139頁，1153頁注2，高田・
前掲注82) 57頁注1。

86)　参照，松戸・前掲注36) 52頁。

第1節　組織規範の法的性質と考察の視座

質に焦点を合わせた検討を行う視座にはならない。ゆえに，法規範自体の性質にまずは関心を持つ本書にとっては，③の視座は優先度が低い。

　⑤法規範の考察方法という視座に関しては次のようにいえる。組織規範と行政学との関係の現れ方は，組織規範に関するどの問題を扱うかによって異なると考えられるため，方法論を方法論として抽象的に考察することには一定の限界がある。したがって，この視座を設定した佐藤自身が示唆するとおり[88]，他の視座における組織規範の性質に関する具体的な検討を優先させ，その検討との関連で，どの程度行政学による考察を用いる（べき）かを論じるという順序が適切であろう。

　(b)　さらなる優先順位　　①・③・⑤の視座に対して，残る②・⑥・⑧の視座は，法規範の性質を検討するという目的を達成するためのより有効な視座であるといえるところ，②・⑥・⑧のうちさらに優先されるべきは⑧の視座である。

　まず，⑧行政統制における機能の仕方という視座は，②根拠規範（作用法）・組織規範が要求される根拠という視座において示された組織規範の性質を，さらに深く解明することに資する。敷衍すれば，まず，②の視座における検討において，組織規範は，行政活動を可能にするという性質とともに行政活動に限界を画するという性質を持つことが指摘されていたが，②の視座は前者の性質に注意を向けるものであったために，後者の性質は強調されていない。そして，後者の性質の持つ意義如何という問題，および，前者の性質を意識することによって後者の性質の捉え方がいかなる影響を受けるかという問題（これは翻って前者の性質の意義に関わる)[89]への解答は，限界を超えた行政活動の帰結を検討すること，すなわち，組織規範に違反した行政活動の評価を検討することによって解明される。この解明は，行政統制の場面で組織規範に違反した行政活動がどのように扱われるかという問題の検討によって，すなわち，行政統制における組織規範の機能の仕方という視座においてなされるのである。

　次に，⑥法の狙いという視座との関係では，⑧行政統制における機能の仕方という視座は，次の2点において，組織規範の法規範としての性質を他の法規

---

87)　参照，藤田・前掲注11）70-71頁，大橋・前掲注47）278-279頁。
88)　参照，佐藤・前掲注7）44頁。
89)　本節注99）も参照。

23

範との比較において解明することにより適している。第1に、「行政活動を規律する……法の存在と内容がまさに行政統制の諸制度の作動を通じて明らかにされるという場合も少なくない」[90]と指摘される。第2に、一般に、行政法（学）は、法によって行政を秩序付けること、それを行政統制の諸制度によって担保することに関心を向ける[91]。この関心に応じて、行政法を構成する他の法規範については、行政統制における法規範の機能の仕方に関して多くの議論の蓄積がある。そのため、組織規範についても、他の法規範において利用されてきたこの考察方法を応用して組織規範を捉えることが可能か、可能であるとして他の法規範と組織規範の間にいかなる同異があるか、といった形で、考察を行いやすい。

　以上より、本書は、⑧行政統制における機能の仕方において組織規範と他の法規範の同異を検討するという視座を採用する。

(2)　私人が当事者となる訴訟への注目

　しかし、この視座を採用するとしても、従来の議論には問題がある。すなわち、確かに、⑧の視座を設定して考察する論者も、一般論としては裁判統制の重要性を認めるが、実際の考察では、組織規範が統制基準となる行政統制の形態として、裁判統制（とりわけ私人が当事者となる裁判における統制）を重視していないという問題である。

　このことが問題であるのは2つの理由による。

　第1に、行政法学において、行政法を構成する他の法規範についての考察が行われる際には、私人が当事者となる裁判において、当該法規範が「裁判規範として果してまたどのように有効に働くか」[92]という視座、言い換えれば、「『ある法規範が当事者（私人や行政主体）をどのように拘束し、紛争が生じたときにどのような解決が与えられるか』という」視座からの考察が行われてきたからである[93]。要するに、行政統制における機能の仕方において組織規範の性

---

　90)　小早川・前掲注49) 72頁。
　91)　参照、小早川光郎「行政法の存在意義」磯部ほか編・前掲注14) 1頁、17-18頁、塩野・前掲注16) 90頁。
　92)　藤田・前掲注11) 14頁。
　93)　行政法を含む法学一般についての指摘であるが、参照、藤谷・前掲注8) 139頁。類似の指摘として参照、磯部力「行政システムの構造変化と行政法学の方法」小早川＝宇賀編・前掲注73) 47頁、50頁。

第 1 節　組織規範の法的性質と考察の視座

質を検討する視座は，他の法規範との比較を行うための有効な視座であるにも
かかわらず，他の法規範と組織規範とで共通の統制形態の下で考察が行われて
いないために，組織規範と他の法規範との比較可能性がなお十分に確保されて
いないのである。

　もっとも，裁判規範としての機能を問うという視座からの考察が行われてき
たという指摘は，従来この視座からの考察に重点が置かれ過ぎてきたことを批
判する文脈で行われるものである。そして，こうした批判から出発して，近時
は，他の法規範も，裁判規範としての機能にのみ注目するのではなく，行為規
範としての機能にも注目して考察されることがある[94]。それでも本書は，行為
規範としての機能の検討も，裁判規範としての機能の考察を踏まえた上で行わ
れるべきであると考える。これが第 2 の理由であり，以下で敷衍する。行為規
範としての機能に注目する立場も，裁判規範としての機能に関する考察の必要
性を否定するものではないし，その限界を補うものとして登場してきたという
経緯を持つ[95]。この経緯に鑑みると，この立場の意義を十全に把握するために
は，まずは裁判規範としての機能についての考察を先行させ，この考察が具体
的にいかなる限界を有するかを把握することが必要である。しかるに，組織規
範に関しては裁判規範としての機能についての考察がほとんど行われていない
のである。

　以上から，組織規範と他の法規範とを比較する視座としては，行政統制の手
段として組織規範を捉えつつ，私人が当事者となる訴訟において，組織規範が
はたしてまたどのように有効に働くかを問う，という視座が重要であるといえ

---

94) 参照，磯部・前掲注 93) 50-51 頁，藤谷・前掲注 8) 153-154 頁。
　　同様に行為規範性に注目する見解として参照，大橋洋一「はしがき」同『行政法学の構造
的変革』（有斐閣，1996）ⅰ頁，同「行政手法から見た現代行政の変容」同書 3 頁，4 頁〔初
出 1993〕。大橋が行為規範への関心を持つことについては，同論文 14 頁，22-23 頁注 41 が好
意的に指示する，*Wolfgang Hoffmann-Riem*, Verwaltungsrechtsreform, in: *ders* u.a.（Hrsg.），
Reform des Allgemeinen Verwaltungsrechts, 1993, S.125-127（指示されるのは同書所収前の原
論文），および，原論文を紹介する大橋洋一「公法文献研究」法政研究 61 巻 1 号（1994）152
頁，153-154 頁も参照。*Yoichi Ohashi*, Die Aufgabe des Rechts bei der Steuerung der
Verwaltung in Japan, in: *Hans Heinrich Trute* u.a.（Hrsg.），Allgemeines Verwaltungsrecht,
2008, S.524f. は，組織法を制御要因の 1 つとして把握してその制御機能を分析するが，これは
組織規範の行為規範性に着目した検討と位置付けられよう。なお，大橋は，「統制」と「制
御」とを明確には区別していない（参照，同・前掲注 81) 136-138 頁）。
95) 参照，大橋・前掲注 94)「はしがき」ⅰ頁，同・前掲注 94)「行政手法」3-4 頁。

序章 問題の設定

る。そして，行政の裁判統制が行われる，私人が当事者となる訴訟としては，今日においてもなお行政行為の取消訴訟が中心であるといえよう[96]。

　したがって，本書はこの視座から組織規範の性質を解明することを試みる。すなわち，本書は，"行政行為（と目される行為。この補足の趣旨は本項4で後述）が組織規範に違反した場合に，当該行為の取消訴訟において，組織規範がはたしてまたどのように有効に働くか（どのような紛争解決が与えられるか）"という視座から，組織規範の性質を検討する。

　(3)　検討対象の限定

　ただし，この検討においては，行政行為と目される行為が組織規範に違反するという局面の典型的な状況を考察するという考慮から，次の4点において検討対象を限定する。

　第1に，行政行為と目される行為を行う組織は原則として国の行政組織とし，また，国の行政組織の中でも内閣の組織は除く。第2に，官庁としては独任制官庁を想定し，合議制官庁を想定しない。第3に，行政行為の形式的名宛人（以下単に「名宛人」ということがある）に対し，不利益を課す行政行為（と目される行為）が行われた場合に，形式的名宛人が取消訴訟を提起するという局面を想定する。第4に，行政行為と目される行為を行う自然人は公務員としての地位を有することを前提とする[97]。

4　検討すべき組織規範の性質

　組織規範と他の法規範の同異を明確にするためには，ある共通の視座から，組織規範と他の法規範の性質をそれぞれ確認し，それらを比較するという作業を経ることが要請される。本書は，専ら著者の能力の限界により，基本的に組織規範のみを対象とした考察を行えるに過ぎない[98]が，その場合でも，他の法規範との比較を見据えた形で組織規範を考察することが要請されよう。この要請に鑑みると，まずは，「組織規範の特質」とされてきた性質に注目し，この性質が組織規範に結合されるか，結合されるとしてそれはいかなる理論構成によるか，という観点からの検討を行うのが，比較のために便宜であるといえる。

　そして，"行政行為（と目される行為）が組織規範に違反した場合に，当該行

　96）取消訴訟を念頭に置くことに関し，本節注101），結章第3節第2款も参照。

26

為の取消訴訟において，組織規範がはたしてまたどのように有効に働くか（どのような紛争解決が与えられるか）"という視座から考察するとき，裁判規範性を持つための条件（「はたして」）・裁判規範性を持つことの帰結（「どのように有効に」）に関わる問題の検討が要請されるといえる。日本の行政法学の議論からは，裁判規範性の条件・帰結のそれぞれに関わるものとして，2つの「組織規範の特質」を挙げることができる。

すなわち，第1に，組織規範がはたして裁判規範たり得るかという視座からの検討に関わる特質として，「組織規範は（少なくともその一部は）裁判規範性を持たない」という特質（本款第2項6⑵(c)参照）が検討の対象になる。そして，第1の検討において（少なくとも一部の）組織規範が裁判規範性を持つとされるときには，第2に，組織規範がいかに有効に裁判規範として働くか（いかなる紛争解決が与えられるか）という視座からの検討に関わる特質として，「組織規範は自然人の行為を行政主体へと帰属させる」という特質[99]（本款第2項1参照）が検討の対象になる。

第2点については少し補足を要しよう。「組織規範は自然人の行為を行政主体へと帰属させる」という特質は，確かに，組織規範違反に関する紛争解決の帰結（つまり組織規範に違反した行為の帰結）を明示的に表現するものではない。

---

97) 本章第2節第3款第2項2で述べるように本書は第1章・第2章でドイツの議論を参照するところ，ドイツの議論を検討する際にも，本文で述べた4点の限定を基本的に残したまま検討を行う。第2点を除いて若干敷衍する。

　　第1点についていえば，ドイツの議論を検討する際にも，行政行為と目される行為を行う組織は原則として国の行政組織とし，また，国の行政組織の中でも政府（Regierung）の組織は除く，ということになる。ただし，特に第2章において，地方公共団体（特にゲマインデ）に関わる法を扱う議論も，国の行政組織に関する法にも妥当する内容を含むと解される限りで若干参照している。なぜなら，本項4で述べるとおり本書は組織規範と帰属との関係を扱うところ，ドイツではゲマインデ法が帰属・代表についての規律を有する（vgl. *Peter Krause*, Rechtsformen des Verwaltungshandelns, 1974, S.30, *Laura Münkler*, Der Nichtakt, 2015, S.60-63）ため，それらの規律を検討した議論は本書の問題と関係が深いからである。

　　第3点についていえば，ドイツの議論を検討する際にも，行政行為の形式的名宛人に対し，不利益を課す行政行為（と目される行為）が行われた場合に，形式的名宛人が取消訴訟を提起するという局面を想定する，ということになる。ただし，ドイツでは，本書の問題を検討するに際して国家責任法の議論が参照されることがあるため，国家責任法の議論にも若干言及する（この参照が適当か否かも含めて参照，第2章第2節第2款第2項1）。

　　第4点についていえば，行政行為と目される行為を行う自然人は官吏としての地位を有することを前提とする，ということになる。

98) ただし，日本の議論状況から作用法をも対象とした考察が特に要請される問題（本章第2節第2款第1項1⑶で後述）があり，この問題に関する限りで作用法についての考察も行う。

序章　問題の設定

しかし，本章第2節第2款第2項1で詳説するとおり，一方で，組織規範が自然人の行為を行政主体へと帰属させるという性質を持つと理解するならば，行政行為と目される行為が組織規範に違反した場合には当該行為は行政主体の行為ではないと評価されることが想定できる。こう評価される場合には，組織規範は，裁判統制・紛争解決の帰結において他の法規範との差異を示すものと把握されるのである[100]。他方で，これまた本章第2節第2款第2項1で詳説するとおり，組織規範が自然人の行為を行政主体へと帰属させるという性質を持つと理解する立場においても，行政行為と目される行為が組織規範に違反した場合に当該行為はなお行政主体の行為であると評価されることがある。こう評価される場合には，組織規範は，裁判統制・紛争解決の帰結において他の法規範との差異を示すものではないと把握される。

　前段落で述べたことからすると，「組織規範は自然人の行為を行政主体へと帰属させる」という特質は，組織規範がいかに有効に裁判規範として働くか（いかなる紛争解決が与えられるか）という視座からの検討に関わり得るものであるため，この特質が本書の検討対象となるとはいえる。しかし，この特質につ

---

99) なお，近時の松戸の説明によれば，組織規範によって行政活動を行い得るようになるという松戸が指摘した性質も，組織規範は自然人の行為を行政主体へと帰属させるという性質と同じことを意味するようである（本款第1項2(2)参照）。この説明に従えば，後者の性質を検討することによって，前者の性質も同時に検討されることになる。しかし，本文の次の段落および本章第2節第2款第2項1で述べるように，現時点では，組織規範は自然人の行為を行政主体へと帰属させるという性質のほうが裁判統制の帰結と結合させられているため，本書は，組織規範によって行政活動を行い得るようになるという性質ではなく，組織規範は自然人の行為を行政主体へと帰属させるという性質のほうを裁判統制の帰結に関わるものとして選択した。

100) ある自然人の行為が行政主体の行為ではないと評価される場合に，これを行政統制の帰結といってよいかは，厳密には議論の余地があろう。すなわち，行政統制の概念を，ある自然人の活動が行政活動であることを前提とした上で，その活動を統制するものと考えるならば（例えば，藤田宙靖「行政と法」同・前掲注72）9頁，14頁注12〔初出1983〕のいう「チェック」を「統制」に置き換えればこうした見解になろう），ある自然人の活動を行政活動とする法規範は，行政統制に関わる法規範というよりも，行政統制の前提の段階に関わる法規範であるとも考えられるのである。

　しかし，行政統制の概念を，「案件処理のための行政担当者〔つまり自然人〕の行動」を事前・事後的に審査・評価するものと捉えることはできる（参照，小早川・前掲注49）72頁。傍点引用者）。こう捉えた場合には，行政担当者たる地位を持つ自然人がその地位において行った行為に対する評価は，その行為が結果的に行政主体への帰属を否定されて行政主体の行為ではないとされる場合であっても，行政担当者の行為に対する審査・評価である以上，行政統制として捉えられよう。本書は，行政統制の概念をこう理解した上で議論を進める。

いては，それが紛争解決の帰結にどう影響するかということ自体も検討せねば
ならないともいえる。そこで，この特質に関しては，前述した，"「組織規範の
特質」とされてきた性質に注目し，この性質が組織規範に結合されるか，結合
されるとしてそれはいかなる理論構成によるか，という観点からの検討" に加
えて，"この性質が組織規範に結合されるとして，結合されることの帰結はい
かなるものかという観点からの検討" も行わねばならない[101]。

5　類似の議論との同異

　本項3で述べた本書の視座に類似する視座から考察を行う議論は存在するが，
それらの議論と本書の視座・検討対象は同じではない。

　本書の視座に類似する観点からの議論として，第1に，木藤茂の議論がある。
木藤は，行政作用法・行政救済法・行政組織法の接点を意識的に設定し，その
接点においてそれぞれの法の「対話」を試みることによって，組織法と他の法
規範の同異を解明しようとする[102]。特に裁判統制において（組織法と他の法規
範との）接点を見出そうとする点で，木藤の議論は本書と類似する。しかし，
第1に，裁判統制に関して木藤が示す接点とは，組織法のレベルで非法学的な
要素をも含む「責任」を想定し，それが救済法においてどのように現れるかを
問う，というものである[103]。本書は，こうした非法学的な接点をさしあたり
設定しない。第2に，木藤は，作用法・救済法・組織法の同異を未だ具体的に
示していないように思われる[104]。本書は，組織規範の裁判規範性に注目し，
作用法・組織法の同異を具体的に示すことを試みる。

---

101) なお，国家賠償請求訴訟では，公務員・官吏の違法行為が国家へと帰属するかという問題
　　が，国家賠償責任の理論構成に関わる重要な問題とされてきた（参照，宇賀克也「ドイツ国
　　家責任法の理論史的分析」同『国家責任法の分析』（有斐閣，1988）1頁，11-68頁，89-94頁
　　〔初出1982〕，山本隆司「総論　責任の性質」宇賀克也＝小幡純子編『条解　国家賠償法』（弘
　　文堂，2019）15頁，16-28頁）。しかし，国家賠償における議論は，組織規範が自然人の行為
　　を行政主体へと帰属させるという性質を持つか否かを直接に論じるものではない点，および，
　　行為の帰属と責任の帰属とが区別され得る点において，国家賠償における議論は本書の設定
　　した問題とは直ちに関係するものではない。したがって，国家賠償における議論は，本節注
　　97）で述べた例外を除き，本書では扱っていない。
102) 木藤の関心を端的に示すものとして参照，木藤茂「政策形成と行政法の交錯に関する一考
　　察──行政過程における『法律』の役割を考えるための一つの試み──」獨協法学77号
　　（2008）189頁，227頁，同・前掲注1）8-9頁。
103) 参照，木藤・前掲注1）56-61頁。

序章　問題の設定

　本書の視座に類似する観点からの議論として，第2に，行政組織を事案処理機構の観点から捉え，行政組織法と行政手続法の接点を考察するという小早川光郎の議論がある[105]。一方で，小早川の議論は，組織規範の裁判規範性を考察するにとどまるものではなく[106]，本書よりも考察の射程が広い。他方で，小早川も，（組織規範に属する）組織間手続を定める規範に違反した行為の帰結を考察することに注力しており[107]，小早川のこの考察は，本書の視座から組織規範を考察する重要な先行研究である。しかし，本書は，裁判統制と組織規範との関係について組織規範一般を考察するという点で小早川よりも考察の範囲を広げており，かつ，組織規範に違反した帰結に関し帰属の問題を扱う点で，小早川の議論と異なる。

　では，本項3で設定した視座において，本項4で挙げた2つの特質を検討するとき，さらに具体的にはいかなる問題を設定できるか。

104）なお，船渡康平「行政法における組織規範の法的性質（1）」国家134巻1＝2号（2021）1頁，22頁（以下，この論文の第6回までをまとめて「連載論文」という）においてこの指摘をしたが，木藤からは「ご指摘は甘んじて受けるほかな」いとの応答がある（木藤茂「行政組織の機能と課題——完全版——」獨協法学117号（2022）284頁，252頁）。

105）参照，小早川光郎「行政組織法と行政手続法」公法50号（1988）164頁，164-167頁。

106）参照，小早川・前掲注105）167-185頁。

107）参照，小早川光郎「行政内部手続と外部法関係」兼子仁＝磯部力編『手続法的行政法学の理論』（勁草書房，1995）99頁，106-113頁。

第2節　問題の設定

本節では，組織規範の裁判規範性の有無（第1款），および，組織規範と帰属との関係（第2款）について，日本における主要な学説を中心的な素材として検討して，本書が取り組む問題を設定し（第3款），次章以降の行論を示す（第4款）。

第1款　組織規範の裁判規範性

本款では，組織規範の裁判規範性の有無について，日本における主要な学説を中心的な素材として検討し（第1項），本書が取り組む問題を提示する（第2項）。

第1項　現　状

1　学説における説明

まず，組織規範は（少なくともその一部は）裁判規範性を持たないという性質について，主要な学説が説明することを確認する。組織規範の裁判規範性について最も詳細な検討を行うのは塩野宏であるから，塩野の説明を確認することから始める。

⑴　塩野宏による田中二郎の見解の批判

塩野は，結論として，「組織規範には，裁判規範とならないものがあるという意味では，一般の行政作用法に対する特色はみられるが，だからといって，組織規範はそもそも，裁判規範ではないと断定することはできないのであって，個別の審査が必要なのである」[1]という。

この結論に至るまでの論理を確認する。塩野は，問題提起に際し，組織規範が裁判規範を持たないのではないかと疑う学説の例として，「一般に，行政組織法が法律（又は条例）の形式で定められていることは，直ちに，行政組織の

1）塩野宏『行政法Ⅲ　行政組織法（第5版）』（有斐閣，2021）20頁。傍点引用者。

序章　問題の設定

内部関係における法解釈上の疑義や紛争について，当然に，司法審査が及ぶべきことを意味するものではない」[2]という田中二郎が示した命題を引く[3]。この命題に至る田中の論理のうちここで塩野が直接引用していない部分が本書にとって重要であるため，その部分を確認しておく。

　(a)　田中二郎の見解　　まず，田中は，「行政組織法も，現行憲法のもとにおいては，……原則として，法律（又は条例）によって定められることになっているが，それは，現行憲法のもとで，一切の法が原則として法律（又は条例）によって定められる建前になっているからであって，直接，行政主体とその相手方である人民との間の権利義務に関する定めをするものではない。いいかえれば，行政組織法は，行政主体の行なう行政作用を規制し，行政主体と人民との間の権利義務に関する定めをする行政作用法とは明確に区別されなければなら」[4]ないとする。そして，これに続けて，「すなわち，行政組織法の定めは，各行政主体が行政目的に従って，その機能を合理的・能率的に発揮することができるよう，合目的的見地に立って設けられており，相互の連絡・調整や権限の指揮・監督のごときは，行政組織の内部の問題として，自主的処理に委ねられるべきものなのである。したがって，その権限の行使やこれに関する指揮・監督について，機関相互の間に解釈上の疑義が生じ，見解の対立や紛争が生じた場合においても，それは，行政組織の内部の問題として，原則としては，上級行政庁の判断と決定にまつべきものとされ，司法権の介入は許されない」[5]と述べる。この記述に続いて，本節注2)に対応する本文で見た田中の命題が示されるのである。

　(b)　塩野宏の批判と見解　　塩野は，田中の見解に対し，「一般的に組織規範から裁判規範的性格を奪うことができるであろうか」と問題提起した上で，本書が注目する，私人が当事者となる裁判に関する説明において，「組織規範が，国民との関係で外部効果をもつ例は決して珍しくない」と述べ[6]，組織規範が外部効果を持つことを類型化して示す。

　まず，土地管轄に関する規定について，「ある処分の適法性のコントロール

---

2)　田中二郎『新版　行政法　中巻（全訂第2版）』（弘文堂，1976）15頁。
3)　塩野・前掲注1)18頁。
4)　田中・前掲注2)14-15頁。
5)　田中・前掲注2)15頁。傍点原文。
6)　参照，塩野・前掲注1)18頁。傍点引用者。

32

は当然，当該行政庁が土地管轄を有するかどうかに及び，仮にそれが欠けているときは，無権限の行政行為として無効の問題が生ずる」[7]とする。そして，土地管轄外で行われた更正処分を例にとり，私人は，「更正処分の取消訴訟，さらには，無効確認訴訟を提起することができる」[8]という。

次に，組織間手続の瑕疵について，「組織規範違反が私人の権利利益にかかわってくることがあり，その際には，組織規範が裁判規範として機能することがしばしばある」[9]と述べ，さらに，組織間手続（を定める規範）の「外部効果の判定にあたっては，当該手続が法律の委任に基づく場合としからざる場合との区別にも配慮する必要がある」[10]として，小早川光郎の論文を指示する。

(2) 小早川光郎の見解

そこで指示される小早川の論文では，ある行政機関の処置が組織間手続を定める規範に違反してなされた場合に，そのこと「が，とられた処置の外部法関係における違法を帰結するか」[11]という問題について，次のような思考が示される。

まず，小早川は，組織間手続についての定めが，「国の法令または自治体の条例・規則等々の立法の形式」によっている場合と，「訓令・通達等の行政内部規定の形式」・慣例によっている場合とを区別する。小早川は，一方で，後者の「場合には，当該手続の当事者たる一定の行政機関が，それらの規範に従って行動すべき義務を外部法関係において一定の関係人に対して負担し，それに対応する権利が当該関係人に帰属するというような事態は，原則として生じないと解すべきであろう」[12]という。他方で，前者の「場合には，外部法関係の内容として，右にいうような〔つまり前文で引用したような〕権利義務の関係，とりわけ，当該手続の瑕疵なき履践を経て案件処理が行われるべきことを関係人が自らの権利として要求することができ，その点の瑕疵を伴う案件処理は当該関係人に対して違法とされるという関係が，成立する余地がある」[13]と

---

7) 塩野・前掲注1) 18-19頁。

8) 塩野・前掲注1) 19頁。

9) 塩野・前掲注1) 19頁。傍点引用者。

10) 塩野・前掲注1) 20頁注1。傍点引用者。

11) 小早川光郎「行政内部手続と外部法関係」兼子仁＝磯部力編『手続法的行政法学の理論』（勁草書房，1995）99頁，109頁。

12) 小早川・前掲注11) 110頁。

13) 小早川・前掲注11) 110頁。傍点引用者。

序章　問題の設定

いう。

　次に，小早川は，「組織間手続に関する立法の規定」が，「もっぱら，ある特定の価値ないし利益を保護する趣旨で設けられている場合があり，その場合には，一定の案件処理の過程で当該規定が遵守されなかったとしても，その価値ないし利益に対して無関係な者にとっては，当該案件処理を違法とする根拠にはならないであろう（行訴法 10 条 1 項参照）」[14]とする。しかし，小早川自身は，「立法が特定の価値ないし利益を保護する趣旨であるかどうかという観点は，過度に強調すべきものではない。そのことは，人の権利自由の制限ないし剥奪に係る案件の場合に，特に妥当する」[15]という立場を示す。敷衍すれば，まず，「行政処分等によって人の権利自由を制限したり剥奪したりすることは，それが公共の福祉のために必要であるかぎりにおいてのみ正当とされる」ところ，組織間手続を定める規範は，「案件処理が……公共の福祉に適合するように行われることを確保するため」に定められる[16]。「したがって，……その手続が直接に当該関係人の利益を保護するためのものでなくても，公共の福祉による根拠づけのための十分な手続を経ないで人の権利自由を制限するという意味で，当該関係人に対して違法と評価されうる」[17]というのである。

　とはいえ，関係人の利益を保護することは要しないとしても，違法主張・判断の対象となる法規範であるためには，行政を義務付けるという意味での外部効果を当該法規範が持たねばならないことは，小早川も認める[18]。

---

14) 小早川・前掲注 11) 110-111 頁。

15) 小早川・前掲注 11) 111 頁。

16) 参照，小早川・前掲注 11) 111 頁。

17) 小早川・前掲注 11) 111 頁。小早川による行訴法 10 条 1 項の解釈については，同『行政法講義 下Ⅰ』（弘文堂，2002）13-16 頁，同『行政法講義 下Ⅱ』（弘文堂，2005）181-182 頁も参照。

18) 参照，小早川光郎「組織規定と立法形式」樋口陽一＝高橋和之編『芦部信喜先生古稀祝賀 現代立憲主義の展開 下』（有斐閣，1993）469 頁，481 頁注 11，同・前掲注 11) 112 頁。なお，組織間手続を定める規範に関しては，「とられた処置の内容ないし実体との関連性の如何にかかわらずつねに当該処置を違法ならしめると考えるべきであろうか」という問題がさらにあるが，「これは，行政手続上の瑕疵一般について生ずるのと同様の問題であ」り（小早川・前掲注 11) 111 頁），組織規範に特有の問題ではないから，本書では立ち入らない。

34

2 分 析

⑴ 裁判規範性の概念

　以下の分析に先立って，問題となっている裁判規範性の概念がいかなるものかを定める必要があろう。塩野の見解においては明確な定義が与えられないが，行政法規範の裁判規範性の問題につき詳細な検討を加える平岡久の見解を参照して，「裁判所は訴訟の審理に際して〔当該規範を〕裁判基準として適用することができ，また適用しなければならない」[19]ことをいうと考えて問題なかろう[20]。以下，本書で「裁判規範性」というときはこの意味で用いる。

　この裁判規範性の概念に基づいて，組織規範の裁判規範性についての問題を分析する。

⑵ 外部効果の要否

　まずは，塩野と田中との間にいかなる差異があるのかを分析する。

　塩野は，田中の見解を組織規範に裁判規範性を認めないものと理解した上で，批判を行っているようである。

　しかし，田中は組織規範の裁判規範性を完全に否定していたわけではない。第1に，田中が述べているのは，直接には，「権限の行使やこれに関する指揮・監督について，機関相互の間に解釈上の疑義が生じ，見解の対立や紛争が生じた場合に」[21]司法権の介入が否定されることである。これは，直接には，機関訴訟が否定されることを意味する[22]。第2に，田中は，組織法（組織規範）を，「各行政主体相互間の機能の分担に関する定めのほか，主としては，各行政主体の機関相互間の権限の分配・帰属，連絡・調整，権限行使の指揮・監督等に関する定めであ」[23]ると捉えつつ，組織規範のうち少なくとも一部については，行政行為がこれらの規範に違反した場合に，行政行為は取り消すべき瑕疵あるいは無効の瑕疵を帯びると解している[24]。これらの違反の有無は取消

---

19) 平岡久「『法規』に関する若干の考察」同『行政立法と行政基準』（有斐閣，1995）109頁，124頁〔初出1984〕。平岡の見解については本節注34）も参照。

20) 法規命令に関する箇所であるが，塩野宏『行政法Ⅰ　行政法総論（第6版補訂版）』（有斐閣，2024）102頁では，塩野も平岡の定義に近い定義を採っているように見える。

21) 田中・前掲注2）15頁。

22) 参照，田中・前掲注2）15頁，18頁注4。ただし，同『新版　行政法　下Ⅰ（全訂第2版）』（弘文堂，1969）6頁注6の記述は機関訴訟の否定にとどまらない意味を持つとも読める。

23) 田中・前掲注2）14頁。

24) 参照，田中二郎『新版　行政法　上巻（全訂第2版）』（弘文堂，1974）144頁，147-148頁。

序章　問題の設定

訴訟において審査できる[25]から，田中の見解においても，組織規範の少なくとも一部は行政行為の取消訴訟において裁判規範性を持つとされていたと考えられる[26]。

こう考えると，塩野と田中は，組織規範の少なくとも一部が取消訴訟において裁判規範性を持つことを認める点では共通するといえる。

では，塩野と田中の差異はどこにあるか。それは，ある法規範が取消訴訟における裁判規範性を持つための条件として，当該法規範が私人との関係で外部効果を持つことを要求するか否か，にある。以下で敷衍する。

一方で，塩野は，"ある法規範が取消訴訟において裁判規範性を持つためには，私人との関係で外部効果を持つことが必要である"と当然に考えていると理解できる。

他方で，田中は，行政組織法は，「行政主体の行なう行政作用を規制……する行政作用法とは明確に区別され」ねばならないこと，また，「直接，行政主体とその相手方である人民との間の権利義務に関する定めをするものではない」ことを指摘しつつ[27]，（一部の）組織規範が裁判規範性を持つことを認めていた。そして，ここでいう「権利義務に関する」が法規範の内容（あるいは規律対象）を指すのか法効果を指すのか[28]については理解が分かれ得る[29]ところ，

---

25) 参照，田中・前掲注24) 137頁，351頁注2。

26) 田中・前掲注2) 以前の議論状況を確認しておく。まず，田中・前掲注2) 以前は，組織規範の裁判規範性の有無という問題は必ずしも明確に立てられていない。藤田宙靖「警察法2条の意義に関する若干の考察」同『行政法の基礎理論　上巻』（有斐閣，2005）351頁，379頁〔初出1988-1989〕には，"従来の行政法学の理論枠組みからすると，私人との関係での訴訟において組織規範は裁判規範性を持たない"旨を示唆する記述があるが，後の藤田の議論（本章第1節注70) およびそれに対応する本文を参照）からすると，この記述は藤田のいう「行政組織法」についてのものと理解すべきであろう。次に，組織規範の裁判規範性の有無という問題を実質的には扱っている議論でも，組織規範の裁判規範性を否定する立場は必ずしも明確に提示されていない。せいぜい，組織間手続を定める規範に関して提示された一部の見解・裁判例がこの立場に相当するものとして位置付けられ得るにとどまる（本節注41)・42) を参照）。

このように，田中・前掲注2) 以前の議論状況においては，組織規範の裁判規範性の有無という問題は必ずしも明確に提示されてこなかった。しかし，従前の見解が取消訴訟における組織規範の裁判規範性を認めるための根拠を明確には示さなかったことに問題があるとも考えられるし（本節注42) およびそれに対応する本文を参照），組織規範の裁判規範性の有無という問題を明確に立てて論じる見解と，この見解によって言及される見解を中心に検討することは，従前不明瞭であった問題構造の解明に資するところがあるから，従前の議論状況とは別に取り上げて検討を行う必要がある。

27) 参照，田中・前掲注2) 15頁。

この分岐に応じて，次のような解釈の可能性が生じる[30]。

　一方で，「権利義務に関する」が法規範の内容（あるいは規律対象）を指すのであれば，田中においても組織規範が外部効果を持つことはあり得ることになる。こう解釈する場合には，“田中が，塩野のように，ある法規範が取消訴訟において裁判規範性を持つための条件として外部効果を要求しつつ，組織規範の一部に外部効果を認めることで裁判規範性を認めていた”と考える可能性が残る。

　他方で，「権利義務に関する」が法規範の法効果を指すのであれば，田中は，組織規範は行政主体・私人間の権利義務に関わる法効果を持たないとしつつ，組織規範の一部に取消訴訟における裁判規範性を認めたことになる。田中の立場をこう解釈すると，（外部効果の内実が行政主体・私人間の権利義務を定めることに尽きるか否かについては本項2(3)で述べるとおり議論の余地があるものの，）田中の立場を，外部効果を持たない法規範であっても取消訴訟における裁判規範性を持つことを認めるものとして理解する可能性が生じる。すなわち，“田中は，ある法規範が取消訴訟における裁判規範性を持つための条件として，当該法規範が私人との関係で外部効果を持つことを要求していないという立場を採った”と理解する可能性が生じる。この立場は，塩野の立場（つまり，ある法規範が取消訴訟における裁判規範性を持つための条件として，当該法規範が私人との関係で外部効果を持つことを要求する立場）と対立する。

　以上より，ある法規範が取消訴訟における裁判規範性を持つために，一方で

---

28) 内容・規律対象と法効果との区別につき参照，平岡・前掲注19) 113頁。

29) それぞれ田中二郎の法規概念を論じる文脈であるが，原田大樹「行政立法と行政基準」法教 449号（2018）60頁，62頁は内容を指すものと理解し，村西良太『「独立命令」全面違憲論の批判的考察』行政法研究26号（2018）75頁，79-80頁は法効果を指すものと理解するようである。

　なお，「内容的にみて『私人の権利義務』にかかわるものではない規範が『私人の権利義務』を設定するまたは変動させる効力をもつはずはな」いと考える立場がある（平岡・前掲注19) 115頁）。しかし，後述のように，内容的に見て私人の権利義務と関わらない組織規範（参照，同書114-115頁）が外部効果を持ち得ることから，内容（あるいは規律対象）と法効果との関係に関する限り，本書は平岡のように考えない（組織規範は内容的に見て私人の権利義務と関わると理解する可能性もあるが，この可能性には立ち入らない）。

30) 田中は，ある法規範が裁判規範性を持つための条件として，ある法規範が法規であることを要求するかのような記述も示している（田中・前掲注24) 166頁参照）。しかし，田中がこの条件を要求していると考えることは，田中が，本文で述べたように，組織規範が法規であることを実質的に否定しつつ組織規範に裁判規範性を認めることと整合しない。

序章　問題の設定

当該法規範が私人との関係で外部効果を持たねばならないという理解を採る立場と，他方でこの理解と対立する理解を採るとも解せる立場がある。この対立の可能性は，“ある法規範が取消訴訟における裁判規範性を持つための条件として，当該法規範が私人との関係で外部効果を持たねばならないか”という問題についていかに考えるべきかが不明確であることを意味している[31]。

(3)　外部効果の内実

直前で示した問題に関し，小早川も，特に理由を示さないものの，ある法規範が取消訴訟における裁判規範性を持つためには，当該法規範が外部効果を持たねばならないと考える[32]。しかし，仮にそう考えるとしても，念頭に置かれている外部効果の内実については論者間に差異がある。

　(a)　法形式との関係　　前提として，外部効果を持つためには，当該法規範は，「訓令・通達等の行政内部規定の形式」ではなく，「国の法令または自治体の条例・規則等々の立法の形式」によって定められねばならないと考えられる（本書では，個別の法形式を特に取り上げて論じる場合を除いて，小早川に倣って，国の法律・命令，地方公共団体の条例・規則を「立法の形式」と呼び，訓令・通達等を「行政内部規定の形式」と呼ぶ）[33]。しかし，さらに進んで，“取消訴訟において，組織規範は，その法形式が立法の形式であれば当然に裁判規範性を持つか”という問題に対しては，塩野・小早川はともに慎重な態度を採る。すなわち，法

---

31)　組織規範を念頭に置いた記述ではないが，松戸浩「裁量基準の拘束力」立教法学 103 号（2020）294 頁，270 頁は，「裁判規範は請求内容に係る当事者を拘束する規範であることが求められるところ，主観訴訟では主観的地位に立つ私人が当事者なので裁判規範に対外的拘束力が随伴する」との言明を行う。“松戸のこの言明は，ある法規範が（主観訴訟の一種である）取消訴訟において裁判規範性を持つための条件として外部効果を要求する理解を採る根拠を示している”と考えることは可能であろう（実際，松戸は，前記の言明に続けて，「主観訴訟にあっては対外的拘束力なき裁判規範を措定することは適切ではな」いという）。
　　松戸の前記の言明が誤りであるとは本書も考えない。しかし，前記の言明の前提には，取消訴訟における一方当事者が主観的地位に立つ私人であるとの理解があるところ，この理解を共有しない立場もあり（そうした理解が成立し得ることは本書も否定しないことも含めて参照，結章第 1 節第 1 款第 1 項 2(2)(b)），前記の言明はこの立場にも当てはまる形での根拠付けにはならない。そうすると，この立場にも当てはまる形で，本文で示した問題に対する解答とその根拠を探ることの必要性，すなわち，“松戸の前記の言明を離れて，ある法規範が取消訴訟における裁判規範性を持つための条件として外部効果が要求されるのか，されるとしてその根拠は何かを探ること”の必要性はなお残っていよう。かくして，本書は，本文で示した問題はなお論じるに値するものとして残っていると考える。

32)　小早川・前掲注 17)『I』13-16 頁。おそらく同旨，宇賀克也『行政法概説Ⅲ　行政組織法／公務員法／公物法（第 6 版）』（有斐閣，2024）3 頁。

形式を考慮するだけでは考察を終えず，さらに外部効果の有無を問う点で，塩野・小早川は共通するのである（本節注10）・13）に対応する本文を参照）[34]。

　(b)　外部効果の内実　　しかし，この外部効果の内実について，塩野・小早川には差異がある。

　改めて確認すれば，小早川は，組織間手続を定める規範に関し，塩野のいう裁判規範性の有無に相当する問題を，組織間手続の瑕疵が外部法関係で処置の違法を帰結するか，その違法を訴訟において主張できるかという問題として把握する。これらの問題に対し，小早川は，第1に，組織間手続を定める規範が，原告私人の特定の利益を保護し，当該私人が当該手続の遵守を求める権利を持つ場合には，当該規範に違反した処置の違法が帰結すると考え，違法の主張を認める。第2に，特に原告私人の権利自由を制限する処置の場合には，組織間手続を定める規範が厳密に当該私人の個別的利益を保護していなくとも，違法の主張を認める（本項1⑵参照）。

　これに対し，塩野は外部効果の内実を明確にしない。3点に分けて問題を指摘する。

　第1。塩野は，取消訴訟における裁判規範性の有無の問題が取消訴訟における違法主張の可否の問題であるという思考，および，小早川のような場合分けを明示しない[35]。小早川の見解と比較すると，塩野は，"ある法規範が取消訴訟における裁判規範性を持つためには当該法規範が原告の特定の利益を保護する必要がある"と理解しているのか，判然としない。

　第2。塩野は，組織間手続を定める規範が「私人の権利利益にかかわってくることがあり，その際には，組織規範が裁判規範として機能することがしばしばある」[36]と述べており，この言明を，"ある法規範が取消訴訟における裁判規

---

33)　参照，小早川・前掲注11）110頁。なお，塩野・前掲注20）112-113頁，120-121頁は，行政内部規定の形式で定められた組織規範も，法の一般原則等の媒介なしに外部効果を持つ旨をいう。しかし，当該規範はその形式からして外部効果を持たないという「当然の事理」（参照，小早川光郎『行政法　上』（弘文堂，1999）101-102頁，同・前掲注11）110頁）を覆す根拠を塩野は示さない（なお，本書では法の一般原則等の媒介による間接的効果には立ち入らない）。この事情に鑑み，本書は，原則として，立法の形式で定められた法規範のみを考察の対象とする（ただし，後の章では，行政内部規定の形式で定められた法規範も考察の対象に入れる場合がある。このことについては，第1章第1節第1款第1項4を参照）。

34)　塩野・小早川と同様に，立法の形式で定められた法規範であっても，「実際に裁判規範として機能する場が与えられるかどうかは」直ちには決まらない旨をいうものとして，参照，平岡・前掲注19）125-126頁。

序章　問題の設定

範性を持つためには当該法規範が原告の特定の利益を保護する必要がある”との理解を塩野が採ることを示すもの，と解することはできよう。しかし，仮にこう解すると，前記の理解と，“組織間手続の一類型である諮問手続の趣旨が利害関係人の利益を保護するというものでなくとも，諮問手続を定める規範に反して行われた処分が取り消され得る”（そしてその前提としてこの規範が取消訴訟における裁判規範性を持つことを認める）という伝統的見解[37]を塩野が支持していたこと[38]とが整合するのか，が問題となる。

　もっとも，以下の①・②で述べることからすると，塩野の見解と伝統的理解との整合性はそれほど問題とならないとも考えられよう。

---

35) 行訴法 10 条 1 項に関する塩野の理解については，参照，塩野宏『行政法Ⅱ　行政救済法（第 6 版）』（有斐閣，2019）181-184 頁。

　本文の指摘と関連して，塩野の見解を，「組織規範が外部効果を持ち，更に私人の権利利益に直接のかかわりを持って，私人の出訴権とのかかわりで裁判規範として機能することはしばしば指摘される」（大脇成昭「財政法の外部効果論」熊本法学 103 号（2003）1 頁，51 頁注74。傍点引用者）と読解することについて触れておく。この読解は，塩野・前掲注 1) 19 頁が，「本郷税務署長の更正処分は，土地管轄の規定に反し無権限であるので，更正処分の取消訴訟，さらには，無効確認訴訟を提起することができる」との言明を行う箇所を捉えたものであろう（傍点引用者。なお，大脇は同書の第 2 版（塩野宏『行政法Ⅲ　行政組織法（第 2版）』（有斐閣，2001）16 頁以下）を参照しているが，最新版でもほとんど記述は変わっていない）。

　確かに，大脇がおそらくそうしているように，塩野がいう裁判規範性の有無の問題は本案ではなく訴訟要件の問題として位置付けられていると読む余地は，皆無ではない。しかし，塩野は，「ある処分の適法性のコントロールは当然，当該行政庁が土地管轄を有するかどうかに及」ぶことの例として前記の言明を位置付けているのであり（参照，塩野・前掲注 1)18-19 頁），やはり「適法性のコントロール」（したがって本案の問題）として裁判規範性の有無の問題を位置付けていると思われる。前記の言明の中で「訴訟を提起できる」という表現が用いられたのは，前記の言明の直前にある，「小石川税務署の管轄区域について本郷税務署が徴税をしてしまったとしても，小石川税務署長が本郷税務署長を相手どって裁判所に訴訟を提起することは認められない」（塩野・前掲注 1) 19 頁）という説明との違いを明確にするために過ぎないと理解できよう。

　したがって，本書は，塩野は本案の問題として裁判規範性の有無の問題を位置付けていると理解する。本文では，裁判規範性の有無の問題は本案におけるいかなる問題とされているのかが不明であることを指摘したのである。

36) 塩野・前掲注 1) 19 頁。傍点引用者。

37) この見解の全体像は，“諮問を経ることの趣旨が，利害関係者の権利利益の保護のためであればこれを欠いた処分は無効であり，単に行政行為の内容を適当ならしめるためであればこれを欠いた処分は取り消され得る”というものである。この見解を示す主たるものとして，田中二郎「行政行為の瑕疵──無効原因の一考察──」同『行政行為論』（有斐閣，1954）1頁，76-78 頁〔初出 1931〕，美濃部達吉『日本行政法　上』（有斐閣，1936）272 頁，288-290頁，田中二郎『行政法総論』（有斐閣，1957）352 頁。

38) 参照，塩野宏「判批」法協 75 巻 4 号（1958）526 頁，529-530 頁。

まず，①塩野は，遅くとも 1989 年において，諮問手続を定める規範の趣旨を伝統的見解のように分けるという思考を採らないかのような態度を示していた[39]。

次に，②この伝統的見解が確固たる内実と根拠を有していたわけではない[40]。一方で，この伝統的見解は，諮問手続を定める規範が利害関係人の利益を保護しない場合には違法とならない旨を本来いうものであった，という旨の指摘[41]がある。他方で，この指摘とは異なり，諮問手続を定める規範が私人の利益を保護しない場合でも違法となる旨を伝統的見解がいうのだとすれば，伝統的見解は，"私人の特定の利益を保護しない法規範の違反は，反射的利益を保護しない取消訴訟の本案審理で主張できないはずである"という前提と整合するのか不明である，という旨の指摘[42]がある。

前段落を要するに，まず，伝統的見解をどう理解するかについては議論が分かれており，伝統的見解は確固たる内実を有していない。次に，前段落で引いた後者の指摘がいうように，私人の特定の利益を保護しない法規範が取消訴訟における裁判規範性を持つのはなぜかが不明である点において，伝統的見解は確固たる根拠を有していない。

以上①・②より，塩野の見解と伝統的理解との整合性はそれほど問題とならないとも考えられる。

第 3。塩野の見解を，原告の特定の利益を保護することを外部効果の内実として要請しないものと解するとしても，組織間手続を定める規範についての塩野の言明からは，外部効果の内実として"私人の権利利益とのかかわり"が要請されていることは読み取れる。しかし，他の組織規範を視野に入れると，塩野のいう外部効果の内実が一貫しているか，疑問の余地が生じる。例えば，塩

---

39) 参照，塩野宏『行政法第一部講義案（下）』（有斐閣，1989）227 頁注 4。

40) 参照，小早川光郎「手続瑕疵による取消し」法教 156 号（1993）94 頁。

41) 参照，池村好道「答申の欠缺と手続的瑕疵──審議会行政の検討（2）──」秋田大学教育学部研究紀要 48 号（1995）77 頁，82 頁注 7（その上で，池村自身は，諮問手続を定める規範が利害関係人の利益を保護しない場合であっても，当該規範に違反した行為は違法であるとする。同論文 80 頁参照）。本文の指摘に近い理解を採るものと位置付けられる裁判例として参照，長崎地判昭和 29 年 8 月 6 日行裁例集 5 巻 8 号 1962 頁，仙台高判昭和 33 年 2 月 15 日行裁例集 9 巻 2 号 295 頁。

42) 参照，阿部泰隆「判批」同『事例解説 行政法』（日本評論社，1987）56 頁，59-60 頁〔初出 1968〕（ただし阿部自身は本文で挙げた前提を支持しない）。この指摘からすると，本節注41）で挙げた裁判例が，本文で挙げた前提と整合的であり得る。

序章　問題の設定

野の見解では，土地管轄に関する規範がいかなる外部効果を持つと想定されているのかが一見して明確でないところ（本節注7）・8）に対応する本文を参照），この不明確さを解消するために別の箇所を参照すると，この規範は，「土地管轄外において行動……することは外部との関係でも法効果を有しないといった意味で，もともと外部効果を持つことがある」[43]と説明されている。この説明によって取消訴訟における裁判規範性が認められるのであれば，塩野が想定している，取消訴訟における裁判規範性の条件としての外部効果の内実は，行為が外部関係で法効果を有しないことであって，私人の権利利益とのかかわりではないことになろう。仮に，想定されている外部効果の内実を一貫させるようにすべく，先に引いた説明を，土地管轄に関する規定は私人の権利利益と当然にかかわる旨をいうものと理解しても（本節注7に対応する本文を参照），「当然」という評価をするだけでは，組織規範と私人の権利利益との関係の仕方が小早川に比して不明確であるという第1点の指摘がなお妥当する。この関係の仕方を明確にしなければ，塩野がいう，裁判規範性の有無を判断するための「個別の審査」（本節注1）に対応する本文を参照）を説得的に行うことはできない。

　以上より，取消訴訟における裁判規範性の条件として外部効果を要求するとしても，その内実は必ずしも明確でなく，また，論者の間に一致がないため，外部効果の内実を明確にせねばならないといえる。

(4)　組織規範の外部効果

　本項2(3)での議論が示すように，取消訴訟における裁判規範性の条件としての外部効果の内実をいかに解するかについては様々な見解が想定される。とはいえ，外部効果の内実を明瞭に示す小早川の見解の方向性で考察することが有力な選択肢として共有されているようではある[44]。そして，小早川の見解の方向性で考察することは，取消訴訟における裁判規範性の有無の問題を取消訴訟における違法主張・違法判断の可否の問題として捉えることを意味した。しかし，この方向性で考察するとしても，組織規範違反を取消訴訟で主張・判断できるかは不明確な点が残る。2つの観点から問題を指摘する（(a)・(b)）。

43）行政規則を論じる文脈であるが，塩野・前掲注20) 112-113頁。

44）藤田宙靖『行政組織法（新版）』（有斐閣，2001）115-116頁注1もこの方向性を示唆する。組織規範を扱う文脈ではないが，遠藤博也『実定行政法』（有斐閣，1989）23-25頁，111-113頁もこの方向性を示す。

（a）　行政を義務付ける外部効果の有無　　第1。違法主張・判断の範囲の問題に関してどのような立場を採るのであれ（したがって私人の権利利益を保護しない法規範の違反も主張・判断できると解する（詳細は(b)参照）としても），本項1(2)での検討から窺えるとおり，少なくとも，当該法規範が行政を義務付ける外部効果を持つことは必要となろう。しかし，以下で示すように，組織規範が行政を義務付ける外部効果を持つことは自明ではない。

まず，学説上，組織規範と内部法とが完全ではないにせよ対応させられることがある[45]。

次に，命令等の意見公募手続の適用範囲に関連して，「組織令」は「行政内部のみに適用される」という見解が示されたことがある[46]し，現在も，行政手続法4条4項において私人の権利義務に直接関係しない組織規範の存在が想定されており，この規定は「組織規範の内部法的側面を示すものと」[47]される。これらの見解・実定法はあらゆる組織規範について行政を義務付ける外部効果を否定するものではないかもしれないが，これらの見解・実定法から，少なくとも一部の組織規範は内部効果を持つにとどまるという想定を見出すことはできよう。

（b）　保護規範性の有無　　第2。取消訴訟における裁判規範性の問題を違法主張・判断の可否の問題として把握する場合には，検討対象の法規範が私人の権利利益を保護するか，すなわち保護規範性を持つか，の検討も行う必要があると考えられる(a)。そこで検討してみると，組織規範が私人の権利利益を保護するか否かは明確でない(b)。

　　a　取消訴訟における違法主張・判断の可否についての議論状況　　取消訴訟における裁判規範性の問題を違法主張・判断の可否の問題として把握す

---

45) 遠藤・前掲注44) 23頁。

46) 参照，平成11年3月23日の閣議決定「規制の制定又は改廃に係る意見提出手続」の「1 対象」に付された「考え方(9)」（https://www.soumu.go.jp/main_content/ 000526774 .pdf 最終閲覧：2024年5月20日）。

　　なお，平成16年12月17日の行政手続法検討会報告（https://www.soumu.go.jp/main_sosiki/singi/dokuritu/pdf/ 041217_9_6 .pdf 最終閲覧：2024年5月20日）では，組織規範も外部効果を持ち得ると解されているようであるが，同時に，「様々な局面において現れる外部的効果もいろいろである」(7頁)とされており，外部効果の内実としていかなるものが想定されているかは明確でない。

47) 宇賀・前掲注32) 4頁。

序章　問題の設定

る場合には，検討対象の法規範が私人の権利利益を保護するか，すなわち保護
規範性を持つか，の検討も行う必要があると考えられる。なぜなら，この問題
について，保護規範性を要請する見解はなお採用可能であり，また，保護規範
性を要請しない立場においても主張できる範囲が一定しないため，いずれの見
解からも異論なく違法主張・判断が認められる場合を考察すべきだからである。
以下，敷衍する。

　本書は，形式的名宛人に不利益を課す行政行為（と目される行為）の形式的名
宛人が取消訴訟を提起する局面を念頭に置くところ（本章第1節第2款第2項3
⑶参照），この局面における行訴法10条1項の解釈については，結論に関して
大きく分けて，⑴保護規範違反のみを主張・判断できるとする立場と，⑵保護
規範違反であれば主張・判断できることを認めつつも，保護規範違反のみに限
定せず，違法主張・判断の範囲を拡大する立場がある[48]。

　これらの立場の当否を検討するために，まずは，違法主張・判断の範囲と関
わる原告適格の問題から整理を始める。

　名宛人が原告適格を有することの理論的根拠には対立がある。すなわち，
「処分の法的効果によって権利が侵害されたことそれ自体が根拠であると解す
る」「権利侵害説」と，「狭義の第三者と同様に処分要件規定が広義の名宛人の
利益を保護しているからと解する」保護規範説とがある[49]。権利侵害説でいう
権利としては（一般的）自由権が想定されている[50]。多くの論者は権利侵害説
を採っているようである[51]が，保護規範説を採ることも否定されていない[52]。
そこで本書は，この段階では，権利侵害説も保護規範説もいずれも採用可能で

48) 立場が比較的明確なものを挙げる。⑴の立場として，長屋文裕「第10条」高橋滋ほか編
　　『条解　行政事件訴訟法（第5版）』（弘文堂，2023）360頁，363-373頁。⑵の立場として，
　　小早川・前掲注17)『II』181-182頁，塩野・前掲注35)『II』181-182頁。おそらく⑵の立
　　場のものとして，野呂充「行政事件訴訟法における『法律上の利益』をめぐって」法と政治
　　72巻1号（2021）475頁，531頁。芝池義一『行政救済法』（有斐閣，2022）110頁は，公益
　　規定も「同時に……処分権限の行使を制約する点で相手方の権利利益を保護するという意味
　　を持っている」と述べており，⑴の立場を採りつつ保護規範の範囲を拡大する立場を採ると
　　読める。

49) 参照，野呂・前掲注48)507頁。野呂はそこにおいて後者の説を「処分要件説」と名付け
　　ているが，本書では保護規範説という名称を採用した。野呂とほぼ同旨の整理として参照，
　　神橋一彦『行政救済法（第3版）』（信山社，2023）89頁。

50) 参照，大貫裕之「取消訴訟の原告適格についての備忘録」稲葉馨＝亘理格編『藤田宙靖博
　　士東北大学退職記念　行政法の思考様式』（青林書院，2008）377頁，383頁，神橋・前掲注
　　49)89頁。

44

あると考えて説明を続ける。

　前段落で整理したことを踏まえて，本案での違法主張・判断の範囲を検討する。

　一方で，名宛人の原告適格の根拠について（一般的）自由権を前提とする権利侵害説による場合には，前記の(ii)の立場，すなわち，保護規範違反であれば主張・判断できることを認めつつも，保護規範違反のみに限定せず，違法主張・判断の範囲を拡大する立場，が採用されることになる[53]。しかし問題は，権利侵害説を採って(ii)の立場に至る論者の間にも，違法主張・判断できる範囲に関して差異があり得るということである。2点に分けて指摘する。

　第1に，例えば，野呂充は，「公益要件であっても原告の利益との間でこのような関係〔つまり公益の保護・実現という目的が原告の権利を制限しまたは義務を課すことを正当化するという関係〕が成立していないものについては違法の主張はできない」[54]と述べるが，塩野宏は，「処分の名宛人との関係では，処分要件の範囲である限りでは，自己の利益とは直接の関係のない公益違反も主張することはできる」[55]と述べている。両者を比較すると，塩野は野呂のよ

---

51) 文献の参照を含め，参照，野呂・前掲注48) 507-513頁。権利侵害説を採ると解されるものとしてさらに参照，塩野・前掲注35)『II』131-132頁。

52) 野呂・前掲注48) 511-513頁は保護規範説による根拠付けが不要ないし不適切と批判するが，批判の多くは不要である旨の指摘にとどまると解される。不適切である旨の指摘と理解できるのは，「法律上保護された利益説を，あらゆる原告適格に妥当する考え方と誤解し」ているとの指摘である（同論文512頁）が，法律上保護された利益説は名宛人に対しても適用可能であるとされる（参照，安念潤司「取消訴訟における原告適格の構造（4・完）」国家99巻7＝8号（1986）473頁，488頁注6）ことに鑑みると，「誤解」とまではいえないであろう。なお，野呂・同論文512頁注64で示される「疑問」，すなわち，「法律上保護された利益説では，狭義の第三者の利益が，公益の一環ではなく個別的利益として保護されているかどうかが重要な論点となるが，処分要件説〔つまり保護規範説〕においては，処分要件が保護する名宛人の利益が個別的利益であることが当然の前提とされ，具体的な検討が行われていない」のではないかという疑問は，保護規範説による根拠付けをするならばその論者が（野呂・同論文511頁で指摘される，名宛人に原告適格を認めない場合に生じ得る違憲性の問題をも踏まえて）本来行うべき作業を指摘するものであって，保護規範説による根拠付けをすること自体の不適切さを指摘するものではなかろう。

　もっとも，名宛人の原告適格を保護規範説により根拠付けることの適切さは，いわゆる準名宛人・第三者の地位をも視野に入れた検討を要しよう（野呂充「行政手続における第三者の地位と行政争訟」現代行政法講座編集委員会編『現代行政法講座II　行政手続と行政救済』（日本評論社，2015）97頁，107-110頁がこの検討の必要性を示唆する）。しかし，本書ではこの検討はできない。

53) 古典的な説明として参照，美濃部・前掲注37) 947頁。

54) 野呂・前掲注48) 531頁。

序章　問題の設定

うな限定を付していないように見えるのである。

第1点を度外視しても，第2に，より重要なこととして，"（一般的）自由権の侵害によって，組織規範違反の主張・判断が可能であると説明できるか"については疑問の余地がある。ドイツの議論を検討する文脈ではあるものの，小早川は，次のように説明していた。「一般的自由権概念の成立基盤を提供した侵害留保の原理は，私人の自由および財産を行政作用による恣意的侵害から保障することをその機能とするものであ」り，「内容的に十分に覊束された行政作用をさらに手続的にも制約することは，侵害留保の原理の要請するところではなかったと言うべきであろう。そうしてみれば，この原理のいわば主観化としての一般的自由権の概念も，本来は，覊束行為についてまであらゆる手続的違法を取消原因として主張しうべきことを意味するものではなかったと考えられる」[56]。

他方で，名宛人の原告適格の根拠について保護規範説による場合には，同説の構造上，本案での違法主張・判断の範囲は保護規範違反に限定される（つまり(i)の立場になる）はずである[57]。もっとも，名宛人の原告適格の根拠として保護規範説による場合でも，違法主張・判断の範囲を拡大する余地（つまり(ii)の立場を採る余地）はあるかもしれない。なぜなら，名宛人ではなく第三者に関する議論状況に目を転じてみれば，第三者の原告適格の有無につき保護規範説を採用する立場でも，本案での違法主張・判断の範囲を保護規範違反から拡大する見解が提示されているからである。そこで，こうした見解の根拠[58]を（前記の保護規範説の構造による根拠との関係を検討した上で）援用して，名宛人につい

---

55) 塩野・前掲注35)『Ⅱ』181頁。

56) 小早川光郎「取消訴訟と実体法の観念」同『行政訴訟の構造分析』（東京大学出版会，1983）1頁，170頁〔初出1973〕。この指摘が手続法（違反）のみならず組織規範（違反）にも妥当することにつき，同書186頁を参照。

57) 参照，小早川・前掲注56）118-119頁，139頁，安念・前掲注52）485-487頁。

58) 例えば，阿部泰隆「行政事件訴訟法第10条第1項の解釈」同『行政訴訟要件論——包括的・実効的行政救済のための解釈論』（弘文堂，2003）115頁，128-135頁は，「原告適格と本案主張の違い」，行訴法9条と同法10条1項の「文理解釈」，「立法過程からの示唆」から，「原告適格と本案での主張とは当然にはリンクしないことがわかったが，当然に別だと決める材料もない」（128-131頁）としつつ，「行政法は，私法では国民の権利を守ったり社会の秩序を維持できない……からこそ制定されているもので」あって，「この行政法規が守られなければ，行政法規を制定した趣旨は貫徹できないから，その遵守の監視役が必要である。これが行政訴訟であるから，その要件を，私法上の権利侵害的な発想で厳格に限定すべきではない」（133頁）ことを根拠として，違法主張・判断の範囲を拡大していた。

ても本案の違法主張・判断の範囲を拡大する可能性を想定できよう。しかし問題は，やはり，第三者の原告適格の有無につき保護規範説を採用する立場において，本案での違法主張・判断の範囲をどこまで拡大するかについては論者間で差異があることである[59]。

以上を要するに，形式的名宛人に不利益を課す行政行為（と目される行為）の形式的名宛人が取消訴訟を提起する局面においても，(i)の立場がなお採用可能であり，(ii)の立場でも違法主張・判断できる範囲が一定しない。このことからすると，いずれの立場でも違法主張・判断が認められる範囲に限定して，ある法規範が違法性判断基準となるかを検討することが，まずは合理性を有しよう。すなわち，ある法規範が取消訴訟において違法性判断基準となるためには，当該法規範が（行政を義務付け）私人の権利利益を保護する外部効果を持つことが必要となる，とさしあたり考えることが合理性を有しよう。

　　b　組織規範の保護規範性　　こうして，組織規範についても保護規範性を持つか否かを検討する必要があることになる。しかし，組織規範が保護規範であり得るかは明確でなく，また，保護規範であり得るとしてそこでの権利利益の内実も明確でない[60]。

まず，組織規範全般についていえば，以下の事情を指摘できる。佐々木惣一は，組織規範が国家と国民との関係において存在し，国家がその規範による拘束を国民に要求され得る場合があるとした[61]が，佐々木において，このことは，国民が権利を持つことを意味しない[62]。また，組織法令は「『純然たる形式的な法規命令』〔つまり，法規たる実質＝国民の権利義務との関係，を欠く命令〕と位置づけられうる」[63]との指摘が存在する。

次に，個別の組織規範についていえば，以下の事情を指摘できる。まず，(i)

---

59)　議論状況を整理する近時の論稿として参照，本多滝夫「取消訴訟における原告の主張制限と法律上の利益」曽和俊文ほか編『芝池義一先生古稀記念　行政法理論の探究』（有斐閣，2016）513頁，519-535頁，野呂・前掲注48）533-541頁，長屋・前掲注48）369-371頁。

60)　神橋一彦「公権論における基本権の位置づけ——行政行為における憲法と法律の交錯——」同『行政訴訟と権利論（新装版）』（信山社，2008）3頁，34頁注39〔初出1994-1995〕は，保護規範説を採って，保護規範説と行訴法10条1項とを「連続的・一体的に捉えるとすれば」，「組織規範……をどう位置づけるか」に関し「微妙な問題」があるという。

61)　参照，佐々木惣一「法律・命令と法規」公法雑誌1巻1号（1935）1頁，7頁，13-15頁，17頁。

62)　参照，佐々木・前掲注61）5-6頁。

63)　村西・前掲注29）88頁注48。亀甲括弧内につき参照，同論文80-81頁。

47

組織間手続を定める規範に関して，小早川が，「当該手続の瑕疵なき履践を経て案件処理が行われるべきこと」を要求する権利の存在可能性を示していたが（本節注13）に対応する本文を参照），すべての組織間手続を定める規範がそうした権利を付与していることまでは示されていない。次に，(ii)他の組織規範に関しては，保護規範性の有無に係る論証は十分になされていない。敷衍すれば，①管轄規範（権限規範）の保護規範性に関係する言明は散見されるが，いずれも完全な論証でない。例えば，杉村章三郎は，組織法が「国家行為の有効性を決する１つの要件〔権限〕を定めている」とするが，しかし，同時に「組織法は直接国民の権利義務は規律の対象としていない」[64]とも述べており，組織法（具体的には権限を定める規範）が私人の権利利益を保護する旨をいうとは解しにくい。②行政組織編成権の分配の問題を論じる際に組織規範の外部効果を示す議論が存在したが（本章第１節第２款第１項３(1)参照），この議論では，問題の性質上，組織規範が私人の権利利益を保護するという形で外部効果を論証する必要はないためか，この論証はなされていない[65]。

(c) 小括 以上，本項２(4)(a)から(b)で述べたことをまとめると，組織規範が行政を義務付け，また私人の権利利益を保護する外部効果を持つことはあり得ると解されているものの，これに反対する見解もあり，当然には行政を義務付け権利利益を保護する外部効果を持つとは解せない，ということになる。

---

64) 杉村章三郎「行政組織の法形式と法内容」青山法学論集４巻３号（1963）１頁，３頁。そのほか，遠藤文夫「専決・代決と代理との関係——その２」地方自治181号（1963）25頁，27-29頁も，権限の代理を論じる文脈で，行政庁以外の者の意思により義務を課されることが国民の権利義務と関連すると述べるにとどまる。なお，遠藤・前掲注44）113頁は，権限の分配は私人の権利自由のためにも必要であることを理由に，権限を分配する規範が原告の権利と関係することを示す。しかし，そこで念頭に置かれているのは，行政庁の行政行為権限を定める規範（作用法）であると思われる。したがって，これも組織規範の保護規範性を直接に論じたものではない。

65) （一部の）組織規範の法規性を比較的明瞭に主張する論者でも，柳瀬良幹『行政法教科書（再訂版）』（有斐閣，1969）30頁は，一定の組織規範が国民に対して義務を課すことを法規性の根拠としているし，杉村敏正『全訂 行政法講義総論 上巻』（有斐閣，1969）78頁注３は組織規範と私人の権利義務との関わり方を明示しない。また，行政組織編成権の分配に関し国の権利義務との関係に注目する「民事法アプローチ」（仲野武志「法律事項論」同『法治国原理と公法学の課題』（弘文堂，2018）13頁，50-52頁〔初出2015〕）も，国が義務付けられるところまでしか効果を明示しない（参照，芦部信喜ほか編著『日本立法資料全集75 日本国憲法制定資料全集5』（信山社，2009）191頁，268-269頁〔入江俊郎，松本烝治発言〕，芦部信喜ほか編著『日本立法資料全集84 日本国憲法制定資料全集14』（信山社，2017）409頁〔金森徳次郎発言〕）。

とすると，組織規範が行政を義務付ける外部効果を持つか，私人の権利利益を保護するという外部効果を持つか，そこでの権利利益の内実について，検討が必要であるといえる。この検討に際しては，（組織規範を含め）ある法規範が私人の権利利益を保護するか否かは，実際に問題となる実定法規定の解釈によって決まること[66]に，注意を要する。しかし，この解釈が場当たり的なものにならないためには，この解釈を支えるための理論的な考察が必要である。

(5) **類型化の必要**

そして，既に塩野の見解において述べられていたように，組織規範が行政を義務付ける外部効果を持つか，私人の権利利益を保護するという外部効果を持つか，そこでの権利利益の内実，を検討するためには，組織規範を一律に扱うのではなく，個々の規範ごとに（少なくとも一定の類型化を施して）検証せねばならない。

第2項　問題の提示

本款の検討をまとめると，組織規範が取消訴訟における裁判規範性を持ち得るかを検討するためには，大きく分けて次の2点が問題となる。

第1。ある法規範が取消訴訟における裁判規範性を持つためには，当該法規範が外部効果を持つことが必要か，必要であるとして，その外部効果の内実はいかなるものか。

第2。裁判規範性を持つための条件として法規範の外部効果を要求し，かつ，外部効果の内実を行政の義務付け・私人の権利利益の保護と考えるとして，組織規範はこれらの外部効果を持つか。私人の権利利益を保護するとすれば，そこでの私人の権利利益はいかなるものか。

第2款　組織規範と帰属

本款では，行政行為と目される行為が組織規範に違反した場合の帰結に関わる組織規範の特質として，自然人の行為を行政主体へと帰属させるという性質を検討する。

---

66) 参照，長屋・前掲注48）364頁。行政を義務付ける外部効果の有無を判断する場合にも，同じことが妥当しよう。

序章　問題の設定

　まず，前記の性質を，組織規範に与える立場，与えない立場，根拠規範にも
与える立場があること，いずれの立場も根拠が不明確であることを確認する
（第1項）。次に，前記の性質を組織規範に与える立場においても，組織規範に
自然人の行為が違反した場合にいかなる帰結が生じるかについては不明確さを
残すことを確認する（第2項）。最後に，第1項・第2項の検討から抽出される
ところの，本書が取り組む問題を提示する（第3項）。

第1項　組織規範一般についての見解の相違

1　帰属と組織規範との関係

(1)　組織規範と帰属とを結合させる見解

　(a)　権限規範と行為規範　　組織規範は自然人の行為を行政主体へと帰属
させる（以下，ある法規範がこの性質を持つことを「組織規範と帰属とを結合させる」
とか「根拠規範と帰属とを結合させる」といった形で表現することがある）という理
解（の原型）を初めて提示したのは，田中二郎である。田中は，行政法を構成
する法規範の中に，「権限規範（Kompetenznorm）組織規範又は組織法（Verfas-
sungsrecht, Organisationsrecht）と行為規範又は行為法（Verhaltensrecht, Geschäft-
srecht）」[67]との区別を見出す。そして，そのうちの前者（組織規範）を「機関の
行為を国家の行為として効力を生ぜしめる為めの不可欠の条件と」[68]し，これ
と同趣旨で，「凡ての行政が国家の行政としてその効果が国家に帰属する為め
には，組織規範たる法規の存在を前提とする」[69]と述べる。その後，田中は，
組織規範についてのこの理解を維持しつつ，「内閣・各省庁の権限，所管事項
を定めた法規」[70]を組織規範の具体例として挙げた。

　この田中の理解を受け継いだ塩野宏[71]も，1960年代には，「ある行政活動が
国家作用として国家に帰属するためには組織規範が必要である」[72]と述べてい
た。

---

67) 田中二郎「『法律による行政』の原理——行政に於ける法律の支配とその限界——」同『法
　律による行政の原理』（酒井書店，1954）1頁，7頁注5〔初出1938〕。
68) 田中・前掲注67）7頁注5。
69) 田中・前掲注67）5頁。同旨，同論文17頁。
70) 田中・前掲注37）『総論』36頁注19。
71) 塩野宏「行政指導——その法的側面——」同『行政過程とその統制』（有斐閣，1989）181
　頁，188頁注13〔初出1966〕では，田中・前掲注67）17頁が引かれている。
72) 塩野・前掲注71）188頁。

50

第2節　問題の設定

　田中・塩野の見解においては，組織規範は行政活動を国家へと帰属させるものとされており，また，帰属の対象となる行為は自然人の行為ではなく機関の行為とされている。

　　(b)　柳瀬良幹の見解　　田中・塩野らと類似の見解を示すのが柳瀬良幹である。柳瀬は，行政と行政法との関係を論じる中で，法なくして行政なるものを観念できるかという問いについて，行政法があって初めて行政が観念できると答える。曰く，「村長とか徴税事務とかいうもの，即ち一般に行政というものは決して行政法より先に既に存在しているものではない。行政法より先に存在しているものは，単に何某という人又は人の動きという如き，行政というものであるか否かの未だ不明な或るものであつて，それが行政法の規定を当嵌めて行政というものであると判断せられることに依つて行政というものとな」[73]る。つまり，「人間の行動が行政と呼ばるべき品質を帯びるに至るのは行政法という規範の結果であり，行政法という規範を予想せずしては行政という事実は考えられない」[74]というのである。

　柳瀬の見解は本項1(1)(a)で見た田中・塩野の見解と2点において異なる。第1に，柳瀬は人間の行為を行政とみなすために法規範が必要であるという主張をするが，そこでいう法規範は一括して「行政法」とされており，柳瀬は行政法を構成する法規範のうち一部だけを念頭に置いているわけではない。したがって，塩野・田中が，行政法を構成する法規範の一部すなわち組織規範に注目していたこととは異なる。第2に，柳瀬は，（帰属という言葉を用いないものの）帰属の対象となる行為を，機関の行為ではなく人間（つまり自然人）の行為としている。

　　(c)　権限規範と組織規範との関係　　藤田宙靖は，こうした学説状況を以下の3点に亘って整理した。

　第1に，藤田は，「『行政』概念の成立を可能ならしめる論理的前提としての法規範の不可欠性の問題と」，「そのようなものとしての『行政』……が恣意的なものとならないように……法規範によって拘束されねばならない」[75]という

---

　73)　柳瀬良幹「行政と行政法」同『元首と機関』（有斐閣，1969）247頁，253頁〔初出1958〕。
　74)　柳瀬良幹「行政学と行政法学」公法14号（1956）108頁，113頁。
　75)　藤田宙靖「行政と法」同『行政法の基礎理論　上巻』（有斐閣，2005）3頁，6頁〔初出1983〕。

51

序章　問題の設定

問題とを区別した。すなわち，一方で，藤田は，法規範をもって初めて人間の活動を行政として判断できるという柳瀬のような理解を正当であるとしつつ，他方で，行政法を構成するすべての法規範が行政を成立させるための法規範であるとはせず，行政を拘束する法規範もあるとする。したがって，藤田は，人間の行動から出発する点では柳瀬の見解が理論的に正しい[76]とし，また，法規範に2種類のものがあると考える点では田中の見解が適切であると評価する。

　第2に，藤田は，「『行政』概念の成立を可能ならしめる論理的前提としての法規範」について，以下のような整理を行った。(i)まず，田中・塩野が「"組織規範"は"行政活動"を"国家に帰属せしめる"」と説明していた点に関し，「『行政』という概念は，その帰属する法主体（ここでは国家）との関係を抜きにしてはそもそも語り得ないものであるから……，結局これらの説明は，正確には，"ある人間の行動が行政活動として国家に帰属せしめられるためには組織規範を必要とする"ということを意味するに他ならない」[77]と指摘した。この藤田の整理により，「自然人の行為を行政主体へと帰属させる」という表現の基礎が与えられたのである。(ii)次に，藤田は，「ある人間の行動に国家行政活動としての資格を与える規範」を，田中に倣って，「"権限規範"と称することができる」[78]とした。

　第3に，藤田は，そうした権限規範が常に（本書における意味での，規律対象の観点から定義された）組織規範と一致せねばならないとは考えない。一方で，権限規範たり得るのは，組織規範のみに限られない。「例えば，ある行為が行政行為であるための要件・手続・形式等を定める法規範は，それを充たさない行為はすべて行政行為（国家行為）としての資格を認められないもの，という意味において，……"権限規範"となり得る」[79]とされる。他方で，組織規範が必然的に権限規範であるわけでもない。組織規範は，「行政活動であることが前提とされた上で，その活動に枠をはめるための法規範」[80]として扱われる可能性もある。

---

76) 参照，藤田・前掲注75) 5頁。

77) 藤田・前掲注75) 13頁注9。

78) 藤田・前掲注75) 8頁。ただし，藤田自身はこの法規範を最終的に「法論理的『法』概念」と呼ぶ（同論文9頁参照）。

79) 藤田・前掲注75) 9頁。

80) 藤田・前掲注75) 9頁。傍点原文。

52

第2節　問題の設定

(d)　組織規範と帰属との結合　　藤田による整理が行われた後，塩野は，本項1(1)(a)において確認した説明の仕方を変更し，「ある自然人の行為の効果を行政主体に帰属させるのが組織規範である」[81]と説明するに至った。こうして，組織規範と帰属とを結合させる見解が明確に登場したのである。現在では，塩野のみならず多くの論者がこの見解を採る[82]（ただし，論者の間に差異がある可能性は否めない。本項2および本款第2項2(2)を参照）。

(2)　組織規範と帰属とを結合させない見解

直前に述べた見解とは異なり，「組織規範とは，行政機関の所掌事務を定める規範，行政機関相互の間で行政事務を配分する規範などを指す」[83]といった形で，単に規律対象の観点から組織規範を説明するにとどめ，組織規範と帰属とを明確には結合させない見解もある。

しかし，この見解も，帰属についての考察が不要であるという主張や組織規範と帰属とを結合させられないという主張を明示的に示すわけではない。

(3)　根拠規範も帰属と結合させる見解

本項1(1)の見解に関連して，組織規範のみならず根拠規範も帰属と結合させる論者もいる。稲葉馨は，田中・塩野の見解に対し，「『組織規範』に対置されている『行為規範』・『根拠規範』が行政作用のために必要とされる限り」，組織規範のみならず根拠規範も帰属のために必要である[84]，と述べていた時期がある[85]。

2　問題の存在

本項1で確認したように，組織規範（・根拠規範）と帰属との結合のあり方

---

81)　塩野・前掲注20) 82 頁。同じ記述を，既に同『行政法第一部講義案（上）』（有斐閣，1989) 49 頁に見出せる。

82)　表現はやや異なるが，参照，阿部泰隆『行政の法システム　下（新版）』（有斐閣，1997) 689 頁（ただし阿部については本節注 84) も参照），原田尚彦『行政法要論（全訂第7版補訂2版）』（学陽書房，2012) 82-83 頁（ただし原田については本節注 84) も参照），宇賀克也『行政法概説Ⅰ　行政法総論（第8版）』（有斐閣，2023) 34 頁，中原茂樹『基本行政法（第4版）』（日本評論社，2024) 40 頁。

83)　大橋洋一『行政法Ⅰ　現代行政過程論（第5版）』（有斐閣，2023) 28 頁。原文の強調は省略した。同旨，芝池義一『行政法総論講義（第4版補訂版）』（有斐閣，2006) 49 頁，高橋滋『行政法（第3版）』（弘文堂，2023) 23 頁。なお，大橋は，塩野の説明を参照して，組織規範と帰属とを結合させていたことがある（参照，大橋洋一「『法律による行政の原理』の動態的発展」法教 223 号（1999) 35 頁，36 頁）。

53

序章　問題の設定

については立場が分かれているように見える。この議論状況について2つの問題があることを確認する（(1)・(2)）。

(1)　根拠の不明確さ

第1に，組織規範と帰属とを結合させるか否か，根拠規範も帰属と結合させるか否かが，十分には論証されておらず，いかなる根拠によって決まるのか不明である。まず，組織規範と帰属とを結合させる見解・組織規範と帰属とを結合させない見解は，前文で示した問いについての自説を支える根拠を明示しない（ただし次の段落も参照）[86]。次に，組織規範のみならず根拠規範も帰属と結合させる見解は，根拠規範が「行政作用のために必要」であることを根拠とする（本項1(3)参照）。しかし，藤田の整理（本項1(1)(c)参照）のとおり，行政を成立ならしめるための法規範と行政を拘束するための法規範とが区別されるところ，"帰属の問題は前者の法規範に関係し，行政活動を行うために根拠規範が要請されるという問題は後者の法規範に関係するため，根拠規範は帰属とは別の理由から要請される"と考えることが可能である。こう考えるとすれば，根拠規範が行政作用のために必要である旨の指摘は正当であるものの，必要とされる理由が異なるから，根拠規範が帰属のために必要であることには直ちにはならない。したがって，前記の根拠だけでは根拠規範が帰属のために必要であ

---

84) 参照，稲葉馨「行政組織編成権論」同『行政組織の法理論』（弘文堂，1994）245頁，264頁注56〔初出1991〕（稲葉の見解については本節注87）も参照）。

　　また，「行政機関がその権限の範囲内において行う行為は行政主体の行為とみなされ，その効果は法律上もっぱら行政主体に帰属する」と説明されるところ（参照，原田・前掲注82）49頁），そこでの権限には，行政庁の行政行為権限も含まれ得る。そうすると，この説明も根拠規範を帰属と結合させる旨をいうものと理解できるかもしれない。原田の説明と同じ要領で，阿部泰隆『行政法再入門（上）（第2版）』（信山社，2016）185-186頁の記述を，根拠規範と帰属とを結合させる趣旨と読むこともできる。

85) なお，本章第1節第2款第1項2(2)で見たように，松戸浩「外部法と内部法の『はざま』（上）」法時95巻6号（2023）87頁，90-91頁は，「行政指導などについては組織規範はその根拠規範として捉えることも可能であり，寧ろ法人の機関による行為乃至活動に求められる法人への帰属の法的根拠を考慮するならば，かかる根拠規範としての組織規範の存在は不可欠であるといえる」と主張していた。しかし，次の2つの理由から，この主張は組織規範のみならず根拠規範も帰属と結合させるという主張ではない，と理解できる。第1に，本章第1節第2款第1項2(3)で述べたように，この主張にいう「根拠規範」は本書が採用した根拠規範の定義とは異なるからである。第2に，仮にこの主張にいう「根拠規範」が本書が採用した根拠規範の定義と同じであるとしても，この主張は，「行政指導など」の，法律の留保原則の対象外の行政活動について示されたものであり，形式的名宛人に不利益を課す行政行為について妥当する主張ではないからである。

第 2 節　問題の設定

るとはいえず，さらなる根拠を要しよう[87]。

　もっとも，田中の見解および 1960 年代の塩野の見解は，ドイツ法・スイス法の議論を参照しつつ提示されている。したがって，藤田のように，組織規範と帰属とを結合させるものとして田中の見解および 1960 年代の塩野の見解を理解するのであれば，両論者により参照されたドイツ法・スイス法の議論が，組織規範と帰属とを結合させる見解の根拠として位置付けられるかもしれない。しかし，以下で見るように，両論者により参照されたドイツ法・スイス法の議論では，組織規範と帰属との結合を十分に根拠付けられない。

　まず，田中は，Walther Burckhardt の組織法・行態法の理解を参照する[88]。しかし，既に松戸浩により，Burckhardt の見解における組織法・行態法の区別は，田中における組織法・行態法の区別とは異なることが指摘されている[89]。

---

86) なお，「ある作用の法律効果が，それを行った個人ではなく個人が属する組織に帰責されるためには，当該作用と組織を結びつけるという意味での組織法が必要」と述べ，その結びつきを，「組織法によってつくられる行政組織は，一定の作用を行うことを予定されている。これは組織法的授権と呼ばれる」と表現する説明がある（北村和生ほか『行政法の基本──重要判例からのアプローチ（第 8 版）』（法律文化社，2023）14 頁〔高橋明男〕参照）。“組織規範が自然人の行為を行政主体へと帰属させるのは，作用と組織とを組織規範が結びつけるからである”という形で，この説明を，組織規範と帰属とを結合させる見解の根拠として利用できるかもしれない。

　しかし，第 1 に，組織法的授権がこうした意味を持つかについては議論の余地がある。例えば，高田敏編著『新版行政法──法治主義具体化法としての──』（有斐閣，2009）32 頁〔高田敏〕は，組織法的授権の意味をこのようには理解していないように見える。第 2 に，第 1 点を度外視しても，前段落に引いた説明における結びつきは，組織規範のうち（事項的）管轄を定める規範によって与えられると考えられる（参照，北村ほか・本注書 15 頁〔高橋〕，植村栄治『行政法教室』（有斐閣，2000）21 頁）から，前段落で引いた説明は，その他の組織規範と帰属とを結合させる根拠となるとは考えにくい。

87) 稲葉馨「行政組織の再編と設置法・所掌事務および権限規定」ジュリ 1161 号（1999）113 頁，117 頁では，稲葉自身，少なくとも明示的には，組織規範のみを帰属と結合させる。

88) 参照，田中・前掲注 67）7 頁注 5。そこで引かれているのは，*Walther Burckhardt*, Die Organisation der Rechtsgemeinschaft, 1.Aufl., 1927, S.17ff., S.272, *ders*, Methode und System des Rechts, 1936, S.132ff. である。

89) 参照，松戸浩「行政組織と法律との関係（下）──我国に於ける学説の検討」自研 78 巻 4 号（2002）110 頁，118-120 頁。もっとも，Burckhardt も，組織法・組織規範により自然人の行為が国家へと帰する（zuschreiben）と述べる箇所があり（vgl. *Burckhardt*, a.a.O. (Fn.88), Organisation, S.419），Burckhardt も田中と同様に組織規範と帰属との結合を示すかに見える。しかし問題は，Burckhardt のいう組織規範には行政作用法と行政組織法のいずれもが含まれているため（参照，松戸・本注論文 120 頁），作用法とは区別され，規律対象の観点から定義された組織規範（田中のいう組織規範はこの意味の組織規範と対応することにつき本項 1 (1) (a)参照）のみが帰属と結合させられているわけではない，ということである。したがって，Burckhardt の見解を参照してもなお，田中の見解は完全には根拠付けられない。

序章　問題の設定

　次に，塩野は，「田中氏の組織規範・行為規範の峻別は，ドイツ行政法学も，これまで，承認してきたところである」として Richard Thoma[90]・Dietrich Jesch[91] の論稿を指示し，また，「スイス行政法学ではあるが」と注記しつつ Zaccaria Giacometti[92] の論稿も指示する[93]。また，塩野は，「ある行政活動が国家作用として国家に帰属するためには組織規範が必要である」ことを言い換えて，「行政主体は，組織規範によって与えられた権限内においてのみ行動し得る」[94]と述べ，これは「いわゆる形式的意味における法律による行政の原理」のことであるとして Thoma・Giacometti の論稿の同じ箇所を指示する[95]。

　しかし，ドイツ法・スイス法におけるこれらの論稿も，組織規範一般が帰属と結合することを述べるものではない。

　まず，Thoma，および，Thoma の見解を支持する Jesch について検討する。第 1 に，Thoma・Jesch は，塩野が指示している箇所において，「行政機関・裁判所が，立法府と同様，その法的な権限のすべてを法命題によってのみ得る」ことを指して，広義の法律による行政の原理であると述べる[96]。Thoma・Jesch のこの言明は，法に根拠を持たない形では行政機関を含む国家機関が権限を有しないことをいうものに過ぎない[97]。したがって，Thoma・Jesch の見解では，そこにおける法が本書の意味での組織規範であることに直ちにはなら

---

90) *Richard Thoma*, Der Vorbehalt der Legislative und das Prinzip der Gesetzmäßigkeit von Verwaltung und Rechtsprechung, in: *Gerhard Anschütz/Richard Thoma* (Hrsg.), Handbuch des deutschen Staatsrechts, Bd.2, 1932, S.227f.

91) *Dietrich Jesch*, Gesetz und Verwaltung, 1961, S.198f.

92) *Zaccaria Giacometti*, Allgemeine Lehren des rechtsstaatlichen Verwaltungsrechts, Bd.1, 1960, S.242.

93) 参照，塩野宏「資金交付行政の法律問題──資金交付行政と法律の根拠──」同・前掲注 71) 35 頁，66 頁注 60〔初出 1964〕。なお，同注では，*Franz Mayer*, Das verfassungsrechtliche Gebot der gesetzlichen Ermächtigung, in: *Paul Mikat* (Hrsg.), Festschrift der Rechts- und Staatswissenschaftlichen Fakultät der Julius-Maximilians-Universität Würzburg zum 75. Geburtstag von Hermann Nottarp, 1961, S.194 も引用される。しかし，Meyer のこの論稿には，田中の趣旨での組織規範と行為規範との区別が明確には示されず，せいぜい Giacometti と同旨の主張を見出せるにとどまるから（vgl., ebd., S.193f. mit Fn.22），Meyer のこの論稿は独立に取り上げない。

94) 塩野・前掲注 71) 188 頁。

95) 参照，塩野・前掲注 71) 188-189 頁注 14。なお，Giacometti の著書については *Giacometti*, a.a.O. (Fn.92), S.243 が指示されており，塩野・前掲注 93) 66 頁注 60 で指示される 242 頁とは指示されるページが異なるが，Giacometti の議論は 242 頁以下でページをまたいで展開されているため，指示されるページの差異は問題としない。

96) Vgl., *Thoma*, a.a.O. (Fn.90), S.227f. 傍点原文隔字体。同旨，*Jesch*, a.a.O. (Fn.91), S.198f.

56

ない。第2に，Thoma・Jesch は，少なくともこの箇所では，帰属（Zurech-nung）という言葉も用いない。

　次に，Giacometti について検討する。Giacometti によれば，形式的意味における法律による行政の原理は，「行政が……形式法〔つまり組織規範〕に拘束され」[98]，「国・ゲマインデは行政活動において組織規範の枠内にとどまらねばならない」[99]ことを意味する。また，Giacometti は，別の箇所で，この原理は，「個々の行政機関・裁判機関は法律により与えられた任務（Aufgaben）のみを遂行することが許されること」を意味すると述べ，これを「言い換えれば……行政官庁と司法官庁の活動領域は，……法律によりこの機関の権限へと統合される」とする[100]。そして，これに続けて，「したがって，行政官庁と司法官庁は，活動のための法律上の管轄を持つ限りにおいてのみ活動し得るに過ぎない」[101]という。

　このように Giacometti は組織規範に則ってのみ行政活動を行えると述べるが，Giacometti の見解も組織規範と帰属とを結合させるものではない。このことを示すために，Giacometti が形式的意味における法律による行政の原理の内容を敷衍する際に提示する3つの言明を，以下で吟味しよう。第1に，Giacometti は，任命や選挙により機関担当者となった者「のみが行政活動を行うことが許され」，「この場合においてのみ人間の行為が行政主体（Gemein-wesen）へと帰属する」と述べる[102]。しかし，これは，組織規範全体についての言明ではない以上，組織規範が自然人の行為を帰属させるという主張とは完全には一致しない。第2に，Giacometti によれば，形式的意味における法律による行政の原理は，「行政活動を行う機関担当者が権力分立原理の基準に従って行政組織に組み入れられること，したがって，行政官職（Verwaltung-samt）を持たねばならないことを意味する」[103]。この言明は，行為の帰属とは

---

97) *Jesch*, a.a.O.（Fn.91），S.198 Fn.101 では，Thoma の見解は法段階説と異なることを述べるものではないことが指摘される。

98) *Giacometti*, a.a.O.（Fn.92），S.243. 亀甲括弧内につき，vgl., ebd., S.79. Giacometti のいう「組織規範は，国家機関……を動員し（einsetzt），その任務領域を定め，機関権限が行使される手続を定める」（ebd., S.79）ものである。

99) *Giacometti*, a.a.O.（Fn.92），S.243.

100) Vgl., *Giacometti*, a.a.O.（Fn.92），S.18.

101) *Giacometti*, a.a.O.（Fn.92），S.18.

102) Vgl., *Giacometti*, a.a.O.（Fn.92），S.243.

序章　問題の設定

直接に関係付けられていない。第 3 に，Giacometti によれば，形式的意味における法律による行政の原理は，「個々の機関担当者は，」組織規範によって機関の権限とされた「行政任務のみを遂行することが許される」旨を意味する[104]。しかし，"機関の権限に適合する行為のみが行政主体へと帰属する" といった表現は，第 1 点とは異なり，明確には用いられていないため[105]，これが帰属の条件を述べたものか判然としない。

　以上より，組織規範と帰属とを結合させる見解は，前記のドイツ法・スイス法の論稿の参照を指示するだけでは十分に根拠付けられていないといえる。もっとも，だからといってこの見解がおよそ成立し得ないことにはならない[106]し，田中・塩野とは別の形でドイツ法・スイス法を含めた外国法の議論を参照することで，組織規範と帰属とを結合させる見解・組織規範と帰属とを結合させない見解・組織規範のみならず根拠規範も帰属と結合させる見解を根拠付ける可能性は残されている。しかし，今のところ，これらの見解のいずれが正しいか，決め手が見当たらない状況にある。

(2)　帰属の対象の不明確さ

　本項 1 で示した議論状況の第 2 の問題として，組織規範と帰属とを結合させる見解においても，行政主体へと帰属させられる対象は行為なのか（法）効果なのかという点が曖昧であることを指摘できる。すなわち，「行為の効果」を帰属の対象とする論者もいれば「行為」を帰属の対象とする論者もいるし，同一の論者においても，論稿ごとにあるいは同じ論稿の中で，帰属の対象が「行為」である場合と「行為の効果」である場合とが混在しているように見える[107]。

　そして，このような帰属の対象の差異が単なる用語法の問題にとどまらない意味を持ち得ることも示唆されている。まず，森田寛二は，「たとえば税務署長のした処分や行政指導を指して国のした処分・行政指導といわれることがあ

---

103)　*Giacometti*, a.a.O.（Fn.92），S.243.

104)　Vgl., *Giacometti*, a.a.O.（Fn.92），S.243f.

105)　Giacometti は，権限違反の行政行為について帰属が否定されると表現しない（vgl., *Giacometti*, a.a.O.（Fn.92），S.423-430）。さらに，組織規範によって機関の権限とされた「行政任務のみを遂行することが許される」という表現は，組織規範が自然人の行為を行政主体へと帰属させる旨を意味するとは理解しにくいことについて，参照，藤田・前掲注 75）8 頁。

106)　Burckhardt の見解と田中の見解との差異を指摘する文脈であるが，参照，松戸・前掲注 89）123 頁注 23。

ることから知られるように,『行政主体に帰属させる』のは直接には『行為の効果』ではなくて,『行為』そのものである」[108]と述べる。次に,松戸浩は,Hans Julius Wolff の論稿を引きながら,「ヴォルフも述べるように機関担当者の行態は機関の行態(そして機関の行態は法人の行態)そのものなのであるから,理論的には〔直前に引いた〕森田教授の理解が正確であると思われる」[109]と述べる。さらに松戸は,別の箇所では,帰属対象の問題と直接には関係付けない説明であるものの,「抽象的な存在であり事実の次元では存在しない法人が活動する為には或る人間の活動が法人の活動として,また当該活動を行なう人間が機関として法的に評価される必要があると」[110]も説明している。

しかし,帰属の対象は正確には行為であるとするこうした説明にも問題がある。

第1に,(i)・(ii)で述べるように,これらの説明の根拠は不十分である。

(i)森田の説明の根拠は,おそらく,「税務署長のした処分や行政指導を指して国のした処分・行政指導といわれることがあることから知られるように」という記述であろう。しかし,問題は,森田のように「国のした処分・行政指導」という言葉遣いが正当であることを前提としてよいか,という点にある。行為の効果が帰属すると考える場合には,「国のした処分・行政指導」という言葉遣いが不当であると評価することも可能であるから,「国のした処分・行政指導」という言葉遣いが正当であるか否かは論争的である。そうすると,この言葉遣いが正当であることをさらに根拠付ける必要が生じるから,森田の根拠だけでは,帰属の対象が行為の効果ではなく行為であるという説明を十分に根拠付けられない。

(ii)松戸も,Wolff の論稿における松戸が引く箇所も,帰属の対象は行為であ

---

107)「自然人の行為が行政主体に帰属する」と表現するものとして,宇賀・前掲注82)34頁。塩野は論稿ごとにあるいは同じ論稿の中で表現を変えている。塩野宏「行政法と条文」同『法治主義の諸相』(有斐閣,2001)32頁,36頁〔初出1992〕は「ある人の行為を行政活動とする」と表現する。同・前掲注20)では,「彼の行為が行政主体としての国家に帰属する」(82頁)とか「行為の帰属関係」(228頁)とかいった表現もあれば,「行為の効果を行政主体に帰属させる」(82頁)という表現もある。

108)森田寛二『行政機関と内閣府』(良書普及会,2000)110頁注9。

109)組織規範ではなく機関概念を論じる文脈であるが,松戸浩「『行政主体』の多様化と裁判所による統制(1)」立教法学95号(2017)45頁,72頁注29。そこで引かれるのは,*Hans Julius Wolff/Otto Bachof*, Verwaltungsrecht Ⅱ, 4.Aufl., 1976, S.49, 57f.〔Wolff〕である。

110)松戸・前掲注109)68頁。

序章　問題の設定

るという理解の根拠として，結論の言換え以上の説明を明示していない。「抽象的な存在であ」る法人の活動に関する松戸の説明（本節注110）に対応する本文を参照）を，帰属対象が行為であることの根拠と解するとしても，特に行政主体を念頭に置いて，なぜ法人自体の活動・行為を観念せねばならないかを示す必要性がなお残ろう。

　第2に，確かに用語法の差異にとどまらないことは示唆されているものの，帰属の対象として行為と法効果のどちらを選ぶかによっていかなる点が変化するのかは，なお十分に明確にされていない。

第2項　組織規範違反と行為の帰結

　本款第1項2⑴で述べたように，組織規範・根拠規範と帰属とを結合させる・させない根拠は明らかではないが，学説の多くは組織規範のみを帰属と結合させる見解を採る。そこで，仮にこの見解を採ると，行政行為と目される行為が組織規範に違反した場合に行政の行為ではないという帰結が生じるか否かが問題となる。この問題に対し，前記の見解を採る論者は，当該行為が組織規範に違反しても行政の行為として把握しているように思われる。以下では，こうした処理が組織規範の理解と整合するのかを検討する。

1　現　状

　まず，"組織規範と帰属とを結合させる見解が，行政行為と目される行為が組織規範に違反したときの帰結をどのように理解しているか"を確認する。

⑴　行政指導に関する説明

　組織規範と帰属とを結合させる見解の原則的な立場を示すものとして，所掌事務範囲外の行政指導と目される行為の帰結に関する議論[111]から確認を始める。この議論については3つの説明を見出せる。

　第1に，組織規範と帰属とを結合させる見解を採る塩野は次のように説明する。「ある自然人の行為が国家，公共団体の行為として評価されるためには，その自然人が，当該公共団体の行政機関としての地位を占めており，かつ，その行為が当該行政機関の所掌事務の範囲になければならない。この行為の帰属

　111）2008年時点における議論状況の要約として，太田匡彦「行政指導」磯部力ほか編『行政法の新構想Ⅱ　行政作用・行政手続・行政情報法』（有斐閣，2008）161頁，190頁注57。

関係を定めるのが組織規範であるが……，この理は行政指導にも当てはまるところである（行政手続法 2 条 6 号の定義はこの当然の法理を法文上も明らかにしたものである）。したがって，行政指導がこの範囲を超えていると，それは行政指導としては評価されないことになる」[112]。塩野は，組織規範が帰属の条件を定めることを「当然の法理」として措定した上で，それを行政指導にも適用することにより，組織規範に違反した行為は行政の行為（ここでは行政指導）ではないことを説明しているのである。

第 2 に，興津征雄は，一方で，組織規範と帰属とを結合させる見解をおそらく採った上で，第 1 の説明のように，所掌事務範囲外の行政指導と目される行為は行政の行為（ここでは行政指導）ではないという結論を導く思考を見せつつも，他方で，別の理由でもって当該行為は（違法ではあるが）行政指導であると説明する。曰く，一方で，「行政機関が組織規範の定める任務や所掌事務の範囲を越えて行動すると，立法者が当該行政機関を設置した目的を逸脱することになり，当該行動を行政機関に帰属させる根拠がない」[113]。他方で，第 1 の説明のように，所掌事務の範囲を越えた行政指導と目される行為が「仮に行政指導としては評価されないとすると，行政手続法 32 条以下の行政指導に関する法的規律が適用されないことになるが，外形上行政指導の形式をとっている行為については，任務・所掌事務の範囲や行政目的を逸脱していても，これらの規定の適用を免れると解するのは妥当ではない。そうすると，任務・所掌事務を逸脱する行為も他の要素が満たされる限り行政指導としてこれらの規定の適用を認めた上で，36 条の 2（行政指導の中止等の求め）の適用場面などにおいては違法の評価を受けると解するのが相当であるように思われる」[114]。この説明において，興津は，所掌事務範囲外の行政指導と目される行為に対して行手法 32 条以下の規定を適用すべき必要があるという理由でもって，当該行為の帰属を肯定し，違法ではあるが行政指導として扱っている（ただし，当該行為が行手法 32 条以下「の規定の適用を免れると解するのは妥当ではない」とされる理由は明

---

112) 塩野・前掲注 20) 228 頁。傍点引用者。同旨，塩野・前掲注 107) 36 頁，同・前掲注 1)
　　 59 頁，原田大樹『例解　行政法』（東京大学出版会，2013）74 頁。
113) 「組織法的根拠づけ」が「あらゆる行政作用について必要である」ことの理由付けとしての言明であるが，興津征雄『行政法Ⅰ　行政法総論』（新世社，2023）362 頁。
114) 興津・前掲注 113) 320 頁。宇賀・前掲注 32) 4 頁も，所掌事務の範囲を逸脱した行政指導は「違法な行政作用となる」と述べ，結論として興津と同旨をいう。

序章　問題の設定

確でない）。

　第3に，組織規範と帰属とを結合させない見解では，第1の説明があること
が意識されつつも，行政指導は「むしろ違法と解すべきである」[115]と説明され
る。この説明は，違法ではあるが行政の行為（ここでは行政指導）として扱う旨
をいうものと理解できよう。

　これら3つの説明を比較すれば明らかであるように，組織規範と帰属とを結
合させる見解によれば，組織規範に違反した行為は行政の行為とは評価されな
いという帰結が生じることが出発点となるはずである（その上で，第1の説明と
第2の説明のいずれを選ぶか，つまり，行政の行為として扱うための別の理由の有無が
問題となる）。そして，このことは，「当然の法理」を一般的に措定してそれを
個別の行為形式に適用するという思考からしても，問題となっている行為形式
がいかなるものであれ妥当するはずである[116]。

(2)　行政行為に関する説明

　しかし，組織規範と帰属とを結合させる見解においても，行政行為に関して
は異なる扱いがなされる。

　まず，行政行為と目される行為が，機関の権限・管轄を定める規範に違反し
た場合については，次のように，（原則として）無効の行政行為であるとされ

---

115)　芝池・前掲注83) 259頁。同旨をいうものとして参照，高橋滋『行政手続法』（ぎょうせ
　　い，1996) 133頁。
　　　本注の前段落に引いた論稿は明確な根拠を示さないが，川合敏樹「行政指導」小早川光郎＝
　　青柳馨編著『論点体系　判例行政法　1』（第一法規，2017) 297頁，301頁は，第3の説明を
　　支持する根拠として，「行手法32条が，『行政指導にあっては，行政指導に携わる者は，いや
　　しくも当該行政機関の任務又は所掌事務の範囲を逸脱してはならないこと……に留意しなけ
　　ればならない』と規定していること」を挙げる（ただし，川合が，組織規範と帰属とを結合
　　させない見解を採るのかは明らかではない）。
　　　しかし，次の2つの事情から，この根拠は，第3の説明を支持するには十分ではない。第1
　　に，"行手法32条の当該文言は，行政指導を行おうとするならば任務又は所掌事務の範囲を
　　逸脱してはならない旨を定めただけで，逸脱した場合の帰結については述べておらず，本文
　　で挙げたいずれの説明とも整合する"と理解し得る。第2に，行手法の別の条文にも目を向
　　けると，第3の説明と行手法との整合性がむしろ疑われる。なぜなら，第3の説明は，任務
　　又は所掌事務の範囲外であっても（違法ではあるが）行政指導と扱うのであるから，行手法2
　　条6号の定義に「任務又は所掌事務の範囲内」という要素が含まれていることと整合しにく
　　いからである（参照，須田守「2条」髙木光ほか『条解　行政手続法（第2版）』（弘文堂，
　　2017) 11頁，60-61頁，髙木光「32条」同書346頁，354頁）。
116)　実際，塩野・前掲注71) 188頁では，組織規範が必要であるのは，「行政の法的活動であ
　　ると事実上の活動であるとを問わない」とされる。同旨，興津・前掲注113) 362頁。

62

る[117]。田中は，組織規範と帰属とを結合させることを示した著書の中で，行政行為の瑕疵を論じる際，正当な権限を有さない機関による行政行為は「原則として，無効と解すべき」[118]と述べる。さらに，行政指導については明確に行政の行為とはならないと説明した塩野も，行政行為については，「無権限の行政行為として無効の問題が生ずる」[119]という説明をしている。

次に，行政行為と目される行為が，組織間手続を定める規範に違反した場合についても，次のように，違法・無効の行政行為となり得るとされる。田中は，組織規範と帰属とを結合させることを示した著書の中で，「法律上必要な他の行政機関の議決・同意等を欠く行為」につき，「原則として，無効とみる外はない」と述べ，また，例外的に「単に諮問機関としての他の機関の意見を聞くべきものとする趣旨で」ある場合には，「行政行為……の効力に影響を及ぼすものではない」と述べる[120]。さらに，塩野は，本段落冒頭に記載した場合について，「処分の違法を構成することがある」[121]と述べる。

以上を要するに，行政行為と目される行為が，機関の権限・管轄を定める規範，および，組織間手続を定める規範に違反した場合には，行政行為として扱った上で違法とするという処理がされているように思われる。また，その際，行政行為として扱うための別の理由が，本項1(1)で見た第2の説明のように示されているわけではない。

(3) 疑問の提示

かくして，組織規範と帰属とを結合させる見解でも，行政行為と目される行為が組織規範に違反した場合についてはその理解を貫徹していないのではないか，という疑問が生じる。

2 想定される応答とその問題点

この疑問に対し，既存の学説からは3つの応答を想定できるが，これら3つ

---

117) ただし，中原・前掲注82) 40頁は，この場合も行政行為ではないとするようである。

118) 田中・前掲注37)『総論』347頁。

119) 塩野・前掲注1) 19頁。傍点引用者。

120) 参照，田中・前掲注37)『総論』346頁。

121) 塩野・前掲注1) 19頁。組織間手続の瑕疵の帰結については，同書93-94頁，宇賀・前掲注32) 4-5頁，246-249頁でも触れられているが，行政の行為ではないという帰結が生じる旨の主張は見出せない。

序章　問題の設定

の応答はいずれも完全な応答ではなく，論ずべき問題を残す。

(1) 事実の問題と論理の問題

想定される第1の応答は，柳瀬良幹による，現行法の事実の問題と論理の問題との区別に基づくものである。

柳瀬は，行政法という法規範によって人間の行為を行政とみなすことができると考えつつも（本款第1項1(1)(b)参照），行政行為の瑕疵に関する一般の議論は，この理解に反するように見えると指摘する。すなわち，「行政行為に瑕疵のある場合，即ちそれが行政法の規定に合致していない場合には，それはすべて行政行為ではあり得ないこととならなければならぬのであるが，然るに現在の行政法の通説は，これに反し，その場合でもそれはなお行政行為であることがあり，進んでは行政行為としての効果を生ずることさえあるとなしている……。従つてそれは一見前に述べたところ〔つまり行政法という法規範によって人間の行為を行政とみなすことができること〕と全く矛盾しているものの如く見える」[122]。

しかし柳瀬は，この状況は「実際は矛盾しているものではないと考えられる」という。柳瀬は，一方で，行政法の規定に合致するもののみが行政であり得るということは，「単に論理を説いたものであ」り，「この論理の帰結が現行法もまた採用しているところであるか否かという如きことは，その関するところではない」とする。他方で，柳瀬は，行政法の規定に合致せずとも行政行為であり得ると通説が説明するのは，現行法上そうなる場合があるという「事実を述べた」に過ぎないとする。そして，論理の議論と事実の議論とは「全く別種の議論であつて」矛盾せず，むしろ通説について検討されるべきは，行政法に違反した行為もなお行政行為とするという「内容の規定があるということは如何にして言うことができるのであるか」，であるという[123]。

この柳瀬の考え方を本書の問題に応用すれば，組織規範に合致する自然人の行為のみが行政主体へと帰属するというのは論理の問題であって，組織規範に違反する行為が現行法上なお行政行為とされているかという事実の問題とは別である，との応答が可能になろう。

しかし，この応答によっても，組織規範に違反した場合に帰属が否定される

---

122) 柳瀬・前掲注73) 261頁。
123) 本段落につき，参照，柳瀬・前掲注73) 261-263頁。

64

かという問題を考察しなくてよいという結論にはならない。先に見たとおり，柳瀬自身，「行政法の規定に合致しないものも行政行為であるとせられ，行政行為としての効果を生ずることがある」[124]という内容の規定があるということはいかにしていえるか，が論点となることを認めていた。そして，実定法上こうした規定がない場合に，方法論上の問題に注意すれば，組織規範に違反した行為の帰結がいかなるものであるか，あるべきかを論じることは柳瀬の立場においても可能である[125]。これらの問題を論じるとき，現在の日本において，組織規範に違反した行為の帰結について実定法上の定めがない[126]以上，この帰結は何らかの理論を用いて判断することになろう（例えば塩野は「当然の法理」を用いていた）。そこで問題は，その理論をいかにして構築するかであり，柳瀬自身が示唆するように[127]，その理論を，組織規範は自然人の行為を行政主体へと帰属させるという性質を用いて（つまり「当然の法理」を用いて）構築することは可能である。のみならず，自然人の行為を行政主体へと帰属させるという性質を組織規範に結合させる場合には，"この規範に違反した行為の帰結を帰属の否定とは無関係に決定できる"との理解は不自然とさえ思える。

(2) 組織規範と帰属との非結合

そこで，想定される第2の応答として，この「当然の法理」の及ぶ範囲が限定されているというものが考えられる。すなわち，そもそもすべての組織規範が帰属と結合するとは限らないと考えるのである。例えば，藤田は，組織規範

---

124) 柳瀬・前掲注73) 262頁。

125) 法の認識と法の創造とに関する，柳瀬良幹「行政行為の無効及び取消」同『行政行為の瑕疵』（河出書房，1943）77頁，160-198頁〔初出1942-1943〕を参照。ただし，柳瀬のいう「実定法」の多義性に鑑みると，本文で述べた議論をすることは，柳瀬の立場からも，法の創造ではなく（実践的政策論の性格を持つものの）法の認識として捉えられるかもしれない（参照，藤田宙靖「柳瀬博士の行政法学——主として方法論的見地より見たその総合的解釈——」同『行政法学の思考形式（増補版）』（木鐸社，2003）159頁，227-236頁〔初出1969-1970〕）。

126) 地方公共団体が法令に違反して事務を処理した場合，また，市町村および特別区が当該都道府県の条例に違反して事務を処理した場合，これらの行為は無効とするとの規定がある（地自法2条16項・17項）。しかし，これらの条項の解釈については，当該行為がすべて無効となるとは解さない立場もあり（参照，最判平成16年1月15日民集58巻1号156頁，山内一夫＝小早川光郎「2条」成田頼明ほか編『注釈地方自治法（全訂）』（第一法規，加除式）141頁，186-187頁，渡名喜庸安「2条」村上順ほか編『新基本法コンメンタール　地方自治法』（日本評論社，2011）21頁，28頁），また，この立場を採らないにせよ，これらの条項は国の行為には適用されない。

127) 参照，柳瀬・前掲注73) 262頁。

序章　問題の設定

が必然的に権限規範であるわけではないと理解していたが（本款第1項1(1)(c)参照），この理解からすると，一部の組織規範だけを帰属と結合させることも可能になろう。また，塩野も，行為が帰属するためには，自然人が「行政機関としての地位を占めており，かつ，その行為が当該行政機関の所掌事務の範囲になければならない」という要件を掲げていたことからすると（本項1(1)参照），すべての組織規範が帰属と結合するとは考えていない可能性がある。

　しかし，この応答に対しては，いかなる組織規範が帰属と結合するのか，また，それはいかにして判断するか，という疑問が生じる。しかし，これらの疑問に関し，藤田や塩野から明確な指針は提示されていない。

(3)　組織規範と帰属との結合

　(a)　想定される応答　　第3に，組織規範と帰属とは結合しており，行政行為と目される行為についても，組織規範に違反した場合には帰属が否定されていると解せる，という応答があり得る。すなわち，"行政行為の無効"という概念によって帰属の否定という事態が表現されている，と解する可能性である（本書において，以下，「概念」と「言葉」とを互換的に用いることがある）。この可能性を支える事情は2つ存在する。

　第1に，帰属の否定を無効の概念によって表現する実例があるという事情である。例えば，純粋法学において瑕疵ある「国家行為」は国家への帰属が否定されるところ，純粋法学において瑕疵ある「国家行為」は無効として表現されることが紹介されている[128]。

　第2に，帰属の否定を表現する概念としては無効とは別に"行政行為の不存在"が想定されるところ[129]，特に田中において，行政行為の不存在の概念は帰属とは関係ない形で定義されているという事情である。すなわち，田中は，行政行為の不存在を，「法の定める行政行為の成立要件を全く欠き，外観上に

---

128)　参照，藤田・前掲注75) 13頁注11。ただし，「正確に言えば，"瑕疵ある国家行為"なる概念は概念矛盾」（同論文13頁注11）とされる。これは純粋法学の学説の理解としては正当なものであり，本文でもこの趣旨を表すべく，かぎ括弧付きで「国家行為」と記載した。しかし，純粋法学において無効（Nichtigkeit）という表現が用いられていたこと（vgl., *Hans Kelsen*, Über Staatsunrecht, Zeitschrift für das Privat- und öffentliche Recht der Gegenwart, Bd.40, 1914, S.54f.）には変わりがない。

129)　例えば佐々木惣一は，帰属という言葉を使用しないものの，行政機関が越権行為をする場合には行政行為は成立しておらず不存在とする（参照，佐々木惣一『日本行政法論　総論（改版）』（有斐閣，1924）401-402頁，404-406頁，494頁）。

も未だ行政行為と称するに値いするだけの形態を備えない場合，又は行政行為として外部に表示されるに至らない場合」[130]をいうものと定義する。そして，田中によれば，行政行為の不存在と無効と「の区別は，行政争訟の対象として，取りあげるに値いするかどうかが主な問題なのであるから」，行政行為の不存在に該当するか否かは，「この見地からすれば，社会の通念に従い，外観上，行政行為としての存在を肯定するに相当するだけの表象をそなえているかどうかによって判断するほかはない」[131]。こうした田中の理解からすれば，行政行為と目される行為が組織規範に違反して帰属が否定されるとしても，外観上は行政行為と評価されるのであれば，当該行為は不存在とは表現されないことになろう。そうすると，田中は，帰属が否定されているという事態を表現するために，行政行為の無効という概念を用いている可能性がある。そして，他の論者も田中と同様の理解を採っている可能性はあろう。

　(b)　この応答が抱える問題　　しかし，次の2つの理由から，この第3の応答も問題を完全に解決するわけではない。

　第1に，この応答は，組織規範に違反しても当然に無効とはされていないことを説明できない。例えば，田中は，機関の権限・管轄を定める規範に違反した行為の帰結について，「原則として，無効と解すべき」[132]と述べて，取り消しうべき瑕疵を持つにとどまる可能性を残していたし，塩野は，組織間手続を定める規範に違反した行為について「処分の違法を構成することがある」[133]と述べて，取り消しうべき瑕疵を持つにとどまる可能性を残していた。

　第2に，第1点を度外視しても，帰属の否定という事態を無効の概念で把握することが適切であるか否かを論じる必要性が残る。以下敷衍する。

　帰属の否定という事態が無効の概念で表現されていると理解する場合には，無効の概念は，帰属が肯定され行政行為ではあるが無効であるという事態と，帰属が否定されるため行政行為ではないという事態の2つを把握する概念であるということになる[134]。問題は，このように2つの事態を1つの概念で把握することが適切であるかという点にある。

---

130)　田中・前掲注 24) 136 頁。
131)　田中・前掲注 24) 136-137 頁注 1。同旨，同・前掲注 37)『総論』327-328 頁。
132)　田中・前掲注 37)『総論』347 頁。
133)　塩野・前掲注 1) 19 頁。

序章　問題の設定

　一般的に，行政法学において概念を構成する作業は，「一連の共通要素を持つ事象からある……視角を用いて複数の事象に区分し，それぞれを差異化して認識」したり法的取扱いを変えたりするものとされる[135]。このことを踏まえると，帰属の否定という事態を無効の概念で把握するという選択をする場合には，"この事態と，帰属が肯定され行政行為ではあるが無効であるという事態とを差異化して認識する必要がなく，また，両事態の法的取扱いも変える必要はない"という判断を経たものでなければならないといえる。なぜなら，仮に，帰属の否定という事態に無効の概念では捉えきれない意味（差異化して認識する必要性，法的取扱いを変える必要性）が認められるのであれば，この事態を無効の概念で把握することが不適切といえるからである。

　しかし，帰属の否定という事態の法的な意味についての意識的な考察は十分に行われていない。より具体的にいえば，所掌事務範囲外の行為を行政指導と理解するか否かという問題については若干の議論が存在するが，なお十分な考察とはなっていないのである。以下，このことをさらに説明する。

　一方には，この問題を論じる実益を完全に否定する（かのような）見解があ

134）もっとも，行政行為の無効は法理論的には行政行為が法的に存在しないことを意味するという見解（参照，藤田宙靖『新版　行政法総論（上）』（青林書院，2020）267 頁）を採れば，行政行為ではあるが無効であるという事態が観念されない。ゆえに，この見解によれば，帰属が肯定されるが無効とされるという事態と帰属が否定されるという事態が，行政行為が存在しないという結論に限っては同一に帰し得るから，本文とは異なり，無効の概念はこの"2つの"事態を表現しないことになり得る。

　　しかし，行政行為の無効は法理論的には行政行為が法的に存在しないことを意味するという見解を採る論者も，行政行為が存在しない場合の範囲を無効とは区別された形で示すことができれば，無効と行政行為が存在しないこととを法理論的に区別する可能性を認めていた（参照，柳瀬良幹「行政行為の不存在」同・前掲注 125）1 頁，21-26 頁〔初出 1942〕）。柳瀬は，行政行為が存在しない場合の範囲を無効とは区別された形で示せないとして，この区別が不可能であるという（参照，同書 26-54 頁）。しかし，（一部の）組織規範と帰属とを結合させ，他の法規範と帰属とを結合させない場合には，"組織規範に違反した行為は帰属せず行政行為ではなく，それ以外の法規範に違反した行為は帰属が認められつつも違法・無効な行政行為となり得る"という形で，行政行為が存在しない場合の範囲を無効とは区別された形で提示できる。したがって，この場合には，本文で挙げた 2 つの事態は区別されたものとして観念できるため，2 つの事態の区別を前提とする本文の記述は正当化できる。ただし，この場合でも，観念的に区別されるこの 2 つの事態が法的に何らかの同異を持つかはなお問題である。以下の本文はこの問題を検討する必要性を説くものである。

135）参照，太田匡彦「行政作用の認識または切り出しについて──現代の行政手法の把握のために」現代行政法講座編集委員会編『現代行政法講座Ⅰ　現代行政法の基礎理論』（日本評論社，2016）105 頁，107 頁注 6。基本的に同旨，塩野宏「行政法概念の諸相──中核と周辺──」同『行政法概念の諸相』（有斐閣，2011）3 頁，6 頁〔初出 2011〕。

るが，その根拠は十分に示されていない。そうした見解を示す髙木光は，「本条〔つまり行手法 32 条〕は『行政指導に携わる者』の職務上の義務という形をとっているので，その職務義務違反の効果は，別途考察される必要がある。そして，国家賠償請求においては，当該行為が『公務員の公権力の行使』であるかどうか，そしてそれが『違法』であるかどうか等が問題となり，行政指導として帰属するか否かは直接問題とはならないので，上記の問題を論じる実益はない」[136]と説明する。しかし，この髙木の説明では，職務義務違反の効果を国家賠償請求訴訟で争う場面が念頭に置かれているに過ぎないから，この髙木の説明で，所掌事務範囲外の行為を行政指導と理解するか否か（所掌事務範囲外の行為の帰属を肯定するか否か）という問題を論じる実益が一切否定されるわけではなかろう。

　他方には，所掌事務範囲外の行為を行政指導と理解するか否かという問題を論じる実益を完全には否定しない見解があるが，そうした見解においても帰属の否定という事態の意味は十分には示されていない。

　まず，太田匡彦は「この問題に関してはその解釈論上の実益が明確でないと」述べつつも「検討を留保する」[137]とも述べて，帰属の否定という事態の意味につき議論の余地を残す。

　次に，“所掌事務範囲外の行為の帰属が否定され，当該行為が行政指導でなくなる場合には，行手法上の規定が適用されない”という形で，解釈論上の実益を認める見解が示されることがある[138]。しかし，この見解の適否それ自体が問題となり得るほか，仮にこの見解が正当であるとしても，帰属の否定という事態の意味がこれに尽きるとは考えにくい。例えば，川合敏樹は，塩野のような「見解に立つとすれば，当該指導等は，同法〔つまり行手法〕上の行政指導に関する規定の適用を受けないこととな」ると指摘しつつ，続けて，そうした行為に対し「いかにしてその手続的及び実体的なコントロールを図るかという点や，当該指導に対する権利・利益救済のあり方が問題となり得る」[139]と指摘する。このように，行手法上の規定の適用とは別に，より広く手続的・実体

136）参照，髙木・前掲注 115）354 頁。
137）太田・前掲注 111）190 頁注 57。
138）参照，川合・前掲注 115）302 頁，興津・前掲注 113）320 頁。
139）川合・前掲注 115）302 頁。

序章　問題の設定

的な統制のあり方，権利利益の救済のあり方に関して，帰属の否定という事態は意味を持ち得るのである。本書が議論の対象としている行政行為についていえば，行政行為と目される行為の帰属が否定される場合に当該行為に対していかなる訴訟を提起し得るか等について，議論の余地があろう。

　第2点について以上で述べてきたことを要するに，帰属の否定という事態が無効の概念で表現されていると理解して考察を終えるのではなく，この事態を無効の概念で表現することが適切であるか否かを論じる必要があり，そのために，まずは，帰属の否定という事態の意味を考察する必要がある。

　そして，帰属の否定という事態と，帰属が肯定され行政行為であるが違法・無効という事態との間に何らかの差異が存在することが判明して，帰属の否定という事態を無効とは異なる概念で把握する場合には，当該概念の性格にも注意せねばならない[140]。ここで概念の性格の問題とは，"行政法学において用いられる概念につき，その機能に着目して，道具概念・類型的概念・説明概念・認識概念・開発概念といった諸概念が提示されている[141]ところ，どのような概念として構成するか"という問題である。このうち特に重要な概念として道具概念と説明概念（あるいは認識概念）について定義を確認しておけば，道具概念とは，「実定法の解釈運用・定立のための道具として用いられる」概念であり，説明概念あるいは認識概念とは，「そこから直ちに特別の法的効果を導き出すのではなく，実定法上の現象を認識し説明するための概念である」[142]。

　ただし，「当初道具概念として構成されたものが，後に説明概念と」なる可能性や，当初は説明概念として構成されたものが後に道具概念となる可能性もある[143]から，ある概念を道具概念と説明概念のいずれの性格を持つものとして構成するかという問題に対する解答は，現時点における暫定的なものになら

---

140) 概念の性格への意識につき参照，太田・前掲注135) 107頁注6。

141) そのほかの概念の分類も含め参照，塩野・前掲注135) 4-6頁。

142) 参照，塩野・前掲注135) 5-6頁。正確にいえば道具概念・説明概念（あるいは認識概念）が実定法上の概念についてのみ問題となるものではないことについて参照，太田・前掲注135) 107頁注6。

143) 参照，塩野・前掲注135) 8頁。塩野は道具概念が説明概念化する可能性だけを指摘しているが，「道具概念の説明概念化……は，概念の相対化現象の終局的現象と整理することもできる」（同論文8-9頁。概念の相対化現象については同論文8頁を参照）とされていることからすれば，逆向きの相対化が生じる可能性，つまり説明概念が道具概念化する可能性も否定されているわけではなかろう。

ざるを得ない。

第3項　問題の提示

　本款の検討をまとめると，行政行為と目される行為が組織規範に違反した場合に帰属が否定されるかを検討するためには，大きく分けて次の2点が問題となる。

　第1。自然人の行為を行政主体へと帰属させるという性質を，組織規範に結合させるか否か，組織規範のみならず根拠規範にも結合させるか，これらの選択を支える理由は何か。また，組織規範のみに結合させるとして，すべての組織規範に結合させるか，一部の組織規範のみに結合させるか。これらの選択を支える理由は何か。帰属の対象は，行為・法効果のいずれか。

　第2。すべてのまたは一部の組織規範が帰属と結合するとして，それに違反した際の帰結はいかなるものか。帰属を否定することは，いかなる意味を持ち，いかなる概念によって把握されるか。

第3款　問題の設定と検討の方法

　本款では，まず，第1款・第2款の検討を踏まえて本書が取り組む問題を設定する（第1項）。次に，本書は，"この問題に解答を与えるべく考察を行う際に，依拠できる思考モデルとしていかなるものがあり得るか，そのモデルを用いるといかなる解答を提示できるか"を示すことを課題とすること，および，この課題を遂行するための方法として，外国法の参照という方法を用いることを説明する（第2項）。

第1項　問題の設定

1　問題の設定

　本節第1款・第2款での検討から，本書は次の問題を考察する必要がある。

　第1に，組織規範は裁判規範性を持ち得るか。この問いは大きく分けて2つに細分化され（(ⅰ)・(ⅱ)），2つ目はさらに細分化される（(ⅱ-1)・(ⅱ-2)）。(ⅰ)ある法規範が取消訴訟における裁判規範性を持つためには，当該法規範が外部効果を持つことが必要か，必要であるとして，その外部効果の内実はいかなるも

のか。(ⅱ-1) 裁判規範性を持つための条件として法規範の外部効果を要求し，かつ，外部効果の内実を行政の義務付け・私人の権利利益の保護と考えるとして，組織規範はこれらの外部効果を持つか。(ⅱ-2) 私人の権利利益を保護するとすれば，そこでの私人の権利利益はいかなるものか。

第2に，行政行為と目される行為が組織規範に違反した際の帰結はいかなるものか。この問いは大きく分けて2つに細分化され ((ⅲ)・(ⅳ))，それぞれさらに細分化される ((ⅲ-1)・(ⅲ-2)・(ⅲ-3)，(ⅳ-1)・(ⅳ-2))。(ⅲ-1) 自然人の行為を行政主体へと帰属させるという性質を，組織規範に結合させるか否か，組織規範のみならず根拠規範にも結合させるか，これらの選択を支える理由は何か。(ⅲ-2) 組織規範のみに結合させるとして，すべての組織規範に結合させるか，一部の組織規範のみに結合させるか。これらの選択を支える理由は何か。(ⅲ-3) 帰属の対象は，行為・法効果のいずれか。(ⅳ-1) すべてのまたは一部の組織規範が帰属と結合するとして，それに違反した際の帰結はいかなるものか。(ⅳ-2) 帰属を否定することは，いかなる意味を持ち，いかなる概念によって把握されるか。

2　問題相互の関係

このように，本書は，組織規範を，裁判規範性を持つための条件に関わる特質である裁判規範性の欠如と，裁判規範性を持つことの帰結に関わる特質である帰属との結合という2つの観点から考察するが，この2つの観点の関係について簡単に敷衍する。

確かに，組織規範が裁判規範性を持つと理解するとしても，組織規範に違反した行為の裁判上の帰結として，帰属の否定という事態が生じると考える必然性はない。しかし，この意味において必然的な関係を持たないものの，2つの観点は無関係であるわけでもない。第1に，組織規範が裁判規範性を持つとき，組織規範に違反した行為の裁判上の帰結として帰属の否定という事態が生じることはあり得る。第2に，組織規範に違反した行為の帰属が否定され，行政の行為ではないという帰結が生じるとすると，この帰結は，行政行為の違法とは別の問題として把握される可能性がある。こう把握される場合，裁判規範性の有無は違法判断の基準となるか否かの問題に還元されないこととなるため，違法の問題とそれ以外の問題という異なる問題があることを念頭に置きつつ，裁

判規範性を持つための条件を論じる必要が生じる[144]。第3に，組織規範と帰属とを結合する場合，自然人の行為を行政主体へと帰属させるという性質を組織規範が持つことを根拠として，裁判規範性の有無を論証することも想定され得る。

これら3つの関係があり得ることからすれば，前々段落で示した2つの観点の関係も意識しつつ検討する必要があろう。

第2項　課題の設定と検討の方法

1　課題の設定

本書は，専ら著者の能力の限界により，前項で設定した問題に完全な解答を与えることはできない。本書は，前項で設定した問題に解答を与えるべく考察を行う際に，依拠できる思考モデルとしていかなるものがあり得るか，そのモデルを用いるといかなる解答を提示できるか，を示すことを課題とする。このモデル・解答が唯一正当なものであるという主張の提示は課題としない。

2　検討の方法

本項1で設定した課題を遂行するために，本書は外国法を参照する。以下の4点につき敷衍する。

(1)　参照対象としてのドイツ法

第1に，次の2つの理由から参照対象をドイツ法とする。まず，一般的に，「日本の行政法学上の議論では，それを組み立てる最も基本的な法的言説……のレベルにおいてドイツ公法学のそれに依存しており，……〔このことは，〕日本の行政組織に関する法的議論をドイツ公法学と分離することを困難にしている部分がある」[145]という理由である。次に，ドイツには本書の問題に関する

---

144) これまでの本書の叙述において，本文で挙げた2つの問題を区別しつつ裁判規範性を持つための条件を論じていないのは，2つの事情による。第1に，これまでの日本の議論では，行政行為と目される行為が組織規範に違反したときに行政の行為ではないと考える立場がほとんど示されていない，という事情（本節第2款第2項1参照）である。第2に，行政の行為ではないと考えるかに見える例外的な立場（本節注117）参照）においても，この帰結が違法と異なる問題として処理されるのか，異なるとすればいかなる問題として処理されるのかが明確にされていない，という事情である。

145) 橋本博之「行政主体論に関する覚え書き──情報公開制度との関連で──」立教法学60号（2002）30頁，41頁。

73

序章　問題の設定

議論の蓄積が期待できるという理由である。こちらの理由を敷衍すれば，①ドイツでは，内部法・外部法が峻別されつつ，内部法に過ぎないとされていた規範がいかに外部効果を持つかが論じられるようになってきたこと[146]からすると，伝統的には外部効果を持たないとされていた組織規範の外部効果を論じるという本書の第1の問題について，ドイツに議論の蓄積があることを想定できる。②組織規範と帰属との結合の可能性についても，日本の論者はドイツの議論を（も）参照していた。参照された議論のみでは組織規範と帰属との関係が完全には解明されていなかったが，ドイツにおいて帰属に関する議論が存在することを想定できる。

(2)　ドイツの検討における素材

　第2に，ドイツの検討における素材は，基本的に，①裁判例ではなく学説を用い，②学説の中でも公法学者の手によるものを用いる。

　①裁判例ではなく学説を用いる理由は2つある。まず，本書が扱う問題に関する裁判例が希少だからである。次に，本書は理論的な構成自体に関心があり，この点を解明するためには，学説を扱うのが直接的であるからである。もちろん，学説が自らの見解を構築するに際して裁判例を参照することがあり，この場合には学説を理解するために裁判例の参照も要請されるが，この場合でも本書ではごく一部を参照したにとどまっている。

　②学説の中でも公法学者の手によるものを用いる理由は，本書が，行政法を構成する法規範の一種たる組織規範の法的性質に関心を向けているところ，行政法学は公法学に属するからである。民事法学・刑事法学をはじめとする公法学外の学説は，公法学説を理解するためにまたは叙述の便宜のために，ごく一部を参照したにとどまっている[147]。

(3)　参照の目的と学説の検討方法

　第3に，参照の目的，学説の検討方法について述べる。

　本書は，ドイツの議論状況を解明することによって，日本の問題に解答を与えるための，1つのあり得る思考モデルを獲得することを参照の目的とする。ドイツの議論が完全に正当であるという保障は存在しないことから，ドイツの

---

146) 代表的な研究として，特別権力関係論につき，室井力『特別権力関係論　ドイツ官吏法理論史をふまえて』（勁草書房，1968）275頁，311-313頁，行政規則につき，大橋洋一『行政規則の法理と実態』（有斐閣，1989）45-66頁。

第2節　問題の設定

議論を完全に模倣すべきであるという主張の提示は目的としない。

　この目的の達成のために，ドイツの議論の検討においては，次の2点を意識した検討を行う[148]。

　第1。日本における1つの思考モデルたり得る議論を求めてドイツ法を参照する以上，ドイツの議論を検討する際には，日本における思考モデルとして適格性を持つかという点を意識して検討を行う必要がある。そのためには，ドイツの議論が，日本と異なる前提に立脚していないか，ドイツに特有の根拠に依拠していないかに注意を払う必要があり，したがって，ある主張が，なぜ，いかなる前提の下で提示されたのかを検討する必要がある。この検討については，各論者の思想的・社会的な背景等も含めると多くの可能性に配慮せねばならないが，本書では，専ら著者の能力の限界により，各論者が本書の問題に関係する論稿において明示した根拠・前提に検討対象を限定した。

　第2。ドイツの議論を完全に模倣しないようにするためには，ドイツの議論の限界を意識しつつ検討をすることが1つの手段となろう。そのためには，複数の議論を相互に比較することで，各々の議論がいかなる限界を持つかを明らかにするという手法が有効であると考えられる。

　これら2点を意識した検討を行うために，本書は，学説を可能な限り網羅的に参照して学説相互を比較することで，議論の根拠・前提・限界を含めて，本

---

147) 公法学外の学説として位置付けられる最近の特に重要な論稿として，*Alexander Hobusch*, Zurechnung im Recht, 2023 がある。Hobusch は，ある事象がある主体に帰属するという事態が生じるための根拠としていかなるものが要求されているかという観点から，民事法学・刑事法学・公法学における帰属に関する議論を検討し，また，各分野の議論から抽出された根拠（例えば，その事象を帰属させる意思・利益があること）が共通しているか否かを検討することで，分野横断的な理論を構築する，という方法を採用する（vgl., ebd., S.3f.）。もし Hobusch が組織規範と帰属との関係を扱っているのであれば，本書の問題を検討するに際しても Hobusch の論稿の成果を参照することは必須であろう。しかし，Hobusch が扱っている公法学における帰属の議論には，組織規範と帰属との関係についての議論がほとんど含まれていないようである（ただし，若干関連する記述として，vgl., ebd., S.124）。そうだとすると，本書の問題を検討するに際して Hobusch の論稿を参照することは必須ではない。前記の Hobusch の方法からすれば，むしろ，本書の問題に関する公法学の議論の検討を先行させ，その検討の成果を踏まえて Hobusch の提示する一般理論を検討するという順序が適当であろう。

148) 以下に示す検討の方法は，太田匡彦「権利・決定・対価（3）――社会保障給付の諸相と行政法ドグマーティク，基礎的考察――」法協 116 巻 5 号（1999）766 頁，839-842 頁を参考にしている。ただし，太田の方法に比べると，本書は（意識的な選択ではあるものの）ドイツにおける議論を安直に導入しようとするものではある。

序章　問題の設定

書の問題に対するドイツの議論状況の解明を目指すという方針を採る。

　時期としては，組織規範について今日の基礎となる検討が行われ始めたといえる第二帝政期[149]以降，今日に至るまでの時期を対象とする。叙述は基本的に時系列に沿って行うが，学説相互を比較するという方針からして，必ずしも時系列に沿った叙述にならない箇所がある。

(4)　日本への導入可能性を検討する方法

　第4に，本書の課題を遂行するためには，以上のようにしてドイツの議論状況を解明した後，ドイツの議論が日本において導入可能な思考モデルたり得るか（つまり日本で問題を考える際の手がかりたり得るか）を検討し，問題に対する解答を提示する作業が要請される。この検討に際しては，大きく分けて次の(i)・(ii)の2つの段階を踏む。

　(i)日本に導入を試みるドイツの議論を，次の2段階の基準で選定する。1段階目が，日本の問題の解決に最低限資するものであるか，という基準である。この基準を満たした議論に対して適用する2段階目の基準が，ある論点に対する議論の中で，（最も難点が少なく最も説得力があるという意味で）到達点と位置付けられるべきものであるか，という基準である。2段階目の基準を設けるのは，特段の理由がなければ，ドイツの議論の中で到達点となるべき議論を導入することが，日本においても（難点が少ないという意味で）適切な解決をもたらすと考えられるからである。到達点と位置付けられるべき議論が1つに定まらず，複数あり得る場合には，そのいずれを導入すべきかを検討する。

　(ii)前段落で述べた基準を満たすドイツの議論について，日本に導入できるかを検討する。その作業は，"本項2(3)で述べたようにして明らかにしたドイツの議論の根拠が日本に妥当する場合には，当該議論の根拠から導かれる主張も日本で導入できる"という思考のもとで進められる。ドイツの議論の根拠が日本に妥当するか否かを判断するに際しては，次の3つの段階を区別して議論する。

　第1段階として，ドイツの議論の根拠がドイツに特有のものであるか否かを

---

149)　参照，稲葉馨「行政組織法（論）の位置付けと方法──歴史的概観」同・前掲注84）2頁，5-27頁〔初出1982〕。第二帝政期以前には行政組織に関する法原理が論じられなかったことにつき参照，石川敏行「いわゆる『法学的方法』について──ドイツ行政法学史から見た──」成田頼明ほか編『雄川一郎先生献呈論集　行政法の諸問題　上』（有斐閣，1990）89頁，105-107頁，115-117頁。

確認する。ドイツに特有のものでなければ，その根拠に基づく議論は日本に導入可能であるとひとまずは考えることとする。第2段階として，さらに進んで，ドイツの議論の根拠と同じ理解あるいは類似する理解が日本においても提示されているか否かを確認する。こうした理解が日本においても提示されているといえれば，ドイツの議論を日本に導入できる方向に働くより強い理由があると考えることとする。第3段階として，ドイツの議論の根拠の導入を妨げる・否定する理解が日本に存在するか否か，存在するとすればそうした理解が適当であるか否か，を確認する。第1段階・第2段階を満たしたとしても，そうした理解が存在し適当であるといえるのであれば，そのことは，ドイツの議論を導入することに否定的に働くからである。

第4款 行論

次章以降の行論は次のとおりである。

第1章では，本節第3款第1項1で設定した第1の問題（つまり，組織規範は裁判規範性を持ち得るか）に関するドイツの議論を検討する。第1節ではこの問題のうち(i)の問題に関する議論を検討する。すなわち，ドイツにおいて，ある法規範が取消訴訟における裁判規範性を持つためにいかなる条件が求められているかを確認し，組織規範が裁判規範性を持つか否かを検討するための視角を獲得する。第2節では(ii)の問題に関する議論を検討する。すなわち，第1節で得られた視角に基づき，一定の類型化を施した組織規範のそれぞれにつき，外部効果の有無・内実とその判断のための論理について検討する。

第2章では，本節第3款第1項1で設定した第2の問題（つまり，行政行為と目される行為が組織規範に違反した際の帰結はいかなるものか）に関するドイツの議論を検討する。第1節ではこの問題のうち(iii)の問題に関する議論を検討する。すなわち，帰属の対象を確認した後，帰属を可能にする理論構成，具体的な帰属の要件に関する議論を検討し，組織規範と帰属とを結合させるための諸条件を明らかにする。第2節では(iv)の問題に関する議論を検討する。すなわち，一定の組織規範と帰属とを結合させる見解において，行政行為と目される行為が当該組織規範に違反した場合にいかなる帰結が生じるとされているかを，帰属を否定することの意味，用いられる概念に注意しつつ検討する。

序章　問題の設定

　結章では，第1章・第2章の検討の結果を日本に（どの程度）導入できるか
を検討し，問題に対する一応の解答を提示する。

第1章 組織規範の裁判規範性

第1節 裁判規範性を持つための条件

本節では，ドイツでは取消訴訟においてある法規範が裁判規範性を持つために
いかなる条件が求められているかを確認すること（第1款）により，組織規
範が裁判規範性を持つか否かを本章第2節において検討するための視角を獲得
する（第2款）。

第1款 裁判規範性と取消訴訟

行政行為の取消訴訟において，裁判所が訴訟裁断の基準としてある法規範を
用いるか否かの問題は，ドイツでは，主として，行政行為に対する取消訴訟の
原告適格を基礎付け，行政行為を違法であると判断する際に用いる法規範の問
題として現れる。現行の行政裁判所法に基づいていえば，42条2項「法律に
別段の定めがない限り，行政行為，または行政行為の拒否あるいは不作為によ
り権利を毀損されている旨を原告が主張する場合にのみ，訴えは許容される。」，
113条1項1文「行政行為が違法であって原告がそれにより権利を毀損されて
いるとき，裁判所は，行政行為，および，異議決定が問題になる場合には異議
決定を取り消す。」のうち，傍点を付した文言に関わる問題である。

しかし，本書のように，組織規範に違反した帰結として行為の帰属が否定さ
れることをも視野に入れるとき，前記の問題に関する議論を検討するだけでは
不十分である。

前提として，自然人の行為が行政主体へと帰属するか否かは法規範に照らし
て判断される[1]。そして，ドイツでは，自然人の行為を行政主体へと帰属させ

79

第1章　組織規範の裁判規範性

る法規範にある行為が違反したとき，それを「違法（Rechtswidrigkeit）」の問題ではなく，取消訴訟の対象の存在に関する，訴えの適法性の問題として処理する立場が，今日では通説である（詳細は第2章第2節）。すなわち，今日の通説によれば，自然人の行為を行政主体へと帰属させる法規範にある行為が違反すると，取消訴訟の対象たる行政行為が存在しないことになり，これは，行政裁判所法42条1項「訴えにより，行政行為の取消し……を求めることができる。」の「行政行為」という文言に関する問題として処理される。この問題は，取消訴訟の対象に関する議論の中でも民事訴訟・一般的確認訴訟との所管配分に関するものであって，同じ42条の中でも2項が扱う訴えの利益の存否の問題と区別され，また，本案審理について規律した113条1項1文の扱う問題とも区別される。そして，訴訟の所管配分に関わる要件の充足を判断するための法規範も，裁判における訴訟裁断の基準である以上は裁判規範として機能するといえるから，訴訟の所管配分の問題も視野に入れて裁判規範性の条件を論じる必要がある。

　このように，取消訴訟において，ある法規範が裁判規範として用いられる局面に少なくとも2つのもの（訴えの利益の存否・本案における違法判断と，訴訟の所管配分の判断）があるとき，この2つの局面で，裁判規範として用いられるための条件が異なる可能性がある。したがって，この2つの局面を区別して，それぞれの場合に法規範が満たすべき条件を考察する必要がある。

　しかし，第1に，訴訟の所管配分の判断に用いられるために法規範が備えるべき条件を，訴えの利益の存否の判断・違法判断に用いられるために法規範が備えるべき条件から独立に論じたものは見当たらない。第2に，前々段落の傍点部で示唆したように，ドイツでは，帰属の問題が違法の問題と常に区別されてきたわけではない。以上2点から，本書は，まず，違法の審査に関する裁判規範性の条件を検討し（第1項），次に，この条件が訴訟の所管配分の判断に用いられる法規範にどの程度妥当するかを検討する（第2項），という順序で考察を進める。

1）非行為（Nichtakt）を帰属が否定される行為と理解した上で，非行為は実定法に行為が違反した場合の帰結の1つであると理解するものとして，vgl. *Dirk Ehlers*, Die Lehre von der Teilrechtsfähigkeit juristischer Personen des öffentlichen Rechts und die Ultra-vires-Doktrin des öffentlichen Rechts, 2000, S.11, 13.

第1項　取消訴訟における違法性の意味

1　法・法命題概念による区別

⑴　違法性判断基準としての「法律」

　第二帝政期・ワイマール期においては諸ラントに行政裁判に関する法律が制定されていたが，取消訴訟における裁判規範性の条件に関する問題は，まず，基本的に，行政裁判所法113条1項1文のような実定法規定の解釈問題ではなく，理論上の問題として生じた。この背景にあったのは，行政行為の取消訴訟について管轄を持つ行政裁判所は適法性（Rechtsmäßigkeit）・法律適合性（Gesetzmäßigkeit）を審査する機関であるという理解であった[2]。そこで，行政裁判所が審査するために用いる規範である「法」・「法律」とは何かが問題となったのである。

⑵　実質的法律と形式的法律

　この問題を扱うのが，実質的法律・形式的法律という二重法律概念についての議論，および，この議論と密接に関係するいわゆる不浸透性理論である。第二帝政期・ワイマール期における，法律概念に関する通説的見解は，次のようなものである。法律概念には2種類のものがあり，「法命題の法拘束的な規定」が実質的法律であり，「一定の厳格な方法によって成立し表示された国家の意思行為」が形式的法律である。法・法命題は主体相互間の意思領域を画するものであり，ある主体が自身に対してなす行態規律はこれに該当しない。国家が法秩序の下で行為・活動する人格である場合には国家にもこのことが妥当し，国家内部において機関間の関係を規律するにとどまるものは法たり得ない「非法」である（いわゆる「不浸透性理論」)[3]。

　こうした通説的理解を採る論者において，「法」・(実質的)「法律」は，国家と私人との関係を規律する外部法のみを指し，これが行政裁判所における違法審査の基準たる規範となる。その結果として，こうした論者によれば，実質的

---

　2) Vgl., *Fritz Fleiner*, Institutionen des Deutschen Verwaltungsrechts, 8.Aufl., 1928, S.247f., 253. 行政裁判の本質に関する議論において，Fleiner はいわゆる南ドイツ学派に属すとされるが（参照，南博方『行政裁判制度』(有斐閣，1960) 18頁)，プロイセン学派においても行政裁判所が法律適合性の審査を行うという点は共有されている（プロイセン学派に属すとされる Rudolf von Gneist の見解につき参照，藤田宙靖『公権力の行使と私的権利主張』(有斐閣，1978) 164頁〔初出 1967〕)。

第 1 章　組織規範の裁判規範性

法律を内容としない形式的法律に行政行為が違反しても裁判による救済を受けることはできないことになる[4]。裁判による救済を受けられないという帰結が，当該規範によっては原告適格が肯定されないことによるのか，本案審理において当該規範に違反したことを審査できないことによるのかは明確でない[5]が，いずれにせよ，取消訴訟においてある規範が違法審査の基準となるためには，その規範が内容面[6]で外部効果を持つものでなければならないとされていた[7]。

2　法・法命題概念の変容と今日における議論

⑴　法・法命題概念の変容

しかし，1960 年代から前記の通説的理解が本格的に見直され始めた[8]こと

---

3 ）以上の「通説的見解」につき，vgl., *Paul Laband*, Das Staatsrecht des Deutschen Reichs, Bd.
　　Ⅱ，5.Aufl., 1911, S.2, 63f., 181, *Hans Heinrich Rupp*, Grundfragen der heutigen Verwaltung-
　　srechtslehre, 2.Aufl., 1991, S.19f. 傍点原文隔字体。法律概念についての詳細は堀内健志『ド
　　イツ「法律」概念の研究序説』（多賀出版，1984）47-52 頁等を，不浸透性理論についての詳細
　　は西上治『機関争訟の「法律上の争訟」性』（有斐閣，2017）142-143 頁，163-166 頁，
　　177-181 頁等を参照。

4 ）Vgl., *Heinrich Rosin*, Das Polizeiverordnungsrecht in Preußen, 2.Aufl., 1895, S.1, 28-32, 34,
　　Fleiner, a.a.O.（Fn.2），S.61-66 mit Fn.47.
　　　これ以外の論者においても，行政行為の取消しは法律に違反した場合にのみ可能であると
　　して，内部的行政規則に違反しても行政行為は違法にならないとの主張が示されることがあ
　　る（z.B., vgl., *Karl Kormann*, System der rechtsgeschäftlichen Staatsakte, 1910, S.389）。しか
　　し，行政規則は法規範の形式・内容のいずれにも関わる概念であるから，この主張をする論
　　者が，“ある法規範が立法の形式により定められていても，それだけで違法判断の基準になる
　　わけではない”という主張をしているかは明確でない。

5 ）Vgl., *Rosin*, a.a.O.（Fn.4），S.22, 31 mit Fn.10, *Fleiner*, a.a.O.（Fn.2），S.64f. mit Fn.47.

6 ）以下，法規範の「内容面」という言葉は，「法規範の形式でない側面」という意味で用いる。
　　ただし，ある法規範が内容面で外部効果を持つか否かを判断する際には，法規範の形式が 1
　　つの考慮要素となる（本項注 4 で後述）から，内容面と法規範の形式は無関係ではない。

7 ）これに対し，既に第二帝政期においても，法律概念について，その効果が行政組織の内部
　　にとどまる規範も実質的法律・法命題であるとする立場があった（z.B., vgl., *Hugo Preuß*,
　　Über den konstitutionellen Gesetzesbegriff, Annalen des Deutschen Reiches für Gesetzgebung,
　　Verwaltung und Volkswirtschaft, 1903, S.525-527. 本節注 8 ）に掲げる文献も参照）。しかし，
　　この立場が取消訴訟における裁判規範性の条件をどのように解していたかは判然としない。

8 ）このように通説的理解を見直す文献としては，本節注 7 ）に掲げた文献以外に，*Otto
　　Gierke*, Labands Staatsrecht und die deutsche Rechtswissenschaft, Schmollers Jahrb, 1883, S.
　　1138-1144, *Albert Haenel*, Das Gesetz im formellen und materiellen Sinne, 1888, S.221-234,
　　Richard Thoma, Der Vorbehalt des Gesetzes im preußischen Verfassungsrecht, S.177, in:
　　Festgabe für Otto Mayer zum 70. Geburtstag, 1916 等が挙げられるが，強い影響を与えたのは
　　以下の本文で見る 2 人の論者であるとされる（vgl., *Ulrich Guttenberg*, Weisungsbefugnisse
　　und Selbsteintritt, 1992, S.38）。

により状況が変化する。まず，Ernst-Wolfgang Böckenförde により，主体の意思領域を画するというだけでは法の1つの機能しか把握できないこと，諸個人の協働の規律も法の役割であり，その効果が1つの主体の内部にとどまる規範も法・法命題であることが主張された[9]。次に，Hans Heinrich Rupp により，その効果が行政主体の内部にとどまる規範（つまり内部法）は非法であると主張される際の根拠であった不浸透性理論が否定された[10]。今日では，その効果が行政主体の内部にとどまる規範も法であることには争いがない[11]。

したがって，本項1で述べた法・法律概念に関する当時の通説的理解のように，外部効果を持つ規範と法・法命題の概念とを等値しそれを基礎に法律概念を定めるという根拠によっては，内容面で外部効果を持たねばならないという条件は導かれなくなった[12]。

(2) 外部法違反としての違法

(a) 外部法と内部法　　しかし，法・法命題概念の変容は内部法もまた法であることを示したにとどまり，なお外部法と内部法との区別は存在している。この区別において，外部法（関係）とは，「一方で行政組織と，他方で機関の職分の遂行に関わらない主体との関係を定める」法（関係の複合）を意味し，内部法（関係）とは，「機関担当者・機関・全体組織（Organismus）の間における機関性的職分の進行に専ら関わる」法（関係）を意味する[13]。

そこで，ある法規範が取消訴訟において違法性判断基準となるための条件として外部法であること（外部効果を持つこと）がなお要請されているかどうかが問題となる。

---

9) Vgl., *Ernst-Wolfgang Böckenförde*, Die Organisationsgewalt im Bereich der Regierung, 2. Aufl., 1998, S.70-74. 初版は 1964 年。

10) Vgl., *Rupp*, a.a.O.（Fn.3）, S.19-24.

11) Vgl., *Thomas Groß*, Das Kollegialprinzip in der Verwaltungsorganisation, 1999, S.16.

12) もっとも，Böckenförde らの論稿の後にも，取消訴訟においてある法規範が違法性判断基準となるためには法規範が外部効果を持つことが必要であると主張する際に，本項1で示したような法（命題）概念に依拠する論稿もあった。具体的には，*Ernst Rasch*, Die staatliche Verwaltungsorganisation, 1967, S.120, 136, 159, *Rainer Adami*, Zuständigkeit, Unzuständigkeit und Unzuständigkeitsfolgen in der staatlichen Verwaltungsorganisation, Diss, 1971, S.84f., 91 である。しかし，これらの論者も，外部法の意味で法命題という語を用いることが多いだけで，その効果が行政主体内部にとどまる規範も法であることを否定しているわけではない（vgl., *Rasch*, ebd., S.122, 129, *Adami*, ebd., S.84 Fn.1, 2. Rasch につき参照，平岡久「ボン基本法下における行政規則に関する学説（1）」阪大法学 99 号（1976）103 頁，172 頁）。

83

第1章　組織規範の裁判規範性

　(b)　「法律形式の内部法命題」の扱い　　この問題は，主として，「法律形式の内部法命題」の取扱いという問題として論じられる。すなわち，“立法の形式によって定められた法規範が国家−私人間関係を規律しない内部法である場合に，この法規範は取消訴訟において行政行為の違法性判断の基準となるか”という問題である。

　この問題について，少数説たる Böckenförde は，立法の形式によって定められた法規範は，「『それ自体として』，その内容から機関性的な法領域に属する〔つまり外部効果を持たない〕」としても，取消訴訟において違法性判断の基準となる，と主張した[14]。これに対し，多数説は，法律形式の内部法命題は，取消訴訟において違法性判断の基準とならないとする[15]。また，予算法律に関する議論においては，法律形式の内部法命題は「市民に対する行政の行為の統制基準とはならない」という立場が伝統的であるとされている[16]。

　このことから，次のような理解がドイツにおいて一般的であるといってよい

---

13) *Rupp*, a.a.O.（Fn.3），S.34. Rupp の定義は法関係に着目したものであるが，Rupp の定義に客観法を含めて理解する者として，vgl., *Friedrich Eberhard Schnapp*, Dogmatische Überlegungen zu einer Theorie des Organisationsrechts, AöR, Bd.105, 1980, S.250f. なお，Rupp と Schnapp との間には，内部法の主体として機関担当者（あるいは職務担当者）を含めるか否かという差異がある（vgl., *Schnapp*, ebd., S.251）。この差異の持つ意味は第2章第1節第3款第3項で扱う。

14) 取消訴訟だけを念頭に置いた記述ではないが，vgl., *Böckenförde*, a.a.O.（Fn.9），S.75, 77 mit Fn.18.

　　なお，*Kraus Lange*, Innenrecht und Außenrecht, in: *Wolfgang Hoffmann-Riem* u.a.（Hrsg.），Reform des Allgemeinen Verwaltungsrechts, 1993, S.313 は，「行政の内部関係を法律により規律するもの」として，「特に行政内部での管轄分配を規律する法律・法規命令・条例，行政手続を規律する法律・法規命令・条例」を取り上げる。そして，「こうした規範に違反した行政の措置は原則的に違法となる」「にもかかわらず，〔一般の学説では，〕これらの規範のかなりの部分ですら，その行政の内部領域との関係ゆえに，……その外部法とのレレヴァンスが過小評価されている」と主張する。この Lange の主張からは，“一般の学説は，管轄規範を，法律形式の内部法命題として位置付けるにもかかわらず，取消訴訟において違法性判断の基準として機能させている”という認識を読み取れるかもしれない。しかし，ドイツにおける通説は，管轄規範を法律形式の内部法命題として位置付けておらず（参照，本章第2節第2款第1項），前記の認識を重視する必要はない。

15) *Jürgen Schwabe*, Innenrecht und Außenrecht, JA, 1975, S.46f., 特に組織規範に関して，vgl., *Rupp*, a.a.O.（Fn.3），S.94f., *ders*, Bemerkungen zum verfahrensfehlerhaften Verwaltungsakt, S.165f., in: *Güntter Püttner*（Hrsg.），Festschrift für Otto Bachof zum 70.Geburtstag, 1984, *Jürgen Schween*, Handlungs- und Rechtsschutzformbestimmung bei Regelungen der institutionellen Behördenorganisation, Diss. 1991, S.83, *Guttenberg*, a.a.O.（Fn.8），S.40f., 196f., *Ulrich Hufeld*, Die Vertretung der Behörde, 2003, S.266f.

84

であろう。すなわち，立法の形式を採るだけでは，ある法規範は取消訴訟において違法性判断の基準にならず，取消訴訟において違法性判断の基準となるためには，内容面で外部効果を持たねばならないという理解である。

　もっとも，少数説は根拠を明確に示さないし，多数説も根拠を示すことは少ない。多数説の挙げる根拠として見出し得たのは，第1に，訴訟で審理対象となる行為である行政行為が外部関係において規律を行うものであること[17]，第2に，「違法に結びつく制裁〔取消し・無効等〕が外部法領域で問題となる」[18]こと，の2点のみである。

(3)　裁判規範性と外部効果の先後関係

　そして，裁判規範性と外部効果の先後関係については，ある法規範に違反することが行政行為を違法とすることから，当該法規範の外部効果が導かれるのではなく，当該法規範が外部効果を持つことから，当該法規範に違反した行政行為を違法と判断できる可能性（当該法規範を裁判規範として用いる可能性）が導かれると理解されている[19]。この理解の根拠として，裁判所が外部法を自ら定立する権限を持つわけではないという理解が挙げられる[20]。

(4)　小括

　以上，本項2(1)・(2)・(3)より，ドイツの多数説では，取消訴訟においてある法規範が違法性判断の基準となるためには，その法規範が内容面で外部効果を

---

16) 法律形式の内部法命題を「機関法律（Organgesetz）」と表現するが，vgl., *Sebastian Kluckert*, Zuwendung und Gesetz, 2018, S.18f. なお，予算法律を法律形式の内部法命題とみなせるか否かについては異論があるとされるが（vgl., ebd., S.19 mit Fn.86, S.429），この異論も，本文で示した立場自体を否定するものではない。

17) Vgl., *Wolfgang Roth*, Verwaltungsrechtliche Organstreitigkeiten, 2001, S.881. Roth は，法律形式で定められた内部的な規範に違反した場合も内部法上の違法に含めつつ，内部法上の違法を外部法上の違法と区別しているから（vgl., ebd., S.863f., 871, 881），Roth も多数説を採るといえる。

18) *Hermann Hill*, Das fehlerhafte Verfahren und seine Folgen im Verwaltungsrecht, 1986, S. 394. Hill はそこで内部法と行政規則とを等値しているかに見えるが，Hill が内部法を語る際には，行政規則に加え，法律形式の内部法命題も視野に入れており（vgl., ebd., S.200 mit Fn.48, S.311, および，そこで引用される *Albert von Mutius*, Die Steuerung des Verwaltungshandelns durch Haushaltsrecht und Haushaltskontrolle, DVBl, 1983, S.1098），Hill も多数説を採るといえる。

19) *Eggert Schwan*, Zuständigkeitsregelungen und Vorbehalt des Gesetzes, Diss, 1971, S.93, *Schwabe*, a.a.O.（Fn.15），S.48, *Heinz-Joachim Freund*, Innenrecht und Außenrecht, Diss, 1984, S.28f.

20) Vgl., *Schwan*, a.a.O.（Fn.19），S.93.

第1章　組織規範の裁判規範性

持つことが必要とされているといえる。

3　外部効果の内実

このように，取消訴訟における行政行為の違法が，内容面で外部効果を持つ法規範に違反することを意味するとしても，さらに，外部効果の内実が問題となる。

(1)　一般論

まず，取消訴訟における裁判規範性の問題に限定せず一般的にいえば，行政主体たる国家が関わる場合において，外部効果の内実には多様なものが存在する。後の議論との関係で特に重要なものを挙げる。

第1に，ある法規範が，国家を私人との関係で義務付けるのみならず，私人に対して権利を付与する，という外部効果がある。もっとも，私人に権利を付与することは，その法規範が外部効果を持つための十分条件ではあるものの必要条件ではない[21]。第2に，ある法規範が国家を私人との関係で義務付けるにとどまり，私人に権利を付与しないという外部効果がある[22]。第3に，ある法規範が国家に対して私人を義務付けるという外部効果がある[23]。

(2)　取消訴訟における外部効果の内実

では，取消訴訟において，ある法規範が行政行為の違法性判断の基準となるためには，どのような外部効果を持たねばならないか。

(a)　違法性連関　　まず，行政裁判所法等の実定法上の解釈に限定せず一般的にいえば，行政行為の違法とは，行政行為が法規範に違反すること[24]，あるいは，行政行為が法秩序の要請・与件を満たさないこと[25]，を意味する。したがって，一定の要請を国家に与えない，国家が遵守すべき与件を設定しない

---

21)　以上の2文につき，vgl. *Kluckert*, a.a.O.（Fn.16）, S.404f.

22)　Vgl., *Guttenberg*, a.a.O.（Fn.8）, S.41, 158-165.

23)　Vgl., *Rasch*, a.a.O.（Fn.12）, S.120, 136. そこで一例として挙げられているのは，私人が新生児の出生を官庁に届け出ることを義務付けられるという場合である。

24)　Vgl., *Hill*, a.a.O.（Fn.18）, S.394, *Hans-Uwe Erichsen*, Das Verwaltungshandeln, in: *Hans-Uwe Erichsen/Dirk Ehlers*（Hrsg.）, Allgemeines Verwaltungsrecht, 12.Aufl., 2002, § 15 Rn.22a, *Hartmut Maurer/Christian Waldhoff*, Allgemeines Verwaltungsrecht, 21.Aufl., 2024, § 10 Rn. 3.

25)　Vgl., *Christian Bumke*, Relative Rechtswidrigkeit, 2004, S.232, *ders*, Verwaltungsakte, Rn.153, in: *Andreas Voßkuhle* u.a.（Hrsg.）, GVwR, Bd.Ⅱ, 3.Aufl., 2022.

という意味で国家を義務付けない法規範は，（本項3(1)で見た第3の類型のように）私人の義務付けを行うものであっても，行政行為の違法を基礎付けられない[26]。

　その上で，外部効果の内実が，私人に権利を付与するものでなければならないか，それとも，国家を私人に対して義務付けるのみでよいのかという点がさらに問題になる。しかし，この点については，1960年に行政裁判所法が制定される以前は必ずしも明確に議論されていなかった[27]。行政裁判所法が制定されると，行政行為の違法性の有無は同法113条1項1文に関する本案の問題として理解されるに至り，同法42条2項は，本来は本案の問題である権利毀損要件を（同条項の権利毀損は行政行為の違法性を当然の前提とする[28]ため，同時に違法性要件をも），立法政策上訴訟要件に取り込んだものとして理解される[29]。そうすると，いかなる法規範が違法性判断の基準となるかという問題は，42条2項よりもむしろ，113条1項1文の解釈問題として処理されることになる。そして，113条1項1文に関し，原告の権利に関係する違法のみが審査されるという違法性連関（Rechtswidrigkeitszusammenhang）が要求され，ある法規範が違法性判断の基準となるためには，当該法規範が原告私人（以下単に「私人」ということがある）の利益を保護し権利を付与するものでなければならないと解されるようになった[30]。この考え方によれば，"ある法規範が原告私人に権利を付与している規範か否かにかかわらず違法性判断基準として採用して，原告

---

26) Vgl. *Erichsen*, a.a.O. (Fn.24), Rn.22a.Vgl. auch, *Rasch*, a.a.O. (Fn.12), S.136, 159-163, *Hill*, a.a. O. (Fn.18), S.398, *Bumke*, a.a.O. (Fn.25), Verwaltungsakte, Rn.153, *Maurer/Waldhoff*, a.a.O. (Fn.24), § 10 Rn.3.

27) 原告適格判断における保護規範説の採用に関する検討であるが，参照，安念潤司「取消訴訟における原告適格の構造 (3)」国家98巻11 = 12号（1985）870頁，883-898頁。原告適格判断について保護規範説的な思考を示す者も，いかなる法規範が違法性判断の基準となるかの問題については，保護規範説的な思考との関連を明示しない（vgl. *Hans Klinger*, Die Verordnung über die Verwaltungsgerichtsbarkeit in der britishen Zone, 3. Aufl., 1954, S. 147-152, 157f.）。

28) Vgl. *Rainer Wahl/Peter Schütz*, § 42 Abs.2 Rn.66, in: *Friedrich Schoch* u.a. (Hrsg.), VwGO Kommentar（Stand:2023）.

29) Vgl. *Wahl/Schütz*, a.a.O. (Fn.28), Rn.10, 小早川光郎「取消訴訟と実体法の観念」同『行政訴訟の構造分析』（東京大学出版会，1983）1頁，30頁〔初出1973〕。もっとも，権利毀損・違法性の有無は本来は本案の問題であるという理解は，行政裁判所法制定以前から有力であった（vgl. *Christian-Friedrich Menger*, System des verwaltungsgerichtlichen Rechtsschutzes, 1954, S.116 mit Fn.8）。

第1章　組織規範の裁判規範性

の権利毀損が認められないために請求が棄却される場合でも行政行為の違法性を判断し確定させる”という審査方法（審査方法①）は採用されない。そうではなくて，“最初から，原告私人に権利を付与する法規範のみに限定して，この法規範に行政行為が適合しているかを審査する”という審査方法（審査方法②）が採用されるのである[31]。

違法性連関を要求し審査方法②を採る根拠は3つある。

第1に，基本法19条4項（「何人も，公権力によって自己の権利を毀損されたときは，出訴することができる。他に管轄が定められていない限り，通常裁判所に出訴することが可能である。第10条第2項第2文はこれと抵触しない。」）に関連して，“同条項が保障する裁判所による保護は，第1次的には，客観法の維持という意味での客観法統制よりも，個人の権利保護のためのものである”という体系決定がなされていると解される[32]ところ，審査方法②はこの体系決定から導かれる[33]か，少なくとも体系決定により適合的である[34]ことが挙げられる。

なお，この体系決定がなされていると解する根拠として，大きく分けて(i)から(iii)の3つが挙げられる。まず，(i)基本法19条4項の文言[35]や制定経緯[36]である。次に，(ii)客観法統制は，基本法の基礎的な考え方に反するということである。このことは，具体的には次の2つの観点から分説される。(ii-1)「権利保護は，国家のためではなく，特に執行権と緊張関係に立つ個人のために与え

---

30) *Walter Krebs*, Subjektiver Rechtsschutz und objektive Rechtskontrolle, S.193f., 203f., in: *Hans-Uwe Erichsen* u.a (Hrsg.), Festschrift für Christian-Friedrich Menger zum 70.Geburtstag, 1985, *Michael Gerhardt*, Vorb § 113 Rn.4, in: *Schoch* u.a. (Hrsg.), a.a.O. (Fn.28) (Stand: 1997), *Wahl/Schütz*, a.a.O. (Fn.28), Rn.48, *Kai-Uwe Riese*, § 113 Rn.30, in: *Schoch* u.a. (Hrsg.), a.a.O. (Fn.28) (Stand:2023).

31) Vgl., *Riese*, a.a.O. (Fn.30), Rn.21f.

32) Vgl., *Krebs*, a.a.O. (Fn.30), S.197, *Wolf-Rüdiger Schenke*, Art.19 Abs.4 Rn.30, in: *Wolfgang Kahl* u.a. (Hrsg.), BK (Stand:2009), *Eberhard Schmidt-Aßmann*, Art.19 Abs.4 Rn.8, in: *Theodor Maunz/Günter Dürig* (Hrsg.), GG (Stand:2023), *Kai-Uwe Riese*, Vorb § 113 Rn.4, in: *Schoch* u.a. (Hrsg.), a.a.O. (Fn.28) (Stand:2023). 行政裁判所法42条2項，113条1項1文は基本法19条4項の体系決定を受けたものと位置付けられる（vgl., *Rainer Wahl*, Vorb § 42 Abs.2 Rn.1, in: *Schoch* u.a. (Hrsg.), a.a.O. (Fn.28) (Stand:2023)）。

33) Vgl., *Gerhardt*, a.a.O. (Fn.30), Rn.3, *ders.*, § 113 Rn.7, in: *Schoch* u.a. (Hrsg.), a.a.O. (Fn.28) (Stand:1997).Vgl. auch, *Krebs*, a.a.O. (Fn.30), S.193f., 200, *Schmidt-Aßmann*, a.a.O. (Fn.32), Rn. 156, *Wahl/Schütz*, a.a.O. (Fn.28), Rn.48.

34) Vgl., *Riese*, a.a.O. (Fn.30), Rn.21f.

35) Vgl., *Schenke*, a.a.O. (Fn.32), Rn.30.

36) Vgl., *Dieter Lorenz*, Der Rechtsschutz des Bürgers und die Rechtsweggarantie, 1973, S.131.

られるものである。自由を維持する，国家と社会の二元論に基づいている憲法
秩序を，反対説〔つまり前段落の体系決定を支持しない見解〕は誤解してい
る。」[37]（ⅱ-2)「個人の自由が問題となっている限り，その自由を行使するこ
ともその保護〔を求めること〕も，個人の自己責任による決定に委ねなければ
ならない。個人の権利を，単に行政統制の補助手段として把握する客観法統制
……は，この要請に反する。」[38]前段落の体系決定がなされていると解する最後
の根拠は，(ⅲ)客観法統制は基本法 19 条 4 項が要請する迅速な権利保護の保障
に反するという意味で実効性を損なうこと[39]，である[40]。

　違法性連関を要求し審査方法②を採る第 2 の根拠として，審査方法①を採る
と，請求が棄却されたのに行政行為が違法であるとされた場合には，行政の側
で上訴をすることによって行政行為の違法性を争うという途が閉ざされること
が挙げられる[41]。

　違法性連関を要求し審査方法②を採る第 3 の根拠として，審査方法②のほう
が訴訟経済に資するということを挙げられる[42]。

　以上より，取消訴訟においてある法規範が違法性判断基準となるのは，当該
法規範により，国家が私人に対して義務付けられ，私人に権利が付与される場
合に限られることになる。

　ただし，ここまで（本項3(2)(a)で）述べてきた理解は，3 つの観点から補足を
要する（(b)から(d)）。

　(b)　名宛人理論　　第 1 の補足。ある法規範が違法性判断基準となるため
には，当該法規範が厳密に私人に権利を付与するものでなければならないのか
については，議論がある。具体的には，"行政行為の名宛人は，基本法 2 条 1

---

37) *Wahl*, a.a.O.（Fn.32），Rn.14. 傍点原文太字。同旨，*Lorenz*, a.a.O.（Fn.36），S.131.
38) *Wahl*, a.a.O.（Fn.32），Rn.14. 傍点原文太字。同旨，*Lorenz*, a.a.O.（Fn.36），S.131, *Krebs*, a.a.O.
　　（Fn.30），S.197.
39) *André Niesler*, Individualrechtsschutz im Verwaltungsprozess, 2012, S.112.
40) また，(ⅳ)二当事者間の権利領域相互の衝突という意味で紛争を捉え，この紛争を解決する
　　という観念を基礎に「裁判」を概念規定できる，ということも根拠として挙げ得る（参照，
　　小早川・前掲注 29）35-50 頁）。
41) *Riese*, a.a.O.（Fn.30），Rn.22.
42) *Eberhard Schmidt-Aßmann*, Verwaltungsrechtliche Dogmatik, 2013, S.121. なお，同書の第
　　2 版である *ders*, Verwaltungsrechtliche Dogmatik in der Entwicklung, 2.Aufl., 2023 には違法
　　性連関に対する言及を見出せなかった。Schmidt-Aßmann とは異なり，*Riese*, a.a.O.（Fn.30），
　　Rn.22 は，審査方法②が「常により効率的であるというわけではない」とする。

項の一般的自由権として違法な侵害からの自由を求める権利を持ち，したがって，侵害的行政行為の名宛人は常に出訴でき，行政主体が客観的に遵守すべき法に対するいかなる違反についても（保護規範違反でなくとも）裁判所の審査が及ぶ"とする，いわゆる名宛人理論[43]が説かれているところ，この名宛人理論と本項 3(2)(a)で述べた理解との関係を整理する必要がある。

　　a　名宛人理論に対する批判　　名宛人理論に対しては，基本法 2 条 1 項が違法な侵害からの自由一般を保護していると解せるのか[44]という疑問が提示されていることを措いても，次の 2 つの批判が示されている。

　①基本法が法秩序の内容をすべて決めきっているとは理解できない[45]ため，様々な自由間や一般公益を含む利益間の衝突可能性を調整する必要が残り，基本権はこの調整を法律によってまたは法律に基づく決定によって行うことを国家に義務付ける。そのため，法律は基本権に対し優先的に適用される（つまり，この調整の結果として与えられる法律上の権利が取消訴訟では問題とされる）べきであって，基本権は原則的に問題とならない，という帰結が生じる。しかるに，名宛人理論はこの帰結に反する[46]。

　②行政活動が違法であってはならないというのは法律の優位の要請であるところ，名宛人理論は法律の優位を主観化して（一般的）法律執行請求権を認めることになる。しかし，法律執行請求権を認めることは支持できない。法律執行請求権は「司法をあらゆる態様の行政活動に対する常在の監督機関にするも

---

43) Vgl., *Karl August Bettermann*, Die Legitimation zur verwaltungsgerichtlichen Anfechtung Nach österreichschem und deutschem Recht, S.88f., in: *Hans W. Fasching/Winfried Kralik* (Hrsg.), Festschrift für Hans Schima zum 75.Geburtstag, 1969, *Klaus Ferdinand Gärditz*, § 42 Rn.76, in: *ders* (Hrsg.), VwGO mit Nebengesetzen, 2.Aufl., 2018. 名宛人については適法性要件を定めるすべての法規範が名宛人の保護規範となるとも説明できるが（vgl., *Peter Baumeister*, Der Beseitigungsanspruch als Fehlerfolge des rechtswidrigen Verwaltungsakts, 2006, S.93, 210），この説明でも個々の法規範の目的を厳密に問う必要がないのは変わらない。

44) Vgl., *Christoph Sennekamp*, VwGO § 42 Rn.52, in: *Michael Fehling* u.a. (Hrsg.), Verwaltungsrecht：VwVfG VwGO Nebengesetze Handkommentar, 5.Aufl., 2021.

45) Vgl., *Alexander Köpfler*, Die Bedeutung von Art. 2 Abs. 1 Grundgesetz im Verwaltungsprozess, 2008, S.29-34.

46) ①につき，vgl., *Hans-Uwe Erichsen*, Allgemeine Handlungsfreiheit, Rn.6, 19, 78, in: *Josef Isensee/Paul Kirchhof*（Hrsg.），HStR, Bd. VI, 2.Aufl., 2001, *Köpfler*, a.a.O.（Fn.45），S.29-38, 111f., *Sennekamp*, a.a.O.（Fn.44），Rn.52. ただし Köpfler については本節注 50）を参照。本文と同趣旨をいうものとしてさらに参照，神橋一彦「公権論における基本権の位置づけ──行政行為における憲法と法律の交錯──」同『行政訴訟と権利論（新装版）』（信山社，2008）3 頁，134 頁〔初出 1994-1995〕。

のである」[47]ところ，司法をこうした監督機関と位置付けることは，裁判所による保護は個人の権利保護のためのものであるとの体系決定を基本法19条4項がしていることと整合しないからである[48]。

　　b　名宛人理論からの応答その1　　名宛人理論の側は，まず，①の批判を，名宛人理論は「民主的に後ろ盾のある議会を〔自由を保護する〕司法のために無力化させる」ものである，という趣旨の批判と解釈した上で，「民主政は様々な自由を調整することにのみその存在意義を持つのであって，自由の『対立物』では決してない」と応答する[49]。要するに，民主主義は自由と対立するものではないから，名宛人理論を採って，自由を保護する司法の役割を重視しても，民主主義に反しない，という応答であろう。

---

47) *Schmidt-Aßmann*, a.a.O. (Fn.32), Rn.122. 傍点原文斜字体。

48) ②につき，vgl., *Krebs*, a.a.O. (Fn.30), S.191-193, 197-200, 204. 概ね同旨，*Wahl/Schütz*, a.a.O. (Fn.28), Rn.48, *Schmidt-Aßmann*, a.a.O. (Fn.32), Rn.122. 第三者が原告である場合を論じる文脈であるが，小早川・前掲注29) 165-166頁も参照。

　なお，①・②に加えて次の3つの批判もある。③「基本権は，高権的行為が，基本法上の自由を展開する機会（Freiheitschancen）の縮減……に関係する法規範〔換言すれば，公益と個々の自由権の利益とを衡量する規範〕と適合することのみを義務付けている」ため，基本権はそうした規範に違反した場合にのみ毀損されるところ，そうでない規範に違反しても毀損を認める名宛人理論はこれに反する（vgl., *Krebs*, a.a.O. (Fn.30), S.204, *Wahl/Schütz*, a.a.O. (Fn.28), Rn.48. 亀甲括弧内につき，*Wahl/Schütz*, ebd. Fn. 159 で引用されている，*Erichsen*, a.a.O. (Fn.46), Rn.18)。④行政裁判所法113条1項1文の"dadurch"という文言によって違法性連関が要求されている（vgl., *H. Peter Schechinger*, Rechtsverletzung und Schutznorm im Anfechtungsprozeß Privater gegen Straßenplanungen, DVBl, 1991, S.1184)。⑤原告適格の判断に関し通説的見解とされる可能性説によれば，名宛人は「攻撃対象の官庁の措置が違法である可能性があることをも主張せねばならない」ところ，名宛人理論が要求する，"名宛人は常に（違法性を前提とする）権利毀損の可能性がある"との主張では，可能性説の要求を充足できない（要するに，可能性説と名宛人理論とが整合しないということである。vgl., *Elke Gurlit*, Die Klagebefugnis der Adressaten im Verwaltungsprozess, DV, Bd.28, 1995, S.455-459. 可能性説について参照，大西有二「公法上の建築隣人訴訟 (3) ——西ドイツの行政判例における『権利』『権利毀損』および『違法事由』——」北大法学論集41巻3号（1991）1113頁，1116-1128頁）。

　しかし，まず，③に対し，「客観法上違法であれば主観的な自由権の縮減は許可されない」はずであって，基本法上の自由を展開する機会の縮減に関係する法規範とそうでない法規範とは区別できないとの応答があり（vgl., *Guttenberg*, a.a.O. (Fn.8), S.205)，この点については名宛人理論と批判説との間で決着がついていないように思われる。次に，④・⑤は十分な批判ではない。④に関していえば，名宛人理論ではすべての客観法違反が主観法の毀損を意味すると説明され得るところ，この説明は"dadurch"と整合するように思われる（vgl., *Bettermann*, a.a.O. (Fn.43), S.88f.) からである。⑤に関していえば，名宛人理論は可能性説と整合するとも理解できる（vgl., *Ralf P. Schenke*, § 42 Rn.66, 69, in: *Ferdinand Otto Kopp/Wolf-Rüdiger Schenke*, VwGO, 29.Aufl., 2023）からである。

91

第1章　組織規範の裁判規範性

しかし，この応答は不十分である。第1に，法律による法秩序の内容形成が個人の自由のためでもあることは①の批判を行う論者も否定していない[50]から，①の批判が民主主義と自由とを対比させているとの解釈にそもそも疑義がある。この点を度外視しても，第2に，そうした自由の調整を担うのは第1次的には法律（を制定する立法者）であるはずだというのが①の批判の趣旨であって，司法による自由の保護も民主主義に反しないというだけでは，法律（を制定する立法者）の役割の重要性を否定したことにはならない。

　　c　名宛人理論からの応答その2　　名宛人理論の側（Ulrich Guttenberg）は，次に，②の批判を「客観法的な法律適合性原理の主観化」を指摘する批判として捉えた上で，この批判に対して「いかなる態度を採るべきかは，……――世界観に関わる前理解にも刻印付けられた――基本法上の自由の基本的な理解の問題である」と整理する。その上で，この問題について，「国家権力に先行し，国家による保障によって初めて生じるのではない自由の概念」が，「ヨーロッパの憲法の伝統における発展動向として提示できる」ほか，「前国家的な人権に対する信仰（基本法1条2項）」といった形で「基本法自身にも内在している」という理解を提示する[51]。要するに，自由の概念の歴史的理解等々からすれば，法律適合性原理の主観化という事態もさしたる問題ではない，と

---

49) Vgl., *Felix Ekardt*, Verfassungs- und Verwaltungsrechtliche Gründe für eine liberalere Klagebefugnis, Der Staat, Bd.44, 2005, S.623f., 630, 640. Ekardt の見解の位置付けにつき，vgl., *Thomas Groß*, Von der Kontrolle der Polizei zur Kontrolle des Gesetzgebers, DÖV, 2006, S.857 Fn.19.

　なお，Ekardt は，（一般的）自由権をさしあたり出訴権の拡大のためにのみ用い，自由権と本案の審理範囲との関係を切断する可能性を認める。その上で，本案審理において諸自由権の衡量が必要となり，この衡量に関し立法者の判断余地があるために，自由権を出訴権の基礎としても立法者の役割は無力化されず重視されるという趣旨の説明をしている（vgl., ebd., S.640f.）。この説明は，名宛人理論の擁護というよりも違法性連関を要求する理解への接近であると考えられる。なぜなら，この衡量の結果として，Ekardt は，名宛人が原告となる訴訟において審理可能な違法の範囲を限定する可能性を認めているからである（vgl., ebd., S.641）。

50) *Erichsen*, a.a.O.（Fn.46），Rn.19.

　Ekardt のほか，*Köpfler*, a.a.O.（Fn.45），S.110-114 は，基本法2条1項による名宛人理論は否定しつつも，名宛人が原告の場合には単純法律を原則として保護規範と解さねば憲法に違反するとして，単純法律の解釈を通じて名宛人理論に近い帰結を示す。これも，法律（を制定する立法者）を相対的には軽視する見解であろう。しかし，Köpfler も，憲法違反にならない例外の余地を認めるため，Köpfler の見解でも，個々の法規範の保護規範性，および，その判断の合理性を問う必要は残っている。したがって，Köpfler のこの見解も，名宛人理論を支持するものにはならない。

いう割切りを示すようである。

　もっとも，注意を要するのは，Guttenberg は，次のように，名宛人理論が妥当する範囲を限定的に捉えていることである。Guttenberg は，「一定の行為をしないことあるいはすることを内容とする国家の命令が問題となっていないところでは」，換言すれば，「一定の行為の作為または不作為の強制からの自由という，狭義の行為の自由」が問題となっていないところでは，どのような行為が自由権の保護範囲に入るかを検討せねばならないと述べる。そして，「心理的に自己の利益として感じられる事柄のすべてが，基本法においても……〔自由権の保護範囲にあるもの〕として保障されるわけではない」以上は，自由権の保護範囲の決定には「規範的な評価が必要であり，この規範的な評価は，憲法の下では立法者が行うのである。したがって，この範囲では，基本法2条1項は……〔立法者の〕形成の留保の下での基本権である」[52]と述べる。要するに，Guttenberg のいう「狭義の行為の自由」が問題とならないところでは，前記の①の批判がいうように，法律による内容形成が必要であって，一般的自由権では原告適格の有無・本案での審理範囲を決定できないとするのである[53]。このことの持つ意味はすぐ後で述べるが，翻っていえば，Guttenberg の応答は，「狭義の行為の自由」が問題となるところでは立法者による保障や調整を経る必要はないという形で，批判①に対しても応答するものであるとも解し得る。

　以上で確認した，②の批判（および①の批判）への Guttenberg の応答に対しては，2つの問題を指摘できる。

　第1に，「本案において争い得る違法の内容の問題……は，一般的自由権（基本法2条1項）だけからでは具体的に決することはできない」[54]ことがある。以下で敷衍する。

　Guttenberg が自認していたように，Guttenberg の見解において，名宛人理

---

51) Vgl., *Guttenberg*, a.a.O. (Fn.8), S.210. なお，Guttenberg は，侵害的でない国家活動における違法は一般的自由への侵害を意味しないため，この範囲では主観化がなされない以上，「一般的法律執行請求権」とはならないとも応答する（vgl., ebd., S.210. 傍点原文斜字体）。しかし，Guttenberg が自認するとおり（vgl., ebd., S.210），この応答は，侵害的行政行為に関して②の批判が妥当することを否定できていない。

52) 本段落の以上の部分につき，vgl., *Guttenberg*, a.a.O. (Fn.8), S.211f. 傍点原文斜字体。

53) Vgl., *Guttenberg*, a.a.O. (Fn.8), S.215.

54) 直接には Rudolf Bernhardt の見解に対する批判であるが，神橋・前掲注 46) 120 頁。

論を利用して原告適格の有無・本案での審理範囲を決定することができるのは，「狭義の行為の自由」が問題となる場合のみである。そうすると，この Guttenberg の見解は，侵害留保の原理の保障が及ぶ範囲を一般的自由権の保障範囲として説明するものと位置付けてよかろう。問題は，このような形で一般的自由権を利用する場合には，本項3(2)(b)の冒頭で見たように"行政主体が客観的に遵守すべき法に対するいかなる違反についても（保護規範違反でなくとも）裁判所の審査が及ぶ"とは，直ちにはいえないということである。すなわち，「一般的自由権概念の成立基盤を提供した侵害留保の原理は，私人の自由および財産を行政作用による恣意的侵害から保障することをその機能とするものであ」[55]り，「内容的に十分に覊束された行政作用をさらに手続的にも制約することは，侵害留保の原理の要請するところではなかったと言うべきであろう。そうしてみれば，この原理のいわば主観化としての一般的自由権の概念も，本来は，覊束行為についてまであらゆる手続的違法を取消原因として主張しうべきことを意味するものではなかったと考えられるのである」[56]。

　直前に述べたことは Guttenberg のみならず名宛人理論一般に対して妥当するものである（序章第2節第1款第1項2(4)(b)a参照）。そうすると，名宛人理論を採ったとしても，基本法2条1項が手続法・組織規範に違反した侵害からの自由をも保護していると解することの積極的な論証がない限り[57]は，どの法規範が違法性判断基準となるかを完全には決定できないことになる。

　第2に，第1点を度外視しても，（一般的）法律執行請求権を認めてもよいという割切りでは，②の批判に正面から答えたことにはならない。すなわち，②の批判が指摘していた，基本法19条4項による体系決定との不整合という問題は，法律適合性原理の主観化という事態もさしたる問題ではないという割切りをしたとしても，依然として発生するのである。

　　　d　結論　　　以上のように，①・②の批判に対して十分な応答がないことに鑑みると，現時点では，名宛人が原告である場合でも，問題となる法規範が原告私人に権利を付与している場合に限り，取消訴訟における違法性判断基

---

55) 小早川・前掲注29) 170頁。概ね同旨，*Groß*, a.a.O.（Fn.49), S.857.

56) 小早川・前掲注29) 170頁。

57) こうした論証を行うかに見える見解として，vgl., *Michael Rupp*, Die auf Art.2 Abs.1 GG gestützte Klagebefugnis gegen verfahrensfehlerhafte Verwaltungsakte, Diss, 1990, S.114.

準となると解される[58]。

　なお，名宛人理論を採らない立場においても，名宛人が原告になると違法性連関が推定されるという主張が示されることがある[59]。しかし，手続法・組織規範については推定されないという主張もある[60]こと，仮に手続法・組織規範について推定を認めるにしても推定が覆り得る可能性があることからして，当該法規範が私人に権利を付与するか否かを検討する必要性は残る[61]。

　(c)　実体権との違法性連関　　本項3(2)(b)で述べたことが，本項3(2)(a)で述べた理解についての第1の補足である。続けて，第2の補足を行う。

　学説では，私人に権利を付与する規範というとき，そこでの権利が，手続法・組織規範とは区別された意味での実体法上の権利（以下単に「実体権」という）でなければならない，という条件が追加されることがある。この条件を要求する見解によると，手続的権利を付与する手続法であっても，それが同時に私人の実体的利益を保護するものでなければ（つまり実体権との違法性連関を持たなければ），行政行為の違法性判断の基準たる法規範とはなり得ない[62]。そして，本書の検討対象が組織規範であって，組織規範が実体法と対比されるとき，組織規範についても手続法と同じ要請が妥当することになる[63]。したがって，前記の条件を要求する見解を採るとすれば，組織規範が国家を義務付けると同時に原告私人の実体的利益を保護するものでなければ，組織規範は違法性判断基準たり得ないということになる。

　しかし，本書では，次の2つの根拠から，実体的利益を保護する法規範でなければならないという条件は要求せず，違法性判断基準たるための条件としては，ある法規範が私人の（実体的利益に限られない）利益を保護し（何らかの）権利を付与することにとどめる。

---

58) 結論同旨，*Wahl/Schütz*, a.a.O.（Fn.28），Rn.48, *Riese*, a.a.O.（Fn.30），Rn.30, 山本隆司『行政上の主観法と法関係』（有斐閣，2000）391頁注51。

59) Vgl., *Wahl/Schütz*, a.a.O.（Fn.28），Rn.49.

60) 組織規範については一部のみを対象とした主張であるが，*Clemens Ladenburger*, Verfahrensfehlerfolgen im französischen und im deutschen Verwaltungsrecht, 1999, S.358.

61) Vgl., *Wahl/Schütz*, a.a.O.（Fn.28），Rn.70.

62) Vgl., *Ladenburger*, a.a.O.（Fn.60），S.356-361, *Schmidt-Aßmann*, a.a.O.（Fn.42），1.Aufl., S.121f. Schmidt-Aßmann の見解につき参照，須田守「取消訴訟における『完全な審査』(4)」論叢178巻5号（2016）27頁，57-58頁。

63) Vgl., *Schmidt-Aßmann*, a.a.O.（Fn.32），Rn.156 Fn.2, Rn.157.

第1章　組織規範の裁判規範性

　第1の根拠として，実体権との間に違法性連関が必要であるといっても，次の(i)・(ii)のように，実体権との間に違法性連関があるか否かの判断には不明確さが残ることを挙げられる。(i)まず，この違法性連関の有無がいかに決まるか，一貫した基準があるか，が明確でなく[64]，また，この問題について主として扱われているものも手続法であり，組織規範はほとんど問題とされない。(ii)次に，実体権の構成がそれ自体問題であり[65]，実体権の構成の仕方次第で，手続法・組織規範との連関の仕方も変わる。以上の事情からすれば，実体的利益を保護するという条件を課したとしても，組織規範に関する検討の視角として確たるものは得られない。

　第2の根拠として，"実体権との違法性連関の有無を決める一貫した基準が不明であるにしても具体例を通じてある程度考察の方向性を読み取る試みは可能であるところ，具体例を見ると，実体権との違法性連関があるか否かの判断は，手続法および組織規範，特に組織規範が何らかの権利を付与するか否かの検討と重なっていること"を挙げられる。例えば，組織規範のうち管轄規範に関し，実体権との違法性連関の有無を，Clemens Ladenburger は，「違反された管轄規範が，行政組織の合理的な形成〔という意味〕を越えて，実体判断に正しさをもたらすという意味（*richtigkeitsstiftende Bedeutung*）を持つべきか否か」を管轄規範を細区分して検討するところ，その際，管轄規範が（実体権ではない）権利を付与しているか否かを検討した Reinhard Mußgnug の著作を，自らと同じく細区分を行うものとして参照している[66]。また，組織規範のうち官庁間の手続規範に関し，実体権との違法性連関の有無について，Eberhard

---

64) *Schmidt-Aßmann*, a.a.O.（Fn.32），Rn.156f. は，「原告に対する国家権力の行使を法治国的合理性に服せしめることに規範が寄与するか」（これは *Gerhardt*, a.a.O.（Fn.30），Rn.4 の引用である），あるいは，「関係する手続規範が原告の実体法上の地位の保護に典型的な連関を有しているか」（傍点原文斜字体）を基準とするようであるが，基準の具体的な内容は不明である。

65) ドイツ法を参照しつつ議論を構築した小早川光郎と山本隆司の実体法理解の同異について参照，太田匡彦「抗告訴訟における実体法の観念——あるいは行政法における実体法の観念，その現況」宇賀克也＝交告尚史編『小早川光郎先生古稀記念　現代行政法の構造と展開』（有斐閣，2016）217 頁，226-231 頁。

66) *Ladenburger*, a.a.O.（Fn.60），S.364f. mit Fn.34，*Reinhard Mußgnug*, Das Recht auf den gesetzlichen Verwaltungsbeamten?, 1970, S.43ff. 傍点原文斜字体。Ladenburger は，実体判断に正しさをもたらすという意味を検討したものとしてではなく，管轄規範を細区分するものとしてのみ Mußgnug の著作を参照したとも読めるが，本章第2節第2款第1項で見るように，管轄規範が（実体権ではない）権利を付与するか否かの検討は，実体判断に正しさをもたらすという意味の有無の検討と重なる部分がある。

Schmidt-Aßmann は，「官庁間の協力が名宛人の実体的な権利保護にも資する
かそれとも他の目的に資するかを……審査せねばならない」というが，その際，
手続法が手続権を付与するか否かを検討した，Friedhelm Hufen/Thorsten
Siegel の著作の参照を指示する[67]。以上からすると，実体権との違法性連関の
基準が不明確である現時点では，まずは，組織規範が私人に何らかの権利を付
与するか否かについての検討を行うことに意味があろう。

　以上の2つの根拠から，本書は，組織規範が私人に何らかの権利を付与して
いるかという観点からの検討に絞る[68]。

　(d)　権利論との関係　　本項3(2)(c)で述べたことが，本項3(2)(a)で述べた
理解についての第2の補足である。続けて，第3の補足を行う。

　本項3(2)(c)末尾で述べたように組織規範が私人に何らかの権利を付与してい
るかという観点からの検討に絞るとしても，組織規範が何らかの権利を付与す
るか否かの検討を行う以上は，権利論一般についての議論が関係する。そして，
権利論についてはドイツにおいても膨大な議論が存在しており，各論者がどの
ような権利論を前提としているかに応じて，ある法規範がいかなる権利をいか
にして付与するかについての判断方法も変わり得る[69]。

　しかし，ドイツにおいて，組織規範の外部効果，組織規範による権利の付与
の有無を論じる者のほとんどは，権利論一般との関係を明示しない。こうした
議論状況に鑑みれば，まずは，組織規範と権利との関係がどのように説かれて
いるかを明確にする作業を行い，その後に，権利論一般の観点からはいかなる
評価が与えられるかを明確にする作業を行うのが適切であろう。本書は，専ら
著者の能力の限界により，このうち前者の作業のみを行うにとどまる。

---

67) *Schmidt-Aßmann*, a.a.O. (Fn.32), Rn.157 mit Fn.6. そこで指示されるのは，*Friedhelm
Hufen/Thorsten Siegel*, Fehler im Verwaltungsverfahren, 7.Aufl., 2021, Rn.637, 853. なお，
Hufen/Siegel の見解については，vgl. auch, *Hufen/Siegel*, ebd., Rn.849.

68) 違法性連関を要求しつつも実体権との違法性連関は要求しないものとして，*Hufeld*, a.a.O.
(Fn.15), S.376. なお，実体権との違法性連関と関連するものの区別される問題として，行政行
為の取消請求権の発生のために実体権の毀損が必要か否かという問題がある（実体権との違
法性連関を要求する立場の位置付けも含め参照，須田・前掲注62）43-45頁，51-60頁）。実
体権の毀損が必要であると解する立場でも，実体権との違法性連関を要求しない場合には，
違法性判断基準が実体的利益を保護する法規範に限られることはないと思われるため（z.B.
vgl., *Hill*, a.a.O. (Fn.18), S.104f., 403-406），実体権の毀損を必要とするか，必要とするとして
いかなる理論構成によりそれを認めるかについて，本書では立ち入らない。

69) 例えば参照，山本・前掲注58）188-213頁，250-255頁。

第 1 章　組織規範の裁判規範性

以上より，本書では，組織規範が権利を付与するかどうかに関し，論者がどのような論理でいかなる権利を認めたかについてのみ検討する。

(e)　形式的違法性論・事案の成熟性導出義務　　本項 3 (2)(b)から(d)で述べたものとは別に，形式法（手続法・組織規範）が違法性判断基準とならないという帰結につながり得る議論が 2 つあるため，それらの内容と問題点を確認しておく（a・b）。

a　形式的違法性論　　第 1 の議論が，形式的違法性論である。これは，ある行為が形式法に違反したとき，その違反が行為の内容に影響する可能性がある場合に限って当該行為の違法性を認める見解である。この見解は 1960 年代までは有力に説かれていたものの，それ以降は現在に至るまでほとんど支持されていない[70]し，次の(i)から(iii)のとおり理論上も支持されない。

(i)まず，1960 年代までの論者は形式的違法性論を採る根拠を明示しないことが多い[71]。

(ii)次に，1960 年代までの論者のうち根拠を明示する例外的な者は，羈束行為につき，行政裁判所は法的紛争を実体（つまり請求権の有無）について解決せねばならないところ，形式的瑕疵は実体についての解決に意味を持たない，という根拠を挙げていた[72]。この根拠に対しては，①形式的な要件も内容的な要件も行政行為の前提である以上，両者はいずれも適法性要件であり，形式的違法性論は違法性概念を分裂させる[73]という指摘や，②行政裁判所が紛争を実体について解決せねばならないという形式的違法性論の思考は違法性を論じる局面で考慮されねばならないわけではない[74]という指摘がある。①の指摘がある

---

70) Vgl., *Manuel Gräf*, Subjektive öffentliche Verfahrensrechte unter dem Einfluss des Unionsrechts, 2020, S.21f. なお，形式法違反が当然に違法となるとする立場でも，形式法が秩序規範（Ordnungsvorschrift）である場合には違法とならないとされる（vgl., *Hill*, a.a.O.（Fn. 18），S.427f.，*Bumke*, a.a.O.（Fn.25），Verwaltungsakte, Rn.159）。しかし，秩序規範は例外的にのみ存在し（vgl., *Bumke*, ebd., Rn.159），かつ，秩序規範の具体例を見ても（vgl., *Hill*, ebd., S. 428）組織規範が秩序規範に該当するとはされていないため，本書では秩序規範の場合を考慮しない。

71) Vgl., *Reinhard Eibert*, Die formelle Rechtswidrigkeit von Verwaltungsakten, Diss, 1978, S. 124.

72) Vgl., *Otto Groschupf*, Wie entscheidet das Verwaltungsgericht, wenn das Verwaltungsverfahren fehlerhaft war?, DVBl, 1962, S.627-631.

73) Vgl., *Hill*, a.a.O.（Fn.18），S.102f., 398. 海老沢俊郎『行政手続法の研究』（成文堂，1992）364-365 頁，368 頁も参照。

74) Vgl., *Eibert*, a.a.O.（Fn.71），S.125.

98

ことに鑑みると，②の指摘のとおり，形式的違法性論の思考は，取消請求権の発生要件を論じる局面や発生した取消請求権を排除する局面において考慮されるべきであろう（本項3(2)(e)b参照）。

(iii)最後に，近時例外的に形式的違法性論を採るMichael Sachsの見解を検討する。Sachsは，行政法における違法性判断の対象として，「官庁の〔実際の〕行動」である「行態（Verhalten）」[75]と，「行政法の領域で法効果が発生する，行政法上の主体の『法律行為的意思表示』であるところの……法行為（Rechtsakt）」[76]とが区別されるとし，行政行為等の法行為は「官庁の行動によって……生じるが，行態そのものではない」[77]という。さらに，Sachsは，この区別に対応させて法規範も2種類に分ける。すなわち，一方で，「人間の行態に対する当為命題」であるところの行態規範[78]があり，他方で，「法行為により宣言される法効果がいかなる前提の下で法秩序の内部で無制限の承認を得るか，を定める規律」たる「法承認規範」[79]がある。行態の違法は行態規範に適合するか否かにより判断され，法行為の違法は，行態規範ではなく，法承認規範に適合するか否かにより判断される[80]。この理解からすれば，行政行為という法行為が（行態規範の一種たる）形式法に違反した時に違法となるか否かを考えるためには，行政行為に関する法承認規範がいかなる内容を有しているかが問題となる。Sachsによれば，その法承認規範の内容は次のように整理される。①手続法が専ら実体奉仕機能を持つ場合（少なくとも羈束行為の場合）には，決定への潜在的な影響可能性がなければ法行為は違法とならず，②手続法が他の機能も併せ持つ場合には，実体への影響を考慮せず法行為が違法となる[81]。Sachsは，以上のようにして形式法違反の行政行為が違法とならない場合（つまり①の場合）を認め，形式的違法性論を説くのである。

---

75) *Michael Sachs*, Zur formellen Rechtswidrigkeit von Verwaltungsakten, VerwArch, Bd.97, 2006, S.580.

76) *Sachs*, a.a.O.（Fn.75），S.574. 二重かぎ括弧内は，*Hans Julius Wolff/Otto Bachof*, Verwaltungsrecht Ⅰ, 9.Aufl., 1974, S.366［Bachof］を受けた表現である。

77) *Sachs*, a.a.O.（Fn.75），S.580.

78) Vgl., *Sachs*, a.a.O.（Fn.75），S.579 Fn.35.

79) *Michael Sachs*, Verfahrensfehler im Verwaltungsverfahren, Rn.43, in: *Wolfgang Hoffmann-Riem* u.a.（Hrsg.），GVwR, Bd.Ⅱ, 2.Aufl., 2012.

80) Vgl., *Sachs*, a.a.O.（Fn.75），S.580f.

81) Vgl., *Sachs*, a.a.O.（Fn.79），Rn.53-70.

第 1 章　組織規範の裁判規範性

　Sachs の見解に対しては，羈束行為についてすら手続法が専ら実体奉仕機能
を持つとはいえないとも考えられる[82]ため，①の場合が存在しないのではない
か，したがって，形式的違法性論が成立しないのではないかという疑問がある。

　　b　事案の成熟性導出義務　　形式法と違法性判断基準との関係に関わ
る第 2 の議論が，事案の成熟性導出義務に基づく審査に関する議論である。取
消訴訟における事案の成熟性導出義務に基づく審査とは，行政行為がその結果
において維持されるべきかまで審査するという意味で適法性を完全な範囲で審
査するというものであり，裁判所は事案の成熟性を導出すること（つまり結果
において維持されるべきかまで審査すること）が義務付けられているとされる[83]。

　違法性判断基準との関係では，以下のように，手続的瑕疵と行政行為の取消
しとの関係（条文としては連邦行政手続法 46 条）におけるこの審査の現れ方[84]が

---

82)　Vgl., *Eibert*, a.a.O.（Fn.71），S.9-55, 62, 171f., *Michael Fehling*, Eigenwert des Verfahrens im
　　Verwaltungsrecht, VVDStRL 70, 2011, S.284f. 類似の指摘として参照，須田・前掲注 62）40 頁，
　　同「取消訴訟における『完全な審査』(3)」論叢 178 巻 3 号（2015）1 頁，4-7 頁。
　　　Sachs の形式的違法性論に対しては，本文で挙げた問題のほかに次の 2 つの批判がある。第
　　1 の批判が，連邦行政手続法 46 条が示すように，当該事案において決定の内容に影響を及ぼ
　　さなかったことが明らかであっても違法である行政行為があり，同条によれば，決定への影
　　響がないことは行政行為の違法性ではなく取消請求権を排除する。したがって，このことの
　　当然の帰結として，決定への影響の有無が同時に行政行為の違法性の問題に関わる基準には
　　ならない，というものである（vgl., *Baumeister*, a.a.O.（Fn.43），S.141-143）。第 2 の批判が，手
　　続規範は「第一次的には行態規範を含んでおらず，いかなる条件の下で行政行為をすること
　　が許されるかについての規律を含んでいる」というものである（*Bumke*, a.a.O.（Fn.25），Ver-
　　waltungsakte, Rn.153 Fn.505）。
　　　しかし，これら 2 つの批判に対しては Sachs から一応の応答が示されている。第 1 の批判
　　に対して，Sachs は，連邦行政手続法 46 条が取消請求権の排除に関わる規定であることはこ
　　の批判者と共有しつつも，決定に影響する可能性があったかどうかが違法性の段階では問題
　　になり，行われた決定が正しかったかどうかが同条の段階で問題となるという考え方を対置
　　する（Baumeister に対する直接の応答ではないが，vgl., *Michael Sachs*, § 45 Rn.123f., § 46
　　Rn.23, 53, in: *Paul Stelkens* u.a., VwVfG, 10.Aufl., 2023. 要するに，違法性の段階と 46 条の段階
　　とで基準が異なる，という応答である）。第 2 の批判に対して，Sachs は，やはり手続法は行
　　態をも規律していると応答する（vgl., *Sachs*, a.a.O.（Fn.79），Rn.42 mit Fn.113a）。

83)　Vgl., *Groschupf*, a.a.O.（Fn.72），S.628, *Gregor Marx*, Das Herbeiführen der Spruchreife im
　　Verwaltungsprozeß, 1996, S.30f., 57, 76, 121, 須田守「取消訴訟における『完全な審査』(1)」
　　論叢 178 巻 1 号（2015）33 頁，46-49 頁。この審査の内実や事案の成熟性導出義務の根拠等
　　についてはなお検討の余地があるが（参照，巽智彦「職権探知主義の諸相——須田守「取消
　　訴訟における『完全な審査』」を手掛かりに」成蹊法学 86 号（2017）17 頁，26-29 頁），この
　　審査は本書の問題に関わりが小さいため（以下の本文を参照），こうした点には本書では立ち
　　入らない。

84)　参照，須田守「取消訴訟における『完全な審査』(2)」論叢 178 巻 2 号（2015）37 頁，41-
　　51 頁。

100

問題となる。

　仮に，"事案の成熟性導出義務に基づく審査が行われ，行政行為がその結果において適法であるとされた結果として，連邦行政手続法46条が適用されて行政行為の取消しが否定される"としよう。このとき，実体法の違反のみが審査されていると理解できる[85]のであれば，事案の成熟性導出義務に基づく審査は，形式法が違法性判断基準とならないことを意味し得る[86]。

　しかし，次の理由から，事案の成熟性導出義務に基づく審査は，形式法が違法性判断基準となることを否定しないと考えられる。まず，事案の成熟性導出義務に基づく審査の現れとして同条を理解する論者においても，行政行為の違法性を排除するものとして同条を解釈する立場は支持されない。むしろ，同条を，行政行為の違法性を前提として，取消請求権の発生を妨げる（具体的にいえば権利毀損を否定する）旨の規定と解釈する立場[87]や，同じく行政行為の違法性を前提として，発生した取消請求権を排除する旨の規定と解釈する立場[88]が有力である[89]。そして，後二者の立場においては，同条が適用される場合，行政行為が違法であることが前提となるのであるから，形式法は違法性判断基準として適用されているはずである。

　　　c　結論　　以上本項3(2)(e)a・bより，形式的違法性論を前提としなければならない理由はなく，また，事案の成熟性導出義務に基づく審査は形式法が違法性判断基準となるための条件を追加するものではない。

4　外部効果の判断方法

　本項3から，組織規範を含む法規範が取消訴訟において違法性判断基準となるためには，当該法規範が国家を義務付け私人に権利を付与する外部効果を持

---

85)　こうした理解を示唆するものとして，vgl., *Ladenburger*, a.a.O.（Fn 60），S.246, 373.

86)　連邦行政手続法46条を射程に入れた叙述であるかやや不明瞭であるが，vgl., *Marx*, a.a.O.（Fn.83），S.39-43, 83. ただし，事案の成熟性導出義務に基づく審査では形式法が違法性判断基準とはならないと解するとしても，そのことから，すべての組織規範が違法性判断基準たり得ないという結論は導かれない。なぜなら，事案の成熟性導出義務に基づく審査は，連邦行政手続法44条により同法46条が適用されない場合や，裁量決定の場合には，実施されないからである。

87)　Vgl., *Hill*, a.a.O.（Fn.18），S.104, 408, *Ladenburger*, a.a.O.（Fn.60），S.371.

88)　Vgl., *Michael Sachs*, a.a.O.（Fn.82），§ 46 Rn.10, 67, *Gräf*, a.a.O.（Fn.70），S.211.

89)　3つの立場につき参照，須田・前掲注62) 48-53頁。

第 1 章　組織規範の裁判規範性

つことが必要であると考えられる。では，こうした外部効果の有無はいかに判
断するか。

⑴　立法者の規律目的の判断

まず，ある法規範が前記の意味での外部効果を持つか否かは，当該法規範を
定立する立法者の目的が，外部効果を持たせることにあるか，また，国家の義
務付け・権利の付与にあるか，によって判断される[90]。

⑵　外部効果の判断における考慮要素

そこで，こうした目的の有無をいかに判断するかが問題となる。

前提として，ある法規範に外部効果を持たせるか，外部効果を持たせるとし
て私人に権利を付与するという外部効果とするかは，基本的には立法者が自由
に決められる[91]。しかし，憲法上の要請により，ある法規範が外部効果を持つ
と解することが要請・禁止される（立法者が当該法規範に外部効果を持たせること
が要請・禁止される）場合や，権利を付与するものと解することが要請・禁止さ
れる（立法者が当該法規範を私人の権利を付与するものとして定めることが要請・禁止
される）場合が存在する[92]。

こうした憲法上の要請が存在しない場合に，立法者の目的が，ある法規範に
外部効果を持たせることにあるか，外部効果を持たせることにあるとして国家
の義務付け・権利の付与にあるかを判断する作業は，「『通常』の解釈問題であ
り，その解答は，解釈に関する通常の基準に従って与えられる」[93]。そのため，
当該法規範が定める内容（あるいは規律対象），他の法規範との体系的関連性，
当該規範の法形式，公布の有無等が解釈の際の考慮要素となる[94]。

これらの考慮要素の間には優劣関係があるとされ，解釈の際には次のような
段階を踏んで考察が行われる。第 1 段階として，当該法規範の内容（あるいは

---

90) Vgl., *Schwabe*, a.a.O. (Fn.15), S.49f., *Rupp*, a.a.O. (Fn.3), S.93f., *Schween*, a.a.O. (Fn.15), S.75f.

91) Vgl., *Kluckert*, a.a.O. (Fn.16), S.404-406. 組織規範を例として同旨をいうものとして，vgl.
auch, *Rupp*, a.a.O. (Fn.3), S.94.

92) Vgl., *Kluckert*, a.a.O. (Fn.16), S.404-406. 組織規範を例として同旨をいうものとして，vgl.,
auch, *Rupp*, a.a.O (Fn.3), S.93f. EU 法による要請（vgl., *Kluckert*, ebd., S.404）は，組織規範を
論じる論稿では明示されないため，本書では扱わない。

93) Vgl., *Schween*, a.a.O. (Fn.15), S.81.

94) Vgl., *Schwabe*, a.a.O. (Fn.15), S.49f., *Schween*, a.a.O. (Fn.15), S.81-83.Vgl. auch, *Rupp*, a.a.O.
(Fn.3), S.94. これ以外にも，組織規範の外部効果の判断にあたっては，組織規範がいかなる
「機能」を持つかが考察されるため（本章第 2 節で後述），以下，法規範が定める内容（ある
いは規律対象）には，「機能」も含めておくこととする。

規律対象），他の法規範との体系的関連性が優先的に考慮され，これらの考慮によって内部効果しか持たないと解釈されるのであれば，その法規範は内部効果しか持たないことが確定する。そして，特に組織規範の外部効果の判断については，当該組織規範が，実体法を含めた他の法規範といかなる体系的関連を持つかが重要であると指摘される[95]。第2段階として，当該法規範の内容（あるいは規律対象），他の法規範との体系的関連性の考慮で外部効果を持つことが定まる場合や，あるいは外部効果を持つか内部効果を持つかが定まらない場合には，用いられた法形式，公布の有無が意味を持つ，とされる[96]。

　もっとも，ドイツにおいて組織規範の外部効果の有無・内実が論じられる際には，実際に定められた法規範（個々の実定法規定）が考察の対象となるのではなく，実際に定められていないという意味で観念的な組織規範が考察の対象となることが多い。また，議論に際して，公布の有無が考慮されることはほぼなく，法形式もあまり考慮されない。それでも，法形式については，ある種の組織規範に関して，立法の形式によって定められる場合と，立法の形式により定められない場合（つまり行政内部規定の形式により定められる場合）とが場合分けされて議論されることがある。そこで，以下では，公布の有無の持つ意味には立ち入らず，法形式の選択と外部効果との関係について整理をしておく。

　(a)　外部法形式の持つ意味　　まず，法規範の内容（あるいは規律対象）・体系的関連性から外部効果が認められ，かつ，立法の形式により定められる場合は，特段の問題なく外部効果が認められる。

　これに対し，法規範の内容（あるいは規律対象）・体系的関連性からは外部効果を持つかが定まらない場合には，立法の形式により定められていたとしても，そのことをもって外部効果を持つとは必ずしもいえない。先に述べたとおり，法律形式の内部法命題が存在するからである[97]。

　(b)　行政内部規定の形式を採る規範の外部効果　　次に，ある法規範の法形式が立法の形式でない場合については，"直接的に外部効果を持つ法規範を

---

95) Vgl., *Schween*, a.a.O. (Fn.15), S.82. Vgl. auch, *Rupp*, a.a.O. (Fn.3), S.93.

96) 本段落につき，vgl., *Laband*, a.a.O. (Fn.3), S.182f., *Schwabe*, a.a.O. (Fn.15), S.48-50, *Schween*, a.a.O. (Fn.15), S.81-87. また，外部効果と法律による授権との関係につき参照，松戸浩「行政組織編成と立法・行政間の権限分配の原理 (2)」法学 65 巻 3 号 (2001) 354 頁，363-364 頁注12。

97) Vgl., *Laband*, a.a.O. (Fn.3), S.183, *Schween*, a.a.O. (Fn.15), S.83.

第1章　組織規範の裁判規範性

行政権が定立するためには立法の形式でなければならないか”という問題に対する立場によって結論が分かれる。

まず，外部効果を持つ法規範の定立は行政内部規定の形式によっても可能であるとする立場においては，行政内部規定の形式での外部法定立が認められる範囲では[98]，この法形式で定められているという事情は，当該法規範が外部効果を持つことを妨げない。そのため，この立場については，本項4(2)(a)で述べたことが妥当する。

これに対し，外部効果を持つ法規範の定立は行政内部規定の形式によっては不可能であるとする立場においては，当該法形式によってある法規範が定められた場合，その法規範は外部効果を持ち得ないことになる。このことの理由は，確かに，法形式を除いた要素を用いて当該法規範を解釈すると外部効果を持つものと解される可能性はあるが，しかし，行政権は，当該法形式によって外部効果を持つ法規範を定立できないため，外部効果を持つ法規範の定立を当該法形式では目的としないはずであるから，と説明される[99]。なお，この場合であっても，法形式が考慮要素となるのは，法規範の内容（あるいは規律対象）・他の法規範との体系的関連性が論じられた後である（本節注96）に対応する本文を参照）。

　　(c)　以後の考察の前提　　以上より，本書の以後の考察は，次のような前提の下で行われる。まず，問題となる法規範の内容（あるいは規律対象），他の法規範との体系的関連性を優先的に考察する。これにより，外部効果を持つことが定まる場合や，外部効果を持つか内部効果を持つかが定まらない場合には，用いられた法形式・公布の有無が意味を持つ。しかし，学説の議論では，公布の有無を考慮するものはほとんど見られないため，公布の有無は基本的に言及されない。また，法形式については，一部の組織規範について，立法の形式で定められていることあるいは定められていないことが議論の前提にされる場合があるに過ぎないため，本書ではこの場合にのみ法形式が言及される。

98）法律の優位・法律の留保に服する事項は行政内部規定の形式で定立できない（vgl., *Bernd Grzeszick*, Art.20.Abs.3, Rn.131, in: *Maunz/Dürig*, a.a.O.（Fn.32）（Stand:2023））。

99）Vgl., *Schwabe*, a.a.O.（Fn.15），S.50. Vgl. auch, *Laband*, a.a.O.（Fn.3），S.183.

104

第2項　帰属の問題・訴訟の所管配分との関係

本款第1項で述べたのは，すべて，「違法」の判断基準をめぐる問題に関することであった。本項では，本款第1項で述べたことが，訴訟の所管配分を定めるための法規範についてどこまで妥当するか，という問題を扱う。

一方で，自然人の行為を行政主体へと帰属させる法規範に違反したことを「違法」として扱う立場においては，この法規範についても，本款第1項で述べたことがそのまま妥当する。すなわち，この法規範が違法性判断基準となるためには，内容面で，行政を義務付け，私人に権利を付与する法規範でなければならない。他方で，自然人の行為を行政主体へと帰属させる規範に違反した場合，「違法」とは異なる処理として，取消訴訟の対象たる行政行為の存在を否定する立場がある（詳細は第2章第2節）。以下では，この立場を採った場合を想定して検討する。

1　外部効果の必要性

取消訴訟の対象たる行政行為の存否は訴訟の所管配分に関わるものであるから，この場合の問題は，訴訟の所管配分に関わる行政行為の存在を定めるために用いられる法規範はいかなる条件を備えるべきか，と定式化できる。

まず，この法規範が，内容面で外部効果を要するかが問題となる。この問題については，次に示す理由から，行政行為の存在に関する限り，内容面で外部効果を持つことが要請されると考えられる。まず，違法性の判断基準として内容面で外部効果が必要であるとされる根拠として，問題となる行為が外部関係で規律を行う行政行為であること，および，違法に結びつく制裁が外部関係で生じることが挙げられていた（本款第1項2(2)(b)参照）。次に，訴訟の所管配分に関わる法規範であっても，問題となる行為は行政行為であり，また，当該法規範に違反したことに結びつく帰結は，訴えの却下という国家－私人の外部関係で生じるものである。ゆえに，違法性の判断基準として外部効果を必要とするという結論を導いたのと同様の根拠が，ここでも妥当するといえる。

したがって，本書は，ドイツにおいて，内容面で外部効果を持たねばならないという要請は，取消訴訟の所管配分に関わる法規範にも妥当すると考える。

第1章　組織規範の裁判規範性

2　外部効果の内実と判断方法

⑴　外部効果の内実

このように内容面で外部効果を要請するとしても，その外部効果の内実は，違法性判断基準となる法規範とは異なって理解すべきであり，具体的には，私人に権利を付与するという外部効果を持つ必要はないと考えられる。その根拠は次のとおりである。

本款第1項3⑴で述べたとおり，外部効果の内実としては，私人を義務付ける場合と，国家の客観法上の義務付けにとどまる場合と，国家の義務付けに加え私人に権利を付与するという場合があるところ，違法性の判断基準となるための条件として原告私人に権利を付与する法規範であることが要請されたのは，次の3つの根拠によるのであった。第1に，基本法19条4項が保障する裁判所による保護は，第1次的には，客観法の維持という意味での客観法統制よりも個人の権利保護のためのものであるという体系決定がなされていると解されるところ，前記法規範についてのみ審査をすることは，この体系決定から導かれるか，少なくともこの体系決定により適合的であることである。第2に，原告に権利を付与しない法規範も違法性の判断基準としてしまうと，原告の権利毀損がないという理由で請求が棄却されつつも行政行為が違法であると判断され得るところ，この場合，行政の側で上訴をして行政行為の違法性を争うことができないことである。第3に，原告私人に権利を付与する法規範の違反のみを審査することが訴訟経済に資することである（本款第1項3⑵(a)参照）。

そこで問題は，これらの3点が，訴訟の所管配分に関わる，行政行為を存在させるための法規範が備えるべき条件を考える際に，（どこまで）貫徹されるべきか，ということになる。もっとも，第2点については，行政行為が存在しないとして訴えが却下された場合，被告行政の側が上訴できないかどうかについて明確な議論が見出されなかったため，第2点の考察は除外する。

そこで，第1点・第3点について考えると，確かに，第1点・第3点は，取消訴訟において裁判所が訴訟裁断の基準とする法規範一般の条件を考察する際に射程を及ぼし得るものである。しかし，第1点に関し，まず，前記の体系決定がなされていると理解する論者でも，訴訟に関する許容性のうち原告適格以外の問題に対しては，「〔個人の国家に対する実体法的〕地位とは独立に，その意味で客観的に答えられる」としている[100]。そうすると，前記の体系決定は

106

訴訟要件に関わる法規範のすべてについて保護規範であることを要請する，とまではいえないと考えられる。次に，前記の体系決定への適合性は，ある行為が行政行為であることが確定した後に，それを審査する法規範について限定を加えることで達成できるように思われる。第3点に関し，訴訟経済はそもそも一義的な帰結を導出し得るものではないし，あらゆる客観法違反を審査しないという限定によって既に訴訟経済の要請には応えられていると考えることはできよう。

　以上の理由から，行政行為を存在させるための法規範は，原告私人に権利を付与する法規範である必要はないと考えられる。

　もっとも，違法性判断基準の問題と行政行為の存否の問題とで要求される外部効果が異なると考えても，次の2点からして実際上はあまり意味がないかもしれない。

　第1。行政行為の存否の問題は，①ある自然人の行為が行政に帰属するかという問題，②他の行為形式との対比で行政行為に要請される標識（連邦行政手続法35条参照，ただし①の問題を除く）を満たすかという問題，③少なくとも1人に通知されているかという問題に分けられる[101]。そして，②の判断には，行政行為権限を授権する法規範（日本の用語で表現すれば根拠規範）が用いられ得る[102]が，この法規範は原告に権利を付与し[103]，行政行為の違法性判断基準としても機能する。そうすると，行政行為の存否の問題でも，保護規範性を有するこの法規範が検討対象であるときには，行政行為の存否の判断に関しては保護規範性を要しないと考えることに実際上の意味はないともいえる。

　しかし，①・③に関わる法規範が②に関わる法規範（ここでは根拠規範のみを念頭に置く）と区別できることを一旦前提として考える[104]と，次のようにいえる。すなわち，まず，①・③に関わる法規範は取消訴訟における違法性判断基

100）Vgl., *Wahl*, a.a.O.（Fn.32），Rn.1.

101）Vgl., *Dirk Ehlers*, Rechtsfragen der Exitenz, der Wirksamkeit und der Bestandkraft von Verwaltungsakten, S.2f., in: *Walter Krebs*（Hrsg.），Liber amicorum Hans-Uwe Erichsen, 2004.

102）Vgl., *Ulrich Ramsauer*, § 35 Rn.55-57, in: *Ferdinand Otto Kopp/Ulrich Ramsauer*, VwVfG, 24. Aufl., 2023, 連邦行政手続法35条の行政行為概念と行政裁判所法42条・113条の行政行為概念とが同じものとして理解されることにつき，vgl., *Wolf-Rüdiger Schenke*, Anh § 42 Rn.2, in: *Kopp/Schenke*, a.a.O.（Fn.48）.

103）Vgl., *Ulrich Ramsauer*, Die Rolle der Grundrechte im System der subjektiven öffentlichen Rechte, AöR, Bd.111, 1986, S.511f.

第1章　組織規範の裁判規範性

準として機能することは想定されておらず[105]，この点で②に関わる法規範と
事情を異にするため，①・③に関わる法規範が保護規範性を持つことを前提と
することはできない。したがって，要求される外部効果の内容を区別しておく
ことには実際上も意味がある。

　第2。それでも，私人に権利が付与されることは外部効果の十分条件である
から（本款第1項3⑴参照），前記①・③に関わる法規範を含め，行政行為の存
在条件を定める法規範が私人に権利を付与することもあり得る[106]し，このこ
とに問題はない。

　このように，違法性判断基準の問題と行政行為の存否の問題とで要求される
外部効果が異なると考えても，実際上はあまり意味がないかもしれない。しか
し，以上の2点は，"取消訴訟において行政行為の存否を判断するという問題
と違法性判断基準の問題とで，要求される外部効果が異なる"と考えられるこ
と自体を否定するものではない。

(2)　外部効果の判断方法

　行政行為の存否を判断する規範には本項2⑴で述べたような外部効果が必要
であるとして，外部効果の判断に際しては，本款第1項4で示した方法を用い
ることができる。なぜなら，そこで示した外部効果の判断の方法は，通常の法
解釈に用いられる諸要素の関係を整理したものであり，外部効果一般について
妥当するものといえるからである。

第2款　小括と次節への接続

　本款では，本節第1款での検討結果を要約し（第1項），次節において組織規
範の裁判規範性の有無を検討するための視角を設定する（第2項）。

---

104)　①に関わる法規範と②に関わる法規範（ここでは根拠規範）との区別可能性について参照，
　　第2章第1節第4款。②に関わる法規範（ここでは根拠規範）と③に関わる法規範との区別
　　について，vgl., *Maurer/Waldhoff*, a.a.O. (Fn.24), § 9 Rn.71, § 10 Rn.4.
105)　①については第2章第2節で詳述するが，さしあたり，vgl., *Ehlers*, a.a.O. (Fn.1), S.13f. ③
　　につき，vgl., *ders.*, a.a.O. (Fn.101), S.6f. ただし，③に関する法規範（の一部）が取消訴訟にお
　　ける違法性判断基準として機能することを想定する見解として，vgl., *Friedrich Schoch*, Die
　　Bekanntgabe des Verwaltungsakts, Jura 2011, S.29.
106)　通知に関する法規範につき，vgl., *Hufen/Siegel*, a.a.O. (Fn.67), Rn.849.

第1項　小　括

　本節第1款で述べたことを要約すると，次のようになる。ドイツにおいて，ある法規範が取消訴訟において違法性判断の基準となるための条件は，ある法規範が，内容面で，国家－私人間関係において，国家を義務付けるのみならず私人に権利を付与するものでなければならない，というものである。外部効果の有無を判断するためにはいくつかの考慮要素があるが，一定の法形式を採っていることを前提とする場合であっても，法規範の内容（あるいは規律対象）と他の法規範との体系的関連性が優先的に考慮される必要がある。そして，ある法規範が，訴訟の所管配分に関わるものとして行政行為の存否を判断する基準となるためには，違法性判断の基準であるために要請される条件とほぼ同内容の条件が必要となると考えられる。異なるのは，外部効果の内実として，国家を私人に対して義務付けることのみが必要であり，私人に権利を付与する必要はないという点である。

第2項　次節への接続

1　次節における検討の視角の設定

　本節冒頭で述べたとおり，本節において裁判規範性を持つための条件を検討したのは，次節において組織規範が裁判規範性を持つか否かを検討する際の視角を獲得するためであった。そこで，本款第1項で述べたことと，ドイツの議論を検討する際には学説の根拠を探究するという本書の方針（序章第2節第3款第2項2(3)）により，次節における検討の視角が決まる。すなわち，ある組織規範が，①外部効果を持つか，②外部効果を持つとして，国家を義務付けるか，義務付けるとして国家を義務付けるにとどまるか私人の権利の付与も行うか，義務付け・私人の権利の内実はいかなるものか，③外部効果の有無・内実の判断において，法規範の内容（あるいは規律対象），他の法規範との体系的関連性は，いかなる根拠で，いかなるものとして把握されるか，が検討の視角となる。

2　行政組織編成権の問題との関係

　これらの視角に基づく組織規範の外部効果の検討は，組織規範が法命題であるかという問題を検討することや行政組織編成権の分配のあり方の問題を検討

第 1 章　組織規範の裁判規範性

することと，区別されるものの関係する。行政組織編成権の分配のあり方を論じた文献も次節において検討の素材とする関係で，ここでは，行政組織編成権の問題との同異を，外部効果の内実・判断に関して明確にしておく。

ドイツにおいても，かつては，行政組織編成権の分配の基準として法命題概念が用いられており，組織規範が法命題であれば議会が行政組織編成権を持ち，法命題でなければ行政機関が行政組織編成権を持つという帰結となっていた[107]。組織規範の外部効果が論じられる 1 つの重要な局面が行政組織編成権の分配の局面であったのは，この事情による。そして，こうした権限分配基準を採り，かつ，法命題を外部法と等値して考える立場が通説であった時期における議論は，本書の対象とする問題と（部分的に）重なる問題が論じられているといえる。したがって，この文脈において法命題性を基礎付けるべく提示された学説は，それが外部効果を論じるものである限り，次節で検討の素材としている。

その後，法命題の概念と行政組織編成権の分配の問題が切断され，行政組織編成権の問題は，行政組織編成権の帰属を定める規定の解釈の問題，および，法律の留保の問題として扱われるに至った[108]。この議論においては，法律の留保学説のうち制度的留保説・本質性理論が特に重要であるところ，これらの学説において，ある事項が留保事項とされるか否かが政治的重要性の観点から判断される限り，行政組織編成権の分配の問題は外部効果の有無の問題とは異なるものとなる。

しかし，日本ではあまり紹介されないものの，組織規範に関する法律の留保を語る際に，外部法留保説がドイツでなお有力に採られている。外部法留保説

---

107) 参照，間田穆「ドイツにおける伝統的行政組織権理論の確立」名古屋大学法政論集 60 号（1973）52 頁，90-109 頁。

108) この経緯について参照，松戸浩「行政組織編成と立法・行政間の権限分配の原理（3）」愛知大学法学部法経論集 157 号（2001）41 頁，42-73 頁（ただし，同論文には，法命題概念を基準とした権限分配を「一般的法律留保」と呼ぶ箇所もあり，同論文は法命題概念を基準とする見解も法律の留保論の一種として把握しているかに見える。しかし，そうした箇所でも，複数の留保学説間で留保事項を決める基準の差異が指摘されている（同論文 56-57 頁）ため，同論文も法命題概念を分配の基準としなくなったという把握をしていることには変わりがない），大橋洋一「制度的留保理論の構造分析——行政組織の法定化に関する一考察」同『都市空間制御の法理論』（有斐閣，2008）264 頁，265-282 頁〔初出 2000〕，沼本祐太「行政組織編成権の日独仏比較研究——行政各部編成論第一部——」行政法研究 37 号（2021）129 頁，160-177 頁。

110

とは，外部効果を持つ法規範の定立は立法の法形式でのみ行い得る，と考える
ものである[109]。外部法留保説を採る場合，留保事項であるか否かは，ある法
規範が外部効果を持つか否かによって決まり，この判断は，裁判規範性の観点
から組織規範の外部効果の有無・内実を考察する際の判断と共通する部分があ
る。実際，外部法留保説を採る論者においては，ある法規範に（私人に権利を
付与するという）外部効果を認めることから，①当該法規範の定立が法律の留
保に服すること，②当該法規範が取消訴訟における違法性判断基準となること，
という 2 つの帰結が同時に導出されている[110]。そのため，外部法留保説を採
る立場の議論における組織規範の外部効果についての考察も，本書の問題と重
なる問題が論じられているといえる。したがって，こうした考察を行う論者も，
次節において扱っている。

　しかし，外部効果の内実については，法律の留保の議論と本書の扱う問題は
同じではない。外部効果の内実には私人に権利を付与すること以外にも多様な
ものが想定されるところ（本節第 1 款第 1 項 3 (1)参照），法律の留保の観点から外
部効果を論じる際には，裁判統制の場面ではない以上，その外部効果の内実が
行政を義務付けることや私人に権利を付与することでなければならないという
要請は存在しないからである[111]。

　以上をまとめると，次のようになる。法律の留保の問題は，ある法規範が取
消訴訟における裁判規範性を持つための条件の問題とは異なる部分がある。し
かし，行政組織編成権の分配基準として（かつての通説的な）法命題の概念を用
いるものと，外部法留保説を採用し組織規範の外部効果を論じるものについて
は，外部効果の内実に注意をしつつも，検討対象とすることが可能であり有益
である。

---

109) Vgl., *Rupp*, a.a.O. (Fn.3), S.116. 外部法留保説を採る論稿としては本節注 110) に掲げるも
　のも参照。

110) 論者によりニュアンスが異なるが，vgl., *Hans Heinrich Rupp*, Die „Verwaltungsvorschrif-
　ten" im grundgesetzlichen Normensystem, JuS, 1975, S.614 mit Fn.49, 50（ただし，外部効果
　を論証する際の私人の権利として，*ders*, a.a.O. (Fn.3), S.94 とは異なり，ここでは実体権を想
　定しているように思われる），*Wolf-Rüdiger Schenke*, Delegation und Mandat im Öffenlichen
　Recht, VerwArch, Bd.68, 1977, S.127f., *Guttenberg*, a.a.O. (Fn.8), S.158, 196-198, *Thorsten
　Reinhardt*, Delegation und Mandat im im öffentlichen Recht, 2006, S.71 mit Fn.83, S.87 Fn.132.

111) ただし，私人への権利の付与が外部効果の存在の十分条件であるためか，法律の留保にお
　いて外部法留保説を採って組織規範の外部効果を考察する論者も，ほとんどが権利の付与に
　よって外部効果を基礎付ける。

111

第2節　組織規範と外部効果

本節では，本章第1節で整理した意味での外部効果が組織規範に認められるかを検討する。その際，序章第2節第1款第1項2(5)で述べたように，組織規範を一定の観点から類型化した上で考察対象を選定し，類型ごとに外部効果を考察することが必要である。

そこで，本節では，概念を整理しつつ組織規範を一定の観点から類型化・選定した上で（第1款），この作業により選定された各組織規範の外部効果を考察する（第2款・第3款），という順序で検討を進める。

第1款　考察対象となる組織規範の類型化・選定

本款では，考察対象となる組織規範を類型化・選定する作業を行い（第1項），考察対象となる組織規範を提示する（第2項）。

第1項　類型化・選定作業

1　合目的性の基準

組織規範の外部効果を論じるためには，まず，組織規範を一定の観点から類型化し選定せねばならない。もっとも，組織規範の類型化の方法には唯一の正解があるわけではないから，考察目的との関係で合目的的な類型化が行われていればよい[1]。

そこで，本書が組織規範を類型化する目的を確認する。本書は，"行政行為と目される行為が組織規範に違反した場合に，当該行為の取消訴訟において，組織規範がはたしてまたいかに有効に働くか"という視座を設定し，組織規範が裁判規範性を持つか，組織規範に違反した行為の帰結如何，を考察するための思考モデルを得ることを課題として，ドイツの議論を考察することを目的と

1）「組織権力の行為（Akte der Organisationsgewalt）」に関する文脈であるが，vgl., *Ernst-Wolfgang Böckenförde*, Die Organisationsgewalt im Bereich der Regierung, 2.Aufl., 1998, S.45f. 「組織権力の行為」の意味については本項2(2)を参照。

していた。この目的の下では，組織規範が裁判規範性を持つか，組織規範に違反した行為の帰結如何，を論じるために利用できる類型化が必要となる。ただし，ドイツにおいて不自然な類型化とならないことにも最低限配慮することは要請されるから，"この目的（のみ）を想定しない場合に，ドイツにおいて組織規範にいかなる定義が与えられいかに類型化されているか"をも確認しておく必要はあろう。

そこで，以下では，まず，ドイツにおいて組織規範にいかなる定義が与えられいかに類型化されているかを簡単に確認し（本項 2 (1)(a)），その後，本書の目的との関係から組織規範を類型化・選定する（本項 2 (1)(b)・(c)）。

2　組織規範の類型化・選定

(1)　組織規範・官庁の定義

(a)　組織規範の一般的な定義　　ドイツにおいて組織規範がいかに定義されているかという点の確認から始める。

ドイツにおいて，行政組織法・組織規範は，最低限，次の 2 つの内容を持つものとされる。組織規範は，第 1 に，行政主体・行政組織の単位（行政単位）の構成に関するものである。第 2 に，構成された単位に一定の任務を分配するものである[2]。加えて，第 3 に，この点には完全に一致があるわけではないが，構成され任務を分配された行政組織の単位の相互関係を規律するという内容を持つことも，多くの論者が示す[3]。

以上 3 点からすれば，行政組織法（組織規範）を，「公行政の（通例は制度化さ

2）以上の 2 点につき，vgl., *Ernst Rasch*, Die staatliche Verwaltungsorganisation, 1967, S.95-98, *Hans Julius Wolff/Otto Bachof*, Verwaltungsrecht Ⅱ, 4. Aufl., 1976, S. 12 [Wolff], *Roman Loeser*, System des Verwaltungsrechts, Bd.2, 1994, § 10 Rn.2f., *Martin Burgi*, Verwaltungsorganisationsrecht, § 7 Rn.5, in: *Dirk Ehlers/Hermann Pünder* (Hrsg.), Allgemeines Verwaltungsrecht, 16. Aufl., 2022. また，*Thomas Groß*, Das Kollegialprinzip in der Verwaltungsorganisation, 1999, S.18f. は，本文で挙げた第 1 点を明言しないものの前提としていると思われる（vgl., ebd., S.15）。

3）Vgl., *Wolff/Bachof*, a.a.O.（Fn.2），S.12 [Wolff], *Groß*, a.a.O.（Fn.2），S.18, *Burgi*, a.a.O.（Fn.2），§ 7 Rn.5. なお，行政組織編成権の所在を定めることも組織規範の内容とされることがあるが（vgl., *Burgi*, ebd., Rn.5），多くの支持は得ていないように見える（そこで参照される *Groß*, ebd., S.18 のいう人員の選定に関する規範は，職員の選定・配置に関する規範を意味するようであり，Burgi の想定する規範とは内容が異なる）。仮に行政組織編成権の所在に関する規範（および Groß のいう人員の選定に関する規範）を入れたとしても，本項 2 (1)(c)で述べる事情が妥当して，この規範は考察対象から除外される。

第1章　組織規範の裁判規範性

れた）主体を構成し，その職分（Funktion）と相互関係を規律する，諸法命題の総体」[4]と定義する Hans Julius Wolff の立場が，ドイツではなお一般的であると考えられる。そして，この定義から，行政の主体を構成する規律，職分の規律，相互関係の規律という類型化の端緒が与えられていると考えることができよう。

　しかし，この意味での組織規範のすべてが取消訴訟における裁判規範性を論じる際に扱われるわけではない。以下，本書が扱う問題の構造上の理由から，官庁に関する組織規範に限定されること（(b)），また，官庁に関する組織規範のうち，実際上の理由から，さらに一部の組織規範に考察対象が限定されること（(c)）を述べる。

　(b)　官庁への注目　　a　官庁への注目　　まず，本書の観点からは，行政主体・行政組織の単位としては，行政主体に属する官庁（Behörde）を対象とすることが適切である。ここで官庁とは，国家「行政に属」し，かつ，「外部関係において，具体的な行政措置の高権的遂行を任務とする」機関のことをいう[5]。本書の考察においてこの意味での官庁（以下単に「官庁」という）を対象とするのが適切であるのは，行政行為と目される行為が組織規範に違反した際の帰結の考察においては官庁が念頭に置かれており[6]，また，このこと

---

4 ）*Wolff/Bachof*, a.a.O.（Fn.2），S.12［Wolff］. 傍点原文斜字体。同書の機関間の相互関係を扱う箇所には，一般に（機関間）手続に含められる同意手続についての記述があり（vgl., ebd., S. 120-123［Wolff］），機関間手続規範も本文の定義に含められているといえる。

5 ）Vgl., *Burgi*, a.a.O.（Fn.2），§ 8 Rn.29. いわゆる組織的な意味における官庁で，かつ，いわゆる作用的な意味における官庁であるもののことである（両者が重なり得ることも含め，vgl., *Burgi*, ebd., § 8 Rn.29, *Hartmut Maurer/Christian Waldhoff*, Allgemeines Verwaltungsrecht, 21.Aufl., 2024, § 21 Rn.32）。本書が対象とする行政組織については，序章第 1 節第 2 款第 2 項 3 (3)を参照。なお，本書は官庁間手続規範を検討対象に含めるところ（本項 2 (1)(b) c で後述），この手続の主体たる官庁のうち一方を，国家行政に属する官庁，つまり組織的な意味における官庁として捉えるにとどめる（つまり，作用的な意味における官庁としての性格は持たないとする）余地はある（vgl., *Heribert Schmitz*, § 1 Rn.233, in: *Paul Stelkens* u.a.（Hrsg.）, VwVfG, 10.Aufl., 2023. この捉え方においても他方の主体は本文で述べた意味での官庁である）。しかし，この規範の外部効果を論じるに際しては，手続の主体たる一方の官庁が作用的な意味での官庁でもあるかという点は特に考慮されていないようであり，本書の問題に関する限りでは組織的な意味における官庁にとどまる官庁をあえて視野に入れる必要はないため（本節第 2 款第 3 項参照），多数説に従い，この規範に関係する官庁も本文で述べた意味で捉えておく（結論として本書と同じ扱いをするものとして，vgl., *Carl Hermann Ule/Hans-Werner Laubinger*, VwVfG, 4.Aufl., 1995, § 9 Rn.6）。

6 ）Vgl., *Burgi*, a.a.O.（Fn.2），§ 8 Rn.35-38.

114

が支持できるからである。このことが支持できるのは，行政行為と目される行為を行う機関は官庁であるため，当該行為が違反する法規範は，基本的に[7]官庁に関わる組織規範とならざるを得ないからである。

　　b　官庁の構成　　ここで，ドイツにおいては官庁が組織体として理解されることに注意せねばならない。すなわち，ドイツにおける官庁は，日本の行政官庁理論における官庁のように「点的な」[8]ものであるとはされておらず，制度体としての官庁である[9]。その結果，1人の機関担当者に対応する1つの職（Amt）のみから成る「『一人官庁（Ein-Man-Behörde）』に過ぎない場合を除いて」，官庁自体の組織と官庁の内部組織が区別される[10]。このような官庁概念の理解は，本書が対象とする時期においてドイツではほぼ一致して採用されており，また，一人官庁はドイツにおいてごく例外とされる[11]から，本書でも，複数の職から成る官庁を対象とする（これに加えて，序章第1節第2款第2項3⑶において行った限定により，独任制官庁を対象とする）。

　したがって，官庁に関わる組織規範には，官庁自体に関するものと，官庁の内部組織に関するものとが含まれることになる。これらの規範のうち，まず，官庁自体に関する組織規範は，制度体としての官庁を構成し，職分を定め，その相互関係を定める組織規範である（具体的には本項2⑴⒝cで挙げる）。次に，官庁の内部組織に関する組織規範についてであるが，まず確認すべきは，官庁の内部構成として，官庁指導部（Behördenvorstand）が存在し，その下に複数の職が配置されているという構成がとられること[12]である。このように官庁指

　7）例外的に，官庁が所属する行政主体の管轄を定める規範は，取消訴訟における裁判規範性の観点から問題となり得る。しかし，本書は国の行政組織を考察対象とするところ，国の管轄規範に違反するという局面はほぼ想定されないため（国に対しウルトラヴァイレス法理が適用されないことの理由として，国の作用範囲が原則的に無限定であることが挙げられる。Vgl., *Heinrich Amadeus Wolff*, Die Ultra-vires-Lehre in der mittelbaren Staatsverwaltung, VerwArch, Bd.105, 2014, S.16），行政主体の管轄を定める規範は本書で扱わない。

　8）稲葉馨「行政組織構成単位論」同『行政組織の法理論』（弘文堂，1994）91頁，121頁〔初出1981〕。傍点原文。

　9）参照，稲葉・前掲注8）120-124頁，薄井一成「行政組織法の基礎概念」一橋法学9巻3号（2010）855頁，878-879頁。

10）Vgl., *Jürgen Schween*, Handlungs- und Rechtsschutzformbestimmung bei Regelungen der institutionellen Behördenorganisation, Diss, 1991, S.45.

11）参照，稲葉・前掲注8）123-124頁。Vgl. auch, *Malte W. Fügemann*, Zuständigkeit als organisationsrechtliche Kategorie, 2004, S.165f.

12）Vgl., *Rasch*, a.a.O.（Fn.2），S.38f.

115

第1章　組織規範の裁判規範性

導部というものが存在しているため，官庁指導部が独任制か合議制かを定める必要がある[13]。しかし，それ以外については官庁自体と官庁内の組織の構成は基本的にパラレルに考えられる[14]ため，官庁の内部構成に関わる組織規範としては，官庁指導部が独任制か合議制かを定める規範を除けば，官庁自体に関する組織規範と同様のものを（関係する主体を官庁から官庁内部の単位・職へと変更した上で）挙げることができる。

　　c　暫定的な考察対象　　本項2(1)(b) a・bで述べたように官庁に注目すると，考察の対象となり得る組織規範は，暫定的には次のように整理できる。

　まず，官庁自体の構成・職分・相互関係に関わる規範として，①官庁の設置規範，②官庁に任務を分配する管轄規範，③名称を定める規範，④所在地を定める規範，⑤官庁の決定に関し官庁間の手続を定める規範を挙げられる[15]。

　次に，官庁内部の構成・職分・相互関係に関わるのは，まず，⑥官庁指導部が独任制か合議制かを定める規範（内的構成規範）である。さらに，官庁自体に関する規範とパラレルに，⑦官庁内の行政単位・職（Amt）の設置規範，⑧官庁内の行政単位・職に任務を分配する管轄規範，⑨官庁内の行政単位・職の名称を定める規範，⑩官庁内の行政単位・職の所在地を定める規範，⑪官庁内での手続を定める規範が観念される[16]。

　　(c)　実際上の理由による検討対象の限定　　このように整理した上で，さらに，行政行為と目される行為が組織規範に違反した局面を扱うという本書の問題設定，および，ドイツにおいて議論が行われていないという実際上の理由から，本書では，以下のように考察対象を限定する。

　第1に，①官庁の設置規範および⑦官庁内の行政単位・職の設置規範は，行政組織編成権の分配に関しては意味を持つ規範である。しかし，ある者がおよそ設置されていない架空の機関の機関担当者であると名乗って行為をするといった形で，設置規範に違反して行為が行われることは想定されにくいし，ドイツでもこのような場面を捉えた議論はほとんど見られない[17]。したがって，本書では①・⑦の規範を検討対象から除外する。

---

13) Vgl., *Schween*, a.a.O.（Fn.10），S.45-47.

14) Vgl., *Rupert Stettner*, Grundfragen einer Kompetenzlehre, 1983, S.228.

15) ①から④について，vgl., *Schween*, a.a.O.（Fn.10），S.33-45. 本節注20) も参照。

16) ⑥から⑩について，vgl., *Schween*, a.a.O.（Fn.10），S.45-48. 本節注20) も参照。

第2に，③官庁の名称を定める規範，⑨官庁内の行政単位・職の名称を定める規範，⑩官庁内の行政単位・職の所在地を定める規範，⑪官庁内での手続を定める規範は，外部効果に関する議論がほとんど見当たらなかった[18]ため，検討対象から除外する。

第3に，⑤官庁間の手続を定める規範のうち，ドイツでは，行政行為を行う官庁が行政行為を発出する前に他の官庁の同意を得る手続について（のみ），外部効果に関する若干の議論を見出せた。そこで本書は，⑤については，官庁の行う行政行為に関し官庁間の同意手続を定める組織規範のみを考察の対象とする。

第4に，⑧官庁内の行政単位・職に任務を分配する管轄規範に関しては，署名権（Zeichnungsbefugnis）を分配する規範についてのみ外部効果に関する議論を見出せた（署名権という概念については本節第3款第2項参照）。そこで本書は，⑧については，この規範のみを考察の対象とする。

以上より，本書が対象とする組織規範は，②官庁の管轄規範，④官庁の所在地を定める規範，⑤官庁の行う行政行為に関し官庁間の同意手続を定める規範，⑥官庁指導部が独任制か合議制かを定める規範（内的構成規範），⑧官庁内で署名権を分配する規範，の5つとなる。

(2) 組織行為と組織規範

本書は組織規範を考察の対象とするところ，組織行為，組織措置，組織権力の行為（以下これらを単に「組織行為」ということがある）という概念を用いる論者が類似する議論を行うことがあるため，組織行為と組織規範との関係を整理しておく[19]。

組織行為（Organisationsakt）は組織規範と同義ではない。組織行為は，「一定の組織に関する帰結に基づいて定義される，法規範ないし法規範の複合」[20]

---

17) *Rasch*, a.a.O.（Fn.2），S.161 が掲げる事例も，本書の対象とする局面（序章第1節第2款第2項3(3)）を捉えたものではない。例外的に，第2章第2節第1款第1項2(1)で扱う論稿にはこの場面を捉えた議論が見られるが（第2章第2節注16）に対応する本文を参照），そこでも①・⑦の規範の外部効果が論じられているわけではない。

18) ③について言及するものとして見出せたものを挙げると，まず，*Werner Bickelhaupt*, Die Praxis der Organisationsbestimmung im deutschen Recht, Diss, 1958, S.71 があるが，③の「規範によっては国家市民の法的領域はいかなる形でも影響を受けない」との結論が述べられるのみである。次に，*Schween*, a.a.O.（Fn.10），S.210f. も Bickelhaupt と同旨をいうが，その説明は結論の言換えにとどまる。

第1章　組織規範の裁判規範性

の定立行為である。具体的にいうと，例えば，「官庁の設置」という組織行為
は，官庁を設置する規範，官庁の管轄規範，官庁の所在地を定める規範等の複
数の組織規範を定立する行為として観念される[21]。要するに，組織行為は，官
庁に関わる1つのまたは複数の組織規範の定立行為を，官庁の設置・拡大・縮
小等といった生ずべき帰結・事象の観点からまとめた上で単純な言葉で表すも
のに過ぎず，組織行為という概念は法的なレレヴァンスを持たない[22]。

　もっとも，組織行為として表される事象が1つの組織規範の定立行為から成
る場合があり[23]，この場合においては，組織行為の性質について論じる作業は
組織規範の法的性質を論じる作業と実質的に同内容であることが多いと考えら
れる。しかし，組織規範の定立行為（例えば議会による法制定行為）[24]の性質を論
じることと，組織規範それ自体の法的性質を論じること（定立された法規範の性
質）は，厳密にいえば別の問題であることに注意を要する。組織行為が1つの
組織規範の定立行為から成る場合であっても，本書の対象は組織規範それ自体
の法的性質のみにある。

　したがって，前記の意味で組織行為が組織規範と一対一対応する場合でも，
本書は組織行為の性質を検討対象としない。組織行為が組織規範と一対一対応
し，かつ，その議論の内容が組織規範そのものの法的性質（本章では外部効果の

---

19) 組織措置（Organisationsmaßnahme）・組織権力の行為（Akte der Organisationsgewalt）
という概念について組織行為から独立に定義したものは（本注で述べる Rasch を除き）ほと
んど見当たらず，これらは組織行為と同義で用いられることが多いため（vgl., Schween, a.a.O.
(Fn.10), S.26 mit Fn.5），以下，組織行為と組織規範の関係のみを論じる。例外的に，Rasch, a.
a.O. (Fn.2), S.165 は，組織の制度的・人的・物的要素に関わる措置の総体として組織措置を捉
え，組織の制度的要素に関わる一般的措置を組織行為と定義していた。しかし，この定義で
も組織措置のうち組織規範との関係で論じられるべきものは組織行為であるから組織行為の
みに着目すればよいし，この定義は，ders, Bemerkungen zur Rechtsnatur organisatorischer
Maßnahmen, DVBl, 1983, S.617 で曖昧になっている。

20) Schween, a.a.O. (Fn.10), S.26. Vgl. auch, Hans-Bodo Bertram, Behördliche und gemeindliche
Organisationsakte und ihre Einordnung in das Rechtsschutzsystem, Diss, 1971, S.32f. 厳密には，
本文で訳した「規範」に相当する語は Regelung であり，この語は通常「規律」と訳される。
しかし，これらの論者において規律は（法）規範（Norm,Vorschrift）と同義で用いられてい
ると解される（vgl., Bertram, ebd., S.62-64, 67, Schween, ebd., S.9f., 25 mit Fn1）ため，本文で
は「法規範」と訳した。

21) Vgl., Schween, a.a.O. (Fn.10), S.27.

22) Vgl., Bertram, a.a.O. (Fn.20), S.33f., 41-48, Schween, a.a.O. (Fn.10), S.26f., 29.

23) Vgl., Schween, a.a.O. (Fn.10), S.26f., 29.

24) 立法行為の概念につき参照，新正幸「法現象としての立法過程と立法行為」同『立法過程
と立法行為——憲法の理論と判例——』（信山社，2017）103頁，110-113頁〔初出1990〕。

有無・内実に着目している）を論じていると解される場合には，そこでの組織規範の法的性質（本章では外部効果の有無・内実）が本書の検討対象となる。

　以上を踏まえつつ，本書は，組織行為のうち，官庁内 Mandat と呼ばれる組織行為を検討対象に加える。Mandat とは，「公法上の管轄の保持者が，Mandat する者の権限（Kompetenz）を Mandat する者の名前で行使することを他の主体へと委託する」法行為[25]を意味し，Mandat が官庁内で行われる場合を指して官庁内 Mandat という。詳細は本節第3款第2項で述べるが，官庁内 Mandat は，官庁内において，個々の職に対し署名権を分配する組織規範を定立する行為であると観念される。この組織行為を検討対象に加えるのは，官庁内 Mandat が1つの組織規範の定立行為から成り，かつ，官庁内 Mandat を素材として論じられている問題は，署名権を分配する規範それ自体の外部効果である，ということによる。

第2項　考察対象となる組織規範の提示

　以上より，本書の考察の対象となる組織規範は，官庁の管轄規範，官庁の所在地を定める規範，官庁の行う行政行為に関し官庁間の同意手続を定める規範，官庁指導部が独任制か合議制かを定める規範（内的構成規範），官庁内で署名権を分配する規範，である。署名権を分配する規範の考察においては，官庁内 Mandat を検討の素材として取り上げる。

　以下では，まず，官庁自体の組織，官庁間の手続に関する組織規範を考察し（第2款），次に，官庁内部の組織に関する組織規範を考察する（第3款）。

第2款　官庁の組織・手続に関する組織規範

　本款では，官庁自体の組織・官庁間の手続に関する組織規範の外部効果について検討する。まず，議論が最も多い管轄規範を検討し（第1項），次に，官庁の所在地を定める規範を検討し（第2項），最後に，官庁間の手続規範を検討する（第3項）。

25）*Thorsten Reinhardt*, Delegation und Mandat im im öffenlichen Recht 2006, S.36.

第1項　官庁管轄規範

本項では，官庁管轄を定める組織規範（管轄規範）の外部効果について検討する。ドイツにおいて，組織規範の外部効果について最も議論の蓄積があるのは管轄規範であるが，管轄という概念について一致した理解が存在せず，そのことが，管轄規範の外部効果の有無・内実，それらを判断する際の根拠にも影響する。そのため，検討に先立って，管轄および管轄に関連する概念について整理をしておくことが必要である。

1　概念の整理

⑴　管轄と任務・権能

管轄の概念については，第1に，任務（Aufgaben）・権能（Befugnis）との関係が問題となる。まずは一般的な理解を確認する。任務とは，「国家が憲法上の条件を基礎として遂行するところの，対象の観点から輪郭付けられた，活動の部分あるいは活動範囲」[26]を意味する。そして，管轄とは，行政任務を行政主体・行政機関へと分配することであり[27]，この任務分配を行うのが管轄規範である。最後に権能とは，任務の遂行のために用いることが許容あるいは要請される手段を意味し[28]，ある主体への「任務分配〔つまりある主体が管轄を有していること〕それ自体は，……その任務を遂行するために用いることが許容される（あるいは要請される）手段〔つまり行政行為等〕を含まない」[29]。

しかし，この理解に対し3つの異なる理解が提示されることがある。

第1に，前々段落で示した理解のように，管轄は任務を分配するものとされるのが通常である[30]が，管轄規範により分配される対象として権能を挙げる理

---

26) *Matthias Jestaedt*, Grundbegriffe des Verwaltungsorganisationsrechts, Rn.52, in: *Andreas Voßkuhle* u.a.（Hrsg.），GVwR, Bd.Ⅰ, 3.Aufl., 2022.

27) Vgl., *Jestaedt*, a.a.O.（Fn.26），Rn.42, 52, *Burgi*, a.a.O.（Fn.2），§ 8 Rn.35, *Maurer/Waldhoff*, a.a.O.（Fn.5），§ 21 Rn.44.

28) Vgl., *Jestaedt*, a.a.O.（Fn.26），Rn.52.

29) *Jestaedt*, a.a.O.（Fn.26），Rn.52. Vgl. auch, *Dirk Ehlers/Hermann Pünder*, Grundlagen des Verwaltungsrechts, § 1 Rn.48, in: *Ehlers/Pünder*（Hrsg.），a.a.O.（Fn.2），*Maurer/Waldhoff*, a.a.O.（Fn.5），§ 21 Rn.53. 任務から権能を導出することがおよそ許容されないかについて議論の余地はあるが，少なくとも形式的名宛人に不利益を課す行政行為を念頭に置く場合には，本文の言明は妥当する。

30) Vgl., *Fügemann*, a.a.O.（Fn.11），S.15.

解が採られることがある[31]。この理解はそれなりの頻度で採用される。この理解による場合には，管轄は，任務のみならず権能をも分配するものであることになる。この理解の背景にあるのは，行政主体が用いることのできる権能の基礎付け自体は実体法上の問題であるが，行政主体に与えられた権能を行政主体内部で行政機関へと分配することは組織法上の問題であるという観念[32]である。

第2に，管轄それ自体が権能を意味するものとして用いられることがある[33]。この理解が採られることは稀である。この理解による場合には，管轄規範は任務や権能を分配するものではなく，管轄自体が分配の対象となる，すなわち，管轄規範によって定められた権能が別の規範によって主体へと分配される，という構造になる。

第3に，管轄規範は，官庁の組織内部での地位を定めるものとされることがある。この理解が採られることも稀である。この理解によると，まず，管轄規範により，官庁の組織内部での地位（Stellung）・他の官庁との区別が，垂直的・水平的に定められる（上級官庁と下級官庁等）。そして，組織内部で官庁の地位を定めるのとは別に，任務規範・権能規範によって，将来分配されるべき任務・権能が行政主体に与えられる。こうして，分配の対象たる任務・権能，分配される主体たる官庁が定められた後，任務・権能と官庁とを結びつけるのが，分配規範（Zuweisungsnorm）である[34]。

(2) 権限と管轄

管轄の概念に関しては，第2に，権限（Kompetenz）と管轄とが区別され得る。すなわち，管轄規範が任務（および権能）を主体へと分配する規範であるとしたときに，分配される対象たる任務（および権能）と，それらの分配を行う管轄とが区別されることがある。

この区別をする場合には，一方で，分配される対象を権限と呼び，権限とは，官庁へと分配される任務（論者によってはそれに加えて権能）を意味する[35]。他

---

31) Vgl., *Fügemann*, a.a.O. (Fn.11), S.15.

32) Vgl., *Georg Kohl*, Die Organisationsgewalt in Württemberg, Diss, 1933, S.16f. Vgl. auch, *Böckenförde*, a.a.O. (Fn.1), S.47. ただし，Böckenförde に関し，ebd., S.300 Fn.24 および本文の次の段落を参照。

33) Vgl., *Böckenförde*, a.a.O. (Fn.1), S.47.

34) 本段落につき，vgl., *Rasch*, a.a.O. (Fn.2), S.97f., *Fügemann*, a.a.O. (Fn.11), S.16. 詳細については本項6(1)を参照。

35) Vgl., *Rasch*, a.a.O. (Fn.2), S.27, *Wolff/Bachof*, a.a.O. (Fn.2), S.15 [Wolff].

第1章　組織規範の裁判規範性

方で，管轄とは，分配の対象と官庁との結びつきを意味することになる。その結果，この理解を採る論者は，権限を定めるところの任務規範・権能規範と，分配を行って権限と官庁とを結びつけるところの管轄規範とを区別することになる。

これに対し，前々段落で挙げた区別をしない立場もある。この立場によると，任務規範・権能規範と管轄規範とは区別されず，分配される対象を定める法規範を含めて，管轄規範という語が用いられる。

「通常は，……管轄と権限は同義で用いられる」[36)]こと，および，組織規範に違反した行為の帰結を論じる際には任務規範・権能規範と管轄規範とを区別しないのが通常であることから，本書では，分配を行う管轄規範と，分配されるべき対象を定める任務規範・権能規範とを原則として区別しない。ただし，以下の2つの見解を検討する際には，管轄と権限との区別（管轄規範と任務規範・権能規範との区別）に意を払う。第1に，管轄規範の外部効果を考察する際に，任務規範・権能規範と管轄規範とを区別する見解である。第2に，組織規範に違反した行為の帰結を考察する際に，管轄規範に違反することの帰結と任務規範・権能規範に違反することの帰結とを区別する見解である（第2章第1節4款参照）。

(3)　原則的な用語法

本項1(1)・(2)で述べたことから，以下で扱う管轄規範は，原則として，任務（および権能）を官庁に分配する規範のことをいうものとする。分配される対象として任務・権能のいずれをも含めているのは，権能をも含める理解がそれなりの頻度で採用されるからである（本項1(1)参照）。

これと異なる用語法による論者の見解を扱う場合や，これと異ならないにしても論者の用語法が重要な意味を持つ場合には，その都度指摘する。

(4)　管轄規範の分類

このように定義される管轄規範あるいは管轄は，任務を担う主体の観点，および，分配の仕方の観点から分類されることが多い。これらの観点における分類の仕方も一様ではないが，標準的と思われる分類によると，次のようになる。

まず，主体の観点からの分類として，行政主体へと任務を分配するものが団

---

36)　*Jestead*, a.a.O. (Fn.26), Rn.42 Fn.238.

体管轄であり，1つの行政主体の内部で複数の機関へと任務を分配するものが機関管轄（あるいは官庁管轄）である[37]。これに対して，「管轄規範は，通常，官庁それ自体にのみ関わり，官庁内部の事務分配には関わらない」[38]。つまり，官庁の内部へのさらなる任務分配には管轄の概念が原則として用いられない。しかし，官庁内部の特定の職・機関担当者に対し，法律が任務を分配することがあり，この場合には管轄の概念が用いられる。これが「機能的管轄（funktionelle Zuständigkeit）」[39]である。機能的管轄は，官庁内部で，法律自体が署名権を特定の機関担当者へと分配するものと理解し得る[40]。

次に，分配の仕方の観点から，事項的管轄・土地管轄・階級管轄（instanzielle Zuständigkeit）の区別がなされる。事項的管轄とは，「任務の分配そのものに関わる」[41]ものである。土地管轄とは，「事項的管轄〔あるいは任務・権能〕が行使されることが許される空間的範囲を定めるもの」[42]である。階級管轄は，「はたしてまたいかなる要件の下で上位官庁が決定権限を持つか，という問題について定める」[43]ものである。さらに，事項的管轄に関連して，1つの行政主体内部で，ある官庁の集合を，他の官庁の集合から，ある種類の事務を担うかどうかによって区別することがある。これが「所轄管轄（Ressortzuständigkeit）」であり，例えば，内務行政を担う官庁群と財務行政を担う官庁群とが区別される[44]。

管轄規範の外部効果を検討するに際して官庁管轄が細分類されて考察されることはあまりないが，しばしば土地管轄・階級管轄が独立に論じられ，稀に所轄管轄が独立に論じられる。

本書は行政主体それ自体の管轄を対象としないこと，本款では機関たる官庁を対象とすることから，以下では，団体管轄規範・機能的管轄規範を除き，機

---

37) Vgl., *Burgi*, a.a.O.（Fn.2），§ 8 Rn.35.

38) *Maurer/Waldhoff*, a.a.O.（Fn.5），§ 21 Rn.50.

39) *Burgi*, a.a.O.（Fn.2），§ 8 Rn.35, *Maurer/Waldhoff*, a.a.O.（Fn.5），§ 21 Rn.50. funktionelle Zuständigkeit の他の用語法とその問題について，vgl., *Fügemann*, a.a.O.（Fn.11），S.160-165.

40) Vgl., *Fügemann*, a.a.O.（Fn.11），S.165f.

41) *Burgi*, a.a.O.（Fn.2），§ 8 Rn.36. Vgl. auch, *Maurer/Waldhoff*, a.a.O.（Fn.5），§ 21 Rn.47.

42) *Burgi*, a.a.O.（Fn.2），§ 8 Rn.36. Vgl. auch, *Maurer/Waldhoff*, a.a.O.（Fn.5），§ 21 Rn.48.

43) *Maurer/Waldhoff*, a.a.O.（Fn.5），§ 21 Rn.49. Vgl. auch, *Burgi*, a.a.O.（Fn.2），§ 8 Rn.36.

44) 所轄管轄につき，vgl., *Ernst Rudolf Huber*, Wirtschaftsverwaltungsrecht, Bd.2, 2.Aufl., 1954, S.717.

第 1 章　組織規範の裁判規範性

関（官庁）の管轄規範について，分配される対象が任務・権能のいずれであるかに注意をしつつ，外部効果の有無・内実，それらを判断する際の根拠を検討する。

2　法律概念論争の文脈

管轄規範の外部効果は，第二帝政期において，まず，法律・法命題概念に関する争いにおいて論じられた。法律概念に関する当時の通説は，例外的にのみ管轄規範の外部効果を認める立場を示す。

⑴　Georg Jellinek の見解

法律概念論争の文脈で，組織規範について通説となる見解を提示したのは，Georg Jellinek であった。

Jellinek は，まず，実質的法律概念を論じる中で，「法律が，人格の自由な活動領域相互を限界付けることに，最も近い目的を持ち，社会的な限界確定のために発出される場合には，法律は，法命題の規定を含み，したがって実質的法律でもあるが，法律が何らかの他の目的を持つ場合には，法律は実質的法律ではなく，……形式的法律に過ぎない」[45]とする。その上で，組織規範について，組織命令を論じる中で次のように主張する。「組織命令によって単に機関が創造されるだけならば，組織命令は行政行為」に過ぎない。「人格あるいは機関の創造は，決して法命題ではない：あらゆる法は，既に存在している人格あるいは機関に接続する〔ものだからである〕。しかし，ある命令が，命令により動員される機関の権限（Competenz）を境界付け，権限の境界付けにおいてインペリウム（支配権）の付与が同時に含まれる場合には，それによって新たな権利義務が創造されるから，その命令は法規命令〔つまり法命題を内容とする命令〕である。」[46]ここで新たに創造される「権利義務」の主体としては，支配権の主体たる国家と，支配権を行使される対象たる臣民が想定されているように思われる[47]。

---

45)　*Georg Jellinek*, Gesetz und Verordnung, 1887, S.240.

46)　*Georg Jellinek*, a. a. O.（Fn. 45），S. 387. *Siegfried Brie*, Zur Theorie des constitutionellen Staatsrechts, AöR, Bd.4, 1889, S.15 もこの限りでは Jellinek に反対しない。

47)　Vgl., *Jellinek*, a.a.O.（Fn.45），S.195f., 243.

124

⑵ Paul Laband の見解

Jellinek と類似の考え方によって管轄規範の法命題性を論じたのは，Paul Laband であった。Laband は，帝国国法に関する著書の2版から5版において[48]，官庁の管轄規範を含む組織規範が法命題であるかという問題を検討した。

Laband は，まず，法・法命題の概念について説明する。曰く，「法は，個々の主体の権利と義務とを相互に境界付けることに存する；法は，その本質からして，お互いに衝突し得る，複数の意思主体の存在を前提とする……〔。〕……ある主体の意思領域が，命令・禁止・保障によって他の意思領域に対して境界付けられる限り，そして，請求権，義務，侵害あるいは抵抗に対する保護が，他者に対して基礎付けられる場合に限り，法秩序が作動する。このことは，国家が，法秩序そのものの創造者ではなく，法秩序の内部において行為し活動する人格として現れる限りで，国家にも妥当する。……行政する国家の（つまり行政の）意思領域が，他者の……意思領域と接触するところにのみ，……法命題が存在する余地がある。これに対し，行政自体の内部にとどまる……規律は法規範ではない」[49]。

したがって，Laband において，組織規範が法命題であるか否かは，組織規範が他者の意思領域との境界付けを行うか否かによって，言い換えれば外部効果を持つか否かによって決まることになる。

組織規範が法命題であるか否かは，次の2つの場合に分けられて考察される。

---

48) 初版における組織規範の法命題性の判断には，本文で示す思考は示されない（vgl., *Paul Laband*, Das Staatsrecht des Deutschen Reiches, Bd.Ⅱ, 1.Aufl., 1878, S.208-212, 間田穆「ドイツにおける伝統的行政組織権理論の確立」名古屋大学法政論集 60 号（1973）52 頁，105-108 頁）。これに対して Edgar Loening は，「行政機関の職分（Funktionen）を定める法命題は，目的，および，行政機関によって遂行されるべき任務を，より大きくまたはより小さく特定化して定めねばならず，また，その下で行政機関が臣民の個人的自由を国家行政の目的のために制限するべく義務付けられ権限付けられるところの要件と形式を定めねばならない」と述べ，管轄規範等の法命題性を否定する，*Laband*, ebd., S.209f. の見解に対し根拠が付されていないと批判する（vgl., *Edgar Loening*, Lehrbuch des Deutschen Verwaltungsrechts, 1884, S. 226 mit Fn.2. ただし，*Laband* の見解については，*Laband*, ebd. S. 208, 211f. も見る必要がある）。一見すると，Loening は管轄規範の外部効果を述べているかのようであるが，Loening においては法規範が外部効果を持つこととその法規範が法命題であることとが結びついていないため（vgl., ebd., S.226），Loening が管轄規範の外部効果を述べているのかどうか，明らかでない。

49) *Paul Laband*, Das Staatsrecht des Deutschen Reiches, Bd.Ⅱ, 5.Aufl., 1911, S.181. 傍点原文隔字体。

第1章　組織規範の裁判規範性

第1に，組織を新設する段階については，「あらゆる法人は法の形成物（Gebilde）であるから，法人の組織も法秩序により定められ，規律され」[50]ねばならないとされる。しかし，本書の扱う議論にとって重要であり，後の論者による考察の基礎となった考え方が示されるのが，次の第2の場合である。

第2に，「一度組織され行為能力を持つに至った法人」については，問題となる規律が「単に行政機構の内部でのみ効力を持つか，それとも，行政機構の外部へもその効力を展開するか」によって法命題性が判断される。そして，「官庁に対し，国家的支配権能が一定の事項について委譲されるとき，また，法拘束的な効果をもって臣民に対して命令する状態に，あるいは，臣民に対し給付や受忍を強制する状態に官庁が置かれるべきであるとき，そのような官庁の設置と権限の定めは法秩序の一部である」，とされる[51]。

以上の Laband の見解については，次の3点を指摘する必要がある。

第1に，類似の考え方をするものとして本項2(1)で見た Jellinek の見解が参照されること[52]からも示唆されるとおり，Laband の見解において外部効果を持つ組織規範として想定されているのは，官庁に権能を分配する管轄規範であるように思われる。

第2に，このような管轄規範がいかなる外部効果を持つかは明言されないが，次の説明が手がかりとなろう。すなわち，Laband は，「裁判所の形成と構成」について，「個人は，自らに対して判決を下す裁判所が，一定の方法で形成されること，一定の数の構成員から成ること，構成員が一定の態様で資格を付与されていること，終身雇用されていること等に対する，公法上の請求権を持つ」と述べ，「同じことが，行政官庁にも妥当し得る」としている[53]。したがって，私人の権利としては，例えば，一定の方法で形成された行政官庁であることを求める請求権といったものが構想されることになろう。

第3に，管轄規範の外部効果が私人の請求権の付与として理解され，この外

---

50)　*Laband*, a.a.O.（Fn.49），S.184.

51)　本段落につき，vgl., *Laband*, a.a.O.（Fn.49），S.184. 傍点原文隔字体。

52)　Vgl., *Paul Laband*, Das Staatsrecht des Deutschen Reiches, Bd. Ⅱ, 4.Aufl., 1901, S.171 Fn.1. ただし，①「一度組織され行為能力を持つに至った法人」については，問題となる規律が「単に行政機構の内部でのみ効力を持つか，それとも，行政機構の外部へもその効力を展開するか」によって法命題性が判断される，という言明を行う際に付された注であること（傍点原文隔字体），②5版では Jellinek への参照指示はないことに注意を要する。

53)　Vgl., *Laband*, a.a.O.（Fn.49），S.184f.

部効果によって管轄規範が法命題であると説明されるとき，この説明は，私人の権利は法命題ではなく行政行為によって創出されるという Laband の理解と整合するのか不明である[54]。

3　機関を担う人間との関係における外部効果

本項2で示した見解は，管轄規範の外部効果を考察する際の態度として支持を得た（本項4⑴で後述）。本項3で見るのは，本項2の見解とやや異なった観点から外部効果を考察する見解である。

⑴　Georg Jellinek の見解

Jellinek の当初の見解においては，組織規範（管轄規範）の外部効果を示すにあたり想定された権利義務の主体は，支配権の主体たる国家と，支配権を行使される対象たる臣民であるように思われた（本項2⑴参照）。そのため，当初の見解においては，機関を担う人間たる私人は権利義務の主体として想定されていなかったと考えられる。しかし，後の Jellinek は，人格間の関係を規律するものを法命題として捉える立場を維持しつつ[55]も，組織規範の一部が法命題であることを，当初と異なる2つの理由から説明するに至り，その説明の中で，機関を担う人間たる私人を権利義務の主体として想定する。

第1に，Jellinek は，組織規範の一部が法命題であることを，「国家が，国家機関の権限を規格化することにより，同時に，国家に服従する者の法的な義務と請求権を創造する」[56]ことから説明する。ここで Jellinek は，国家に服従する個々の臣民に権利義務が生じるとはせず，国民共同体，すなわち公益の代表者としての国家が権利義務を有するという構成を採る[57]。注目に値するのは，ここで認められる1つの権利として，「機関が個々の国家的権限を遵守することに対する，主観的法的請求権」[58]が挙げられることである。このことが注目に値する理由は，後の論者においても，管轄規範の外部効果が論じられる際に

---

54) Laband の見解内部における不整合を指摘するものではないが，参照，松戸浩「行政組織編成と立法・行政間の権限分配の原理（4・完）」愛知大学法学部法経論集 158 号（2002）49 頁，51-53 頁。

55) Vgl., *Georg Jellinek*, System der subjektiven öffentlichen Rechte, 2.Aufl., 1905, S.233.

56) *Jellinek*, a.a.O.（Fn.55），S.233.

57) Vgl., *Jellinek*, a.a.O.（Fn.55），S.233-236.

58) *Jellinek*, a.a.O.（Fn.55），S.234.

127

第1章　組織規範の裁判規範性

は，外部効果の内実としてこの権利（に類似する権利）の付与が想定されること
が多いからである。

第2に，Jellinek は，組織規範の一部が法命題であることを，機関の背後に
いる人間の権利義務を基礎付けるという根拠からも主張する。曰く，「国家は，
法適合的・目的適合的な意思と活動を獲得するために，その機関の担い手に向
けた規範を発出しなければならず，その規範は，一部には内容的にその意思を
定め，一部には義務に適った個人の活動が国家のなすこととして妥当させられ
なければならない限界を定める。国家意思は常に人間の意思であるから，個々
人の意思行為から国家の意思行為への転換を生じさせ，限界付けるために，諸
法命題のこの上なく複雑なある体系が必要である。したがって，国家機関自身
に向けられる規範は，同時に，機関の背後にいる人間のための規範である。大
臣責任，議会の招集，連署，裁判官による訴訟指揮と訴えの取扱い等について
の命題は，機関性の活動に関する国家機関性の担い手の権利義務を定めること
から，法命題である」[59]。

この Jellinek の見解について注意せねばならない点は3つある。第1に，こ
れらの2つの根拠が相まって法命題性・外部効果を基礎付けていることであ
る[60]。第2に，機関の背後にいる人間に対する規範でもあるという第2の根拠
に対して，この説明は「純粋な行政命令にも同様に妥当する」ため，法命題性
の根拠付けとして不十分であるとの批判があることである[61]。この批判に対し
ては，第2の根拠のみでは法命題性の決め手にはならない（第1点で述べたこと
を参照）との応答が考えられよう。第3に，第1の根拠における権利主体は国
家であり，また，第2の根拠における権利主体は機関の背後にいる人間である
から，それ以外の私人が訴訟においてこれらの権利を主張することは想定され
ていないことである[62]。

---

59) *Jellinek*, a.a.O. (Fn.55), S.238f.

60) Vgl., *Jellinek*, a.a.O. (Fn.55), S.238.

61) Vgl., *Fritz Fleiner*, Institutionen des Deutschen Verwaltungsrechts, 8.Aufl.,1928, S.63 Fn.44.
Fleiner 自身は，組織規範が法命題を含む理由を，「組織規範も意思領域の境界付けを含む」こ
とに求める。すなわち曰く，「組織規範は，いかなる条件の下で，一定の人間の意思が国家意
思として妥当させられねばならないかを，他の国家機関に対してのみならず，〔機関の背後に
いる人間ではない〕臣民に対する関係でも，定める」(ebd., S.63 Fn.44)。

62) 第1の根拠における権利に関しての指摘であるが，参照，松戸浩「行政組織編成と立法・
行政間の権限分配の原理（2）」法学65巻3号（2001）354頁，368頁，370頁。

(2) Franz Schmidt

　外部効果を持つ規範だけが法命題であるとする通説に対し，法命題概念をより広く捉える，Albert Haenel に代表される反対説は，管轄規範の外部効果を認めることなくしてそれが法命題であることを論証しようとする[63]。反対説のこのような論証は，法命題概念それ自体の理解にとっては重要な意義を持った[64]が，外部効果に関心を持つ本書にとっては有用でない。

　　(a)　見解　　しかし，反対説は，通説的見解に依ったとしても管轄規範に外部効果が認められるという批判を通説に対して行うことがあり，この批判は本書の考察にとって有用であり得る。このような批判を行ったのが Franz Schmidt である。

　Schmidt は，「官庁の『Errichtung』と通常呼ばれる国家行為の性質を問う」[65]という課題を設定し，この行為を，「設置 (Stiftung)」と「官庁の組織体化 (Behördeneinrichtung)」という 2 段階の行為に区別する[66]。設置はさらに，①「官庁が存在すべきであるという意思表示」，②「事項的管轄……の定め」，③土地管轄の定め，④「所在地の定め」，⑤「官庁が独任制か合議制のいずれであるべきかの定め」を行うという 5 つの行為を含む[67]が，Schmidt の実際の考察においては，これらは設置行為として一体的に扱われる。官庁の組織体化とは，官庁「が実際に作用を行うことを可能ならしめる，あらゆる人的・物的手段……を確保し調達する」[68]ことであり，例えば，人的手段の確保としては「任命……による官職保有者の選定」等が，物的手段の確保としては「勤務室の貸借」等が挙げられる[69]。本書の主題に関係があるのは設置行為である。

　このように概念を整理した後，Schmidt は，設置行為が客観法の定立であるかという問いを立てた上で，この問いに答えるために（行為ではなく）定立される組織規範の性質について考察を加える[70]。この考察において Schmidt は，

---

63) 本章第 1 節注 7)・8) 参照。

64) 参照，堀内健志『ドイツ「法律」概念の研究序説』（多賀出版，1984）104 頁。

65) *Franz Schmidt*, Die Errichtung und Einrichtung der Staatsbehörden nach preußischem Recht, Diss, 1905, S.4.

66) *Schmidt*, a.a.O. (Fn.65), S.5, 10. 傍点原文隔字体。

67) Vgl., *Schmidt*, a.a.O. (Fn.65), S.6.

68) *Schmidt*, a.a.O. (Fn.65), S.9.

69) Vgl., *Schmidt*, a.a.O. (Fn.65), S.31.

70) Vgl., *Schmidt*, a.a.O. (Fn.65), S.19-31.

第 1 章　組織規範の裁判規範性

基本的に Haenel に従う形で，設置を行う諸法規範が法命題であることを論証する[71]。

さらに，Schmidt は，通説的見解の法律・法命題概念に依った場合の考察も行う。曰く，通説的見解の「法律概念に依ったとしても，官庁が存在するべきという定めは法命題と把握されねばならない。なぜなら，そうした規定は決して行政機構の内部にとどまらず，……例外なく臣民の『法領域』にも影響するからである。……官庁の設置はすべて，次の意思表示を含む。すなわち，ある一定の地位においてある一定の態様によって現れる人が，国家機関であること，つまり国家それ自体を表象すること，を正統化する，という意思表示である。この意思表示によって，この規定が向かうすべての者に対して，それらの者のために，それまでの法においてはまだ与えられていなかった法的代理権（Vollmacht）が創造される。この規定は，これらの者が一定の方法で行為したならば，それらの者の中において，国家が行為するものとして現れるべきである，ということを指示する。その際，命令権力・強制権力を持つ官庁であるか否か，あるいは，これまで存在していなかった『新しい』官憲的権能が問題となっているか否かは問題とならない」[72]。

組織規範がこうした代理権を与えるという主張により，Schmidt は，組織規範が外部効果を持つと述べたのである。

　(b)　意義と限界　　Schmidt の論文に書評を寄せた Laband は，一方で，Schmidt が設置と組織体化の区別をしたことを評価する。Laband は，他方で，機関担当者に権利を与えることによる外部効果の説明については特に関心を示さず，官庁の設置が「あらゆる場合において……客観法の創造である」という命題は常に正しいわけではない（例えば「国家高権の行使とは全く関わらない任務を持つ官庁の設置」は客観法の定立とはいえない）という批判と，Haenel に基本的に依拠したことへの批判を行った[73]。もっとも，本書の見地からすれば，Schmidt の見解には，国家機関を担う人間に対する外部効果を示す点にも意義があり，特に，当初の Jellinek や Laband の見解と異なり，権能を定める規範であるか否かにかかわらず法命題性を論証する点に重要性を認められる。

　しかし，Schmidt の見解には問題がある。

────────────

71)　Vgl., *Schmidt*, a.a.O.（Fn.65），S.20f., 27f.
72)　*Schmidt*, a.a.O.（Fn.65），S.29. 傍点原文隔字体。

130

第1に，設置行為に含まれる5つの行為が一括して扱われている点である。その結果として，代理権の付与による外部効果の論証も，管轄規範それ自体の外部効果を論じているのかが不明である。もっとも，管轄規範それ自体の外部効果も代理権の付与という考え方によって説明することは不可能でないため，この第1の問題はそれほど重要ではないかもしれない。

第2に，本章第1節で示したように，ある法規範が取消訴訟における違法性判断基準となるためには，取消訴訟における原告たる私人に権利を付与することが必要であり，行政行為の存否の判断基準となるためには，原告私人に権利を付与せずとも国家を義務付けることが必要であった。しかし，Schmidt は，Jellinek とは異なり，機関を担う人間に対する権利の付与と同時に他の者（Jellinek では国家）に権利を付与するという点を明示しなかったし，また，機関を担う人間に対する権利の付与が，同時に国家の何らかの義務付けを意味するとも明示しなかった。この権利に対応する国家の義務が暗黙のうちに想定されているのかもしれないが，そうだとしても，この義務が，機関を担う人間でない私人が原告となる取消訴訟においていかなる意味を持つのかは，さらに説明を要しよう。以上からすると，機関を担う人間に対する外部効果のみによって外部効果を示すことは，管轄規範の取消訴訟における裁判規範性を論じようとする本書にとっては，有用なものと（直ちには）評価できない。

4 議論の停滞と萌芽

⑴ 議論の停滞

本項3までで示した議論の後，管轄規範の外部効果について，1910年代から1960年代前半までは本項2・3で示した議論が基本的に維持され，外部効果の有無・内実・根拠について変化はほぼ見られない[74]。

---

73) 本段落の以上の部分につき，vgl., *Paul Laband*, Buchbesprechung, AöR, Bd.20, 1906, S. 581-583.

　Laband とは異なり，Kohl は，代理権を私人に与えることによる外部効果の論証に対して次のように批判する。まず，いかなる前提の下で一定の人間の意思が国家意思として妥当するべきかを定めるだけでは，意思の境界付けは生じない。そうではなく，国家がその意思を一定の方法で形成すべきという内容の権利が臣民に対して与えられる場合にのみ意思の境界付けがなされる。もっとも，このような権利はほとんどの場合に与えられない（以上につき，vgl., *Kohl*, a.a.O.（Fn.32），S.65f. Kohl はこの言明で Fleiner の見解（本節注61））も批判する）。しかし，Kohl の批判も，なぜそのように理解できるのかの根拠を示さない。

第1章　組織規範の裁判規範性

(2)　萌芽

しかし，後の議論の萌芽と評価できる見解も3つ見出せる。

(a)　Lutz Richter の見解　　第1の萌芽と評価できるのは，「対外的に効力を持った国家活動をする部門（Zweig）が問題となるやいなや，国家組織の変動は常に市民の法的地位にも関わる」[75]という主張をした Lutz Richter の見解である。Richter は，国家的権利義務の中身にのみ注目して，その権利義務の行使の態様の規律は法命題ではないとするのでは，法命題概念が狭すぎること[76]，および，「国家的権利の行使の態様には，権利を行使する機関の態様が決定的な意味を持つ」[77]ことを主張した。

しかし，Richter は，機関の態様や組織が市民にとって「重要である」[78]とか市民の「法的地位にとって重要である」[79]といった程度で国家組織の変動（それを生ぜしめる組織規範）に外部効果を認めており，厳密に外部効果の内容を説明しなかった[80]。そこで，後の論者は，Richter の見解のこの点を批判しつつも，組織規範が市民の権利義務に関わるという発想は利用して，管轄規範の外部効果を認めようとする（本項5）。

(b)　任務と権能との区別　　第2の萌芽と評価できるのは，権能と任務とを区別した上で管轄規範の外部効果を論じる Werner Bickelhaupt の見解である。

Bickelhaupt の用語法を確認する。Bickelhaupt は，まず，管轄と権限とを互換的に用いた上で，それらを官庁の「作用範囲」[81]とする。Bickelhaupt は，次に，こうした作用範囲（任務と言い換えてもよい）を官庁に与える規範を管轄

---

74) Z.B. vgl., *Georg Meyer/Gerhard Anschütz*, Lehrbuch des deutschen Staatsrechts, 7. Aufl., 1919, S.670 Fn.5, *Claudius Martens*, Die Rechtsnatur der Organisationsverordnung, Diss, 1930, S.37-58.

75) *Lutz Richter*, Die Organisationsgewalt, 1926, S.11.

76) Vgl., *Richter*, a.a.O.（Fn.75）, S.12.

77) *Richter*, a.a.O.（Fn.75）, S.12.

78) *Richter*, a.a.O.（Fn.75）, S.11.

79) *Richter*, a.a.O.（Fn.75）, S.13.

80) *Martens*, a.a.O.（Fn.74）, S.44f. も Richter に依拠して同様の説明をするが（なお Martens と Richter との別の点における差異について，vgl., ebd., S.56），Richter と同様に外部効果の内容は不明瞭である。Richter の見解に対する他の問題点の指摘として，間田穣「ワイマール憲法下における行政組織権理論の展開」名古屋大学法政論集72号（1977）109頁，131-132頁。

81) *Werner Bickelhaupt*, Die Praxis der Organisationsbestimmung im deutschen Recht, Diss, 1958, S.5.

規範と理解しているようである。例えば事項的管轄規範について曰く，「官庁がどの国家任務を事項的観点から遂行せねばならないかが，まずは定められねばならない。したがって，官庁に対して，事項的管轄が与えられねばならない」[82]。

そして，法命題あるいは法規範の概念を，「行政の外部にいる者〔国民〕に対して向けられる」，「国民または国家の権利・義務の創造・廃止・その他の実質的変動をする形で，既存の法秩序に影響する規定」と捉えた[83]上で，管轄規範が法命題であるか，すなわち外部効果を持つかについて，問題を次のように区別して考察する。

まず，土地管轄規範について，「国民は，――少なくとも通例は――行政組織の一定のあり方を求める権利を持たず，これに応じて，一定の土地管轄を持つ官庁の活動を求める権利も持たない」として，外部効果を否定する。なお，このことは，「国民に対する任務として官庁がどのようなものを有しているか，また，そもそも国民に対する任務を有しているかにかかわらず妥当する」[84]とされる。

次に，事項的管轄規範については，大きく2つに場合分けされる。

第1に，「国民に対する高権的権能と結合しない管轄を付与する規定」の場合であり，これはさらに2つに分けられる。①「その活動において，そもそも外部に対して現れない官庁」については，この官庁の管轄規範は外部効果を持たない。例えば，アウトバーンの計画を行う官庁や，建築を管理する連邦官庁等の管轄規範である[85]。②「国民に対する高権的権能を含まないが，行政の外部にいる者に向けられた管轄」を官庁に与える場合も，この「権限の付与は，国家・国民の権利義務に関わらない」ため，外部効果がない。例えば，移住者に対する助言をする官庁の管轄規範である[86]。

第2に，「国民に対する高権的権能を官庁に付与する組織規範」の場合である。これは，さらに2つの場合に分けられる。①第1に，「国家に与えられた既存の高権的権能の行使のために，ある官庁が管轄を持つと示す組織規範」の

---

82) Vgl., *Bickelhaupt*, a.a.O.（Fn.81），S.5. 傍点原文下線。

83) Vgl., *Bickelhaupt*, a.a.O.（Fn.81），S.59f.

84) 本段落につき，vgl., *Bickelhaupt*, a.a.O.（Fn.81），S.71-73.

85) 第1の①につき，vgl., *Bickelhaupt*, a.a.O.（Fn.81），S.73.

86) 第1の②につき，vgl., *Bickelhaupt*, a.a.O.（Fn.81），S.74f.

第1章　組織規範の裁判規範性

場合である。ここで Bickelhaupt は，Laband がこの場合に外部効果を認める
ことを指摘した上で，次のように反論する。確かに，この規範は，「一定の官
庁が，国民に対して国家的高権を持って現れる管轄を持つこと」を示す。しか
し，「これによって，国民の法的地位は影響を受けない；既に市民・国家の権
利は存在しているからである。この組織規定によっては，どの官庁がその〔つ
まりその権利義務の〕貫徹を委ねられるかが定められるに過ぎない。どの官庁
が貫徹を委ねられるかについて個人も確かに『関心を持つ』に違いない……。
しかし，この利益は純粋に事実上の利益に過ぎず，国民の法的地位には関わら
ない」[87]。②第2の場合が，これまで存在しなかった高権的権能が新たに基礎
付けられると同時に官庁へと付与される場合である。まず，Bickelhaupt は，
このようなことを行う規範は「そもそも『組織規範』とみなされ得ないのでは
ないか」という疑問に対し，「組織規範とは，単に，官庁・公法人の設置（Ein-
richtung）を規律する定め」であるから，ある「規範が新しい高権を基礎付け
るだけの場合にはそれは組織規範とはみなされ得ない」，「しかし，新しい高権
の基礎付けと……高権を国家機関に分配することとが同一の定めにおいて結合
しているならば」，それは組織規範であるという理解を示す。そして，これが
法命題であることには学説上一致があるとして，外部効果を認める[88]。

　このように，Bickelhaupt は，任務を官庁に分配する規範として管轄規範を
捉えた上で，任務の分配と権能の分配が結合する場合としない場合とを区別し
て，これまでの学説が管轄規範として想定してきたものに複数のものがあるこ
と，これまでの学説で外部効果が認められていた管轄規範は（任務の分配ととも
に）権能を分配する規範であること，を示した。しかし，管轄規範が外部効果
を持つか否かについては，ほとんど結論だけが述べられるのみで，Bick-
elhaupt 自身の論証は存在しないに等しい。

　(c)　管轄を持つ官庁の行為を求める権利の有無　　第3の萌芽と評価でき
るのは，管轄を持つ官庁の行為を求める権利を肯定する見解と，それに対する
批判説として理解し得る見解である。

　一方で，管轄を持つ官庁の行為を求める権利を肯定する代表的な論者は，

　87）第2の①につき，vgl. *Bickelhaupt*, a.a.O. (Fn.81), S.75-78.
　88）第2の②につき，vgl. *Bickelhaupt*, a.a.O. (Fn.81), S.79-82. 傍点原文下線。Ebd., S.82 Fn.1 に
　　おいては，*Jellinek*, a.a.O. (Fn.45), S.387, *Meyer/Anschütz*, a.a.O. (Fn.74), S.670 等が引用される。

134

Klaus Obermayer である[89]。Obermayer は，本項 2 から 4(1) までの見解と異なり，この権利の有無の判断を立法者に委ねるのではなく，法治国においては常にこの権利が存在すべきと考えているように見える[90]点で，この権利の存在に肯定的であるといえる。しかし，この権利の存在を肯定する実質的な根拠は，基本法が法治国原理を採用したことだけに求められており，法治国原理を採用するとなぜこの権利が直ちに与えられるかは説明されない[91]。また，Obermayer がここで想定するのは高権的行為を行う権能を分配する管轄である[92]から，分配の対象に関しては本項 4(1) までで示した見解から変化がない。

　他方で，管轄を持つ官庁の行為を求める権利を肯定する見解に対する批判説として理解し得る見解を示したのが，Böckenförde である。

　Böckenförde の用語法を確認する。Böckenförde は，権限（Kompetenz）の概念を，「遂行されるべき事務」として理解し，管轄の概念を，「権限の遂行の態様・方法・形式を定めるところの権能と義務付け」として理解する[93]。

　この用語法を前提として，Böckenförde は，まず，管轄違反の行政行為を違法とする行政裁判所の判決に言及して，「裁判実務は，官庁が管轄へと拘束されることを一般に法の問題へと高め，それに伴い，自らに相対する官庁が管轄に適合した行為を行うことを求める請求権を個人に認めている」[94]と評価する。

　もっとも，組織規範の定立が侵害留保に服するかどうかを論じる文脈において，Böckenförde は次のように述べる。曰く，「新たな高権的権能を基礎付け

---

89) Vgl., *Klaus Obermayer*, Die Übertragung von Hoheitsbefugnissen im Bereich der Verwaltungsbehörden, JZ, 1956, S.626, *ders*, Das Bundesverfassungsgericht und der Vorbehalt des Gesetzes, DVBl, 1959, S.355.

90)「法治国においては，どの官庁が自らに対してある一定の高権行為を行う権限・義務を有しているのかを，何人も知ることができねばならない」(*Obermayer*, a.a.O. (Fn.89), Die Übertragung, S.626)。Vgl. auch, *ders*, a.a.O. (Fn.89), Das Bundesverfassungsgericht, S.355.

91) なお，後の Obermayer は，組織規範が法律適合性原理との関係で外部効果を持つとされるべきかを検討しているが，そこでの検討も，管轄を持つ官庁の行為を求める権利が管轄規範によって与えられる理由を説明するものではない (vgl., *Klaus Obermayer*, Allgemeines Verwaltungsrecht, in: *Johann Mang* u.a. (Hrsg.), Staats- und Verwaltungsrecht in Bayern, 4.Aufl., 1975, S.195f.)。

92) Vgl., *Obermayer*, a.a.O. (Fn.89), Die Übertragung, S.625f. ただし，管轄規範が任務分配に関わるとされる箇所もある (vgl., ebd., S.626)。

93) *Böckenförde*, a.a.O. (Fn.1), S.47. 傍点原文斜字体。そこでは，権限の例としては「交通の安全確保」が，管轄の例としては「警察命令の発出をする管轄」が挙げられている。

94) *Böckenförde*, a.a.O. (Fn.1), S.66.

第1章 組織規範の裁判規範性

る」場合は侵害留保に服するが，「既存の管轄を他の官庁へと分配すること（Verlagerung）……は留保に服さない。その限りで，『国家権力』は，国家と市民との関係において統一体として現れる。機関管轄の交換それ自体……は，確かに法的にレレヴァンスを持つ（そして法命題の性格を持つ）が，市民の法領域それ自体には関わらず，既存の権利義務の遂行・行使の態様・方法にのみ関わる；〔ただし，〕ある一定の機関（例えば法律上の裁判官）の行為またはある一定の場所における機関の行為を求める憲法上の・法律上の権利が明文で基礎付けられる場合は，例外である〔つまり市民の法領域に関わる〕」[95]。

以上の Böckenförde の見解は，侵害権能（管轄）を官庁に分配する規範（Böckenförde の用語法とは異なり，それなりの頻度でこの規範を（も）管轄規範という用語で呼ぶことにつき本項1(1)を参照）の定立が侵害留保に服するか，換言すれば，この規範の定立は侵害を完全なものにするという意味で侵害の一部と理解できるか[96]，という問題を論じたものである。確かに，この問題は，管轄規範が私人に権利を付与するか否かという本書の考察の視角とは直接には関係しない。しかし，「『国家権力』は……市民との関係において統一体として現れる」という考え方は，統一体たる行政主体の内部での問題を市民との関係では問わないという帰結をもたらし得る以上，管轄を持つ官庁の行為を求める権利を否定する根拠としても理解し得る。おそらくこのように理解した後の論者は，Böckenförde の見解を批判しつつ管轄規範の外部効果を論証しようとする（本項5・8）。

後の論者は，本項4(2)(a)から(c)で示した3つの萌芽（の一部）に対してそれぞれ態度を示しながら，管轄規範の外部効果を示すことになる。この状況を本項5から8において検討する。

5 組織規範の実体法実現機能

(1) 見解

1960年代後半からは，管轄規範の外部効果を本項4までの立場とは異なる形で示そうとする主張が現れる。その1つが，組織規範（管轄規範）が実体法

---

95) *Böckenförde*, a.a.O.（Fn.1），S.93f. 傍点原文斜字体。

96) Vgl., *Fritz Ossenbühl*, Verwaltungsvorschriften und Grundgesetz, 1968, S.264, *Ulrich Guttenberg*, Weisungsbefugnisse und Selbsteintritt, 1992, S.166f. mit Fn.145.

の実現機能を持つという主張である。

(a) Hans Jürgen Baedeker Hans Jürgen Baedeker は，法律の留保に
関し外部法留保説を採用し[97]，組織措置・組織行為が外部効果を持つかを検討
した。しかし，実質的には，組織措置・組織行為ではなく組織規範の外部効果
を検討しているものと解される[98]。

まず，Baedeker の議論について 3 つの前提を確認する。

第 1 の前提は，Baedeker が，その論文の全体において，官庁のみならず
「作用主体（Funktionsträger）」を考察対象たる組織として視野に入れているこ
とである。その際，Baedeker は，「作用主体において現れ有効となる全体
（Ganzheit）のために行為統一体として活動する」[99]ものとして作用主体を定義
する，Böckenförde の用語法に倣っている。Baedeker が官庁のみならず作用
主体を視野に入れるのは，官庁や機関といった概念よりも考察の対象を広げる
ことを意図したからである[100]。しかし，Baedeker が管轄規範の外部効果の考
察をするときには，「管轄を欠く官庁の行為」[101]についての言及があることか
らして，官庁が主として想定されていると考えてよい。以下の叙述でも，
Baedeker が「作用主体」として主に官庁を想定していることを前提とする。

第 2 の前提は，Baedeker は外部法留保説を採るため，組織規範が外部効果
を持つか否かを検討することになることである。Baedeker は，外部効果の内
実および判断方法について，次のように敷衍する。まず，外部効果の内実とし
て，Richter のように「あれこれの事態が生じることが市民にとって『重要で
ある』ということを示すだけでは不十分である」とした後，外部効果の有無は，
「市民の法的地位が直接に関わっているか否か」だけにかかっているとする[102]。
そして，「国家の実体的活動〔つまり実体法〕の領域においては，国家が——

---

97) Vgl., *Hans Jürgen Baedeker*, Die Organisationsgewalt im Bund und der Vorbehalt des
　　Gesetzes, Diss, 1969, S.102.
98) Baedeker における組織措置と組織規範との関係につき，vgl., *Baedeker*, a.a.O.（Fn.97），S.28-
　　39, 47, 140.
99) *Böckenförde*, a.a.O.（Fn.1），S.29, *Baedeker*, a.a.O.（Fn.97），S.12 Fn.6. なお，Baedeker は作用
　　主体という概念を用いる論者として，同注で *Hans Spanner*, Organisationsgewalt und Organi-
　　sationsrecht, DÖV, 1957, S.641 も引く。Spanner における作用主体の定義は（Böckenförde と
　　おそらく同じであると思われるものの）明確にされないため（vgl., ebd., S.640f.），本文では
　　Böckenförde の定義を示した。
100) Vgl., *Baedeker*, a.a.O.（Fn.97），S.11f.
101) *Baedeker*, a.a.O.（Fn.97），S.120.

137

第 1 章　組織規範の裁判規範性

侵害的であれ給付的であれ——市民に対して直接に関係に入る場合に，外部効果が常に存在する」[103] という。これに対し，「組織法の領域においては，作用主体の組織はそれ自体の中に意味を見出せる活動ではないため，実体法とは問題設定が異なる。〔すなわち，〕組織措置〔あるいは組織規範〕は，遂行される国家の実体的活動と関連させて初めて意味を持つ。したがって，組織措置〔あるいは組織規範〕にとっての法律の留保の範囲についての問題も，この関連を視野に入れ続ける必要がある」[104]。この認識に基づいて，Baedeker は組織措置（あるいは組織規範）の外部効果の有無を次のように判断する。「第 1 段階として，遂行される作用主体の活動が外部効果を持つか否かを……検討する」。第 2 段階として，次の判断を行う。一方で，遂行される活動が外部効果を持たない場合には，組織措置（あるいは組織規範）も外部効果を持たない。他方で，遂行される活動が外部効果を持つ場合には，「実体法上の規律から生じた市民の権利義務の地位（Rechts- und Pflichtstellung）に，どの程度組織行為〔あるいは組織規範〕が直接に関わるか」によって，組織行為・組織規律（あるいは組織規範）の外部効果が判断される[105]。

　第 3 の前提は，管轄規範の概念についての Baedeker の理解であるが，Baedeker は任務・権能を分配する規範として管轄規範を捉えていると理解してよい[106]。

　以上 3 つの前提を踏まえて，Baedeker による管轄規範の外部効果の論証を確認する。

　Baedeker はまず，Böckenförde の見解（本項 4 (2)(c)参照）に対し，任務・権能の「分配の意味を正確に把握していない」として，次のように批判する。Baedeker によれば，「国家は，外部に対して統一体として行動することは〔国家単体では〕できず，国家の作用主体を通してのみ市民と関係を持つこと

---

102) Vgl., *Baedeker*, a.a.O.（Fn.97），S.106. 傍点原文隔字体。二重かぎ括弧内は，*Richter*, a.a.O.（Fn.75），S.11 を受けた表現である。

103) *Baedeker*, a.a.O.（Fn.97），S.108.

104) *Baedeker*, a.a.O.（Fn.97），S.108.

105) 第 1 段階・第 2 段階につき，vgl., *Baedeker*, a.a.O.（Fn.97），S.108. ただし，Baedeker のいう「法的地位」と「権利義務」との関係は判然としない。

106) Baedeker は，管轄の対象につき，主として任務を想定するような口吻も示すが（vgl., *Baedeker*, a.a.O.（Fn.97），S.118 Fn.1, S.121），実際には権能も想定している（vgl., ebd., S.119 Fn.1, S.123）。

138

ができる。既にこのことが，Böckenförde が行っているような権利義務とその遂行の態様・方法との厳格な切断が貫徹され得ないことを示している。すなわち，実体法上の規律を遂行すべき，管轄を持つ作用主体の定めがなければ，実体法上の規律は全く実現できないのである」[107]。

Baedeker は次に，積極的に管轄規範の外部効果を論証する。前段落に引用した箇所に続けて曰く，「さらに，それを越えて，……実現される任務が多様であることは，作用主体は，自らが管轄を持つ活動の態様によって既に，その形成のあり方において影響を受けていること，すなわち，作用主体は遂行すべき活動へ向けて形成されていること，を必然的に含意する。このことから，作用主体は一定の……任務を遂行する能力において〔他の作用主体と〕必然的に区別されること，および，このような区別によって，実体的な決定は誰がその決定を行うかに影響を受けざるを得ないこと，が帰結する。……否，一定の作用主体が決定を行うということは，実体法上の規律の最適な遂行を保障するという意味しか持たず，より詳細にいえば，『何』と『いかにして』が緊密な関係を持つことにより，少なくとも関係する市民の利益にとっても意味を持つのである。以上より，作用主体における……管轄の問題は，実体法上の規範によって生じた市民の法的地位に関わり，ゆえに〔管轄規範の定立が〕……法律の留保に服するという帰結が生じる」[108]。

Baedeker は最後に，前段落で見た帰結を次のように確認する。曰く，「この帰結は，判例において，管轄を欠く官庁の行為が違法であり，その行政行為が市民の訴えに基づいて取り消されることによって確認される」[109]。すなわち，Baedeker は，Obermayer の見解（本項4⑵⒞参照）を引用しつつ，判例が示すような帰結は，「管轄を持つ官庁の行為を求める権利を原告……に認めない限りは可能にならない」[110]と述べた上で，「権利は行政規則によっては基礎付けられないから──他方でしかし市民には管轄の遵守を求める権利が与えられねばならない……から──，管轄規律は法律あるいは法律の授権に基づいて法規

---

107) *Baedeker*, a.a.O.（Fn.97），S.119. 本文で引用した箇所の最終文には，*Rasch*, a.a.O.（Fn.2），S.134 を参照する注が付されている（*Baedeker*, a.a.O.（Fn.97），S.119 Fn.2. なお，本節注136）も参照）。

108) *Baedeker*, a.a.O.（Fn.97），S.119f.

109) *Baedeker*, a.a.O.（Fn.97），S.120.

110) *Obermayer*, a.a.O.（Fn.89），Das Bundesverfassungsgericht, S.355, *Baedeker*, a.a.O.（Fn.97），S.120.

139

第1章　組織規範の裁判規範性

命令によってのみ行われ得る」[111]，と説明するのである。

　以上のように，Baedeker による管轄規範の意義の説明は，実体法上の地位と組織規範との関連を示すために用いられており，管轄を持つ官庁を求める権利を管轄規範から導出するためには用いられていない。

　(b)　Wolf-Rüdiger Schenke　これに対し，Baedeker と類似の思考を示すものの，管轄規範の外部効果に関する理解を異にするのが Wolf-Rüdiger Schenke の見解である。

　Schenke は，権限の Delegation を扱う論稿において，Delegation について法律の根拠を要するかという問いを立て，この問いに答えるべく組織的規律の定立権者の問題を扱う[112]。その際，Schenke は，「高権行為を発出する権能」として管轄を理解している[113]。そして，連邦について次のようにいう。曰く，「基本法80条が……，市民の権利義務を基礎付けるところの，あらゆる外部的効力を持つ連邦の法命題を対象としていることから，次の帰結が導かれる：そうした法命題は連邦法律に基づく場合にのみ，かつ，基本法80条が予定する形式でのみ発出できるという帰結である」[114]。

　なお，外部効果の内容に関しては，次のような説明があることに注意を要する。まず，Schenke は，「管轄を持つ官庁の行為を求める権利を市民に与えず，単に国家官庁に宛てた規律を行う場合であっても，市民に対する国家的主体の行為を対象とする規律を，基本法80条の意味における実質的法律〔つまり外部法命題〕として評価すべきか」[115]という問いを立てる。そして，このような場合でも外部効果を認める見解を採る論者の1人として Richter を挙げ，「この見解の決定的な問題は，事実上の外部効果と法的外部効果とを誤って等値したことにある」[116]と指摘するのである。

　以上の2段落からすると，Schenke においては，私人の権利義務を法的に

---

111)　*Baedeker*, a.a.O.（Fn.97），S.120f.

112)　Vgl., *Wolf-Rüdiger Schenke*, Delegation und Mandat im Öffenlichen Recht, VerwArch, Bd. 68, 1977, S.124f. Delegation の意味については，本節第3款第2項2を参照。

113)　*Schenke*, a.a.O.（Fn.112），S.120. Vgl. auch, ebd., S.127. ただし，Schenke は，別の著書において，管轄の概念を任務分配に関するものと理解しているようである（*ders*, Polizei- und Ordnungsrecht, 12.Aufl., 2023, Rn.510f.）。しかし，ここでは前記論文のみを対象とする。

114)　*Schenke*, a.a.O.（Fn.112），S.128.

115)　*Schenke*, a.a.O.（Fn.112），S.128f.

116)　*Schenke*, a.a.O.（Fn.112），S.129.

140

基礎付けることが外部効果を認めるために必要になるといえる。そして，Schenke が外部効果の例として強調するのは，管轄を持つ官庁の行為を求める私人の権利が基礎付けられることである[117]。

では，「一定の権限の遵守を求める権利が市民に認められねばならず，それによって，実質的法律を使用することが要請されるのは，いかなる範囲であるか」。この問いに対し，Schenke は，ここでは Richter に依拠して次のようにいう。「とりわけ Lutz *Richter* によって明確に提示された，実体法上の規律と組織法上の規律との連関は，次のように考える方向に有利に働く。すなわち，実体法上の規律が法律の留保に服する範囲では，連邦は，外部法上レレヴァンスを持つ権限を規範化すること，つまり，管轄を持つ国家的法主体の行為を求める権利を市民に付与すること，も義務付けられる，と考える方向である。……〔実体法上の規律と組織法上の規律との連関について敷衍すれば，〕手続法上の規定は，実体法上の規範から独立させられない。実体法上の規範は，組織法的な付属物（Annex）なしには遂行できない：それに加えて，実体法上の権能の遂行についての管轄を持つ法主体を定めることは，高権の行使の態様と方法にとって根本的な意味を持つ」[118]。

そして，私人が前記の権利を持つ場合には，取消訴訟において管轄規範に違反した行政行為を取り消すことができるとされるようである[119]。

(2) 意義と限界

本項 2 から 4 で示した見解は，管轄規範は一定の場合に外部効果を持つ・権利を付与するとしか述べていなかった。これに対し，Baedeker・Schenke の見解は，Richter の見解に対して示された批判を踏まえつつ（もっとも Schenke は Richter の発想を利用してもいる），組織規範・管轄規範が実体法を実現する機能を持つことに注目して，なぜ管轄規範が外部効果を持つか・私人に権利を付与するかを検討したという意義がある。

しかし，これらの見解には問題がある。

第 1 に，これは Baedeker にのみ妥当する問題であるが，管轄規範が実体法

---

117) Vgl., *Schenke*, a.a.O. (Fn.112), S.128.

118) 本段落につき，vgl., *Schenke*, a.a.O. (Fn.112), S.129. 斜字体原文。Schenke の見解については，本節注 231) も参照。

119) Vgl., *Schenke*, a.a.O. (Fn.112), S.127.

第 1 章　組織規範の裁判規範性

実現機能を持ち，それゆえに管轄規範が実体法上の地位と直接に関係を持つとする Baedeker の主張は，管轄規範が取消訴訟における違法性判断基準となるかを考察するための有用性に疑問が残る。

敷衍すれば，一方で，管轄の定めが侵害の一部といえるかという問題を論じた Böckenförde に対し批判を行う文脈では，Baedeker は，管轄の定めが侵害の一部になると主張しなければならないはずである。したがって，この文脈では，Baedeker は，管轄規範が市民の実体法上の地位に対する侵害をするという関わり方を想定していると理解できる[120]。しかし，この意味における外部効果は，私人に権利が付与されるか否かを問題とする本書にとっては有用でない。他方で，Baedeker が管轄規範の外部効果を積極的に論証する文脈（つまり管轄規範と官庁の任務遂行能力との関係を示す文脈）では，関係する市民の利益にとって管轄規範が意味を持つことが指摘されており，この指摘は，管轄規範は市民の実体法上の地位を保護する旨をいうものと理解できる。しかし，管轄規範が取消訴訟における違法性判断基準として利用されることを示す際には，Baedeker 自身，管轄を持つ官庁の行為を求める権利を付与するという外部効果によって説明しており，管轄規範が実体法上の地位と直接に関係するという言明は，管轄規範が違法性判断基準となることを認めるためには機能しないものとされているようである。

これに対し Schenke は，組織規範の実体法実現機能に（も）依拠して，組織規範が私人に対する侵害ではなく権利の付与をするという性格を示し，そこから管轄規範が違法性判断基準となる旨を主張しており，前段落で指摘した諸問題を回避できる。

しかし，第 2 に，Schenke の見解においても，組織規範が実体法実現機能を持つとして，なぜそのことから管轄を持つ官庁の行為を求める権利が直ちに導出されるのかが不明である，という問題がある[121]。

第 3 に，第 2 点で示したように実体法実現機能では外部効果の論証として不十分であるとすれば，組織規範について，実体法実現機能以外にどのような機能を持つかを考察することが必要となる。その際には，組織規範の類型ごとに

---

120)　Vgl., *Baedeker*, a.a.O.（Fn.97），S.70-72.

121)　*Schween*, a.a.O.（Fn.10），S.72f., 159f. は，実体法実現機能を認めることから必然的に組織規範・管轄規範の外部効果が導出されるわけではないという。

142

機能が異なる可能性があるため，組織規範の各類型（本項では管轄規範）に即した検討が必要になろう。Baedeker や Schenke もこのことを意識していないわけではなく，例えば，官庁の任務遂行能力に Baedeker が注目したことや，管轄の定めは「高権の行使の態様と方法にとって……意味を持つ」という Schenke の言明は，管轄規範の機能の考察に関わるものといえる。しかし，Baedeker や Schenke は，管轄規範が任務遂行や高権の行使にとってどのような意味を持つのかを具体的・明確には述べなかった。

6 管轄規範の機能の分析

本項5の見解は，組織規範の実体法実現機能に主として注目した結果，管轄規範の機能を捉え切れていなかった。これに対し，管轄規範自体の機能を検討し，そこから管轄規範の外部効果を論証する立場がある。この立場の原型を示したのが Ernst Rasch であり，Rasch の議論を発展させたのが Rainer Adami である。

(1) Ernst Rasch

(a) 見解　Rasch は，管轄規範を含む組織規範を独自に分類した上で，それらが外部効果を持つ法命題であるかを検討する。

まず，Rasch が示した組織規範の分類と法命題の概念から確認する。

Rasch は，組織規範を，「制度的組織規範」・「人的組織規範」・「物的組織規範」に分類する[122]。本書の問題に関わるのは制度的組織規範である。制度的組織規範は，「国家行政組織の制度的構造を定める」ものであって，「実体的組織規範」と「形式的組織規範」とに区別される[123]。実体的組織規範はさらに任務規範・授権規範に区別され，形式的組織規範はさらに官庁の構成規範・管轄規範・分配規範に区別される[124]。構成規範とは，官庁指導部を独任制とするか合議制とするか，また，部・局といった官庁内の構成を定める規範である[125]。管轄規範については Rasch の著書の中で明確な定義がなされないが，「組織内部での官庁の地位を定める」[126]ものと理解できる。すなわち，管轄規

---

122) Vgl., *Rasch*, a.a.O. (Fn.2), S.21.
123) Vgl., *Rasch*, a.a.O. (Fn.2), S.21.
124) Vgl., *Rasch*, a.a.O. (Fn.2), S.21-23, 27, 29.
125) Vgl., *Rasch*, a.a.O. (Fn.2), S.95f.

第1章　組織規範の裁判規範性

範により，組織内部での官庁の地位（Stellung）・他の官庁との区別が垂直的・水平的に定められる（上級官庁と下級官庁等）とされるのである[127]。分配規範とは，官庁の構成規範・管轄規範によって定められた官庁に，それが遂行すべき任務・権能（これらは任務規範・授権規範によって行政主体に与えられる）を分配する規範である[128]。

なお，Rasch は，管轄と権限（Kompetenz）の概念を区別し，権限は任務と権能のいずれをも含むものとしている。曰く，「実体的組織規範に基づく，任務・権能・義務の総体は，『権限』という言葉で描写されるべきである。権限は……管轄の対象である」[129]。

Rasch は，法命題を，「不特定の人間集団に対して，法的にレレヴァンスのある効力を持つところの，高権行為」と定義する。ここでいう「『法的にレレヴァンスのある効力』とは，市民の法的地位が何らかの方法で影響されることである。この法的地位は法関係の概念で特徴付けられる。法関係は，法命題を事実へと適用することによって複数の人間間に法的な関係が生じるときに，存在する」[130]。

このように概念を整理した上で，Rasch は，管轄規範は法命題であって市民の法的地位への影響が認められると主張する[131]。具体的には，「管轄規範は国家の利益のためのみならず市民の保護のためにも資する」ものであると性格付けた上で，管轄規範の外部効果の内実として，「管轄規範は，市民に対し，専ら法律により定められた官庁が法律で予め定められた措置を行うことを求める権利を与える」[132]ことを挙げる。

Rasch がこのように管轄規範が市民の保護のためにも資すると理解する根拠

---

126) *Fügemann*, a.a.O.（Fn.11），S.16. これは，Fügemann が Rasch の見解を読解する際に用いる表現である。

127) Vgl., *Rasch*, a.a.O.（Fn.2），S.96-98. ただし，管轄は権限を区分するものともされる箇所がある（vgl., ebd., S.138）。

128) Vgl., *Rasch*, a.a.O.（Fn.2），S.98.

129) *Rasch*, a.a.O.（Fn.2），S.27. もっとも，官庁内部の地位を定めるという管轄規範の理解を前提とすると，管轄の対象を語ることができるのかは不明である。なお，Rasch は，「任務と権能には常に義務が結合されている」（ebd., S.27. 傍点原文斜字体）ことから，権限は義務をも含むとしている。権限の内容として義務を明示するかどうかは外部効果の問題を考察する際に影響を持たないと思われるため，本書では権限の内容としての義務を特に強調しない。

130) 本段落につき，vgl., *Rasch*, a.a.O.（Fn.2），S.120.

131) Rasch の問題設定につき，vgl., *Rasch*, a.a.O.（Fn.2），S.129.

144

第2節　組織規範と外部効果

としては，3つのことが挙げられる。第1に，管轄規範により，「専門知識を
持つ者が決定をするという保障が市民に与えられる」[133]ことである。第2に，
「管轄規律の遵守は，法治国的行政組織が摩擦なく作動するための不可欠の前
提である」[134]ことである。第3に，「管轄規範は，官庁の決定が他の官庁の反
対の決定により妨害されないことを保障する。なぜなら，管轄規律は排他的規
律〔つまり，ある権限を複数の官庁が共管しないように規律すること〕を行う
ものだからである」[135]，ということである。

　そして Rasch は，管轄規範全般について前段落で示したような理解を採る
ことから，「土地管轄を事項的管轄と法的に異なる形で扱う理由はない」[136]と
主張し，土地管轄規範についても前記の外部効果を認める。

　Rasch は，後の論文では，管轄の概念を，「組織的法命題とそれを補充する

---

132) *Rasch*, a.a.O.（Fn.2），S.132. *Ossenbühl*, a.a.O.（Fn.96），S.505f. も，行政規則を論じる文脈で
　あるが，管轄に適合した行為を求める権利を私人が持つ旨を示す際に，Rasch に基本的に依拠
　する。なお，*Rasch*, ebd., S.136f. では，管轄規範が私人を義務付けることも外部効果の内実と
　して挙げられるが，組織規範の裁判規範性の有無を問題とする本書の見地からは注目する必
　要がない。

133) *Rasch*, a.a.O.（Fn.2），S.131.

134) *Rasch*, a.a.O.（Fn.2），S.131f.

135) *Rasch*, a.a.O.（Fn.2），S.132. 亀甲括弧内については，vgl., ebd., S.23, 129. 既に，*ders*, Die
　Behörde, VerwArch, Bd.50, 1959, S.5-7（ただし用語法は著書の時点と異なる。ebd., S.3）にお
　いて，本文の3つの根拠に近いことが萌芽的に説かれていた。Rasch のこちらの論文に依拠し
　つつ，基本的に同様の思考によって管轄規範が市民の利益のためにも資すると述べる見解と
　して，vgl., *Gerhard Huwar*, Der Erlaß von Rechts- und Verwaltungsverordnungen durch den
　Bundespräsidenten, 1967, S.69f.

　　なお，*Rasch*, a.a.O.（Fn.2），S.132 においては，管轄規範が適法な国家行為の前提となること
　も，管轄規範が外部効果を持つことの根拠として挙げられている。しかし，管轄規範が外部
　効果を持つ結果として管轄規範の遵守が国家行為（行政行為）の適法性の前提となるのであ
　るから（本章第1節第1款第1項2(3)参照），Rasch が挙げる事柄は管轄規範が外部効果を持
　つことの根拠としては機能し得ない。Rasch も，別の箇所では，ある法規範に法命題性が認め
　られることの帰結として，その法規範の遵守が国家行為の適法性の前提となると考えている
　ようである（vgl., ebd., S.124, 130, 159）。

136) *Rasch*, a.a.O.（Fn.2），S.133.

　　なお，以上の本文で示した論証の後，*Rasch*, ebd., 133f. は，実体的組織規範によって初めて
　私人の法的地位に影響を与えるとする見解に対し，実体的組織規範は形式的組織規範なくし
　て実現されないと反論しており，組織規範（管轄規範）の実体法実現機能をも指摘している。
　しかし，Rasch による法命題性の積極的な論証は本文で示したものに尽きており，実体法実現
　機能は法命題性を論証する際に強調されないため，実体法実現機能についての Rasch の指摘
　は本文で示した論証を補強するものに過ぎないと理解できよう。実際，本文の次の段落で述
　べるとおり，後の Rasch は法命題性の論証のために実体法実現機能を用いていない。

145

第1章 組織規範の裁判規範性

法行為により基礎付けられ，組織的統一体の一定の事項を，通例，一定の態様・方法・形式で遂行すべきことを内容とする，義務と権利（Berechtigung）」とした上で，前記の3つの根拠と概ね同旨の内容を管轄規範の「機能（Funktion）」とする。そして，これらの機能を果たすためには管轄規範が「法規範（Rechtsnorm）」であることが必要であるから管轄規範は外部効果を持つ，という論証を提示する[137]。

　(b)　意義と限界　　Rasch の見解には，3つの意義がある。

　第1に，本項5で示した見解が，管轄規範それ自体の機能を十分に考察していなかったのに対し，Rasch は管轄規範の機能に注目した点である。

　第2に，本項2から5で示した見解の多くは権能を分配する管轄規範に外部効果を認めていたのに対し，Rasch は分配される対象の内実にかかわらず管轄規範に外部効果を認めた点である。Rasch も分配される対象として任務と権能の両方を挙げているが，このことは管轄規範の外部効果を論証する際に障害となっていない。

　第3に，管轄規範の機能を分析したことにより，土地管轄規範を事項的管轄規範と異なる形で扱う理由がないとした点である。したがって，Rasch の見解は，特に理由を示さずに土地管轄規範の外部効果を否定した Bickelhaupt の見解（本項4(2)(b)参照）に対する批判説として位置付けられる。

　しかし，Rasch の見解には2つの問題がある。

　第1に，私人の利益に資するというために用いられる根拠が私人の利益に資することにいかにつながるのか，必ずしも明確ではない。確かに，市民のために専門的知識を持つ者の決定を保障するという第1の根拠については，私人の利益に資するという帰結につながることは比較的明確である。しかし，管轄規範は法治国的行政組織の摩擦なき作動の不可欠の前提であるという第2の根拠や，管轄規律は排他的規律を行うという第3の根拠に関しては，私人の利益を保護していることにつながるかは明確でない。実際，Rasch 自身，排他性・行政組織の摩擦なき作動に関しては，次のような説明をするにとどまる。すなわち，「すべての任務規範は排他性の性格を含む。任務規範は，国家的行政組織の摩擦なき作動のために最重要の前提をなす。このことは，任務規範が，市民

───────────

　137) Vgl., *Ernst Rasch*, Bemerkungen zur Rechtsnatur organisatorischer Maßnahmen, DVBl. 1983, S.617f. ここで Rasch がいう法規範（Rechtsnorm）は法命題と同義と解される。

146

と国家との関係においても効力を持つことを意味する。任務規範は，市民が自己の権利を公行政に対してどこで主張せねばならないか，公行政に対して負う義務をどこで履行せねばならないかを定める」[138]。ここに引用した Rasch の説明において，排他性・行政組織の摩擦なき作動という要素が与える効力は私人の義務付けとして理解されているようである。こうした要素が私人の利益に資するかを判断するためには，いかなる要素があれば私人の利益に資するといえるかを予め明確にしておく必要があるが，Rasch はその点を明確にしていない（本項 6 (2)(c)も参照）。

第 2 に，Rasch の見解には，管轄規範の諸機能をどのように導き出したかを明示しない点にも問題がある。この第 2 の問題点を克服するものと位置付けられるのが，次に見る Adami の見解である。

(2) Rainer Adami

Rasch の見解を基礎としつつ，管轄規範の機能・意義に関し全般的な検討をしたのは，Rainer Adami である。

(a) **前提にある諸観念**　まず，Adami は，その博士論文において，次のように課題を設定する。曰く，「この論文は，国家行政組織における管轄の本質・任務・意味に取り組む。したがって，考察の対象は，裁判所の管轄ではなく，行政官庁の管轄である。〔この論文は，第 1 に，〕官庁管轄の固有の機能から出発して，国家行政の組織法の所与および要請に適応するような，適切で事物に適合した管轄の概念を発展させることを試みる。〔第 2 に，〕この概念を基礎として，管轄に関する本質的な問題を新たに考察し，この問題に対し合目的的な解決を与えることを試みる」[139]。この課題を遂行するための方法について曰く，「国家行政組織における管轄の探究のためには，目的論的観察方法が所与の方法となる。なぜなら，組織はそれ自体として純粋な目的構造物〔つまり何らかの目的のために作られたもの〕であり，そしてそれゆえに，組織法上

---

138) *Rasch*, a.a.O. (Fn.2), S.23. 傍点原文斜字体。本文で引いた説明は任務規範についての説明であるものの，「任務規範の排他性に対しては，形式的組織規範，特に管轄規範と協働することによって初めて完全な意味が与えられる」とされること（ebd., S.129），「管轄規律は排他的規律を行う」（ebd., S.132）とされることから，本文に引いた説明のうち少なくとも排他性に係る部分は管轄規範にも妥当するものといえよう。

139) *Rainer Adami*, Zuständigkeit Unzuständigkeit und Unzuständigkeitsfolgen in der staatlichen Verwaltungsorganisation, Diss, 1971, S.1.

147

第1章　組織規範の裁判規範性

の管轄に関する考察においては，目的適合性という思考が中心的位置を占めねばならないからである」[140]。

次に，管轄の概念に関する Adami の見解を確認する。

Adami は，まず，「その対象が明確に定められ，かつ，管轄に関する既存の問題を最も目的適合的に解決できるような管轄概念を発展させるべきである」との目標を設定する。この目標を達成するための行論は，次のように説明される。曰く，この「目標を達成するためには，何が管轄かという問題から始めることは誤っている。分析し定義する代わりに，規律を要するどのような生活領域が『管轄』という言葉によって短い形で描写されているか，そして，いかにしてこの任務〔つまり生活領域の描写〕にこれまで対応してきたか，最後に，どうすればこの任務を事物適合的・目的適合的に解決できるか，を専ら問うのが適当である。／このことから，『管轄』〔という言葉〕で表されてきた規律任務から出発して，この言葉に，今日の行政組織においていかなる意味が与えられるかを探究すべきである」。ただし，その前に1つの準備作業を要するとされる。すなわち，「組織法的管轄の機能は，……正確には，その組織法的な枠内でのみ探究され叙述され得るから，まずは，国家行政組織の概念と本質について簡単に立ち入るべきである」。この準備作業の「後，この組織において，管轄にいかなる規律機能〔あるいは規律任務〕が与えられるかを示すべきである」[141]。

かくして，まず，国家行政組織の概念と本質が問題となる。Adami 曰く，行政組織の概念を考察するためには，「組織そのものから出発すべきである。……この論文の枠内においては，……共通の目的を達成するために人間が秩序付けられて協働するということを，組織として理解することで，十分である。／あらゆる組織は，それが実現しようとする目的によって刻印付けられている。したがって，あらゆる組織は目的によって定められる。この目的が，……立法者により定められた目標を拘束的決定を行うことによって追求することにある場合に，行政組織が存在する。行政目的の実現から生じる多数の行政任務は，多数の行政主体へと分配される必要があり，そして，これらの行政主体の活動は再び相互に調整させられ協働させられる必要がある。行政組織は，決定が，

140)　*Adami*, a.a.O.（Fn.139），S.4.
141)　本段落につき，*Adami*, a.a.O.（Fn.139），S.5f. 傍点原文隔字体。

148

法に適合し，事物に適合し，適時にそして明白な責任のもとで行われ得るための前提を創出すべきである」[142]。

このような（行政）組織の概念・本質から，Adami は，管轄の持つべき機能（Funkition）あるいは任務を導出する。曰く，前段落の最終二文で示したような「要請に対し，現代の国家行政組織が対応できるのは，多数の行政主体が，追求される行政目的を顧慮して，摩擦なく協働することによってのみである。この〔ように多数の行政主体が協働せねばならないという〕ことは，個々の部分的任務が，一定した，そして，……任務遂行のために構造化された官庁によってのみ遂行されることを要請する。それに伴い，行政官庁と行政活動との関係を目的適合的に規律するところの関連付け（Beziehung）が創造されねばならない。この関連付けは，個々の行政任務・権能・義務を，専らそれらのために存在しそれらの遂行に最適な官庁へと，明白に・公に・強制的に割り当て，行政を行う他の主体の活動領域に対して精確に境界付けねばならない。このような形で割当て（Zuordnung）と境界付けを行うことが管轄の任務であり，したがって，……管轄の概念でもって，一定の割当て任務と境界付け任務が描写されねばならない」[143]。

こうして，管轄の機能（あるいは任務）を割当てと境界付けに見出した Adami は，さらに，(i)国家・(ii)市民・(iii)決定の質の3つにとっての管轄の「意義（Bedeutung）」を，次のように整理する。

まず，(i)国家にとっての管轄の意義として，①任務遂行にとって最も適格とされた官庁の活動によって任務が最善に遂行されること，②行政の機能不全の原因となるところの，どの官庁がどの任務を遂行すべきかの争いを解決する前提となること，③異なる官庁が同じ任務を遂行することで生じ得る矛盾決定の危険を防止すること，が挙げられる[144]。

次に，(ii)市民にとっての管轄の意義として，①不十分な割当てが行われると，「市民は少なくとも決定を非常に長い間待たねばならない」とか，「行政組織の中で競争が生じやすくなる結果として感情的に決定が行われる可能性が生じ，決定の実質的な内容に不利に影響し得る」とか，「二重の作業による行政の超

142）本段落につき，*Adami*, a.a.O.（Fn.139），S.6f.

143）*Adami*, a.a.O.（Fn.139），S.8f.

144）Vgl., *Adami*, a.a.O.（Fn.139），S.9-11.

第1章　組織規範の裁判規範性

過支出を，直接的には高い料金によって……間接的にはより重い租税によって市民が負担せねばならない」とかいった事態が生じるが，管轄の十分な定めがあればこれらが回避されること[145]，②「どの任務がどの官庁により遂行されるべきかが，明白かつ公に定められるため，……官庁構造が規範の名宛人に対して見通しのよいものになる」[146]こと，③本節注143）に対応する本文で説明されたような要請を受けて「行われる割当てによって，個々の官庁の任務領域が相互に区別されるという事態が，そしてそれと共に機関の『排他性』もが，もたらされる」ところ，この排他性は，同様の事例は同様の官庁により決定されるという保障を与えるから，「管轄は，……平等取扱い，法的安定性，公正性を促進し，それによって市民の行政への信頼を強化する」こと[147]，が挙げられる。

　最後に，(iii)決定の質にとっての管轄の意義として，一般に，組織においては，「決定を行う職務担当者の，義務意識の欠如〔や〕……怠惰」により決定の質が下がることが想定されるところ，管轄により行政の匿名性が失われるため((ii)②参照)，人間によるこのような不正に対する防御ができること，が挙げられる[148]。

　(b)　管轄の概念と管轄規範の外部効果　　前提となる管轄の機能と意義を本項6(2)(a)で述べたように整理した上で，Adami は，割当機能を果たせるように管轄概念を定めることを試みる。もっとも，割当てに関わる概念としては，管轄の他に「分配（Zuweisung）」があるため，この概念との関係を踏まえつつ概念規定がなされる必要があるとされる[149]。

　Adami は結論として，管轄・分配の概念を次のように定める。まず，官庁の管轄とは，①「官庁の組織的地位（Stellung）」，②「官庁の空間的作用範囲」，③①・②の定めによりなされる「官庁に分配される任務の境界付け」，をいう。③について敷衍すれば，管轄は，①組織における官庁の地位と②空間的作用範

---

145)　Vgl., *Adami*, a.a.O. (Fn.139), S.12. (ii)①で掲げた事項は「不十分な割当ての反射効」との見出しの下で述べられている（ebd., S.12）。

146)　*Adami*, a.a.O. (Fn.139), S.12.

147)　Vgl., *Adami*, a.a.O. (Fn.139), S.14f. 二重かぎ括弧内は，*Herbert Krüger*, Allgemeine Staatslehre, 2.Aufl., 1966, S.109.

148)　Vgl., *Adami*, a.a.O. (Fn.139), S.15f.

149)　Vgl., *Adami*, a.a.O. (Fn.139), S.36f.

150

囲によって個々の官庁を区別することで，任務分配の関係点たる主体を特定するものであるが，個々の官庁が区別されることにより，それに分配される任務も区別されるのである[150]。次に，分配とは，管轄によって特定された個々の官庁に，任務あるいは権能を与えることをいう[151]。なお，Adami は，管轄・分配によって割り当てられる対象として任務を念頭に置くようである[152]が，権能も管轄の対象であるとしている箇所もある[153]ため，割当ての対象として任務・権能が想定されていると理解するのが穏当であろう。

　このように管轄の概念を整理した後，Adami は，「管轄は行政組織法の基礎概念であ」り，「行政組織法は法命題の集合であるから，管轄もそうした法命題，したがって組織規範に基づいている」と述べ[154]，管轄を定める組織規範たる管轄規範へと考察対象を移す。Adami はまず，管轄規範の機能は本項6(2)(a)で示した管轄の機能と同じであることを確認し[155]，Rasch に依拠した組織規範の分類を行う[156]（本項6(1)(a)参照）。その後，Adami は，Rasch と同じ法命題の概念を採用し，管轄規範が法命題であるか，つまり「外部効果を持つか」を検討する[157]。

　Adami は，管轄規範が外部効果を持つことを次のように論証する。「管轄規範は，官庁の管轄を定め，分配規範〔つまり分配を行う規範〕と協働して……分配される任務を相互に区別……〔して，〕遂行される任務と行為する官庁との間に明白な（割当）関係を立てる。市民は，行政に対する関心事を持つとき，一定の官庁に対峙する必要が原則としてあり，他方でまた，一定の——つまり管轄を持つ——官庁の決定を受忍せねばならないから，この割当関係は，市民の具体的な義務を形成する。管轄規範と分配規範とを合わせて『割当規範(Zuordnungsnormen)』という上位概念に包摂するならば，割当規範は法命題であると疑いなくいえる；なぜなら，市民を法的に義務付けることによって，市民の法的地位が影響を受けるため，割当規範は外部効果を持つからであ

---

150) 本段落の以上の部分につき，vgl., *Adami*, a.a.O. (Fn.139), S.38f.
151) Vgl., *Adami*, a.a.O. (Fn.139), S.36f.
152) Vgl., *Adami*, a.a.O. (Fn.139), S.37-39.
153) Vgl., *Adami*, a.a.O. (Fn.139), S.68f.
154) Vgl., *Adami*, a.a.O. (Fn.139), S.81.
155) Vgl., *Adami*, a.a.O. (Fn.139), S.82.
156) Vgl., *Adami*, a.a.O. (Fn.139), S.83f.
157) Vgl., *Adami*, a.a.O. (Fn.139), S.84f.

第 1 章　組織規範の裁判規範性

る。」[158]

　もっとも，「分配規範の法命題性は確かに認められても，管轄規範の法命題性は認められない，という見解も主張されるであろう。この主張の根拠としては，官庁の管轄を定めるだけでは市民の法的地位への影響はない，ということが持ち出されるかもしれない。……しかし，〔この主張の〕欠点は，〔法規範を〕孤立させて観察する方法にある。なぜなら，形式的組織規範〔ここでは管轄規範〕は実質的組織規範〔ここでは任務規範〕と密接に関連し，両者はさらに，それらを結合させる分配規範と密接に関連するからである。分配規範だけが法命題であり，……管轄規範は法命題ではないとするならば，任務割当は，……その義務付け的性格を失ってしまう。この根拠から，割当規範に属する 2 つの規範は，同一の段階にあり，ゆえに，同一の法的性質を認められるべきである」[159]。つまり，Adami は，本項 6 (2)(b) の冒頭で見たように管轄規範と分配規範を一旦区別するものの，外部効果の判断においては両者を一体的に扱って外部効果を肯定するのである（なお，任務規範もこれらと一体となっているように見える）。

　このようにして管轄規範の外部効果を論証した Adami は，続いて「管轄規範の法的性質の確認（Bestätigung）」という見出しの下で，「管轄規範を法命題であるとして法的に性質決定することが，分配規範と協働して割当問題を……解決できるようになるために……必須であると示す」[160] として，次の 3 点に言及する。

　第 1 に，「一定の官庁へと任務を割り当てることは，一方で，官庁が自らに分配された任務を専ら遂行し，他方で，市民が，国家に対する多数の義務を，管轄を持つ官庁に対してのみ履行する場合に限り，組織的目的を達成し，秩序付けられた行政過程を保障する。／この思考過程からすると，割当規範は，そしてそれに伴い管轄規範も，一方で公に定められねばならず，他方で義務付け的性格を持たねばならない。これら 2 つの要請を達成できるのは，予め準備された形式で公布され，そして，——行政規則と対照的に——市民の法的義務を基礎付けられるところの，法命題のみである」[161]。

---

　158)　*Adami*, a.a.O.（Fn.139），S.85.
　159)　*Adami*, a.a.O.（Fn.139），S.85f.
　160)　*Adami*, a.a.O.（Fn.139），S.90. 傍点引用者。

152

第2に，「官庁……に，〔管轄規範を公に定めさせるのみならず，〕割当てへの遵守を追加的に強制（zusätzlicher Zwang）することは，管轄規範に違反して行われた行政行為が行政訴訟において違法であることを理由に取り消されることによって，達成され得る。このことからも，管轄規範は法命題でなければならないことが帰結する。なぜなら，裁判所は，行政規則の正しい適用ではなく，法命題の正しい適用のみを審査できるからである」[162]。

第3に，「管轄規範と分配規範によって達成される割当ては，市民の利益のためのものでもある。なぜなら，立法者は，人的な根拠・技術的な根拠・事柄に関連する（sachlichen）根拠からして任務遂行に最適な官庁へと，一定の任務を分配するからである。……管轄規範は，市民に，法律によって定められた官庁のみが法律によって予定された措置を行うことを求める権利を与える。この……根拠からしても，管轄規範は法命題でなければならない。なぜなら，法命題によってのみ権利が基礎付けられるからである」[163]。

(c) 意義と限界　　以上に示した Adami の見解には，3つの意義がある。

第1に，管轄および管轄規範の機能の考察を Rasch よりも明確に行った点である。当初の Rasch においては管轄の概念が必ずしも明確でなかったが，Adami においては，組織についての Adami の理解および管轄の概念規定により，Rasch においてあまり強調されなかった管轄・管轄規範の割当機能が注目された。

第2に，Rasch と同じく，管轄規範の外部効果の判定において，分配される対象の内容に関わらない考察がされている点である。したがって，Adami が分配される対象に任務・権能のいずれも含めていることは管轄規範の外部効果を論証するにあたって障害となっていない。

第3に，管轄規範の機能を組織の理解から導出するという論証の形を意識している点である。特段の根拠を示さずに管轄規範の機能を提示する Rasch の見解よりも，論証の正当性を議論するための手がかりを明示するものとして評価できよう。

しかし，Adami の見解には次の2つの問題がある。

161）*Adami*, a.a.O.（Fn.139），S.90f.

162）*Adami*, a.a.O.（Fn.139），S.91.

163）*Adami*, a.a.O.（Fn.139），S.91f.

第1章　組織規範の裁判規範性

　第1に，管轄規範の外部効果を論証するための考慮要素が不明である。具体的にいえば，まず，Adami は，管轄規範の「機能」のほかに管轄規範の「意義」に言及しており（本項6⑵(a)参照），「意義」として挙げられる事柄の中には一見すると管轄規範の外部効果を認めるために利用できそうな要素が提示されているにもかかわらず，これらは外部効果の論証には用いられない。次に，Adami は，管轄規範が外部効果を持つことを論証するために用いる議論と，管轄規範が外部効果を持つことを確認するために用いる議論とを区別していた（本項6⑵(b)参照）。Adami が「確認」において用いた議論のうち，第1点・第3点は，Rasch やそれ以前の論者が管轄規範の外部効果を導出するための根拠として利用したものである。これに対し，Adami がこれらの点を外部効果の導出に用いることができないと考えているのか否かは不明である。結局，管轄規範の外部効果を認めるために管轄規範のいかなる特徴を考慮してよいのか，すべきなのかについて，Adami の議論から明確な理解は引き出せない。

　第2に，第1点と関係するが，Adami による管轄規範の機能の分析は，管轄規範が私人の利益の保護をするという結論の導出には用いられていない。Adami は，管轄規範が私人の利益の保護をすると主張するときには，既にRasch によって示されていた，決定のために適当な官庁を定めるという考え方を示すのみである（本項6⑵(b)の第3点を参照）。この点に関連し，より具体的な利益衡量を行うことで，管轄規範の保護規範性・外部効果を否定するのが本項7で扱う見解である。

7　管轄を持つ官庁の行為を求める権利を否定する見解

⑴　客観外部法としての階級管轄規範

　(a)　管轄規範の保護規範性の検討方法　　階級管轄規範の保護規範性を否定する見解を示したのが Georg Brunner である。

　Brunner が扱うのは「『上級官庁の自己介入（Selbsteintritt）』という標語で知られてきた問題」であり，この問題は，「監督を行う上級官庁が，管轄を持つ下級官庁に代わって行為することが許容されるか，という問いに関するものである」[164]。この問いについて論じるために，Brunner は，まず，Rupp に従

---

　164)　*Georg Brunner*, Der Selbsteintritt der höheren Behörde, DÖV, 1969, S.773.

って外部法と内部法を区別した上で（本章第1節第1款第1項2(2)(a)参照），Böckenförde（本項4(2)(c)参照）やRasch（本項6(1)(a)参照）等の見解を挙げることで（Brunnerに固有の論証なく）管轄規範が外部法であることを認め[165]，「この外部法の規律によってある一定の官庁がある事項について管轄を持っており，それにもかかわらず別の官庁が……行為した場合，この自己介入は疑いなく外部法の規範に違反する」[166]と述べる。要するに，この場合には，自己介入によって行われた行政行為は外部法たる管轄規範に違反して違法であるとする。次に，取消訴訟において行政行為が取り消されるのは，「取消しの対象となっている行政行為が客観的に違法であり，かつ，……原告がその権利を毀損される場合だけである」[167]とし，その権利を導出できるかどうかを，主として，「管轄を持つ官庁の決定を求める権利（Anspruch）」を対象として検討する[168]。

Brunnerは，結論として，階級管轄規範以外の管轄規範についてはこの権利を導出できるとするが，階級管轄規範については導出できないとする。以下，この結論に至る論証を確認する。

まず，法規範の解釈方法について曰く，「真正の権利が問題となっているのかそれとも単なる反射的利益が問題となっているのかは，問題となる法規範の目的論的解釈によって決まるところ，その解釈においては，問題となる法規範が公益目的に資するのかそれとも個人の利益と保護に資するのか，また，問題となる法規範によって個人の優遇が意図されているのか，それとも，個人の優遇が多かれ少なかれ偶然によって生じているのかが決め手となる」[169]。

そこで，この解釈方法を管轄規範に適用するとどうなるか。「管轄規律の立法理由（ratio legis）に関しては，管轄規範は一次的には公益に資するということから出発することができる。〔どのように公益に資するかを敷衍する。〕国家

---

165) Vgl., *Brunner*, a.a.O.（Fn.164），S.775f. mit Fn.33. Brunnerは行政活動のうち特に実際上重要である行政行為に検討対象を絞る（vgl., ebd., S.776）。

166) *Brunner*, a.a.O.（Fn.164），S.776. 傍点原文隔字体。

167) *Brunner*, a.a.O.（Fn.164），S.776f.

168) Vgl., *Brunner*, a.a.O.（Fn.164），S.777. ここでのAnspruchは，文脈上，請求権というよりも権利を意味するものと理解すべきである。そのほか，「行政手続における審級（Instanzenzug）を求める権利」や「基本法3条1項の平等権」も問題となり得るとされているが（vgl., ebd., S.777），本書は管轄規範それ自体の外部効果を問題とするのであるから，管轄規範を直接の根拠としないこれらの権利については立ち入らない。

169) *Brunner*, a.a.O.（Fn.164），S.777.

第1章　組織規範の裁判規範性

は，……継続的に増加する任務を，分業によってのみ遂行することができる。
行政組織は分化されねばならず，個々の任務と権能は多数の官庁へと分配され
ねばならず，それによって，……不断の摩擦，権限争議，二重作業が生じない
ようになる。個々の官庁間での分業は，技術的な観点からすれば，管轄を規律
するという方法によって実現される」[170]。

　もっとも，「管轄規律が，二次的に，個人の利益の保護にも資する任務を持
っていると示すことができる場合には，管轄を持つ官庁を求める権利は，公益
と個別的利益とが一致する (kongruent) 限りにおいて，……排除されない」[171]。

　そのため，管轄規範（あるいは管轄規律）の解釈をさらに行う必要があること
になる。Brunner は，「2つの利益〔つまり公益と個別的利益〕相互の関係を
明確にするためには，まず，いかなる個人の利益が管轄規律に関してそもそも
存在するのかを検討せねばならない」[172]として，利益を実体的観点 ((b)) と形
式的観点 ((c)) から考察していく。

　(b)　実体的観点からの考察　　実体的観点からの利益の考察において，
Brunner は次のようにいう。

　「実体的観点からは，個人は，一方で自分が望むあらゆる利益を国家から受
け取り，他方で何らの不利益も課されないということに，まずもって関心があ
る。……この純粋に自分本位な形では，当然ながら，個人の利益は保護に値し
ないし公益にも一致しない」。しかし，このような自分本位の要求を目的とす
るのではなくて，「実体的に適法で実際に正しい決定を目的とする限りにおい
て，利益を要求し不利益を回避するという個人の実体的利益は，確かに保護に
値する。管轄規律が，適法で実際に正しい決定の前提を保障することに資する
限り，管轄規律の遵守は，公益のためのものでも私的利益のためのものでもあ
り，そして〔それゆえに〕，『決定の前提についての形式的に正しい審査を求め
る権利』を承認することが，正当化できるように思われる。〔ここでいう〕『決
定の前提についての形式的に正しい審査』とは，『正しい比較を行う能力のあ
る決定機関によって決定が行われる』という意味である。官庁が持つ専門知識
(Sachkunde) および事項近接性 (Sachnähe) という観点から，決定を行うべき

---

170)　*Brunner*, a.a.O.（Fn.164），S.778.

171)　*Brunner*, a.a.O.（Fn.164），S.778.

172)　*Brunner*, a.a.O.（Fn.164），S.778.

官庁を決定することは」，事項的管轄の規律によって行われる[173]。また，「土地管轄は，同じ階級にある複数の官庁のうち，場所的関係から最適であると信頼される官庁を，行為するために任ずるものである。土地管轄において決定的な観点は，事項近接性である」[174]。

かくして，専門知識・事項近接性の観点から「正しい比較を行う能力のある決定機関」を定める事項的管轄規範，および，事項近接性の観点から「正しい比較を行う能力のある決定機関」を定める土地管轄規範は，前記の利益との関係で保護規範性を持つ。しかし，Brunner は，次のような理由から，階級管轄規範については保護規範性が認められないという。

既に整理したように，階級管轄は，「はたしてまたいかなる要件の下で上位官庁が決定権限を持つか，という問題について定める」[175] ものであるところ，「通常は，……下級官庁が事項近接性をより大きく持ち，上級官庁は専門知識をより大きく持つ。〔そこで，〕実質的に正しい決定に関するこれらの 2 つの要素のうち，いずれが個人の利益の観点から重視されるべきか」が，場合を分けて考察される。第 1 に，「関係する組織規範が，上級官庁が管轄を持つと定める場合には，それによって，専門知識が事項近接性よりも優先され，下級官庁は決定をしてはならないということが明確にされる」。第 2 に，「逆の場合〔つまり下級官庁が管轄を持つと定められた場合〕についても，少なくとも，上級機関が専門監督を行う官庁である場合には，逆の結論になるわけではない。確かに，〔この場合には，〕管轄規律は，事項近接性を専門知識よりも優先させ，決定を下級官庁に留保したに違いない，という印象を呼び起こす。しかし，この外部法たる管轄規律を，一方で官庁組織の構造を規律するところの，外部法たる組織規範の全体と関連付け，他方で内部法たる専門監督の規律と関連付けると，この印象が誤りであることが明らかになる。〔まず前者と関連付けてみると，〕ヒエラルヒー上の〔どこに機関を位置付けるかという〕位置関係は，〔階級〕管轄の規律によっては全く影響を受けていない。〔次に後者と関連付けてみると，〕上級官庁が，職権であるいは専門監督異議によって一定の決定に

---

173) 本段落の以上の部分につき，vgl. *Brunner*, a.a.O. (Fn.164), S.778.『正しい比較を行う能力のある決定機関によって決定が行われる』という部分は，*Hans Peter Ipsen*, Hamburgs Verfassung und Verwaltung, 1956, S.362.

174) *Brunner*, a.a.O. (Fn.164), S.778.

175) *Maurer/Waldhoff*, a.a.O. (Fn.5), § 21 Rn.49.

157

第 1 章　組織規範の裁判規範性

つき下級官庁に指示を行うという手段，あるいは，法的救済審級として原決定を自らの決定によって置き換えるという手段によって，専門知識は，いかなる時でも，事項近接性に対して優先する（aus dem Feld zu schlagen）ことができる。したがって，事項近接性は，専門知識に対して，基本的には優先しない……。階級管轄の規律によって表現されているこの利益衡量と異なる利益衡量をするとすれば，公益に反する。なぜなら，決定権限を下級官庁に明白に分配するのであれば，専門監督をする官庁の指示権限を排除することにならざるを得ない……〔が〕，そうした排除をすることは，官庁組織がアトム化することを意味し，それによって統一的な行政実務を危殆化させる」からである[176]。

　要約すると，Brunner の説明は次のようになる。内部法を視野に入れると，専門知識が事項近接性よりも優先されるべきであるという利益衡量が読み取れるところ，自己介入（専門知識を持つ上級官庁による決定）は，この利益衡量に適合的であり，自己介入を禁止することは公益に反する。そして，公益に一致する限りにおいて私人に権利が付与されるのであるから，階級管轄規範は，自己介入を禁止する権利，すなわち，管轄を持つ（下級）官庁を求める権利を付与しない。

　(c)　形式的観点からの考察　　形式的観点からの利益の考察については，受益的行政行為の場合と侵害的行政行為の場合とで利益状況が区別される。本書は侵害的行政行為を扱うものであるから，後者の場合を確認する。

　Brunner 曰く，「侵害行政の領域では，個人は，侵害的行政行為が……より厳格な条件の下でのみ行われ得ることに対する利益を持つ。管轄規律は，侵害権能を持つ官庁の範囲を限定する限りで，この利益に奉仕する。この観点からすると，次のようにいえそうである。すなわち，管轄秩序を厳格に遵守することに対する個人の利益は〔管轄規範の種類に関わらないという意味で〕一般的な性質を持ち，また，自己介入を禁止すると，上級官庁が侵害権能を持つ主体の範囲から排除されるため，個人は自己介入の禁止を要求できる，と。しかし，この個人の利益がそれ自体保護に値するか，そしてこの利益から，……階級管轄を持つ下級官庁を求める権利が導かれ得るかは疑わしい。……実体的に適法で正しい決定を求める……個人の利益が，自己介入を許容することによって侵

---

　176)　本段落につき，*Brunner*, a.a.O.（Fn.164），S.778f.

害されないことは，既に〔本項 7 ⑴⒝で〕示された。これを越えた，単に不利益を回避することを目的とする個人の利益なるものは，……公益に反し，既にこのことからして法的に保護されないとみなされる。〔これらの利益と関係させず〕管轄規律を自己目的化してしまうと，行政機構の作用能力を保障し，また，適法で正しい決定の前提を保障するという管轄規律の意味が，無視されてしまう」[177]。

こうして，Brunner は，階級管轄規範以外の管轄規範には保護規範性を認め，階級管轄規範についてのみ保護規範性を否定した。

⑵ 内部法としての管轄規範

Reinhard Mußgnug は，Brunner の立場を進めて，階級管轄規範のみならず管轄規範一般に視野を広げ，管轄規範は原則的には外部法ですらなく内部法であるとする立場を示した。

　⒜ 見解　Mußgnug の用語法を確認すれば，Mußgnug は管轄と権限とを互換的に用いている[178]。

この用語法を前提にして，Mußgnug は，通説が，（少なくとも一部の管轄規範に関しては）管轄を持つ官庁による行為に対する個人の利益があり，管轄違反の行政行為は違法であって個人の権利を侵害すると主張すること[179]に対し，批判を行う。

まず，所轄管轄規範[180]について，「所轄の蹂越に対して，所轄を蹂越したあらゆる行政行為を訴訟の方法で争うことを可能にする（berechtigt）外部効果も認められるか」[181]という問題設定がなされる。Mußgnug は，この問題について，信頼保護の観点が重要であると指摘する。曰く，「この問題は難しい。侵害的行政行為だけを一面的に見て，この問題に答えることはできない。〔この問題への〕解答は，信頼保護の思考が重要な役割を果たすところの授益的行政行為にも適合しなければならない。市民は，一般に，官庁がその管轄を他の何

177）*Brunner*, a.a.O.（Fn.164），S.779.

178）Vgl., *Reinhard Mußgnug*, Das Recht auf den gesetzlichen Verwaltungsbeamten?, 1970, S.32.

179）Vgl., *Mußgnug*, a.a.O.（Fn.178），S.16-18, 30f.

180）連載論文において，Mußgnug の所轄管轄規範に関する本書著者の理解が不十分であったことについては，東京大学公法研究会における連載論文書評会（2022 年 12 月 23 日）での西上治准教授の指摘に負う。

181）*Mußgnug*, a.a.O.（Fn.178），S.41.

159

第 1 章　組織規範の裁判規範性

よりも慎重に審査しているということを信頼する。したがって，〔実際には〕
事項的管轄のない官庁が市民に対して行った授益的行政行為も妥当しているは
ずであるという信頼は，保護に値する」[182]。

「いずれにせよ，ある 1 点においては，つまり官吏法においては，明らかな
ことが存在する。官吏法では，事項的に管轄を持たない官庁による任命は無効
であることが法律で定められている（官吏法大綱法 8 条 1 項）。これを超えて，
あらゆる官吏は，専ら自らの長（Diensthe〔r〕rn）に対してのみ〔自分の行態
に関する〕釈明をしなければならないことは，自明である。官吏は，他の所轄
〔に属する者〕が自分にとっての長に昇任するとか，自分の人事記録に不利益
な評価を書き込むとか……いったことを甘受する必要はない。」[183]

「しかし，この特殊官吏法的な原理〔つまり，官吏法では管轄を持たない官
庁の行為について無効である等の帰結が生じるという原理〕を一般化し得るか
については，かなりの疑問がある。なぜなら，管轄を持たない所轄〔官庁〕が
市民に対して行政行為で侵害したり受益したりしたとき，どの市民も不適当に
取り扱われたと感じるに違いないほどまでには，所轄権限は一般に明確に区別
されていないからである。——森林行政を担う大臣が租税に関する決定をする
といった……——非常に重大な管轄踰越の場合にだけ，その行為はまさに義務
に違反するという動機によって行われたのだということを容易に想定すること
が許される。こうした明確な場合には，有効な行政行為は成立し得ない。なぜ
なら，具体的に行われたことの最小限の外観すら欠けているからである〔つま
り，保護に値する信頼が生じるために必要な，行政行為が行われたとの外観が
ないからである〕。」[184]「しかし，所轄の任務と，誤って遂行された任務との間
に，実質的な連関がある場合には」[185]，所轄管轄を定める規範が訴訟を可能に
する外部効果を持つこと，すなわち所轄管轄規範に違反した行政行為が違法で
あり私人の権利毀損をもたらすことが否定される。その根拠として挙げられる
のは，「外部に向かっては，どの所轄も同じ国家権力の代表者であって，それ
に伴い，国家の名において有効に活動する権能は常にはない（nicht immer be-

---

182)　*Mußgnug*, a.a.O.（Fn.178），S.42. 傍点原文斜字体。
183)　*Mußgnug*, a.a.O.（Fn.178），S.42.
184)　*Mußgnug*, a.a.O.（Fn.178），S.42.
185)　*Mußgnug*, a.a.O.（Fn.178），S.43.

160

fugt）としてもその能力は持つ（*befähigt*）」[186]，ということである。

　以上の所轄管轄規範の検討に続けて，Mußgnug は，次に，管轄を持つ官庁を求める「権利は，法律による行政の原理へと訴えかけることによって基礎付けられるか，がさらに検討されねばならない」として，以下のように自身の基本的な立場を示す。曰く，「この原理は，行政に，既存の法命題に違反するあらゆる活動を……禁じる。しかし，客観法上の法命題に反するすべての行政活動が市民の権利を毀損するわけではない。市民の保護のために発出されるのではなく，国家の内部領域の中だけで，政治と行政の進行を規制するという目的を追求する，多くの法律がある」。「そうした国家内部でのみ拘束力を持つ法律の典型は，……予算法律である」が，予算法律と「同様に，権限規範も，行政内部的にのみ効力を持ち，外部領域においては訴求できない規範に属するという理解が強く支持される」[187]。Mußgnug は，権限規範が内部的にのみ効力を持ち外部領域においては訴求できない規範であると述べる際に，Brunner の見解を参照する[188]。

　このように自身の基本的立場を示した後，Mußgnug は，「国家の権限秩序が……市民の利益のためにも定められている」とする Rasch らの見解に対し，この見解は，「法律上権限のある行政官庁だけが活動することに対する，保護に値する個人の利益が示され得ることを前提とする」と整理した上で，この利益が基礎付けられるかどうかを検討する。その際，Mußgnug は，「一定の場合において，権限〔規範〕に違反した行政活動が，市民に対し承認された利益を侵害するからといって，それで全体を代表して，常にそうであるとは推論できない」として，「精細化した検討をせねばならない」とする[189]。

　そこで，Mußgnug は以下の４つの場合を分ける。

　第１に，「法律により覊束された侵害的行政行為」の場合である。「租税の納付」等の「繰り返し行い得る給付を行政が要求する場合には，関係者は，まず権限のない官庁による要求，その後に権限のある官庁による要求という形で二重に要求されないことに対する重大な利益を当然に持つ。しかし，この利益を

186）*Mußgnug*, a.a.O.（Fn.178），S.43. 傍点原文斜字体。
187）本段落の以上の部分につき，vgl., *Mußgnug*, a.a.O.（Fn.178），S.43f.
188）Vgl., *Mußgnug*, a.a.O.（Fn.178），S.44 Fn.69.
189）本段落につき，vgl., *Mußgnug*, a.a.O.（Fn.178），S.44f.

第1章　組織規範の裁判規範性

持つことは，権限のない行政活動がすべて個人の権利を毀損すると判断するところには，決してつながらない。〔なぜなら，〕この場合には，法律が市民に要求することは既に果たしたため，後に行われる第2の要求は認められないと説明すれば十分である」[190]からである。

　ただし，羈束された侵害的行政行為に関しても権限規範が外部効果を持つことがある。それは，①独立の委員会等の特別の機関に，「独立の，自己責任による決定をするように，決定を委ねる」場合である。この場合においては，独立であること，特別の専門知識を持つこと，多元的に構成された機関であること等の要素により，「この機関のみによる決定を求める権利」が存在する。また，②「通常の行政手続よりも厳格に形式的な手続を持つ」機関（婚姻に関する婚姻役場等）や，「特別な専門知識を前提とする」機関の場合（租税決定のための税務署等）にも，権限規範が外部効果を持つ。しかし，あくまでも①・②「は例外であ」る。通常の場合には，権限は私人の利益のために定められるものではない。例えば警察権限についていえば，「事物に適合して警察任務を……分配していくこと」に権限分配の意義がある。「その際，……〔権限を持つ〕機関が複数設置されたとしても，そのことは，外部関係においては，〔個々の警察権限を行使する機関が〕例外なく同一の国家的警察権力を行使することを何ら変えるものではない。実体的に正しく行動していれば，権限に違反したことは行政内部での異議によって解決される」[191]。

　第2に，「法律により羈束された授益的行政行為」[192]の場合が挙げられるが，侵害的行政行為を問題とする本書では立ち入らない。

　第3に，「裁量決定における権限瑕疵」の場合である。この場合には，「権限ある機関が，……権限のない機関がなした裁量行使とは全く別の裁量行使をした可能性は決して排除されない。したがって，権限のない裁量決定は常に瑕疵がある。裁量行使において，個人の利益（Belange）一般が尊重されねばならないため，管轄のない官庁が行為を行うときには，個人の権利が毀損されている」[193]。

---

　　190) 本段落につき，vgl., *Mußgnug*, a.a.O.（Fn.178），S.45f. 傍点原文斜字体。

　　191) 本段落につき，vgl., *Mußgnug*, a.a.O.（Fn.178），S.47-49.

　　192) *Mußgnug*, a.a.O.（Fn.178），S.49. 傍点原文斜字体。

　　193) 本段落につき，vgl., *Mußgnug*, a.a.O.（Fn.178），S.51. 傍点原文斜字体。

162

第2節　組織規範と外部効果

　第4に，「上級官庁の自己介入」の場合である。自己介入には，上級官庁が権限ある下級官庁の代わりに行為する場合と，権限ある上級官庁の代わりに下級官庁が行為する場合とがあるところ，Mußgnug曰く，一般的には，「いずれの場合も，法律が明文で……認めていない限り，違法とされている」。Mußgnug は，上級官庁の代わりに下級官庁が行為する場合については，当該行為は違法となるという帰結に同意し，上級官庁による決定を求める権利を私人に認める。これに対し，「上級官庁による自己介入の場合」については，上級官庁が下級官庁を指示によって厳格に拘束することができ，下級官庁の決定も実質は上級官庁が決定をしていると理解できるから，「初めから上級官庁が自ら決定しても同様に尊重すべき」という[194]。

　Mußgnug によれば，上級官庁による介入が排除されるのは2つの場合のみである。①「上級官庁が特別の理由なく下級官庁の裁量決定に介入する」ことによって「裁量瑕疵が生じる疑いがあり得る」場合と，②決定した官庁によって裁判管轄が変わる場合である。②について敷衍すると，行政行為の取消訴訟について，行政裁判所の土地管轄は被告行政官庁の所在地によって決まるところ，上級官庁と下級官庁の所在地が異なる場合には，上級官庁による介入は，裁判管轄を変え，「法律上の裁判官を操作する」という帰結をもたらすため，上級官庁による介入は排除される，ということである[195]。

　もっとも，Mußgnug は，②の場合においては，管轄を持つ官庁の行為を求める権利とは関係なく自己介入が認められないと考えているようであり，おそらく，Mußgnug は②の場合に官庁の管轄規範に外部効果を認めていない[196]。

　(b)　意義と限界　　本項6までで見た見解が，具体的な利益衡量を十分にすることなくして，管轄規範が私人の利益のためにも定められることを認めていたのに対し，Brunner・Mußgnug の見解は，より具体的な利益衡量を行っている。この点に両者の見解の意義がある。

　しかし，Mußgnug の見解には問題がある（Brunner の見解の問題点については本項8(3)を参照）。

　第1に，Mußgnug が，管轄規範について，Brunner を参照しつつ外部効果

---

　194)　本段落につき，vgl. *Mußgnug*, a.a.O.（Fn.178），S.51-53. 傍点原文斜字体。
　195)　本段落につき，vgl. *Mußgnug*, a.a.O.（Fn.178），S.54-56.
　196)　Vgl. *Mußgnug*, a.a.O.（Fn.178），S.56.

第1章　組織規範の裁判規範性

を否定するとき，Mußgnug の指摘の趣旨が，客観法としても外部効果を持たないというものか，それとも私人に権利を付与しないというものかは不明である[197]。Brunner においては，管轄規範の外部効果と保護規範性の問題とは一応区別されていたのであって，Mußgnug はこの区別を意識していない可能性がある。

　第2に，Mußgnug の主張の根拠には不十分な点が多い。総じていえば Mußgnug の根拠は結論自体の言い換えに過ぎないものが多いが，細かくいえば次の問題を指摘できる。

　(i)行政行為が所轄管轄規範に違反しても違法とならないという主張の直接の根拠は，「どの所轄も，国家の名で活動する権能は常にはないとしても，その能力は持ち，外部に向かって国家を代表できる」という考え方である（本節注186）に対応する本文を参照）。この考え方に問題があることは第2章第2節第1款で指摘するが，仮にこの考え方を前提としても，所轄管轄規範に違反した場合には国家の名で活動する権能がなく瑕疵があると評価されることは Mußgnug が自認している[198]。そして，この瑕疵の帰結として所轄管轄規範に違反した行為が違法となるという可能性は，Mußgnug の叙述では排除されていない。したがって，前記の考え方は，行政行為が所轄管轄規範に違反しても違法とならないという主張の根拠として不十分である。

　この主張の根拠としてほかに考えられるのは，「市民は，一般に，官庁がその管轄を他の何よりも慎重に審査しているということを信頼する」という言明である（本節注182）に対応する本文を参照）。しかし，次の理由から，この言明も十分な根拠とならない。一方で，授益的行政行為の場合には，管轄を持たない官庁が行為したとしても，市民はその行為によって利益を受けるのであるから，管轄を持つ官庁が行為したのであろうとの信頼を保護することは市民にとって有利に働き，この信頼は保護に値するといえよう。他方で，侵害的行政行為の場合には，市民はその行為によって不利益を受けるのであるから，管轄を持つ官庁が行為したのであろうとの市民の信頼を保護することは市民にとって不利に働き，この信頼は保護に値しないのではないか。この疑問があるため，市民の信頼の存在を指摘するだけでは根拠として不十分だと考えられるのであ

---

197) Vgl., *Guttenberg*, a.a.O.（Fn.96），S.37 mit Fn.17.

198) Vgl., *Mußgnug*, a.a.O.（Fn.178），S.34.

164

る。

(ⅱ) Mußgnug は，裁量処分と覊束処分とを分け，前者の場合には異なる判断がされる可能性があることから，管轄を持つ官庁による決定を求める権利を承認する。しかし，覊束処分においても，完全に機械的な決定が行われる場合は少なく，裁判所による審査で尊重されるわけではないにしても実際上は決定者による判断の余地は認められよう[199]。そうであるとすれば，Mußgnug の論理に従うと，行政決定のかなりの場合に，管轄を持つ官庁による決定を求める権利が認められることになると考えられる。

(ⅲ)法律で覊束された侵害処分について，Mußgnug の根拠は，「外部関係においては，〔個々の警察権限を行使する機関が〕例外なく同一の国家的警察権力を行使すること」，また，管轄違反が行政内部での異議によって解決されることに求められているようである。しかし，「外部関係においては，〔個々の警察権限を行使する機関が〕例外なく同一の国家的警察権力を行使する」というのは，「警察」・「国家的警察権力」の部分を適宜入れ替えれば，Mußgnug が例外的に外部効果を認めるところの管轄規範が関わる官庁についても同じことがいえるため，これだけでは根拠として不十分である。また，行政内部の異議によって管轄違反が解決され得ることはそのとおりであるが，問題は，それに加えて管轄規範が外部効果を持つか否かにあるのであって，Mußgnug の結論を正当化するためには，行政内部での解決のみが想定されていることが主張されねばならなかったはずである。しかし，そのような主張はされていない。

(ⅳ)自己介入権の行使について，Mußgnug は，裁量瑕疵がある場合には管轄規範が外部効果を持つと理解するようであるが，これについては(ⅱ)で述べたことが妥当する。そうすると，結局，階級管轄規範が外部効果を持たないことの理由として残るのは，上級官庁による下級官庁への指示が可能であることにとどまると解されるが，上級官庁による指示が可能であることは Brunner が既に示していた（本項7⑴参照）。

以上(ⅰ)～(ⅳ)で述べたように，Mußgnug は，管轄規範が個人の利益を保護していないと主張する際に，十分な根拠をほとんど提示できていない。その結果，Brunner・Mußgnug らの見解において一応根拠のあるものとして残ったのは，

---

199) Vgl., *Guttenberg*, a.a.O. (Fn.96), S.66, 168.

階級管轄規範が私人に権利を付与しない（または外部効果を持ち得ない）という理解のみであるといえる。もっとも，彼らの主張の内容は別にしても，いかなる根拠でもって管轄規範から個人の利益の保護を読みとるかについて，管轄規範の保護規範性を肯定する説はより意識的になるべきである，という，彼らの論稿が全体として示唆する批判は適切であろう。

8　憲法原理による立法者の拘束

(1)　Friedrich Eberhard Schnapp による問題の指摘

　(a)　見解　　以上に概観したような議論状況を簡単に整理しつつ問題を指摘したのが，Friedrich Eberhard Schnapp である。

　まず，Schnapp の問題設定を確認する。Schnapp は，「判例・学説上，……管轄に適合した官庁の行為を求める市民の権利が存在すること，したがって，官庁の管轄が問題となる限りにおいて，管轄規範は外部効果を発揮することが承認されている」[200] ことを指摘した上で，「これに対して，この『請求権（Anspruch）』が……組織的統一体〔つまり官庁〕の中のどの程度深くまで達するか」[201] を問題とする。この問題について 2 点補足する。第 1 に，この問題は，要するに，"官庁内部の管轄規範（機能的管轄規範）に違反した行政行為が違法となり，当該行政行為に対する取消請求権が発生するのか" という問題である[202]。第 2 に，Schnapp は，請求権（これは対抗請求権（Reaktionsanspruch）と互換的に用いられている[203]）がどの管轄規範について認められるか，を問題としている。

　前段落で確認した問題に答えるために，Schnapp は，まず，「管轄を持つ官庁を求める請求権の……規範的な基礎」がいかなるものかを問う。Schnapp は，「管轄違反の高権行為から影響を受ける者の対抗請求権を導出する方法としては，……2 つのものが想定できる」という[204]。

　第 1 の方法として，「管轄規範は，国家組織が摩擦なく作動することに奉仕するのみならず，個人の利益のためにも発出されていると論証できる」とする。

---

200)　*Friedrich Eberhard Schnapp*, Amtsrecht und Beamtenrecht, 1977, S.204f. 傍点原文斜字体。

201)　*Schnapp*, a.a.O.（Fn.200），S.205.

202)　Vgl., *Schnapp*, a.a.O.（Fn.200），S.204f.

203)　Vgl., *Schnapp*, a.a.O.（Fn.200），S.206.

204)　本段落につき，*Schnapp*, a.a.O.（Fn.200），S.206.

この論証により保護規範性を認める説に対し，Schnapp は，「この論証に反対する説は，個人は，専ら国家的利益のために存在する管轄秩序からの法的反射を単に享受する者に過ぎないと，異議を唱えるであろう」として反対説を対置する。こう整理した上で，Schnapp は，このいずれの説においても，「客観法規範が誰の利益に奉仕するものとして定められているのかという疑問や，市民は自らの利益を法的に貫徹できるか否かをどのような基準で決めるべきかという疑問について，立法者の態度が明確にされていないときに，いかに決めることができるか，という，問題解決に決定的な問い〔への解答〕が不明確なままにされている」，と指摘する[205]。

そこで Schnapp は，管轄規範に違反した場合において対抗請求権を導出する第2の方法として，「憲法の平面」から導出する方法を論じる。憲法の平面における「議論の出発点は，いわゆる一般的行為自由（基本法2条1項）である。エルフェス判決以来の連邦憲法裁判所の判例によれば，基本法2条1項は，合憲的秩序（der verfassungsmäßigen Ordnung）に適合しないあらゆる高権的侵害から市民を保護するものであり，その際，合憲的秩序とは，『形式的・実質的に憲法に適合する規範の総体』として理解される。管轄違反の侵害は，……そうした規範の1つに反し，したがって，合憲的秩序に反するものであり，一般的行為自由を許容される形で制限できない」[206]。そして，このことは，「管轄違反に対し，法律上，いかなる法効果が生じるかについての指令が明確に示されていないという留保の下では」，どの管轄規範が問題となっているかにかかわらず妥当する[207]。要するに Schnapp は，一般的自由権を根拠として，原則としてすべての管轄規範について，管轄規範に違反した行為の取消しを求める対抗請求権が発生するというのである。

Schnapp はさらに曰く，この「結論を免れられるのは，基本法2条1項の基本権としての性格を否定するか，〔基本法2条1項の〕保障範囲を精神的－倫理的な人格の核心に限定するか，より狭い人格的生活領域の保障のみをこの規定の中に見るか，のいずれかの場合だけである。基本法2条1項の正しい解釈〔がいかなるものであるか〕についての分析は，ここでは行う必要はない

205）本段落につき，*Schnapp*, a.a.O.（Fn.200），S.206f. 傍点原文斜字体。

206）*Schnapp*, a.a.O.（Fn.200），S.207f. 二重かぎ括弧内は，BVerfGE 6 32, Leitsatz 3.

207）Vgl., *Schnapp*, a.a.O.（Fn.200），S.209.

167

第1章　組織規範の裁判規範性

……。〔請求権が官庁の内部の管轄違反についても認められるかという Schnapp の問題関心から，〕ここでは，——いずれの解釈に従っても——管轄に適合する行為を求める請求権にとっての帰結は，官庁間の管轄違反と官庁内部の管轄違反のいずれが問題であろうと同じである，ということのみを示すべきである」[208]。また，基本法2条1項についての各解釈「のいずれもが〔基本法2条1項の〕文言によって誤りとされ得ないときには，ここで説明された〔管轄を持つ官庁の行為を求める権利の〕問題は，一般的自由権に基づいては……解決できないことが示唆される」[209]ともいう。

　以上の Schnapp の見解については次の点に注意を要する。すなわち，これまでの学説は，一般的自由権とは別に，管轄規範が保護規範であることによって付与される権利として "管轄を持つ官庁の行為を求める権利" を論じていた。これに対し，Schnapp は，権利が毀損された後に生じる "管轄を持つ官庁の行為を求める請求権" の成立根拠を問う。そして，管轄規範が保護規範であるか否かの判断に不明確さが残るという問題を指摘し，（基本法2条1項の解釈として正しいか否かは留保しつつも）一般的自由の中に「管轄規範に違反した侵害からの自由」が含まれるという理解[210]を前提として，請求権の根拠を一般的自由権に求めた。つまり Schnapp は，名宛人理論（本章第1節第1款第1項3(2)(b)）を採用して，管轄規範が保護規範であるか否かの解釈が困難であるという問題を解決しようとしたのである。

　(b)　意義と限界　　Schnapp による学説の整理は，学説において管轄規範の外部効果の有無を解釈する方法が明確に整理されてこなかったという問題（特に本項6・7参照）を指摘する点において正当である。本項6・7で検討した論者の中で外部効果の有無の解釈方法について意識的であることを示唆するのは保護規範説を参照した Brunner のみであったし，そもそも，保護規範説一般に関し，法規範が保護規範性を有するか否かの解釈をいかに行うかが明確でないという問題が指摘される[211]。

---

208)　*Schnapp*, a.a.O.（Fn.200），S.209.

209)　*Schnapp*, a.a.O.（Fn.200），S.210.

210)　参照，小早川光郎「取消訴訟と実体法の観念」同『行政訴訟の構造分析』（東京大学出版会，1983）1頁，170-171頁，186-187頁〔初出1973〕。

211)　処分の形式的名宛人でない第三者が原告となる場合についての記述であるが，参照，小早川光郎『行政法講義　下Ⅲ』（弘文堂，2007）259-260頁。

第2節　組織規範と外部効果

　そして，ある法規範が誰の利益を保護しているかについて明確な手がかりが
ない場合に憲法を参照し得るというSchnappの発想は，次のことからして正
当であるといえよう。まず，ある法規範を内部法とするか外部法とするか，外
部法であるとしていかなる効果を与えるかは，憲法上の何らかの要請がない限
りは原則として立法者の選択に委ねられていた（本章第1節第1款第1項4）。こ
の前提の下では，ある法規範を外部法として定立すること，私人に権利を付与
するものとして定立することを立法者に義務付ける憲法原理を用い，それによ
り，当該法規範が外部効果・保護規範性を持つことは必然であると解釈する手
法が解決策となり得る[212]。言い換えれば，"管轄規範を内部効果を持つに過ぎ
ないものとして立法者が定立するとすれば，立法者は憲法上の義務に違反す
る"とされるような憲法原理を考察するのである。Schnapp自身は憲法原理
をこのように用いたわけではないが，外部効果・保護規範性の有無の解釈が困
難であるという問題を解決するために憲法に依拠する可能性を提示した点は評
価できよう。

　しかし，Schnappの見解のような，一般的自由権に依拠する名宛人理論で
は，この問題を解決できないと考えられる。第1に，一般的自由権は，あらゆ
る手続的・組織的違法を取消原因として主張できることを本来は意味しない
（本章第1節第1款第1項3⑵(b)）ため，一般的自由権によって問題を解決するに
は，管轄規範に違反した侵害からの自由が一般的自由に含まれることの論証を
要する。しかしSchnappはこの論証をしない。第2に，仮に何らかの形でこ
の論証を行ったとしても，本章第1節第1款第1項3⑵(b)で述べたように，名

---

212)　*Reinhardt*, a.a.O.（Fn.25），S.66f. mit Fn.62, 64, 67はSchnappの見解を引きつつ本文の記述
　　に近い思考を示す。対して，*Schween*, a.a.O.（Fn.10），S.160-179は，管轄規範の外部効果（特
　　に保護規範性）は規範の内容・目的からは判断できないと簡単に認めた後，法形式や上位法
　　による授権の存否からの解釈を試みる。しかし，Schweenは，Schnappの見解が示唆するよ
　　うな，規範の内容・目的についてのより詳細な検討の可能性には立ち入っていない（本章第1
　　節第1款第1項4⑵(b)も参照）。
　　　なお，ある法規範を外部効果を持つように定立することを立法者に強制することは，「法化
　　要請（Verrechtlichungsgebot）」と呼ばれる場合がある。これは，外部効果を持つ規範は憲法
　　原理の要請により立法の形式で定められねばならないという意味での法化要請の問題（つま
　　り外部法留保の問題）とは異なり，ある法規範が憲法原理の要請として外部効果を持つもの
　　とされねばならないか否かという段階の問題である。2つの問題の違いを例解すれば，本項5
　　⑴(a)で検討したBaedekerは前者の問題を扱っていたが，Baedekerにおいて，外部効果の有
　　無を考察する段階では憲法原理が関わっておらず，後者の問題は扱われていない。

169

第1章　組織規範の裁判規範性

宛人理論には採用できない理由があった[213]。

このように一般的自由権による解決ができないとすると，管轄規範の外部効果を論じるという枠組みは維持しつつ，憲法原理と管轄規範との関係に注目し，管轄規範の外部効果を読み取る手法を検討することが必要となる。この検討を試みるものと位置付けられるのが本項8(2)から(4)に示す見解である。

(2)　法治国原理と危険からの保護

時期としては Schnapp の指摘に先立ち，法治国原理により，管轄規範を外部効果を持つものとして定立することを立法者に義務付けるという考え方を提示していたのが，Eggert Schwan である。

(a)　見解　　まず Schwan の用語法を確認する。Schwan は管轄の概念を明確に定義しないが，権能の分配を行うという意味で用いている箇所があり[214]，その他の箇所でもこの意味で用いていると解される[215]。そして Schwan は管轄と権限の概念を互換的に用いる[216]。

この用語法をもとに，Schwan は，まず，外部効果を持つ一般的抽象的法規範の定立は法律の留保に服するという外部法留保説を提示し，基本法において外部法留保説が妥当しているとする[217]。

しかし，Schwan によれば，これだけでは，「管轄が外部関係においても法化されねばならない場合には，外部法命題〔のための法形式〕が必要となるといえる」のみであり，管轄規範が外部関係においても法化されねばならない，すなわち，外部効果を持たねばならないという理解は，この段階ではまだ論証されていない[218]。そこで，Schwan は，管轄規範が外部効果を持たないことが「法治国原理から見て耐えられるものであるか」，という問いを立てる[219]。

---

213) Schnapp も，基本法2条1項があらゆる違法からの自由を保障すると解することに対して，「法律適合性原理の許容されない主観化である」という指摘があることを意識しつつも（vgl., *Schnapp*, a.a.O.（Fn.200），S.208. この指摘をするものとして，そこでは，*Richard Bartlsperger*, Der Rechtsanspruch auf Beachtung von Vorschriften Verwaltungsverfahrensrechts, DVBl, 1970, S.31 が引かれている），この指摘に正面から応答していない。

214) Vgl., *Eggert Schwan*, Zuständigkeitsregelungen und Vorbehalt des Gesetzes, Diss, 1971, S. 17, 19.

215) Vgl., *Schwan*, a.a.O.（Fn.214），S.21.

216) Vgl., *Schwan*, a.a.O.（Fn.214），S.107-109.

217) Vgl., *Schwan*, a.a.O.（Fn.214），S.69-98.

218) Vgl., *Schwan*, a.a.O.（Fn.214），S.105.

219) Vgl., *Schwan*, a.a.O.（Fn.214），S.105.

第2節　組織規範と外部効果

そこでまず，法治国原理の内容が問題となる。Schwan は，Friedrich Julius von Stahl の法治国の理解に則り，「法治国の任務は，『国家の活動の方途と限界，ならびに国民の自由の領域を，法によって厳密に定め不可侵に保障する』（こと）にある」[220]という。そして，この理解によると，「法治国は，その侵害的活動の実体面を法化するのみならず，……他の国家『活動』の『方途』，したがって給付的・組織的な国家活動も，『法律の優位とそれに関係する権利保護を実効的にするために』，法化せねばならない」[221]とされる。

　次に，この法治国の観念との関係で，管轄規範が外部法化されねばならないかが問題となる。

　この問題について，Schwan は，管轄規範と権力の濫用との関係を指摘する。具体的には，①まず，「異なる行政機関が並行管轄を持つ」場合等を想定して，「管轄規律の態様によって，権力の濫用がなされ，市民の安全への要求が危機に瀕し得る」ことを指摘する[222]。②次に，「国家の権限を内部関係においても外部関係においても明確にせず見通せないようにすることが，実証された，そして特に第三帝国において見られた，国家の権力伸張のための……手段でもあった」[223]ことも指摘する。そして，Herbert Krüger に依拠し，「市民の側からすると，管轄の唯一性〔つまり他の主体との管轄の重複がないこと〕は，法的安定性と公正性の決定的な前提である。……管轄とその唯一性は，現代国家の特質のみならず，まずもって法治国の本質でもある」[224]という理解を提示する。以上①・②のことから，Schwan は，「市民の危険は，国家活動の実体的側面……からのみ生じるということは決してなく，その形式的側面，すなわち特に組織的側面からも生じる。……したがって，管轄規律は，国家の利益のためのみならず，市民の利益のためのものでもある」[225]と述べる。

　前段落で述べられた管轄規範と権力の濫用との関係を踏まえ，Schwan は，管轄規範が外部法化されねばならないという。曰く，「この権力に存在する危

---

220) *Schwan*, a.a.O.（Fn.214），S.106. 二重かぎ括弧内は，*Friedrich Julius von Stahl*, Rechts- und Staatslehre auf der Grundlage christlicher Weltanschauung, Bd.Ⅱ, 5.Aufl., 1878, S.137.

221) *Schwan*, a.a.O.（Fn.214），S.106.『法律の優位』以下の二重かぎ括弧内は，*Hans Heinrich Rupp*, Grundfragen der heutigen Verwaltungsrechtslehre, 1.Aufl., 1965, S.117 Fn.31.

222) Vgl., *Schwan*, a.a.O.（Fn.214），S.107f.

223) *Schwan*, a.a.O.（Fn.214），S.108.

224) *Krüger*, a.a.O.（Fn.147），S.108, *Schwan*, a.a.O.（Fn.214），S.109.

225) *Schwan*, a.a.O.（Fn.214），S.109.

第1章 組織規範の裁判規範性

険から，市民は，法によってのみ守られ得る。法だけが，……『管轄を持つ官庁を求める権利』を与えることができ，この権利は濫用的な管轄規律の危険から市民を守る。ここにも，『法化』によって権力の濫用と恣意から市民を保護するという，法治国原理のほかでもない意味と任務がある。したがって，上で設定した問いへの次のような答えがここに存在することになる。その答えとはすなわち，管轄が単に内部関係において法的に定められているのでは法治国原理から見て耐えられず，内部法命題から生じる法的反射を，法の水準へと高め，したがって，管轄を外部関係においても『法化』することが……要求される，ということである」[226]。

Schwan において，管轄規範が法化されることによる外部効果は，管轄を持つ官庁の決定を求める権利を付与するというものとして理解されている。この点に関連し，Schwan は，国家が統一体として現れることを理由にこの権利を否定したとして Böckenförde（本項4(2)(c)参照）を批判し，機関が外部関係で法主体性を欠き国家が統一体として現れることと前記権利の存在とは関係しないと指摘する[227]。

ただし，Schwan によれば，「法治国原理から生じる法化要請は，組織法のすべての領域に及ばない……ということは，正しい。国家権力を法に従わせることで特に市民を保護するという法治国原理の目的からは，むしろ，法化要請の程度は，その都度の管轄規律のあり方によって生じる市民の領域への危険の程度に……依存する，ということが帰結する」[228]。そして，Baedeker の見解（本項5(1)(a)参照）や Richter の見解（本項4(2)(a)参照）を引用しつつ，「この危険の程度は，管轄規律が関係する実体（Materie）に依存する」[229] という。この「実体」の種類に関して曰く，「例えば，侵害行政の領域においては，市民との関係における直接の外部効果が欠けるところの，……いわゆる『生存配慮』の領域よりも，市民にとって管轄規律の持つ意味はずっと大きい」。このように実体との関係から法化要請の有無・程度が決まる結果，行政の活動のうち，外部効果を持たない活動に関しては，管轄規律に法化要請は及ばないという限界

---

226) *Schwan*, a.a.O.（Fn.214), S.110.

227) Vgl., *Schwan*, a.a.O.（Fn.214), S.20-22.

228) *Schwan*, a.a.O.（Fn.214), S.118.

229) *Schwan*, a.a.O.（Fn.214), S.118 mit Fn.26. Vgl. auch, S.119 Fn.28.

172

が導かれる[230]。

(b) 意義と限界　Schwan の見解の意義は，管轄規範が内部効果を持つ
にとどまるのでは法治国原理に違反するとして，外部効果を持つ管轄規範の定
立を立法者に強制することを主張したことにある[231]。Schwan は法律の留保
の問題を主として扱っているが，Schwan においても，管轄規範が外部効果を
持つことは，裁判所が管轄規範を違法性判断基準として用いることの根拠とな
っている[232]。したがって，Schwan の見解は本書の問題についても解答する
ものといえる。

しかし，Schwan の見解は Schnapp の指摘に対して完全に応答するものと
はなっていない。すなわち，Schwan の立場では，法治国原理は，市民の利益
の保護に資する規範を外部効果を持つものとして定めるべし，という要請に過
ぎない。そして，管轄規範が市民の利益の保護にも資するという性質を持つか
否かの決定については，法治国原理・憲法原理が用いられていない。この性質
決定は，法治国原理とは関係なく行われる，管轄規範の目的論的な解釈・利益
衡量に拠っているのである。したがって，Schnapp の立場からは，管轄規範
がなぜ市民の利益に資するといえるのかがなお明確でない・説得的でないとい
う反論が予想されよう。

以上より，Schwan の見解は，管轄規範を内部法にとどめるのでは法治国原
理に反するという結論にもかかわらず，Schnapp の指摘に応えるものとはな
っていない。

(3) 法治国原理と外部効果

法治国原理から Schwan とは異なる要請を導出し，Schnapp の指摘に一部
応えるのが Ulrich Guttenberg の見解である。

(a) 見解　最初に Guttenberg の用語法を確認する。Guttenberg は，
管轄を，一定の任務を分配するものとして理解し，権能の分配そのものではな

---

230) Vgl., *Schwan*, a.a.O. (Fn.214), S.118f. 官庁の内部組織は法化要請の対象にならない点も限界
として挙げられるが，この点には本節第3款第2項5(1)(a)で言及する。

231) 本項5で挙げた Schenke も，Schwan の見解を引いており，また，立法者を義務付ける思
考を示唆する表現を採っていたことから，法化要請の議論も意識していると考えられる（vgl.,
Schenke, a.a.O. (Fn.112), S.128f. mit Fn.46, 48）。しかし Schenke は，Schwan と異なり憲法原
理と法化要請との関係を論じていない。

232) Vgl., *Schwan*, a.a.O. (Fn.214), S.21, 116.

173

第1章　組織規範の裁判規範性

いことを明確にする[233]。また，Guttenbergは，事項的管轄規範の中に（本書の用語法でいう）階級管轄規範を含める[234]。

Guttenbergは，階級管轄規範が外部法上の拘束力を持つべきであるという要請を法治国原理から導出する。Guttenbergの見解の論理は不明確な部分を残すが，整理して示せば次のようになろう。

Guttenbergは，まず，法治国原理の内容を整理する。曰く，「*Herzog*は，次のことを，法治国〔原理〕の中心的な事柄として示す。すなわち，『国家活動が……基本的に，〔①〕制限され（limitiert），それに伴い，同時に，〔②〕測定可能（meßbar）で予測可能（vorausberechenbar）でなければならない』，ということである」[235]。

これらの要請のうち①国家活動の制限が達成されるためには，上級官庁が下級官庁の管轄事項を行使できること，すなわち「中央の機関の権力増大」，が回避されねばならない[236]。そして，この権力増大「を回避するためには，国家活動の統制可能性が必要となる」。「……統制可能性を最低限担保することは，……管轄の分配，および，管轄から例外的に逸脱できる条件が，一般的－抽象的かつ外部法上拘束力を持つ形で定められる場合にのみ，可能である。」[237]なぜなら，管轄規範が内部効果を持つものに過ぎないとするならば，いつでも上級官庁が下級官庁の管轄事項を行使でき，権力増大が回避できないからである[238]。

また，②測定可能性と予測可能性を担保するためにも，管轄規範は外部効果を持つものとして定められる必要がある。すなわち，まず，管轄規範は，ある機関が任務に責任を持ち，独立に行為することを定めるものであるところ，「責任を持ち，確かな独立性をもって行政任務を遂行する機関が，いつでも交代できることになってしまうときには，……法治国〔原理〕の意味における，

---

233) Vgl., *Guttenberg*, a.a.O.（Fn.96），S.18-20. ただし，この用語法が貫徹されていない箇所もある（本節注431）に対応する本文を参照）。

234) Vgl., *Guttenberg*, a.a.O.（Fn.96），S.19f., 218f.

235) *Guttenberg*, a.a.O.（Fn.96），S.161f. 斜字体原文。二重かぎ括弧内は，*Roman Herzog*, Art.20 Rn. VII. 26, in: *Theodor Maunz/Günther Dürig*, Grundgesetz Kommentar,（Stand:1980）によるとのことであるが，加除式資料のため本書著者は未見である。

236) Vgl., *Guttenberg*, a.a.O.（Fn.96），S.162.

237) *Guttenberg*, a.a.O.（Fn.96），S.162.

238) Vgl., *Guttenberg*, a.a.O.（Fn.96），S.162f.

予測可能な行政活動は，出現し得ない」[239]。しかるに，管轄規範が内部効果を持つに過ぎないとすると，この意味における行政機関がいつでも交代できてしまうから，「結果として，……法治国上要請される，国家行為の予測可能性を害する」[240]。

以上の根拠により，法治国原理から外部法化要請が生じ管轄規範が外部効果を持つとされる。しかし，Guttenberg は，このことから直ちに私人に権利が付与されているとはいえないとし[241]，取消訴訟における権利毀損の要件との関連で，いかなる権利が毀損されるかを問題にする。Guttenberg は，この問題について，一般的自由権や個別の基本権で処理する姿勢を見せつつも，これらの基本権の保護範囲では処理できない場合があるとする[242]。この場合について，Guttenberg は，憲法原理に依拠せず管轄規範の目的論的解釈を行い，Brunner・Mußgnug の見解を批判しつつ，事項的管轄規範（本書の用語法でいう階級管轄規範）が保護規範であると主張する。

Guttenberg の目的論的解釈は次の2つの要素から成る（ただし，Guttenberg の論証ではこれら2つが截然と分けられていない）。第1に，下級官庁が決定のための管轄を持っているとき，上級官庁が下級官庁に指示をするとしても，決定を行うのが下級官庁であることには変わりがない。そして，下級官庁が，実際に決定をする過程において，上級官庁の指示に対し，自らの決定のほうが適切である等として，指示を覆すように説得をすることもあり得る。そのため，下級官庁が指示に服する点にのみ注目するのでは，決定の過程において下級官庁が参加することの意義を十分に把握していない[243]。第2に，事項的管轄規範

---

239) *Guttenberg*, a.a.O.（Fn.96），S.163.

240) *Guttenberg*, a.a.O.（Fn.96），S.163.

241) Vgl., *Guttenberg*, a.a.O.（Fn.96），S.41.

242) Vgl., *Guttenberg*, a.a.O.（Fn.96），S.203-215.

243) 第1点につき，vgl., *Guttenberg*, a.a.O.（Fn.96），S.60-62, 217 mit Fn.76. Guttenberg とは異なり，*Wolfgang Kaup*, Das subjektive Recht der regelrecht zuständigen Behörde auf den selbsteintrittsfreien Funktionsbereich, BayVBl, 1990, S.196 は，Brunner に対し，「指示権は外部に対する正当化にならないことを顧慮していない」，「内部法的な指示権から外部法上の権限を導出することは……短絡である」と批判する。しかし，Brunner は指示権を外部に対する正当化や外部法上の権限の導出のために（直接）用いたのではなく，指示権を持つ上級官庁の専門知識が下級官庁の有する事項近接性よりも優先されるという形で，公益と私益の関係を考察するために用いたのである。ゆえに，Kaup の前記の指摘は，Brunner を正しく理解したものではなく，Brunner に対する有効な批判となっていない。

175

第1章　組織規範の裁判規範性

（本書の用語法でいう階級管轄規範）は，専門知識の有無等の観点からして任務の遂行のために最も適すると考えられる官庁を，管轄を持つものと定める法規範といえる。したがって，事項的管轄規範（本書の用語法でいう階級管轄規範）は，可能な限り正しい決定を行うことに結びついた任務遂行の保障を目的とする[244]。

　以上の2つの要素から，任務遂行に最適な官庁が決定の過程に参加することを保障する事項的管轄規範（本書の用語法でいう階級管轄規範）は正しい決定の保障を目的とするとされる。そして，この目的を持つ以上，当該規範は，市民の利益にも資するものとして捉えられ，管轄規範の遵守を求める権利が市民に付与される[245]。

　(b)　意義と限界　　Guttenberg の見解には2つの意義がある。第1に，法治国原理から，Schwan とは異なる要請を読み取り，それにより，管轄規範が外部効果を持たねばならないことを主張した点である。第2に，Brunner・Mußgnug は，上級官庁が下級官庁の決定を指示によって縛ることを根拠として階級管轄規範の保護規範性を否定していたのに対し（本項7(1)・7(2)(b)参照），Guttenberg は，その根拠を批判し，階級管轄規範の保護規範性を論証しようとした点である。

　しかし，Guttenberg の見解にも問題がある。Guttenberg の見解では，法治国原理の要請によって与えられる外部効果の内実は，管轄に違反してはならないという外部法上の義務付けを国家に与えることにとどまっており，法治国原理の要請は私人の権利の有無には関係付けられていない。Guttenberg が権利の有無を考察する段階では，本項7までで見た見解のように，管轄規範の目的

---

244)　第2点につき，vgl., *Guttenberg*, a.a.O.（Fn.96），S.65-67, 217f. mit Fn.76. Guttenberg と異なり，*Kaup*, a.a.O.（Fn.243），S.196 は，①自己介入が行われない通常期に管轄を持つ官庁のみが事項近接性を持つところ，事項近接性は適法で実体的に正しい決定を保障すること，②事項近接性を欠く専門知識は実体的に正しい決定を保障しないため，下級官庁の有する事項近接性は，（事項近接性を欠く）上級官庁の専門知識により代替されないこと，の2点から，Brunner を批判しつつ，通常期に管轄を持つ官庁の行為を求める権利を承認する。*Matthias Herdegen*, Der Selbsteintritt von Aufsichtsbehörden im Verwaltungsrecht, DV, 1990, S.208f. は，本文で述べた Guttenberg の見解の第2点と概ね同旨の主張により Brunner と Mußgnug を批判する。ただし，Herdegen の主張から導かれる結論は，何らかの形で前提とされた私人の実体権と管轄規範とが関連するというものであるようにも読めるため（vgl., ebd., S.208f.），管轄規範が私人に権利を付与する旨を Herdegen が述べているかは明確でない。

245)　Vgl., *Guttenberg*, a.a.O.（Fn.96），S.217-219.

論的解釈による考察がされているに過ぎない。そのため，Guttenberg に対してもなお，私人の利益を保護しているかをどのように読み取るかについて明確でない・説得的でないという反論が想定され，この反論をする立場からは，Guttenberg が行った Brunner・Mußgnug に対する批判も奏功していないとの評価が行われ得る[246]。

　そこで，さらに進んで，私人の利益を保護するものとして管轄規範を定立することを立法者に義務付ける憲法原理が存在しないかが問題になろう。こうした憲法原理を考察するための手がかりとなるのが，Schwan の見解に対して示された Jürgen Schwabe の指摘である。Schwabe は，Schwan のように法治国原理によって法化要請を導こうとする見解に対し，「より精密な分析をするとすれば，ここでおそらくなお，一方で，法治国原理と執政権内部での権力分立との交差・結合について，他方で，法治国原理と（裁判上完全に追試可能な！）行政決定の公正性との交差・結合について，明確にする必要があろう」[247]と指摘する。この Schwabe の指摘のうち前者の「交差・結合」を検討したと位置付けられるのが，本項8(4)で見る見解である。

(4) 法治国原理と機関適性

　法治国原理から導出される機関適性の原理を用いて Schwabe の指摘に応えるものと位置付けられるのが，Ulrich Hufeld と Thorsten Reinhardt の見解である。さらに，Hufeld は民主政原理も用いる。

　(a)　Ulrich Hufeld の見解　　Hufeld は，管轄や権限の概念について明確な定義をしないものの，管轄は任務および権能を官庁に分配するもの，権限は管轄と同義のものとされているようである[248]。

　Hufeld は，管轄規範の外部効果を論じるにあたり，基本法は官庁管轄規範を外部効果を持つものとすることを要請しており，この規範を純粋に内部法とすることは，「法治国上〔つまり法治国原理からして〕疑問に値するのみならず，民主政原理にも違反する」[249]と指摘する。さらに，管轄規範・権限規範が「外部法であることは，……その目的論から導かれる」と述べ，具体的には，

---

246)　本節注 244）で示した Kaup・Herdegen による Brunner・Mußgnug への批判も，階級管轄規範の目的論的解釈に依っているため，本文で述べた評価を受けよう。

247)　*Jürgen Schwabe*, Innenrecht und Außenrecht, JA, 1975, S.51. 感嘆符原文。

248)　Vgl., *Ulrich Hufeld*, Die Vertretung der Behörde, 2003, S.256f., 384f.

第1章　組織規範の裁判規範性

「法治国上および民主政上予め定められた権限規範の目的方向——権力分立と代表（Repräsentation）による実体的正当性——が，……個人の権利保護を狙いとする」という説明により，管轄規範・権限規範の保護規範性を認めている[250]。このようにして管轄規範から付与される権利は，管轄「を持つ官庁を求める権利」[251]である。以下，Hufeld のこの論証を敷衍する。

　Hufeld によれば，「決定の〔実体的〕正当性は，……〔ある行為を，〕決定により影響を受ける者の利益に資する行為となるよう導くことを示唆する」[252]ため，管轄規範・権限規範が決定の実体的正当性を保障することを目的としているといえれば，保護規範性が論証されたことになる。そこで Hufeld は，管轄規範・権限規範が決定の実体的正当性を保障することを目的としていると主張するのである。この主張に係る Hufeld の論証には不明瞭な点が多いが，整理すれば，次の2段階の論証を踏んでいるといえよう。第1段階が，権力分立と代表（Repräsentation）（あるいは，それぞれの背後にある法治国原理・民主政原理）が決定の実体的正当性をもたらすものであるという論証であり，第2段階が，管轄規範・権限規範は，そうした憲法原理を実現することを義務付けられている立法者が定めるものであるため，決定の実体的正当性をもたらすという目的を持つことになる，という論証である。以下ではさらに，権力分立（あるいはその背後にある法治国原理）による実体的正当性の保障と，代表（Repräsentation.あるいはその背後にある民主政原理）による実体的正当性の保障とに分けた上で，この2段階の論証の内容を確認する。

　第1に，権力分立（あるいはその背後にある法治国原理）による実体的正当性の保障について。Hufeld は，法治国原理から要請される[253]権力内権力分立について，「三権を相互の統制の下に置いて権力を抑制させる」という「消極的な」性格のみならず，任務遂行に「適合的な機関の選択」という「積極的な」性格を持つものとする[254]。そして，任務遂行に適合的な機関の選択は，当然，

---

249) *Hufeld*, a.a.O.（Fn.248），S.267. Hufeld は，「法治国上疑問に値する」という言明を行う際に，Schwabe の前記の指摘が示される箇所（本節注 247）を参照）を引いている（ebd., S.267 Fn. 97）。

250) Vgl., *Hufeld*, a.a.O.（Fn.248），S.385. 傍点原文斜字体。

251) *Hufeld*, a.a.O.（Fn.248），S.266.

252) *Hufeld*, a.a.O.（Fn.248），S.246. 傍点原文斜字体。

253) Vgl., *Hufeld*, a.a.O.（Fn.248），S.245f., 385.

254) Vgl., *Hufeld*, a.a.O.（Fn.248），S.258.

178

第2節　組織規範と外部効果

「『国家の決定が可能な限り正しく』行われることをも『狙いとする』」[255]。こうして，権力分立（あるいは法治国原理）により実体的正当性が与えられることになる。

　そして，法治国原理が立法者をも拘束する以上，立法者は，行政権内部の権力分立を実現するように国家組織を定める義務を負う[256]。この義務を負う立法者が管轄規範を定めるのであるから，管轄規範を定めることには，任務の遂行に適合的な官庁に任務を分配するという意味が，憲法上必然的に認められることになる。こうして，管轄規範が任務遂行に適合的な官庁を選択するものとされる以上，前段落で述べたことから，管轄規範は決定の実体的正当性の保障を目的とするといえる[257]。

　第2に，代表（Repräsentation. あるいはその背後にある民主政原理）による実体的正当性の保障について。Hufeld は，民主政原理の要請を2つに分ける。1つには，機関および機関を担う人間の決定が，国家権力の保持者である「国民（Volk）の意思から現実に流れ出たものである」べきこと[258]（「国民による支配」[259]）であり，もう1つには，個別の決定が実体的に正当であり，関係する市民のための決定であるべきこと[260]（「市民のための支配」[261]）である。民主政原理の要請として第2点がなぜ導出されるのかについては明確な説明がないが，Hufeld が提示する「代表（Repräsentation）」の観念が影響していると推測できる。Hufeld は，代表（Repräsentation）を，「『人が，多段階に階層化された過程において集団から離れ，それらの者相互でおよび集団自体に対し弁証法的な関係に立ち，それにより，散漫な国民意思ならびに自己の意思を向上させる，ということによって特徴付けられる』方法」[262]であると理解する。Hufeld は，Krüger[263]に依拠して，「代表（Repräsentation）が，……正しい，正当な決定を

255）*Hufeld*, a.a.O.（Fn.248），S.246. 二重かぎ括弧内は，BVerGE 68, 1（86）．傍点原文斜字体（ただし Hufeld が付した強調である）。

256）Vgl., *Hufeld*, a.a.O.（Fn.248），S.258.

257）Vgl., *Hufeld*, a.a.O.（Fn.248），S.257f.

258）Vgl., *Hufeld*, a.a.O.（Fn.248），S.199-201. 傍点原文斜字体。

259）*Hufeld*, a.a.O.（Fn.248），S.267. 傍点原文斜字体。

260）Vgl., *Hufeld*, a.a.O.（Fn.248），S.12, 155, 246f.

261）*Hufeld*, a.a.O.（Fn.248），S.267. 傍点原文斜字体。

262）*Hufeld*, a.a.O.（Fn.248），S.213. 二重かぎ括弧内は，*Hans Pollmann*, Repräsentation und Organschaft, 1969, S.45.

263）*Krüger*, a.a.O.（Fn.147），S.234ff.

179

第1章　組織規範の裁判規範性

もたらすことを狙いとしている」[264]と理解し，また，この意味での代表（Repräsentation）を民主政原理の要請であると解しているようである[265]。

　民主政原理によるこれら2つの要請は立法者も顧慮せねばならず，立法者は，国家組織を定める際に，これらの要請を実現するような組織の形成を義務付けられる。確かに，官庁の管轄規範を，外部効果を持たない，法律形式の内部法命題として定めるに過ぎない場合であっても，民主的正統性を媒介する法形式たる法律が用いられて国家組織が定められる以上は，国民による支配という第1の要請は満たすといえる[266]。しかし，市民のための支配という第2の要請は，それにとどまらず，国家組織が，実体的正当性をもたらすものであることをも要請する。したがって，立法者が定める，国家組織を定める管轄規範は，決定の実体的正当性の保障を目的とするといえる[267]。

　以上のように，Hufeld は，権力分立原理・代表（Repräsentation）の背後にある法治国原理・民主政原理により，管轄規範は外部効果を持つものとして定められねばならないと主張したのである。

　(b)　Thorsten Reinhardt の見解　　Hufeld の見解と同様に，法治国原理に基づく機関適性の原理により，管轄規範の外部効果の存在を主張したのが Reinhardt である。

　まず Reinhardt の用語法を確認する。Reinhardt は，管轄規範が任務の分配を行うと理解しているような箇所もある[268]が，分配の対象として高権的権能をも想定している[269]。管轄規範により分配される対象が権限であり，権限は任務と権能のいずれをも意味するようである[270]。

　この用語法のもとで，Reinhardt は，"管轄規範は市民を保護する性格を持ち，管轄を持つ官庁の行為を求める権利が存在するか"という問題を扱う。

　Reinhardt は，従来の学説がこの権利を認めてきたこと，その根拠が「管轄規律の目的論的解釈」にあること，しかし，管轄規範の目的論的解釈によるの

---

264) *Hufeld*, a.a.O.（Fn.248），S.214. 傍点原文斜字体。
265) Vgl., *Hufeld*, a.a.O.（Fn.248），S.214-216.
266) Vgl., *Hufeld*, a.a.O.（Fn.248），S.267.
267) Vgl., *Hufeld*, a.a.O.（Fn.248），S.267, 385 Fn.177.
268) Vgl., *Reinhardt*, a.a.O.（Fn.25），S.67.
269) Vgl., *Reinhardt*, a.a.O.（Fn.25），S.21.
270) Vgl., *Reinhardt*, a.a.O.（Fn.25），S.21 Fn.10, S.68.

では立法者がこの権利を認めないという判断もできてしまうこと，（Schnapp を参照しつつ）目的論的解釈が容易ではないこと，を指摘する[271]。Reinhardt は，これらの問題を解決するためには，「管轄を持つ官庁を求める権利が直接に憲法から市民に対して与えられるという形か，または，少なくとも，管轄を持つ官庁を求める権利を市民に与えるように管轄秩序を形成するという国家の義務付けを憲法から生じさせるという形で，……憲法から生じるところの，管轄の遵守を求める権利が必要である」[272]という。

　具体的には，「〔①〕国家〔つまり組織権力の保持者〕が，……憲法によって，市民の保護のために，この権限の遂行に適合した官庁にだけ権限を分配することが義務付けられている，または，〔②〕ある官庁に権限が分配されたものの，官庁が権限の遂行のために未だ十分に形成されていない場合には，国家は必要な形で……官庁を形成することが憲法によって義務付けられている」，と考えることで，この問題に解決を与えることを試みる。「これらの義務付けがある場合には，……管轄規律には，立法者意思から独立に，市民のための保護効果が認められ，その結果，……市民には，憲法から引き出されるところの，管轄を持つ官庁を求める権利が与えられ得る」[273]のである。

　そこでまず，前記①・②の義務付けが存在するか否かが問題となる。この問題について Reinhardt 曰く，前記①・②の義務付けは，「基本法 1 条 3 項・20 条 3 項から，そしてそれに伴い，最広義には法治国原理からも生じ得る。これらの規定・法治国原理によれば，行政は，その活動において，既存の法律と基本権に拘束される。この拘束は，2 つの構成要素を含む。すなわち，1 つには，既存の法律を……執行せねばならないという義務付けと，もう 1 つには，法律の執行において……法律・基本権を顧慮せねばならないという義務付けである。／基本法 1 条 3 項・20 条 3 項から……行政が〔このように〕義務付けられるとき，国家は，行政によるこうした態様での法律の執行を……保障するような，組織的予防措置をも講じねばならない。結論としては，官庁が，……基本権と既存の法律を顧慮して……任務を遂行できる形で形成されるよう，国家は配慮

271）Vgl., *Reinhardt*, a.a.O. (Fn.25), S.65-67 mit Fn.67.

272）*Reinhardt*, a.a.O. (Fn.25), S.66. なお，市民が官庁に対する申請をする場合等を想定して，市民は管轄を持つ官庁を知る利益をも持つことが指摘されているが（vgl., ebd., S.63f.），これは管轄規範の外部効果の論証には用いられないようである（vgl., ebd., S.77f., 82）。

273）*Reinhardt*, a.a.O. (Fn.25), S.67.

第1章 組織規範の裁判規範性

せねばならない。したがって，官庁の形成は，必然的に，官庁に対し分配される権限に向けられねばならない〔つまり，官庁は，権限を遂行できるように形成されねばならない〕。／具体的には，このことから，次のことが帰結する。すなわち，国家は，それによって例えば市民の権利侵害ができるようになるような規律を発出するとき，国家は，手段的観点・人的観点からして，秩序適合的に（したがって法律を遵守し基本権を顧慮して）……侵害権限を行使できるよう形成されている官庁に対して，……この侵害の遂行を委ねなければならず，また，官庁がこの遂行に適合的に形成されていない場合には，管轄の分配の後に，官庁をその遂行に適合するように形成せねばならない，ということが帰結する」[274]。

こうして，前記①・②の義務付けが存在することが述べられたが，ここまでは，分配される対象たる権限に注目して憲法原理が論じられていただけであり，権限の分配を行う管轄規範と憲法原理との関係は明確には論じられていない。

そこで，続けて Reinhardt はこの関係を論じる。Reinhardt は，このように国家が義務付けられること「が，憲法から導かれる，管轄を持つ官庁を求める権利が市民に対して与えられるかという問いにいかなる影響をもたらすか」[275]を問いとして設定し，次のように考察する。曰く，「この問いに答えるためには，官庁を〔任務適合的に〕形成する義務は，官庁に対し分配される権限に向けられることに，改めて注意を要する。このことによれば，官庁を〔任務適合的に〕形成する義務は，〔権限を持つ官庁を定めるところの〕官庁の管轄と接続するから，官庁が管轄を持つという定めは，管轄を持つ官庁だけが市民に対して措置を行う権限を持つことを許されること，したがって，市民に対して行動する権限を持つのはこの官庁に限定されること，を意味する。この限定がないと，官庁の形成によって追求されている目的を達成することができないからである。……すなわち，官庁の管轄規律は，官庁を〔任務遂行に適合的に〕形成する義務と結びついて，国家権限を市民に対して行使できる主体を管轄を持つ官庁だけに限定するという機能をも果たす。……管轄を持たない官庁にとっては，管轄の欠如は，〔管轄外では行為してはならないという，〕行為の禁止と

---

274) *Reinhardt*, a.a.O.（Fn.25），S.68. 引用部最終文の「管轄」は，文脈上，「権限」と読み替えられるべきであろう。

275) *Reinhardt*, a.a.O.（Fn.25），S.70.

いう帰結をも持つことになる」[276]。

以上のことは,「管轄を持つ官庁を求める市民の権利に対しては,以下の帰結を持つ:基本法1条3項・20条3項に基づく官庁を〔任務適合的に〕形成する義務から,管轄を持つ官庁だけが市民に対して行為できることが導かれるから,管轄秩序は,官庁管轄の遵守を求める権利を市民に付与し,それによって……管轄を持たない官庁による措置に対して市民が防御できるよう,形成されねばならない。／すなわち,確かに,市民には,管轄を持つ官庁を求める権利が直接に憲法から与えられるわけではないものの,国家は,法治国原理(基本法1条3項・20条3項)により,管轄を持つ官庁の行為を求める権利を市民に与えるよう義務付けられているのである」[277]。このように,Reinhardt の見解の趣旨は,あくまで単純法律によって定められる管轄規範によって権利が与えられるが,その権利を付与することが憲法上強制されている,というものである。

Reinhardt の見解を要約すれば,次のようになろう。まず,立法者が,機関適合的な任務分配,および,任務適合的な機関形成をせねばならないという要請(以下では,この2つの要請を併せて「機関適性の原理」と呼ぶ[278])を法治国原理から読み取る。そして,管轄規範が任務分配を行うものである以上,立法者はこれらの要請のうちの前者に対し,管轄規範を定めることによって応えることになる。したがって,管轄規範を定める際には,立法者は,法治国原理の要請を果たすように管轄規範を定めねばならない。しかるに,管轄規範の保護規範性を否定し,管轄を持たない官庁でも行為できるものとして立法者が管轄規範を定めてしまうならば,任務遂行に最適な機関に任務を分配することの目的,法治国原理の要請が満たされなくなってしまう。そのため,管轄を持つ官庁の行為を求める権利を私人に付与するという効果を持つように管轄規範を定立することが,憲法上,立法者に義務付けられるといえるのである。

(c) 意義と限界　　Hufeld・Reinhardt の見解の意義は,Schwabe により指摘されていた法治国原理と権力内権力分立との関係を論じることで,管轄規

---

276) *Reinhardt*, a.a.O. (Fn.25), S.70f.

277) *Reinhardt*, a.a.O. (Fn.25), S.71.

278) 機関適性の原理につき参照,斎藤誠「公法における機能的考察の意義と限界――『機関適性』に関する断章――」稲葉馨＝亘理格編『藤田宙靖博士東北大学退職記念　行政法の思考様式』(青林書院,2008) 37頁,55-56頁。

183

第1章 組織規範の裁判規範性

範の外部効果を認めようとする点にある。確かに，機関適性の原理と類似の内容の要請は，既に，Rasch によっても（特に根拠なくして）提示されていたし（本項6(1)(a)参照），Adami によっても組織の本質という根拠に基づいて提示されていた（本項6(2)(a)参照）。しかし，Adami は，この要請を憲法原理とは関係付けていなかった[279]。また，管轄規範が決定の実体的正当性の保障を狙いとするという結論は，管轄規範の目的論的解釈をした Guttenberg においても提示されていたが，Guttenberg は，法治国原理と関係付けてこの結論を提示したのではなかった。

そして，以下のように，Hufeld・Reinhardt の見解に対しては疑問も呈し得るが，これらの疑問はこの見解の決定的な問題とはならないといえる。

第1に，憲法原理として，これらの論者が主張するものが十分に確立されているかどうかに，疑問を呈し得る。特に，Hufeld が，民主政原理によっても決定の実体的正当性の保障が要請されているとした点については，代表（Repräsentation）の理解についての少数説[280]たる Krüger の見解に依拠したこともあり，異論が予想されよう。また，法治国原理による機関適性の原理の導出についても，機関適性の原理が法原理といえるかについては異論もあり得る[281]。しかし，機関適性の原理は，一般的には憲法原理としての地位を獲得していると評価でき[282]，この点はそれほど問題とする必要はないと思われる。

第2に，Hufeld・Reinhardt は管轄規範が分配する対象として任務と権能とを十分に区別していないこと，特に Reinhardt は侵害権能を念頭に置いていたことから，"権能を分配する管轄規範でなくとも法治国原理によって外部効果を認められるか否かが不明確ではないか"との疑問を呈し得る。しかし，Hufeld・Reinhardt においても，機関適性の原理では「任務」遂行のために最適な機関の選択が問題とされることが明言されている[283]ため，機関適性に注目する論証を行う限り，Hufeld・Reinhardt の見解は任務を分配する管轄規範全体に射程を持つと解せよう。

---

279) Adami が憲法に関心を持たないことを示す記述の例として，vgl., *Adami*, a.a.O.（Fn.139），S.16 Fn.5.

280) Hufeld 自身の評価である（vgl., *Hufeld*, a.a.O.（Fn.248），S.214 Fn.87）。

281) Vgl., *Jestaedt*, a.a.O.（Fn.26），Rn.42.

282) 参照，斎藤・前掲注 278）62 頁。

283) Vgl., *Hufeld*, a.a.O.（Fn.248），S.257, *Reinhardt*, a.a.O.（Fn.25），S.69.

こうして，Hufeld・Reinhardt の見解では，私人に権利を付与するものとして管轄規範を定めるように立法者が憲法原理によって義務付けられることになり，私人の権利の付与について立法者の選択自由は存在しないことになる。この結果，Schnapp の指摘に対して，憲法原理によって解決する構成が与えられた。

もっとも，憲法原理によって立法者を義務付ける構成は Hufeld・Reinhardt が示したものに限られない。別の構成の可能性を示すのが，次に見る Rupert Stettner である。

(5) 本質性理論と基本権関連性

Stettner は，本質性理論の思考を応用し，管轄を持つ官庁の行為を求める権利を基本権として認める。

(a) 見解　まず，Stettner は，「『権限 (Kompetenz)』と『管轄』はこの論文の中では〔つまり Stettner の著書では〕同義で用いられる」[284]とし，かつ，権限という言葉を，「国家の公益使命の追求のために，そして分配された国家任務の遂行のために，高権的行為を，一定のそして正確に示された態様で行うことのできる，3 つの国家『作用』〔つまり立法・行政・司法〕を担う国家機関に認められ与えられる行為の力」[285]という意味で用いる。権限は，遂行されるべき任務そのものではなく，任務の分配と高権的な権力手段の付与を把握するものである[286]。要するに，Stettner においては，任務が組織に付与された後に行われる，組織を構成する各官庁への任務と権能の分配が，権限・管轄の概念によって把握される。

この概念規定を前提とし，Stettner は，管轄規範が基本権の実現にとって持つ意味を手がかりにして，権限のある国家機関の行為を求める権利が認められることを主張する。

まず，Stettner は，組織と手続が基本権の実現にとって重要性を持つこと，および，管轄規範が関わる個々の領域についても基本権と組織・手続とを関係付ける考え方の浸透が判例において早くから見られることを出発点とする[287]。

---

284) *Stettner*, a.a.O.（Fn.14），S.43.
285) *Stettner*, a.a.O.（Fn.14），S.35.
286) Vgl., *Stettner*, a.a.O.（Fn.14），S.35.
287) Vgl., *Stettner*, a.a.O.（Fn.14），S.366f.

第1章　組織規範の裁判規範性

組織と手続が基本権の実現にとって重要性を持つことのStettner自身による根拠付けは，次の言明にある。曰く，「人格的自由はもはや『国家から自由な』，『前国家的な』，『自然の』自由の境界付けのみによっては保障され得ず，国家と社会の二元論はもはや中心的な『個人の自由の条件』ではないため，真の自由は，法的に形成・保護され，しかしまた法的に限界付けられた自由としてのみ意味を獲得する。この自由は，自由を求めて秩序づけられた公共体（Gemeinwesen）〔——〕この公共体は法的に貫徹された組織と規範的に定められた手続方式に本質的に基づく〔——〕の中に埋め込まれる場合にのみ，持続的に保障される」[288]。

Stettnerは，このように組織と手続の基本権関連性を出発点とするが，しかし，管轄規範の基本権関連性についてはさらに「理論的な基礎が発展させられるべきである」[289]と述べ，法律の留保の範囲に関する本質性理論の発想がこの「理論的な基礎」となるとする[290]。すなわち，「法律の留保の妥当する範囲が，『本質的な』決定が問題となる限り立法者が決定をせねばならないというものとして定義され，さらに，『本質性』が，『基本権の実現にとって本質的である』[291]ということを（も）意味するものとして説明されるとき，このことから，管轄に関する領域において，主観的権利を配分する端緒が探究され得る。つまり，この意味で基本権の実現にとって意義を持つ組織規律と管轄規律もこの基本権によって包含され（umfaßt werden），管轄瑕疵はその限りで憲法的な性質を持ち，基本権の実現にとっての意義に鑑みて定められた範囲において，基本法上保障された，管轄を求める権利が主張され得る，といえる」[292]。

---

288) *Stettner*, a.a.O.（Fn.14），S.341. 3つ目までの二重かぎ括弧に関しては，*Konrad Hesse*, Der Rechtsstaat im Verfassungssystem des Grundgesetzes, in: Festgabe für Rudolf Smend zum 80. Geburtstag, 1962, S.85ff. が参照されており，最後の二重かぎ括弧内は，*Ernst-Wolfgang Böckenförde*, Die verfassungstheoretische Unterscheidung von Staat und Gesellschaft als Bedingung der individuellen Freiheit, 1973 を受けた表現である。

289) *Stettner*, a.a.O.（Fn.14），S.367.

290) Vgl., *Stettner*, a.a.O.（Fn.14），S.367.

291) BVerfGE 47, 46（78）.

292) *Stettner*, a.a.O.（Fn.14），S.367. Stettnerによれば，ある決定が本質的であるのは，①基本権の実現にとって本質的である場合と，②「自由を保障する法治国的・社会国家的な……全体秩序に重要な形で関わる」場合とがあるが（vgl., ebd., S.350-353），Stettnerは，管轄規範が②の意味で本質的であるに過ぎない場合，管轄を持つ官庁の行為を求める基本権を私人は持たないと考えているようである（vgl., ebd., S.368）。

186

Stettner は，管轄規範が基本権の実現にとって本質的である根拠について，次のようにいう。「選ばれた国家機関に，乏しい基本権実現の機会を創造し分配することを指定・委託すること〔つまり管轄規範による任務分配〕は，すべての市民の平等取扱いの観点においてのみならず，まさに，国家任務がそもそも基本権の実現のために認められ，受け入れられ，規制的に定められていることの観点においても，『意義がある』。」[293]

このように，Stettner においては，基本権の実現にとっての本質的な意義を持つ管轄規範については，管轄を持つ官庁の行為を求める権利が憲法上の権利として認められる。もっとも，「このことは，それを超えた『法律上の官庁を求める』権利を単純法律が認められないことを意味しない」。しかし，この単純法律上の権利は「個別の事例においてその存在が認められる（erschließen）ことも否定されることもあるであろう」とされる[294]。

(b) 意義と限界　Stettner の見解は，管轄を持つ官庁の行為を求める権利を単純法律から導かれる権利ではなく憲法上の権利として承認する点に特徴がある。その結果，Stettner の見解は，単純法律の解釈を論じるものとはなっておらず，本質性理論が立法者に管轄規範の定立を義務付けることは，管轄規範の外部効果を推論するためには機能していない。そのため，Stettner の見解は本書の問題にとって意義がないとも考えられる。しかし，Stettner の構成について問題があることを確認すれば，本書の問題にとって意義があるものとして再構成することができるように思われる。

そこで，Stettner の見解についての問題を指摘する。

まず，組織と手続が基本権の実現にとって重要であることについての Stettner の説明を見る限り，Stettner は，管轄を持つ機関の行為を求める権利が基本権から導かれるというとき，この基本権としてまずは（一般的）自由権を想定しているようである[295]。そして，「基本権の実現にとって意義を持つ組織規律と管轄規律もこの基本権によって包含され」るとか，「個々の基本権も，〔個人の基本法上の保護にとって本質的な〕……管轄・権限秩序の遵守と維持を求める方向へ効力を持つ」とされ，また，管轄を持つ官庁の行為を求める権利は

---

293) *Stettner*, a.a.O. (Fn.14), S.353.

294) Vgl., *Stettner*, a.a.O. (Fn.14), S.368.

295) Vgl., *Stettner*, a.a.O. (Fn.14), S.366. Vgl. auch, ebd., S.325.

第1章　組織規範の裁判規範性

「個別化された（spezialisierten）個々の基本権から直接生じる」[296]とされることからすると，不明瞭ながら，Stettner の見解は，"自由権の実現にとって本質的な管轄規範（に違反した侵害からの自由）を自由権の範囲内に包含し，包含された規範の遵守を求める権利を自由権とは別の基本権として取り出す" というものと理解できよう。

　さて，自由権について述べるとき，Stettner は，国家と社会の二元論を前提とした自由については否定的な態度を示し，共同体の中における自由であることを強調していた。しかし，Stettner 自身が公共体の観念を明確には説明しないため比較が難しいものの，国家と市民とが共同体を形作るという観念を採る点では Stettner と共通する Christian-Friedrich Menger の議論に対し，次の指摘が示されていることが注目される。すなわち，Menger の議論には，市民の自由権の権利領域の分化が，「実定法によってはじめて形成されるのではなく，逆に実定法が前提とせざるをえない所与の構造として理解されている」点において，古典的な自由権理論と通じるところがあると指摘されているのである[297]。Stettner においても，管轄を持つ官庁の行為を求める権利の文脈で想定される自由権が，「実定法〔ここでは法律〕によってはじめて形成されるのではなく，逆に実定法〔ここでは法律〕が前提とせざるをえない所与の構造として理解されている」限り[298]，Stettner の議論にも古典的な自由権理論と通じる点があるといえよう。そうであれば，本項 8 (1)(b) で Schnapp に対して示した，（一般的）自由権は管轄に違反した侵害からの自由をも含むものでは本来ないという指摘は，Stettner の見解にも妥当しよう。

　もっとも，管轄に違反した侵害からの自由が一般的自由権に含まれることを特段の論証なく肯定した Schnapp とは異なり，Stettner の基本権に対する理解は，この指摘に対する応答も含まれているとも理解できる。すなわち，"公共体が組織と手続に基づいて形成されたものであるという説明（本節注 288）に対応する本文を参照）が，基本権の組織的側面すなわち自由権の範囲の拡大を基

---

296) *Stettner*, a.a.O.（Fn.14），S.367f.

297) 参照，小早川・前掲注 210）103 頁。

298) *Stettner*, a.a.O.（Fn.14），S.368 では，基本権の実現にとって本質的であることから基本法上の権利を推論する作業を，「（侵害／給付行政といった）行政の一定の類型や部門に限定して行うことは，憲法上基礎付けられない」としており，少なくとも，侵害行政に関し想定される古典的な自由権は，Stettner の考察でも排除されていない（vgl. auch, ebd., S.325）。

188

礎付けるものとして機能している”と理解するのである。しかし，この説明が応答として十分であるかについては疑問の余地がある。例えば，Menger の見解に対してと同様に比較には注意を要するが，Stettner と同じく国家と社会の対置を否定し，市民と国家が共同体を形作ると考える Rupp[299]が，「せいぜいのところ『法律の遵守を求める基本権』（基本法 2 条 1 項）が関わっているに過ぎないことが……手続において明示されるときでも，……実体的な自由権的基本権の保護・保障・実効化に何らかの意味を持つ手続権それ自体が，〔手続が基本権関連性を持つからといって〕，はたして，どの程度，なぜ基本権の性質を持つのか」[300]と疑問を呈するのは，Stettner の説明が自明でないことを示す。そうすると，Stettner のような考え方によって，自由権の内容の 1 つとして管轄を持つ官庁の行為を求める権利を認めるためには，基本権と手続・組織との関係につき，基本権理論の展開や国家の役割の変化等を踏まえた，さらに立ち入った考察を要しよう[301]。そして，Stettner はこれ以上の論証を示さないこと，管轄を持つ官庁の行為を求める権利が基本権としては導出されないという帰結がドイツでは支持されていること[302]からすると，本書で前記のような立ち入った考察を行わずとも，Stettner の論証に不十分な点が残ると評価することが許されよう。

---

299) 参照，小早川・前掲注 210) 104 頁。

300) *Hans Heinrich Rupp*, Bemerkungen zum verfahrensfehlerhaften Verwaltungsakt, S.161, in: *Güntter Püttner* (Hrsg.), Festschrift für Otto Bachof zum 70.Geburtstag, 1984.

301) 実体的基本権と手続的・組織的要請との関係について参照，恒川隆生「基本権論としての組織・手続問題——その系譜に関する若干の検討——」沖縄法学 13 号（1985）101 頁，120-129 頁，笹田栄司「基本権の実効的保護——ボン基本法 19 条 4 項の解釈論を手がかりとして——」同『実効的基本権保障論』（信山社，1993）153 頁，219 頁，222 頁注 29，242-256 頁〔初出 1987〕。

302) 組織・手続の基本権関連性から管轄を持つ官庁の行為を求める権利が基本権として与えられるとはいえないと指摘するものとして，*Rasch*, a.a.O.（Fn.137），S.618. この「権利は単純法律によって定められた範囲内でのみ存在し得る」とするものとして，*Christoph Ohler*, Der institutionelle Vorbehalt des Gesetzes, AöR, Bd.131, 2006, S.369.

なお，*Franz Geist-Schell*, Verfahrensfehler und Schutznormtheorie, 1988, S.8, 118-128, 138, 143 は，①実体的基本権は実効的な保障を要請する，②概して，組織法を含む手続法が実体的基本権の実効的な保障に不可欠である，③個別的に見ても，大多数の手続法が基本権関連性（実体的基本権の保護機能）を持つという 3 つの前提の下，基本権の保障を実効的にすべく，手続法を保護規範と解釈することが要請されるという。しかし，③に関し，管轄規範の基本権関連性については十分な論証がなく，また，特に（一部の）管轄規範については基本権関連性を持たないという理解が別の論者から示される（本文の Stettner の見解に加え，*Gutten-berg*, a.a.O.（Fn.96），S.63-65, 216f.）ため，Geist-Schell の主張もなお不十分である。

第1章　組織規範の裁判規範性

　このように論証に不十分な点が残ることに鑑みると，Stettner は，自らの議論と法化要請の議論との近さを示しているのである[303]から，Stettner にとっては，Hufeld・Reinhardt と同様の形での主張をするほうが無理がなかったように思われる。すなわち，管轄規範が基本権の実現にとって本質的である場合，立法者は，単純法律で管轄規範を定める際に，管轄を持つ官庁の行為を求める権利を付与するものとして定立する義務を負う，と考えるのである。こう考えると，Stettner の見解は，本質性理論によって，管轄規範が保護規範であるか否かの解釈に関する問題を解決する可能性を示したもの，と位置付けられる。

　しかし，Stettner の見解にこの位置付けを与えるとしても，さらに問題が残る。すなわち，Stettner 自身が指摘していることであり[304]，また，本質性理論一般について指摘されることであるが，ある事項（ここでは管轄規範）が基本権の実現にとって本質的であるか否かの判断には不明確さが残るのである。

　この判断に関連して，先に引用した，管轄規範の基本権関連性に関し Stettner が行う説明（本節注 293 に対応する本文を参照）だけを見れば，管轄規範一般が基本権の実現にとって本質的であるようにも思われる。しかし，Stettner は自らの説明の射程をすべての管轄規範に及ぼすことを明確に回避する。そうであれば，基本権の実現との関係を，管轄規範を細分類して検討する必要が生じよう[305]。そして，この検討をするとしても，Stettner において，管轄・権限の概念が権能の分配を含んでいたことに注意を要する。権能を持つ主体の定めが持つ意味はこれまでの学説でも指摘されていたから，権能を分配する管轄規範は基本権の実現にとって本質的であると容易に考えられるかもしれない。これに対し，管轄規範を任務の分配を行うものと捉える立場に依拠して考えると，管轄規範が基本権の実現にとって本質的であるとは認められないという指摘がある[306]。

　以上のように，管轄規範の保護規範性に関する解釈の困難さを解決するために憲法原理を用いるとき，本質性理論を利用することにはなお問題が残るため，現時点では Hufeld・Reinhardt の見解が最も問題がなく最も説得力があるもの

---

303) *Stettner*, a.a.O.（Fn.14），S.354. Ebd., S.354 mit Fn.63 では，法化要請の議論を示す論者の1人として Schwan が挙げられている。

304) Vgl., *Stettner*, a.a.O.（Fn.14），S.350, 354, 369.

305) *Ohler*, a.a.O.（Fn.302），S.368 Fn.165 は，Stettner がこの検討をしていないことを指摘する。

306) Vgl., *Ohler*, a.a.O.（Fn.302），S.367f.

といえよう[307]。

第2項　官庁の所在地を定める規範

本項では，官庁の所在地を定める規範（以下「所在地規範」という）について検討する。この規範は，官庁の所在地を一定の場所に定めるものであり，具体的には，例えば，連邦自然保護庁の設置に関する法律（Gesetz über die Errichtung eines Bundesamtes für Naturschutz）1条2項は，「連邦自然保護庁は所在地をボンに置く。」[308]と定める。

1　外部効果を否定する見解

一方で，多数の学説は，所在地規範の外部効果を否定する[309]。外部効果を否定する根拠として，所在地規範によっては「土地管轄規範は変動させられないままである」[310]こと，私人への法的な影響が見出せない[311]ことが挙げられる。

しかし，前者の根拠だけでは，土地管轄規範の変動とは別に所在地規範それ

---

307) 本項でこれまで扱ってきた議論とはやや異なる観点からの考察を行うものとして，最後に，Clemens Ladenburger の見解を簡単に確認する。Ladenburger は，実体権との違法性連関（本章第1節第1款第1項3⑵⒞参照）を論じる箇所ではあるものの，これまで，管轄規範を含む形式法の「主観的な保護内容の決定が……争われ，不確か」であったと述べ，このことの「原因は，保護される利益の個別化可能性の要請〔つまり，規範の……要件のメルクマールから，一般公衆と区別され得る，保護される人的集団を読み取れねばならないという要請〕にあるように見える」という。すなわち，管轄規範を含む形式法は，「実際上の観点・法的な観点において最適な実体決定という包括的な目的に資するものである。この目的は，その包括性ゆえに，一般公衆のためのものとして位置付けられ，一般公衆とは区別され得る諸個人の特別な権利のためのものとしては位置付けられない」というのである（亀甲括弧内を含め，vgl. *Clemens Ladenburger*, Verfahrensfehlerfolgen im französischen und im deutschen Verwaltungsrecht, 1999, S.370f.）。

この Ladenburger の見解に対しては，本項で扱ってきた議論を精査した上で提示された見解ではないことを指摘できるが，それを措いても，管轄規範の保護規範性が論じられる際には，行政行為の「名宛人」という形で，一般公衆から区別される人的集団を想定しているとはいえるであろう（この旨を示唆するものとして，*Hufeld*, a.a.O.（Fn.248），S.267）。

308) BGBl. I, 1993, S.1458.

309) Vgl. *Bickelhaupt*, a.a.O.（Fn.81），S.70f., *Baedeker*, a.a.O.（Fn.97），S.153f., *Rasch*, a.a.O.（Fn.137），S.619, *Schween*, a.a.O.（Fn.10），S.202-207（関連して本節注 318）も参照）．Vgl. auch, *Adami*, a.a.O.（Fn.139），S.88.

310) *Rasch*, a.a.O.（Fn.137），S.619. Vgl. auch, *Baedeker*, a.a.O.（Fn.97），S.154.

311) Vgl., *Bickelhaupt*, a.a.O.（Fn.81），S.70, *Baedeker*, a.a.O.（Fn.97），S.154.

第1章　組織規範の裁判規範性

自体の外部効果を認める余地は否定されない。また，後者の根拠は，結論の言い換えにとどまる。したがって，多数説も根拠を十分に示していたわけではないといえる。

2　外部効果を肯定する見解

他方で，所在地規範の外部効果を肯定する見解もある。

(1) Ferdinand Otto Kopp・Klaus Obermayer の見解

Ferdinand Otto Kopp 曰く，「給付や侵害の場所は給付や侵害自体の本質的な要素であるという……観点は，事項的・機能的・土地管轄を持つ官庁の行為のみならず，一定の具体的な〔つまり所在地での〕官庁の行為を求める権利を承認すること……に有利に働く」。侵害の場所が侵害の本質的要素とされる理由は，例えば，「事案について口頭で説明する可能性が，侵害行為が行われるか否か，また，行われたとしても撤回・取消しがなされるか否かについて決定的な意味を持ち得る」から，と説明される[312]。

Obermayer は，所在地規範の外部効果の考察にあたり，「法的な決定を求める者が持つ，(基本法の基礎的規範 (Fundamentalnormen) によれば) 権利としての形成が命ぜられるところの重要な利益が，危険にさらされるとき，外部効果 (とそれに伴う法規範としての規律の必要性) は常に認められるべきである」という一般論を前提とする。そして，「官庁の所在地の定めは，管轄の問題と関係がないとしても，(中央に位置する官庁を要求する) あらゆる市民の重要な利益に関わり，したがって法規範的な規律に全くもって『値する』」と述べる[313]。要するに，Obermayer は，官庁の所在地規範が，市民の重要な利益と関わるため，官庁の所在地規範には外部効果が認められるべきであるというのである。

(2) Jürgen Schween の批判

本項 2(1)の見解に対し，Jürgen Schween は，Kopp・Obermayer の見解の「基本思考は，国家による給付や侵害，あるいは一定の官庁に対して履行すべき市民の義務が，……〔給付や侵害，義務の履行の場所がどこであるか〕によって，その法的内容において (も) 影響を受けるという」[314]ものである，と解

---

312) 本段落につき，*Ferdinand Otto Kopp*, Rechtsnatur der Aufhebung oder Verlegung von Verwaltungsbehörden, DÖV, 1965, S.268.

313) 本段落の以上の部分につき，*Obermayer*, a.a.O. (Fn.91), S.195f.

192

第 2 節　組織規範と外部効果

する。

　その上で，Schween は，まず，Obermayer に対して 2 つの観点から批判を
行う。第 1 に，確かに，「例えば，官庁がその所在地を〔市民から〕近いとこ
ろに有しているかより遠いところに有しているかによって〔市民の〕義務の履
行がより容易になるとかより困難になるとかいった形で，所在地の定めは市民
の『利益』に多かれ少なかれ対応する」。しかし，こうした利益・不利益は，
「純粋に事実上の利益・不利益に過ぎない」。第 2 に，所在地規範「が法的な規
律機能を獲得するためには，……まさにその場所との関連での官庁の行為に鑑
みた法的地位を市民に与えるか，あるいは，この法的地位を拡大・剥奪・拘束
的に確定する……という形で，前記の〔事実上の〕利益・不利益が法化される
ことが必要である」。この説明の中の「不利益」を度外視してまとめれば，要
するに，前記の事実上の利益を法的な利益として保護するといえなければ，所
在地規範は外部効果を持たない。それにもかかわらず，Obermayer はこのよ
うな法化がなされる根拠を示していない，というのである[315]。

　ただし，Schween の第 2 の批判は，Oberyamayer の見解を適切に読解した
上でのものとはいえないであろう。なぜなら，Obermayer の見解において，
この法化がなされるための根拠は本項 2 (1)で示した「一般論」に求めることが
できるからである。しかし，この一般論（特に「基本法の基礎的規範」）の内実が
明瞭でなく，また，所在地規範の外部効果の内実も明瞭でないため，やはり
Obermayer は所在地規範が外部効果を持つとする主張を十分に論証したとは
いえない。

　次に，Schween は，Kopp に対しても以下のように批判を行う。Schween
は，Obermayer に対して前々段落で見た批判を行った後，この批判に応える
ものとして，Kopp の言明（つまり，給付と侵害の場所が給付と侵害の本質的な要素
であり，それゆえに所在地での官庁の行為を求める権利が承認されるべきという言明）
を位置付ける。その上で，Kopp のこの言明は，管轄規範に関して，「実体法
的な給付規範・授権規範が，給付・侵害をする官庁の場所〔つまり土地管轄〕
という形式的要素を通常はくくりだし，この形式的要素には，市民の実体的な
権利義務の内容に対する法的レレヴァンスを認めていない，という事実に反す

314) *Schween*, a.a.O. (Fn.10), S.203.
315) 本段落につき，vgl. *Schween*, a.a.O. (Fn.10), S.203.

193

第1章　組織規範の裁判規範性

る」と指摘し，したがって Kopp の言明では所在地における官庁の行為を求める権利は承認されないと批判する[316]。

もっとも，この批判とは異なり，管轄が，侵害の要素をなし，市民の実体的な権利義務に対する法的レレヴァンスを持つ，と理解できるとされることもある[317]。この理解を所在地規範に応用すれば，所在地規範について Kopp の見解のような結論を採ることは不可能でない。しかし，所在地規範についてこうした応用的考察を行い，Kopp の見解を発展させるものは見出せない[318]。

3　小　括

本項1・2を要約すると，次のようになる。一方で，所在地規範について多数説は外部効果を認めていないが，その根拠が十分に示されていたわけではない。他方で，所在地における官庁の行為を求める権利を付与するという形で，所在地規範に外部効果を認める可能性は一応提示されているが，この外部効果を認めるための詳細な議論は行われていない。

第3項　官庁間の手続規範

本項では，官庁間の同意手続を定める組織規範について検討する。この規範の外部効果の問題は，いわゆる多段階的行政行為の問題[319]に関連して若干論

---

316) 本段落につき，vgl., *Schween*, a.a.O. (Fn.10), S.204. そこで Schween も引用する，*Hans Julius Wolff/Otto Bachof*, Verwaltungsrecht Ⅱ, 4.Aufl., 1976, S.135f. [Wolff] は，特に理由を示さずに，「申請の場所や給付の場所は〔私人の〕権利にも義務にも影響しない」と述べ，Kopp の見解とは異なる見解を提示している。

317) Vgl., *Guttenberg*, a.a.O. (Fn.96), S.167f. さらに，Schween の Kopp に対する批判が土地管轄規範に外部効果が認められること（本款第1項参照）とどう整合するのかは明確でない。

318) なお，所在地規範と関連して，学校の閉校等の学校組織行為に，特定の場所の学校に通う・通わせるという生徒・親の権利義務への影響といった外部効果が認められるかという問題がある（vgl., *Walter Krebs*, Probleme des vorläufigen Rechtsschutzes gegen Schulorganisationsakte, VerwArch Bd.69, 1978, S.232-234, *Schween*, a.a.O. (Fn.10), S.204f.）。しかし，所在地規範の外部効果の問題としてこの組織行為が論じられているのかは明確でない（この行為を土地管轄規範と関連させる見解として，*Rasch*, a.a.O. (Fn.2), S.168）。また，この組織行為を明示的に所在地規範の問題として捉える立場も，生徒・親の持つ前記の権利義務を規律するという外部効果は認めるものの，学校組織行為でない場合に所在地規範の外部効果を認めることまでは主張しない（vgl., *Wolff/Bachof*, a.a.O. (Fn.316), S.136 [Wolff], *Schween*, ebd., S.204f.）。

319) 参照，畠山武道「許認可の際の同意の性質 (1) ──『行政行為』概念再考の一素材として──」民商 69 巻 1 号（1973）60 頁，62 頁。

194

じられているが，多段階的行政行為の問題と同じではない。多段階的行政行為は，"行政行為を発出する権限を持つ官庁Aに対し，同意を行う官庁Bが，行政行為を発出することに関し同意を拒否した場合に，この同意の拒否を捉えて取消訴訟を提起できるか" という問題を扱う。これに対し，本書の扱う問題は，"官庁Aが同意手続を経ずに処分をした場合，または，同意に反した処分をした場合に，その処分の帰結を論じるための前提として，同意手続を定める規範が外部効果を持つか" というものである。

1 DürfenとKönnenの制限

この組織規範の外部効果の考察について，まず基本的な立場を示したのは，Karl Kormann であった。

Kormann は，官庁間の同意を経なければ行政行為を発出できないという定めの効力を2つの場合に分けた。第1に，「同意を経なければならないという制限が，〔行為する官庁を〕純粋に内部的に制限するにとどまり，外部に対しては効力を持たず，行為をする官庁は無限定の行為力（Handlungsmacht）を持つ」，という場合である。この場合の「制限」は，「単独で行為する者のDürfen を剥奪するにとどまり，単独行動を行う Können の剥奪ではない」，と表現される。第2に，「外部に対しても効力を持つ制限」をする場合が考えられ，こちらの「制限は，単独で行為する者の Dürfen を剥奪するのみではなく，Können を剥奪する」という説明が与えられる。Kormann によれば，第2の場合が「通例」である[320]。

2 基本的な発想の維持

(1) Karl Heinrich Friauf の見解

この Kormann の発想は，後の論者においても基本的に維持される。

Kormann の後，体系的な見解を示したのは Karl Heinrich Friauf である[321]。Friauf は，官庁が行政行為を発出する際における他の官庁の同意手続が，①

---

320) 本段落につき，vgl., *Karl Kormann*, System der rechtsgeschäftlichen Staatsakte, 1910, S. 259. 傍点原文隔字体。

321) Friauf 以前に，簡略ながら Friauf の見解と類似する見解を示していたものとして，z.B. vgl., *Klaus Obermayer*, Verwaltungsakt und Innerdienstlicher Rechtsakt, 1956, S.132-135, *ders*, Anmerkungen zum Urteil des OVG Lüneburg v.10.1.1957, DVBl, 1958, S.140f.

195

第 1 章　組織規範の裁判規範性

単に行政内部の関係を定めるに過ぎない場合と，②外部関係において手続法上の要件を定める場合と，③外部関係において実体法上の要件を定める場合があるとした。

　まず，①の場合には，同意手続を定める規範は，外部効果を持たず，「単に行政規則〔つまり法律形式の内部法命題〕とみなされねばならない」ので，「市民および市民によって訴えが持ち込まれる裁判所にとって，いかなる場合も無関係なものである」[322]。

　次に，②の場合とは，「法律は確かに同意官庁の参加を外部関係において定めたが，許可官庁〔つまり行政行為を行う官庁〕は，同意官庁の示した意見を実体的に再審査できる，という場合」である。すなわち，行政行為を行う官庁は，同意官庁の意見のとおりに決定を行わねばならないという義務を負わないため，同意手続は，「単に形式（手続）法的な意味しか持たない」。しかし，②の場合，同意手続を経ること「は，〔法律形式の内部法命題ではなく〕法規範によって要求されているから，外部関係において必須の要件であ」り，同意手続を定める規範に違反して行政行為が行われた場合には，行政行為が取り消されるという点で，①の場合とは異なる[323]。もっとも Friauf は，②の場合，同意官庁の意見は，「関係者の法的領域（Rechtssphäre）にはいかなる形においても関わらない」[324]としており，②の場合に私人に何らかの権利が生じるとは考えていないようである。

　Friauf は，同意手続を定める規範が①・②のいずれの場合に該当するかを判断する際には，「法律において用語法が不安定であることに鑑みると，文法的な（grammatikalische）解釈では目的を達成できず，その都度の規定の意味と目的が決定的となるであろう」[325]と指摘する。

　最後に，③の場合とは，行政行為を行う官庁が，「同意官庁の決定に法的に拘束され，同意官庁の決定に対する再審査を行えない」場合である。「この場合においては，関係する行政行為を発出するという官庁の権限が，同意官庁の同意手続により，行政と市民との外部関係においても〔実体〕法的に制限され

---

322) *Karl Heinrich Friauf*, Die behördliche Zustimmung zu Verwaltungsakten anderer Behörden, DÖV, 1961, S.668. 傍点原文隔字体。

323) 本段落の以上の部分につき，vgl., *Friauf*, a.a.O. (Fn.322), S.668f. 傍点原文隔字体。

324) *Friauf*, a.a.O. (Fn.322), S.668.

325) *Friauf*, a.a.O. (Fn.322), S.669.

196

る」，ということになる。「したがって，同意権限を持つ機関の決定をそもそも求めなかった場合のみならず，この決定の内容から逸脱する行政行為が行われた場合にも，行政行為は瑕疵を帯びる」[326]。

Friauf の見解の①・③の場合は，Kormann の見解において既に示されていたものとおそらく同旨であろう。そうだとすると，Friauf の見解の意義は，②の場合が存在することを指摘したことにあるといえる。しかし，②の場合について私人が持つ権利利益を考察していない点に，Friauf の見解の問題がある。

このような Friauf の見解に対し，次の3つの修正・批判が提示された。

(2) 文言解釈の利用

第1に，Otto Frischmann/Olaf Weingart による批判がある。Friauf が，規定の意味・目的から外部効果の有無を読み取る姿勢を示したことに対し，Frischmann/Weingart は，「同意があった場合にのみ必要な許可が与えられる」という文言があるとすれば，意味・目的に立ち入ることなく，直ちに外部関係において「必須の要件」として解釈される，つまり外部効果が認められるという立場を示した[327]。Frischmann/Weingart は，Friauf の指摘する用語法の不安定さには特に問題を感じていないようであり[328]，彼らの立場からすれば，例えば「同意があった場合にのみ必要な処分を行い得る」という文言が法律に定められた場合，同意手続を定める規範は当然に外部効果を持つことになろう。

(3) 外部効果の判断基準

第2に，Christian Heinze は Friauf の見解の修正を試みる。Heinze は，Friauf に言及しつつ，「直接の外部効果が存在していることを説得的に示せるような基準が示されていない」と指摘し，自らは保護規範説の枠組みに則って，一定の協力行為を行うことを求める権利の存在の可能性を肯定し，外部効果を認める[329]。

しかし，Heinze はこの一般論を述べるにとどまるし，また，Heinze 自身，

---

326) *Friauf*, a.a.O. (Fn.322), S.669. 傍点原文隔字体。

327) Vgl., *Otto Frischmann/Olaf Weingart*, Zur selbständigen Anfechtbarkeit behördlicher Mitwirkungsakte, DÖV, 1962, S.730. 傍点原文隔字体。

328) Vgl., *Frischmann/Weingart*, a.a.O. (Fn.327), S.730.

第 1 章　組織規範の裁判規範性

「個別事例においては，……〔この〕権利が存在しているか否かを確定することに困難が残る」[330]という。

(4)　管轄規範としての処理

Friauf の見解に対し，第 3 に，Uwe Woywod による批判もある。

まず，Woywod は，行政行為を行う際の官庁の協働に関する規律を「参加規律（Teilnahmeregelung）」と呼ぶ[331]。そして，外部効果の有無によって法命題と行政命令とを区別し，「参加規律が法命題において定められる場合には，官庁は私人に対してもこの規範の遵守を義務付けられる。したがって，この参加規律の遵守は裁判所によって審査される。この法律上の参加規律に違反した行政行為は違法である」[332]という。

このように概念を整理した上で，Woywod は，まず，「Friauf が，法律上の参加規律がいつ単なる行政命令とみなされるべきか，という……問題を立てていない」[333]として，Friauf が外部効果の有無の判断基準を明確にしていないことを批判する。その上で，Woywod 自身は，参加規律が法命題であること，すなわち外部効果を持つことを，参加規律と管轄規範とを関係付けるという思考により論証しようとする。

Woywod は，まず，管轄を，「一定の場合に，市民に対して拘束的な効力をもって決定する法的力」であるところの「狭義の管轄」と，「一定の事項領域に処理をするものとして（verwaltend）関わるための……権限（Befugnis）」である「広義の管轄」とに区別する。そして，「参加官庁は，要求される多段階的行政行為に，処理をするものとして関わるが，参加行為は，多段階的行政行為の将来的な名宛人に対して直接発せられるものではない。それに伴い，参加

329）Vgl., *Christian Heinze*, Das Zusammenwirken von Behörden beim Erlaß von Verwaltungsakten, DÖV, 1967, S.40 mit Fn.81. 傍点原文隔字体。そして Heinze は，この外部効果をおそらく根拠として，官庁間の協力を定める規範に違反した行政行為が違法となるという（vgl., ebd., S.42）。もっとも，"ある法規範が違法性判断基準となるためには当該規範が私人に権利を付与せねばならない" との理解を Heinze は採っていないと読める箇所もある（vgl., ebd., S.34）。

330）*Christian Heinze*, Das Zusammenwirken von Behörden beim Erlaß von Verwaltungsakten, VerwArch, Bd.52, 1961, S.283.

331）Vgl., *Uwe Woywod*, Der mehrstufige Verwaltungsakt, Diss, 1968, S.12f., 21. 参加規律は，同意手続を定める規範を含むものである（vgl., ebd., S.12）。

332）Vgl., *Woywod*, a.a.O.（Fn.331），S.22f.

333）*Woywod*, a.a.O.（Fn.331），S.24.

規律は，広義の管轄規律の中に含まれ，参加をする官庁の権限を基礎付ける」[334]という。このように参加規律を（広義の）管轄規律として捉えた後，Woywodは，次のようにいう。「法律・法規命令の形式で定められる管轄規律が実質的意味における法律〔法命題〕であることは，明示されている限りは——FriaufとObermayerを除いて——もはや誰も争わない。この状況においては，参加規律が法律あるいは法規命令の中に含まれているときには，参加規律も法命題とみなされるべきであるということができる。」[335]このように，Woywodは，Friaufとは異なる立場を採る[336]。

しかし，Woywodは，管轄規律（参加規律）が持つ外部効果の内実を具体的には検討しない。せいぜい，参加規律によって，「一定の事柄への決定や態度表明をするように，参加官庁が，決定官庁や……市民に対して義務付けられる。したがって，……参加規律は，常に外部関係に関わる」[337]という記述があるのみである。

3 議論の不存在

本項2で示したような基本的な議論構造が示された後は，官庁の参加・同意手続規範が，私人の利益のためにも定められ，私人に，その手続の遵守を求める権利が付与される場合があり得ることのみが示唆され[338]，それ以上に具体的な議論は見出せない[339]。例えば，管轄規範について提示されたような，同意手続を定める規範の機能の分析を通じて私人の権利の有無を示す試みは，見当たらないのである。

---

334) *Woywod*, a.a.O.（Fn.331），S.26f.

335) *Woywod*, a.a.O.（Fn.331），S.39.

336) *Woywod*, a.a.O.（Fn.331），S.40. Woywodは，Obermayerの見解（本節注321））をも同時に批判する。

337) *Woywod*, a.a.O.（Fn.331），S.36.

338) Vgl., *Baedeker*, a.a.O.（Fn.97），S.152f., *Wolff/Bachof*, a.a.O.（Fn.316），S.121［Wolff］, *Friedhelm Hufen/Thorsten Siegel*, Fehler im Verwaltungsverfahren, 7.Aufl., 2021, Rn.256. Vgl. auch, *Hans Heinrich Rupp*, Grundfragen der heutigen Verwaltungsrechtslehre, 2.Aufl., 1991, S.98 Fn.230. これらの論者は，管轄規範との関連を基にして外部効果を論証するWoywodの見解に対する評価も提示しない。

339) *Thorsten Siegel*, Die Verfahrensbeteiligung von Behörden und anderen Trägern öffentlicher Belange, 2001, S.234-239 も，個人の利益を保護しないという結論を示すにとどまる。

第1章　組織規範の裁判規範性

第3款　官庁内組織に関する組織規範

本款では，官庁内組織に関する組織規範の外部効果について検討する。本書で扱う，官庁内組織に関する組織規範は，内的構成規範（第1項）と，署名権を分配する規範（第2項）とに分けられる。

第1項　内的構成規範

1　前　提

内的構成規範とは，官庁指導部の構成が独任制か合議制かを定める組織規範である。ここで，独任制とは，官庁指導部が1人の構成員から成る[340]場合をいい，合議制とは，官庁指導部が（少なくとも3人以上の）「複数の構成員から成る」[341]場合をいうものとする。

内的構成規範には，①官庁指導部を独任制と定める場合と，②官庁指導部を合議制と定める場合とがある。本書は，独任制官庁が決定を行う場合を考察の対象としており，したがって，問題となるのは，①官庁指導部を独任制と定める内的構成規範の外部効果である[342]。しかし，この組織規範の外部効果については議論がほとんど見られない。

2　議論状況と考察の手がかり

(1)　議論状況

まず，Bickelhaupt は特に根拠を提示せず，前記①・②のいずれの場合についても，内的構成規範の外部効果を否定する[343]。

---

340) Vgl., *Rasch*, a.a.O.（Fn.2），S.34.

341) *Rasch*, a.a.O.（Fn.2），S.34. また，2 人の構成員から成る場合の評価についても含め，vgl., *Groß*, a.a.O.（Fn.2），S.46-49, *ders*, Die Verwaltungsorganisation als Teil der Staatsorganisation, Rn.80, 82, in: *Voßkuhle* u.a.（Hrsg.），a.a.O.（Fn.26）.

342) これらの組織規範に自然人の行為が違反した局面の側から説明すれば，①に違反するとは，独任制と定められたにもかかわらず合議体を構成してそれにより決定することを意味し，②に違反するとは，合議制と定められたにもかかわらず例えば合議体の長が独立に決定を行うことを意味する。第2章第2節第2款第1項で述べるとおり，ドイツで基本的に問題とされるのは②に違反した場合であるが，独任制官庁による行為を考察対象とする本書にとって関心があるのは①に違反した場合である。

343) Vgl., *Bickelhaupt*, a.a.O.（Fn.81），S.68.

次に，Rasch は，「官庁の〔内的〕構成規範，例えば官庁指導部を合議制とするか独任制とするかを定める規範，は法命題である。なぜなら，決定について権限を持つ（zuständig）のが合議体であるか1人の機関担当者であるかは市民にとって重要であるからである」[344]と述べて，法命題性を認める（つまり外部効果を認める）。ここで Rasch は，本項1で示した①・②のいずれについても外部効果を認めるように見えるが，①・②のいずれについても外部効果の内実は明確にされない。

最後に，Baedeker は，何らかの外部効果を持って私人との関係に立つ作用主体・官庁を念頭において，作用主体・官庁の内的構成規範が外部効果を持つことを主張する。

まず，独任制か合議制かの選択が「法的にレレヴァンスを持つ（rechtserheblich）場合には，〔内的構成規範による〕官庁指導部の形式の定めによって，市民の法的地位は影響を受けずにはいられない」とする。そこで，独任制か合議制かの選択が法的なレレヴァンスを持つか否かが問題となるところ，法的なレレヴァンスを持つことを次のように説明する。曰く，「より大きな法的安定性を与えるべき場合にはまさに，独任制として組織された作用主体の決定に対して，合議体の決定は優位性を持つ。Wolff が，最低限の（広義の）権利保護は……官庁組織によって——例えば，独任制として組織された官庁の管轄ではなく，決定を行う委員会の管轄によって——既に与えられ得る，と説明するとき，Wolff はこのことを正当に示唆している。このこと〔つまり官庁組織が権利保護の一態様であること〕から，法的地位へのレレヴァンスが，全く疑いなく生じる。なぜなら，あらゆる態様の権利保護は，市民の法的地位と関連させた場合にのみ，市民にとって意味のあるものと捉えられるからである」[345]。

しかし，第1に，Baedeker の見解は，市民の法的地位として何を観念しているのか，内的構成規範と市民の法的地位とが正確にはいかなる関係を持つのかが不明確であるため，外部効果の内実が明確でない。第2に，Rasch と異なり，Baedeker は，官庁を合議制とする内的構成規範（②）にのみ外部効果を認めるとも読める[346]。

---

344) *Rasch*, a.a.O. (Fn.2), S.130.

345) 本段落につき，vgl. *Baedeker*, a.a.O. (Fn.97), S.133f. Ebd., S.133 Fn.3 では，*Hans Julius Wolff*, Verwaltungsrecht Ⅲ, 1.Aufl., 1966, §168 Ⅰが引かれている。

第1章　組織規範の裁判規範性

(2)　考察の手がかり

このように，内的構成規範の外部効果についてはほとんど議論がないし，見解を示すものも，根拠が示されないという問題，外部効果の内実が不明確であるという問題を抱えている。もっとも，Baedeker の発想のように，独任制に対する合議制の優位性から本項1で示した②の内的構成規範の外部効果を導出することは不可能ではなく，同じように合議制に対する独任制の優位性（しばしば挙げられるのは決定の迅速性[347]）を考察すれば，①の内的構成規範にも外部効果を認め得るように思われる。しかし，このような形で①の内的構成規範の外部効果を検討するものは見当たらない。このことには，"独任制官庁の場合でも官庁の指導者が完全に1人で決定を行うわけではなく，その意味で，独任制であれば迅速な決定ができるとは必ずしも評価できない"という事情が影響しているように思われる。この事情に関わるのが本款第2項で扱う問題である。

第2項　署名権を分配する規範

1　署名権を分配する規範の概念と本項の行論

(1)　署名権を分配する規範の概念

教科書的な説明によれば，官庁内組織に関する規範は行政組織外の私人に対する外部効果を持たないとされる[348]。しかし，署名権を分配する規範については外部効果に関する議論が蓄積しているため，本項ではこうした議論を追うこととなる。この規範の外部効果は官庁内 Mandat という組織行為を中心的な素材として議論されてきたという事情があるため，本項では，署名権を分配する規範の外部効果について，官庁内 Mandat に注目しつつ検討する。予め整理しておけば，署名権を分配する規範の考察と官庁内 Mandat の考察は同一のも

---

346)　ただし，*Baedeker*, a.a.O.（Fn.97），S.134 Fn.3 は，Rasch が内的構成規範を（①・②のいずれも）法命題としたことに言及しつつ，Rasch の結論と自らの結論とが同じであることを示唆している。

　　原則として官庁を合議制とする内的構成規範にのみ外部効果を認める可能性を示す見解として，vgl.，*Schween*, a.a.O.（Fn.10），S.216f. ただし Schween は，内的構成規範が官庁指導部を合議体と定めるものでありさえすればこの種の内的構成規範一般が外部効果を持つとはせず，外部効果の有無は，「あらゆる事例において，その規範の意味が内的構成規範の遵守を求める私人の権利を生じさせるべきものか否かにかかってくる」（ebd., S.217）という。

347)　Vgl., *Prodromos Dagtoglou*, Kollegialorgane und Kollegialakte der Verwaltung, 1960, S.24, *Groß*, a.a.O.（Fn.341），Rn.82.

348)　Vgl., *Rasch*, a.a.O.（Fn.2），S.130f., *Wolff/Bachof*, a.a.O.（Fn.316），S.92-94［Wolff］.

202

のでなく，本書の検討対象はあくまで署名権を分配する規範の外部効果である。以下で示すように，官庁内 Mandat で考察できるのは，署名権を分配する規範の一部に過ぎない。

今日において，官庁内 Mandat は，官庁内部において，「公法上の管轄の保持者が，他の主体に，Mandat をした者の権限をその名前において行使することを委託する」[349]行為，あるいは，「官庁指導部が，他の官庁所属者に対し，指導部の名において，官庁の文書に『代理して』あるいは『委託を受けて』と記載して最終的に署名をすることを授権する」[350]法行為をいう。官庁内 Mandat は，官庁指導部が，個別の措置によって行うか，または，「事務配分規範 (Geschäftsverteilungsplan)」（行政内部規定）の発出によって行う[351]。しかし，実際には，事務配分規範によって行われる場合のみが検討対象となっている[352]。したがって，今日，実際上検討対象となっている官庁内 Mandat は，署名権を分配する規範を行政内部規定の形式で発出する組織行為であるといえる。

他方で，署名権を分配する規範は，立法の形式によって定められることがある。例えば，法律が，処分をする機関担当者として一定の職・機関担当者を指定することがあるところ，このような規定が，当該機関担当者のみが処分をする際に署名できるという意味であると解されていること[353]から分かるとおり，この場合の法律も官庁内の署名権の分配を行っているといえるから，本書の検討対象となる。しかし，この場合は，官庁指導部が他の官庁所属者へと署名権を与えているわけではないため，官庁内 Mandat が行われているとは評価されないのである。

以上をまとめると，署名権を分配する規範は，事務配分規範（行政内部規定）の形式をとる場合があり，この場合は，官庁内 Mandat の検討を通じて外部効

---

349) Mandat 一般の定義を示す箇所であるが，*Reinhardt*, a.a.O.（Fn.25），S.36.

350) *Reinhardt*, a.a.O.（Fn.25），S.41 二重かぎ括弧内は，直接には，*Rusch*, a.a.O.（Fn.137），S.619 を受けた表現である。

　本項で以下示していくとおり，Mandat を行う者を「官庁指導者」（官庁指導部を担う機関担当者）と表現して「官庁指導部」とは表現しない論者もいるが，意識的に区別する見解（本項 6 で後述）を除き，これは表現の差異にとどまる。

351) Vgl., *Schenke*, a.a.O.（Fn.112），S.151, *Ulrich Stelkens*, Verwaltungsprivatrecht, 2005, S.228 Fn.149, *Reinhardt*, a.a.O.（Fn.25），S.214.

352) Vgl., *Schenke*, a.a.O.（Fn.112），S.151, *Thomas J. Horn*, Das organisationsrechtliche Mandat, NVwZ, 1986, S.809, *Fügemann*, a.a.O.（Fn.11），S.166f.

353) Vgl., *Fügemann*, a.a.O.（Fn.11），S.166. Vgl. auch, *Horn*, a.a.O.（Fn.352），S.809.

第1章 組織規範の裁判規範性

果の検討が行われる。さらに本書は，官庁内の署名権の分配が法律によって行われる場合をも扱うが，この場合は，官庁内 Mandat の検討を通じて外部効果の検討が行われるわけではない。

(2) 本項の行論

ただし，官庁内 Mandat の検討を通じて署名権の分配をする規範の外部効果を論じるという方法は，ドイツにおいて自明のことではなかった。すなわち，本項1(1)において，「今日」における官庁内 Mandat の定義を確認したが，官庁内 Mandat が論じられるようになったのは1942年からであり，当初の議論では官庁内 Mandat は組織規範との関係を持たないものとされていたのである。

そのため，本項1(1)の末尾に記したように署名権を分配する規範の外部効果を官庁内 Mandat の検討を通じて論じるためには，官庁内 Mandat が官庁内の組織規範を変動させるものであるという理解が成立するまでの経緯を確認する作業を先に行わねばならない。

以上を踏まえて，本項は次のように進められる。まず，官庁内 Mandat の概念と組織規範との関係についての議論を追い，官庁内 Mandat が官庁内の組織規範を変動させるものであるという理解が成立したことを確認する（2・3）。次に，官庁内 Mandat を（も）素材としつつ，署名権を分配する規範の外部効果について検討する（4から7）。

2 始点としての Heinrich Triepel の見解

(1) Delegation と Mandat の概念

ドイツにおいて，公法上の Delegation と公法上の Mandat（以下それぞれにつき「公法上の」は省略する）について初めて本格的に論じたのは，Heinrich Triepel であった。Triepel において（も），官庁内 Mandat は Mandat の一種として論じられ，Mandat は Delegation との対比で論じられるから，Mandat・Delegation の概念を確認することが官庁内 Mandat を論じるための前提となる。そこで，官庁内 Mandat を論じるための前提を明確にするという関心に基づき，Delegation・Mandat の概念，および，Delegation・Mandat と組織規範との関係についての Triepel の説明を，Triepel の他の業績も補助的に用いつつ示す。

Triepel は，Delegation と Mandat の用語法に関するローマ法以来の歴史を

204

辿り[354]，次のように概念規定を行う。Delegation は，「国家のまたはゲマインデの管轄の保持者，すなわち，国家・ゲマインデ自身または国家機関・ゲマインデ機関が，その権限を全部または部分的に他の主体へと委譲する（übertragt）法行為」[355]である。これに対し，Mandat は，「ある機関に対し，その機関の固有の権限を行使することを委任（Auftrag）すること，または，……管轄の保持者〔つまり Mandat する者〕が他の主体に対し，Mandat する者の権限を Mandat する者の名で行使する代理権を付与する法行為」[356]である。そして，後者の代理権の付与につき，「我々にとっては最もこれが関心を惹き，以下ではこれだけが顧慮される」[357]という説明が付されている。なお，この概念規定に際して，Triepel は，管轄や権限の概念を明確に定義しない。せいぜい，「権限は，何らかの方法で定められるべき，ある主体と活動（Tätigkeit）との関係，したがって，権利または能力または義務を意味する」[358]という説明がされるにとどまる。

このように定義された Delegation と Mandat の，本書で取り上げるべき差異は，次の2つである。

第1に，Delegation は，「客観法で定められた管轄秩序を変動させる」行為，すなわち「法定立行為」であり[359]，「Mandat は，常に，法律行為，すなわち，主観的な権利義務の基礎付けに向けられる行為である」[360]。

第2に，第1点と関係するが，「Delegation は，客観的な職組織・官庁組織（Aemter- und Behördenorganisation）の変動を引き起こす」のに対し，「Mandat は，いわば人に対して（ad hominem）付与される」ことである。敷衍すれば，一方で，Delegation は，「職それ自体，『機関であることの性質（Organschaft）』，官庁へと作用する；したがって，Delegation の存続は，Delegationを受けた者の生命（Leben）および職の保有とは独立である。その職の現在の

---

354) Vgl., *Heinrich Triepel*, Delegation und Mandat im öffentlichen Recht, 1942, S.8-23.

355) *Triepel*, a.a.O.（Fn.354），S.23. Triepel の Delegation 論とその後のドイツにおける Delegation 論の展開についての詳細は，本書の主題とは異なる主題を扱う論稿（船渡康平「権限の委任後における委任機関の権限行使」（2025 年刊行予定））で扱う予定である。

356) *Triepel*, a.a.O.（Fn.354），S.26. 傍点原文斜字体。

357) *Triepel*, a.a.O.（Fn.354），S.26.

358) *Triepel*, a.a.O.（Fn.354），S.109f.

359) Vgl., *Triepel*, a.a.O.（Fn.354），S.29. 傍点原文斜字体。

360) *Triepel*, a.a.O.（Fn.354），S.28. 傍点原文斜字体。

205

第 1 章　組織規範の裁判規範性

保有者のみならず，あらゆる後の保有者も Delegation に拘束される」。他方で，Mandat は，「職の保有者に対して行われる場合であっても，……常に一身専属的に観念される」[361]。

　しかし，Mandat が人に対して付与されるという Triepel の説明は，次のように，必ずしも貫徹されていない。すなわち，Triepel は，Mandat は官庁と官庁との間においても行われると考えており[362]，これは，機関を担う人間間に代理関係が観念されるのではなく，官庁間に代理関係が観念されるという趣旨と理解できる。そうであるとすれば，Mandat が人に対して付与されるという主張は，常に妥当するとはいえないはずである[363]。

　ここで，職・官庁組織の概念については明確に定義されないが，Triepel の別の論文において，次のように説明される。すなわち，「筆者〔Triepel〕は，公職（öffentliches Amt）という用語の使用を，専ら，公的団体の構成員が，法的に団体自体の作用として現れ得るところの作用を委託されるという事態のためにとどめたい。したがって，国家的官職を持つ者は，公法によって境界付けられた一定の範囲の国家的事務を行使する者，したがって国家の名において国家を代表して行為することが許容される者，国家の機関として国家の意思形成に参加する権能を持つ者のみをいう。国家的官職は，『境界付けられた国家の権限』である」[364]。この説明に加えて，Delegation は職組織・官庁組織を変動させるものとされていたこと，さらに Delegation は管轄秩序を変動させるものとされていたことから，Delegation の概念で想定されている「職組織・官庁組織」は，機関たる官庁の管轄秩序のことを指すと考えられる。このことからすれば，Triepel が，Mandat は客観的な職組織・官庁組織を変動させない旨を指摘するとき，この指摘は，Mandat は機関たる官庁の管轄秩序を変動させないという意味であると理解できよう。

361）本段落につき，vgl., *Triepel*, a.a.O.（Fn.354），S.39f.

362）Vgl., *Triepel*, a.a.O.（Fn.354），S.143.

363）Mandat が人に対して付与されるという主張が貫徹されていないことについて，vgl., *Günter Barbey*, Rechtsübertragung und Delegation, Diss, 1962, S.54 Fn.6, *Jürgen Schwabe*, Zum organisationsrechtlichen Mandat, DVBl, 1974, S.70 Fn.2.

364）*Heinrich Tripel*, Staatsdienst und staatlich gebundener Beruf, in: Festschrift für Karl Bindung zum 4. Juli 1911, 1911, S.9. 傍点原文隔字体。二重かぎ括弧内は，*Jellinek*, a.a.O.（Fn. 55），S.177. なお，*Triepel*, a.a.O.（Fn.354）は，20 世紀初頭には構想されていた著書のようである（vgl., ebd., Vorwort）。

以上より，Triepel における Mandat としては，官庁の管轄規範を変動させず，機関を担う人間に対し代理権を付与するという意味で主観法を基礎付ける法律行為が，主として想定されているといえる。もっとも，Mandat は，第1に，前記のとおり，常に人に対して付与されるといえるかには疑問の余地があり，第2に，常に代理権の付与と観念されるわけでもない。この第2点に関わるのが，次に確認する，官庁内 Mandat に関する Triepel の説明である。

(2) 官庁内 Mandat の概念

Mandat については代理権の付与だけが問題となる旨を述べていたにもかかわらず，Triepel は，Mandat の中に，代理権なしの「委任（Auftrag）」すなわち「勤務委任（*Dienstauftrag*）」があるという。これは，「勤務命令，指示（Anweisung）」といった名称で通例呼ばれるものを指し，「Mandat する者の権限ではなく，Mandat される者の持つ固有の管轄……を行使する際の態様のみを定める」ものである。そして，この勤務委任は，官庁内において官庁指導者が他の構成員に対して行う場合（「官庁内委任」）と，上級官庁が下級官庁に対して行う場合（「官庁間委任」）とがある，とされる[365]。

つまり，Triepel における官庁内 Mandat は，官庁内における指示に相当するものであり，官庁内で代理権を付与することは Triepel の議論において主題化されなかった。

(3) 意義

Triepel の著書が Delegation・Mandat に関する包括的な研究であることもあり，その後の論者は，Triepel の概念規定に賛成・反対のいずれの立場を採るにせよ，この概念規定を出発点として検討を行わざるを得ないこととなる。しかし，Triepel の見解のうち，第1に，Mandat が人に対して付与されるという点，第2に，委任的 Mandat と代理的 Mandat とが存在し，官庁内 Mandat は委任的 Mandat についてのみ想定されていた点には，後の学説が批判を加えることになる（本項3）。

3 Triepel からの逸脱とその正当化

既に Triepel において不明確であった Mandat の概念は，後の論者により別

---

365) 本段落につき，vgl. *Triepel*, a.a.O.（Fn.354），S.134f. 傍点原文斜字体。

第1章　組織規範の裁判規範性

の形で理解される。本項3で扱う論者においては，官庁内 Mandat と組織規範とが関係するか否かが基本的に議論の対象とされ，官庁内 Mandat の外部効果は当然に存在しないものと考えられていた。

(1)　官庁内 Mandat の否定

Obermayer は，Triepel に依拠しながら，Mandat を，「一般的な管轄秩序を変動させることなく，上級の高権的機関（Mandat を行う者）から行われる，下級の高権的機関（Mandat される者）に対する，——上級の高権的機関の——権限を独立の行為によって遂行することの委託（Beauftragung）である」と定義する。そして，Triepel における官庁内 Mandat の説明の箇所を指示しつつも，「上級機関が下級機関に対して行う，下級機関の権限を一定の方法で行使させる内部勤務的指示を，ここで理解した意味における〔つまり Obermayer が定義した意味における〕Mandat と混同すべきでない」[366]とする。すなわち，Obermayer は Triepel における委任的 Mandat を Mandat 概念には含めない立場を採ったのである。Triepel における官庁内 Mandat は委任的 Mandat についてのみ想定されていたから，Triepel における官庁内 Mandat もまた，Obermayer の Mandat 概念から除外されることになる。

さらに Obermayer は，「代理という，私法において基礎付けられた法制度は，公法に対して，せいぜい，行為が〔私法と〕同じ平面で問題となる場合にのみ移し入れることができるに過ぎない」として，「Mandat は，いかなる場合においても，代理（Stellvertretung）を創出する法律行為とはみなされてはならない」という[367]。

こうして，Obermayer は，委任的 Mandat・官庁内 Mandat を Mandat 概念から除外し，さらに，代理権を付与する行為として Mandat を説明することも拒否した。しかし，官庁内 Mandat を Mandat の概念から消去する点に関しては，Obermayer の見解を支持する者は現れなかった[368]。

(2)　代理権の付与としての官庁内 Mandat

それ以外の論者も，Obermayer のような理解は採らないにしても，Triepel

───────────────

366) 本段落の以上の部分につき，vgl., *Obermayer*, a.a.O.（Fn.89），Die Übertragung, S.626 mit Fn.11, 12. 傍点原文斜字体。

367) *Obermayer*, a.a.O.（Fn.89），Die Übertragung, S.628.

368) Vgl., *Schenke*, a.a.O.（Fn.112），S.148 Fn.115.

208

からの逸脱を見せ，委任的 Mandat を無視し官庁内における代理に注目した。

(a) **Ernst Rasch の見解**　こうした見解を最初に示したのは Rasch である。Rasch 曰く，「Delegation とは対照的に，Mandat によっては管轄秩序は変動されない。Mandat においては，管轄の保持者（Manda [n] t）は他の者（Mandatar）に，Mandant の管轄を Mandant の名前で行使することの代理権を付与する。……*Triepel* に依拠して，官庁内 Mandat と官庁間 Mandat の 2 種類を区別できる。官庁内 Mandat においては，官庁指導部は，その官庁の構成員の 1 人または複数人に，任務を独立に処理する権能を与え，その際，これらの構成員は，外部に向けた官庁の文書に，『委託を受けて』または『代理で』と付加して署名する権限（Berechtigung）をも持つ。Mandat を与える行為は，Delegation をする行為と対照的に，法定立行為ではなく，官庁と国民との関係に関わらない官庁内部的な事象である」[369]。

Rasch は，著書においてこの理解を維持しつつ，さらに，次の 2 点について説明を追加した。すなわち，前段落で示された「署名する権限」が署名権（Zeichnungsbefugnis）と呼ばれる点と，官庁内 Mandat が官庁内の行政内部規定の発出という形で行われ得る点である[370]。

かくして，Rasch の見解では，官庁内 Mandat は官庁内で署名権を付与する行為として把握されることになる。Rasch の見解は，Triepel における委任的Mandat を（Rasch においては無意識に）消去した点では Obermayer の見解と共通するが，（Triepel を引きつつも Triepel から離れて）官庁内 Mandat を代理権の付与行為であるとする点において Obermayer の見解と異なる。

(b) **意義と限界**　Rasch による官庁内 Mandat の理解は，官庁内で署名権を付与するものであるという点，および，官庁内 Mandat（を与える行為）の外部効果を否定するという点において，後の論者の見解の基礎となった。

確かに，① Triepel の官庁内 Mandat と官庁間 Mandat の区別は，委任的Mandat についてのものであって，代理的 Mandat についてのものではないという点と，② Rasch が，官庁内 Mandat の理解を提示する際に，Triepel の委任的 Mandat の説明の箇所を参照しているにもかかわらず，委任的 Mandat の

---

369) *Ernst Rasch*, Die Festlegung und Veränderung staatlicher Zuständigkeiten, DÖV, 1957, S. 339. 斜字体原文。

370) Vgl., *Rasch*, a.a.O.（Fn.2），S.177f.

第1章　組織規範の裁判規範性

存在を意識していない点において，Rasch は Triepel の見解を適切に読解していない。しかし，Triepel の見解の読解の適切さとは別に，概念規定のあり方としては，①官庁内 Mandat と官庁間 Mandat との区別は「代理的 Mandat にも導入できる」[371] し，②委任的 Mandat を Mandat 概念から除外することも支持されよう。委任的 Mandat を除外できるのは，Triepel の見解には，代理的 Mandat のみが関心の対象であるとしつつ委任的 Mandat と代理的 Mandat とを論じるという混乱があったし，指示（Weisung）や勤務指令（Dienstbefehl）を Mandat と呼称するのでは概念が不明確になる[372]からである。

　しかし，Rasch においては，Mandat は管轄秩序とのレレヴァンスを持たないとされているし，Mandat が組織規範の定立行為として考えられているか否かも判然としない。後者の点を敷衍しよう。確かに，Rasch は，その著書のうち組織行為（Organisationsakt）を論じる章において官庁内 Mandat を扱っている。しかし，Rasch は，組織行為を「国家組織の制度的要素に関わる一般的措置」[373]として定義し，Delegation と Mandat について，「組織行為の概念には〔ゲマインデの区域変更行為等に加え〕*Delegation* も含まれ，Delegation との関係で，なお Mandat に立ち入るべきである」[374]と述べている。この書きぶりからすると，（官庁内）Mandat は組織行為とは理解されていないとも読める[375]。そう読めるとすれば，（官庁内）Mandat は，組織の制度的な要素に関わるもの，すなわち組織規範の定立行為，とは理解されないことになる。

(3)　官庁内の事務配分としての官庁内 Mandat

　(a)　官庁内部の組織規範を変動させる行為　　Rasch とは異なり，Rasch の後の論者は，官庁内の組織規範を変動させるものとして官庁内 Mandat を捉えるようになり，官庁内 Mandat の外部効果を論じるようになる。その際，これらの論者は，組織規範を定立する行為たる組織行為として官庁内 Mandat を捉えつつ，官庁内 Mandat の外部効果を，それにより定立される組織規範の外

---

371)　*Schwabe*, a.a.O.（Fn.363），S.72.

372)　Vgl., *Schwabe*, a.a.O.（Fn.363），S.70.

373)　*Rasch*, a.a.O.（Fn.2），S.165.

374)　*Rasch*, a.a.O.（Fn.2），S.170. 斜字体原文。組織行為の概念については，vgl. auch, ebd., S. 166-169. ただし，1983 年の段階では Mandat も組織措置〔組織行為〕として位置付けられているとも読める（vgl., *ders*, a.a.O.（Fn.137），S.618f.）。

375)　Vgl., *Baedeker*, a.a.O.（Fn.97），S.138.

210

部効果に注目して論じる。要するに、官庁内 Mandat が組織規範を変動させる行為であると捉えられたことによって、官庁内 Mandat の外部効果を論じるという形で、官庁内組織規範（ここでは署名権を分配する規範）の外部効果を論じることが可能になったのである（組織行為と組織規範との関係につき参照、本節第1款第1項2(2)）。

以下、前段落で述べたことを詳説する（a・b）。

　　a　Gerhard Huwar　　Rasch の後の論者として、まず、Gerhard Huwar の見解を見る。

Huwar は、次のように Mandat を組織行為であるとする。Huwar はまず、「『受託される』機関（Mandat される者）に対し、委託を行う機関（Mandat をする者）の権能を、この者の名前で遂行することのみを授権する」こととして、Mandat を理解する。そして、Obermayer に依拠して、「委任と代理の区別は、Mandat においては回避されるべきである。〔なぜなら、〕この区別は民事法に由来し、これによっては、ここで問題としているように上位－下位秩序に基づいている公法関係を説明し得ない」からであると述べる[376]。その上で、Huwar は、「いかに行政活動が行われるべきかではなく、誰が行政活動を行うべきか」[377]に関わるものが組織規範であるとの理解を前提とし、「Mandat は、執行活動について、『いかに』行われるかではなく『誰が』行うかを規律するものであるから、Mandat は組織行為である」[378]という。

Huwar において、このように Mandat は組織行為とされるから、Mandat の一種である官庁内 Mandat も組織行為とされる。では、官庁内 Mandat はいかなる組織規範に関わるか。Huwar は、「官庁内 Mandat は、内的な権限分配〔を行う組織規範〕にのみ関わる」とする。曰く、「基本的に権限は制度的に分配される。すなわち、権限は、官庁の部分や1人の機関担当者ではなく、独立の制度体である官庁へと分配される。この官庁の他の局や他の官吏がこの権限を遂行しても、これによっては、せいぜい、内的な事務配分または官庁指導者の代表権能（Vertretungsbefugnis）が影響を受けるに過ぎず、官庁それ自体の〔自らの権限を自ら遂行する〕『義務（Obliegenheit）』は毀損されない」[379]。

376）本段落の以上の部分につき、vgl. *Huwar*, a.a.O.（Fn.135）, S.85f.

377）*Huwar*, a.a.O.（Fn.135）, S.40. 傍点原文斜字体。

378）*Huwar*, a.a.O.（Fn.135）, S.86.

第1章 組織規範の裁判規範性

官庁内 Mandat をこのように理解する Huwar は，官庁内事務配分規範に外部効果を認めない。まず，Huwar は，Mandat の法的性質の問題として，Mandat が外部効果を持つか否かを問題とする。そして，この問題について次のように検討する。曰く，「公法上の行為がいかなる性質を持つかという問いに対する答えは，関係者の法的地位に対し当該行為が実質的にいかに影響するかに……依存する。したがって，公法上の Mandat の法的性質についていえば，関係者の観点から見て管轄秩序が変動しているかどうかに依存する。Mandat により関係者の観点から見て管轄秩序が変動しているのであれば，── 一般権力関係における，市民に対する法的やりとりのための管轄の場合は──〔この管轄規範は，私人に対し，権限の遵守を求める権利を与えるため〕，権限の遵守を求める個人の権利が影響を受ける」，すなわち，Mandat はこの権利へ影響するという外部効果を持つという[380]。要するに，① Mandat が管轄規範を定立・変動させるか，②定立・変動させるとすれば，問題となる管轄規範が私人に権利を付与する外部効果を持つか，を問い，①・②が肯定されれば Mandat が外部効果を持つという理解を示すのである。②から明らかであるが，Mandat の外部効果を検討するという形で，定立される・変動させられる組織規範の外部効果を検討できるようになっている。

そして Huwar は，官庁内 Mandat が，①官庁内部の事務配分規範を変動させることを前提としつつ[381]，官庁内 Mandat は外部効果を持たないとする。「なぜなら，管轄は常に全体としての官庁に分配され，内部で『管轄を持つ』官吏の行為を求める請求権〔つまり権利〕は存在しないからである」[382]。前段落末尾で述べたことからすると，ここでは，②官庁内部の事務配分規範が私人に権利を付与しないことが述べられている，と理解できる。

このように Huwar は，Obermayer・Rasch と同様に Triepel における委任的 Mandat を拒否しつつも，Obermayer と異なり，官庁内 Mandat の存在を認める。さらに，官庁内 Mandat が，Mandat する者の名において行為することを授権するという点では Rasch と同様の理解を採りつつも，Rasch と異な

---

379) 本段落につき，vgl., *Huwar*, a.a.O.（Fn.135），S.167f.

380) Vgl., *Huwar*, a.a.O.（Fn.135），S.89.

381) Vgl., *Huwar*, a.a.O.（Fn.135），S.168.

382) *Huwar*, a.a.O.（Fn.135），S.90.

212

り，官庁内 Mandat を組織規範とは無関係に代理権を付与するものとしては捉えず，組織規範と関わりを持つものとして捉えた[383]。

b　Rainer Wahl　本項 3(3)(a) a で見た Huwar の理解を補強するものと位置付けられるのは，Rainer Wahl の見解である。

Wahl は，まず，官庁内部の組織構造について次のように整理する。「官庁は，市民や他の官庁との外部的なやりとりにおいて，その指導者 (Leiter) によって体現される；指導者は，官庁のすべての管轄を遂行でき，……官庁に所属する他の官吏は，指導者の名において，代理して……または委託を受けて……〔と署名して〕……行為する」。このように「法的にレレヴァンスを持つあらゆる行為が長に集中していることから，しかし，官庁内部において詳細で拘束的な管轄分配が存在しないかのように錯覚してはならない[384]。「この官庁内部的管轄は，通例は，事務規定あるいは事務配分規範の中で制度的に定められる。したがって，長の『委託を受けて』という〔署名を付す〕ことは，長からその都度個人的に権限が導かれることを意味するのではなくて，長に従属する官吏の職が，抽象的で制度的な組織 (Gefüges) の一部であり，可変的ではあるにせよそれ自体持続して残る官庁の部分であることを意味する。このことは，『委託を受けて』という言葉によっては，うまく表現されていない[385]。すなわち，Wahl は，官庁内での任務の分配が機関担当者たる官庁指導者から行われるものであっても，あくまで職それ自体が変動させられると述べるのである。これは，Triepel が Mandat を人に対して付与するとしていたことに対する批判と位置付けられる。

実際，Triepel に対して Wahl は次のように批判する。「Mandat が官庁間でも官庁内でも可能であるとき，Mandat が管轄秩序『一般』(‚die‘ Zuständigkeit-sordnung) を変動させないという命題〔の正しさ〕は全く明白ではない。当然，……官庁内 Mandat は，市民との外部関係において管轄秩序を変動させない。

---

383) Huwar と類似する見解として，*Schenke*, a.a.O. (Fn.112), S.151 mit Fn.132 は，官庁内 Mandat が行われると，「官庁所属者が……署名権を得る」ことを指摘しつつ，官庁内 Mandat は外部効果を持たない旨をいう。ただし，Schenke は，官庁内 Mandat の理解について，Huwar に加えて Rasch の見解をも引いている（ebd., S.151 Fn.129, 130, 132）ため，Schenke の見解が Huwar の見解とどこまで一致するのかは判然としない。

384) 本段落の以上の部分につき，*Rainer Wahl*, Stellvertretung im Verfassungsrecht, 1971, S.29

385) *Wahl*, a.a.O. (Fn.384), S.29 Fn.24. 職とは，「1 人の人間の，制度的に定められた具体的な任務領域・義務領域」のことをいう（ebd., S.65. 傍点原文斜字体）。

213

第1章　組織規範の裁判規範性

しかし，これは，Mandat が Delegation とは対照的に権限の移動を生じさせないことによるのではなく，市民との外部関係においては官庁の……管轄のみが問題であり，官庁内の管轄が問題とならないことによるのである。官庁内の管轄分配が……〔官庁内 Mandat により定立される〕一般的規定により影響を受け変動させられることは，疑いを得ない。官庁内 Mandat は『管轄秩序一般』を変動させないという Triepel の命題は，外部関係でレレヴァンスを持つ官庁（機関）の管轄のみが管轄であるという，今日では克服された理解に基づいている」[386]。以上の Wahl の指摘のとおり，Triepel は，職の概念を基本的に機関の管轄・権限として理解しており（本項2(1)参照），官庁内部の職については考察を十分に行っていなかった。

このように，Wahl は，官庁内 Mandat が人に対して付与されるものではなく官庁内の職を変動させるものであることを明確に指摘した。こうして，官庁内 Mandat の外部効果を論じる形で，署名権を分配する規範の外部効果を論じる基礎が整った。

しかし，Wahl においても，市民との外部関係において問題となるのは官庁の管轄のみであることは当然とされており，国家−市民関係においては，「官庁内の管轄規律に違反しても〔市民に対する〕措置は基本的に違法とならない」[387]とされる。すなわち，署名権を分配されていない機関担当者による行政行為も，外部関係では違法とならないというのである。

　(b)　意義と問題点　　本項3(3)(a)で示した見解の意義は，官庁内 Mandat が署名権を分配する規範を定立することを明確にした点，および，このことを明確にした結果として，官庁内 Mandat の外部効果を論じるという形で署名権を分配する規範の外部効果を論じることを可能にした点にある。したがって，Mandat は人に対して付与されるという Triepel の理解，および，官庁内 Mandat と組織規範とがレレヴァンスを持たないという Triepel・Rasch の理

386）*Wahl*, a.a.O.（Fn.384），S.77. ただし，Wahl 自身は官庁内 Mandat という用語について否定的である（vgl., ebd., S.77）。また，Wahl が念頭に置いたのは，官庁指導者の常任代理人が行う代理行為であって，これは，Triepel が例示していたもののうち，「代理して」と署名する類型に属する。他方で，他の論者において，官庁内 Mandat によって署名権が分配される者として念頭に置かれるのは，「委託を受けて」と署名する者である。

387）*Wahl*, a.a.O.（Fn.384），S.65. 本文で述べた「ことは，不利益的行政行為には留保なく妥当する」（ebd., S.66 Fn.9）。なお，本文中の「基本的に」という留保について補足すれば，「口頭による確約」の場合については例外の余地が認められるようである（vgl., ebd., S.66 Fn.9）。

214

解は否定された。

しかし，本項3(3)(a)で示した見解はなおRaschの見解と2つの共通点を持ち，これらの共通点が本項3(3)(a)で示した見解の問題点といえる。

第1に，署名権を分配する規範の積極的な意義が検討されない。

第2に，第1点と関係するが，署名権を分配する規範の外部効果が否定されるとき，なぜ外部効果を持たないかが明確にされない。確かに，官庁内の事務配分は，官庁に与えられた事務を官庁内部へとさらに分配するものであり，官庁それ自体の管轄規範とレレヴァンスを持たない。しかし，このことは，官庁内の事務配分規範が外部効果を持たないことに直結するわけではない。それにもかかわらず，これらの論者は，官庁内の事務配分規範が国家－私人間関係における外部効果を持たないことを当然の前提としており，その限りではRaschの次の言明との間に径庭はない。「管轄を持つ官庁を求める権利は存在するが，管轄を持つ行政官吏を求める権利は存在しない；なぜなら，官庁における行政官吏の任務と権能は，法命題ではなく，行政規則——事務配分規範——によって分配されるからである。この官庁内の管轄分配・権限分配は，市民の法的地位に関係しない。これに違反しても，関係する行為は違法には至らない。」[388]

しかし，管轄を持つ行政官吏の行為を求める権利が存在しないことの根拠は，ほとんど提示されない[389]。前段落で引いたRaschの言明は，問題となっている規範が行政内部規定の法形式を採っていることを所与として，法形式から外部効果の否定を導くという論法によって根拠を示すものと理解できるが，ある法規範が行政内部規定の形式により定められていることを所与としてもなお内容面で外部効果を持つか否かを検討できることは，既に示した（本章第1節第1款第1項4(2)）。

そこで，管轄を持つ行政官吏の行為を求める権利の有無・根拠について，より詳細に考察する見解が現れることになる（本項4から7）。なお，本項4から

---

388) 官庁内Mandatについて論じる文脈ではないが，*Rasch*, a.a.O. (Fn.137), S.618. 管轄を持つ行政官吏を求める権利を認めない立場が1970年時点のドイツにおいて通説的であったことにつき，vgl., *Mußgnug*, a.a.O. (Fn.178), S.31.

389) Vgl., *Friedrich Eberhard Schnapp*, Ausgewählte Probleme des öffentlichen Organisationsrechts, Jura, 1980, S.301. Schnapp自身は，管轄を持つ行政官吏に対する請求権を，一般的自由権の毀損によって生じる対抗請求権として把握するという立場を示すが（*ders*, a.a.O. (Fn. 200), S.209)，この立場に問題があることは既に述べた（本節第2款第1項8(1)(b)参照）。

215

第1章　組織規範の裁判規範性

7で行う検討は，第2章において論じる組織規範と帰属との関係に密接に関わる。以下では，本章における検討の視角の関係で，組織規範の外部効果の有無・内実・それらの根拠についてのみ検討するが，この検討のために最低限必要な前提として帰属の問題も扱わざるを得ず，そのため，第2章での議論をやや先取りすることになる。

4　署名権と代表との関係

(1)　Hans Jürgen Baedeker

(a)　見解　署名権を分配する規範の外部効果を承認する見解を早い段階で提示したのは，Baedeker であった。

Baedeker は，本節第2款第1項5(1)(a)で述べたような概念規定を前提として，作用主体の意思形成の問題，すなわち，「誰が作用主体のために外部に対して行動できるか」[390]という問題を取り上げ，この問題に関わる組織規範の外部効果を問う。ここでも Baedeker は作用主体として（主として）官庁を考えていること[391]から，以下の叙述も，Baedeker が官庁を（主として）対象としていることを前提とする。

Baedeker 曰く，「官庁指導部が作用主体を外部に対して代表できることは，……外部に向けた代表力（Vertretungsmacht）[392]を視野に入れる限り，自明である」[393]。そこで，「誰が作用主体のために外部に対して行動できるか」という「この問いは，作用主体の指導部に従属する事務担当者（Sachwalter）に代表力を認めることが問題となる限りで，実際上の意味を持つ。……行政組織の実務においては，……事務が……一般的にあるいは個別的に官庁指導部へと留保されていない限り，官庁指導部と並んで，他の事務担当者に，……その事務を独立に遂行させる権限を与えることが避けられない。例えば，官庁においては，官庁指導部の常任代理人は『代理して』と署名して決定し，代表権能を与えられた局長やその他の下位類型〔に属する者〕は『委託を受けて』と署

---

390) *Baedeker*, a.a.O.（Fn.97），S.136.

391) Vgl., *Baedeker*, a.a.O.（Fn.97），S.137.

392) Vertretungsmacht は「代理権」と通常は訳されるが，Vertretung は Stellvertretung（代理）と同じではないこと，Vertretungsmacht と Vertretungsbefugnis との区別が重要であることから，ここでは「代表力」と訳した。これらの事情については第2章第1節で詳説する。

393) *Baedeker*, a.a.O.（Fn.97），S.136 Fn.2.

216

名」[394]して決定する。

そこで,「そうした〔決定権・署名権を与える〕措置が市民の法的地位に関わるか」[395]が問題となる。ここで Baedeker は,Rasch に言及して,この措置が〔官庁内〕Mandat であることを明示しつつ[396],次のように述べる。

「〔官庁内 Mandat によって事務担当者に〕代表力を認めることで管轄秩序に影響がないのは正しい。作用主体の指導部の代理人として行為する者は,固有の権限を遂行しない。むしろ,指導部の代理人は,代理権に基づいて指導部の名において指導部の権限を行使するのであり,指導部の権限はこのことによって失われず,また,指導部は行われた決定に責任を負い続ける。このことは,代理をせよとの命令〔つまり官庁内 Mandat〕によって既存の管轄秩序は影響を受けないことを示す」[397]。

「しかし,このことから,市民の法的地位も影響を受けないことを引き出してよいかは疑問である。……〔つまり,前段落で述べたことによっては,〕誰が作用主体のために署名をする権限を持つのかに対する市民の利益は否定されない。なぜなら,ある者が,単に補助者として決定を内部的に準備するか,それとも,独立に――指示には服するとしても――外部に対して完結的に決定するか,は全く異なるからである」[398]。

そうすると,この市民の利益によって,官庁内 Mandat・署名権を分配する規範の外部効果を認める可能性が開けてくる。しかし Baedeker は,そうした可能性を追求しない。曰く,「〔市民の法的地位に関わるといえるために〕決定的であるのは,代表力の〔規律の〕遵守に,市民に直接に関わる法効果が結びつくことである。このことは,……官庁内部的には代表権限を付与されていない官吏が官庁の名において行った確約(Zusagen)の法的妥当性の判断に関して,学説・判例上,特に明確」[399]に肯定されている。要するに,確約の法的妥当性に関し,Baedeker は,「代表権限のない官吏が行った確約は基本的に適法ではない」という考え方が一般に採られており,代表力の規律の遵守に確約

---

394) *Baedeker*, a.a.O. (Fn.97), S.136f.
395) *Baedeker*, a.a.O. (Fn.97), S.137.
396) Vgl., *Baedeker*, a.a.O. (Fn.97), S.137f.
397) *Baedeker*, a.a.O. (Fn.97), S.138.
398) *Baedeker*, a.a.O. (Fn.97), S.138f.
399) *Baedeker*, a.a.O. (Fn.97), S.139.

第1章　組織規範の裁判規範性

の適法性を左右するという法効果が結びついていると指摘するのである[400]。

　Baedeker は続けて，代表権限のない官吏による確約が違法であるという帰結「から生じる不当さを，信頼保護〔の適用範囲〕を代表力の問題へと拡大することで調整し，そうすることでなお〔確約を適法とし〕官庁への拘束を達成しようとする」[401] ものとして，Gerhard Reifenrath の見解に言及する。

　そこで言及される Reifenrath は，官庁内部において「官吏が権限を持たないに過ぎないとき，……いつ〔私人の〕信頼が保護される」かを問題とする。この問題を考察する際に，Reifenrath は，一方で，「少なくとも，官庁内部の管轄規律だけに注目しようとするのは不適切であると思われる」と述べる。その理由として挙げられるのは，「官庁内部の管轄規律は，確約の受領者にとって普通は知られていない」ものであること，および，「事務配分は官庁内部的な事柄である。ゆえに，私人は事務配分規範の閲覧請求権を持たない」ことである。他方で，前記の問題に対して「決定的であるのは，自らに対して行為をした官吏が当該意思表示を行う権限を有していたと確約の受領者が考えることが，信義則・取引慣行によって許されるか，である」とし，これが許される場合があるとする。かくして，Reifenrath は，官庁内部において代表権限を持っていない官吏の確約も，その官吏が確約の発出権限を有していることへの私人の信頼を保護すべきことを根拠として，官庁への拘束を認めるべきである[402] という見解を示す。

　この Reifenrath の見解に対し，Baedeker は，一方で，「官庁内部の命令に，市民に関わる……法効果をも結合させることは不当である」という指摘は正しいとする。他方で，「Reifenrath の解決策——信頼保護の拡大——が法的に異論の余地のない方法であるかは，疑問である。正しくは，次のようにいわねばならないであろう：そうした〔市民に関わる〕法効果を持つ規範は，行政内部的に発出できない。適法な（ordnungsmäßiger）公表を伴って，法命題として発出されれば，市民にとっての法的不安定さはもはや存在しない」[403] と述べる。

　以上より，Baedeker は結論として曰く，「代表力の存在が，適法で外部的

400）Vgl., *Baedeker*, a.a.O. (Fn.97), S.139.

401）*Baedeker*, a.a.O. (Fn.97), S.140.

402）本段落につき，vgl., *Gerhard Reifenrath*, Auskünfte und Zusagen im System des Verwaltungshandelns, Diss, 1967, S.137f. mit Fn.2.

403）本段落につき，*Baedeker*, a.a.O. (Fn.97), S.140.

218

に効力のある行政活動の前提とされる——このことは不可欠かつ正当である——とき，代表力は行政命令によっては与えられない。むしろ，事務配分規範には，そこにおいて外部に対する作用主体の代表〔に関する事項〕が規律されている限りで，法規範が含まれている，ということが承認されねばならない。法規範が含まれるこの範囲では，したがって，法律による授権も必要となる。これ〔つまり以上の結論〕は，つまるところ，管轄規律において法命題性を承認するために用いられた思考の一貫した展開にほかならない。なぜなら，管轄規律も，……部分統一体が，上位にある全体統一体のために代表力を持って行為することを可能にする範囲を定めるものだからである」[404]。

（b）意義と限界　本項4(1)(a)で見たように，Baedeker は，官庁内の事務配分による署名権の付与が官庁指導者でない機関担当者に代表力を付与していると理解することによって，署名権を分配する規範に外部効果を認めた。Baedeker においても，この規範が通例は行政内部規定の形式で定められていることは認められているが，そのことから直ちにこの規範の外部効果を否定するという帰結には至っていない。その点で，本項3で示した見解よりも，本書の問題の考察にとって有益である。また，Baedeker は，官庁内 Mandat が，制度体たる官庁指導部から機関担当者へと与えられるものとして理解しているようであるが，先に見た Wahl の指摘を踏まえると，機関担当者の担う，抽象的・制度的な組織の一部である職自体へのレレヴァンスを観念しており，そのことを，職を担う機関担当者の側から叙述したと読むことはできよう（このように読む可能性は，以下，本項4(2)・本項6で扱う見解を除き認められる）。

しかし，Baedeker の見解には，外部効果の内実が不明確であるという問題がある。具体的には次の3点の問題がある。

第1に，「誰が作用主体のために署名をする権限を持つのかに対する市民の利益」を承認したにもかかわらず，この利益は外部効果を承認するためには決定的であるとはされず，代表力の規律を遵守することに法効果が結びつくかということが専ら問題とされている。

第2に，最終的に，署名権を分配する規範について，官庁管轄規範と同様の思考に基づいて外部効果が承認される旨を指摘しているが，Baedeker におい

---

404) *Baedeker*, a.a.O.（Fn.97），S.140f.

ては，官庁の管轄規範の外部効果を承認する際に，代表力の規律をするという思考は明示されていなかった（本節第2款第1項5(1)(a)）。代表力の規律について言及するとしても，代表力なるものがいかなるものであるかについて，もう少し立ち入った検討が必要であろう（本書では，第2章第1節で詳説する）。

第3に，第2点と関わるが，官庁管轄規範との類似性を指摘したのであるから，署名権を分配する規範の外部効果の考察において，官庁管轄規範についての理解を応用することもできたと思われる。もっとも，Baedeker においては，官庁管轄規範そのものに注目した考察が十分に行われていなかったのであるから，Baedeker に対してそのような応用による考察を求めるのは過剰な要求であろう。官庁管轄規範と署名権を分配する規範とを比較した考察は，後の論者が行うことになる（本項5(1)・6）。

(2) Jürgen Kübler

(a) 見解　　Jürgen Kübler は，Baedeker が萌芽的に示した署名権と代表力との関わりを探究した。

　　a　2つの前提　　署名権を分配する規範の外部効果に関する Kübler の見解を検討するためには，2つの前提を確認する必要がある。

第1に，署名権は，官庁を代表するための権限（の基礎となるもの）として理解されることである。Kübler は，行政主体のためには官庁が行為し，官庁のためには自然人が行為するという理解の下，官庁のために誰が行為できるか，その行為を行う権限はいかなるものかの検討を課題とする[405]。ここで，Kübler は，「実際には行政機構に組み入れられているところの行為能力を持つ人間が行った措置を，法的には官庁のためのものとする」という「思考過程」について，「代表（Vertretung）が重要になる」とし，官庁のために行為する権限，つまり，「文書のやりとりにおいて，外部に向けられた表示に署名し，この表示について，官庁のために代表する権限」，が署名権であると理解する[406]。このように署名権と代表の問題を関係付けるのは，後述する学説の影響によるほか，ドイツにおける法実務のあり方についての Kübler 自身による調査[407]に由来する。

---

405) Vgl., *Jürgen Kübler*, Die Zeichnunsgbefugnis im Verwaltungsrecht, Diss, 1974, S.1f.

406) Vgl., *Kübler*, a.a.O.（Fn.405）, S.1f. 傍点原文隔字体。

407) Vgl., *Kübler*, a.a.O.（Fn.405）, S.1, 6-154.

第2節　組織規範と外部効果

　第2の前提は，官庁に所属し官庁のために行為する自然人には2種類の者が存在することである。

　このこと自体はドイツにおいて一般的に共有されている。ここでは，Kübler が批判対象としており，また，代表的な整理である Wolff の整理を掲げよう。一方で，「狭義の機関担当者とは，その行態が機関に無媒介に帰属する人間のみをいう。したがって，合議体の構成員，独任制官庁の指導者〔例えば各省大臣〕・この指導者の『一般的代表者』〔例えば事務次官〕をいう」。他方で，「広義の機関担当者とは，その行態が機関に何らかの方法で帰属するすべての人間をいう。したがって，その人間が単に，機関を指導する機関担当者〔つまり狭義の機関担当者〕の『委託を受けて』あるいは『指示に基づき』行為する権限を持つにとどまる場合も含め，外部に対して機関の名において現れる人間，いわば『署名権を持つ』人間をいう」[408]。そして，「一定の行為……が一定の職務担当者〔つまり狭義の機関担当者〕に留保されていない限り……，代表力を持つのは，署名権を持つ職務担当者のみである」[409]。最後の点は，狭義の機関担当者は当然に署名権を持つという前提で述べられていると考えられる。

　これに対し Kübler は，狭義の機関担当者と広義の機関担当者という区別は適切でなく，狭義の機関担当者に相当する者のみが機関担当者であり，広義の機関担当者に相当する者は，機関の「代理人 (Stellvertreter)」であると主張する[410]（この主張の論理・当否については，外部効果との関係が小さいため，第2章第1節第3款第3項2で扱う）。なお，この主張をする際には，Triepel の官庁内 Mandat の理解が適切な立場として示されている（ただし，官庁内 Mandat は代理権を付与する行為として読み替えられている）[411]。

　このように，官庁所属者の中にも，機関担当者と代理人という2種類の者がいると考える Kübler は，これらの者が官庁を代表するための要件を考察する。

　まず，Kübler は，学説を検討して，行政行為が行政主体へと帰属するための要件を，次のようにまとめる。すなわち，行政行為が行政主体へと帰属するためには，「管轄を持つ機関の法的行動が必要であり，そのためには，機関担

　408）*Wolff/Bachof*, a.a.O.（Fn.316），S.58［Wolff］. 傍点原文隔字体。既に初版からほぼ同じ記述がある（vgl., *Hans Julius Wolff*, Verwaltungsrecht，Ⅱ，1.Aufl., 1962, S.43）。

　409）*Wolff/Bachof*, a.a.O.（Fn.316），S.41［Wolff］. 傍点原文隔字体。

　410）Vgl., *Kübler*, a.a.O.（Fn.405），S.211-229.

　411）Vgl., *Kübler*, a.a.O.（Fn.405），S.179-181, 215f., 218.

221

第1章　組織規範の裁判規範性

当者または機関の代理人が，外部に対して，機関の名で，そして機関力
(Organmacht) または代理力 (Vertretungsmacht) の範囲で活動しなければなら
ない」[412]。

このように要件を整理する Kübler においては，機関力または代理力を与え
る法規範は，行政行為が行政主体へと帰属するための要件を定めるという意味
で外部効果を持ち得ることになる。そして，Kübler によれば代理力に署名権
が関わるから，署名権を分配する規範も，代理力を定める（つまり行政行為が行
政主体へと帰属するための要件の1つを定める）という意味で外部効果を持ち得る
ことになる。以下敷衍する。

一方で，機関力とは，機関の権限・管轄のことを意味し[413]，これは，「行政
主体を外部に対して表象するための法的力」[414]を意味する。そして，Kübler
の分類における機関担当者は，機関の管轄をすべて行使できる地位にある[415]。

他方で，Kübler の分類における代理人は，代理人と機関との「法関係が，
機関の法的力〔つまり機関力〕を行使できるように，代理人に権限〔つまり代
理力〕を与える限りにおいて，機関の法的力を行使できる」。そして，この代
理力を与える基礎となるのが署名権であり，「署名権は，〔代理人の〕権限〔つ
まり代理力〕を外部に向けても定める」[416]と表現される。そこで，Kübler に
おいては，代理人の権限（つまり代理力）を定めるということが，署名権を分
配する規範の外部効果として論じられるわけである。

　　　b　代表力の規律と署名権の付与　　では，より詳細には，署名権を分
配する規範はいかなる外部効果を持つとされるか。

Kübler は，まず，代理人の外部に向けた代理力を法的に定めるには3つの
方法があるとする。

第1に，代理人の代理力は，機関の法的力と一致すると考える方法である。
つまり，代理人は，機関の権限に属するすべての事項について機関を代理でき
る，と考えるというものである。この方法の実定法上の根拠は，「裁判所構成
法 144 条後半 (Halbsatz2)」である[417]。同条後半とは，「……検察庁が複数の

---

412) *Kübler*, a.a.O. (Fn.405), S.230. 傍点原文隔字体。
413) Vgl. *Kübler*, a.a.O. (Fn.405), S.172. Kübler は管轄と権限を同義で用いていると考えられる。
414) *Kübler*, a.a.O. (Fn.405), S.194. 傍点原文隔字体。
415) Vgl. *Kübler*, a.a.O. (Fn.405), S.202, 276-278.
416) *Kübler*, a.a.O. (Fn.405), S.203. 傍点原文隔字体。

官吏から構成されるとき，第一次的な官吏に補佐として付き添わせられる（beigeordneten）人は，第一次的な官吏の代表者として行為する；これらの者は，第一次的な官吏のために行為するとき，特別の委託があることを示すことなく，第一次的な官吏のあらゆる職務（Amtsverrichtungen）を行う権限を持つ。」の「；」以降の規定である。この規定によると，官吏たる「検察官は，官庁〔ここでは検察庁〕における職務のすべてを外部に向けて行使する権限を持つ」ことになる[418]。

　これに対し，Küblerは，この規定は法的力についての一般的原理を表現するものではなく，「この規範の目的によれば，この法律は，刑事訴訟手続に関してのみ法的力を規律している」と理解する。すなわち，判決の効力を争う方法として再審等の特別の手続があるところ，検察官に代表権がなく訴訟手続に瑕疵があったという主張を認めると，この特別の手続を潜脱して判決効を争う道ができてしまう。これを防ぐのが144条である，と解するのである[419]。

　第2に，代理人の法的力〔つまり代理力〕は，署名権の範囲と一致すると考える方法である[420]。しかし，Küblerは次のように述べてこの解決方法も退ける。まず，この解決方法によると，代理力が官庁内部において与えられる署名権に依存することになるから，「〔具体の場合に行動する者が代理力を持つか，どの範囲で持つかを〕詳細に至るまで追試するのが非常に困難になる。……〔そうすると，〕どの程度帰属要件が満たされるかについてしばしば疑義が残らざるを得ないことになる。しかし，法治国の要請たる法的安定性の要請は，法効果——ここでは帰属——を見積もれることを要求する。そのためには，帰属の前提が客観的にも測定可能でなければならない。……〔しかし，代理力の有無・範囲について追試することが困難な状況では帰属の前提が測定不能であり，〕法的安定性の要請に反する」[421]。

　そこで，第3に，「解決策としては中庸が残る」。すなわち，代理人の法的力は「規範的に構成された代理権に依拠する」[422]。これは，以下のような考え方

417）本段落の以上の部分につき，vgl., *Kübler*, a.a.O.（Fn.405），S.291f.

418）Vgl., *Kübler*, a.a.O.（Fn.405），S.291f.

419）本段落につき，vgl., *Kübler*, a.a.O.（Fn.405），S.293-295.

420）Küblerは引用しないが，本項4(1)で述べたBaedekerの見解はこの立場であるといえる。

421）*Kübler*, a.a.O.（Fn.405），S.295f. 傍点原文隔字体。

422）*Kübler*, a.a.O.（Fn.405），S.296. 傍点原文隔字体。

第1章　組織規範の裁判規範性

である。

　一方で，「代理権……を個別行為により与えることは許容される。被委託者自身の法的力を法律自身が定め，授与行為とは独立に確定していることの証左はない〔からである〕。ゆえに，代理においては，『Können』〔つまり代理人が相手方に対して行為をする力〕は『Dürfen』〔つまり本人に対して代理人が行為をする権限〕に従うという原則が妥当する。その限りで，〔Dürfen たる〕署名権から出発すべきである」[423]。

　他方で，「法治国原理は，公法において，任意代理の余地を限定する。法治国原理の要請によると，法的力は評価しつつ修正されねばならない。この結果，〔外部に対する〕『Können』が〔内部関係における〕『Dürfen』を超えることにも行き着く。その際，以下のことが区別されねばならない：／法治国においては，形式的な法的安定性と実質的な正当性が同価値で保障される。それに対応して，代理人の法的力も，二重に審査せねばならない。第1に，法はどの程度まで代理人の権限〔つまり署名権〕を外部に対する権限として客観的に承認しているか，を定める必要がある。第2に，代理人の権限〔つまり署名権〕が外部に対する権限として客観的に承認されていない場合には，……個別事例における正当性が，代理人の行為を帰属させるべきことを要求することがあり得る。その際，特に主観的な状況が考慮されるべきである」[424]。要するに，Kübler は，第1に，法的安定性の観点から当事者の主観的な事情を考慮せずに，署名権が代理人の代理力として承認されているかを審査する，という。第2に，第1の審査において，署名権が代理人の代理力として承認されていないと判断されても，当事者の主観的な事情を考慮した信頼保護原則等により代理人の法的力（代理力）を認め行為を帰属させる可能性がある，という。

　そして，第1の審査に関しては，①官庁において，行政行為を発出し得る地位にあるかという観点から評価をすること，②この評価にあたっては，「職務担当者がその権限を内部で遂行する職位段階（Rangstufe）に」立っているかを，「官職名（Amtsbezeichung）」や，官職担当者の「任務領域」と「職分（Funktion）」等から考察すること，が指摘される[425]。

　423）*Kübler*, a.a.O.（Fn.405），S.296f. 傍点原文隔字体。
　424）*Kübler*, a.a.O.（Fn.405），S.297. 傍点原文隔字体。第2の審査は外部効果との関係では重要でないため，以下の叙述では省略する。

224

このような理解から，Kübler は，官庁内 Mandat・署名権を分配する規範の外部効果を次のように説明する。

一方で，署名権の付与は，「確かに外部に向けられている」。しかし，「市民〔の権利〕に影響を与えるのは，〔署名権が付与された〕後に，官庁の代表者がその権限に基づいて市民に対して行った行為である」[426]。かくして，原則として，署名権を分配する規範は（後述する間接的な法効果を除き）外部効果は持たない[427]。

他方で，このことは，署名権を分配する規範が外部効果をおよそ持たないということを意味しない。この規範は，官庁の外部に向けた代表への間接的な影響を持つという形で，外部に対して間接的な法効果は持ち，この点からすれば，署名権を持たない者の行為は外部法関係で瑕疵を生じると考えねばならない[428]。ここでの「間接的」とは，前述のように，代理人の外部に対する代理力を定めるとき，一方で署名権が基礎とされるが，他方で法治国原理の要請も用いられることを意味するのであろう[429]。

(b) 意義と限界　　Kübler の見解は，行政法における署名権の意義と行政行為の帰属との関係について包括的な検討を先駆的に行ったものであり，それ以降の学説に影響を与えた。Baedeker において萌芽的に示されていた，署名権を分配する規範の外部効果は，Kübler においては，官庁の代理人の代理力（官庁へ行為が帰属するための要件の1つ）を規律するという形で説明されることになった。

しかし，Kübler の見解には2つの問題がある。

第1に，官庁内 Mandat についての議論の進展を踏まえた見解になっていないことである。具体的には，官庁内 Mandat を，組織規範の定立をするものとはしていない。この原因は，Kübler が（Kübler 自身で読み替えつつ）Triepel の理解に依拠したことにあるが，Kübler の論文の時点においては，Huwar・Wahl らにより Triepel の理解が否定され，むしろ官庁内 Mandat と組織規範

---

425) Vgl., *Kübler*, a.a.O.（Fn.405），S.297-302. 傍点原文隔字体。

426) *Kübler*, a.a.O.（Fn.405），S.235.

427) Vgl., *Kübler*, a.a.O.（Fn.405），S.235.

428) Vgl., *Kübler*, a.a.O.（Fn.405），S.440-442.

429)「官庁内部の『管轄』が代表法（Vertretungsrecht）を通じて外部に効果を持ち得ること」（*Kübler*, a.a.O.（Fn.405），S.442）という表現がある。

第1章　組織規範の裁判規範性

とのレレヴァンスが示されていたことからすると，Kübler は無批判に Triepel に依拠したと評価せざるを得ない。もっとも，Kübler の論文の中でも，署名権を基礎として代理力の有無・範囲を考察する箇所は，官庁内 Mandat を組織規範の定立と理解する立場においても利用される（本項5⑵・7参照）。

　第2に，署名権を分配する規範の外部効果が曖昧であり，それによってはこの規範が裁判規範性を持つことを肯定できないのではないかという疑問もある。

5　署名権を分配する規範の外部効果の否定

⑴　法治国原理による法化要請の限界

　(a)　Ulrich Guttenberg の見解　本項4で見た見解に対して，署名権を分配する規範の外部効果を明示的に否定する者が現れる。

　そのうちの1人である Guttenberg は，まず，官庁内の任務分配のあり方について次のような認識を示す。曰く，「官庁内の任務分配は，……Mandat 関係であると理解される：固有のそして元来の管轄を持つものとしての官庁指導部は，官庁指導部の地位において官庁指導部の名前で行為する権限を，官庁所属者に与える」[430]。この認識に立った上で，Guttenberg は，官庁内 Mandat による事務配分の外部効果を検討する（そしてこれを通じた署名権を分配する規範の外部効果を検討する）。

　本節第2款第1項8⑶で見たとおり，Guttenberg は，法治国原理による法化要請の存在を主張し，それにより官庁管轄規範に外部効果を認めていた。そこで，この法化要請が官庁内の事務配分規範にも及ぶかが問題となる。ここで Guttenberg は，次のように述べて，官庁内の事務配分規範については，外部効果を持つと解さねばならないという法化要請は及ばないとする。

　曰く，まず，「官庁管轄の特質は，確かな独立性を備え，固有の名において外部に対して現れる国家機関へと，任務と権能を分配することである。これに対し，官庁のレベルの下における事務分配は，通例，官庁または官庁指導者の名における，非独立の〔任務〕遂行のために行われる。その都度の遂行管轄の主体として，そして責任を持って行政措置を行う者として官庁は現れ，そして

---

　430)　*Guttenberg*, a.a.O. (Fn.96), S.192. Ebd., S.192 Fn.7 では，この事務配分が署名権の分配である旨を述べる *Wolff/Bachof*, a.a.O. (Fn.316), S.94ff. を引いているため，Guttenberg も，官庁内の事務分配が署名権の分配であることを否定していないと思われる。

226

官庁は，官庁指導者の職を通じて，責任を持って体現される。……官庁全体の活動に対して官庁指導者が責任を負うという原理，および，官庁内で分配された権限が，官庁指導者による継続的な統制と監視に適合せねばならないという意味において非独立的であるということによって，責任の移転の可能性，および，管轄を移動させることによって突然に行政実務が変動させられる可能性が排除される。官庁指導者の職は，官庁の活動を保障するとともに官庁の活動に責任を持ち，したがって，事務分配の変動に関わりなく，〔法治国原理によって〕要請される，国家行為の測定可能性と予測可能性のための結合点を与える」[431]。かくして，官庁指導者の職が法治国原理の要請に応える機能を持つことから，官庁内の事務配分規範については，法治国原理によって外部効果を持つと解さねばならないという事情は存在しないとされる。

しかし，「官庁内部の事務配分の組織形式が，外部法としての管轄秩序に対する法治国原理の要請を迂回するために濫用される場合には，法治国原理への違反がある」から，官庁内の「『事務配分』は外部法命題によって規律されねばならない」。ここで挙げられている「濫用される場合」とは，具体的には，「官庁の……固有の機能を引き継ぐような『部局（Referate）』へと分節され得るところの巨大官庁を形成するに際して，官庁指導者がもはや統制と答責性を事実上担えず，その結果として，『部局』が事実上固有の責任で活動し，その限りで固有の官庁管轄を有する」ことになる場合である[432]。

以上の考察の結果，Guttenberg は，官庁内事務配分が仮に法律によって行われたとしても，（前記の例外の場合を除き）これは法律形式の内部法命題にとどまると考える[433]。

(b)　Thorsten Reinhardt の見解　　次に，Guttenberg と同じく，官庁管轄規範が外部効果を持つことを法治国原理の要請であると理解していた Reinhardt の見解を確認する。

Reinhardt も，官庁内 Mandat が署名権を付与する行為であるとする[434]。そこで，官庁内 Mandat により定立されるところの署名権を分配する規範が外

431）*Guttenberg*, a.a.O.（Fn.96），S.164.

432）本段落につき，*Guttenberg*, a.a.O.（Fn.96），S.164. 官庁内 Mandat に直接には言及しないが，Guttenberg と同旨の見解として，*Schwan*, a.a.O.（Fn.214），S.120-124.

433）Vgl.，*Guttenberg*, a.a.O.（Fn.96），S.196.

434）Vgl.，*Reinhardt*, a.a.O.（Fn.25），S.41.

第1章　組織規範の裁判規範性

部効果を持つか，具体的には，管轄を持つ機関担当者による行為を求める権利が私人に付与されるか，が問題となる。Reinhardt は，管轄を持つ官庁による行為を求める権利を付与するという外部効果を官庁の管轄規範が持つことを法治国原理の要請と考えていたため，この要請が，官庁内で署名権を分配する規範にも及ぶかが問われるのである。

　確かに，「官庁内部において管轄を持つ官庁所属者は，その者に分配された任務の遂行のために最も能力があり……，その結果として，その者によって，適法な決定を行うための保障が最大限に与えられ，それとともに，市民は，基本法 1 条 3 項・20 条 3 項から，この職務担当者だけが自らに対して命令をすることができる……という権利を持たねばならない，と主張することはできる」かもしれない。しかし，Reinhardt によれば，こうした権利（つまり管轄を持つ機関担当者の行為を求める権利）を付与することは，法治国原理の要請ではない。その理由は 2 つに分けられる。第 1 に，「どの官庁にも，官庁指導部……という形式において統制審級が存在しており，この統制審級は，官庁所属者の決定をその（実体的な）適法性まで審査し得るから，官庁間でのそうした統制審級が欠ける，通常の官庁管轄に違反した場合と比べて，官庁内部の管轄に違反した場合には，（実体的に）違法な命令が行われる危険は小さい」。第 2 に，「官庁所属者はその官庁の任務の大部分を遂行するために訓練されていることが通例であるから，官庁所属者は，通例は，同じ官庁の他の所属者の任務を遂行できる状態にある」。以上の 2 つの理由から，署名権を分配する規範が私人に権利を付与するものでないと解される結果，行為が官庁内部の事務配分に違反しても（つまり署名権を持たない者が行為しても），関係する措置は違法にならない[435]。

　ただし，ある一定の官庁所属者のみが行為できると法律によって定められた場合（つまり機能的管轄の場合）には，「市民は，この官庁所属者だけが自らに対して行為することを求める権利を持つ」とされる[436]。

　　(c)　意義と限界　　Guttenberg・Reinhardt の見解は，官庁管轄規範と官庁内事務配分規範とが構造的に同質であること（本節第 1 款第 1 項 2 (1)(b) b）に

---

　435)　本段落につき，vgl., *Reinhardt*, a.a.O.（Fn.25），S.73.
　436)　Vgl., *Reinhardt*, a.a.O.（Fn.25），S.214 Fn.155. *Fügemann*, a.a.O.（Fn.11），S.167 もこの場合にのみ外部効果を認める。

228

注目し，官庁管轄規範の外部効果を認める際の思考が署名権を分配する規範に
どの程度妥当するかという点から検討を行ったという意義を持つ。

しかし，これらの見解には，2つの問題がある。

第1に，これはReinhardtにのみ妥当する問題であるが，署名権を分配する
規範の外部効果を否定する・肯定する根拠が十分でない。①まず，官庁の管轄
規範とこの規範との間で，権利の有無を判断するための考慮要素が異なってい
る。具体的には，行政組織の中における統制の可能性を考慮に入れるとすれば，
官庁も他の官庁との間で指示に服するのが通常であるから，官庁管轄規範に関
しても私人には権利が認められないという結論にならないか，との疑問がある。
この点に関して，Reinhardtは，官庁間ではそうした統制がないことを前提と
しているが，それは妥当な前提ではないように思われる。官庁管轄規範が私人
に権利を付与することを前提とするならば，署名権を分配する規範に関する
Reinhardtの見解において根拠として機能するのは，「官庁所属者は，通例は，
同じ官庁の他の所属者の任務を遂行できる状態にある」という評価だけであろ
う。②しかし，この評価を根拠とするのであれば，どの官庁所属者が行っても
決定の質には関わらないといえるはずである。そうであるとすれば，一定の官
庁所属者のみが行為できると法律で定められていたとしても，決定の質には関
わらないのであるから，私人の権利を認める必要はないことにならないか。
Reinhardtの論旨を一貫させるならば，Guttenbergのように，この場合は法
律形式の内部法命題であると考え，外部効果を否定するべきであるように思わ
れる。

第2に，Guttenberg・Reinhardtにおいては，官庁内Mandat・署名権を分
配する規範が代表力と関係するという，本項4で示した（Kübler等の）見解に
対する言及はない。官庁内Mandat・署名権を分配する規範の外部効果を否定
するならば，これらの見解に対する批判が示されるべきであった。

(2) 署名権と代表との関係の切断

(a) 見解　これに対し，Küblerの見解に言及しつつ，署名権を分配す
る規範の外部効果を否定したのがRoman Seerである。

Seerの課題は，機関担当者の行った行政契約と目される行為が税務官庁に
帰属するかを検討することである。この検討のために，Seerは，狭義の機関
担当者と広義の機関担当者とを区別し，後者に対して，事務配分規範あるいは

第1章　組織規範の裁判規範性

組織法上の個別措置によって署名権が付与されることを出発点とする[437]。そして，機関担当者の「意思表示の内容が官庁へとそもそも帰属するか，〔その要件如何〕という問題は，……行為形式横断的に答えられるべきである」[438]としつつ，以下の見解を示す。

まず，Baedeker のように，「官庁内の事務配分および署名権の具体的なあり方に，行政法上の意思表示の帰属〔の可否〕を厳格に結びつけることに対しては，事務配分および署名権のあり方の不透明性が不利に働く」。事務配分および署名権の形成のあり方が不透明であると評されるのは，官庁内の事務規定がほとんどの場合に公開されていないという事情があるためである。仮に，Baedeker のように，官庁内の事務配分および署名権の具体的なあり方に，行政法上の意思表示の帰属の可否を厳格に結びつけるとしよう。その場合には，「その都度の具体的な事務配分に一致する，官吏の代表力なるものは，……持続的に変化する『アメーバ状の像』になってしまう。そうすると，〔機関担当者が行う〕意思表示の受領者は，相手方（Kontrahent）と同様の，不確かな地位にあることになってしまう。この相手方というのは，民事法において，法律行為によって与えられた内部的代理権能の存在を信頼してはいるものの，その正当な信頼では，代理力（Vertretungsmacht）が欠如しているということを埋め合わせられない〔つまり代理力があるという信頼によっては本人に効果を帰属させられない〕ところの者である」[439]。

このように，Baedeker のような見解によると，内部的な事務配分のあり方によって意思表示が帰属しない可能性が生じ，意思表示の相手方が不利になるという意味で，民事法と類似の状況が発生するといえる。そこで，Baedeker のような見解とは異なる見解を採る可能性を探る必要がある。その際に手がかりとなるのは，機関担当者が意思表示を行う場合は，民事法と異なる点があるということである。Seer 曰く，「法律行為によって与えられた代理力を踰越した場合に，本人がそれにより義務付けられないのは，民事法では，私的自治の現れに過ぎない。……これに対して，公契約法においては，〔民事法上の代理

---

437) Vgl., *Roman Seer*, Verständigungen in Steuerverfahren, 1996, S.321, 325f.

438) *Seer*, a.a.O.（Fn.437），S.329.

439) *Seer*, a.a.O.（Fn.437），S.329f. 傍点原文斜字体。二重かぎ括弧内は，*Reinhard Nothnagel*, Die Bekanntgabe von Verwaltungsakten in Steurrechtsverhältnis, Diss, 1983, S.160. なお，Seer は Baedeker の見解を直接に引用しているわけではない。

230

第2節　組織規範と外部効果

における本人に相当する〕官庁の側で私的自治は働かない。官庁の組織構造に
組み込まれ，その地位からすれば基本的に代表する権限を……持っている職務
担当者が，〔官庁〕内部において定められた遂行管轄の限界を……踰越した場
合には，代理力なくして代表された私人とは異なり，税務官庁は特別の保護を
要しない。むしろ，ここでは，〔①〕法的安定性と〔②〕信頼保護・基本権保
護という諸原理が前景化する」[440]。

　このように民事法との差異を意識することで，Seer は，以下のように，
Baedeker のような見解とは異なる見解の可能性を見出す。

　まず，前々段落の①を敷衍して曰く，「法治国原理に刻印付けられたものと
して，法的安定性の要請は，帰属が生じるための要件が外部から見て客観的に
確定可能であることを求める」[441]。次に，前々段落の②を敷衍して曰く，「内
部的事務配分を知らず，それに応じて，行為を行う職務担当者が代表力を持っ
ていることを信頼するところの納税者は，……潜在的に保護を要する」[442]。
①・②の要請をこのように言い換えた上で，Seer は，Baedeker のような見解
とは異なる見解を提示する。曰く，「したがって，納税者を保護し，法的安定
性を保障するために，機関性的代表力は，行政内部の事務配分から抽象化〔つ
まり無因化〕され一般化されねばならない。私人たる，意思表示の受領者は，
少なくとも，公にされた税務官庁の事務規定の中で署名権を持つとみなされる
職務担当者が代表力をも持つことを信頼する。外部に対して行為する官吏が，
官庁のヒエラルヒーにおいて，広義の機関担当者として行為する能力をその者
に与える地位（Position）を有している，と，抽象的な観察によっていえるので
あれば，その官吏の意思表示は，内部的事務配分を顧慮せずに，税務官庁に帰
属されるべきである」[443]。

　(b)　意義と限界　　Seer は，法的安定性・信頼保護の要請を提示する箇

---

440)　*Seer*, a.a.O.（Fn.437），S.330. 傍点原文斜字体。引用部最終文に付された注（ebd., S.330 Fn.
　　75）では，「官庁の意思表示の帰属可能性にとって法的安定性と信頼保護が持つ意味について，
　　詳細には」として，*Kübler*, a.a.O.（Fn.405），S.296ff., 506ff. の参照が指示されている。

441)　*Seer*, a.a.O.（Fn.437），S.330. 傍点原文斜字体。この文に付された注（ebd., S.330 Fn.76）では，
　　Kübler, a.a.O.（Fn.405），S.296 の参照が指示されている。

442)　*Seer*, a.a.O.（Fn.437），S.330f.

443)　*Seer*, a.a.O.（Fn.437），S.331. 傍点原文斜字体。引用部の一文目に付された注（ebd., S.331 Fn.
　　78）では，「類似の結論に至った」ものとして，*Kübler*, a.a.O.（Fn.405），S.298ff. の参照が指示
　　されている。

第 1 章　組織規範の裁判規範性

所と，帰属が生じるための条件が客観的に確定可能である必要を説く箇所と，
代表力が行政内部的事務配分から抽象化・一般化される必要を説く箇所におい
て，Kübler に依拠している[444]。しかし，Seer においては，Kübler と異なり，
代表力の存在は官庁内の事務配分のあり方から完全に独立したものとなってい
る。つまり，Kübler においては，代理人が官庁を代表する法的力（代理力）を
持ち得るのは，代理人が署名権を持っている場合のみである[445]のに対し，
Seer においては，（Kübler における代理人に相当する）広義の機関担当者が署名
権を持っていなくとも，官庁のヒエラルヒーにおいて行為を行う地位にあると
いえれば代表力を持つこととなっている。そのため，Kübler において，署名
権が間接的にせよ外部効果を持ったのとは異なり，Seer においては，署名権
を分配する規範は外部効果を持たないと考えられる。

　こうして，署名権と代表力との関係については，それらを直接に接続させる
Baedeker の見解，直接には接続させないが署名権を代理力の前提とする Küb-
ler の見解，完全に切断する Seer の見解，という 3 つの見解が示された。

　しかし，Kübler のような理解に批判を加えたからといって，署名権を分配
する規範に外部効果を認める可能性がおよそ否定されるわけではない。外部効
果の有無・内実を判断するためには，官庁管轄規範についてなされたように，
署名権を分配する規範の機能・意義の探究がなされるべきであろう。まさにこ
の作業を行ったのが本項 6 で扱う見解である。

6　官庁内 Mandat の機能と外部効果

(1)　Ulrich Hufeld の見解

　Hufeld は，誰が官庁を代表（Vertretung）できるかという問題を考察した教
授資格申請論文において，官庁内 Mandat・署名権を分配する規範の意義につ
いて詳細な検討を行った。官庁管轄規範の外部効果に関する Hufeld の見解
（本節第 2 款第 1 項 8 (4)(a)参照）は，この論文においては付随的な問題に関するも
のであったため，簡略に紹介することができた。対して，この論文の主題であ
る官庁内 Mandat に関する Hufeld の見解を理解するためには，本書の目的に
必要な限りにおいて，Hufeld の見解の 4 つの前提に立ち入る必要がある。

---

　444)　本節注 440)・441)・443) を参照。
　445)　Vgl., *Kübler*, a.a.O. (Fn.405), S.238.

232

第2節　組織規範と外部効果

　(a)　4つの前提　　第1の前提は，誰が官庁を代表できるかという問題は憲法上の諸原理の要請を充足するように解決されねばならないという理解である。以下で敷衍する。

　Hufeld は，まず，行政権と司法権について，それぞれの作用を担う自然人に関する規律がどのようになされているかを検討する。司法権については，「『法律上の裁判官』の保障」が存在し（基本法101条1項2文），法の下の平等の観点から，どの事例をどの裁判官が担うかが事前決定されており，事例ごとにその都度それを担う裁判官が選定されるという事態は排除される[446]。これに対し，行政権については，「行政官吏を基本法101条1項2文の意味における裁判官とみなすこと，また，基本法101条1項2文から，『法律上の行政官吏』〔の必要性〕を導くこと〔つまり事例を担う行政官吏が事前決定されねばならないと考えること〕……，は明らかに誰も行わない」[447]とされる。

　そこで，行政権に関し，決定を担う自然人の選定についてどのような原理が存在するかは，「行政権の担う機能（Funktion）」から考察される必要があるとされる[448]。Hufeld は，Eberhard Schmidt-Aßmann の見解[449]から着想を得て，行政は，「『実現機能（Bewirkungsfunktion）』および『権利保護機能』」という2つの機能を持つと考える[450]。この2つの機能の意味を Hufeld は説明しないが，Schmidt-Aßmann の見解を参照することから推測するに，行政は，正統な任務を遂行する機能を持つことと，市民の法的地位を保護するという機能を持つことをいうものであろう[451]。そして，Hufeld は，法律が官庁内の特定の決定者を予め定めておくことが権利保護機能の現れとして，法律が特定の決定者を定めず事例ごとに決定者が選定されることが実現機能の現れとして，典型的には対応するという。もっとも，行政権は2つの機能の実現を常に義務付けられ

---

446)　Vgl., *Hufeld*, a.a.O.（Fn.248），S.4f., 8.

447)　*Hufeld*, a.a.O.（Fn.248），S.5.

448)　Vgl., *Hufeld*, a.a.O.（Fn.248），S.6f.

449)　*Eberhard Schmidt-Aßmann*, Die Lehre von den Rechtsformen des Verwaltungshandelns, DVBl, 1989, S.535.

450)　Vgl., *Hufeld*, a.a.O.（Fn.248），S.7. 傍点原文斜字体。

451)　*Schmidt-Aßmann*, a.a.O.（Fn.449），S.535. ただし，Schmidt-Aßmann が述べているのは，法「形式論」あるいは「行政法」が，「市民の法的地位を保護する」という「保護任務」と，「行政をその正統な任務を遂行できる状態に置く」という「実現任務」の2つの任務を担うことである（vgl., ebd., S.535. 傍点原文斜字体）。

233

第1章　組織規範の裁判規範性

ていることから，これらの対応関係の間には多様な中間形態が観念される。な
お，「行政権においては，自己組織化の要素と自己統制〔つまり立法権や司法
権によって完全には統制されないこと〕の要素が，……独立に遂行されるべき
形成任務と結合していることから，行政が……〔自然人の選定に関する〕原理
を基本法101条1項2文に依拠することに見出すことは，全く支持されない」
とされる[452]。

　行政がこのような機能を持つとして，では，決定を担う自然人の選定につい
て，行政権に関しどのような原理が見出されるか。Hufeld は，行政権につい
ては，官庁の決定を担う「自然人を行政権自身が拘束なく自ら選定できるとい
うことの利点が検討されねばならない」とし，この利点を最大限に活かすよう
な原理を見出そうとするようである。そして Hufeld は，このように拘束がな
いことが，「『実現機能』の価値といってかまわない」こと，また，同時に，
「市民の権利保護にも資するし，事例に即した精密な選定（Paßgenauigkeit）を
可能にする」という利点を持つことを指摘する[453]。こうして，Hufeld は，行
政権を担う自然人に対する規律では，"個別事例において問題となる事項につ
いて最適な専門的能力を持つ自然人が決定を行うことにより，可能な限り正し
い決定を行えるようにすべしという要請（これは法治国原理の要請とされる）"が
満たされねばならない，と考える[454]。

　さらに，Hufeld は，個別事例において市民に対する決定を行う自然人と，
民主的正統化の主体たる国民（Volk）との間に，決定を行う自然人に対して国
民の実効的な影響力が及ぶように帰責連関が定立されねばならないという，民
主政原理・民主的正統化の要請も満たされる必要がある，ともいう[455]。

　第2の前提として，Hufeld は，組織法を，決定を行う自然人をも規律する
ものとして理解する。すなわち，通説的見解が，「行政組織法は……脱人格的
に構成される。行政機関と〔行政任務を担う〕人間とを結合させる……法規範
は，勤務法に位置付けられ，狭義の組織法には入れられない」[456]と考えること

---

452) 以上につき，*Hufeld*, a.a.O.（Fn.248），S.7f.

453) 本段落の以上の部分につき，*Hufeld*, a.a.O.（Fn.248），S.8.

454) Vgl., *Hufeld*, a.a.O.（Fn.248），S.8f., 91–96, 154, 159.

455) Vgl., *Hufeld*, a.a.O.（Fn.248），S.11–13, 159.

456) *Walter Krebs*, Verwaltungsorganisation, Rn.23, in: *Josef Isensee/Paul Kirchhof*（Hrsg.），
HStR, Bd.Ⅲ, 2.Aufl., 1996, *Hufeld*, a.a.O.（Fn.248），S.201f.

に対し，Hufeld は次のように批判する。「組織理論的・組織法的に，『ミクロ組織の平面』と『マクロ組織の平面』とを分離することや，静態的な『構造としての組織』を動態的な『過程としての組織』から類型的に区別することには根拠がないにもかかわらず，組織法の分析をこのように〔つまり前記の通説的見解のように〕限定するのでは，生を持つ官庁（Behörde am Leben）の内部における……古い不浸透性理論を固持してしまうことになる。……国家組織，または，『事項的な任務の分業的遂行のために，人間の意思力を秩序付け，統一的な作用連関へとそれらの意思力を方向付けまとめること』としての組織権力の行使は，『最終的に一定の人間により』現実に現れることによって初めて目的を果たせる」[457]。したがって，Hufeld によれば，「行政組織法は官庁を運動する組織として理解せねばならない」[458]。

　第3の前提として，Hufeld の Mandat の概念規定がある。Hufeld も，これまでの学説と同様に，Mandat を，「管轄の保持者が，他の公法上の主体に対し，Mandat する者の権限をその名において行使することを委託すること」[459]と理解する。官庁内 Mandat は，機関人から Mandatar に対して行われるものである（機関人と Mandatar の概念は第4の前提の箇所で扱う）。官庁内 Mandat は，内容としては署名権の付与を意味し[460]，事務配分規範の定立という形で行われる[461]。そのため，Hufeld は，これまでの学説と同様に，官庁内 Mandat を，署名権を付与する行為として，そして，署名権を分配する規範の定立行為として捉えていると考えられる。

　しかし Hufeld は，官庁内 Mandat が行われるときには機関人から Mandatar に対する指示（Weisung）が同時に行われていると考えるかのような態度を示す箇所があり，Triepel の委任的 Mandat の要素をも含めているようにも見える[462]。この結果，Hufeld においては，官庁内 Mandat の概念規定には不明確さが残る。

---

457) *Hufeld*, a.a.O.（Fn.248），S.202. 引用部の最終文における二重かぎ括弧内は，*Böckenförde*, a.a.O.（Fn.1），S.32, 39.
458) *Hufeld*, a.a.O.（Fn.248），S.202.
459) *Hufeld*, a.a.O.（Fn.248），S.198, 208. 原文の強調は省略した。
460) Vgl., *Hufeld*, a.a.O.（Fn.248），S.208, 220, 222 Fn.122.
461) Vgl., *Hufeld*, a.a.O.（Fn.248），S.220, 263.
462) *Hufeld*, a.a.O.（Fn.248），S.212, 228, 248. Ebd., S.212 Fn.78 では，Triepel の委任的 Mandat への言及がある。

第 1 章　組織規範の裁判規範性

　第 4 の前提として，官庁を代表する自然人の地位についての理解がある。
Hufeld も，Wolff らと同様，独任制官庁のために行為する自然人として狭義の
機関担当者と広義の機関担当者という 2 種類の者がいることから出発する。も
っとも Hufeld は，狭義の機関担当者と広義の機関担当者にそれぞれ相当する
ものとして「機関人 (Organperson)」と「Mandatar」という概念を用いる[463]。
Hufeld においては，実定法・判例・学説の分析から，それぞれの者に対し次
のような性格が与えられる。

　まず，機関人は，抽象的な制度たる職・機関に対して管轄が与えられるとこ
ろ，その「管轄の保持者」[464]として理解される。そして，機関人は，官庁に所
属する Mandatar に対して Mandat を行う主体である[465]。

　機関人の特徴として，第 1 に，機関人の行為は官庁の行為・国家の行為とし
て帰属し，したがって，機関人は機関の行為を生み出すために必要な存在であ
ること[466]，第 2 に，機関人は，①国民を通じた，②市民のための決定権力の
組織化を行う，正統化の媒介者であることが挙げられる。第 2 点について敷衍
すれば，まず，①機関人には，官庁内部に権限を分配していくという権限が与
えられているところ，この権限は，「確かに，成文化されることはめったにな
い」[467]ものの法律に淵源を持ち，したがって，国民に淵源を持つ。次に，②機
関人は，官庁内での適切な決定者を事例ごとに選定することで，市民のための
決定権力を組織する。これは，行政の持つ専門能力による正統化（「機能的・制
度的な民主的正統化」[468]）の具体的な現れであるところ，この正統化を担う者が
機関人である[469]。以上①・②により，機関人は，第 1 の前提の箇所で述べた
民主政原理の要請を満たすための媒介者として観念される[470]。

　次に，Mandatar とは，Mandat によって機関人の権限を行使することを委

---

463) *Hufeld*, a.a.O. (Fn.248), S.219f. ただし，本文で後述するとおり，広義の機関担当者と
　　Hufeld における Mandatar との間には，Mandatar が署名権を持たずして代表力を持つという
　　点で差異がある。

464) *Hufeld*, a.a.O. (Fn.248), S.199. 傍点原文斜字体。

465) Vgl., *Hufeld*, a.a.O. (Fn.248), S.208.

466) Vgl., *Hufeld*, a.a.O. (Fn.248), S.203-207.

467) *Hufeld*, a.a.O. (Fn.248), S.155.

468) *Ernst-Wolfgang Böckenförde*, Demokratie als Verfassungsprinzip, Rn.15, in: *Josef Isensee/*
　　Paul Kirchhof (Hrsg.), HStR, Bd. I , 2.Aufl., 1995, *Hufeld*, a.a.O. (Fn.248), S.156.

469) 第 2 点全体につき，vgl. *Hufeld*, a.a.O. (Fn.248), S.154-156, 247f.

470) Vgl., *Hufeld*, a.a.O. (Fn.248), S.159.

託された者をいう[471]。Mandatar の性格については次のように考察される。

Hufeld は，民事法上の概念を借用することで，機関人と Mandatar との間の内部関係における Mandatar の地位について分析を始める。まず，民事法上，「代理人（Stellvertreter）は固有の責任において固有の意思を形成する」が，「使者（Bote）は委託者の意思表示のみを伝達する」ものである，と整理される。その上で，Mandatar は，内部において指示に服しており，外部に対して意思を伝達する者という意味において使者たる性格を持つが，同時に，自己の意思を持って官庁の決定を形成するという，独自性を持った代理人としての性格を併有すると考察する。Mandatar がこのような代理人の性格をも持つ（あるいは使者の性格を持つにとどまらない）とされるのは2つの理解に由来する。第1に，Mandatar に決定能力を移すのは，機関人の負担軽減を狙いとするものであるところ，負担軽減をするためには，当然，機関人が意思形成について完全な統制をするものであってはならない。第2に，Mandatar に決定能力を移すのは，事例ごとに最適な専門知識を持つ者により決定が行われることを狙うからでもあり，そのためには，Mandatar が意思形成を独立に行わねばならない[472]。

もっとも，Hufeld によれば，民事法からの「概念の借用は，まだ，Mandatar の外部に対する地位を説明しない。また，内部に対する地位についても，民事法との比較は部分的な説明しか与えない」[473]。

そこで，Mandatar の内部的地位をさらに説明し，外部的地位を考察する基礎となるのが，「代表者（Repräsentant）」としての地位である（以下，Hufeld の見解については，Repräsentation・Repräsentant の意味で「代表」・「代表者」という語を用いる場合，原語を付すことでその旨摘示し，単に「代表」と記す場合には Vertretung の訳語として用いる）。Hufeld は，代表（Repräsentation）を，「『人が，多段階に階層化された過程において集団から離れ，それらの者相互でおよび集団自体に対し弁証法的な関係に立ち，それにより，散漫な国民意思ならびに自己の意思を向上させる，ということによって特徴付けられる』方法」[474]であると理

471）Vgl., *Hufeld*, a.a.O. (Fn.248), S.208.
472）本段落につき，vgl., *Hufeld*, a.a.O. (Fn.248), S.210-213.
473）*Hufeld*, a.a.O. (Fn.248), S.213.
474）*Hufeld*, a.a.O. (Fn.248), S.213. 二重かぎ括弧内は，*Pollmann*, a.a.O. (Fn.262), S.45.

237

第1章　組織規範の裁判規範性

解する（本節第2款第1項8⑷⒜参照）。Hufeld が「代表者（Repräsentant）」の概念に注目するのは，代表（Repräsentation）が，前記の方法によって正しい決定をもたらすことを狙うものだからである[475]。Hufeld は，この代表（Repräsentation）の理念は決定を行う自然人において体現されねばならないとし，Mandatar は，機関人と同様に，代表者（Repräsentant）としての地位を持つと考える[476]。つまり，Mandatar は正しい決定を志向する者という性格をも持つ。

　（b）署名権・官庁内 Mandat と代表力との分離　　以上4つの前提の下，Hufeld は，官庁内 Mandat・署名権と代表力とを結合させる試みを批判する[477]。Hufeld においては，Mandatar に対して官庁内 Mandat が行われることは，代表力の付与を意味せず，代表力は官庁内に所属するという地位に結びついていると理解される。すなわち，Hufeld の理解では，官庁所属者（機関人・Mandatar）は，官庁に所属している（つまり特定の官庁への所属という地位）だけで，その官庁を代表できる代表力を得るのである[478]。

　この理解には2つの根拠がある。第1の根拠が，前述した Mandatar の地位に関する理解である[479]。Hufeld の説明は判然としないが，推測するに，前述した地位を持つ Mandatar は，正しい決定を目指して機関人から独立性を持って行動するのであるから，私人との外部関係に関して機関人から区別する理由がなく，機関人と同様の代表力を外部関係において持つべきであると考えているのであろう。第2の根拠が，「裁判所構成法144条〔本節注418）に対応する本文参照〕の一般化可能性」である。Hufeld は，この規定が，独任制官庁における代表のあり方を示す一般的な規定であると考えた上で，この規定を，「特別の委託」たる官庁内 Mandat なしに行為をできることを定めたもの，と解釈するのである[480]。

　このように，Hufeld において，官庁内 Mandat は Mandatar に代表力を与えるものではない。しかし，このことは，官庁内 Mandat が代表とは無関係で

---

475) Vgl., *Hufeld*, a.a.O. （Fn.248）, S.214.
476) Vgl., *Hufeld*, a.a.O. （Fn.248）, S.214-216.
477) なお，Hufeld は代表力を持つことを帰属の要件としない（この点については，第2章第1節第2款第3項を参照）。
478) Vgl., *Hufeld*, a.a.O. （Fn.248）, S.217, 221f. Hufeld は，これを，「所属による帰属」（ebd., 221. 原文の強調は省略した）と呼ぶ。
479) Vgl., *Hufeld*, a.a.O. （Fn.248）, S.216, 218.
480) 第2の根拠につき，vgl., *Hufeld*, a.a.O. （Fn.248）, S.216f.

238

あることや，積極的な意義を持たないことを意味しない。まず，①代表との関係として，官庁内 Mandat は，官庁内において誰が署名するかを定めるものである以上，「代表権能 (Vertretungsbefugnis)」，つまり，内部法において誰が官庁を代表できるとされているかを規律する[481]。次に，②官庁内 Mandat の意義として，個別事例において最も適切な判断ができる自然人を選定することで，正しい決定をもたらす，ということが指摘される[482]。最後に，③官庁内 Mandat には 3 つの機能があるとされる。第 1 に，Mandatar に対する指示 (Weisung) として「Mandatar に使者たる性格を与える」という，「制御機能」である。第 2 に，(内部法上)「誰が代表力を行使してよいかを定める」ことにより，決定する自然人をどのように選定するかに関する原理の問題 (本項 6 (1)(a)で示した第 1 の前提を参照) に答えるという，「選出機能」である。第 3 に，正統性の媒介者たる機関人から決定機能を付与することで，民主政原理の要請に応えるという，「正統化機能」である[483]。これらのうち，第 1 の制御機能は，官庁内 Mandat において指示の要素が含められていたこと (本項 6 (1)(a)で示した第 3 の前提を参照) に基づいて与えられる機能といえる。これに対し，第 2 の選出機能・第 3 の正統化機能は，官庁内 Mandat の②の意義と相まって，個別事例において正しい決定を行える民主的正統性を有した自然人が行為すべきという憲法上の要請 (本項 6 (1)(a)で示した第 1 の前提を参照) に応えるものが官庁内 Mandat である，ということを述べたものと理解できる[484]。

　(c)　署名権を分配する規範の外部効果　　では，Hufeld において，官庁内 Mandat・署名権を分配する規範の外部効果はいかに理解されるか。ここで Hufeld は，署名権を分配する規範の定立は必要的法律事項ではないことを前提として[485]，①法律は官庁自体へと管轄を分配し，官庁内で誰が事務を遂行

---

481) Vgl., *Hufeld*, a.a.O. (Fn.248), S.268f.

482) Vgl., *Hufeld*, a.a.O. (Fn.248), S.220f.

483) 3 つの機能につき，*Hufeld*, a.a.O. (Fn.248), S.248. 傍点原文斜字体。そのほかに，官庁内 Mandat が代表力を規律する旨を法律が明文で定める場合には，官庁内 Mandat は外部に対する行為のための授権機能をも持つとされるが (vgl., ebd., S.248 mit Fn.277)，これは Hufeld によれば例外的な事象であるから (vgl., ebd., S.268)，官庁内 Mandat の一般的な機能とはされていないと考えられる。

484) Vgl., *Hufeld*, a.a.O. (Fn.248), S.219, 265.

485) Vgl., *Hufeld*, a.a.O. (Fn.248), S.270, 278. 例外的に，合議制官庁の場合には必要的法律事項となるとされているが (vgl., ebd, S.279-281)，独任制官庁を扱う本書では立ち入る必要はない。

第1章　組織規範の裁判規範性

するかは官庁内部での事務配分規範（行政規則）によって定められる場合と，②法律自体が事務を特定の機関担当者に分配する場合とを区別する。①の場合は，事務配分規範は外部効果を持たないが，②の場合は，当該法律は法律形式の内部法命題ではなく，法律によって特定された機関担当者の行為を求める権利が私人に付与される[486]。この帰結を説明するために Hufeld が援用するのが，本項6(1)(a)で見た行政の2つの機能である。この機能の援用は唐突になされ，また，この機能を援用して示される主張の趣旨も明確ではないが，次のように述べられる。

　まず，①の場合には，「立法者は，……〔官庁へと管轄を分配することにとどめること（つまり立法者自身が官庁内の事務配分をしないこと）によって，〕行政の権利保護機能に代表法（Vertretungsrechts）を特化させてしまうのを回避する。〔官庁内〕Mandat が……実現機能と権利保護機能を調整するために用いられる」[487]。官庁内「Mandat は内部法の存在である〔つまり内部法上意味を持つものに過ぎない〕」[488]ため，官庁内 Mandat によって署名権を得た自然人が行為することを求める権利は私人に与えられない。

　次に，②の場合には，法律により官庁の代表を行う者が特定されるため，官庁内 Mandat の余地が否定され，内部法上の調整の余地が縮小する。その結果，行政の2つの機能のうち，権利保護機能が優先されたものとして考えられる[489]。

　①の場合に私人に権利が与えられず，②の場合に私人に権利が与えられるという帰結からすると，ここでは，権利保護機能が優先される場合に限り私人に権利が付与されるという暗黙の前提が置かれていると解される。

(2)　**意義と限界**

　Hufeld の見解の意義は，官庁内 Mandat の機能について憲法原理に遡りつつ考察し，署名権を分配する規範の外部効果について一定の立場を示したことにある。Reinhardt の見解のように，一定の機関担当者が行為をすることが法律において規定されている場合に外部効果を認める見解はあったが，その根拠

---

486)　Vgl., *Hufeld*, a.a.O.（Fn.248），S.249, 282f.

487)　*Hufeld*, a.a.O.（Fn.248），S.282f.

488)　*Hufeld*, a.a.O.（Fn.248），S.282.

489)　Vgl., *Hufeld*, a.a.O.（Fn.248），S.283, 369.

は明確にされていなかったところ，Hufeld の見解はこの根拠となる 1 つの説明を提示した。

しかし，Hufeld の見解には 3 つの問題がある。

第 1 に，管轄規範の外部効果と署名権を分配する規範の外部効果の考察において，考慮される要素が異なっていることである。Hufeld において，官庁管轄規範の外部効果を認める際には，法治国原理によって要請される正しい決定への志向，民主政原理によって要請される市民のための正しい決定への志向が援用された（本節第 2 款第 1 項 8 (4)(a)参照）。そして，Hufeld の立場においては，これらの要請は官庁の段階で終わるものではない。本項 6 (1)で述べたように，官庁内部においては，民主的正統性を媒介する機関人が官庁内 Mandat を行い，決定能力を持つ Mandatar を選定することによって，前記の 2 つの要請は，決定を行う人間に至るまで貫徹される。そうであるとすれば，署名権を分配する規範も，正しい決定を志向するとともに市民のための性格を持ち，市民を保護する外部効果を持つものと解されるのではないか。

Hufeld がこのように考えないのは，署名権を分配する規範の外部効果の考察においては，権利保護機能・実現機能という 2 つの機能を用いたことに起因する。これらが官庁管轄規範の外部効果の考察においては用いられなかったという一貫性の欠如や，権利保護機能が優先された場合に私人に権利が付与されるという暗黙の前提の当否は措いても，この 2 つの機能の利用による結論の導出は恣意的である。すなわち，本項 6 (1)(a)で見たように，Hufeld は，実現機能の現れである，"法律が特定の決定者を定めず事例ごとに決定者が選定されること"が，私人の権利保護にも資する旨を指摘していた。そうであるとすれば，権利保護機能と実現機能は，一般的にいえば両者を調整すべき場合もあり得るとはいえ，Hufeld が念頭に置く局面においては対立するとは考えにくい。それにもかかわらず，官庁内 Mandat の外部効果を論じる局面では，官庁内 Mandat は，権利保護機能を犠牲にして実現機能に資するものと捉えられているのである。

以上からすると，むしろ，Hufeld の見解からは，前々段落で述べたように，官庁内 Mandat の積極的機能とそれを外部効果の判断に用いる可能性を読み取ることが適切であるように思われる。

そうであるとしても，第 2 に，官庁内 Mandat の概念に曖昧さが残る点も問

第1章　組織規範の裁判規範性

題である。具体的には，官庁内 Mandat と指示の概念との関係が不明確であることに加え，Hufeld が，組織に人の要素が含まれることを前提として，機関人から Mandatar へと行われるものとして官庁内 Mandat を把握する点の処理が問題となる。確かに，この把握の仕方はそれ自体としてあり得る立場であるし，Triepel と異なり，Hufeld においては，人に対して行われるという性質決定が組織規範とのレレヴァンスを否定することに直結しない。しかし，Hufeld 自身指摘するように，この把握の仕方は通説的な理解とは異なるのである。したがって，Hufeld の見解から官庁内 Mandat の積極的機能を読み取るとしても，それを一般的な理解に接合するためには，Hufeld が示した機能が，Hufeld 自身の Mandat 概念にどれだけ依存するものかを検討する必要がある。

　第3に，裁判所構成法の一般化による論証についても問題がある。既に Kübler が，この規定は裁判手続についてのみ定めたものであるという解釈をしていたが（本項4(2)(a) b 参照），Hufeld は，この規定が一般化可能であることを主張するのみで，なぜ一般化可能であるかを示さない。この第3の点を批判したのが本項7で扱う見解である。

7　署名権と代表力との結合

(1)　Ulrich Stelkens の見解

　近時，署名権を分配する規範の外部効果を承認することに最も積極的な立場を示すのが Ulrich Stelkens である。

　Stelkens は，まず，狭義の機関担当者と広義の機関担当者とを区別する[490]。一方で，狭義の機関担当者については，その地位へと「選任 (Bestellung)」され，「機関の名においてのみ行為すること，したがって，機関のために行為することが明確な限り，……機関担当者の行為は，法律によって，機関へと……直接に帰属する」[491]とされる。他方で，広義の機関担当者については，署名権を付与する官庁内 Mandat がなされた場合に，その署名権・官庁内 Mandat を通じて，広義の機関担当者の行為は官庁へと帰属するとされる[492]。

　官庁内 Mandat，および，それにより定立される署名権を分配する規範の外

---

490) Vgl., *Stelkens*, a.a.O.（Fn.351), S.146f.
491) *Stelkens*, a.a.O.（Fn.351), S.150. 傍点原文斜字体。
492) Vgl., *Stelkens*, a.a.O.（Fn.351), S.151.

部効果について，まず，Stelkens は，「広義の機関担当者の署名権に関する問題は，意思表示の適法性・無効の問題ではな」く，措置が官庁へと帰属するかという問題であることを強調する[493]。その上で，Hufeld のような見解（つまり，官庁が官庁組織に属していることから帰属を認め，署名権と帰属の問題とを切断する見解）に対して，次の3つの観点から批判する。

第1に，Hufeld のような見解の基礎には，「裁判所構成法144条後半において検察庁についてなされた規律は一般的な原理を表現している」という理解があるところ，Stelkens によれば，「判例は，早くから，広義の機関担当者により行われた意思表示の帰属可能性を，署名権の存在にかからしめていた。したがって，裁判所構成法144条後半の適用範囲外においても，他の官庁について，……立法者が〔同条に〕対応する規律を黙示的になしている，とは容易には考えられない」[494]。

第2に，「取引の保護は必要であるが，これを別の方法で考慮に入れることができれば……，憲法上の諸根拠によっても，このような〔署名権を代表力・帰属から切断するという〕考え方は強制されない」[495]。そして，取引保護を考慮に入れることは，署名権を基礎として与えられる代表力の範囲を，外部から客観的な観察方法によって定めること，署名権の範囲の限定により官庁への行為の帰属を否定するためにはその限定を行う事務配分規範を何らかの形で公表せねばならないとすること，等によって達成され得る[496]。これは Seer の見解への批判と位置付けられる。

第3に，「結論においても，……〔Hufeld のような〕見解は貫徹し得ない。なぜなら，官庁所属者の間にも，ヒエラルヒー構造における段階があり，したがって，官庁所属者が官庁内に組み入れられることだけでは，少なくとも，およそ例外のない代表力を基礎付けることができないからである」。Stelkens によれば，「用務員・清掃者・文書を送付する使者・書記といった者が官庁のための意思表示を行う代表力を持つ，と考える者はいない」[497]。

493）Vgl., *Stelkens*, a.a.O.（Fn.351），S.226.

494）*Stelkens*, a.a.O.（Fn.351），S.227.

495）*Stelkens*, a.a.O.（Fn.351），S.227.

496）Vgl., *Stelkens*, a.a.O.（Fn.351），S.241-244. この点については第2章第1節第4款第1項2も参照。

497）本段落につき，vgl., *Stelkens*, a.a.O.（Fn.351），S.227f.

第 1 章　組織規範の裁判規範性

　以上の 3 点の批判から転じて，Stelkens は，「署名権〔を分配する規範〕は，内部的な意味を持つのみならず，代表権を付与された者が行政主体のために外部に向けて拘束的な形で意思表示を行い得るようになることを授権する」[498]という外部効果を持つものと理解する。

　補足すれば，第 1 に，Stelkens において，事務配分規範（署名権を分配する規範）は，「具体の職務担当者ではなく，官庁ヒエラルヒーにおける職務担当者の地位に抽象的に結びつく」[499]ものと理解されている。つまり，Hufeld と異なり，Stelkens は人ではなく職に影響するものとして事務配分規範（署名権を分配する規範）を観念する。第 2 に，Stelkens も，署名権を分配する規範が行政内部規定の形式で定立され得ることは前提とする[500]。それでも署名権を分配する規範の外部効果が否定されないのは，Stelkens が行政固有の外部法定立権を承認する[501]からであると考えられる。

　以上の主張は，近時も維持されている[502]。

(2)　意義と限界

　Stelkens の見解には，Hufeld のような裁判所構成法を用いた論証に対する批判をした点，および，Seer のような見解に対する批判をした点に意義がある。Stelkens 自身の積極的な見解は，署名権を基礎とした代表力の規律を認める点では，Kübler と基本的に同じであり，直接の[503]外部効果を認める点では，Kübler と異なり，Baedeker の見解に近い。Kübler との差異を敷衍すれ

---

498)　*Stelkens*, a.a.O.（Fn.351），S.228.

499)　*Stelkens*, a.a.O.（Fn.351），S.228 Fn.149. ただし，同時に，署名権が事務配分規範によって与えられない場合も観念しており，この場合，署名権は職ではなく職務担当者に与えられると考えているようである（vgl., ebd., S.228 Fn.149）。しかし Stelkens はこの点を詳説しない。

500)　Vgl., *Stelkens*, a.a.O.（Fn.351），S.243.

501)　Vgl., *Stelkens*, a.a.O.（Fn.351），S.160.

502)　Vgl., *Ulrich Stelkens*, § 35 Rn.55f., in: *Paul Stelkens* u.a., VwVfG, 10.Aufl., 2023.

503)　Stelkens は，署名権の付与が連邦行政手続法 35 条 1 文にいう直接性を持つかという問題の考察において，署名権の付与に直接の外部効果を認めない。しかし，Stelkens によれば，同条にいう「直接性」は，「規律が存在することは否定しがたいが，行政行為の機能に鑑みて，行政の作動能力のために行政行為という性質決定をすべきではない措置」を行政行為ではないと判断する際に用いられる（vgl., *Stelkens*, a.a.O.（Fn.351），S.229f. ただし，そこでは，「直接性」の要素のみならず「外部性」の要素についてもこのような利用が想定されているという趣旨の記述も見られる）。そのため，署名権の付与の外部効果が直接的でなく間接的であるとする Kübler の主張とは，直接性の概念が異なる。Stelkens は，署名権を分配する規範それ自体が外部法であり，法治国原理の要請が用いられるという考慮を入れず外部効果を認めるのであるから，Kübler における意味での直接性は認めている。

ば，Kübler は署名権の付与だけでは未だ外部効果を持たないと理解していたが，Stelkens は，署名権の分配が外部に対して行為する権限を授権するという点を捉えて，これを直接の外部効果として表現しているのである。

しかし，Stelkens の見解にも問題がある。すなわち，Stelkens 自身，署名権を分配する規範が行政行為の取消訴訟において裁判規範性を持つことを前提としている[504]にもかかわらず，Stelkens 示す外部効果の内実は，裁判規範性を認めるためには不足していることである。すなわち，国家を代表する権限を機関担当者に対して与えるという外部効果をある法規範が持つだけでは，当該法規範が取消訴訟において裁判規範性を持つことを論証するためには不十分である（本節第2款第1項3⑵も参照）。したがって，署名権の外部効果についてはさらなる検討を要する。具体的には2つの課題が残る。第1に，例えば，"行政主体は，その作用を，署名権を持つ機関担当者によって実現させる義務を負う"といった形で[505]，行政主体の義務を示す必要がある。第2に，さらに進んで，Stelkens の見解において，署名権を持つ機関担当者の行為を求める権利を肯定することができないかも検討すべきであろう。

第4款　第2節小括

本節では，官庁の組織・手続，官庁内組織に関する組織規範について，外部効果の有無・内実，それを判断するための根拠を検討した。そして，組織規範に一定の外部効果を認める場合に初めて，これらの組織規範が取消訴訟において裁判規範性を持つといえることになるところ，いずれの組織規範についても何らかの形で外部効果を認める議論が存在していることが明らかになった。官庁管轄規範以外の組織規範については，総じて，裁判規範として用いられるために必要な外部効果の存在が説得的には論証されていなかったものの，外部効果を否定する積極的理由も十分には示されていなかった。これらの事情に鑑み，第2章では，官庁管轄規範以外の組織規範についても，"外部効果を認める見解に依拠した場合に，当該規範に違反した行為の帰結がいかなるものとされているか"に言及することとする。

---

504) *Stelkens*, a.a.O.（Fn.351），S.244f. における検討は，こうした前提に立つものであろう。

505) Vgl., *Rupp*, a.a.O.（Fn.338），S.90.

第1章 組織規範の裁判規範性

　第2章では，行政行為と目される行為が組織規範に違反した場合の帰結を論じる。本書は，この帰結について，組織規範と帰属との関係という観点から検討するのであるから，まず，自然人の行為を行政主体に帰属させるという性質を組織規範に結合させるか，それはどのような理論構成によるのか，を検討せねばならない。そして，これらの問題に関連する議論の一部は，"代表（Vertretung）によって帰属が可能になる"という形で，本章においても現れていた。代表についてのこの議論が第2章の検討対象となる。

第2章　組織規範と帰属

第1節　組織規範と帰属との結合

　本節では，自然人の行為を行政主体へと帰属させるという性質を組織規範に結合させる構成に関するドイツの議論を検討する。

　ドイツにおいても，組織法の第1次的・主要な機能は，自然人の行為を行政主体へと帰属させることにあるとされる[1]。そして，この理解の基礎を定立したのは Hans Julius Wolff である[2]ため，本節の検討は Wolff の見解を中心として行われる。ただし，当然，Wolff 以前・以後に重要な見解を提示した学説の評価も行う。

　本節では，第1に，本節での検討を行うために必要な概念を整理する（第1款）。第2に，自然人の行為を行政主体へと帰属させるという性質を組織規範に結合させるための構成を，代表（Vertretung）に関する議論を通じて解明する（第2款）。第3に，第2款で解明した構成に対して修正を試みる見解が現れたこと，それらの見解には問題があることを説明する（第3款）。第3款までの検討により，自然人の行為を行政主体へと帰属させるという性質を組織規範が

---

1) Vgl., *Friedrich Eberhard Schnapp*, Grundbegriffe des öffentlichen Organisationsrechts, Jura, 1980, S.69, *Barbara Remmert*, Private Dienstleistungen in staatlichen Verwaltungsverfahren, 2003, S.251 mit Fn.3.

2) *Remmert*, a.a.O. (Fn.1), S.251 Fn.3 は，「組織法は第1次的には（vorrangig）帰属の法であるとの理解の背景には，Wolff の示した意味での，法人としての国家と国家組織についての基本理解がある」と指摘する。帰属の問題に関して Wolff の議論が重要である旨を指摘するものとして，vgl. auch, *David Roth-Isigkeit*, Verfassungsordnung und Verwaltungsorganisation, 2023, S.63f.

　なお，Remmert の前記の指摘は誤りではないが，より重要な基礎となるのは Wolff の示した代表の概念である。Remmert が代表の概念に意識を向けていないことは，Remmert の見解が持つ問題点（本節第3款第3項3参照）と関連する。

247

第2章　組織規範と帰属

持つといえることとなる。第4に，しかし，どの組織規範がこの性質を持つかについては議論が十分に進展していないことを指摘する（第4款）。

第1款　帰属の概念と対象・主体

　自然人の行為を行政主体（国）へと帰属させるという性質を組織規範に結合させるか否かという問題を検討するとき，まず，その検討に必要な概念について整理することが必要である。本款で整理するのは，帰属の概念，帰属先の主体である行政主体（国）の概念（第1項），行為の帰属と（法）効果の帰属との関係（第2項），である。

第1項　帰属・行政主体の概念

　本項では，自然人の行為を行政主体（国）へと帰属させるという命題が問題となる場合の，帰属の概念，行政主体（国）の概念について整理を行う。これらの概念については，前記の命題が問題となる文脈とは別の文脈で議論があり得るが，本書では，前記の命題に関する限りでの整理を行う。

　ドイツにおいて，行政主体（国）への行為の帰属が問題とされるとき，そこでの帰属・行政主体（国）の概念は，基本的に，Wolff が提示した概念が基礎となっている。そこで以下では，Wolff の見解を確認する。

1　人格・帰属の概念

(1)　人格の概念

　Wolff は，その教授資格申請論文において，法人の概念およびそれによる国家の法的把握について考察した。この考察において，帰属の概念は，法人を論じるための基礎となる「人格」概念の検討の中で現れる。

　Wolff は，人格の概念を「規範的主観的帰属の潜在的終局点」[3]と理解する。その際，規範的主観的帰属の概念は，Hans Kelsen のいう「中心的帰属」と「周縁的帰属」との差異を意識しつつ論じられている。まずは本項1(2)でこの点を確認する。

---

3) *Hans Julius Wolff*, Juristische Person und Staatsperson, 1933, S.151. 傍点原文斜字体。

第 1 節　組織規範と帰属との結合

(2)　帰属の概念

　(a)　Hans Kelsen における帰属の概念　　Kelsen は，その著書『一般国
家学』において，中心的帰属と周縁的帰属について述べた。中心的帰属とは，
「ある要件（Tatbestand）の，秩序の統一体（Einheit）または部分秩序の統一体
への関係付け」[4]のことをいい，ここでの秩序・部分秩序とは法秩序のことで
ある[5]。中心的帰属は，法人格の概念に関連して次のように説明される。曰く，
「帰属先の主体の概念が問題となるとすれば，あるいは，帰属によって構成さ
れた人格たる帰属主体の概念が使用されるとすれば，常に，秩序の統一体また
は部分秩序の統一体への関係付けという意味における中心的帰属が問題となっ
ている。それどころか，法人格の概念，広義の（つまり権利主体・義務主体とい
う意味の）法主体の概念は，（特に法的な統一体でない）人間（Mensch）の概念と
異なり，まさに，この統一体への関係付けの概念と同一である。なぜなら，法
人格・広義の法主体の概念は，関係点，すなわち帰属点を意味するにほかなら
ないからである」[6]。

　次に，周縁的帰属とは，「法規範内したがって法秩序内の 2 つの要件の結合
をいう」[7]。すなわち，条件的要件（bedingende Tatbestand）がある場合に効果
要件（Folgetatbestand）が生じるという意味での結合であり，周縁的帰属は，
「要件と効果との特殊な結合」を意味するものといえる[8]。

　(b)　Hans Julius Wolff における帰属の概念　　本項 1 (2)(a)で見た Kelsen
の用語法に対し，Wolff は規範的主観的帰属という概念を用いる。これは，規
範（Norm）に基づいて（つまり「規範的」に）[9]，「要件（Tatbestand）一般が主
体一般へと〔つまり「主観的」に〕結合されること」[10]を意味する。ここで，
こうした結合を行うための「規範（Norm）」は，法的なものすなわち法規範で
ある必要はないが，法規範であっても問題がない[11]。また，「要件」としては
特に「意思表示」が想定されている[12]。さらに，規範的主観的帰属には，「通

---

　4)　*Hans Kelsen*, Allgemeine Staatslehre, 1925, S.65.

　5)　Vgl., *Kelsen*, a.a.O.（Fn.4），S.65.

　6)　*Kelsen*, a.a.O.（Fn.4），S.65. 傍点原文隔字体。

　7)　*Kelsen*, a.a.O.（Fn.4），S.65.

　8)　Vgl., *Kelsen*, a.a.O.（Fn.4），S.48f.

　9)　*Wolff*, a.a.O.（Fn.3），S.147f.

　10)　*Hans Julius Wolff*, Theorie der Vertretung, 1934, S.141.

　11)　Vgl., *Wolff*, a.a.O.（Fn.3），S.147.

第2章　組織規範と帰属

過的な」帰属の場合と「終局的な」帰属の場合とがあり得る[13]。

　規範的主観的帰属の概念は，Kelsen の帰属の概念から，主として次のように区別される。

　第1に，中心的帰属との関係では，①法秩序の②統一体（Einheit）への関係付けを必ずしも問題にしない，という点で区別される。以下，①・②について敷衍する。

　まず，規範的主観的帰属においては，帰属先の主体が①法秩序である必要はなく，本項2(2)で後述するとおり，「法」秩序とはいえない部分秩序たる組織に対して規範的主観的帰属がなされる点で，Kelsen のいう中心的帰属と区別される。なお，注意を要するのは，①に関して，Wolff は，帰属先の主体が法秩序である必要はないと述べているに過ぎない[14]ことである。実際，Wolff 自身，帰属先の主体が法秩序であり得ることを認めている。すなわち，Wolff においても，本項2(1)で後述するとおり，組織は一定の条件を満たせば法規範（の体系）として扱われるところ，自然人の行為が法人へと帰属するか否かという本書が扱う問題は，自然人の行為が法規範たる組織規範の体系としての組織に帰属させられるかという問題として扱われているのである[15]。

　次に，②法秩序の統一体への関係付けを問題としてしまうと，Wolff のいう法法則（Rechtsgesetz）に適合した，あらゆる観点で適法な要件・行為しか帰属しないことになってしまう[16]。ここで法法則とは，「当為命題（規範）の体系」たる客観法[17]を意味する。要するに，Wolff は，違法な行為を観念するために，中心的帰属の概念を使用することを拒否するのである[18]。なお，Wolff が法人を論じる際に組織という部分秩序への関係付けをすることからも分かるとおり（本項2(1)参照），ここで Wolff が「統一体」への関係付けとして拒否するのは，（法）秩序全体への関係付けである。

---

12)　Vgl., *Wolff*, a.a.O. (Fn.10), S.243.

13)　Vgl., *Wolff*, a.a.O. (Fn.3), S.197f., 200.

14)　Vgl., *Wolff*, a.a.O. (Fn.3), S.146f., 196.

15)　Z.B. vgl., *Wolff*, a.a.O. (Fn.10), S.263-278.

16)　Vgl. *Wolff*, a.a.O. (Fn.3), S.196, 413.

17)　*Wolff*, a.a.O. (Fn.3), S.489. 法法則の概念については，Wolff が用いる法治国・実定法といった概念との関係も含めて参照，西上治『機関争訟の「法律上の争訟」性』（有斐閣，2017）191-192頁。

18)　Vgl., *Wolff*, a.a.O. (Fn.3), S.147.

250

第1節　組織規範と帰属との結合

　第2に，周縁的帰属との関係では，Wolff は，Kelsen の周縁的帰属という概念で表現されていることは，「『帰属』ではなく，規範そのものである」[19]と理解して，次のように周縁的帰属の意味を定位し直す。すなわち，Wolff は，周縁的帰属は，「人間の行態のみならず要件一般をも〔正確には要件として初めて〕帰属させる」[20]という形で，「要件の人間（Mensch）……への帰属と理解されるべきである」[21]と定位し直す。そして，こう定位し直した意味での周縁的帰属から，規範的主観的帰属を，帰属によって要件と結合される者を人間から人格としての「主体」へと拡大したものであるとして区別する[22]。

　ここで，行態と要件との関係を整理しておく。Wolff の議論において，行態を行う者は制度的・法技術的（本項2(1)(a)で後述）な存在である機関・法人ではなく，法要素的（本項2(1)(a)で後述）な存在である人間・自然人たる機関担当者である[23]。そして，要件（例えば「意思表示」）は，「常に実定法により典型化される」ものであり，「要件の構成要素は，前法学的，……法要素的な所与〔例えば人間の「意思」・「行態」〕をかなりの点で含み得るが，しかし，法技術を用いた……洗練によって，それらの所与から……距離をとる」ものとされる[24]。要件として「意思表示」を念頭に置いて以上述べたことを整理すると，次のようになる。すなわち，Wolff においては，要件たる「意思表示」に対応する前法学的な所与である事実（意思・行態）が自然人たる機関担当者によって示され，その事実が要件たる「意思表示」として把握され，（一定の条件を満たせば）「意思表示」が機関のなしたものとして機関へと通過的に帰属し，さらに法人のなしたものとして法人へと終局的に帰属することになる[25]。

　Wolff は，以上のように概念を整理して議論を進める。以下，本書の検討では，帰属について規範的主観的帰属の概念を採用し，単に「帰属」という場合には，規範的主観的帰属を意味するものとする。

---

19) Vgl., *Wolff*, a.a.O. (Fn.3), S.146f.

20) *Wolff*, a.a.O. (Fn.3), S.147. 亀甲括弧内につき，vgl., *ders.*, a.a.O. (Fn.10), S.293 Fn.1.

21) *Wolff*, a.a.O. (Fn.3), S.147.

22) Vgl., *Wolff*, a.a.O. (Fn.3), S.147.

23) Vgl., *Wolff*, a.a.O. (Fn.10), 242f. 機関担当者・機関の概念につき参照，本節第2款第2項3参照。

24) Vgl., *Wolff*, a.a.O. (Fn.3), S.137. 亀甲括弧内につき，vgl., *ders.*, a.a.O. (Fn.10), 242f.

25) Vgl., *Wolff*, a.a.O. (Fn.10), S.241, 243, 293 Fn.1.

251

第 2 章　組織規範と帰属

2　組織・法人・行政主体の概念

続いて，行政主体（国）の概念を整理する。

(1)　組織の概念

(a)　諸前提と組織の観念　　本項 1 (1)の冒頭で述べたように，Wolff は，帰属の概念を，法人を論じるための基礎となる「人格」概念の検討の中で扱っていた。では，Wolff は，人格・法人についていかに説明するか。

結論をいえば，Wolff においては，組織という部分秩序（によって個別化される統一体）を法規範が終局的帰属主体とすること（組織という部分秩序への関係付け）によって，法技術的な意味での人格が与えられ，法人が存在することになる。ここでは，先行研究を参考にしつつ[26]，本書の検討に必要な限りで，法技術・組織の概念について確認する。

まず，法技術は，法要素論と法技術という，法理論内部での区別を説明する文脈で言及される。一方で，法要素論とは，「普遍的で経験的な関係，特に利益能力および意思能力ある存在としての人間の性質，物の性質等（法の要素）を考慮に入れる」ものである。他方で，法技術とは，「形式的な法理論としては，法命題の単なる形式，その相互関係，とりわけ，法学的な概念形成および構成を探究し，実質的な法理論としては，規範の内容および作用を探究する」ものである[27]。

次に，組織とは，「『共同の利益追求』および『意思統一』を規律する」[28]規範の体系である。組織には，①「定款（Satzung）」と，②「『組織法的な』，すなわち，『機関』と『職務保持者』の管轄を形式的に定める，定款から導かれる規範」，③「関係者の法関係を定める，全体法秩序（一般法律）の諸規定」が含まれる[29]。①「定款は，内容としては，通例，団体の名称・所在地・目的，共通のまたは統一された利益の保有者・担当者，これらの者がその職分を遂行しなければならないときの態様と方法，を定める」[30]。

法人が規範的主観的帰属の終局点たり得るためには統一体である必要があり[31]，統一体であるためには統一的モメントが必要であるところ，組織はこの

---

26)　本項 2 (1)(a)の記述全体につき，参照，西上・前掲注 17) 193-200 頁。

27)　本段落につき，*Wolff*, a.a.O. (Fn.3), S.490f. 傍点原文斜字体。

28)　*Wolff*, a.a.O. (Fn.3), S.165.

29)　①につき *Wolff*, a.a.O. (Fn.3), S.165, ②・③につき ebd., S.167. 傍点原文斜字体。

30)　*Wolff*, a.a.O. (Fn.3), S.165.

252

第1節　組織規範と帰属との結合

統一的モメントとして機能する[32]。組織が統一的モメントとして機能すること
は，次のように説明される。すなわち，「組織は，法人の内部関係の形成にと
ってのみならず，外部関係の形成にとっても構成的であり，構成員・機関担当
者の変更を越えて存続する。組織からは，名称・所在地・意思形成・処分権・
周知可能性が生じる；組織は，また，少なくとも『内部に対する』『責任制限』，
すなわち，利益の対象の，元来の利益保有者からの分離をも基礎付ける」[33]。

　こうした性格を持つ組織を，法規範が終局的帰属点として扱うことにより，
組織（によって個別化される統一体）に法技術的な意味で人格が与えられ，法人
が存在するに至るのである[34]。

　(b)　組織の概念に関する注意点　　Wolff における組織の概念については，
2 点の注意が必要である。

　第 1 に，Wolff において，組織は規範体系ではあるが，この段階では未だ
「法」規範（の体系）とはされていない点である[35]。確かに，本項 2 (1)(a)で掲げ
たように，組織が定めている規律対象の観点からすれば，Wolff のいう組織は，
本書がこれまで対象としてきた組織規範と概ね一致するといえる。しかし，組
織（によって個別化される統一体）に法人格が未だ付与されていない段階では，
組織は部分秩序に過ぎず，部分「法」秩序，「法」規範（の体系）ではない。法
規範によって法人格が付与されることにより，組織に正統性が付与され，組織
は法的な規範（の体系）になるのである[36]。組織が法的な規範（の体系）になっ
て初めて，本書が対象としている組織規範と，Wolff のいう組織との比較が可
能になる。

　第 2 に，Wolff において，こうした前法的な組織が自然人の行為を行政主体
へと帰属させるという性質を内在させている，と説明される点である。すなわ
ち，Wolff は，こうした前法的な組織が統一的モメントたり得ることを論証す
るために組織の性質に言及しているところ，Wolff は，その著書の一部で，組

---

31)　Vgl., *Wolff*, a.a.O. (Fn.3), S.184.

32)　Vgl., *Wolff*, a.a.O. (Fn.3), S.192.

33)　*Wolff*, a.a.O. (Fn.3), S.192.

34)　Vgl., *Wolff*, a.a.O. (Fn.3), S.230.

35)　Wolff の著書の全体を通して用語法が一貫しているわけではないが，決め手になる言明とし
　　て，vgl., *Wolff*, a.a.O. (Fn.3), S.196 mit Fn.1, *ders.*, a.a.O. (Fn.10), S.103 mit Fn.1.

36)　Vgl., *Wolff*, a.a.O. (Fn.3), S.196, 215.

253

第2章　組織規範と帰属

織という規範体系は自然人の行為を組織へと帰属させる性質を持つこと，および，この性質こそが統一的モメントとして重要であることを示唆しているのである[37]。

しかし，Wolff は，部分秩序たる組織がこの性質をなぜ持つかについてはほとんど説明しない。せいぜい，社会学的な「機関性（Organschaft）」の概念と関連して，若干の説明が与えられるのみである[38]。そのため，法規範たる組織規範が自然人の行為を行政主体へと帰属させる性質を持つかという，本書が関心を持つ問いに対する解答は，組織に法人格を付与するために組織の概念を論じる段階では，未だ与えられていない。法規範たる組織規範がこの性質を持つことの説明は，組織（によって個別化される統一体）に法人格が与えられて法人が存在することが前提とされ，組織が法規範の体系とされた上で，法学的な機関性の概念の検討を通じてなされる。この検討に関する議論は次款で扱う。

(2)　中心的帰属との差異

Wolff によれば，本項2(1)で述べたような組織への法規範による関係付け（規範的主観的帰属）は，Kelsen のいう中心的帰属ではない。この理解の根拠は2つある。第1に，中心的帰属によるとすれば，「定款から由来する規範および組織に服する諸行為を含めて〔すべての規範が〕……適法である〔つまり法法則に合致する〕組織だけが法人たり得ることになる。そう考えた場合には，……あらゆる行為によって，絶えず，組織の法的な人格が疑わしいものになってしまう」[39]。第2に，組織に法人格を付与する以前の段階では，「組織は未だ部分法秩序ではない」[40]。法秩序への関係付けを問題とする中心的帰属とは，この第2点においても区別されるわけである。

(3)　行政主体・国への適用と以後の議論の前提

こうして，組織に注目することにより，規範的主観的帰属の潜在的終局点として，法技術的な法人の概念が得られた。この法人の概念を国家にも適用することで，Wolff は，組織としての国家を法人として把握する[41]。

以上より，帰属の概念，それを基礎にした人格・法人の概念，法人の概念を

---

37) Vgl., *Wolff*, a.a.O. (Fn.3), S.431.

38) Vgl., *Wolff*, a.a.O. (Fn.10), S.92, 102-104.

39) *Wolff*, a.a.O. (Fn.3), S.196.

40) *Wolff*, a.a.O. (Fn.3), S.196. 傍点原文隔字体。

41) Vgl., *Wolff*, a.a.O. (Fn.3), S.425-438. 詳細につき，参照，西上・前掲注17) 203-208頁。

基礎にした国家の概念が得られた。本書は，法人たる行政主体（国）への行為の帰属と組織規範との関係を論じるものであるから，以後の議論においては，少なくとも Wolff の見解を考察の対象とする限り，既に組織が法規範により法人として扱われていること，したがって，組織が法規範の体系となっていることが前提となる。

第2項　帰属の対象としての行為

帰属の概念についてはさらに概念の整理が必要となる。

1　行為と法効果

日本での議論を検討した結果（序章第2節第2款第1項2(2)参照），帰属の対象の候補としては行為と行為の法効果という2つのものがあること，行為を帰属の対象とする理解が理論的には正当であるという指摘があること，行為と法効果のいずれを帰属の対象とするかによっていかなる差異が生じるか不明であること，が判明していた。

ドイツでは，行政主体へは行為を帰属させねばならないという主張が示されることがある。用語法を確認すれば，ドイツでは，行為（あるいは要件）の法効果を帰属させる場合が「帰効（Zuordnung)」であり，行為（あるいは要件）そのものを帰属させその結果として法効果も帰属する場合が「帰属（Zurechnung)」である，と区別される[42]。

2　帰属を要請する根拠

そして，この意味における「帰属」が必要とされる根拠としては，以下の4つが見出される。

第1に，伝統的には法人の観念が根拠として挙げられてきた。敷衍すれば次のような根拠である。法人格が与えられる以前の団体・組織について，その団体・組織自体が行為をしていると捉えた上で，そうした団体・組織に法人格が与えられるという構成を採る論者がいる。こうした論者においては，法人は行為能力を持つものとして観念されねばならない，つまり，法人に行為を帰属さ

---

42) Vgl., *Hans Julius Wolff/Otto Bachof*, Verwaltungsrecht Ⅰ, 9.Aufl., 1974, S.206［Wolff］.

第 2 章　組織規範と帰属

せねばならない，とされるのである[43]。

　第 2 に，行政の概念が根拠として挙げられる。この根拠を示す Peter Krause は次のようにいう。「行政は行政活動の背後にある実体ではなく，活動なくして存在できるものでもない。行為は行政の存在そのものである。……／したがって，行政の行為は，それがそれ自体帰属され得るものである場合にのみ語り得る；行政は，特別に選定された自然人によってある一定の手続を通じて一定の形式で行為することによって作動する，どこまでも法的な形成物 (Gebilde) である。」[44]要するに，行政概念が行為によって規定されるため，行政活動を捉えるためには行為を帰属させることが必要である，という主張である。

　第 3 に，権限の自己遂行義務を観念し，それを果たすためには行為の帰属が必要となるという根拠がある。この根拠を示す Barbara Remmert によれば，権限・管轄をある行政単位へと分配することは，同時に，他の行政単位ではなくその行政単位が自ら当該権限を遂行する義務（つまり権限の自己遂行義務）を負うということを意味する[45]。そして，「自然人のみが決定と行為を行う能力を持つのである」から，「行政単位が『自分自身で』行為し決定を行える〔そしてそれによって権限の自己遂行義務を果たせる〕のは，法秩序が，一定の条件の下で，自然人の行為・決定を，行政単位自らのものとして，そしてそれに伴って，『自分自身で』行った権限遂行として，行政単位に帰属させる場合のみである」[46]。

　第 4 に，高権を国家が独占するという根拠がある。この見解を示す Laura Münkler は，「行為ではなく行為の効果のみを帰属〔つまり帰効〕させる民事法上の帰属論理は，高権行為を行う可能性は国家のみに開かれており私人には開かれていないという理由から，公法には適さない」[47]という。

---

43) Vgl., *Otto Gierke*, Die Genossenschaftstheorie und die deutsche Rechtsprechung, 1887, S. 608-624. Vgl. auch, *Wolff/Bachof*, a.a.O.（Fn.42）, S.244〔Wolff〕.

44) *Peter Krause*, Rechtsformen des Verwaltungshandelns, 1974, S.28.

45) Vgl., *Remmert*, a.a.O.（Fn.1）, S.217.

46) *Remmert*, a.a.O.（Fn.1）, S.218. 行政単位の概念が行政主体たる国を含むことにつき, vgl., ebd., S.16-18, 252.

47) 行政補助者の行為の帰属を検討する文脈であるが, *Laura Münkler*, Der Nichtakt, 2015, S. 149.

256

第1節　組織規範と帰属との結合

3　根拠の関係

このように，ドイツでは行為を帰属させるために4つの根拠が見出される。確かに，それぞれの根拠が前提に置く観念（行為する団体・組織，行政の概念，権限の自己遂行義務，高権の独占の観念）が正当か否かを検討することによって，これらの根拠の正当性を論じることはできよう。しかし，次の3つの事情からして，当面は，これらの根拠の正当性を論じるのではなく，これらの根拠の中から1つのあるいは複数の見解を採って説明すればよかろう（ただし，次の段落で述べるように，高権の独占という根拠は別の根拠に包含させるべきである）。3つの事情とは，第1に，学説上，これらの根拠の正当性が意識的に論じられることは少ないため，相互に批判は見られないことであり，第2に，およそ採用できないとする理由はいずれの根拠についても直ちには見出せないことであり，第3に，複数の根拠を併用することを禁止する理由も見出されないことである。

もっとも，高権の独占という根拠は，すべての行政の行為が高権行為であるという前提を採らない限り，高権行為以外には射程が及ばない。高権行為も行政の活動であること，また，権限の行使として行われることから，高権行為の独占という根拠は，行政の概念か権限の自己遂行義務による根拠の中に包含して説明するのが適切であろう。そうすると，行為を帰属させる根拠としては，法人の観念，行政の概念，権限の自己遂行義務という3つのものが想定されることになる。

3つの根拠のいずれに依拠するにせよ，行政主体については行為の帰属を生ぜしめる必要があると考えるならば，行為の帰属を可能にするための理論構成が必要となる。次款でこの理論構成について検討する。

第2款　帰属と代表（Vertretung）

本款では，行為の帰属を可能にする理論構成としての代表（Vertretung）を検討する。既に前款でWolffの見解を紹介する際に，（代表形態の一種である）機関性という概念が，法規範たる組織規範と帰属とを結合させることに関わっていると述べた。本款では，この結合が厳密にはいかなる構成によっているかを解明する。以下，機関性が代表形態の一種であることから，まずは代表の概念を明確にし（第1項），その後に機関性の概念を明確にする（第2項・第3項）。

257

第2章　組織規範と帰属

第1項　複数の代表形態，代表の要件と効果

1　帰属と代表

ドイツでは，自然人の行為を行政主体へと帰属させる法的構成が広義の代表（Vertretung）であるとされる[48]。また，さらに進んで，広義の代表によってのみ帰属が可能になるとされることもある[49]。以下，特に注記しない限り，広義の代表を単に「代表」と呼び，「代表」を Vertretung の訳語として用いる。

代表の定義は次のとおりである。「代表は，客観法によって，ある法主体（代表者）の行態が他の法主体（被代表者）へと帰効され，その結果，代表者の行態から，被代表者が義務付けられまた権利を与えられる場合に，存在する。」[50] この定義において「帰効」という表現が用いられている理由は，行為の帰属もそれによって法効果が帰することになる[51]という意味で帰効の一部であるといえることに求められよう。

代表には複数の現象形態（代表形態）が存在する。行政主体の代表に特に関係するものとしては，「機関性（Organschaft）」，「代理（Stellvertretung）」，「狭義の法的代表（juristische Repräsentation）」，勤務法による代表（dienstrechtliche Vertretung)[52]の4つを挙げられる[53]。

---

48)「代表の要件に……結びついている条件が充足されると，法秩序は，……代表者の行態を被代表者へと帰属させることを，『代表の特有の効果』として生ぜしめることができる」（*Wolff*, a.a.O.（Fn.10），S.203）。

49) この旨の指摘として，vgl., *Jürgen Kübler*, Die Zeichnunsgbefugnis im Verwaltungsrecht, Diss, 1974, S.193.

50) *Wolff/Bachof*, a.a.O.（Fn.42），S.248［Wolff］. 傍点原文隔字体。

51) Vgl., *Wolff/Bachof*, a.a.O.（Fn.42），S.248f.［Wolff］.

52)「勤務法による帰属（dienstrechtliche Zurechnung）」という言葉を用いる論者は，"勤務法による代表（dienstrechtliche Vertretung)" という言葉を明示的には用いない。しかし，これらの論者も，「ある法主体が他の法主体のための効力を持つ決定と行為を行うところのあらゆる帰属関係の上位概念」を代表と呼ぶのであるから（vgl., *Ariane Berger*, Staatseigenschaft gemischtwirtschaftlicher Unternehmen, 2006, S.176 Fn.372)，勤務法による帰属も代表形態の1つといえるはずである。この考慮に基づいて，本文では "勤務法による代表" という言葉を用いた。しかし，これらの論者が "勤務法による代表" という言葉を用いないことには理由があるとも考えられる（参照，本節第3款第3項3)。

53) 前三者につき，*Wolff/Bachof*, a.a.O.（Fn.42），S.248［Wolff］.

第1節　組織規範と帰属との結合

2　代表の要件と効果

本項1で示したように代表には複数の形態があるところ，いずれにも共通する要件と効果が示される。ここでは，公法学における代表の要件と効果につき初めて体系的な整理を行い，今日でも標準的地位を獲得している Wolff の見解を確認する。

(1)　要件

Wolff は代表の要件を4つに整理した。すなわち，①「代表者が，被代表者のために，第三者に対して事務の遂行をすること（Geschäftsbesorgung）」，②「被代表者の法人格」，③代表者が代表権能（Vertretungsbefugnis）を有すること，④代表者が代表力（Vertretungsmacht）を有すること，である[54]。本書の議論に必要な限りで，それぞれ若干敷衍する。

①について。事務とは，権利・義務・利益よりも広く，「代表者の行態の対象となり得る事柄（Angelegenheiten）」を意味する[55]。

②について。代表に際して遂行されるべき事務は被代表者の事務であることから，「代表を行い得るためには，……被代表者に固有の事務領域があることが前提となる。この事務〔の遂行〕が権利または義務の付与を結果としてもたらし得る限り，被代表者は，少なくとも，権利義務の潜在的な担い手または名目的主体（Titulär），すなわち法的意味における人格〔を持つ者〕でなければならない」[56]。Wolff は，この要件を当時の民事法学説に依拠しつつ提示した[57]。

この限定により，Wolff においては，組織によって基礎付けられた権限複合体たる機関（Organ），機関を構成する個々の職（Amt）は被代表者になれない（これらの概念については本款第2項3を参照）。なぜなら，国家－私人間関係を念頭に置いたとき，Wolff において，「権限の担い手または名目的主体は法人自身であ」[58]って機関・職は権限の主体ではなく，また，国家－私人間の外部関

---

54)　①・②につき，*Wolff*, a.a.O.（Fn.10），S.184f. ③・④につき，vgl., ebd., S.185, 194-196.

55)　Vgl., *Wolff*, a.a.O.（Fn.10），S.164-166. なお，①のためには，「代表者が最広義で行為能力を持つこと」，「第三者が少なくとも受動的行為能力を持つこと」が前提となるとされるが（vgl., ebd., S.163f.），本書の観点からはこれらは問題とならないため立ち入らない。

56)　*Wolff*, a.a.O.（Fn.10），S.170.

57)　*Wolff*, a.a.O.（Fn.10），S.170 Fn.2.

58)　*Wolff*, a.a.O.（Fn.10），S.275. Vgl. auch, ebd., S.250.

259

第2章　組織規範と帰属

係において機関・職は人格を持たない[59]からである。

　③について。①・②だけでは、「被代表者・第三者の義務の基礎付けが専ら代表者の恣意に委ねられてしまうから、〔被代表者と第三者との〕外部関係において『代表の特有の効果』を生じさせる条件として……十分でない」。外部関係において代表の特有の効果を生じさせるための条件が、③・④である。③の条件は、代表者に対し、「被代表者のために、一定の事務を一定の態様で遂行することの権能〔つまり代表権能〕を与えること」で満たされる。すなわち、代表者に対し、「資格（Kompetenz）の決定」と「『任用』」とが行われねばならない。資格の決定とは、「遂行されるべき事務または事務領域を、実体的・形式的な……観点から指定すること」をいい、任用とは、「事務を遂行すべき個人を指定し、別の者〔つまり被代表者〕のために第三者に対して事務を遂行する権能を付与すること」をいう[60]。

　④について。③の代表権能は「被代表者に対してのみ存在するものであり、第三者に対して……存在するものではない」[61]。第三者との関係でも被代表者を代表するためには、被代表者および第三者との関係における代表力を要する[62]。代表権能は、単に被代表者との関係での「内部的な……法的状況（Rechtslage）」に過ぎないのに対し、代表力は、第三者との外部関係に関わる「法的力（Rechtsmacht）」である点に、代表権能と代表力との差異がある[63]。第三者との関係が問題となる限り、代表権能を越えて行為したとしても、代表力の範囲内であれば代表は有効に生じる。したがって、第三者との関係では、③の要件は前景化しない[64]。

　代表力は客観法（加えてそれに基づく法律行為）が定める[65]ところ、「通常、法秩序は、代表権能を認められた者に代表力も与える」[66]。しかし、代表権能を認められたか否かに関係なく代表力が与えられることもある[67]。

　そして、③代表権能・④代表力がいかなる法（客観法・法律行為等）によって与えられるかについては代表形態によって差異がある[68]から、要件についての詳細な検討は代表形態の同異の検討を通じて行われることになる。

　59）Vgl., *Wolff*, a.a.O. (Fn.10), S.250 mit Fn.3.

　60）本段落につき、vgl., *Wolff*, a.a.O. (Fn.10), S.184f.

　61）*Wolff*, a.a.O. (Fn.10), S.195.

　62）Vgl., *Wolff*, a.a.O. (Fn.10), S.195f.

260

第1節　組織規範と帰属との結合

(2)　効果

本項2(1)で述べた代表の要件が充足されると，代表に特有の法効果が生じる。代表に特有の法効果は，「代表者が……定立した要件が，別の者すなわち被代表者に，主観的に帰属される」[69]ことである，とひとまずは説明される。しかし，法効果はこれだけでは十分に定まらない。例えば，帰属するのは要件か事務の遂行の結果か（つまり帰属か帰効か），帰属の態様は直接的か間接的か（つまり代表者に一旦帰効・帰属するか否か），帰属するのは法行為（意思表示）・事実行為か，といった点において区別される上に，これらは様々に組み合わせられる[70]（これらの法効果のいずれが生じるかは基本的に法秩序によって判断される[71]）。

ただし，本書が検討対象としている行政主体の代表については，本書の問題を扱う限り，代表の効果については，帰効のみならず帰属が生じるかという問題のみを扱えば足りる。

---

63) *Wolff*, a.a.O.（Fn.10），S.196.

　　なお，Vertretungsbefugnis に「代表権能」という訳を与え，Vertretungsmacht に「代表力」という訳を与えたことについて付言する。ここでいう Befugnis と，第1章で扱った Aufgaben との対比における Befugnis とは，意味が異なり，Vertretungsbefugnis に Aufgaben との対比における Befugnis の意味はないと思われる（この説明の必要性は，東京大学公法研究会における連載論文書評会（2022年12月23日）での巽智彦准教授の指摘に負う）。なぜなら，Vertretungsbefugnis と Vertretungsmacht の対比は，民事法学が代理を論じる際にも現れるものであるところ，Wolff は，Vertretungsbefugnis という言葉を用いる際にも，おそらくこの民事法学の用語法を踏襲しており（z.B. vgl., ebd., S.195-197），Aufgaben と対比する趣旨を示さないからである。もっとも，Wolff の同書では，Vertretungsmacht が初めて用いられる際に（ebd., S.58 mit Fn.3），*Thomas Hobbes*, Leviathan, Bd.Ⅲ, 1841, cap.XVI が引用されつつ，Vertretungsmacht は「かつて „auctoritas" と呼ばれていた」と説明されている（この点は石川健治教授の教示による）から，Wolff が Vertretungsbefugnis と Vertretungsmacht という言葉を用いる際には，民事法学の用語法の踏襲にとどまらない意味が込められている可能性はある。しかし，いずれにせよ，Aufgaben との対比における Befugnis の意味は読み取れない。

64) Vgl., *Wolff*, a.a.O.（Fn.10），S.196. 代表権能が前景化する場合があるかのような記述もあるが（vgl. ebd., S.197），本書が扱う行政行為の場合を念頭に置いた記述ではない。

65) Vgl., *Wolff*, a.a.O.（Fn.10），S.356.

66) *Wolff*, a.a.O.（Fn.10），S.187.

67) Vgl., *Wolff*, a.a.O.（Fn.10），S.196-201.

68) Vgl., *Wolff*, a.a.O.（Fn.10），S.185f., 356.

69) *Wolff*, a.a.O.（Fn.10），S.204.

70) Vgl., *Wolff*, a.a.O.（Fn.10），S.205, 212.

71) Vgl., *Wolff*, a.a.O.（Fn.10），S.154-163, 205. また，帰属させられる対象には善意・悪意といった当事者の事実認識も含まれ得るところ，こうした帰属の対象も法秩序によって決まる（vgl., ebd., S.212）。

第2章　組織規範と帰属

(3) 要件と効果との結合

さらに，要件と効果の結合についても様々な態様があり得る。Wolff 曰く，「要件の中のある特定の要素は……一定の法効果に結合し得る〔つまり，ある要素を含む特定の要件が設定される場合には特定の法効果が設定されるという対応関係があり得る〕。しかし，この結合は決して必然ではない」[72]。ただし，代表者が自己の名においてする代表においては帰属が間接的に生じるといった，要件と効果との典型的な結合のあり方を語ることはできる[73]。そして，この典型的な結合を表すものが代表形態であると捉えられるため，問題は代表形態の特徴に移る[74]。

(4) 代表形態との連関

本項2(1)から(3)で述べたように，代表の要件・効果・それらの結合について一般的な議論はあるが，具体的な議論は主として代表形態の同異の中で論じられる。そこで本書も，代表形態の同異の中で，代表の要件・効果についてより詳細に論じることとする。

第2項　代表形態の同異

1　検討の視角・対象の限定

前項での議論を承けて，本項では，代表形態の同異について学説がいかなる議論をしてきたかを追う。その際，本書の検討の視角と，本節第1款第2項2で示した，行政主体については行為を帰属させるべきであるという要請とに鑑み，次の2点に注目して検討を行う。すなわち，第1に，組織規範と帰属との結合・分離と関わる同異であるかという点であり，第2に，帰効のみならず帰属が効果として生じるかという点である。

---

72) *Wolff*, a.a.O. (Fn.10), S.214. 傍点原文斜字体。

73) Vgl., *Wolff*, a.a.O. (Fn.10), S.215-223. なお，被代表者のために行為をしていると評価されるためには，被代表者の名において行為することは必要でない（vgl., ebd. S.174f.）。

74) Vgl., *Wolff/Bachof*, a.a.O. (Fn.42), S.248f.［Wolff］。なお，教授資格申請論文の段階で，Wolff は，要件と効果との結合のあり方を解明するためには，代表に関する「利益状況〔の考察や〕……利益評価に立ち入る」ことが必要であるとしており（*Wolff*, a.a.O. (Fn.10), S.215），国家機関については，第3巻・第4巻でこの観点からの検討が予定されているようであった（vgl., ebd., S.215 Fn.4）。しかし，第3巻・第4巻は出版されなかったし，後の Wolff の教科書において，代表の要件・効果の結合が論じられるとき，利益状況・利益評価のあり方は明示されない。

262

第1節　組織規範と帰属との結合

代表形態の同異に関し，本書では，狭義の法的代表（juristische Repräsenta-
tion）についての検討を基本的に除外する。なぜなら，狭義の法的代表の問題
は，代表機関たる議会について論じられることがほとんどであり，機関担当者
の行為を行政主体としての国へと帰属させる場合を論じる際には，ほとんど議
論の対象とならないからである。

この限定により，本書が基本的に検討の対象とする代表形態は，機関性・代
理・勤務法による代表の3つとなる。これらの代表形態の同異を論じるために
は，機関性と代理，機関性と勤務法による代表，代理と勤務法による代表とい
う3つの組み合わせによる比較をせねばならないが，最後者の組み合わせを扱
う議論は見出せない。以下，機関性と代理の同異については本項において検討
し，機関性と勤務法による代表の同異については，叙述の便宜上，本節第3款
において検討する。

2　法人論

(1)　序

機関性と代理の同異は，法人論と関連させて論じられることが多く，また，
一定の法人学説と必然的な対応関係を持つと説かれることがある。

そうした議論に立ち入る前に，まずは前提を確認しておく。すなわち，機関
性と代理の同異を論じるためには，法学において機関という概念が導入される
ことが必要であるところ，法人論における有機体説が，当時支配的であった擬
制説に対抗するべく，代理と機関とを対比させつつ機関概念を法学に導入し
た[75]，という前提である。機関性と代理の同異が公法学において活発に論じら
れるのは，ここから先の時期である。

(2)　有機体説による主張

有機体説により機関概念が導入された後，機関概念および機関性は，有機体
説を採らない論者によっても採用された。これに対し，有機体説の論者である
Hugo Preuß により，「機関性的代表関係と個人法的代表関係〔つまり代理〕

---

75) Vgl., *Gierke*, a. a. O. (Fn. 43), S. 614-629. この経緯の詳細につき，vgl. *Detlef Kleindiek*,
　Deliktshaftung und juristische Person, 1997, S. 151-182, *Jan Schürnbrand*, Organschaft im Recht
　der privaten Verbände, 2007, S. 9-11, 17-21. Gierke が示す機関性と代理の差異については本節
　注 111) を参照。

263

第2章 組織規範と帰属

との法的差異」は有機体説の立場からのみ論じることができるとの主張[76]，および，有機体説の立場から見た機関性と代理との差異が提示された。そこで，Preußの主張を検討することにより，機関性と代理との差異を論じるために有機体説を採ることが必要条件となるか，また，有機体説が提示した機関性と代理との差異は有機体説によってのみ提示され得るものであるか，を検討する。

Preußに関し2点注記する。第1に，本書で主たる検討対象とするPreußの2つの論文では，全体人（Gesamtperson）として国家・ゲマインデが念頭に置かれ[77]，そのうち特に国家が対象とされる。そのため，引用においても国家という表現が用いられることがある。第2に，Preußは，機関関係・機関性（的関係）・機関性的代表関係を明確に区別していないと思われるため，本書では，Preußに関する叙述に限り，これら3つを互換的に用いる。

　(a) 主張　Preußは，まず，機関という概念を用いる見解に3つのものがあることを示す。第1に，「国家において，支配者の被支配者に対する純粋に事実的な力関係（Machtverhältnis）のみを見る」[78]見解である（「支配者理論」[79]）。第2に，公法において公共体の法主体性を承認するが（この公共体は「全体人」と呼ばれる），「全体人の法主体性を構成するために，その構成要素たる部分人をないものと考える（wegdenkt）」結果，全体人は「擬制された個人」としてのみ把握され得るという見解である（「無機体的・準個人的人格理論」）[80]。第3に，公法において公共体の法主体性を承認する点では第2の見解と共通するものの，「あらゆる擬制を原理的に拒否して，現実のモメント……から出発する」見解である。現実のモメントとは，「全体人は複数の個人から成る〔さらに，全体人の意思が個人の部分意思の多数から成るという有機体である〕が，個人は複数の個人から成るわけではないという，第2の見解がないものと考え

76）Vgl., *Hugo Preuß*, Stellvertretung oder Organschaft?, Jherings Jahb, 1902, S.433. なお，*Hans Kelsen*, Hauptprobleme der Staatslehre, 2.Aufl., 1923, S.695f.も，「無機体理論が採用する，機関の人格の絶対的否定は……維持できない」こと，「機関は独立した人格として，しかし同時に有機体の部分としてのみ現れる」点への理解が「無機体理論の構成には欠けている」こと，を理由として，Preußと同旨の主張をする。しかし，Preußの主張を検討していく中でKelsenのこの主張も否定できる。

77）Vgl., *Hugo Preuß*, Über Organpersönlichkeiten, Schmollers Jahb, 1902, S.104.

78）*Preuß*, a.a.O.（Fn.77），S.105.

79）*Preuß*, a.a.O.（Fn.77），S.106.

80）Vgl., *Preuß*, a.a.O.（Fn.77），S.107.

たところの実際に存在する差異」のことである（「有機体的人格理論」）[81]。これ
らのうち，Preußの批判対象は，主として第2の「無機体的・準個人的人格
理論」である（以下，便宜上，無機体的・準個人的人格理論を「無機体説」と呼ぶこ
とがあり，有機体的人格理論を「有機体説」と呼ぶことがある）。

　そしてPreußは，機関性と代理との差異を論じるためには有機体説を採る
ことが必要となると主張する[82]。この主張の根拠は次のことに求められる。す
なわち，機関性と代理との差異を論じるためには，代理と比較対象になる機関
性を法的に把握せねばならないところ，無機体説の場合にはそれができない，
ということである[83]。この根拠は，さらに2つに分けられる。

　　a　第1の根拠　　第1に，「有機体のみが機関を持ち得る」[84]という根
拠である。一方で，Preußは，支配者理論・無機体説に対する問題を指摘す
る。まず，支配者理論が機関概念を用いる場合には，「肉体を持つ個人〔つま
り勤務者〕が，自らとは異なる，肉体を持つ個人〔つまり支配者〕の機関にな
ることは，一体いかにして可能か」[85]という問題があると指摘する。次に，無
機体説にも支配者理論と同様の問題があるとする[86]。すなわち，法人を，機関
の地位に就く個人とは別の体を持つものとして擬制した以上，無機体説におい
て個人は法人の機関になり得ないというのである。このように支配者理論・無
機体説が問題を抱えるとしつつ，他方で，Preußは，「機関概念にとっては，
……有機体に属していることが最も本質的である」[87]から，有機体のみが機関
を持ち得る，と述べる。

　このように，Preußにおいては，一見すると，"法的有機体であること"が

---

81) Vgl., *Preuß*, a.a.O. (Fn.77), S.107f. 亀甲括弧内につき，vgl., ebd., S.123-125.

82) Vgl., *Preuß*, a.a.O. (Fn.76), S.433.

83) Vgl., *Preuß*, a.a.O. (Fn.76), S.433.

84) *Preuß*, a.a.O. (Fn.77), S.104. この根拠に対しては，機関（Organ）という語が有機体以外に
　も用いられることを理由として，この根拠は妥当でないと反論する立場がある（vgl., *Georg*
　Jellinek, System der subjektiven öffentlichen Rechte, 2.Aufl., 1905, S.37 Fn.1）。この反論に対し
　て，有機体説から，それらの用語法が正しくないとの再反論が示されている（直接にはJel-
　linekに対する再反論ではないが，vgl., *Preuß*, a.a.O. (Fn.76), S.448）。この対立はPreußの主
　張を検討するという目的との関係では重要でないから，本書では立ち入らない。

85) *Preuß*, a.a.O. (Fn.77), S.106.

86) Vgl., *Preuß*, a.a.O. (Fn.77), S.108.

87) *Preuß*, a.a.O. (Fn.77), S.106. なお，ここでの「有機体」としては，「法的有機体」が念頭に
　置かれている（vgl., ebd., S.106）。

第2章　組織規範と帰属

機関を持つために重視されているように思われる。しかし，以下の2点から，機関・機関人を持つのは，法的有機体であるというよりも，法的組織であると理解するのが妥当である[88]。第1に，法的有機体は，法的組織の帰結として生じるものとされるようであり[89]，法的組織が法的有機体に先行する。第2に，より重要なこととして，Preußは，機関は「組織的制度」[90]であるとか，「機関人は全体人の法的な組織上の構成要素である」[91]と表現する。

　　b　第2の根拠　　第2の根拠は，人格理論と関係するものである。

　まず，Preußは，機関性的代表関係を論じるために3つの前提を置く。第1に，「官吏の機関関係は，……法的なものとしてのみ観念し得る」[92]ことである。そして，法的な関係であるためには，人格間の（つまり意思間の）規律がなされなければならない[93]。第2に，「機関関係の領域においては，疑いなく全体人に帰属しているが，同じく疑いなく常に機関によって常に行使されるところの同一の権利が問題となっている」[94]ため，同一の権利の主体が同時に2人いるという事態を法的に表現する必要がある[95]，という理解である。第3に，「抽象的な制度」たる「機関」と，それを担う，肉体を持つ人間たる「機関人（Organperson）」との分離を前提として，機関関係の主体は全体人と機関人であると理解することである[96]。

　これら3つの前提により，問われるべき「問題は，……〔機関人が，〕国家機関として，国家と同時に国家的諸権利の主体であり得るか否か」[97]，それにより機関関係という法関係を表現できるか[98]，ということになる。

　そしてPreußは，無機体説では機関関係を表現できないという。すなわち，

88）結論ほぼ同旨，*Wolff*, a.a.O.（Fn.10），S.224f. *Kleindiek*, a.a.O.（Fn.75），S.177 は，有機体説に対し本文の指摘と近い指摘をする。

89）Vgl., *Preuß*, a.a.O.（Fn.77），S.106. Vgl. auch, *ders*, Gemeinde, Staat, Reich als Gebietskörperschaften, 1889, S.157, 162-165, 168, *ders*, a.a.O.（Fn.76），S.447f.

90）*Preuß*, a.a.O.（Fn.77），S.109.

91）*Preuß*, a.a.O.（Fn.76），S.454.

92）*Preuß*, a.a.O.（Fn.77），S.106.

93）Vgl., *Preuß*, a.a.O.（Fn.77），S.134f., *ders*, a.a.O.（Fn.76），S.441, 449.

94）*Preuß*, a.a.O.（Fn.77），S.108.

95）Vgl. *Preuß*, a.a.O.（Fn.77），S.108f. Vgl. auch, *ders*, a.a.O.（Fn.76），S.450.

96）Vgl., *Preuß*, a.a.O.（Fn.77），S.109.

97）*Preuß*, a.a.O.（Fn.77），S.110.

98）Vgl., *Preuß*, a.a.O.（Fn.77），S.109.

第1節　組織規範と帰属との結合

　まず，無機体説は，全体人を観念する際に，複数の個人（つまり部分人）から構成されるという「有機的要素……を『ないものとして考える』」ため，観念された全体人は，部分人から構成されるという現実の要素を持たない「擬制的人格」であらざるを得ない[99]。そして，このことから，無機体説において，全体人のために行為する人間と全体人との関係が，第1に機関性的関係でないこと，第2に代理関係でしかないことが帰結する。以下これらの帰結を敷衍する。

　第1。無機体説によると，全体人と個人は「相互に別（fremd）の者として対立する」[100]ため，全体人・機関人のいずれもが機関性的権利の主体であることはあり得ない[101]。したがって，当該権利の主体は「常に全体人または機関〔正確には機関人〕のいずれかでしかあり得」[102]ず，当該権利に関しては，法人または機関人の人格を否定することになる[103]。そうすると，当該権利に関しては，「人格間の関係としてのみ観念される法関係」[104]が観念できず，法関係である機関性的関係も観念できない[105]。

　第2。前段落で述べたことを踏まえると，全体人たる国家と，国家のために行為する人との間の法関係を論じるためには，一方で国家的権利の主体は国家であるという「自明」[106]の理解を採ることで全体人に人格を認め，他方で，国家のために行為する人にはこの国家的権利の主体性とは別の形で人格を認め，この両人格間に法関係を観念することになる。しかし，無機体説においては，前述のとおり全体人の有機的構造が捨象されており，前記の法関係は対立する独立した個人間の代理関係としてしか捉えられないから，代理関係とは異なるものとしての機関性を問題とする余地がそもそも存在しない[107]。

　これに対し，有機体説の場合，全体人を法的に表現する際に，全体人が複数の個人から成る，全体人の意思が個人の部分意思の多数から成るという有機的構造が捨象されない。その結果，全体人と機関人たる個人との関係は，対立す

---

99) Vgl., *Preuß*, a.a.O.（Fn.77），S.123. Vgl. auch, *ders*, a.a.O.（Fn.76），S.450.

100) *Preuß*, a.a.O.（Fn.77），S.128. Vgl. auch, *ders*, a.a.O.（Fn.76），S.450.

101) Vgl., *Preuß*, a.a.O.（Fn.76），S.450.

102) *Preuß*, a.a.O.（Fn.76），S.450. 傍点原文隔字体。

103) Vgl., *Preuß*, a.a.O.（Fn.77），S.108f., *ders*, a.a.O.（Fn.76），S.450.

104) *Preuß*, a.a.O.（Fn.76），S.449. 傍点原文隔字体。

105) Vgl., *Preuß*, a.a.O.（Fn.76），S.449, 454.

106) *Preuß*, a.a.O.（Fn.77），S.137.

107) Vgl., *Preuß*, a.a.O.（Fn.76），S.450, 454.

267

第2章　組織規範と帰属

る別の者の関係ではなく，部分と全体の関係で捉えられることになる[108]。そうすると，全体人が持つ権利を機関人が同時に持てるため，この権利との関係で機関人格を（機関人に人格を）認めることができる[109]。したがって，有機体説の場合には，独立個人間の代理とは何らかの意味で異なる機関関係を把握可能であるとされる。

　しかし，全体人と機関人とが部分と全体の関係にあることは，法的な平面において，直接には（部分意思と全体意思の関係として）法的組織により表現される点[110]に，注意を要する。

　　c　帰結　　このように Preuß は有機体説のみが機関性と代理との差異を論じられるとし，具体的には次の2点を差異として示す[111]。

　第1.「代理人の行為……は，……常に自らの行為……でしかない〔つまり同時に本人の行為ではあり得ない〕」のに対し，「機関人の行為……は同時に機関人の行為かつ全体人の行為」でなければならないという差異がある。この差異は，個人間の意思関係と，全体人と組織的分肢との意思関係とで，本質が異なることに由来する。すなわち，「代理人の個人意思は本人の個人意思と……独立して対立する」のに対し，「機関の意思は，法的に組織化された全体意思の，統合された構成要素である」[112]。なお，機関人の行為がその者の行為でもあるが同時に全体人の行為であると述べられる際には，「あらゆる個々の機関行為はまたも全体人の法的組織に根付く」[113]との表現がある。

　ここでも注意を要するのは，意思関係の差異の由来が，法的に組織化されているか否かに求められていることである。この点と関係して，次の記述も確認しておく必要がある。すなわち，機関人の行為が法的に全体人の行為でもある

---

108)　Vgl., *Preuß*, a.a.O.（Fn.77），S.128f., 137, *ders*, a.a.O.（Fn.76），S.450, 452-454.

109)　Vgl., *Preuß*, a.a.O.（Fn.77），S.128-137, *ders*, a.a.O.（Fn.76），S.452f.

110)　Vgl., *Preuß*, a.a.O.（Fn.77），S.123-129, *ders*, a.a.O.（Fn.76），S.441.

111)　本文で挙げる2点のほか，代理関係は対等「債務者関係」であるが，機関性的関係は「権力関係」であるという差異も提示されている（vgl., *Preuß*, a.a.O.（Fn.76），S.469）。しかし，この点について（も），機関性と代理との差異にはならないという批判がある（vgl., *Wolff*, a.a.O.（Fn.10），S.289 mit Fn.2）。

　　　なお，*Gierke*, a.a.O.（Fn.43），S.624f.が有機体説の立場から示す差異は，Preuß が示す差異と，説明の仕方は異なるものの内容的には概ね合致する。

112)　本段落の以上の部分につき，vgl., *Preuß*, a.a.O.（Fn.76），S.445. 傍点原文隔字体，ただし，「法的に組織化された」の部分の傍点は引用者。

113)　*Preuß*, a.a.O.（Fn.76），S.446. 傍点引用者。

のは，「機関人の行為が機関人の権限権（Kompetenzrechts）の範囲内にある場合」[114]に限られるが，この権限は，「上位の全体人の機関たる分肢人格の意思領域を法秩序が画することにより」[115]創造されるといわれる。前段落の最後に引いた表現からして，この法秩序は法的組織を指すと考えられるのである。

　第2。代理の場合には，「代理人の権利が本人の義務で，代理人の義務が本人の権利であるとされるという形で，二当事者の権利・義務は常に対立」し，「二当事者のいずれの側でも権利・義務が相互に切断」される[116]。これに対し，機関性の場合には，「権利でもある義務（berechtigende Pflichten）」とか「義務でもある権利（verpflichtende Rechte）」といった形で，「全体人の側でも機関人の側でも，権利が義務から切断され得ない」[117]。

　ここでいう権利・義務の内容を具体的に見れば，代理における「本人は，代理人の職務遂行を請求する権利を持つが，それを請求する義務は負わない」。また，代理における「代理人は，本人による損害賠償を求める権利を有するが，この請求を実現させる義務は負わない。これに対し，〔機関性における〕全体人は，機関人の機関作用を要求する権利を持つのみならず，……法的権限秩序……内部での機関人の機関作用を承認し要求する義務を持つ」。また，機関性における「機関人は，機関作用を遂行する義務を負うのみならず，この遂行は同時に，……その機関性的な権利の内容でもある」。こうした機関性における権利義務関係では，「個人的な代理における債務的法関係とは対照的に，地位関係が問題となっている」[118]。前記のような，「機関性的な権利と義務とが実際上一致するという現象は，法学的には，有機的組入れ（organischen Eingliederung）という地位関係からしか把握できない」[119]。

　ただし，前段落・前々段落に引いた Preuß の言明の根拠は総じて明確でない。

　（b）　問題点　　以上の Preuß の主張には，主張の根拠，および，帰結として示される差異の一部に妥当でないものがあるという問題があり，また，

---

114) *Preuß*, a.a.O.（Fn.76），S.458.
115) *Preuß*, a.a.O.（Fn.77），S.137. Vgl. auch, *ders*, a.a.O.（Fn.76），S.458.
116) Vgl., *Preuß*, a.a.O.（Fn.76），S.455.
117) Vgl., *Preuß*, a.a.O.（Fn.76），S.455f.
118) 本段落の以上の部分につき，vgl., *Preuß*, a.a.O.（Fn.76），S.456. 傍点原文隔字体。
119) *Preuß*, a.a.O.（Fn.76），S.457.

第2章　組織規範と帰属

Preußが示す根拠と差異は，法的組織を持つことに由来するため，有機体説でなくとも（特に無機体説によって）表現可能であるという問題がある。大きく3つに分けて問題を指摘する。

第1。Preußは，全体人と機関人が同一の権利について共に主体であることが，機関人格を承認し機関性的関係を論じるために必要な前提であるとしていた。しかし，この前提は当然のものとして措定され，この前提が正当であることの論証は見出せない。むしろ，機関性的関係において本来重要であるのは，同一の権利の主体が2人存在することではなくて，国家的権利の主体が国家でありながら，それを国家とは別の個人が行使することであると思われる[120]。そして，このことを法的に表現することは，組織において権限が機関・職へと分配され，その行使を担う機関担当者が観念されることで，有機体説によらずとも可能である[121]。こちらの構成においても機関担当者には人格を認めることができ[122]，国家との間に法関係を観念できるから，機関性的「法」関係を観念できないというPreußの懸念は当たらない。

第2。機関性と代理の差異としてPreußが示す第2点については，"機関性と代理の差異として不適切である，両者の差異にはならない，有機体説を前提とせずとも論じられる"という指摘がある。

①　"機関性と代理の差異として不適切である"・"有機体説を前提とせずとも論じられる"旨の指摘として，2つ挙げられる。

1つ目の指摘は，代理人・機関担当者のいずれも，「『権利でもある義務』も『義務でもある権利』も持つ」から，Preußの挙げた差異は不適切であるとの指摘である[123]。付言すれば，この指摘を行う論者は，機関担当者についてこの権利義務を論じるときには，無機体説を前提としつつ，（組織法を媒介とする）機関担当者関係を基礎としてこの権利義務を導出している[124]。ゆえに，「機関性的な権利と義務とが実際上一致するという現象は，法学的には，有機的組入れ（organischen Eingliederung）という地位関係からしか把握できない」という

---

120)　Vgl., *Preuß*, a.a.O.（Fn.77），S.108, *ders*, Das städtische Amtsrecht in Preußen, 1902, S.10.

121)　Vgl., *Jellinek*, a.a.O.（Fn.84），S.223-227, *Wolff*, a.a.O.（Fn.10），S.224-229.

122)　Vgl., *Wolff*, a.a.O.（Fn.10），S.226, 288.

123)　Vgl., *Wolff*, a.a.O.（Fn.10），S.288.

124)　Vgl., *Wolff*, a.a.O.（Fn.10），S.263-272. 機関担当者関係については本節第3款第3項1(2)を参照。

先に見た Preuß の言明とは異なり，この論者は，組織法を媒介すれば有機体説を前提とせずともこの現象を把握できることも示しているといえる。

2つ目の指摘は，「被代表者は，機関性・代理のいずれにおいても，代理人・機関担当者の職務を要求する義務は負わない」ため，Preuß の挙げた差異は不適切であるとの指摘である[125]。

② "両者の差異にはならない"・"有機体説を前提とせずとも論じられる"旨の指摘として，次のものがある。すなわち，仮に，「代理人・機関担当者の職務を要求する義務」を被代表者が負うとしても，「それは，せいぜい，機関担当（Organwaltung）または代理人性（Stellvertreterschaft）に論理的に先行する任用秩序（Berufungsordnung）〔機関性において任用秩序は組織法が定める〕によって生じ得る」[126]ものであるし，また，この義務は代理にも観念できるため，「機関性の特質ではない」[127]。この言明のうち任用秩序に関する言明からは，被代表者の義務については，組織法を媒介させることで有機体説を前提とせずとも論じられる，という趣旨も読み取れる。

第3。第1点・第2点で指摘したものに加え，Preuß が指摘する有機体説の優位性，および，有機体説から見た機関性と代理の差異は，すべて，有機体説を採ることに由来するというよりも，法的組織を持つことに由来するものである。敷衍すれば次のとおりである。機関を持つためには法的組織があればよく（本項2(2)(a) a 参照），部分と全体との関係を直接表現するのは法的組織であり（本項2(2)(a) b 参照），機関人の行為を全体人の行為とする根拠は法的組織にあった（本項2(2)(a) c 参照）。そして，社会学的有機体の観念を法的構成に反映させない無機体説でも，法人に法的組織が観念される以上，これらの点を表現できる[128]。

---

125) Vgl., *Wolff*, a.a.O. (Fn.10), S.288 mit Fn 4

126) *Wolff*, a.a.O. (Fn.10), S.288f. 亀甲括弧内につき，vgl., ebd., S.295.

127) *Wolff*, a.a.O. (Fn.10), S.289.

128) 機関性と代理との同異に関して組織が重要であることにつき，vgl., *Kleindiek*, a.a.O. (Fn. 75), S.177f. 有機体説の立場を採りつつも，機関の行為が団体人の行為であることの説明において組織を重視する見解として，*Hans Herfritz*, Die Vertretung der Städte und Landgemeinden nach außen in dem Gemeinderecht der östlichen Provinzen Preußens, 1916, S.30f. 有機体説でない立場から Preuß が示した点（組織により機関担当者と法人との間の機関関係を論じられること，行為を帰属させる根拠が組織にあること，代理と異なる権利義務のあり方）を論じたものとして，本項4で挙げる見解を参照。

第 2 章　組織規範と帰属

　もっとも，さらに進んで，法的組織の概念が無機体説と有機体説とで異ならないかという点は問題となり得る。そして，有機体説の持つ有機体・有機的構造の観念がこの問題の考察に関わる可能性がある。すなわち，Preuß の立論の前提にあるのは，①全体人が複数の個人から構成され，また，「全体意思〔つまり全体人の意思〕が個人の意思の多数から形成され，両意思は有機的相互作用という不溶の関係に立ち相互に条件付け合う」[129)] という有機体・有機的構造の理解，②「法は，所与の事実上の関係〔つまり，全体人と個人との関係，全体意思と個人意思との関係という①で挙げた前法的事実〕を組織化することでこの所与の事実上の関係に接続」し，「事実として与えられた全体意思を法的組織の中に表現する」[130)] との理解，③この表現は可能な限り精確であるべきという発想[131)]，④前記の前法的事実「なしには立憲的国法は理解できないし意味がない」[132)] こと，である。これらの前提に鑑みれば，事実としての全体意思（および，全体人と個人との関係，全体意思と個人意思との関係。以下単に「全体意思等」という）の理解次第では，有機体説を前提にした法的組織の概念が，無機体説における法的組織の概念とは異なるものとなる可能性があろう。

　しかし，第 1 に，Preuß 自身，事実としての全体意思等と法的組織とが完全には一致しないことを認める[133)]。したがって，事実としての全体意思等（有機体・有機的構造の観念）を法的構成に反映させるとき，それを法的構成に反映させない場合と比べ，法的組織の理解についていかなる差異が生じるのかはなお論証を要する。しかるに，少なくとも機関性と代理の差異に関する限り，Preuß はこの点を十分に論証しなかった。第 2 に，Preuß が示そうとした機関性と代理の差異，機関人の地位は，一部については既に示したとおり，十分に正確なものではないとして，有機体説を採らない論者によって批判された[134)]。これら 2 点を要するに，有機体説を採った場合に法的組織の概念がいかに変わるかは，潜在的には議論する余地があるとはいえ，Preuß において明確にされず，かつ，ドイツでは有機体説を採らない形で機関性・代理の同異

---

　129)　*Preuß*, a.a.O.（Fn.77），S.125.

　130)　Vgl., *Preuß*, a.a.O.（Fn.77），S.126. Vgl. auch, *ders*, a.a.O.（Fn.76），S.447.

　131)　Vgl., *Preuß*, a.a.O.（Fn.77），S.110f., 126, 130.

　132)　*Preuß*, a.a.O.（Fn.77），S.126.

　133)　Vgl., *Preuß*, a.a.O.（Fn.77），S.126.

　134)　Z.B. vgl., *Wolff*, a.a.O.（Fn.10），S.274 Fn.5. 本節注 126）に対応する本文も参照。

に関する議論が進展したのである。したがって，有機体説を当然の前提として議論をする必要性は，今のところはやはり存在しない。

以上より，有機体説のみが機関性と代理との差異を論じられるという主張について Preuß の論証は十分でなく，この主張は論証されなかったといえる。したがって，機関性と代理との差異は，有機体説にこだわらず，別の観点から解明されねばならない。

(3) 以後の議論の前提

そこで，本項3・4では，主として有機体説を採らない論者において提示された機関性と代理の同異について検討する。その際，学説[135]においては，代表関係の主体について当然の前提が置かれている。この前提とは，機関性は自然人が法人を代表する場合の代表形態であり，代理は自然人が自然人を代表する場合の代表形態である，というものである。

3 機関性と代理の共通点

機関性と代理については差異が強調されるが，機関性・代理のいずれにおいても職（Amt）を観念できるという共通点を確認しておくことが重要である。

本款第1項2(1)で述べたように，代表力を有することが代表の要件の1つであるとされていた。職はこの代表力の要件に関係するものである。職とは，「常にただ1人の個人（人間）に関係」するところの「権限〔つまり代表力〕の複合体」のことをいい[136]，自然人とは区別された「制度的な（institutionell）」ものとして観念される[137]。

この職との関係で，機関性と代理の共通点を2つ挙げられる。

第1の共通点として，機関性・代理のいずれにおいても，代表者としての自然人が職を持つことで代表の要件が満たされるという構造がある[138]ことを挙

---

135) ただし，本項3・4で扱う学説の中でも，Berger は，以下の本文で述べる前提とは異なり，機関性は自然人が機関を代表する場合の代表形態・機関が法人を代表する場合の代表形態であるという理解に立っている。この点に関する詳細については本節第3款を参照。

136) Vgl., *Wolff*, a.a.O.（Fn.10），S.284. 傍点原文隔字体。亀甲括弧内につき，vgl. ebd., S.354. なお，ebd., S.284 では，職は，「職務担当者が法人の名において意思表示をすることが単独では常にはできない」という要素を持つ点で機関から区別されることも説明されている（傍点原文隔字体）。そのため，Wolff はこの要素も職の定義に含めていると理解できる。しかし，本書の議論にとっては重要でないから，本文では省略した。

137) Vgl., *Wolff*, a.a.O.（Fn.10），S.354.

第2章　組織規範と帰属

げられる。もっとも，用語法上は差異がある。一方で，代理においては，職が「代理職務（Stellvertretungsamt）」[139]と呼ばれ，代理職務を担う自然人は代理人と呼ばれる。他方で，機関性での職は「組織的な職（das organisatorische Amt）」[140]と呼ばれる。さらに，機関性においては，1つのまたは複数の職から構成される「権限複合体」であるところの「機関（Organ）」[141]が通常は念頭に置かれる[142]結果として，代理における代理職務に対応する制度的統一体は「機関」と呼ばれることが通例であり，代理人に対応する代表者としての自然人は「機関担当者（Organwalter）」と呼ばれる[143]ことが通例である。

　第2の共通点として，機関性・代理のいずれにおいても，職は帰属・帰効の「『通過点』に過ぎない」[144]ことを挙げられる。すなわち，一方で，代理においては，代理人の行為の法効果が，代理職務へと通過的に帰効し，代理職務から本人へと終局的に帰効する。他方で，機関性においては，機関担当者の行為が，職・機関へと通過的に帰属し，職・機関から法人へと終局的に帰属するのである。この共通点ゆえに，機関性・代理のいずれにおいても，代表では，自然人から職，職から被代表者という形で，帰属・帰効の連鎖が観念されることになる。

　このように機関性と代理には共通点があること[145]を確認した上で，次に，機関性と代理の差異を検討する。

4　機関性と代理の差異

(1)　一者と二者

　機関性と代理との差異として，第1に，二者性を前提とするか否かが挙げられる。これは伝統的に挙げられてきた差異であるが，論者によって議論の内実は異なる（(a)・(b)）。

---

138) Vgl., *Wolff*, a.a.O. (Fn.10), S.283-285.

139) *Wolff*, a.a.O. (Fn.10), S.285.

140) *Wolff*, a.a.O. (Fn.10), S.285.

141) 機関の定義につき，vgl., *Wolff*, a.a.O. (Fn.10), S.236, 354.

142) Vgl., *Wolff*, a.a.O. (Fn.10), S.283-286.

143) Vgl., *Wolff*, a.a.O. (Fn.10), S.228-231, 236.

144) *Wolff*, a.a.O. (Fn.10), S.285. 二重かぎ括弧内は，*Kelsen*, a.a.O. (Fn.76), S.707.

145) 本書の観点からは重要でないため立ち入らないが，他の共通点につき，vgl. *Wolff*, a.a.O. (Fn.10), S.286-294.

274

第1節　組織規範と帰属との結合

（a）　2つの人格を前提とするか否か　　かつては，二者性を前提とするか否かという差異の中身は，次のように説明されていた。すなわち，代理は代理する者と代理される者の2人の人格を前提とするが，機関性は2人の人格を前提としない，と[146]。

機関性は2人の人格を前提としないと説明される際には，その根拠として，関係するものの区別され得る2つのものが見出される。

第1に，機関性においては，事実としては機関担当者が意思行為をしているとしても，法的には機関担当者・機関を通じて国家自身が行為するとされるため，国家の背後に別の人格は存在しない（2人目の人格は存在しない）と考えられる，という根拠である[147]。しかし，この根拠に対しては，機関性においても，事実としても法的にも当該行為は機関担当者の行為でもあることは否定されない，という考え方が対置される[148]。このように考え方に対立があったが，後に，代理人の場合と同様（ただし本項4(2)参照），機関性の場合も，機関担当者の行為が法的に帰属によって被代表者の行為とされているに過ぎないと整理され[149]，また，このことと，法人の内部関係においては機関担当者・機関が人格を持つこととは両立するとされた[150]。かくして，本段落冒頭で見た第1の根拠は，今日では採用されていない。

第2に，機関性が2人の人格間の関係を前提としないのは，機関担当者・機関が，法人の統合された構成要素あるいは法人の一部である（そしてそれゆえに機関担当者・機関が人格を持ち得ない）からである[151]，という根拠である。しか

---

146) Vgl., *Paul Laband*, Zum zweiten Buch des Entwurfs eines bürgerlichen Gesetzbuches für das Detsche Reich. I . Abschmitt. Titel 1 bis 3, ACP, 1888, S.187f., *Jellinek*, a.a.O.（Fn.84），S. 224f, *Herfritz*, a.a.O.（Fn.128），S.30-32.

147) Vgl., *Laband*, a.a.O.（Fn.146），S.187f., *Jellinek*, a.a.O.（Fn.84），S.30, 224f.

148) Vgl., *Preuß*, a.a.O.（Fn.76），S.445, 458. *Hermann Rehm*, Allegemeine Staatslehre, 1899, S.180 は，「国家機関の行為は自然的に見れば機関の行為でしかなく国家の行為でもあるわけでない」ということから，「国家機関は代理人である，あるいは少なくとも国家機関の大多数は代理人である」とする（また，機関と国家が異なる法主体として対立することも示唆される。Vgl., ebd., S.180, 実定法を解釈する箇所であるが，S.154. Rehm の機関概念も含め参照，藤川直樹「ドイツ立憲君主政における王統と国家——ヘルマン・レームの公法学——」国家126巻3＝4号（2013）297頁，315-317頁）。

149) Vgl., *Kelsen*, a.a.O.（Fn.76），S.708f., *Wolff*, a.a.O.（Fn.10），S.292f.

150) Vgl., *Wolff*, a.a.O.（Fn.10），S.249-252, *Hans Heinrich Rupp*, Grundfragen der heutigen Verwaltungsrechtslehre, 2.Aufl., 1991, S.76 Fn.157.

151) Vgl., *Jellinek*, a.a.O.（Fn.84），S.30, *Herfritz*, a.a.O.（Fn.128），S.31.

275

第2章　組織規範と帰属

し，機関担当者・機関が法人の一部であることから，機関担当者・機関が人格を持ち得ないという帰結を導出することは，今日では認められていない。前段落で述べたとおり，法人の内部関係においては機関担当者・機関が人格を持つことは認められているからである。かくして，本段落冒頭で見た第2の根拠も，今日では採用されていない。

　このように2つの根拠のいずれもが今日では採用されていないため，二者性を前提とするか否かという差異の中身を，"代理は代理する者と代理される者の2人の人格を前提とするが，機関性は2人の人格を前提としない"という形で説明することもまた，避けられるようになっている。

　　(b)　法人（組織）に属するか否か　　そこで，二者性を前提とするか否かという差異の中身は，別の形で説明される。

　この別の形での説明を行う論者が手がかりとしたのは，機関担当者・機関が法人の一部であるという，本項4(1)(a)で見た第2の根拠の発想である。本項4(1)(a)で確認したように，この発想を使って機関担当者・機関の人格を否定することは認められていないが，この発想それ自体は今日でも否定されていない。

　この発想を手がかりとして，二者性を前提とするか否かという差異の中身を説明する見解は，次のようにいう。すなわち，機関性においては，機関担当者・機関は，いずれも法人（組織）に属しており[152]，その意味で，関係する主体の一者性が認められる。対して，代理においては，代理人・代理職務が本人の一部であるという事態は観念されず[153]，その意味で，関係する主体の二者性が認められる，と。

　ただし，機関担当者が組織に属するという言明はやや明確さを欠く。なぜなら，一方で，機関担当者は，「客観的組織規範が関係し，そしてその行態が帰属の終局点としての組織に主観的に帰属するところの主体として」[154]組織に属するとされるが，他方で，「人間はそもそも規範体系〔つまり組織〕の一部ではあり得ないから，……機関担当者は組織の分肢または一部ではない」[155]ともされるからである。機関担当者が組織に属するという言明がこのようにやや明

---

152)　Vgl., *Wolff*, a.a.O.（Fn.10），S.281-283. *Berger*, a.a.O.（Fn.52），S.102f., 106 は，機関担当者が組織の一部であることには反対するが，機関が組織の一部であることには賛成する。

153)　Vgl., *Berger*, a.a.O.（Fn.52），102f., 177f.

154)　*Wolff*, a.a.O.（Fn.10），S.283.

155)　*Wolff*, a.a.O.（Fn.10），S.235.

276

確さを欠くことは，後に勤務法による代表を扱う箇所で問題となる（本節第3
款第3項3)）。

(2) 行為と法効果

機関性と代理との差異として，第2に，帰属の対象という観点からの差異が
挙げられる。

一方で，機関性の場合には帰属が可能であり，代理の場合には帰効のみが可
能であるという見解がある[156]。他方で，この見解に対置される見解もある。
すなわち，① Kelsen は，その教授資格申請論文において，機関性と代理はい
ずれも法秩序との関係であるという点で共通していると考えて，「この観点か
ら見れば機関性と代理の完全な一致が示される」と述べて代理でも帰属が可能
であることを疑わない[157]し，また，② Wolff も，教授資格申請論文の段階に
おいては，代理によって帰属が可能である旨を述べていた[158]。しかし，①'
後の Kelsen は教授資格申請論文における前記の理解を明示しない[159]し，②'
後の Wolff は，代理では帰属は不可能であり，「代表者の行態は非代表者に帰
効するに過ぎない」[160]と述べて，見解を変更した。

その結果，機関性の場合には帰属が可能であり，代理の場合には帰効のみが
可能であるという差異は，一般的に支持されるに至っている。

しかし，この差異を支える根拠について明確な考察はほとんどなく，2つの
根拠が挙げられるにとどまる。

第1に挙げられる根拠は，「(制度として) の機関は，人格化〔つまり法人化〕
された組織の権利能力なき要素であるが，代理人は，本人とは異なる，権利能
力を持つ主体であること」[161]である。しかし，機関は組織内部の関係では法人
格を持ち得るとされるため[162]，この根拠は，機関と代理人との対比として正

---

156) Vgl., *Ralf Dreier*, Organlehre, in: *Herman Kunst* u a (Hrsg.), Evangelisches Staatslexikon,
 1.Aufl., 1966, S.1426, *Berger*, a.a.O. (Fn.52), S.177f.

157) Vgl., *Kelsen*, a.a.O. (Fn.76), S.706-709. 傍点原文隔字体。

158) Vgl., *Wolff*, a.a.O. (Fn.10), S.287.

159) Vgl., *Kelsen*, a.a.O. (Fn.4), S.310-313.

160) *Hans Julius Wolff*, Verwaltungsrecht Ⅰ, 2.Aufl., 1958, S.163. 傍点原文隔字体。

161) *Ralf Dreier*, Das kirchliche Amt, 1972, S.188 Fn.66. Dreier は，Wolff に倣い，権利能力とい
 う言葉を法人格という言葉と同義で用いた上で，これらの言葉の意味を，「義務付け・権利の
 付与を行う法規範の体系の帰属主体たる性質と理解」する（vgl., ebd., S.235)。

162) Vgl., *Wolff*, a.a.O. (Fn.10), S.247-252.

第2章　組織規範と帰属

確でなく，根拠として不適切であろう[163]。

第2に挙げられる根拠は，機関性の場合には，代表者・被代表者が同じ組織に属し，それにより代表者が被代表者の部分とされることである[164]。ドイツでは，こちらの根拠が支持されているようである[165]。

(3)　代表権能・代表力の源泉

機関性と代理との差異として，第3に，代表権能・代表力の源泉の差異が挙げられる。機関性の場合は，代表権能・代表力が組織規範によって定められるのに対し，代理の場合は，組織規範でないもの（本人の法律行為や，組織規範でない法律等）によって定められる[166]。本書の関心からすると，この第3の差異が特に重要である。

(4)　組織の変更の可否

また，機関性においては，「機関担当者は，……『客観的規範』の創造者，すなわち，定款〔の定立〕と変更を行う者，であり得る」[167]とされる。代理においては，代理人が組織との関係を持たない以上，代理人がこうした性質を持つことはない。

第3項　評　価

機関性と代理の差異[168]を整理すれば，4つのことを指摘できる。第1に，

---

163) もっとも，本文で挙げた第1の根拠は，機関が外部関係では基本的に法人格を持たないとされることに着目しているのかもしれない（本節注173）も参照）。しかし，いずれにせよ，本文で後述するとおりこの根拠は支持されていない。

164) Vgl., *Berger*, a.a.O. (Fn.52), S.100-103, 106, 178 Fn.379. Vgl. auch, *Preuß*, a.a.O. (Fn.76), S. 445f.

165) Vgl., *Münkler*, a.a.O. (Fn.47), S.136f.

166) Vgl., *Wolff*, a.a.O. (Fn.10), S.273f., 294f., 356, *Wolff/Bachof*, a.a.O. (Fn.42), S.248, 252 [Wolff]. おそらく同旨の見解として，vgl. auch, *Laband*, a.a.O. (Fn.146), S.187. 代表権能の源泉の差異しか挙げないものの，*Ralf Dreier*, Organlehre, in: *Herman Kunst* u.a. (Hrsg.), Evangelisches Staatslexikon, 2. Aufl., 1975, S. 1702. なお，*Hans Pollmann*, Repräsentation und Organschaft, 1969, S.92f.は，代表権能の源泉の差異とともに，職そのものの存在の根拠が法律行為・組織法のいずれであるかという区別を導入する。しかし，代表力が職として定められるのであるから（vgl., *Wolff*, ebd, S.354），本書の問題に関する限り Pollmann と本注で挙げた Wolff・Laband との間に有意な差異はない。

167) *Wolff*, a.a.O. (Fn.10), S.296. 傍点原文斜字体。同旨，*Dreier*, a.a.O. (Fn.156), S.1426.

168) 本書の観点からは重要でないため立ち入らないが，本人にとっての代理人の位置付けと異なり，機関担当者は法技術的な主体である法人にとって不可欠であるという差異も指摘される（vgl., *Wolff*, a.a.O. (Fn.10), S.296-299）。

278

第1節　組織規範と帰属との結合

機関性を有機体に対応させ代理を無機体に対応させる立場が支持されていないことは，前提としてよい。第2に，帰属の対象としての行為・法効果（つまり帰効のみならず帰属が生じるかという点）については，代理でも帰属が可能であるという立場がかつてあった。そして，確かにこの立場は現時点では支持されていないものの，この立場が理論的に成立し得ないと考えるべき理由は見出せなかった。このことは，代表の要件・効果の結びつきが一義的には決まらないということ（本款第1項2(3)参照）からして当然ともいえる。第3に，機関性と代理に関する他の差異についての異論は見出されない。第4に，機関性と代理との差異がどれか1つでしかあり得ないという要請は確認できない。

　したがって，機関性と代理の差異は，①組織へ属するという意味での一者性の存否，②帰属の対象としての行為と法効果（つまり帰効のみならず帰属が生じるか），③代表権能・代表力が組織規範によって定められるか否か，④組織規範を変動させる可能性の存否という4つの差異から，各論者が任意に（あるいは無意識に）選択しているというのがドイツの現状であるといえよう。そして，前段落で述べたことからすると，この現状もやむを得ないものといえよう。機関性と代理の差異のこの曖昧さは，自然人から行政主体までの帰属を論じる際に，いかなる代表形態を採るべきかについて議論が生じる1つの要因となる（本節第3款）。

　しかし，既にこれまでの叙述が示唆したように，①から④の4つの差異は，機関性が組織と連関を持つことのコロラリーであり，その観点からこれら4つを差異として理解しておくことは（必然ではないにせよ）許容されよう。そこで本書は，機関性と代理の差異を次のように整理する。機関性は，自然人と機関が組織に属し，代表の帰結として行為を帰属させ（その結果帰効も可能である），代表権能・代表力が組織規範によって定められ，機関担当者が組織規範を変動させられる。代理は，代理人と代理職務が組織に属さず，代表の帰結は帰効にとどまり，代表権能・代表力は組織規範でないもの（本人による法律行為，組織規範でない法律等）によって定められ，代理人は組織規範を変動させられない。

　ここまでの整理によると，自然人の行為を行政主体へと帰属させるという性質を組織規範と結合させる理論構成は，次のように説明できる。すなわち，①帰属がなされるためには代表が必要であり，②代表が生じるためには代表者の行為が代表力の範囲内であることが必要であり，③機関性においては，代表力

第2章　組織規範と帰属

を定める法規範が組織規範であり，帰効のみならず帰属が可能である。

　そして，本款第2項2(3)で述べたとおり，学説は，法人の代表に機関性を採用することをほぼ当然のこととした[169]。これにより，組織規範と帰属との結合について，前段落で示したような形で，1つの理論構成が与えられた。そして，この理論構成を最も体系的に示した Wolff においては，組織規範が定めている対象は，本書がこれまで扱ってきた組織規範と概ね一致していたため（本節第1款第1項2(1)(b)参照），まさに本書のいう組織規範と帰属とを結合させる可能性が，Wolff によって最も体系的に示されたといえる。

　しかし，後の学説は，以上のような理解に対して，2つの点で修正を試みる。

　第1に，後の学説は，代表による帰属が生じるための要件として，“代表者の行為が代表力の範囲内であること”を要求しないという見解を提示する[170]。しかし，この見解を提示する論者の一部は根拠を示さないし，一応の根拠を示す論者も，組織規範に行為が違反した局面を念頭に置いて根拠を示すため，この見解は本章第2節で取り上げる。

　第2に，後の学説は，法人の代表について機関性を採用することを当然の前提とせず，法人の代表形態の選択について議論する。仮に，機関性が採用されずに法人への帰属が説明されるとすれば，組織規範と帰属とが結合しないことになる。

　そこで次款では，行政主体を念頭に置いて，法人の代表に機関性を採用するか否かを検討する。なお，そこで検討対象となる学説が機関性と代理の同異について本書が示した理解と異なる理解を採っている場合には，その都度その旨

---

169) Laband や Jellinek も法人（国家）について機関性を用いることを当然の前提とする（vgl., *Laband*, a.a.O.（Fn.146），S.187f., *Jellinek*, a.a.O.（Fn.84），S.30）。Laband が法人の代表に機関性を採用する理由については，次のとおり，Laband の法人の観念が影響しているのかもしれない。すなわち，Laband は，法人が構成されるとき，法人の構成員たる多者とは概念的に区別される一者が構成されると考えており，その一者の中に多者はいないとしている（vgl., *Paul Laband*, Beiträge zur Dogmatik der Handelsgesellschaften, Zeitschrift für das gesamte Handelsrecht, Bd.30, 1885, S.495）。このことを踏まえると，二者性を前提とする代理は，一者たる性質を持つ法人については採用され得なかったと考えられるのである。

　しかし，Laband・Jellinek は法人の行為を観念するために帰属を用いるという態度を明確には示さない。特に Jellinek は，機関担当者・機関の行為が法人の行為となるのは，「思考の必然（Denknotwendigkeit）」によるものとしている（vgl., *Jellinek*, ebd., S.29f.）。そのため，代表の帰結として帰属が生じることを明確化し，組織規範と帰属との関係を初めて定式化したのは Wolff であったのである（本節注149）に対応する本文も参照）。

170) Vgl., *Ulrich Hufeld*, Die Vertretung der Behörde, 2003, S.324f., 396f.

280

を指摘する。

第3款　帰属の段階に応じた代表形態の選択

第1項　問題の所在

　Wolffにおいて1つの完成を見た代表の議論に対する異論は，1960年代前半までは見出せなかった。そのため，その時期までの議論では，行政主体に関する限り，代表者と被代表者との関係は，法要素的な意味における人である自然人と，法技術的な意味における人としての法人との間に観念されていた，と整理できる。

　しかし，1960年代後半以降，自然人－職－法人という複数の帰属段階（本節第2款第2項3参照）のそれぞれについていかなる代表形態を用いるべきかという形で，分節的な考察が行われるようになる。すなわち，自然人が職を代表する際の代表形態，および，職が法人を代表する際の代表形態を，それぞれ考察するようになったのである。標語的にいえば，前段落で指摘した1960年代前半までの議論が，自然人が代表者であって法人が被代表者であるという形で，自然人から法人までの帰属・代表の"一体的考察"をするものであるのに対して，1960年代後半からの議論は"分節的考察"をするものである。

　このように学説が分節的考察を行うようになったことには，理論上の背景(1)と実定法上の背景(2)とがある。

1　理論上の背景

　分節的考察が可能になるためには，まず，"被代表者が法人格を持たねばならず（つまり名目的主体でなければならず），職・機関は被代表者となるには不十分である"というWolffの定式が修正されねばならない。

　本節第2款第1項2(1)で述べたとおり，Wolffは，被代表者が法人格を持たねばならないという要件を，当時の民事法学説を手がかりに提示した。しかし，Wolffの定式が示された後，民事法学では，厳密に法人格を持つことを要求しない見解が現れた。この見解は，被代表者の地位に関して，①被代表者の地位が，「法的に定められたある一定の『帰属点（*Zuordnungspunkt*）』」であること，

第2章　組織規範と帰属

②被代表者が「法の共同体に主体として参加している」こと，を要求するにとどまるのである[171]。そして，公法学でも，この見解に依拠した上で，"機関も帰属主体であり，かつ，権限の名宛人である（つまり権限の担い手として法の共同体に参加する）ため，被代表者たる要件を満たす"とする理解が示された[172]。公法学においては，被代表者の持つべき地位に関する明確な議論はその後見当たらないものの，機関が外部関係において基本的に法人格を持たないことは維持されつつ[173]，職・機関が被代表者となり得ることは議論の前提とされている[174]ことから，被代表者たるためには法人格を持たねばならないという要件は現在では課されていないと考えられる。

　これにより，自然人が職・機関を代表し，職・機関が法人を代表するという形で，分節的な考察を行うことが理論上可能になった。もっとも，このことは，そうした考察をする実際上の必要性があることを意味しない。この実際上の必要性を喚起したのが，本項2で見る連邦行政手続法（以下「行手法」ということがある）の規定である。

2　実定法上の背景

(1)　行政裁判所法62条2項

　行手法の規定を見る前に，行手法の規定の基礎となった行政裁判所法62条2項（当時）の規定を確認する。訴訟能力に関する同条項は，「団体ならびに官庁のためには，それらの法定代理人，指導部，特別に委託を受けた者が行為する。」と規定する。

　この規定は，1957年の行政裁判所法政府草案の段階では，65条2項「権利能力のある社団ならびに権利能力のない社団のためには，それらの法定代理人，

---

171) Vgl., *Wolfram Müller-Freienfels*, Die Vertretung beim Rechtsgeschäft, 1955, S.48f. 傍点原文斜字体。

172) Vgl., *Kübler*, a.a.O.（Fn.49），S.177.

173) Vgl., *Hartmut Mauer/Christian Waldhoff*, Allgemeines Verwaltungsrecht, 21.Aufl., 2024, § 21 Rn.26. 機関が外部関係において帰属主体となり得る例外的な場合については立ち入らない。なお，機関が第三者との関係でなく機関間の関係・機関内との関係で法人格を持ち得ることから，機関が被代表者の地位を持つという帰結を導けるかもしれないが，被代表者・第三者の関係が主たる問題となる代表において，この意味での法人格は意味を持たないと解すべきであろう。

174) Vgl., *Hufeld*, a.a.O.（Fn.170），S.15-17, *Ulrich Stelkens*, Verwaltungsprivatrecht, 2005, S.149f.

282

指導部，特別に委託を受けた者が行為する。」という定めがあったところ，これが修正され，「団体」とひとまとめにされるとともに「官庁のために」という文言が追加されたものである[175]。しかし，この追加には，私人に対する行政行為の取消訴訟の局面を想定した理由があったわけではないようである[176]こと，この規定は訴訟能力に関するものであることから，行政裁判所法 62 条 2 項（当時）の規定は行政行為に関して分節的考察を行う実際上の必要性を直接に示すものとはならなかった。

(2) 連邦行政手続法 12 条 1 項 3 号・4 号

(a) 規定の内容と理由書における説明　分節的考察を行う実際上の必要性を直接に示したのは，行為能力について定める行手法 12 条 1 項 3 号・4 号である。この規定と（3 号に関し若干文言が異なるほかは）同内容の規定は模範草案の段階から置かれており，模範草案の説明において，この同内容の規定は，本項 2 (1)で見た行政裁判所法 62 条 2 項（当時）の内容を二分したものと説明されている[177]。ここでは現行法の規定を掲げる。

まず，1 項柱書で，「次に掲げる者は，手続行為を行う能力を持つ。」と規定される。「次に掲げる者」を定める同項各号を見ると，まず 3 号では，「法人と団体（11 条 2 号）は，それらの法定代理人または特別の委託を受けた者（besonders Beauftragte）を通じて〔手続行為能力を持つ〕」と規定され，次に，同項 4 号で，「官庁は，官庁指導者，官庁指導者の代理人または委託を受けた者を通じて〔手続行為能力を持つ〕」と規定される。

模範草案や 70 年・73 年草案を検討する論稿においても，この行為能力の規定に対する異論は見出せなかった。しかし，これらの規定が代表・帰属の問題を論じる必要性を喚起する内容を含んでいることは，以下で行う，模範草案の

---

175) Vgl., *Alexander Koehler*, Verwaltungsgerichtsordnung vom 21. Januar 1960, 1960, S.456, 464, BT-Drucks 3/55, S.71f., BT-Plenarprotokoll 3/85, S.4612.

176) Vgl., BT-Drucks 3/55, S.71f., BT-Plenarprotokoll 3/85. 付言すれば，この追加は，関係人能力を定める 61 条に，「ラント法がそれを規定する限りにおいて官庁」も関係人能力を持つ（3 号）と定められたことを受けたものである（vgl., *Koehler*, a.a.O. (Fn.175), S.464）。そして，61 条 3 号は，本文で見た 65 条 2 項の修正と同時に追加されたものであるところ，61 条 3 号の追加の背景には，「真正の『自己内部訴訟（In-sich-Prozesse)』……が存在するという考慮」があったことが指摘されている（vgl., ebd., S.456f.）。

177) Vgl., *Bundesministerium des Innern* (Hrsg.), Musterentwurf eines Verwaltungsverfahrensgesetzes（EVwVerfG 1963), 1964, S.102.

283

第 2 章　組織規範と帰属

理由書と 70 年・73 年草案の理由書との比較から看取できる。

　まず，模範草案の理由書も，70 年・73 年草案の理由書も，3 号については，行政裁判所法 62 条 2 項（当時）にいう「団体」を 3 号においては法人と団体という 2 つに分けて規定したことをいうのみであり[178]，説明の趣旨は同じである。

　次に，4 号については，次のように説明に差異がある。

　一方で，模範草案の理由書は以下のように説明する。「官庁指導者とその代理人は，『生来の』官庁代表者であり，それに伴って，官庁が担うところの団体の代表者でもある。〔①〕『生来の』官庁代表者の個々の権能は，組織法的規定から生じる。しかし，他の職員も，通例は事務規定および事務配分規範から生じる勤務的委託の範囲内において，官庁のために行為できなければならない。官庁代表者が，〔②〕『委託を受けた者』であることの資格を示すために場合によっては書面上の代理権（Vollmacht）を通じて示さねばならないところの特別の委託を毎回必要とするとすれば，伝統的で確かな行政手続の諸原則にも 9 条の規律〔つまり行政手続の無形式性の定め〕にも適合しないことになってしまう。特別の委託を毎回必要とすると，極めて多数の行政手続において，望ましくない負担をもたらすであろう。特に広範囲に亘る意義を持つごく例外的な場合には，官庁の利益の代表のために内部的に選定した官吏に，なお特別に外部に対しての資格を与えることは，〔官庁の〕裁量に委ねられる。」[179]

　他方で，70 年・73 年草案の理由書は以下のように説明する。「官庁指導者とその代理人は，『生来の』官庁代表者であり，それに伴って，官庁が担うところの団体の代表者でもある。しかし，他の職員も，通例は事務規定および事務配分規範から生じる勤務的委託の範囲内において，官庁のために行為できなければならない。官庁代表者が特別の委託を毎回必要とするとすれば，伝統的で確かな行政手続の諸原則にも 10 条の規律〔つまり行政手続の無形式性の定め〕

178）Vgl., BT-Drucks Ⅳ/1173, S.36, BT-Drucks 7/910, S.43. なお，厳密にいえば，模範草案では 3 号の文言が「法人と権利能力のない社団は……」というものであったから，模範草案の理由書は，行政裁判所法 62 条 2 項（当時）にいう「団体」を，（「法人」と「団体」に分けたのではなくて，）「法人」と「権利能力のない社団」に分けたとの説明になっている（vgl., *Bundesministerium des Innern*（Hrsg.）, a.a.O.（Fn.177）, S.102）。しかし，説明の趣旨は 70 年・73 年草案の理由書と同じである。

179）*Bundesministerium des Innern*（Hrsg.）, a.a.O.（Fn.177）, S.102f. 下線は引用者が付したものであり，70 年・73 年草案の説明にはない記述であることを示す。

284

にも適合しないことになってしまう<u>からである。</u>〔③〕<u>3号と4号における委託を受けた者は，14条における代理人とは区別されるべきである。そこでは代理力（Vertretungsmacht）の問いが問題となるのに対し，12条では行為能力が規律され，『委託を受けた者』において，行為能力は，組合契約（Gesellschaftsvertrag），法律，命令，条例（Satzung），行政命令に基づき得る。</u>」[180]

　(b)　問題の所在　　これらの理由書の4号に関する説明を対比すると，2つの問題を見出せる。

　第1に，"模範草案と70年・73年草案における代理人に関する規定は基本的に同じ[181]内容であるにもかかわらず，70年・73年草案の理由書において代理の問題と行為能力の問題とを区別する説明（本項2(2)(a)で③を付した箇所）が新たに付されているところ，この説明は不明確である"という問題である。この問題について検討してみると，一方で，確かに，代理の問題と行為能力の問題とを区別する必要があるという説明は，12条は代表の問題を規律していないことを述べるものとも解釈できる。しかし他方で，70年・73年草案の理由書でも官庁の「代表者（Vertreter）」という表現が用いられていることから，70年・73年草案でも12条は代表の問題を規律するものとして位置付けられていると解釈することもできる。そして実際，制定された行手法について，学説は12条も代表の問題を規律していると理解した[182]。

　このように，行手法12条の規定が法人と官庁の行為能力を分けて規律しているところ，この規律が代表についての規定であるという理解が示された。そうすると，職による法人の代表形態如何，自然人による職の代表形態如何という問題が，行手法12条1項3号・4号の解釈という形で問題となる。要するに，代表の問題を分節的に考察する実定法上の必要性が生じたのである。

---

180)　BT-Drucks Ⅳ/1173, S.36, BT-Drucks 7/910, S.43. 条文番号は73年草案のものを採用した。下線は引用者が付したものであり，模範草案の説明にはない記述であることを示す。なお，「ドイツにおいては，Gesellschaftsvertrag と Satzung〔定款〕という用語の間での相違は，あまり意味を持たない〔つまり Gesellschaftsvertrag が定款を意味し得る〕」（三宅新「会社における当事者自治の可能性と限界——ドイツにおける人的結びつきの強い会社を中心として(1)」法協136巻12号（2019）2655頁，2669-2670頁）との指摘があり，また，Gesellschaftsvertrag の意味の理解にも関わるが，本文で「条例」と訳した Satzung は定款を意味すると解する余地もある。

181)　若干の規定が変更されているが，本書の議論との関係では，73年草案においても，「代理人は要求があれば自らの代理権（Vollmacht）を書面により示さねばならない」との規定（14条1項3文）があることを確認すれば十分である。

第2章　組織規範と帰属

　さて，以上のように行手法 12 条が代表の問題を規律していると理解する場合には，70 年・73 年草案において新たに付された，代理の問題と行為能力の問題との区別についての説明は，どのような意味の説明となるか。学説の中には，この説明は行手法 12 条では代表形態として代理が採られていないという意味である[183]，と理解するものがある。

　しかし，ここにおいて第 2 の問題を見出せる。すなわち，行手法 12 条が代表の問題を規律していると理解するとしても，行手法 12 条で想定されている代表形態は代理でなく機関性であると単純には考えられない，という問題である。

　本節第 2 款までで示したような代表形態の同異に関する学説上の議論が行手法の制定過程において共有されていない可能性を措くと，具体的には次の問題を指摘できる。まず，模範草案の理由書では，生来の官庁代表者に関し，組織法にその権能の根拠があると説明されており（本項 2 ⑵⒜で①を付した箇所），また，委託を受けた者に関し，書面上の代理権に関する説明がなされている（本項 2 ⑵⒜で②を付した箇所）。模範草案にのみ見出されるこれらの説明は，"生来の機関担当者については機関性による代表が想定され，委託を受けた者については代理による代表が想定されている" という理解と親和的である。対して，70 年・73 年草案の理由書においては，①・②の説明が削除されるとともに，組合契約・法律といった，委託を受けた者の行為能力の源泉に関する説明が新たに示された（本項 2 ⑵⒜で③を付した箇所）。一方で，①の説明が削除されたことからすると，70 年・73 年草案のほうでは，自然人が職を代表する際の代表形態として代理が想定されているとも理解できる。他方で，②の代理権に関する説明が削除されたことと，③で指摘されている法律・命令・条例・行政命令

---

　182)　Z.B. vgl., *Ferdinand Otto Kopp*, VwVfG, 1.Aufl., 1976, S.107. 行手法 12 条 1 項 3 号・4 号は代表の規律であると位置付ける近時の解説として，z.B. vgl., *Heribert Schmitz*, § 12 Rn.1, in: *Paul Stelkens* u.a.（Hrsg.), VwVfG, 10.Aufl., 2023.

　　　なお，公課法に基づく行政活動には行手法が適用されないが，公課法は行手法 70 年草案に依拠して（vgl., BT-Drucks Ⅵ/1982, S.130）行為能力に関し行手法と同一の規定を置いた。公課法の制定過程において示された説明は，「官庁指導者とその代理人はその勤務的地位によってその官庁のために行為すべく任ぜられた代表者である」（ebd., S.130）との記述があるほかは，行手法 70 年草案の説明と同旨である。そして，公課法の当該規定も代表の問題を規律していると指摘される（vgl., *Roman Seer*, Verständigungen in Steuerverfahren, 1996, S.325 Fn.44）。

　183)　Vgl., *Kopp*, a.a.O.（Fn.182), S.107.

が組織規範であり得ることからすると，70年・73年草案のほうでは，官庁指導者・その代理人・委託を受けた者のいずれについても，自然人が職を代表する際の代表形態として機関性が想定されているとも理解できる。

このように，行手法12条がいかなる代表形態を想定しているかは，条文の文言からも理由書からも明確でなく，理論的な解明の必要性が生じたといえる。以下では，このように考察の必要性が生じたところの，分節的考察における代表形態の選択について，理論的な考察を試みた学説を検討する。

第2項　法人の行為——職による法人の代表

分節的考察をする実際上の必要性が行手法の規定によって与えられたが，行政主体たる法人を職が代表する段階については議論に変化はない。すなわち，職による法人の代表は機関性によって説明されることにほぼ異論はなく[184]，機関が法人を代表すると理解されている。行手法12条1項3号にいう「法定代理人」・「特別の委託を受けた者」も機関を意味すると理解されている[185]ことも，この証左である。

前段落のように理解される背景には，基本法20条2項（「すべての国家権力は，国民より発する。国家権力は，国民により，選挙および投票によって，また，立法，執行権および司法の個別の機関を通じて行使される。」）の存在があると考えられる。学説は，国家が機関によって行為することは自明であるとし，そのことを示すものとして基本法20条2項（の2文）に言及するのである[186]。

第3項　機関の行為——自然人による機関の代表

したがって，問題となるのは，自然人が職（本款第2項で述べたことからして，

---

184) Vgl., *Kübler*, a.a.O.（Fn.49），S.175f.，*Hufeld*, a a O．（Fn.170），S.14f.，*Matthias Jestaedt*, Grundbegriffe des Verwaltungsorganisationsrechts, Rn.34, in: *Andreas Voßkuhle* u.a., GVwR, Bd.Ⅰ，3.Aufl.，2022.

185) やや微妙な記述を含むが，vgl., *Ulrich Ramsauer/Arne Schlatmann*, § 12 Rn.13f., in: *Ferdinand Otto Kopp/Ulrich Ramsauer*, VwVfG, 24.Aufl.，2023. なお，法定代理人は機関であるが特別の委託を受けた者は機関ではないとする見解もある（vgl. *Klaus Ritgen*, § 12 Rn.33, 35, in: *Hans Joachim Knack/Hans-Günter Henneke*（Hrsg.），VwVfG, 11.Aufl.，2020）。しかし，その根拠は示されない。

186) Vgl., *Kübler*, a,a,O，（Fn.49），S.193. 同旨の指摘として，vgl. auch, *Hufeld*, a.a.O.（Fn.170），S.14f.

第 2 章　組織規範と帰属

機関が主として念頭に置かれることになる）を代表する段階についていかなる代表
形態が採られるかである。

1　出発点としての Hans Julius Wolff の見解

⑴　Hans Julius Wolff の見解の位置

　自然人から法人までの帰属について一体的考察をするという姿勢を示してい
た Wolff は，その教科書において，基本的にこの姿勢を維持し続けた[187]。し
かし本書は，以下の 2 つの事情から，自然人が機関を代表する際の代表形態の
問題についても Wolff の見解を考察の出発点に据える。第 1 に，Wolff は，自
然人から法人までの帰属について分節的考察をすることに積極的には反対して
いないことである。具体的には，Wolff は，その教科書において，代表に関す
る行手法の分節的な規定に特段の異論を示さないし[188]，「官庁指導者は外部に
対して官庁を代表する」[189]と述べている。第 2 に，Wolff の見解を確認するこ
とは，本項 2 以下で示す，後の学説を理解するために必要である。

　自然人による機関の代表を論じるに際して Wolff の見解で確認すべき事項は，
機関担当者関係の概念（⑵），および，機関担当者の分類（⑶）である。

⑵　機関担当者関係の概念

　Wolff において，法人を代表する自然人は機関担当者であるとされる。機関
担当者が法人を代表するためには，機関担当者が関わる法関係として，機関担
当者関係または職務担当者関係（以下単に「機関担当者関係」という）が存在せね
ばならない。本項 2 以降での議論との関係では，機関担当者関係について次の
3 点を確認する必要がある（以下の引用では，「機関担当者」ではなく「職務担当者」
という言葉が使われる箇所が多いが，本書の議論との関係では機関担当者を指すものと
理解してよい）。なお，機関担当者関係については，教授資格申請論文から教科
書の最終版まで基本的な理解に変更はないため，原則として教科書の最終版か
ら引用する。

　第 1。機関担当者関係の前提にあるのが，機関担当者たる自然人と法人との
間の，「基礎にある法関係（いわゆる基本関係）(ein unterliegendes Rechtsverhält-

---

　187) Vgl., *Wolff/Bachof*, a.a.O. (Fn.42), S.252 [Wolff].
　188) Vgl., *Hans Julius Wolff*, Verwaltungsrecht Ⅲ, 3.Aufl., 1973, S.278.
　189) *Hans Julius Wolff/Otto Bachof*, Verwaltungsrecht Ⅱ, 4.Aufl., S.94 [Wolff].

nis（sog. Grundverhältnis））」[190]である。この基本関係は，官庁所属者については官吏関係であるのが普通である[191]。この段階では，「職務担当者〔たる自然人〕は，法的に独立した人格（Person）として」[192]法関係に入る。

第2。この基本関係を基礎として，機関担当者関係が存在する。機関担当者関係とは，職務担当者が，「職務担当者がまさにこの職務を遂行するように義務付けられるという形で，職と結びつく」[193]関係である。機関担当者関係は，例えば，「独任制機関が……〔官吏を〕ある職へと任命する」ことや，「採用された官吏に対し職務上の地位（Amtsstelle）を配分する」ことによって生じる[194]。この機関担当者関係により，一定の職と機関担当者とが結びつけられるのであるから，機関担当者関係は「組織法的」[195]なものと評価できる。なお，「基本関係が，専らある一定の職……の遂行を義務付けるときには，基本関係は職務担当者関係と重なって生じる（zusammenfallen）」[196]こととなる。

第3。機関担当者関係が生じると，機関担当者は，「自らの職としてまとめられている遂行権限」[197]を行使できるようになる。この職・遂行権限として代表力が定められており，職・遂行権限の行使により，機関担当者は法人を代表することになる[198]。

(3) 機関担当者の分類

さらに Wolff は，教授資格申請論文の段階には存在しなかった，機関担当者を狭義と広義とに分けるという理解を，教科書において提示する。狭義の機関担当者の定義と広義の機関担当者の定義については第1章第2節第3款第2項4(2)(a)でも述べたが，ここで改めて確認する。一方で，「狭義の機関担当者とは，その行態が機関に無媒介に帰属する人間のみをいう。したがって，合議体の構成員，独任制官庁の指導者〔例えば各省大臣〕・この指導者の『一般的代表者』〔例えば事務次官〕をいう」。他方で，「広義の機関担当者とは，その行

---

190) *Wolff/Bachof*, a.a.O.（Fn.189），S.34［Wolff］. 傍点原文隔字体。

191) Vgl., *Wolff/Bachof*, a.a.O.（Fn.189），S.35, 486［Wolff］.

192) *Wolff/Bachof*, a.a.O.（Fn.189），S.35［Wolff］.

193) *Wolff/Bachof*, a.a.O.（Fn.189），S.34［Wolff］.

194) Vgl., *Wolff/Bachof*, a.a.O.（Fn.189），S.37［Wolff］. 傍点原文隔字体。

195) *Wolff*, a.a.O.（Fn.10），S.295.

196) *Wolff/Bachof*, a.a.O.（Fn.189），S.35［Wolff］. 傍点原文斜字体。

197) *Wolff/Bachof*, a.a.O.（Fn.189），S.34［Wolff］.

198) Vgl., *Wolff/Bachof*, a.a.O.（Fn.189），S.41［Wolff］.

289

第2章 組織規範と帰属

態が機関に何らかの方法で帰属するすべての人間をいう。したがって，その人間が単に，機関を指導する機関担当者〔つまり狭義の機関担当者〕の『委託を受けて』あるいは『指示に基づき』行為する権限を持つにとどまる場合も含め，外部に対して機関の名において現れる人間，いわば『署名権を持つ』人間をいう」[199]。そして，「一定の行為……が一定の職務担当者〔つまり狭義の機関担当者〕に留保されていない限り……，代表力を持つのは，署名権を持つ職務担当者のみである」[200]。

狭義の機関担当者も広義の機関担当者も機関担当者である以上は，自然人が機関を代表する段階での代表形態としては機関性が採られていると解される[201]。しかし，上記の定義のうち，「無媒介に」や「何らかの方法で」という言葉が何を意味するかは明確にされなかった。

2　機関性と代理の併用

本款第1項2・本項1で見たように，自然人による機関の代表についていかなる代表形態が採られるのかという問題に関し，行手法制定過程の説明およびWolff の説明においては不明確な点が残った。Kübler は，この問題について，官庁は「委託を受けた者」によっても行為すると行手法12条が規定したことを明らかに意識しつつ[202]，「委託を受けた者」については代表形態として代理を採用する。

(1)　前提

まず，Kübler の議論の前提となる，機関性と代理との差異についての Kübler の理解を確認する。Kübler は，機関性と代理との差異を，①代理においては「本人と代理人は他者として」双面的関係に立つが，機関性においては「機関は法人の……不完全な……部分である」こと[203]，②①の帰結として，「代理

---

199) 以上2文につき，vgl., *Wolff/Bachof*, a.a.O.（Fn.189），S.58〔Wolff〕. 傍点原文隔字体。

200) *Wolff/Bachof*, a.a.O.（Fn.189），S.41〔Wolff〕. 傍点原文隔字体。

201) なお，Wolff は教科書において，職務担当者は「国家を代表する（repräsentieren）」と述べる（vgl., *Wolff/Bachof*, a.a.O.（Fn.189），S.42〔Wolff〕. 傍点原文隔字体）。しかし，この言明が機関担当者に関する代表形態について狭義の法的代表が採られることを意味するのかは明確にされなかったため，この言明の意味には立ち入らない。

202) Vgl., *Kübler*, a.a.O.（Fn.49），S.211 Fn.376. Kübler の博士論文の提出時（1974年）においては行手法は未だ制定されておらず，Kübler は同法の草案を検討対象とするが，検討対象とされる部分は制定された行手法の規定と同じである（本款第1項2参照）。

290

の場合においては本人に他者の行為が帰属する」が，機関性においては「機関に帰属する行為は法人の固有の行為として妥当する」こと[204]，③代表権能と代表力の源泉が，代理においては組織規範でないもの（本人による法律行為等）であり，機関性においては組織規範であること[205]，の３点に見出す。このように，Kübler は，学説において提示されている機関性と代理に関する通常の理解と異なり，代理においても行為を帰属させられると理解するようである[206]。

(2) 見解

この前提の下で，Kübler は，自然人による機関の代表がいかなる代表形態によるかを問題とする。

この問題を論じるにあたり，Kübler は，Wolff における狭義の機関担当者と広義の機関担当者に対応する区別として，「直接的」機関担当者と「間接的」機関担当者という区別を用いる[207]。そして，Kübler は，通説が委託を受けた者を間接的機関担当者と位置付けていると理解した上で，通説を次のようにまとめる。「間接的機関担当者の地位は，法律から直接生じるのではなく，直接的機関担当者の行為に依存するとされる。2, 3 の論者は，間接的機関担当者は，直接的担当者から導かれる立場（Position）を持つともいう。／大多数の論者にとって，人的な地位（persönliche Stellung）のみが間接的である。間接的であるという性質は，単に，……機関の第１次的な代表者〔つまり直接的機関担当者〕との関係で性格付けられるものとされている。大多数の論者において，機関との関係は直接的である。この理論によると，導かれた立場を持つ機関担当者も機関を直接に体現する。これは２つの帰結を持つ：／〔第１に，〕機関担当者の行為は，公行政の主体に，機関を経由して直接に帰属する。第１次的な担当者は帰属の連鎖の中間項でない。／〔第２に，〕間接的担当者は機関の管轄を行使する。したがって，間接的機関担当者の権限は導かれたものではない。」[208]

---

203) Vgl., *Kübler*, a.a.O. (Fn.49), S.174.

204) Vgl., *Kübler*, a.a.O. (Fn.49), S.174f.

205) Vgl., *Kübler*, a.a.O. (Fn.49), S.193-203.

206) Vgl., *Kübler*, a.a.O. (Fn.49), S.223. 他の学説を検討する箇所であるが，vgl. ebd., S.177. その際 Kübler は *Wolff*, a.a.O. (Fn.10), S.287 を引いている（*Kübler*, ebd., S.177 Fn.125）。

207) Vgl., *Kübler*, a.a.O. (Fn.49), S.213.

第2章　組織規範と帰属

　しかし，引用文中の「地位」・「人的な地位」・「立場」という言葉が何を意味するかは不明である[208]。Kübler が通説的見解に対して行う批判の第1点（次々段落を参照）と整合的に理解するためには，これらの言葉を次のように理解しておくべきであろう。すなわち，委託を受けた者たる自然人を，職を行使するよう義務付けることを内容とする関係が「人的関係」であり，その関係における地位が「地位」・「人的な地位」・「立場」と表現されている，と理解するのである。

　Kübler は，このように学説を整理した上で，次の2つの批判を行う。

　第1に，委託を受けた者は機関担当者ではないという趣旨の批判である。Kübler は，まず，一般に，「機関担当者の人的な法関係は組織法的なものである」[210]と述べる。注釈すれば，この文では，機関担当者関係についての Wolff の説明が参照されていること[211]から，「人的な法関係」という言葉は，ここで

---

208) *Kübler*, a.a.O. (Fn.49), S.212. 傍点原文隔字体。

209) そこで引用されている文献を見ても，Kübler の意図は明確にならない。一例として，間接的機関担当者が「導かれる立場を持つ」という記述に付された注（*Kübler*, a.a.O. (Fn.49), S.212 Fn.384）で引用されている文献の内容を概観しておく。そこで引用されているのは，① *Georg Jellinek*, Allgemeine Staatslehre, 3.Aufl., 1914, S.557, ② *Julius Hatschek*, Deutsches und Preußisches Staatsrecht, Bd.1, 2.Aufl., 1930, S.28, ③ *Fritz Lünenbürger*, Die Vertretung der Gemeinden im Rechtsverkehr, 1951, S.36 である。これらの内容を見ると，①は，「間接国家機関は，その機関たる地位が，憲法に直接基づくのではなく，個々にその機関へ向けられた委託に基づく機関である」ことを説明するもの，②は，「広義の機関」を「直接国家機関」と「官吏」とに分け，「官吏の職務権限の法的根拠と範囲は，単純法律あるいは勤務指令からも生じる」ことを説明するもの（傍点原文隔字体），③は，ゲマインデの「間接機関の行為は，ゲマインデのために直接の効果を持つが，市長という唯一の直接機関を通じて間接的に行われる」ことを説明するものである。

　①から③の文献が述べている内容は一様ではない。第1に，① Jellinek・② Hatschek は，機関という言葉を用いつつも，自然人たる機関担当者に関して直接・間接という区別を語っているのに対し（vgl., *Jellinek*, a.a.O. (Fn.84), S.223, *Hatschek*, ebd., S.27f.），③ Lünenbürger は制度としての機関と自然人とを明確に分離しないものの，先に引用した部分では制度としての機関を念頭に置いているようであるから（vgl., *Lünenbürger*, ebd., S.5f.），先の引用部は機関担当者の地位について論じたものではない。第2に，① Jellinek は「個人の機関たる地位」について直接・間接の区別を語っているのに対し（*Jellinek*, a.a.O. (Fn.84), S.223），② Hatschek は，「職務権限の法的根拠と範囲」について語っている。第3に，③ Lünenbürger は行為の帰属の現れ方を論じており，「立場」が導かれるとは述べていない。間接機関について同書のほかの箇所で指摘されるのは，その権限が直接機関たる市長から導かれていること，間接機関を担う者は市長に従属する官吏であること，に過ぎない（vgl., *Lünenbürger*, ebd., S.5f.）。

210) *Kübler*, a.a.O. (Fn.49), S.217.

211) Vgl., *Kübler*, a.a.O. (Fn.49), S.217 mit Fn.421. そこで引用されるのは，*Wolff*, a.a.O. (Fn.10), S.295 である。

292

第1節　組織規範と帰属との結合

は機関担当者関係のことを指していると理解できる。このことを踏まえて，続く Kübler の説明を見よう。曰く，「この人的な法関係〔つまり機関担当者関係〕は，担当者を組織へと拘束する。これに対し，導かれた関係においては，媒介者〔つまり委託者〕への拘束が優位に立つ。この拘束は，はるかに強く双面的であり，したがって，代理法的なものである」[212]。

　要するに，第1の批判は次のようなものであろう。すなわち，委託を受けた者の場合には，委託者と委託を受けた者との間に人的関係が存在し，委託を受けた者と組織との関係（つまり委託を受けた者の職・組織への拘束）が観念されないから，委託を受けた者を機関担当者として理解することはできない，という批判である（本項1で述べた機関担当者関係の理解を参照）。

　第2に，Kübler は，通説が「間接的機関担当者の場合においても直接の帰属が可能であるとしている」ことに対して，「地位が導かれたものに過ぎないとき，直接の機関性的関係が生じるのはなぜか」が説明されていない[213]と批判する。この批判の趣旨も明確でないが，①帰属がいかに生じるのかを論じる文脈であること，②この文脈で引用されている文献[214]の趣旨，③先に引用した Kübler による通説理解において，「第1次的な担当者は帰属の連鎖の中間項でない」という文があるという3つの理由から，"地位が委託者から導かれたものに過ぎないのに，帰属の連鎖において中間に委託者がいないのはなぜか"という疑問を提起していると理解できよう。こう理解すれば，Kübler の批判は，Wolff が広義の機関担当者に関して「何らかの方法で」あるいは「媒介」があって機関へと帰属すると述べていた点について，その不明確さを衝いた批判をしたものとして位置付けられる[215]。

　これら2つの批判に通説側が応えられていないと判断した Kübler は，通説と異なる自説として，自然人による機関の代表について機関性と代理を併用するという理解を提示する。併用のあり方を具体的にいえば，狭義の機関担当者

---

212)　*Kübler*, a.a.O. (Fn.49), S.217.

213)　Vgl. *Kübler*, a.a.O. (Fn.49), S.217. 傍点原文隔字体。

214)　*Kübler*, a.a.O. (Fn.49), S.217 Fn.419 で引用される，*Rudolf Berroth*, Die Vertretung der Gemeinde nach außen, Diss, 1964, S.44f.

215)　実際，「第1次的な担当者は帰属の連鎖の中間項でない」という文に付された注（*Kübler*, a.a.O. (Fn.49), S.212 Fn.385）で，Kübler は，狭義の機関担当者と広義の機関担当者に関する Wolff の説明を「不明確」と評価している。

293

第 2 章　組織規範と帰属

に相当する者を「機関担当者」として把握し（つまり機関性による代表を想定し），広義の機関担当者に対応する者を「機関の代理人」として把握する（つまり代理による代表を想定する）のである[216]。

Kübler がこの理解を提示する際に示す積極的な根拠としては，第 1 に，委託を受けた者を機関担当者として把握することに対する前記 2 点の批判を回避できること[217]，第 2 に，Kübler の説が「実務が示す像にまさに適合的である」[218]こと，が挙げられる。第 1 の根拠の趣旨を敷衍すれば，おそらく，"代理人として捉えれば，委託を受けた者の組織への拘束が存在せずとも問題はないし，帰属の連鎖において委託者（機関）が中間項となることにも不都合はない" という趣旨をいうものであると考えられる。

(3)　問題点

このように，代理を併用する Kübler 説が登場したことにより，自然人による機関の代表について機関性のみを採用するか代理も併用するかという対立が学説上に生じた。

そこで，この対立についてどう議論が展開したかを探ることが次の作業として必要になる。Kübler 説が登場した後の学説分布だけを見れば，次のようにいえる。すなわち，自然人による機関の代表について機関性と代理を併用して説明する見解は Kübler 以外には見られず，委託を受けた者を含めて機関性を用いる論者が多数を占める[219]。機関性を採る論者の中には，代表力の源泉が組織規範であるか否かという観点をどこまで意識していたのかは不明瞭な者もいるものの[220]，多くの論者は，この観点を意識しつつ，委託を受けた者を含

---

216)　Vgl., *Kübler*, a.a.O.（Fn.49），S.230. 詳細につき，vgl. ebd., S.211-213, 224.

217)　Vgl., *Kübler*, a.a.O.（Fn.49），S.218.

218)　*Kübler*, a.a.O.（Fn.49），S.218. そのほか，第 3 に，Kübler の説が，実定法，国家賠償法における議論と適合的であること，第 4 に，委託を受けた者を機関担当者と把握する場合には，官庁指導部が過剰な責任を負わざるを得なくなること，も挙げられる（vgl., ebd., S.224-229）。しかし，第 3 点に関し，実定法（例えば裁判所構成法 144 条が挙げられる）については，本書著者が確認し得た限り，代理を想定した規定であるとは当然には理解できず，Kübler が望む結論に合わせて実定法を理解しているだけのように思われる。また，国家賠償法における議論との適合性がなぜ根拠となるのかは不明である。第 4 点は，機関担当者として把握する場合にはその行為はすべて機関へと帰属することになるという，Kübler 独自の前提に基づいた指摘である。委託を受けた者を機関担当者として把握しても，その行為がすべて帰属するとは当然にはいえないため（本節第 4 款第 1 項 2 (2)参照），この指摘は論争的な前提に立っている。

めて，自然人による機関の代表について機関性を採用する[221]。

　もっとも，機関性のみを採用する立場は，Kübler からの批判に応答したり Kübler の主張に論駁したりすることによって多数を占めたわけではない。機関性と代理を併用する Kübler 説は，その内容の適否を正面から検討されないまま黙殺されたのである。

　しかし，Kübler 説の内容を正面から検討してみても，やはり，Kübler の見解を採る積極的理由はないといえよう。なぜなら，Kübler の主張には，①委託を受けた者に機関性を採用することを批判する点，および，②自説として委託を受けた者に代理を採用する点に関し問題があるからである。以下で敷衍する。

　①について。機関性の採用に対する Kübler の批判は，行手法制定過程・Wolff の見解において「委託」の意義が不明確であったことを衝いた点では正当であるが，それ以外の点では正当でない。具体的には，機関性の特質として挙げられていた事項を用いることで Kübler の批判に応答できる。

　まず，Kübler が取り上げていない機関性の特質として，機関担当者が組織規範を変動させられるというものがあった（本節第2款第2項4⑷参照）。そして，Kübler も，機関担当者の存在を認めており，機関担当者から事務配分規範等が発出されて委託が行われると理解するところ，上記の特質に鑑みれば，事務配分規範の発出は組織規範の変動を意味すると考えられる。ここで生じている事態をより具体的に説明すれば，次のとおりである。ある時点において，組織規範によって，狭義の機関担当者の職としてある事項についての代表力が定め

---

219) Z.B. vgl., *Hufeld*, a.a.O. (Fn.170), S.14, 291, *Ramsauer/Schlatmann*, a.a.O. (Fn.185), Rn.14a, *Heribert Schmitz*, § 14 Rn.6, in: *Stelkens* u.a. a.a.O. (Fn.182). なお，Hufeld は，Mandatar が使者・代理人・狭義の代表者の性格を併有すると考えていたが，Hufeld がこう考える際の狙いは，この性格を基礎に Mandatar も代表力を得られると示すこと，および，決定を行う自然人に対する憲法原理の現れ方を示すことにあった（第1章第2節第3款第2項6⑴参照）。帰属の問題が関係する外部的地位との関連では，Hufeld も機関人・Mandatar のいずれについても機関性を採用しているといってよい。

220) Kübler の論稿以前の著書ではあるが，*Kopp*, a.a.O. (Fn.182), S.107 は，委託を受けた者についても「組織的規定（特に事務配分規範等）が重要である」と述べつつ，Wolff/Bachof の教科書における代表の説明のうち，機関性ではなく法定代理人の箇所の参照を指示する（vgl., *Wolff/Bachof*, a.a.O. (Fn.42), S.250〔Wolff〕）。

221) *Seer*, a.a.O. (Fn.182), S.325-328 mit Fn.59. Kübler の論稿以前の著書ではあるが，vgl., *Rainer Wahl*, Stellvertretung im Verfassungsrecht, 1971, S.66f. mit Fn.13.

第2章　組織規範と帰属

られており，広義の機関担当者には何らかの職が与えられているが，当該事項についての代表力が与えられていない場合を想定する。そして，狭義の機関担当者が（組織規範の一種たる）事務配分規範を発出して署名権を付与することにより，広義の機関担当者の職を，当該事項について官庁を代表できるものとする（つまり当該事項についての代表力を与える）[222]。

　こう理解すれば，委託の前後において，委託を受けた者と職との間には（職の内実が変わる結果として内実が変動するが）機関担当者関係が存在し続けることになり，委託を受けた者と狭義の機関担当者との間に「人的関係」を観念する必要がないため，Kübler の批判の第1点を回避できる。さらに，委託を受けた者が行う行為は，自らに分配された職の行使として行われる以上は，職・機関・法人へと直接に帰属するのであり，帰属の連鎖の中間項として狭義の機関担当者を想定する必要もないから，Kübler の批判の第2点をも回避できる。

　②について。Kübler が自説として委託を受けた者に代理を採用することについては，代理でも行為の帰属が可能であると理解している点で問題がある。確かに，機関性と代理の同異は論者によって様々なものが挙げられ得る。しかし，本節第2款第2項4(2)で示したとおり，代理では行為の帰属ができないことは Kübler の論文が著された1974年では通説となっており，また，Kübler が依拠する Wolff も（本節注206）を参照），1958年以降は代理では行為の帰属を認めない立場を採っていたから（本節注160）およびそれに対応する本文を参照），Kübler の立場は当時の学説の理解に沿ったものではない。

　以上から，代理を併用する Kübler の見解を採る積極的理由はない。むしろ，機関性のみを採用する立場が，当時の学説の理解に沿っており，より適切であると評価できよう。

3　勤務法による代表

　このように，自然人による機関の代表については，機関性・代理からの選択に限れば，機関性によって説明することが適切であると考えられる。しかし，機関性による説明については，代理との比較とは別の観点から疑問が呈される。この別の観点からの疑問を呈したのが，勤務法による代表を採用する論者であ

---

222) Kübler に対し直接に批判するわけではないが，本文で述べたような構成を採ると理解できるものとして，vgl., *Stelkens*, a.a.O.（Fn.174), S.225-228.

296

る。

　勤務法による代表を採用する論者は，機関担当者が組織に属するという，やや明確さを欠いた言明（本節第2款第2項4(1)参照）の意味をさらに考察することで，自然人による機関の代表について機関性の採用を否定する。まずは，勤務法による代表を採用した論者が前提としたところの，組織の観念・職務遂行義務についての議論から確認する。

(1)　機関担当者の組織への埋没

　(a)　Hans-Uwe Erichsen の見解　　議論の端緒を提供したのは，職務遂行義務に関する Schnapp の見解に対して示された，Hans-Uwe Erichsen の批判である。

　Erichsen は，内部法争訟に関する論稿において，内部法の概念・内部法における帰属主体（Zuordnungssubjekt）の概念について検討する[223]。その検討の中で，Erichsen は，「機関担当者あるいは職務担当者〔以下，Erichsen の見解に関しては原則として機関担当者のみを記す〕が内部法の……帰属主体であるかという問題」[224]を挙げ，この問題についての Schnapp の見解を検討する。Erichsen の要約によれば，Schnapp は次のような見解を提示している。すなわち，「機関担当者……は組織法の法命題によっては義務付けられず，むしろ，機関担当者……の義務は，勤務法的な――したがって外部法に属する――職務遂行の義務付けによって生じる；したがって，機関担当者……に関わる法関係は内部法に属さない。Friedrich E. Schnapp は，そうした包括的な勤務法的職務遂行義務を，官吏は自らの職を利己的でなく誠意を持って遂行せねばならないと定めるところの，官吏法大綱法（Beamtenrechtsrahmengesetz）の36条2文から，特に読み取る」[225]。

　Schnapp の見解をこう整理した後，Erichsen は，「しかし，官吏法大綱法36条2文に関するこうした理解が正当化されるかは，疑問に思われる」[336]と述べる。この疑問の内容を以下で確認しよう。

　まず，Erichsen は，講学上，官吏と機関担当者とが区別されることを指摘する。曰く，「組織法学は一般に官吏と機関担当者……とを区別する。前者は，

---

223)　Vgl., *Hans-Uwe Erichsen*, Der Innenrechtsstreit, in: *ders*, u. a. (Hrsg.), Festschrift für Christian-Friedrich Menger zum 70. Geburtstag, 1985, S.214-219.

224)　*Erichsen*, a.a.O. (Fn.223), S.216.

第 2 章　組織規範と帰属

行政法上の特別法的な拘束に服する外部法主体として組織に相対するが，後者は，組織の作用主体として組織それ自体の内部に存在する。したがって，官吏と機関担当者……は，──肉体的には同一であるにもかかわらず──前者が外部法領域の主体であるのに対して後者が内部法領域に出現するものである限り，法的には2つの相互に区別されるべき現象である」[227]。

　しかし，36条2文の理解について異議を唱える以上は，Schnapp への反論もこの条文の文言に注目して行わねばならない。Erichsen 曰く，「とはいえ，官吏法大綱法は，このように〔つまり前段落のように〕区別された概念を用いていない。官吏法大綱法48条2文は，『職務上の活動における，および，官吏としての地位における』官吏という言葉遣いをしており，このことは，官吏法大綱法が，2つの相反する関係における官吏の概念を知っていることを示す。官吏法大綱法36条3文は『勤務の中および外における』官吏の行態を規律しているところ，このことは次の推論を許容する。すなわち，『官吏』という概念は，この規定〔つまり36条3文〕においても，官吏を外部法主体として把握するという理解に対しても，また，官吏を内部法領域の作用主体として把握する理解に対しても，開かれている，という推論である。〔このように各条文

---

225) *Erichsen*, a.a.O.（Fn.223），S.216. そこで引かれているのは，*Friedrich Eberhard Schnapp*, Dogmatische Überlegungen zu einer Theorie des Organisationsrechts, AöR, Bd.105, 1980, S.251 である。

　　本文の内容について2点補足する。

　　第1。官吏法大綱法は，2009年にその大部分が効力を持つに至った官吏地位法（Beamten-statusgesetz）の63条1項2文・同条3項によって，一部の例外を除き効力を失った。しかし，官吏法大綱法36条2文に相当する条文は，官吏地位法34条1項2文に置かれており，官吏地位法「34条は，これまでの官吏法大綱法36条に，その意味内容において大部分対応する」とされる（vgl., *Andreas Reich*, Beamtenstatusgesetz, 2.Aufl., 2012, § 34 Rn.1）。したがって，今日においても，官吏地位法34条1項2文を手がかりに，本文で示したような見解が提示され得る。

　　第2。確かに Schnapp は職務遂行義務を外部法上の義務とする（vgl. *Schnapp*, ebd., S.251）。もっとも，Schnapp において，職務遂行義務の個別の内容は，個々の官職に合わせて定められている職務法命題と結合して初めて読み取られるとされている（vgl., *ders*, Amtsrecht und Beamtenrecht, 1977, S.138）ことからすると，職務遂行義務を完全に外部法上の義務として Schnapp が位置付けているという理解には，疑問の余地がある。しかし，本書がここで行う議論との関係では，"職務遂行義務が外部法によって生じると Schnapp が主張している" と Erichsen が理解していることのみが重要であり，Schnapp の見解の一貫性・厳密な意味は重要でない。

226) *Erichsen*, a.a.O.（Fn.223），S.216.

227) *Erichsen*, a.a.O.（Fn.223），S.216f.

において『官吏』概念の意味が分かれ得ることからすれば，〕官吏法大綱法 36
条 2 文における『官吏』概念にいかなる意味が認められるかは，この法命題
〔つまり 36 条 2 文〕のほかの内容から導出されねばならない」[228]。

「その限りで，36 条 2 文で用いられている職の概念の下で何が理解されるべ
きかという問いが立つ。Hans J. Wolff に依拠すると，地位的な意味における職
と，職分的な意味における職とが区別される。……地位的な意味における職は
個人的法主体としての官吏の法的地位を示すものである：したがって，〔この
職は〕外部法の制度である。職分的な意味における職は，組織的な作用単位を示
し，したがって，その限りで内部領域を目的とする概念が問題となる。職分的
な意味における職の範疇には，抽象的な意味における職分的職と具体的な意味
における職分的職とが属する。職分的な意味における抽象的な職とは，官吏の
法的地位に対応する，公行政の主体における制度化された任務領域を意味し，
したがって地位的な意味における職をいわば内部組織的に表現するものである
のに対し，職分的な意味における具体的な職とは，ある一定の官吏へと委譲さ
れた任務領域，すなわち，官吏の Dienstposten を意味する。」[229]

Erichsen は，こうした理論的整理を踏まえた上で，36 条に立ち戻り，次の
ように考察する。曰く，「〔①〕官吏法大綱法 36 条は，職業・職・勤務のそれ
ぞれの領域を区別している。したがって，同条の規律内容は，外部法領域に属
する職業の領域を包含しており，また，勤務の範囲内での行態を対象とするこ
とでもって内部領域も包含している。〔①を前提とした上で，さらに，②〕官
吏法大綱法 36 条 2 文が，官吏に，『自らの職を……遂行すること』を義務付け
るとき，同条は，官吏に職が分配されていることを前提としている。〔①・②〕
ゆえにこの規範は，具体的・職分的な意味における職に関わる。それにより，
この規範は，(内部) 組織法的な職務遂行義務を根拠付けているのである。そ
れゆえ，この規範は，職務担当者としての官吏に向けられた規定である。した
がって，機関担当者……も内部法の帰属主体に属する」[230]。

そして，このように機関担当者が内部法主体であることは，関係人能力につ

---

228) *Erichsen*, a.a.O. (Fn.223), S.217.
229) *Erichsen*, a.a.O. (Fn.223), S.217f. ただし，引用箇所の 4 文目（「職分的な意味における職は
……」）と 5 文目（「職分的な意味における職の範疇には……」）の順序を原文から入れ替えた。
230) *Erichsen*, a.a.O. (Fn.223), S.218. 傍点引用者。

299

第 2 章　組織規範と帰属

いて規律する行政裁判所法 61 条によって機関担当者が関係人能力を持つかという問題と関わる。この問題を考える際に，Erichsen は，機関担当者は「自然人」とは異なることを指摘する。曰く，「自然人は個人権を持つ人間として外部法主体であるが，これに対し，その存在が組織を意思能力・行為能力あらしめることに尽きるところの機関担当者……は，内部領域に出現するもので，それ自体は個人的な・人的な諸権利の担い手ではあり得ない」[231]。

　本書の関心からは，内部法争訟に関する Erichsen の見解にこれ以上立ち入る必要はない。Erichsen の見解については次の点に注意を要する。すなわち，Erichsen は，機関担当者が内部法主体であることを論証する際に，Schnapp に対する批判という形で議論を展開したために，2 つの異なる根拠を用いることになった，という点である。その根拠とは，第 1 に，機関担当者は組織の作用主体として組織それ自体の内部に存在するという理解である。第 2 に，官吏法大綱法 36 条は，機関担当者が負う職務遂行義務の根拠をなすものであって，機関担当者を規律対象としているところ，同条 2 文は，内部法に属する法規範であるという理解である。機関担当者が内部法主体であることの根拠として第 2 の理解が機能するのは，次のように敷衍すれば了解できよう。すなわち，内部法主体であるためには内部法の規律対象となっていればよく，機関担当者が内部法の規律対象となっていれば機関担当者は内部法主体であるところ，機関担当者を規律対象とする 36 条 2 文は内部法に属する法規範である，と。

　第 1 の根拠と第 2 の根拠との関係については，一方が他方を前提として成立すると考える必要性は見出せないため，2 つの根拠はそれぞれ独立して成立するものと理解できよう。

　(b)　Walter Krebs の批判　　Erichsen の主張を支える第 1 の根拠に関して批判を行ったのが，Walter Krebs である。Krebs は，Erichsen の議論を，「法人の法的下位分肢（内部法主体）は非人格的な職のみであり得るのか，それとも肉体を持つ人でもあり得るのか」という問いについて論じたものと理解する。その上で Krebs は，本節注 231）に対応する本文で引いた Erichsen の見解を，「自然人が一定の役割機能（『職務担当者としての〔役割〕』）を担うことによって，内部法主体たり得る能力を獲得できる，という想定は，自然人はこの

---

231) *Erichsen*, a.a.O. (Fn.223), S.221.

役割に入ることによって，外部法主体たり得る能力を喪失する，という想定を含む」旨をいうもの，と要約する。Erichsen の見解をこう要約した後，Krebs は次のように批判する。曰く，「この見解によると，人間は，法的に，自然人（外部法主体）と純粋に物的な存在（内部法主体）に分化し得ることにならざるを得ない。〔①〕この帰結は，法理論的には追体験することは可能であるが，しかしだからといって，（憲）法ドグマーティッシュにはまだなお説得的でない。〔②〕少なくとも，基本法1条1項〔「人間の尊厳は不可侵である。これを尊重し，保護することは，すべての国家権力の義務である。」〕の信条に，そうした人間の道具化（Instrumentalisierung）が抵触しないかが問われ得る」[232]。

(2) 勤務法による代表

Barbara Remmert と Ariane Berger は，機関担当者と組織との関係を問うた本項3(1)の議論を，帰属を論じる文脈へと導入した。

(a) Barbara Remmert　Remmert は，国家的行政単位の職員でない私人が行った行為等が国家へと法的に帰属するか，するとしていかにするかという問いに答えるために[233]，そもそも「行政単位がいかにして『自ら』行為・決定しそれによって権限を遂行しているのか」という問題に立ち戻る[234]。「行政単位のいかなる権限遂行も自然人の行為・決定を前提とする」[235]ことから，この問題を考察するにあたって，Remmert は，自然人の行為がいかに行政単位へと帰属するのかという問いに取り組む[236]。

Remmert はまず，「行政単位と自然人との間に要請される帰属連関を定立するための組織法的連結点は，最小の下位行政単位であるところの職（Amt）である」として職に注目し，「ある一定の職という権限の遂行を法秩序により委託される自然人は，職務担当者と呼ばれる」とする。そして，「この自然人が職務担当者としての任務（Funktion）において行為・決定すれば，職務担当者

---

232) 本段落につき，vgl., *Walter Krebs*, Verwaltungsorganisation, Rn. 28 Fn. 97, in: *Josef Isensee/Paul Kirchhof* (Hrsg.), HStR, Bd. Ⅲ, 2.Aufl., 1996. ただし，3版では，②の批判が削除されて①の批判だけが残されており，①の批判も文言が若干変わっている（vgl., *ders*, Verwaltungsorganisation, Rn.34 Fn.114, in: *Josef Isensee/Paul Kirchhof* (Hrsg.), HStR, Bd. Ⅴ, 3.Aufl., 2007）。

233) Vgl., *Remmert*, a.a.O. (Fn.1), S.252.

234) Vgl., *Remmert*, a.a.O. (Fn.1), S.271.

235) *Remmert*, a.a.O. (Fn.1), S.272.

236) Vgl., *Remmert*, a.a.O. (Fn.1), S.297.

第2章　組織規範と帰属

のこの行為・決定は法的に職の行為・決定として妥当し，これがさらに上位の
行政単位に帰属される」ということを出発点とする[237]。

　そこで，職務担当者としての任務において行為・決定することがいかにして
可能であるかが問題になる。この問題につき，Remmert は，「ある自然人が職
の遂行を委託されるべきとすれば，その自然人と，遂行されるべき行政権限を
持つところの上位の行政単位との間に，そのための法関係の基礎付けが必要に
なる」[238] として，この法関係について考察する。曰く，「この法関係は，自然
人が一定の職という任務を実際に処理することを保障せねばならない。したが
って自然人は法的に任務遂行を義務付けられねばならない。同時に，自然人は，
法秩序が，その限りで，自然人の行為・決定を法的に自然人のものとしてでは
なくその都度の職の行為・決定として取り扱うことに，同意をせねばならない。
この法関係の法的な根拠付けと形態の詳細は様々である。この法関係の根拠付
けのためには，しばしば，労働契約が締結されるか，官吏関係が基礎付けられ
る。これらの場合，自然人は，まずはその種類によってのみ定められ，後に雇
用主または勤務主（Dienstherrn）によってより詳細に具体化されるべき職……
を遂行する義務を負う。……しかし，契約や官吏関係の基礎付けにより，最初
から，ある一定の職という権限の遂行が義務付けられることも，等しく想定し
得る」[239]。以上は，Wolff の機関担当者関係についての説明（本項1(2)参照）と
一致する。

　Remmert はこの法関係についてさらに詳細に検討するべく，まず，従来の
議論を確認する。「一般に明示的に議論されている限り，学説では，自然人は
『職務担当者関係』により『職務担当者』であるという言明から，種々の帰結
が引き出される。1つには，官吏関係や労働関係といったいわゆる『基礎にあ
る法関係』・『勤務法関係』・『基本関係』[240] と，具体的な職を持つことによって
初めて存在する，本来の，職務担当者の『職に対する』『職務担当者関係』[241]

　237）本段落につき，vgl., *Remmert*, a.a.O.（Fn.1），S.297f.

　238）*Remmert*, a.a.O.（Fn.1），S.298.

　239）*Remmert*, a.a.O.（Fn.1），S.298.

　240）これら3つの二重かぎ括弧に関して，*Wolff/Bachof*, a.a.O.（Fn.189），S.34［Wolff］等が引
　　　用されている。

　241）これら2つの二重かぎ括弧に関して，*Wolff/Bachof*, a.a.O.（Fn.189），S.37［Wolff］が引用
　　　されている。

とが，厳密に区別されねばならないという理解が生じる。『基礎にある法関係』は『外部法』に属するが，『職務担当者関係』は『内部法』に属すべきであるとされる[242]。その際――次の考え方には本書〔つまり Remmert の著書〕も従う――，内部法は，法人の下位分肢に向けられたあらゆる法命題と理解され，外部法は，自然人あるいは法人に向けられた法命題から成る。ある一定の職を職務担当者が遂行する義務の源泉は，内部法的な職務担当者関係であり，この職務担当者関係は，通例，勤務主または雇用主による一方的な『職の地位の配分』により発生するとされる[243]。職務担当者はこの理解において内部法命題の適格な名宛人である。しかし，このことはまさに，自らの行為・決定が権限を持つ行政単位の行為・決定として帰属するところの自然人が，その職務担当者としての資格自身において，上位の行政単位の組織法的な下位単位であることを意味する。したがって，この理解においては，法技術的に見れば，職務担当者は自然人ではなく国家組織である。」[244]ここで，内部法の定義において参照が指示されている論稿の中に Erichsen の前記論稿（本項3(1)(a)参照）が含まれていること[245]，および，内部法の名宛人であることが組織法的な下位単位であることを意味するという言明があることからして，Remmert は，従来の議論を確認する際に，内部法（の主要なもの）として組織法を想定していると解される。

　自然人の行為が職の行為となる構成の1つをこのように整理した後，Remmert は，「〔職務担当者が自然人でなく国家組織であることになる〕ゆえに，学説では，正当にも，『基本法1条1項の信条に，そうした人間の道具化が抵触しないか』という問いが投げかけられる」[246]，として，Krebs による Erichsen への批判を手がかりにさらに議論を進める。そして，「あり得る批判を……より下の段階から投げかけると，1つには，先に示した構成が筋の通ったものかを審査せねばならず，もう1つには，行政単位の行為能力・決定能力を

---

242) この文（の二重かぎ括弧）に関して，*Wolff/Bachof*, a.a.O.（Fn.189），S.37［Wolff］，*Erichsen*, a.a.O.（Fn.223），S.215ff.等が引用されている。

243) この文（の二重かぎ括弧）に関して，*Wolff/Bachof*, a.a.O.（Fn.189），S.37［Wolff］等が引用されている。

244) *Remmert*, a.a.O.（Fn.1），S.298-300.

245) Vgl., *Remmert*, a.a.O.（Fn.1），S.299 Fn.219.

246) *Remmert*, a.a.O.（Fn.1），S.300. 二重かぎ括弧内は，*Krebs*, a.a.O.（Fn.232），2.Aufl., Rn.28 Fn.97.

第2章　組織規範と帰属

定立するためにこの構成がそもそも必要かということを審査せねばならない」[247]として，検討すべき問題を2つに分ける。

第1の問題に関して曰く，「確かに，法構成的には，人間を，外部法主体であるところの自然人と，行政単位であるところの『物的な存在』とに分けることは……可能である。しかし，この2つの『存在』を法的に結合させることは難しい。すなわち，外部法主体である自然人が，内部法命題によって，ある一定の職の職務担当者として行動するようにいかに義務付けられ得るか，は完全に明らかというわけではない。一方で，外部法に属する，いわゆる『基礎にある法関係』は，通例は，ある種類によって定められた職を遂行するという自然人の義務しか基礎付けず，……ある一定の職に結びつけられた具体的な職務遂行義務を内在させないはずである。他方で，具体的な職務遂行義務は内部法上の職務担当者関係から生じ，その結果〔内部法の義務であることからして〕，この具体的な職務遂行義務は自然人を義務の名宛人とはなし得ないはずである。どうやら，……人間の2つの『存在』のこの結合を，次のように理解すべきようである。すなわち，人間は，まずその自然人としての資格において，『基礎にある法関係』によって，一般的に，〔"〕職務担当者として職の一定の種類のために行動し，その限りで，将来，法秩序により，内部法主体として資格付けられる〔"〕という義務付けを受ける，と。〔言い換えれば次のような理解である。〕……まず，自然人は『基礎にある法関係』に入ることにより，未だ具体的な権限は与えられていないところの，行政単位の組織的下位単位へと，ほとんど（quasi）転化し，そして，まずは外部法命題によって，この下位単位に対し後に配分されるところのあらゆる権限を遂行する義務を課せられる。続いて，内部領域に属する，職務担当者という名称のこの組織単位に，具体的な職の遂行が内部法命題により帰せられる。したがって，『職』という組織単位と，その行為・決定が法的に職の行為・決定として妥当するところの自然人との結合は，これら2つの結合されるべき要素の間に，『職務担当者』という内部領域に属する組織単位が中間的に挟み込まれることによって，作り出される」[248]。

Remmertは，こう理解することで第1の問題に解答できたと考え，第2の問題の考察に移る。曰く，「しかし，行政単位の行為能力・決定能力を定立す

---

247) *Remmert*, a.a.O.（Fn.1），S.300.
248) *Remmert*, a.a.O.（Fn.1），S.300f.

第1節　組織規範と帰属との結合

るためにこの構成が本当に必要であるかは疑問である。自然人は，自然人を拘束する法律上または契約上の外部法命題によってのみ法的に義務付けられ得る。……しかし，関連する外部法命題について，……自然人の具体的な職務遂行義務もそこから既に読み取れないか，まずは一度検討することが手近である。この外部法命題が，具体的な職に，または，勤務主や雇用主によって一方的に具体化される職に，関係しているかもしれない。この場合には，『職務担当者』という〔名の〕内部法主体たる『中間の変換器』は不要になる。／連邦・各ラントの官吏法には，官吏の具体的な職務遂行義務を明示に規律する定めはない。……しかし，〔"〕職務担当者として職の一定の種類のために行動し，その限りで，法秩序により，内部法主体として資格付けられる〔"〕という一般的義務付けも，官吏法において同様に明示されない。〔(i)〕しかしそれでも，官吏法関係は，明文の外部法命題により『勤務関係』である。このことは，官吏法は，まず，官吏の何らかの外部法上の職務遂行義務の存在から出発していることを示唆する。〔(ii)①〕さらに，どの官吏も外部法命題により『自らの職を利己的でなく誠意を持って遂行せねばならない』と義務付けられる。〔(ii)②〕その上，官吏は，外部法命題により『自らの任務を中立に正しく遂行』せねばならない〔と義務付けられる〕。〔(ii)①・②で示した〕これらの定式は，個別事例においてその都度遂行するために勤務主によって具体的に配分された・配分されるべき職務に関係していると，無理なく解釈できる」[249]。要するに，Remmert は，外部法上の勤務関係に関する規律から既に，その都度勤務主により配分される職を遂行すべき義務付けを読み取ることができるというのである。

　結論として Remmert 曰く，「ゆえに，憲法上全く疑義がないわけではないし比較的複雑である構成を選択するよりも，必然ではないがより自然であるのは，……具体的な職務遂行義務の法的根拠を専ら外部法に見出すことである。より自然なこの見解に従うと，次のようになる：自然人が，契約上または法律上の外部法命題……により基礎付けられる職務遂行義務を遂行して行為する場合，この自然人は，職務担当者と——記述的に——表せられ得る。職務担当者としての作用においても，自然人自身は行政組織の部分ではない。しかし，この自然人の行為・決定は，その者に配分される——国家的——職の行為・決定

---

249) *Remmert*, a.a.O. (Fn.1), S.301f. 傍点原文斜字体。

305

第2章　組織規範と帰属

として法的に妥当する」[250]。

以上の Remmert の議論には，本書の見地からすると，3つの意義を認められる。

第1。ある自然人が職務担当者として行為することでその者の行為が職へと帰属するという前提を置きつつ，職務担当者として行為するためには職務遂行義務を果たさねばならないと考えることにより，帰属の問題と職務遂行義務とを結びつけた。これにより，職務遂行義務が外部法・内部法のいずれによって規律されるのかという Erichsen の議論（本項3(1)(a)参照）と帰属の議論との接続を可能にした。

第2。Remmert は，"職務遂行義務の根拠を内部法に求め職務担当者が内部法の名宛人であるとする（Erichsen のような）考え方は，職務担当者が組織の一部であると考えることを意味する"という形で，Erichsen の議論で併存していた2つの根拠を結合させた。これにより，直接には機関担当者が組織の下位分肢とされることに向けられ，職務遂行義務の根拠には向けられていなかった Krebs の批判（本項3(1)(b)参照）を，職務遂行義務に関連付け，さらに，職務遂行義務を媒介として帰属の問題にも関連付けた。

第3。Remmert は，自然人が職務遂行義務を果たしている場合に自然人から職への帰属が可能となるとしつつ，職務遂行義務の根拠を，内部法である組織法ではなく，外部法である勤務法や契約法に求める点で，機関性とは異なる代表形態を採っていると理解できる。これにより，自然人による機関の代表形態を論じる際に，機関性と代理との対比とは異なる形で，機関性を用いることの問題点を論じる可能性が生じたのである。

　(b)　Ariane Berger　Berger は，本項3(2)(a)で見た Remmert の立場を進め，勤務法による代表という観念を機関性との対比において明確に提示した。

Berger は，「公私共同経営の団体（gemischtwirtschaftliche Gesellschaften）が，名宛人として国家的統一体（Einheiten）を前提とする法命題……に拘束されるか，されるとしていかなる条件の下で拘束されるか」[251]を探究する博士論文を著した。この問いに解答するためには，そもそもこうした法命題が想定している名宛人である「国家的統一体」がいかなるものであるのか，ある主体がこの

---

250)　*Remmert*, a.a.O.（Fn.1），S.303.

251)　*Berger*, a.a.O.（Fn.52），S.24.

306

「国家的統一体」に当たる基準はいかなるものであるのかを検討せねばならない[252]。この検討の中で，Berger は，「一定の決定を一定の決定条件に従って行うことを国家的法主体に義務付ける憲法・単純法上の法命題は，権限法命題（Zuständigkeitsrechtssätze）と呼ばれる」[253]ことから，「権限法命題により〔権限が〕分配される主体であれば公私共同経営の団体は国家的法主体〔あるいは国家的統一体〕である」[254]という理解を提示する。その上で，Berger は，権限法命題により権限が分配される主体とはいかなるものかを探るべく，権限法命題により権限が分配される主体として通常想定されている法人・機関とはいかなるものであるのかを検討する。その検討の中で本書の議論にとって重要なのは，法人・機関がいかに行為をするかが論じられる箇所である。

　Berger は，まず，「決定能力および行為能力を持つのは人間のみである」[255]という理解から出発し，人間の行為が機関へといかに帰属するかを問う。そして，Remmert の見解にも依拠しつつ，「勤務法の法命題が，……自然人を，いわゆる職務担当者として，……法技術的な遂行権限の主体，つまり，いわゆる職のために，遂行権限を行使するよう義務付けている」と理解し，「職務担当者の義務は職務遂行義務である」とする[256]。その上で，「勤務法が職務の遂行を義務付けるとき，この義務の履行における人間の決定・行為は職の行為とみなされねばならない」[257]という。要するに，Berger も Remmert と同様に，勤務法によって定められる職務遂行義務を果たす場合に自然人の行為が職へと帰属すると考えるのである。

　さらに，Berger は，前々段落で示した問題関心の一環として，公私共同経営の団体であるところの「私法人に対しても，勤務法的な帰属命題を適用できるか」という問いを立て，結論として，「おそらく，勤務法はその本質からして組織法と異なっており，その特有の性質において，法人には適用できない」と主張する[258]。本書の見地から注目すべきは，この主張の前提となる，勤務

---

　252) Vgl., *Berger*, a.a.O. (Fn.52), S.24-26.
　253) *Berger*, a.a.O. (Fn.52), S.98.
　254) *Berger*, a.a.O. (Fn.52), S.99.
　255) *Berger*, a.a.O. (Fn.52), S.103.
　256) Vgl., *Berger*, a.a.O. (Fn.52), S.104.
　257) *Berger*, a.a.O. (Fn.52), S.104.
　258) Vgl., *Berger*, a.a.O. (Fn.52), S.105f.

第2章　組織規範と帰属

法と組織法とがそれぞれ帰属といかに関わるかについての説明である。

Berger曰く，「『職務担当者法』[259]は決定を行う自然人の勤務法であるかもしれない。組織法と職務担当者法・勤務法との分離は，あるいは，まさに，制度化された権限複合とこの権限複合のために決定する人間との区別から生じているのかもしれない。／この理解に有利な証拠となるのが，人間の行態の，非人的な帰属主体への帰属は，法人の決定の機関性的帰属とは区別されることである。人間は（非人的で脱人格化された）国家組織の部分ではあり得ないということから出発すれば，人間の決定はせいぜい，国家的帰属主体の『ために（für）』行われるに過ぎず，国家的帰属主体『として，そのために（als und für）』行われるものではない。したがって，自然人は，国家的な終局的帰属主体の部分として決定を行うことを組織法的に義務付けられない。自然人は，その結果，法律上も，国家的な終局的帰属主体の部分に対して妥当するあらゆる法命題に拘束されない」[260]。このように，Remmertと同様にBergerも人間は国家組織の部分ではあり得ないとするところ，仮にこの前提とは異なる出発点を採るとすれば，「法主体としての……自然人を国家的『規範体系』〔つまり組織〕の部分であるとすることが，構成として想定し得る。しかし，この場合，『このような人間の道具化が基本法1条1項に反しないか』は，なおも探究されねばならない」[261]として，Remmertが参照されつつ，Krebs・Remmertと同じ問題の指摘が行われる。

---

259) この二重かぎ括弧内は，*Ernst-Wolfgang Böckenförde*, Organ, Organisation, Juristische Person, S.270f., in: *Christian-Friedrich Menger* (Hrsg.), Festschrift für Hans J. Wolff zum 75. Geburtstag, 1973.

260) *Berger*, a.a.O.（Fn.52），S.106. 本文で引いた「として（als）」と「ために（für）」の意味について補足する。Bergerは，機関性による代表では，「決定者自身が，……終局的帰属主体の部分であるとみなされる。その都度の決定は，その都度の終局的帰属主体の『ために』効力を持つのみならず，その都度の終局的帰属主体『として』も行われる」ことを指摘する（ebd, S. 102f. Vgl., ebd., S.177f. この「として」・「ために」は，*Böckenförde*, a.a.O.（Fn.259），S.274を受けた表現である（vgl., *Berger*, ebd., S.102 Fn.38））。この指摘からすると，Bergerにおいては，「ために」とは終局的帰属主体に対する効力を持つ行為をこの主体以外の者（この主体に属する者を含む）が行うことを意味するものとして用いられ，「として」とは終局的帰属主体の部分である単位が（終局的帰属主体が行ったという扱いを受ける）行為を行うことを意味するものとして用いられていると理解できる。

261) *Berger*, a.a.O.（Fn.52），S.106 Fn.58.『規範体系』は，*Wolff*, a.a.O.（Fn.10），S.235を受けた表現であり（*Berger*, ebd.），『このような人間の』以下の二重かぎ括弧内に関しては，*Remmert*, a.a.O.（Fn.1），S.300が引用されている。

以上から Berger 曰く，「ゆえに，人間の行態の法技術的な帰属主体への帰属は，非人的な統一体の決定の，内部組織的・機関性的な帰属とは異なる性質を持つ。したがって，人間の行態の帰属は，人間の行態の帰属の特殊性をまさに考慮する，人間に関係する特別の規律をも要請する。〔例えば，〕人間たる個人の信頼性と能力に関する要請を定める規定が存在せねばならない。また，これらの規定は，人間は自身の権利義務を個別事例において変動させること・放棄することを望んだりその義務を負ったりするという事実を考慮に入れねばならない」[262]。

そして，こうした勤務法による代表においては，機関担当者が組織の部分ではないとされる結果として，機関性と異なり，行為の帰属はできず法効果のみが帰属可能（つまり帰効のみが可能）であるとされる[263]。

以上で確認した Berger の見解は，次の 3 点の意義・特徴を持つ。

第 1 に，勤務法による代表と機関性とを対比させ，両者を異なる代表形態として整理した点である。機関性では，機関担当者・機関が帰属主体の一部である（つまり組織に属する）とやや不用意に説明されていたことに鑑みると，自然人が帰属主体の一部といえるかという問題を設定することは確かに妥当であろう。

第 2 に，自然人の行為を職・機関に帰属させる段階について考慮すべき事柄を，Remmert よりも詳細に示した点である。Remmert の見解では，機関性の採用が基本法 1 条 1 項に反する可能性が指摘されたのみであったが，Berger はさらに自然人の行為の帰属のために考慮すべき事柄を挙げている（本節注262）に対応する本文を参照）。

第 3 に，勤務法による代表では行為の帰属が不可能であるとしている点である。

(3) 問題点

本項 3 (2)で示した勤務法による代表についての議論は，組織規範と帰属との関係如何という本書の問題関心からは興味深い。なぜなら，勤務法による代表による場合には，自然人から機関への帰属に関わるのは組織規範ではなく勤務法に属する規範となるからである。なお，これらの論者は，私人による行政を

---

262) *Berger*, a.a.O.（Fn.52），S.107.

263) Vgl., *Berger*, a.a.O.（Fn.52），S.178 Fn.379.

第2章　組織規範と帰属

論じるための前提として典型行政主体による行政作用がいかに行われるかを検討したのであるが，帰属に関わる法規範についての考察は私人による行政の問題とは切り離して利用できる。

このように勤務法による代表の議論は興味深いものの，次の3点において問題がある。

第1に，勤務法による代表では，自然人から職・機関への帰属が，職務遂行義務を履行するだけで可能になるとされている点である。勤務法による代表を採る論者は，これまでの学説において，帰属が代表によって可能になるとされていたこと，代表が生じるための要件として代表力が挙げられていたこと，を十分に認識していない[264]。これまでの学説とは異なり，帰属の要件として，代表力ではなく職務遂行義務の履行を求めるのであれば，そのための論証を要する。これが論証されず所与とされている段階では，勤務法による代表を採る根拠はないと考えられる。

第2に，勤務法による代表によって行為の帰属が可能となるのかについて十分な検討がない点である。本書の検討によれば，機関性において行為を帰属させられる理由は，機関担当者・機関が組織に属していることに求めることが可能であったし，まさに Berger はこのように理解して，勤務法による代表においては行為の帰属ができないとしたのであった。もっとも，Remmert は勤務法による代表によっても行為の帰属が可能であると考えているようであるから，行為の帰属のために組織に属していることが必須であるか否かを検討する必要は生じ得るかもしれない。しかし，この検討のための手がかりを，勤務法による代表を採る論者は示さない。

第3に，機関性を採る場合でも，勤務法による代表を採る論者が危惧するところの「人間の道具化」という現象が生じないのではないか，という点である。勤務法による代表を採る論者が明確な論証を示さないため考察の手がかりが少ないが，「道具化」という語から推測するに，論者の批判は，人間を単なる客体として用いることを禁じる「客体定式（Objektformel）」[265]に依拠したもので

264）本節注52）で述べたように，勤務法による帰属を主張する論者らは，勤務法による「代表」という言葉を使用しない（本書がこれらの主張を勤務法による「代表」を論じるものと理解した理由については同注参照）。その理由として，論者らが，代表によって帰属が可能になることを認識していない可能性が挙げられ得る。

265）Vgl., *Mathias Hong*, Der Menschenwürdegehalt der Grundrechte, 2019, S.417f.

あると解せる。そこで以下，人間の尊厳に関する議論を，客体定式の意義に注目しつつ日独における近時の研究に依拠して簡単に整理した上で，勤務法による代表を採る論者が示す批判の当否を検討する。

　日独における近時の研究によれば，客体定式の意義について次のように整理できる。人間の尊厳「の保護領域を積極的に画定する試みは困難」であるから，「連邦憲法裁判所は，人間の尊厳と矛盾するのは人間を『国家行為の単なる客体』とすることだと定義する『客体定式（Objektformel）』を用いて，消極的な保護領域の画定を行ってきた」[266]。この定式における「単なる客体」は，人間の客体化そのものではなく，人間を純粋に・専ら客体として扱うことが禁止されることを意味する[267]。この客体定式は，後に，「『人間の主体性，その権利主体としての地位を根本的に疑問視する』取扱いが禁じられるという」形でその内容が補完され，この補完は「一定の評価を受けている」[268]。この補完された定式の具体的な適用が適切であるかの判断は事例ごとに行う必要がある[269]が，その判断に際して本書との関係で重要であるのは，「個人の自発的意志の発現が確保されている場合には，〔主体性が根本的に疑問視されているわけではなく〕個人は行為の単なる客体ではな」[270]いと評価できること，である。

　前段落で示した議論を機関担当者の場合に適用すると，次のようにいえよう。第1に，機関担当者が外部法主体性を失うとしても，それは，機関担当者たる人間が「専ら」客体として扱われることを意味しない。なぜなら，勤務法による代表を採る論者が認めるとおり，機関担当者たる人間は官吏としての法的地位を同時に有するため，当該人間に関するすべての法的関係において外部法主体性が否定されるわけではない[271]からである。第2に，機関担当者は，機関担当者関係に入る際に自発的な意志に基づいており，主体性が確保されている。このことからも機関担当者は単なる客体とはいえない。これら2点から，厳密

266）土蟲由樹「人間の尊厳の『尊重』と『保護』」同『人間の尊厳保障の法理——人間の尊厳条項の規範的意義と動態』（尚学社，2013）96頁，99頁〔初出 2011〕。（2つ目の）二重かぎ括弧を付した箇所では，*Günter Dürig*, Art.1 Rn.28, in: *Teodor Maunz* u.a., Grundgesetz Kommentar, 5.Aufl., 1980 が参照されているが，加除式資料のため本書著者は未見である。

267）参照，玉蟲・前掲注 266）127-128 頁，*Hong*, a.a.O.（Fn.265），S.421.

268）参照，玉蟲・前掲注 266）128 頁。Vgl. auch, *Hong*, a.a.O.（Fn.265），S.421.

269）参照，玉蟲・前掲注 266）144 頁。

270）玉蟲・前掲注 266）120 頁。

271）*Hufeld*, a.a.O.（Fn.170），S.203 Fn.30 はこの旨の指摘か。

には個別の事例についての検討が必要であるが，機関性を採ることは基本法1条1項に反しないといえる可能性がある。

以上確認した3つの点から，勤務法による代表を積極的に採用する理由はなく，また，自然人が機関を代表する際に機関性を採用する見解はなお否定されていないといえる。

第4項　小　括

本款の議論から，自然人から法人までの帰属の各段階において，機関性を採用する立場が理論的に適切なものであると評価できる。

こうして，①代表によって帰属が生じると考える，②代表の要件として行為が代表力の範囲内であることが必要であると考える，③代表形態のうち機関性の特質として，帰効のみならず帰属を可能にする，組織規範が代表力を定めるという理解を採る，④自然人から法人までの複数の帰属段階においていずれも機関性を採用する，という4つの条件を満たした場合に，自然人の行為を行政主体へと帰属させるという性質が組織規範に結合されるといえる。

しかし，このことは，あらゆる組織規範が代表力を定めていることを意味しない。次款では，機関性を採用し，組織規範と帰属とが結合されるという立場を採った上で，"いかなる組織規範が帰属と結合するか"という問いについて検討する。

第4款　代表力の規律と組織規範

代表によって帰属が可能となるという理解を採る場合には，組織規範と帰属とが結合するか否かは，組織規範が代表力を規律しているか否かによって決まる。そうすると，本節第3款第4項末尾で検討対象として設定した，いかなる組織規範が帰属と結合するかという問いは，いかなる組織規範が代表力を規律しているかという問いに置き換えられる。しかし，ドイツでは，いかなる組織規範が代表力を規律しているかという問いについて明確な議論がほとんどなされていない。以下の作業は，現時点での整序を試みるものにとどまる。

代表力の規律がなされる際には，ある組織規範が代表力を積極的に基礎付ける場合（第1項）と，こうした規範によって定まった代表力をさらに制限・拡

大する場合（第2項）とを見出せる。

第1項　代表力の積極的基礎付け

　ドイツにおいて，代表力を積極的に基礎付ける組織規範に属するとされるの
は，機関の管轄・権限を定める組織規範と，署名権を分配する規範である。
　本節第3款で示したとおり，代表を論じる際に一体的考察をする立場と分節
的考察をする立場があったところ，以下ではこの2つの立場を分けて論じる。
なぜなら，第1に，機関の管轄規範・権限規範が代表力を基礎付けること自体
はいずれの立場も基本的に認めるものの，その意味付けは2つの立場において
異なるからであり，第2に，署名権を分配する規範が代表力を基礎付けること
を主張したのは，分節的考察をする立場であったからである。

1　一体的考察
(1)　機関の管轄規範・権限規範

　一体的考察をする立場では，機関の管轄規範・権限規範が代表力を定めてい
ることは基本的に認められていた[272]。もっとも，この立場において，機関の
管轄・権限が，自然人の行為が機関（および法人）に帰属する条件をなすと考
える[273]か，機関の行為が法人に帰属する条件をなすと考える[274]かについては
論者によって差異があるが，この差異の存在は明確には意識されていない。

　これに対し，一体的考察をする立場の中にも，機関の管轄規範は代表力を定
めていないとする見解がある。この見解を示す Rasch は，組織規範を制度的・
人的・物的組織規範に分類し，さらに，制度的組織規範を任務規範・授権規
範・管轄規範等に分類していた（第1章第2節第2款第1項6(1)(a)参照）。そして
Rasch は，授権規範をさらに二分し，国家のために行為する権能を与えるもの
と，侵害・給付を行うための権能を与えるものに分け，前者が帰属の条件を定
めるとする[275]。この Rasch の見解では，確かに，権限（つまり管轄によって分
配される対象である任務・権能）の中に，国家のために行為をする権能（つまり代

---

272) Vgl., *Wolff*, a.a.O. (Fn.10), S.241. Vgl. auch, *Preuß*, a.a.O. (Fn.76), S.458f.

273) Vgl., *Wolff*, a.a.O. (Fn.10), S.241.

274) Vgl., *Jellinek*, a.a.O. (Fn.84), S.227. ただし，Jellinek の用語法は必ずしも一貫していない
（vgl., ebd., S.224）。

275) Vgl., *Ernst Rasch*, Die staatliche Verwaltungsorganisation, 1967, S.24f.

第2章　組織規範と帰属

表力）が含まれる。しかし Rasch は権限と管轄とを区別するため，管轄規範が代表力と関わらないものとなるのである。

前段落で示したような見解が現れるのは，管轄規範と権限規範との区別がドイツにおいて多様であること（第1章第2節第2款第1項1参照）の反映である。

(2) 管轄・権限の概念との関係

このように管轄規範と権限規範の意味と区別が一定しないことが，代表力との関係でより深刻に現れるのが，Wolff の見解である。以下，Wolff の見解の変遷を見ることにより，管轄規範・権限規範が代表力を基礎付けているということの意味が一様でないことを示す。

(a) 教授資格申請論文・教科書初版における Hans Julius Wolff　教授資格申請論文において，Wolff は，権限（Kompetenz）と管轄を基本的に同義で用いて[276]，「非人的に（制度的に）基礎付けられた事務遂行力または代表力」[277]と定義し，権限の範囲内の行為であるか否かのみが帰属の可否に関わるとする[278]。また，「権限〔・管轄〕の対象」が「事務（Geschäften）」とされる[279]。

その後，Wolff は，教科書第2巻の初版において，権限・管轄の概念について修正を加えつつも教授資格申請論文の立場を基本的に維持する。

まず，管轄の概念については次のように説明される。曰く，「組織法的には，『管轄』は……遂行管轄，すなわち，他の主体（被代表者）に属する権利（Berechtigungen）と義務を遂行するための管轄と理解される」[280]。この「遂行管轄は，内部関係において，外部関係に対して制限され得る。それに応じて，外的な遂行管轄（第三者に対する代表力）は内的な遂行管轄（終局主体つまり『法主体』との関係における代表権能）と区別されねばならない」[281]。すなわち，ここでは，（外的な）遂行管轄を定める規範が代表力を定める規範であると理解されている。

次に，権限（Kompetenz）と権能（Befugnis）については次のように説明される。一方で，権限とは，「遂行する義務・遂行する権利の対象，すなわち，遂

---

276) Vgl., *Wolff*, a.a.O.（Fn.10），S.237, 241.

277) *Wolff*, a.a.O.（Fn.10），S.274. ただし，直接には「機関の権限」の定義である。

278) Vgl., *Wolff*, a.a.O.（Fn.10），S.272-280.

279) Vgl., *Wolff*, a.a.O.（Fn.10），S.237.

280) *Hans Julius Wolff*, Verwaltungsrecht Ⅱ, 1.Aufl., 1962, S.10. 傍点原文隔字体。

281) *Wolff*, a.a.O.（Fn.280），S.10f. 傍点原文隔字体，下線原文斜字体。

行されるべき事務」[282]のことをいう。すなわち，教科書第2巻の初版では，教授資格申請論文と異なり，管轄と権限とが区別され，教授資格申請論文段階での「事務」に権限の概念が対応している。他方で，権能については，「ある任務を処理するための管轄からは，その遂行のための手段（措置）の許容性を導いてはならない。これは，行政を行う主体の一定の権能（狭義の管轄）を基礎付ける授権によって初めて生じる」[283]との説明がなされる。

　教授資格申請論文・教科書初版における Wolff の説明については，教科書第2巻の第2版以降との関係で，次の2点を確認しておく必要がある。第1に，（外的な）遂行管轄を定める規範が代表力を定める規範であること，第2に，（外的な）遂行管轄と権能（狭義の管轄）とは区別されていたこと，である。

　(b)　教科書第2版以降における Hans Julius Wolff　　しかし，教科書第2巻の第2版以降，Wolff は，管轄の理解を変えて権能（狭義の管轄）を代表力と同視し，その結果として代表力につき不明確な説明を示す。

　まず，第2版の説明を見よう。

　Wolff は，一方で，遂行管轄を，「組織的法命題とそれを補充する法行為により基礎付けられ，組織的統一体の一定の事項を，一定の態様・方法・形式で遂行すべきことを内容とする，義務と権利（Berechtigung）」[284]と定義する。他方で，権限は「遂行する義務の対象，すなわち，遂行されるべき任務（Aufgabe）」[285]と定義され，この定義に用いられる語が事務から任務とされたほかは説明の趣旨に変化はない。

　この概念規定の下で，次の説明がなされる。「ある任務を処理するための管轄からは，その遂行のために用いられるあるいは必要となる手段（措置）の許容性を導いてはならない。これは，一定の権能（狭義の管轄）を基礎付ける授権によって初めて生じる。」「狭義の管轄……は，内部関係において，外部関係に対して制限され得る。それに応じて，外的な狭義の管轄（第三者に対する代表力）は内的な狭義の管轄（終局主体つまり『法主体』との関係における代表権能）と区別されねばならない。」[286]。そして，機関（特に官庁）について曰く，「この

---

282)　*Wolff*, a.a.O.（Fn.280），S.12.

283)　*Wolff*, a.a.O.（Fn.280），S.13. 傍点原文隔字体。ここでいう権能（狭義の管轄）は，行政行為を行う権限を指す。

284)　*Hans Julius Wolff*, Verwaltungsrecht II, 2.Aufl., 1967, S.14.

285)　Vgl., *Wolff*, a.a.O.（Fn.284），S.14.

第2章　組織規範と帰属

主体の管轄は，分肢組織の任務に属する一定の職分を分肢組織のために遂行することの権利と義務である。これを遂行すると (dann)，この主体の行為は，法的に分肢組織の行為である，すなわち，分肢組織に帰属する。この狭義の管轄の遂行は，分肢組織の固有の権利と義務を実現させ，または，その権利と義務を作動させ，したがって分肢組織に帰効する」[287]。

　以上を要するに，第2版では，初版とは異なり，狭義の管轄を定める規範（日本における根拠規範に相当する規範）が代表力を定める規範とされたのである。もっとも，「管轄に違反した主体（機関）の行為も，その主体（例えば国家）に（違法なものとして）帰属し帰効する」[288]とも主張されており，主張の一貫性に疑問の余地は残っている。

　そして，Wolff は，第3版・第4版において，第2版における説明をほぼ維持しながら[289]，「権限（領域）は，権限に適合した行為が，管轄が遵守されていなくとも帰属する限りにおいて，管轄よりも重要である」[290]という言明を追加する。この言明は，権限の範囲内であれば行為が帰属すること，したがって，権限を定める規範が代表力を定める規範であることを示すものと理解できよう。そうすると，このことと狭義の管轄を定める規範が代表力を定める規範であるという理解とがいかに整合するのか，また，特に事項的管轄について，権限の範囲内であるが管轄に違反した行為なるものを観念できるのかが問題となるが，これらの点は説明されていない。

　以上のように，Wolff は，代表力が帰属のために必要であるという理解，および，機関性においては組織規範が代表力を定めるという理解を維持しつつ，しかし，代表力を定める組織規範がいかなるものであるかを変化させ，最終的に曖昧なままにした。この Wolff の見解が示すように，機関の管轄規範・権限

---

286) *Wolff*, a.a.O. (Fn.284), S.14. 傍点原文隔字体。
287) *Wolff*, a.a.O. (Fn.284), S.15. 傍点引用者。分肢組織とはゲマインデ等を意味するようであるが (vgl., ebd., S.6)，S.15 で挙げられている例には国家も含まれているから，ここでの「分肢組織」は「組織」と同義と考えてよかろう。第3版以降では，この箇所における「分肢組織」は「組織」に変更されている。
288) *Wolff*, a.a.O. (Fn.284), S.15.
289) Vgl., *Hans Julius Wolff*, Verwaltungsrecht, II, 3.Aufl., 1970, S.14f., *Wolff/Bachof*, a.a.O. (Fn. 189), S.15f.［Wolff］. 第2版との関係では，以下の本文で掲げるもののほかに若干の文言の変更があるが，これらの変更は論旨に影響しない。
290) *Wolff*, a.a.O. (Fn.289), S.14, *Wolff/Bachof*, a.a.O. (Fn.189), S.15［Wolff］.

316

規範が代表力を定めているといわれる場合も，その意味するところには不明確な点が残るのである。

2　分節的考察

分節的考察をする立場においては，代表力を定める組織規範として，機関の管轄・権限を定める規範と，署名権を分配する規範の2つが存在し得る。そこで，両者の関係が問題となる。

(1)　機関の管轄規範・権限規範

分節的考察をする立場において，機関の管轄・権限を定める規範が代表力を定める規範であることにはほぼ異論がない[291]。もっとも，この立場は，機関の管轄・権限を，自然人の行為が機関へと帰属する条件ではなく，機関の行為が法人へと帰属する条件とする点で，一体的考察をする立場と異なる点がある。

ただし，分節的考察をする立場においても，管轄と権限を区別した上で，権限規範が代表力を積極的に定めているという理解を採る者がいる[292]。この理解を採る場合は，管轄規範には，代表力を消極的に制限するという性格が与えられ得るに過ぎない（この点については本章第2節第1款第2項2(2)で言及する）。

(2)　署名権を分配する規範

分節的考察をする立場においては，自然人から機関への帰属の条件は，本項2(1)で見たような管轄・権限（つまり代表力）を持つ機関を誰が代表できるか，という問いにおいて論じられる。そして，分節的考察をする立場においては，機関を代表し得る自然人は，狭義の機関担当者（(a)）と広義の機関担当者（(b)）の2種類に区別された。

　(a)　狭義の機関担当者　　狭義の機関担当者については，署名権は代表力と関係しない（あるいは，官庁内のすべての任務について当然に署名権を持つともいえる）。狭義の機関担当者は，その地位に選任されることによって官庁を代表する代表力を持つのである[293]。すなわち，狭義の機関担当者が行為する場合には，自然人から機関への行為の帰属は当然に生じ，問題は，機関から法人への行為の帰属が可能か否かのみなのである。このように，狭義の機関担当者に

291）Vgl., *Kübler*, a.a.O.（Fn.49），S.194, *Hufeld*, a.a.O.（Fn.170），S.395.

292）Vgl., *Stelkens*, a.a.O.（Fn.174），S.204, 216.

293）Vgl., *Stelkens*, a.a.O.（Fn.174），S.150, 203.

第2章　組織規範と帰属

ついては，署名権を分配する規範が代表力を定めない結果として，機関の管轄規範・権限規範のみが帰属の可否を決める（本項2⑴参照）。

　(b)　広義の機関担当者　　これに対し，広義の機関担当者については，狭義の機関担当者と異なった扱いがなされることがある。この扱いに関わるのが署名権であり，署名権を分配する規範が代表力を規律しているか否かについて議論がある。この議論は第1章第2節第3款第2項で扱ったから，ここでは，そこでの検討の結果を整理し，若干の説明を追加するにとどめる。

　署名権を分配する規範と代表力との関係については，3つの見解が存在した。第1に，署名権を分配する規範は代表力を定めず，代表力は，機関担当者が，官庁（内の特定の職位）に所属・位置しているという地位に基づいて持つ，という見解である。第2に，署名権を分配する規範は代表力を定めていると考え，かつ，代表力の範囲も署名権を分配する規範によってそのまま定まるという見解である。第3に，署名権を分配する規範は代表力を定めていることを出発点としつつも，法治国原理等をさらに考慮して代表力の範囲を定める見解である。

　第2・第3の見解が示唆するとおり，署名権を分配する規範が代表力を定めるか否かという問題には，代表力の範囲の問題が関連する。ここで，代表力の範囲とは，官庁全体に分配された事務の範囲のうち，どの事務の遂行に関連して官庁を代表できるか，ということを意味する。具体例を挙げて説明する。一方で，第2の見解においては，機関担当者aには，私人Aに関する徴税事務のための行政行為についての署名権が与えられており，機関担当者bには，私人Bに関する徴税事務のための行政行為についての署名権が与えられている，という事態が存在し得る。この場合，機関担当者aは，私人Bに関する徴税事務については官庁を代表できない。他方で，第1の見解と第3の見解のうち，官庁内のヒエラルヒーでいかなる職位に位置しているかを少なくとも1つの考慮要素として代表力の範囲を定めるという考え方（第1章第2節第3款第2項5⑵(a)，同項4⑵(a)参照）においては，機関担当者aが，機関担当者bが署名権を持つ事務について署名（決定）してしまったとしても，機関担当者aが官庁内のヒエラルヒーにおいて徴税事務のために行政行為を行い得る職位に位置していれば，機関担当者aは機関担当者bの事務についても代表力を持ち官庁を代表できる，と考えられ得るのである（なお，およそ徴税事務のために行政行為を行い得ない職位に位置する機関担当者cは，そのような事務のための行政行為

318

第1節　組織規範と帰属との結合

について，官庁を代表できない）。

　以上を踏まえて，機関の権限規範・管轄規範と署名権を分配する規範との関係を整理すれば，次のようになろう。

　第1の見解においては，署名権を分配する規範は代表力とは関わらず，官庁（内の特定の職位）に所属・位置しているという地位に基づいて機関担当者が代表力を持つとされる。その上で，この見解において機関の権限規範・管轄規範が持つ意味については，広義の機関担当者の代表力の範囲に応じて，以下のように①・②の場合を区別して整理できる。

　まず，①広義の機関担当者が官庁のすべての事務に関して代表力を持つと考える場合には，本項2(2)(a)で示した狭義の機関担当者についての結論と同じ結論になり，代表力を定める組織規範は機関の権限規範・管轄規範のみとなる。第1章第2節第3款第2項6で示した Hufeld の見解がこの見解として位置付けられる。

　次に，②広義の機関担当者が官庁の一部の事務に関して代表力を持つと考える場合には，代表力が及ぶ事務の範囲は①の場合よりも狭いものとなる（第1章第2節第3款第2項5(2)(a)で示した Seer の見解がこの見解として位置付けられる。Seer の見解がそうであるように，②の場合には，広義の機関担当者が持つ代表力の範囲は，官庁内のヒエラルヒーにおける職位を定める規範によって定まることになろう）。なお，②の場合には，機関の権限規範・管轄規範は代表力を定めていることになるものの，機関の代表力（機関の権限規範・管轄規範）は，実際に帰属が生じるか否かには関わらないことになる。なぜなら，機関担当者が代表できる事務の範囲は，官庁の管轄規範によって官庁に分配される事務の範囲よりも必然的に狭くなるため，機関担当者の代表力の有無・範囲のみを問題とすればよいからである。

　第2の見解においては，機関の権限規範・管轄規範が機関の代表力を定め，署名権を分配する規範が機関担当者の代表力を定めていることになる。これらの規範の関係については，機関の管轄規範・権限規範（機関の代表力）は，実際に帰属が生じるかどうかには関わらない，といえる。なぜなら，署名権を分配する規範によって広義の機関担当者に分配される事務の範囲は，官庁の管轄規範によって官庁に分配される事務の範囲よりも必然的に狭くなるため，署名権を分配する規範に適合するものの機関の事務範囲を超えるという事態は存在

319

第2章　組織規範と帰属

せず，署名権の有無・範囲だけが帰属の可否に実際上関わるからである。第1章第2節第3款第2項4(1)(a)で示したBaedekerの見解が第2の見解として位置付けられる。

第3の見解においても，機関の権限規範・管轄規範が機関の代表力を定め，署名権を分配する規範が機関担当者の代表力を定めていることになる（代表力の範囲については，法治国原理等の考慮の結果により決まる）。これらの規範の関係については，第2の見解について述べたことが妥当する。第1章第2節第3款第2項7(1)で示したStelkensの見解が第3の見解として位置付けられる。なお，同項4(2)で示したKüblerの見解も，機関性と代理を併用する点を度外視すれば，この第3の見解として位置付けられる。

第2項　代表力の制限と拡大

1　組織規範・形式規範による代表力の制限

前項で検討した，代表力を積極的に基礎付ける規範に対して，代表力を制限する法規範も存在する。こちらの法規範に，本款第1項で扱っていない組織規範が関わる。ここでは，代表力の制限について概観的な説明をするものとして，Stelkensの見解を確認する。

(1)　官庁間の同意手続規範

まず，官庁間の同意手続に関して，Stelkensは次のようにいう。「行政組織の形式のありようには限定された種類（numerus clausus）が存在しないから，行政組織法の定めについて管轄を持つ立法者は，同一の行政主体に属する他の機関の同意を得た場合に限り，外部に対する代表権限を持つ機関が行政主体のために有効に意思表示を行い得る旨を定めることもできる。……この場合において，……意思表示が，他の機関の……同意なくして行われた場合には，この意思表示は行政主体へと帰属し得ない」[294]。このような，他の機関の同意なくして行われた意思表示が行政主体へと帰属し得ない事態は，「代表力が……制限され」[295]る場合であると表現される。そして，「外部代表機関が……無限定の外部代表権限を持ち，他の機関の決定には内部的においてのみ拘束されるに過ぎないのか，それとも，他の機関の決定の必要性によって，……代表力が制

---

294)　*Stelkens*, a.a.O.（Fn.174），S.206.

295)　*Stelkens*, a.a.O.（Fn.174），S.206.

限されるものであるかは，超実定法的な法命題（übergeordneten Rechtssätzen）からは読み取れ得ず，その都度の行政組織法的な規定を解釈することによってのみ解明され得る」[296]とされる。

(2) 形式規範

次に，Stelkens は，行政主体のために行われる意思表示が口頭ではなく文書形式で行われることを求める法規範や，一定の者の自署，職名・公印の付加を求める法規範（これらは「形式規範」とされる）が，代表力を制限する可能性も認める[297]。この法規範は主としてゲマインデを義務付ける意思表示に関して地方自治法に見出されるようである[298]が，理論的には行政主体たる国についても同様の法規範が想定され得よう。

もっとも，この意味での形式規範が代表力の制限をする性格を常に持つわけではない。この法規範は，代表力には関わらず単に適法性要件に関わるという性格を持つにとどまることもある。この法規範がこれらのうちいずれの性格を持つかは，その法規範を定める立法者の意思から読み取られるとされる[299]。

(3) 議論の射程

Stelkens の見解では，官庁間の同意手続規範と形式規範のみが例示されているが，この見解の射程には不明確な点が2つ残る。

第1に，Stelkens により例示されていない組織規範についても代表力を制限するという性格が認められるか否かに，不明確な点が残る。しかし，この点については，「行政組織の形式のありようについては限定された種類が存在しない」という根拠が決め手になっていることからすれば，およそ組織規範については，同様に代表力を制限するという性格を与えることが可能であると考えられよう。したがって，官庁間の同意手続規範に加え，その他の組織規範，本書が扱っているものでいえば官庁の所在地規範・内的構成規範も，代表力を制限し得る（つまり帰属のための条件を定め得る）ことになる。

第2に，形式規範が組織規範と観念されるか否かに，不明確な点が残る。仮に，形式規範が組織規範ではなく手続規範であるならば，組織規範以外の法規

---

296) *Stelkens*, a.a.O.（Fn.174），S.206.
297) この可能性を認めない説への対応も含め，vgl., *Stelkens*, a.a.O.（Fn.174），S.210-216.
298) Vgl., *Stelkens*, a.a.O.（Fn.174），S.210.
299) Vgl., *Stelkens*, a.a.O.（Fn.174），S.213-216.

第2章　組織規範と帰属

範でも代表力を規律することを認める結果になろう。

2　権利外観法理による代表力の拡大

　本項1で概観した代表力の制限とは逆向きの現象として，代表力を積極的に基礎付ける規範によって定められた代表力がさらに拡大され得るという現象がある。具体的にいえば，代表力は，権利外観法理によってさらに拡大され得る，換言すれば，代表力は，「法的外観を生じせしめる被代表者の行態」[300]に基づいて発生し得るのである。「法的外観を生じせしめる被代表者の行態」に基づいて代表力を発生させる構成としては，「忍容代表力または表見代表力（Duldungs- oder Anscheinsvollmacht）」[301]が示される（以下，これらの構成をまとめて「権利外観法理」と呼ぶことがある）。ここでも，代表力の拡大について概観するStelkens の整理を確認しよう。

　Stelkens の整理に従えば，忍容代表力と表見代表力は民事法上の代理を論じる際に用いられてきたものである。おそらくそれゆえに以下の説明では代理人・本人・相手方が主体として挙げられているが，Stelkens 自身，行政主体の機関性による代表にもこれらの構成を用いることができると述べるため，主体を適宜読み替えることができる。忍容代表力は，「本人が，本人から代理権を授与されていない代理人の行為を知り，それに対して介入できたはずであるのに介入しなかった場合に，本人は代理人に代理権を授与したものとして扱われる」という構成である。表見代表力は，「本人が，代理人の行為を知らなかった（したがって忍容していなかった）が適切な注意でもってそれに気付かねばならずまた介入できて，かつ，それゆえに本人が知り忍容したものと相手方が扱ってよい場合に，法的外観の考慮によって代理権の授与が擬制される」という構成である。もっとも，相手方が，「代理人の代理力の不存在を知っていたか知るべきであった場合には」，これらの構成は適用されない[302]。

　これらの構成によれば，行政行為と目される行為が組織規範に違反した場合でも，個別の事情に即して代表力の存在が擬制され，結果として当該行為が行政主体へと帰属する可能性がある。

　300）*Wolff/Bachof*, a.a.O.（Fn.42），S.248［Wolff］. 傍点原文隔字体。
　301）*Wolff/Bachof*, a.a.O.（Fn.42），S.248［Wolff］.
　302）本段落につき，vgl., *Stelkens*, a.a.O.（Fn.174），S.252f.

第5款　第1節小括

　本節の議論は，次のように要約できる。まず，ドイツでは，帰属と帰効とが区別され，かつ，法人の観念・行政の概念・権限の自己遂行義務といった根拠により，自然人の行為が行政主体へと帰する局面では帰効のみならず帰属を生じさせねばならないという主張が提示された。次に，組織規範と帰属とを結合させるかについて，ドイツの議論からは，①代表によって帰属が生じると考える，②代表の要件として行為が代表力の範囲内であることが必要であると考える，③代表形態のうち機関性の特質として，帰効のみならず帰属を可能にし，また，組織規範が代表力を定めるという理解を採る，④自然人から法人までの複数の帰属段階においていずれも機関性を採用する，という4つの条件を満たした場合に，組織規範と帰属とが結合することが示された。しかし，いかなる組織規範が帰属と結合するか，すなわち，いかなる組織規範が代表力を規律しているかという問題について，ドイツではなお十分に議論が蓄積していない。さしあたり，代表力を積極的に基礎付けるものとして官庁の管轄規範・権限規範，署名権を分配する規範が位置付けられ得ること，それ以外の組織規範，本書が取り上げているものでいえば官庁の所在地規範・官庁間の同意手続規範・内的構成規範が消極的に代表力を限定するものとして位置付けられ得ること，は指摘できる。

　以上の整理からすると，行政行為と目される行為が組織規範に違反した場合には，それがどの組織規範であっても，帰属が否定されることがあり得ることになる。次節では，一方で，代表力を積極的に基礎付けると理解される組織規範については，そのことを明示する論者を取り上げ，その論者において当該組織規範に違反した行為の帰結がいかなるものとされているかを検討し，他方で，代表力を消極的に限定し得るとされた組織規範については，実際にそのような性格が与えられているか否かを検討することになる。

第2章　組織規範と帰属

第2節　組織規範違反と行為の帰結

第1款　官庁管轄規範

　本款では，行政行為と目される行為が官庁管轄規範に違反した場合の帰結についての議論を追う。この帰結について，現在では，連邦行政手続法44条・46条が少なくとも土地管轄に関して明文で規定しており，この条文が議論の出発点となる。しかし，行手法の制定以前から，行政行為と目される行為が管轄規範に違反した場合の帰結については学説の蓄積があり，この蓄積を確認することが，行手法・それ以後の学説の検討をするための前提をなす。そのため，本款では，行手法制定前（第1項）と行手法制定後（第2項）に時期を区分して議論状況を確認する。

第1項　連邦行政手続法制定前の議論

　行政行為の瑕疵の帰結が論じられ始めた頃から，行政行為と目される行為が管轄規範に違反した場合の帰結が1つの主題として議論されてきた。本書の視角からすると，この議論における立場は，管轄規範と帰属とを関係付けない立場（1）と，管轄規範と帰属とを関係付ける立場（2）とに分けられる。

1　管轄規範と帰属とを関係付けない見解

　行手法の規定の意義を理解するためには，管轄規範と帰属とを関係付けない立場についても確認する必要がある。

(1)　帰属の問題を明示しない立場

　まず，管轄規範に違反した行為の帰結を論じるにあたり，帰属の問題を明示的には扱っていないように思われる立場の概要を確認する。

　行政行為の瑕疵の帰結については1900年代から盛んに議論されてきた。そうした議論のうち，本書にとってまず重要なのは，行政行為の瑕疵を論じるためには行政行為が存在していることが前提となるとしつつ，行政行為の存在の

324

ためには機関の行為が必要である旨を述べる，1920年代までの見解である。しかし，この旨を述べる見解の中には管轄規範の遵守を機関行為・国家行為の存在条件としないように見える見解[1]があることに加え，管轄規範の遵守を機関行為・国家行為の存在条件とする見解も，自然人・機関の行為が帰属によって行政主体の行為となるという思考を明示しない[2]。なお，後者の見解においても，（一部の）管轄規範に違反した行為は無効とされ得ることが共有されていた[3]。

　これらの見解は，国家が機関によって行為するという理解は概ね共有するものの，代表によって国家へと行為が帰属すると観念されるという理解は共有していないものと解される。これは，代表による帰属，および，機関性による代表という考え方が明確に定式化されたのが1930年代であること（本章第1節第2款第2項参照）の反映と位置付けられよう。

⑵　帰属の問題を明示的に否定する立場

　国家が機関によって行為すると考えることは，国家行為の存在条件の考察において帰属という思考を用いることを当然には意味しないという事情は，国家行為の存在条件の考察において帰属という思考を用いることを明示的に拒否する Hans Erich Köbner の見解の存在によって，より明確になる。

　Köbner は，管轄規範に違反した行為の帰属を否定する見解の存在（本項2で後述）を指摘しており，国家行為を論じるために帰属という概念が関わり得

---

1) Vgl., *Poul Andersen*, Ungültige Verwaltungsakte mit besonderer Berücksichtigung der Ungültigkeitsgründe, 1927, S.22f., 81, 93.

2) Vgl., *Walter Jellinek*, Der fehlerhafte Staatsakt und seine Wirkungen, 1908, S.5（Walter Jellinek が帰属を用いて議論していないことを示唆するものとして，*Ernst von Hippel*, Untersuchungen zum Problem des fehlerhaften Staatsakts, 2.Aufl., 1960, S.2f.), *Karl Kormann*, System der rechtsgeschäftlichen Staatsakte, 1910, S.166f., *ders*, Grundzüge eines allgemeinen Teils des öffentlichen Rechts, Annalen des Deutschen Reichs, 1911, S.865f. 国家行為一般について，vgl. *Georg Jellinek*, System der subjektiven öffentlichen Rechte, 2.Aufl., 1905, S.29f., 227, 241-243（ただし ebd., S.243 では，zugerechnet werden, zurechenbares Verhalten という表現が用いられている), *Otto Mayer*, Deutsches Verwaltungsrecht, Bd.I, 3.Aufl., 1924, S.95. なお，Mayer は，少なくとも同書初版の段階では，「一定の事務領域において国家を代表する力」を「公職（das öffentliche Amt）」としていた（*ders*, Deutsches Verwaltungsrecht, Bd.II, 1.Aufl., 1896, S.198）。しかし，Mayer は機関の概念を用いないし（参照，小林博志「ドイツ法と「行政庁」概念の展開」同『行政組織と行政訴訟』（成文堂，2000）3頁，18頁〔初出1981〕)，帰属の概念を用いて考察しているかは定かでない。

3) Vgl., *Georg Jellinek*, a.a.O.（Fn.2), S.241f., *Kormann*, a.a.O.（Fn.2), System, S.247, *Mayer*, a.a.O.（Fn.2), 3.Aufl., S.95.

325

第2章　組織規範と帰属

ること自体は認識している[4]。しかし，Köbner は，機関の行為が国家の行為とみなされるか否かを考える際に，帰属の概念を用いない。すなわち，国家行為を論じるにあたって帰属について論じる見解を純粋法学と結びつけ[5]，純粋法学による瑕疵論を，「瑕疵の帰結の多様性」を許容できないこと，「瑕疵の様々な意味と重大性」を考慮できないことを理由に批判するのである[6]。Köbner は，このように行為の存在条件を論じるために帰属の概念を用いない結果として，行為の国家への帰属に管轄規範が関わるという理解を採らない[7]。

　前段落で見た Köbner の見解は，純粋法学の瑕疵論への批判でもって帰属の問題を論じる必要性も否定した点において，行き過ぎたものである。なぜなら，国家行為に関し帰属の有無・条件を論じることと，純粋法学（の瑕疵論）を採ることは同じではないからである。具体的には，純粋法学のようにすべての瑕疵を帰属の否定に結びつけることをしなくても，自然人の行為を行政主体へと帰属させる要件と行為の適法性要件とを区別すること，および，この区別に対応させて行政主体へと帰属しない行為と行政主体へと帰属するが違法である行為とを区別した上で，後者の行為について瑕疵の意味・重大性を考慮して多様な帰結を構想すること，は可能である（本款第2項2で後述）。

2　管轄規範と帰属とを関係付ける見解

　本項1で示した見解に対し，行政行為を観念するために帰属を要求し，かつ，管轄規範と帰属とを関係付ける見解も存在する。この見解は，管轄規範が行為の帰属条件を定めるものと理解し，それゆえに，管轄規範に違反した行為は行政主体へと帰属しないのではないかという問いを出発点に据える。この見解は，管轄規範が代表力を定めているという，本章第1節第4款第1項で提示した考え方を採用するものといえよう。しかし，出発点に据えた前記の問いに対して，帰属を否定することをそのまま受け入れて無効の行政行為とする立場を採るか（(1)），あるいは，何らかの追加的な操作を加えて帰属を肯定する立場を採るか

---

4) Vgl., *Hans Erich Köbner*, Staatsakt und Zuständigkeit, Diss, 1935, S.23, 89f. Fn.63.

5) Vgl., *Köbner*, a.a.O. (Fn.4), S.23f.

6) Vgl., *Köbner*, a.a.O. (Fn.4), S.153f.

7) Vgl., *Köbner*, a.a.O. (Fn.4), S.112-114. さらに，Köbner は，管轄規範の遵守を国家行為の存在条件ともせず，管轄規範に違反した行為は取り消しうべき瑕疵または無効な瑕疵を持つ国家行為であるとする（vgl., ebd., S.24, 61, 140-145, 178-180）。

326

第 2 節　組織規範違反と行為の帰結

((2))，という点で分岐が見られる。

(1)　帰属の否定

前者の立場を明確に示すのは Erich Eyermann である。Eyermann は，国家機関の無管轄がいかなる効果を引き起こすかという問いへと取り組むにあたり，概念を明確にすることから考察を始める。Eyermann は，「意図された法効果が終局的に与えられない場合に国家行為は無効である」とし，また，「個々の場合において，……意図された法効果……が終局的に与えられないのはいつであるかは，法秩序から導かれねばならない」，「一定の意思表示が法律行為あるいは国家行為に至るか否かも法秩序から読み取られねばならない」，とする。この概念規定の結果として，「そもそも法秩序との関係を持たない意思表示は決して法律行為や国家行為とはみなされ得ない」とされ，意思表示が法秩序との関係を持たない場合には，当該意思表示は，法秩序と関係を持つことを前提とする無効という範疇には入れられず，「『非法律行為』あるいは『非国家行為』」とされる[8]。

このようにして概念を明確にした Eyermann は，民法上の意思表示についての規律から，有効な国家行為を行うための要件を引き出す。

まず，Eyermann は，民法上有効な意思表示となるための要件として，①「当事者は権利能力を持たねばならない」，②「意思表示は当事者に帰属され得なければならない（法定代理・任意代理や追認の制度を参照）」，③「意思表示は，形式と内容において，その都度予定される規範に適合せねばならない」，という3つを挙げる。①の要件を欠くと「非法律行為」となり，②の要件を欠くと，「意図された法効果は，当事者の有利にも不利にも現れない」が「第三者に生じることがあり（無権代理……）」，③の要件を欠くと「無効か取消し」となる，とされる[9]。

次に Eyermann は，こうした民法上の意思表示についての規律を，公法上の意思表示へと応用する。前提として，Eyermann によれば，「公法は，国家が高権を持って臣民に対して現れるところの法秩序の一部分であ」り，「高権的性質を持たない……意思表示だけが公法の領域から除かれねばならない」。

---

8 ）本段落につき，*Erich Eyermann*, Unzuständigkeit des Staatsorgans, BayVBl, 1933, S.113f. 傍点原文隔字体。

9 ）本段落につき，vgl., *Eyermann*, a.a.O.（Fn.8），S.115.

327

第2章　組織規範と帰属

この理解を前提として，Eyermann は，前段落で見た要件を公法上の意思表示（したがって高権的な意思表示）へと応用する。まず，「あらゆる高権的な公法上の意思表示の主体は国家である」ことから，国家行為においては，「私法が有効な法行為のために要求する要件のうち，第1のものである，当事者の権利能力が考慮されない」とする。すなわち，「法秩序の主体としての，あるいは，国家権力の具現としての国家は，ア・プリオリに，その意思を法的に意味ある形で表示する能力を持つ」のである。次に，有効な民法上の行為の第2の要件は，公法上の意思表示にも要求される。曰く，「国家それ自体は活動できない。肉体を持つ人が国家のために行為せねばならない。したがって，この人の意思表示が国家へと帰属され得なければならず，それにより，国家の意思表示，国家の意思形成を語ることができるのである。この帰属は，法規範がそれを認める場合にのみ可能である」。「一定の法規範は，行為する個人の……意思行為が，この個人ではなく法主体としての国家へと帰属されることを定める。このように行為する自然人を国家機関という。帰属規範により生じる実際の活動が，国家作用といわれるものである。……国家作用とその前提を規律する法規範の総体は公法をなす。一連の国家作用から成る個々の過程は，首尾良く最後まで到達すると，その帰結として国家行為が生じる。」[10]

前段落で見たように，有効な民法上の行為の第1の要件である当事者の権利能力が，国家行為においては当然に充足されているものとされるため，「国家行為の法的妥当性は，一定の個人の意思表示を国家に帰属させる法規範，国家行為の形式と内容を規律する法規範からのみ読み取られ得る」。そして，「これらの法規範への違反の態様により，ある場合には無効，ある場合には取消可能という帰結が生じねばならない。そこで，法秩序への衝突がいつ無効になりいつ取消可能になるかがそこから定められるところの一般的原理を見出し得るか，が問題となる」[11]。

この一般的原理を論じるために，Eyermann は，無効・取消しの問題に意味を持つ法規範を，(i)「帰属過程を規律する法規範」と(ii)「活動の帰結たる国家行為に関係する」法規範とに分ける。さらに，(i)を，①「ある場合における国家機関の活動形成のための前提を規律する法規範」と，②「ある場合における

---

10) 本段落につき，vgl., *Eyermann*, a.a.O. (Fn.8), S.115f. 傍点原文隔字体。

11) 本段落につき，vgl., *Eyermann*, a.a.O. (Fn.8), S.116f. 傍点原文隔字体。

328

国家機関の活動自体を対象とする法規範」（広義の手続規範）とに分ける。また，
(ⅱ)を，③「形式を定める」規範と，④「内容を定める」規範とに分ける[12]。以
下では，本書にとって重要な①の内容を中心に，Eyermann の議論を確認する。

「国家機関の活動形成一般の前提として，まずは，問題となる国家機関それ
自体を動員する法規範の存在が必要である。〔この法規範によって，〕肉体を持
つある人……が国家のために有効に行為する権能を一般的に与えられると，次
に，国家のために行為する権能を国家機関がどの範囲で行使できるかが問われ
ることになる。この問題に答えを与える法規範が，国家機関の事項的管轄・土
地管轄を規律する。／したがって，国家機関の活動形成の前提を規律する法規
範は，これを分けていえば，機関の創造と管轄分割を対象とする法規範であ
る。」[13]機関の創造と管轄分割を対象とする法規範は「帰属規範」[14]と呼ばれる。

「帰属規範の不遵守は……最も重い処罰（Ahndung）へと至らねばならない」。
「国家行為と国家との結合が最初から欠けている」からである[15]。帰属規範の
不遵守がもたらす帰結をより具体的に見よう。

まず，「国家機関を創造する規範への衝突は，例えば，機関の地位を規範に
より与えられていない者が，国家行為と称された意思表示をした場合に存在す
る。この『国家行為』は法秩序といかなる関係も持たず」，「非国家行為とされ
る」[16]。

次に，帰属規範に属するもう１つの規範である管轄規範について曰く，「真
正の国家機関が行為しているものの……管轄領域から外れて行為したときには，
国家機関の活動の帰結と国家との関係が欠けることになる。国家機関の管轄が
対応する……行為のみが国家に帰属する。まさにこれが管轄規範の意味である。
したがって，あらゆる管轄踰越は，国家〔機関の〕行為が国家へともはや帰属
し得ないことを意味する。しかし，国家のみが高権的に行為する権能を持つか
ら，当該行為は他の法主体へと帰属することもできない」，とはいえ，「国家機
関が活動したので，国家的意思形成は異論なく始まったのである；しかし，活
動形成のためのさらなる前提——管轄——が欠けているのである。したがって，

---

12) 本段落の以上の部分につき，vgl., *Eyermann*, a.a.O.（Fn.8），S.117. 傍点原文隔字体。

13) *Eyermann*, a.a.O.（Fn.8），S.117. 傍点原文隔字体。

14) *Eyermann*, a.a.O.（Fn.8），S.118.

15) Vgl., *Eyermann*, a.a.O.（Fn.8），S.118. 傍点原文隔字体。

16) Vgl., *Eyermann*, a.a.O.（Fn.8），S.118. 傍点原文隔字体。

第 2 章　組織規範と帰属

国家行為は，否定的ではあるものの確かに法秩序との関係に立つ」から，管轄
規範に違反した行為は，「非国家行為ではない。しかし，国家へと帰属し得な
いため，原則的に無効である」。ただし，例外として，臣民に権利を与える国
家行為の場合には，「管轄規範に違反しても，もはや無効でなく，取消可能に
とどまる」とされる[17]。

　これ以外の規範（前記②から④）に違反した場合の瑕疵は帰属には関わらず，
当該行為は無効または取消可能にとどまる[18]。

　以上の Eyermann の見解は，Wolff の教授資格申請論文以前に提示されたこ
ともあって代表との関係が明確にされない[19]が，管轄規範と帰属との関係を詳
細に論じる点で注目に値する。ただし，帰属の否定を無効として表現している
こと，法秩序との関係を持たない非国家行為と無効とを区別していることには
注意を要する。

(2)　帰属の否定と一定の操作の追加

　本項 2 (1)で検討した議論は，管轄規範違反が帰属の否定を意味することから
出発し，それに何らかの追加的な操作を加えない立場であった。他方，同じ出
発点に立つものの，何らかの追加的な操作を加え，結論として帰属を肯定する
立場も存在する。

　この立場を示す Wolff 曰く，「管轄に適合する機関担当者の行為（意思表示と
行動）のみが機関さらには組織へと帰属する。……しかし，代表力〔一般〕と
同様，管轄もまた，ある特別の場合には，管轄が欠けているにもかかわらず，
いわばそれ自身の範囲を越え，逆説的に存在することがある。すなわち，管轄
が権能としても力（Macht）としても与えられていないにもかかわらず，機関
担当者の行為の法的外観に対する第三者の信頼……が保護されることを理由と
して，客観法により管轄を推定することは可能である。こうした管轄の推定は，
とりわけ，大抵は取消訴訟によってこの推定を否定できる公法において存在す

---

17)　本段落につき，vgl., *Eyermann*, a.a.O.（Fn.8），S.118, 120. 傍点原文隔字体。

18)　Vgl., *Eyermann*, a.a.O.（Fn.8），S.118-121.

19)　Eyermann は，以上の結論を，共著ではあるが後のコンメンタールにおいても維持する
　　（*Erich Eyermann* u.a., Verwaltungsgerichtsgesetz, 2.Aufl., 1954, S.121-125, *ders* u.a., VwGO, 9.
　　Aufl., 1988, § 42 Rn.24, § 113 Rn.32a）。しかし，代表との関係はやはり明確にされていない。
　　　これに対し，*Rudolf Berroth*, Die Vertretung der Gemeinde nach außen, Diss, 1964, S.32f., 66,
　　87f.は，管轄規範が代表力を定めているとし，行政の行為が管轄規範に違反すると帰属が否定
　　され，帰属が否定されることの帰結は行政の行為の無効である旨を述べる。

330

る。こうした推定が欠ける場合，機関担当者の行態は，機関担当者であるところの者自身に帰属するか，法的に無効……である。しかし，〔管轄の推定・機関担当者たる者への帰属・無効という〕これら3つの法効果のうちいずれが生じるかは，利益状況と，危険に自己の利益を曝すこと（Interessen-Exponierung）〔の評価〕に立ち入ることなしに，一般的に述べることはできない」[20]。

Wolff が，利益状況，危険に自己の利益を曝すことを考察する必要性を主張する背景には，民事法学説の影響があるようである[21]。なお，Wolff の主張における管轄の「推定」が厳密には何を意味するのかは不明であるが，Wolff が取消訴訟によって推定を否定できると述べることからすると，当該行為を暫定的に国家へと帰属するものと扱いつつ，当該行為に対する取消訴訟の提起可能性を認め，取消訴訟において帰属の可否を審理できる旨を意味するものであると解せよう。

以上で確認・補足した Wolff の見解には，次のとおり問題がある。Wolff は，帰属が否定されることの帰結を明確に述べなかった。その結果，帰属を肯定させるための操作である管轄の推定が，なぜ，いかなる場合に必要とされるのかは不明確なままであり，特に，本書が念頭に置いている形式的名宛人に不利益を課す行政行為について，Wolff が挙げる根拠である私人の信頼の保護が必要か，それはなぜか，は直ちには理解できない。

これらの点を解明するためには，Wolff のいう「利益状況と，危険に自己の利益を曝すこと」を考察することが必要であるが，Wolff は，これらについてその後検討をした様子は特に見られず，後の教科書において，管轄規範が帰属と関わらないことを明言するに至った（本章第1節第4款第1項1(2)参照）。このように Wolff が「利益状況と，危険に自己の利益を曝すこと」を考察しなかった原因の1つとしては，「利益状況と，危険に自己の利益を曝すこと」を考察する必要性を Wolff に感じさせた民事法学説が，民事法学のその後の展開において少数説にとどまったこと[22]が挙げられ得る。

---

20) *Hans Julius Wolff*, Theorie der Vertretung, 1934, S.241f.

21) Interessenexponierung については，*Wolff*, a.a.O.（Fn.20），S.140 Fn.1 で Rudolf Müller-Erzbach の著作（z.B., *ders*, Gefährdungshaftung und Gefahrtragung, 1912）が引用されている。

第2章　組織規範と帰属

第2項　連邦行政手続法制定とその後の議論

前項で示したように学説上の議論の蓄積[23]があったところ，この蓄積を承けて制定されたのが行手法である。

1　連邦行政手続法の制定

(1)　連邦行政手続法の規定とその解釈

まず，制定当時の行手法の中から，管轄規範に違反した行政行為の取扱いに関係のある条文を掲げる。

「44条1項　行政行為は，特に重大な瑕疵があり，かつ，このことが，考慮され得るあらゆる状況を慎重に評価して明白である場合に，無効である。

　2項　第1項の要件の存在に関わりなく，次の場合に行政行為は無効である。

　　3号　官庁が，3条1項1号により基礎付けられた管轄の外で，その授権なくして行政行為を発出した場合。

　3項　行政行為は，次の理由からはただちに無効とはならない。

---

22) Müller-Erzbach の位置付けにつき参照，浦川道太郎「ドイツにおける危険責任の発展 (1)」民商70巻3号 (1974) 458頁，471-473頁。

　なお，Mußgnug は，教授資格申請論文における Wolff の見解を指示しつつ，管轄規範あるいは権限規範に違反した行為が国家に帰属するという。この主張の根拠として，①あらゆる公的機関はその権限の範囲内においてのみ有効に国家を代表できるという立場は，国家責任について定める基本法34条の文言に適合しないこと，②「無権限の官庁は単に権能を欠いて (unbefugt) 行為しているだけで」あって，「このことは，この権能がない行為をするための能力があること (befähigt) を排除しない。なぜなら，許容されていないこと (Nicht-Dürfen) は，それが可能でないこと (Nicht-Können) をも常に意味するわけではない」から，ということを挙げる (vgl., *Reinhard Mußgnug*, Das Recht auf den gesetzlichen Verwaltungsbeamten?, 1970, S.33f. 傍点原文斜字体)。①は，管轄規範・権限規範が代表力を定めるとしつつ，基本法との整合性の観点から操作を加え，これらの規範に違反しても帰属を肯定する趣旨であると理解できる。しかし，責任の帰属と行為の帰属とが区別され得ることから，①の根拠付けの妥当性は自明でない。②は，管轄規範・権限規範が代表力を定めていないという趣旨とも解されるが，いずれにせよ，この根拠が成り立つためには，行為をすることが可能である場合 (Können) の範囲，および，管轄規範・権限規範が，行為をすることが可能である場合 (Können) の範囲の画定に関わらないこと，が予め明確にされねばならない。これらが明確にされない限り，Können と Dürfen の概念は，論者の欲する結論を記述するものに過ぎない。

23) そのほか，管轄規範が代表力を定めていると明示しない立場においては，管轄規範に違反した行政行為と目される行為は，無効の瑕疵または取消しうべき瑕疵を帯びるとされるのが通常であった (z.B. vgl., *Karl Hermann Ule*, Die Lehre vom Verwaltungsakt im Licht der Generalklausel, S.272, 280-283, in: *Hermann Wandersleb* (Hrsg.), Recht, Staat, Wirtschaft, Bd.3, 1951)。

第2節　組織規範違反と行為の帰結

　　　1号　2項3号の場合を除き，土地管轄についての定めが遵守されなかった
　　　こと。
46条　第44条によって無効とされない行政行為については，当該事案において
　　異なる決定が行われ得なかった場合には，手続，形式または土地管轄の定め
　　に違反して成立したことだけを理由に，取消しを求めることはできない。」[24]

　学説は，以下の2点を前提として，これらの規定を，行政行為と目される行
為がどの管轄規範に違反しても帰属が肯定される旨をいうものとして解釈する。

　第1に，土地管轄については44条2項3号・44条3項1号・46条の定めが
あり，他の管轄規範については一般条項としての44条1項が適用されると解
されることで，行手法は，すべての管轄規範について，管轄規範違反の行政行
為が無効の瑕疵または取り消しうべき瑕疵を帯びると捉えていることである[25]。

　第2に，行政行為の無効・取消しは，非（行政）行為・外観上の（行政）行
為とは異なることである。立法理由書では，模範草案の時点から一貫して，無
効の・取り消しうべき行政行為と，非行政行為（Nicht-Verwaltungsakt）・外観上
の行政行為（Schein-Verwaltungsakt）とが区別されてきた。立法理由書では，
非行政行為と外観上の行政行為とは同義で扱われており，「完全に法秩序の外
にあるもので，したがって行政と市民にとって無関係なもの」[26]と説明される。

　もっとも，次の①・②の事情から，立法理由書の段階では，非行政行為・外
観上の行政行為と帰属が否定される行為との関係は明確でなかったといえる。
①非行政行為・外観上の行政行為の例として挙げられるのは，「〔官吏の地位を
持たない〕私人が官庁の名で行為をした場合」である[27]。また，②「法秩序の
外にある」ということが何を意味しているのか，特に，行政主体への行為の帰
属が否定される場合をも含むのか，については明確ではない。Eyermann の見

---

24) 3条1項1号は，「不動産または場所に結びついた権利若しくは法関係に関わる事柄につい
　ては，その〔官庁の〕地域に不動産または場所が所在するところの官庁」が土地管轄を持つ
　と定める。なお，44条1項・46条については1996年の改正で文言が変わっているが，本書
　で扱う問題について影響はない。
25) Vgl., *Michael Sachs*, § 44 Rn.160-177, in: *Paul Stelkens* u.a.（Hrsg.）, VwVfG, 10.Aufl., 2023.
　なお，機能的管轄については，機能的管轄規範が外部効果を持たないことを前提に，機能的
　管轄規範に違反しても違法とならない場合がある旨の説明が行われるが（vgl., ebd., Rn.172），
　これは機能的管轄規範に違反した行為の帰属が否定されるという趣旨の説明ではない。
26) *Bundesministerium des Innern*（Hrsg.）, Musterentwurf eines Verwaltungsverfahrens-
　gesetzes（EVwVerfG 1963）, 1964, S.151, BT-Drucks., Ⅳ/1173, S.50, BT-Drucks. 7/910, S.63.
27) Vgl., *Bundesministerium des Innern*（Hrsg.）, a.a.O.（Fn.26）, S.151.

333

第2章　組織規範と帰属

解のように，法秩序との関係を持つか否かと帰属の問題とを（部分的に）切り離すという考え方もあり得るからである（Eyermann が，管轄規範に違反して帰属が否定される行為も法秩序と関係を持つと述べていたことにつき，本節第1款第1項2(1)参照）。以上の①・②の事情が示すように，立法理由書の段階では，非行政行為・外観上の行政行為と帰属が否定される行為との関係について曖昧さが残っていた。

しかし，行手法が制定された直後から，学説は，官庁への帰属が否定される行為を，非（行政）行為（Nichtakt, Nichtverwaltungsakt）・外観上の（行政）行為（Scheinakt, Scheinverwaltungsakt）に含まれるものとし，それゆえに行手法の規律対象外のものとして把握したのである[28]。

(2)　問題の所在

では，これらの規定およびその解釈はいかに評価されるか。

まず，管轄規範に違反した行政行為が無効となり得るという結論には，行手法の制定以前から一致があった。すなわち，取り消しうべき瑕疵の場合を除けば，行為の帰属を否定する見解も，帰属を肯定しつつ違法であるとする見解も，瑕疵の帰結に対し行政行為の無効という概念を用いていたのである。そのため，この結論に関しては，従来の議論から乖離した立場を行手法が採ったとはいえない。

しかし，本款第1項で示したとおり，学説において無効の概念で表現されていることの内実には差異があり，無効の概念を用いる立場の中には，管轄規範が代表力を定めていると理解し，管轄規範に違反した行為の帰属を否定する立場もあった。この立場からすると，管轄規範に違反しても行為の帰属が可能である旨をいうものとして行手法の規定を解釈する立場は，批判の対象になろう。しかるに，この観点から，行手法の規定およびその解釈を批判するものは見出せない。すなわち，行手法の制定以降，理論上は管轄規範が代表力を定めていると考える立場においても，管轄規範に違反した局面では行為の帰属が肯定されることが認められたのである。

---

28)　非行為として把握する行手法制定直後の解説として，vgl., *Ferdinand Otto Kopp*, VwVfG, 1. Aufl., 1976, S.443. 近時の解説として，vgl., *Sachs*, a.a.O. (Fn.25), Rn.5.

334

2　管轄規範に違反した行為が帰属する根拠

では，なぜ，理論上管轄規範が代表力を定めていると考える立場においても，管轄規範に違反した行為の帰属が肯定されるのか。2つの根拠が挙げられる。

⑴　瑕疵の帰結に関する立法者の制裁余地

（a）問題の所在　　第1の根拠として挙げられるのは，行為の瑕疵の帰結は立法者が自由に定めることができ，立法者によって一旦帰結が定められた場合にはこれに従って解釈すればよいという理解である[29]。瑕疵の帰結の設定に関する立法者の自由は「制裁余地（Sanktionierungsspielraum）」[30]ともいわれるため，以下では「制裁余地」という語を用いる。

前段落で示した理解を採る Schnapp は，1977 年の論文において，管轄規範が代表力（帰属の条件）を定めると考える立場の採用を示唆した[31]上で，1980年に，ある論文でその立場を維持しつつ[32]，別の論文で次のように説明する。

Schnapp は，まず，「組織的領域において逸脱に至った場合，したがって管轄違反が確認される場合に，我々の法秩序がいかなる反応を準備し，命じ，許容しているか」という問いを立てる。そして，「この問題領域に接近する際には，以下の問いに対する解答によって立場が分かれる」という。その問いの1つは，「ア・プリオリな，初めから定まっている，法違反への反応が存在するのか，それとも，……権能を持つ立法者には，法違反に際していかなる制裁を命ずるかについての処分の自由（Dispositionsfreiheit）が存在するのか」という問いである。この問いに対し，Schnapp は，「実定法秩序を手がかりに」して，結論として後者のように考えることが正しいとし，制裁余地を認める。「実定法秩序」の状況として挙げられるのは，例えば，法違反が治癒され得たり不顧慮されるべきであったりすること，同一の事象に対する民事法・刑事法・行政

29）Vgl., *Friedrich Eberhard Schnapp*, Dogmatische Überlegungen zu einer Theorie des Organisationsrechts, AöR, Bd. 105, 1980, S. 270-272. *Matthias Jestaedt*, Grundbegriffe des Verwaltungsorganisationsrechts, Rn.51 mit Fn.301, in: *Andreas Voßkuhle* u.a., GVwR, Bd. I , 3. Aufl., 2022 は，Schnapp のこの論文に依拠しつつ同旨をいう。

30）*Felix Weyreuther*, Das Bundesbaurecht in den Jahren 1978 und 1979, DÖV, 1980, S.390 Fn.15, *Eberhard Schmidt-Aßmann*, Art.19 Abs.4 Rn.282, in: *Theodor Maunz/Günter Dürig*（Hrsg.）, GG（Stand:2023）.

31）Vgl., *Friedrich Eberhard Schnapp*, Amtsrecht und Beamtenrecht, 1977, S.92f., 103f.

32）*Friedrich Eberhard Schnapp*, Grundbegriffe des öffentlichen Organisationsrechts, Jura, 1980, S.73f.

第2章　組織規範と帰属

法上の制裁等があるように「法秩序は同一の事象を様々に……制裁し得る」こと，「官吏によって……行われた外部行為は外部法に整合しない（『違法な』）ものであり得るが，官吏は勤務法上は適法に行為し得るということが，……通説的見解となっているといってよいであろう」こと，等である。これらの事情から，Schnapp は，「法秩序は……自由に……制裁を定め得る，法的な性質決定は相対的である，という命題を支持するのに十分であろう」という[33]。

以下では，管轄規範が帰属の条件を定めるとしながらも管轄規範違反の行為の帰属を肯定することが，立法者の制裁余地によって可能であるか，を検討する。

(b)　制裁余地を認めるための諸前提　　検討に際して，立法者の制裁余地を認めることはいかなる前提を採った場合に可能であるかという点から確認を始める。この確認のためには，立法者の制裁余地は行政作用（あるいは国家作用。以下単に「行政作用」という）の瑕疵の帰結一般について認められている[34]ことから，行政作用の瑕疵の一般論を検討することが有用である。行政作用の瑕疵の一般論を検討すると，立法者の制裁余地を認めるためには3つの前提があることが分かる。

　　a　憲法上の要請に反しないこと　　第1の前提は，瑕疵の帰結（制裁）

---

33)　本段落につき，vgl., *Schnapp*, a.a.O.（Fn.29），S.270-272.
　　なお，立法者に制裁余地を認める根拠としては，本文で挙げたものに加え，階級秩序（Rangordnung）の問題について立法者が自由に判断できるということも挙げられる（vgl., ebd., S.271f.)。階級秩序とは，例えば憲法と法律が抵触する場合の優劣関係のような，「法命題カテゴリー間の階級関係」のことである。Schnapp によれば，「法律が憲法に劣後する」という関係も，「法理論的・前実定的な階級秩序から生じるのではなく，特に，合憲的秩序……を立法権の『生産物』〔つまり法律〕の審査基準とする基本法20条3項〔といった実定法上の定め〕から生じる」（以上2文につき，vgl., *ders*, Ausgewählte Probleme des öffentlichen Organisationsrechts, Jura, 1980, S.300)。この説明からすれば，法律以下の各法源の優劣関係は立法者が自由に定められることになろう。
　　しかし，次の2点から，階級秩序に関する立法者の判断の自由は，本文で扱う問題を考察する局面で立法者の制裁余地を認める根拠にはならないはずである。第1に，この階級秩序の問題は，職務上の指示と行政規則との優劣関係や，法律に違反する職務上の指示の扱い等において意味があるものであり（vgl., ebd., S.300, *ders*, a.a.O.（Fn.31），S.189-203），法律が行政行為に優位することは Schnapp も否定しないと考えられる。第2に，階級秩序の問題は，抵触の可否（行政行為が法律に違反することがあるか）を考察する段階では意味があるとしても，抵触が可能であるとした後，いかなる制裁（取消し・無効等）を与えるかを考察する段階では意味を持たないと考えられる。
34)　「国家行為の瑕疵の帰結」（傍点原文斜字体）を念頭に置きつつ制裁余地を語るものとして，vgl., *Schmidt-Aßmann*, a.a.O.（Fn.30），Rn.281f.

336

を一定のものとすることが憲法上の要請に反しないことである。立法者の制裁余地は，他の問題に関する立法裁量と同様に，憲法上認められた枠内でしか存在しないからである。しかし，瑕疵の帰結（制裁）を一定のものとすることへの憲法上の要請はほとんどないとされる[35]ため，この第1の前提は以下では問題としない。

　　b　行為の存否を判断する段階と行為の違法を判断する段階との区別

　第2の前提は，行為の存否を判断する段階と行為の違法を判断する段階とを区別することである。以下，この区別について最も明確に説明する Christian Bumke の主張を見る。

　Bumke によると，（行政行為を含む）法的行為（Rechtsakt）の違法性とは，法的行為が法秩序の要請を満たさないことを意味する。法的行為が「『瑕疵』〔を持つこと〕と『違法性』〔を持つこと〕とは同一のメダルの表裏」であって，「法的行為の違法性は，瑕疵の法的帰結ではなく，法的行為が持つ性質である」。そして，「ある法的行為が違法であるという事実から一定の法的帰結を推論することは認められ」ず，「あり得る瑕疵の帰結について言明を行い得るためには，判断の対象や，瑕疵の態様，そして可能であれば実際にもたらされる帰結を識別せねばならない」[36]。そして，瑕疵の帰結をいかなるものとするかについて立法者に形成余地が認められ[37]，この段階において相対的違法の様々な現象が生じる。

　このように，Bumke によれば，法秩序による要請を満たすか否かの判断が違法性判断であり，違法性判断の後に行われる瑕疵・違法性の帰結の決定の局面において，立法者の制裁余地が観念される。

　しかし，注意を要するのは，違法性判断の対象について既に一定の条件が課されていることである。まず，Bumke にとって，「法秩序は，法的行為と他の規範的諸現象から成る。法秩序は，ある一定の空間における個人的な参加者と制度的な参加者の実践の，根拠・限界，そして同時に産物である」。このように法秩序が観念されるため，「法秩序にとっては，法的行為（法）と非法との

35）手続的瑕疵の帰結に関連して，vgl., *Hermann Hill*, Das fehlerhafte Verfahren und seine Folgen im Verwaltungsrecht, 1986, S.334-339.

36）本段落の以上の部分につき，vgl., *Christian Bumke*, Relative Rechtswidrigkeit, 2004, S.232f.

37）Vgl., *Christian Bumke*, Verwaltungsakte, Rn.155, in: *Andreas Voßkuhle* u.a.（Hrsg.）, GVwR, Bd.Ⅱ, 3.Aufl., 2022.

第2章　組織規範と帰属

区別が構成的である。非法は法効果を持たない。せいぜい，他のあらゆる行態
と同様，法的な評価の対象となり得る事実上の効果を持つのみである。しかし，
違法性判断に向けられた，非法の可能的法効果についての決定は必要ない」[38]。
「非法的行為は瑕疵あるものでも有効・無効でもない。」[39]「これに対し，法的
行為は規範性を持つ。このことは，次の意味を持つ。すなわち，法秩序は，
『適法と違法』の区別に基づいてある法的行為の法効果について決定せねばな
らず，また，その法的行為の取扱いについての規律を利用できるよう準備せね
ばならない，という意味を持つのである。」「無効の法的行為も法秩序の構成要
素である」[40]。かくして，Bumke によれば，違法性判断の対象となるためには，
ある行為が法的行為でなければならないのである。

　そして，"ある行為が法的行為であるためには，その名において行為が行わ
れた法主体へとある行為が帰属することが（少なくとも1つの）要件として要請
され，その主体への帰属が否定される場合には非法（的行為）となる" と
Bumke は考えていると理解できる。こう理解できる根拠は，Bumke が，「非
法的行為という範疇についての詳細は」として Dirk Ehlers の著書の参照を指
示すること[41]に求められる。そこで指示される Ehlers の著書では，「ここで用
いた意味における非行為は，……黙認や不作為と理解されるべきではなく，積
極的な行為の仕方，しかし，その名前で行為が行われた法主体へと初めからそ
して終局的に帰属し得ず，したがってこの意味において存在しないもの，とし
て理解されるべきである」[42]と述べられているのである。

　ここまでの Bumke の見解を要するに，Bumke においては，違法性判断の
対象は法的行為でなければならず，法的行為であるためには，（少なくとも1つ
の要件として）ある行為がその名において行われた法主体（行政行為の場合には官
庁・行政主体）へと帰属していなければならないことが要求されるのである。

　そして，Bumke は，行為の帰属の要件も法規範によって定められると考え
ているようである。このことは，Bumke が，「何か（etwas）が法的行為とし

---

38) 本段落の以上の部分につき，*Bumke*, a.a.O.（Fn.36），S.12f. 傍点原文斜字体。

39) *Bumke*, a.a.O.（Fn.36），S.234. 傍点原文斜字体。

40) *Bumke*, a.a.O.（Fn.36），S.13f.

41) Vgl., *Bumke*, a.a.O.（Fn.36），S.13 Fn.8, S.234 Fn.122. 私人による行政を念頭に置いた記述であ
るが，行政行為についても帰属が必要であることにつき，vgl. auch, *ders*, a.a.O.（Fn.37），Rn.22
Fn.106.

338

第2節　組織規範違反と行為の帰結

てみなされ得るために満たさねばならない条件は法的行為の種類によって異なる」[43]と述べたり，「いつ非法的行為が存在するかについても法秩序はたいてい沈黙している」[44]，「法秩序によって定められた基準により非法的行為は〔法秩序にとっての〕環境に属する」[45]と述べたりすることから窺える。

さらに，「いかなる場合も，法にとっての発生条件〔つまり何かが法的行為とみなされるための条件〕と法的行為に対する適法性要請とは明確に相互に区別されねばならない」[46]とされる。

以上の Bumke の説明をまとめると，まず①法的行為の存否の判断があり，何かが法的行為であると判断されるためには法規範によって定められた帰属要件を満たしていることが（少なくとも1つの）要件として課せられ，次に②法的行為に対して違法性判断がなされ，最後に③違法であることからいかなる帰結が生じるかの判断が問題になり，この③の段階で立法者の制裁余地が生じることになる。すなわち，Bumke の立場からすれば，制裁余地を認めるためには違法性判断の対象となる法的行為が既に存在していなければならない。そして，Bumke は，①の判断で用いられる法規範と，②・③の判断で用いられる法規範とは異なると理解している。したがって，①の判断で用いられる法規範に違反したことの帰結は，②・③の段階のように多様な帰結からの選択がされるのではなく，法的行為の存在が否定されるという一義的なものになるはずである。

こうした Bumke の思考は，少なくとも行為の存否を判断する段階と行為の違法を判断する段階とを切り離すという点においては支持されていると評価できる[47]。

---

42) *Dirk Ehlers*, Die Lehre von der Teilrechtsfähigkeit juristischer Personen des öffentlichen Rechts und die Ultra-vires-Doktrin des öffentlichen Rechts, 2000, S.13. ただし，Ehlers は，この著書では（別の論稿については本注の次の段落を参照），本文で示した定義を記した後，帰属が否定される場合以外も非行為で把握される例として挙げている（vgl., ebd., S.14）。そうすると，Ehlers を参照する Bumke も，法的行為であるための要件を帰属の肯定に限っていないとも考えられる。本節注 43）に対応する本文も参照。

　もっとも，Ehlers は，*ders*, Rechtsfragen der Exitenz, der Wirksamkeit und der Bestandskraft von Verwaltungsakten, S.3-7, in: *Walter Krebs* (Hrsg.), Liber amicorum Hans-Uwe Erichsen, 2004 においては，非行為で把握される事態を帰属が否定される場合に限っているようにも読める。

43) *Bumke*, a.a.O.（Fn.36），S.13.
44) *Bumke*, a.a.O.（Fn.36），S.234.
45) *Bumke*, a.a.O.（Fn.36），S.250. 傍点引用者。
46) *Bumke*, a.a.O.（Fn.36），S.13.

第 2 章　組織規範と帰属

　　c　手続規範・実体規範と制裁規範との区別　　　瑕疵の帰結に関する立
法者の制裁余地を認めるための第 3 の前提は，手続規範・実体規範と制裁規範
との区別である。本項 2 (1)(b) b で扱った Bumke の見解において，「ある法的
行為が違法であるという事実から一定の法的帰結を推論することは認められ」
ないと説明されていたところ，手続的瑕疵を論じる文脈において，このことを
法規範の区別を用いて説明するのが Eberhard Schmidt-Aßmann である。

　Schmidt-Aßmann は，「手続的瑕疵の帰結の一定の法秩序における体系を探
究する際には，違反された手続規範の規律内容……と，関連する制裁規範……
によって詳細化すべきである」という。まず，手続規範の規律内容については，
「いかなる手続規範も，第 1 次的には，手続規範により把握される手続行為の
履行・不履行の適法性についての言明を含」み，「たいていの手続規範からは，
それを越えて，手続規範が遵守されたとき……にのみ，──手続の結果たる
──実体的決定も適法になるべし，という更なる言明が読み取られる」という。
「しかし，手続的瑕疵が存在し，それに伴い，関係する手続行為と場合によっ
ては実体的決定も違法となるという言明によっては，この違反からいかなる帰
結が引き出されるべきかは未だ定まっていない。……この帰結を定めるのは，
立法者により明示的に創造されるか，裁判官法により発展させられるところの，
制裁規範の任務である。制裁規範のこの体系を予め準備し，途切れなく再検討
し，〔事物に〕適合させるに際しては，行政法学が重要な機能を持つ。……総
じて，制裁を定めるためには，あらゆる図式的な解決は回避されるべきである。」[48]

　以上の Schmidt-Aßmann の見解は，①“ある法規範に違反した行為の帰結
を定めるために，その法規範の規律内容がいかなるものであるかをまず解明し，
その法規範が法違反の帰結についての言明を含んでいないとすれば，帰結の規
律を制裁規範の役割と考える”という作業をすべきこと，②行為の違法を判断
する段階の後の段階である制裁の決定において立法者の任務が見出されること，
という重要な 2 点を示している。①・②が重要であるのは，“①の中で記載し
た作業を行ってある法規範の規律内容を解明した結果，その法規範が違反の帰

─────────

47)　*Heiko Sauer*, Öffentliches Reaktionsrecht, 2021, S.189f. mit Fn.96 も，用語法は若干異なるも
　　の Bumke を引きつつ同様の思考を示す。

48)　本段落につき，*Eberhard Schmidt-Aßmann*, Das Verwaltungsverfahren und seine Folgen,
　　in: *ders*, Aufgaben und Perspektiven verwaltungsrechtlicher Forschung, 2006, S. 181-183
　　[Erstveröffentlichung zusammen mit *Hannes Krämer*, 1993].

結についても規律していると解されれば，手続規範・実体規範と制裁規範との区別は成立せず，制裁規範を観念して制裁規範の決定に立法者の自由を見出すことはできない”という理解が示唆されるからである。ただし，厳密にいえば，手続規範・実体規範と制裁規範との区別が成立しない場合であっても，ある法規範の規律内容として読み取られるところの法違反の帰結が一義的でないことがあり得るところ（「無効または取消しのいずれかである」という言明が読み取られる場合等），この場合には，法違反の帰結に関して立法者の選択自由が認められ得よう。そうすると，結論として，Schmidt-Aßmann の見解は，法規範の規律内容からして法違反の帰結が一義的に定まる場合には制裁余地を認めない，ということを示唆するものであると解せる。

　以上の Schmidt-Aßmann の見解は，手続規範の規律内容を考察した結果として制裁規範との分離を主張するものであり，実体的決定が違法であっても帰結は未定であると述べられていたことを勘案しても，Schmidt-Aßmann の見解の射程は手続規範・実体規範にのみ及ぶと解するのが穏当であろう。確かに，手続規範・実体規範については，Schmidt-Aßmann の考察のとおり，法違反の帰結についての言明は読み取られないと解するのが一般的であると考えられる。しかし，組織規範に違反した場合には，改めて，組織規範がいかなる規律内容を含んでいるかを検討し，制裁規範との区別が成立するか，一義的な帰結が組織規範から読み取られないか，を検討せねばならない。

　　(c)　管轄規範への応用　　本項 2 (1)(b)で述べたことをまとめると，立法者の制裁余地を認めるために満たさねばならない前提としては，行為の存否を判断する段階と違法を判断する段階とを区別すること（第 2 の前提），および，手続規範・実体規範・組織規範と制裁規範とを区別すること（第 3 の前提），が挙げられると整理できる。この整理に基づくと，自然人の行為を行政主体へと帰属させるものとして管轄規範を理解する場合には，管轄規範に違反した行為の帰結を決定する際に立法者の制裁余地は観念できないと考えられる（a・b）。

　　a　行為の存否を判断する段階と違法を判断する段階との区別について
　自然人の行為を行政主体へと帰属させるものとして管轄規範を理解する場合には，管轄規範は，第 2 の前提に関して挙げた 3 段階の区分のうち，①法的行為の存否を判断する段階に関わる法規範に当たる。したがって，この法規範に違反した場合の帰結については，法的行為の違法を判断する段階の後に生じる

第2章 組織規範と帰属

ところの立法者の制裁余地は観念できないことになろう。

この結論と異なり立法者の制裁余地を認めるためには，第2の前提の箇所で扱った Bumke の立場とは異なる立場を採る必要がある。そのための理路としては2つのものを想定できる。

第1に，①行為の存否を判断する段階と②行為の違法を判断する段階とを区別する基準を，Bumke とは異なるものとする理路があり得る。こうした理路を示すのが Eyermann の見解である。Eyermann も Bumke と同様に法秩序にとって意味のある行為とそうでない行為とを区別するところから出発するが（本節第1款第1項2⑴参照），Eyermann は，帰属規範のうち機関の創造に関する規範のみが①行為の存否を判断する段階に関わるとし，②行為の違法を判断する段階において，帰属規範のうち管轄規範の問題を他の違法事由と併せて論じていた。Eyermann 自身が立法者の制裁余地を認める記述を本書は見出せなかったが，Eyermann のような立場からすると，帰属に関する問題も②の段階・③の段階（違法であることからいかなる帰結が生じるかを判断する段階）の問題であると考えて，帰属の条件を定める法規範に違反した行為の帰結について立法者の制裁余地を認めることは可能になろう。ただし，帰属の問題を明示的に論じる者の中で，こうした見解を採る者は（Eyermann のほかには）見出せなかった。

第2に，①の段階と②の段階を Bumke と同じく帰属を基準にして一旦区別するが，ある事柄が①・②の段階のどちらに属するかについて変更を認めるという理路があり得る。この理路を示唆する Laura Münkler は，理論的には帰属の要件とされる事柄を適法性要件へと移せると考える[49]。これは，①の段階と②の段階とを区別する基準自体は行為の帰属というものから変更しないが，いかなる条件が満たされれば行為が帰属するかについて柔軟な変更を認める立場である。しかし，なぜそうした変更が認められるのか，明確な根拠は示されない（おそらく Münkler 独自の帰属理論が根拠となっていると解されるが，その理論に問題があることについては本節第3款を参照）。

そのため，現時点において採り得る理路は，第1の理路，すなわち，行為の存否の問題を行為の帰属の有無の問題とは区別し，行為の帰属の有無を違法性

---

49) Vgl., *Laura Münkler*, Der Nichtakt, 2015, S.124, 154f.

判断の中で判断するものであろう。

b 組織規範と制裁規範の区別について　　直前で述べた理路を選択し，行為の帰属の有無を違法性判断の中で判断するとすれば，第2の前提に関する問題は回避できる。しかし，このように対応しても，以下の本文で示すとおり，第3の前提を充足することはできない。

本項2(1)(b)cの末尾に記載したように，組織規範に違反した場合には，組織規範がいかなる規律内容を含んでいるかを検討し，制裁規範との区別が成立するか，一義的な帰結が組織規範から読み取られないか，を改めて検討せねばならないのであった。そこで，これらの点を，管轄規範を帰属の条件を定める法規範であると理解した場合について検討する。

まず，管轄規範（自然人の行為を行政主体へと帰属させる法規範）は，それに違反した際の帰結についての言明を含んでいないとは解せず[50]，制裁規範との区別は成立しないと考えられる。具体的にいえば，管轄規範を帰属の条件を定める規範として理解したときには，管轄規範に違反した場合には帰属が否定されることが規律内容として読み取れるはずである。したがって，管轄規範（自然人の行為を行政主体へと帰属させる法規範）においては，当該規範と制裁規範との区別は成立しない。

次に，管轄規範（自然人の行為を行政主体へと帰属させる法規範）に違反した場合の帰結は，帰属が否定されるという一義的なものである[51]。

(d)　結論　　以上の検討から，帰属の条件を定める法規範に行為が違反した場合には，制裁余地を認めるための2つの前提を満たすことができないといえる。したがって，Schnapp が示した，「法秩序は……自由に……制裁を定め得る」（立法者の制裁余地）という理由付けでは，管轄規範を帰属の条件を定め

---

50)　ただし，Thomas Groß は，本文の理解と異なる理解を示唆する。一方で Groß は，①管轄規範が帰属の条件を定めることを指摘する（vgl., *ders*, Das Kollegialprinzip in der Verwaltungsorganisation, 1999, S.11f.）。他方で Groß は，②「手続的瑕疵の法的な帰結について明示的に定めた法律上の規定はほとんどなく，その都度の瑕疵の帰結を定めることは第1次的にドグマーティクの任務である。……〔そこでは，〕組織法的・手続法的な規範の遵守を，それらの違反に制裁を結合させることにより，保障することが目的となる」（ebd., S.309）として，管轄規範に違反した行為の帰結を無効・取消しの見地から論じるのである（vgl. ebd., S.309-311）。しかし，①と②とが（いかに）整合するかは判然としない。

51)　ウルトラヴァイレス法理を批判する文脈であるが，vgl., *Ulrich Hufeld*, Die Vertretung der Behörde, 2003, S.391.

るものとしつつ，管轄規範に違反した行為の帰属を肯定するという扱いを説明できない。Schnapp 自身，後の共著論文において，①自然人の行為が官庁へと帰属するかという行政行為の存在の問題，②行政行為の違法性の問題，③違法な行政行為に対する制裁の問題を区別し，③の局面で立法者の処分の自由（制裁余地）を認め，また，②行政行為の違法性の問題に関わるもの（帰属の条件を定めないもの）として管轄規範を扱うに至る[52]。

(2) 帰属条件に関する立法者の選択自由

本項2(1)で述べたように，制裁余地という理由付けでは，管轄規範を帰属の条件を定めるものとしつつ，管轄規範に違反した行為の帰属を肯定するという扱いを説明することはできなかった。しかし，制裁余地に関する議論から別の説明の可能性が示唆される。この可能性とは，行為の存否を判断する段階（ここでは帰属の可否を問題とする）・行為の違法を判断する段階・制裁の決定の段階という3段階のうち，1段階目に立法者の選択自由を認めることによる説明である。すなわち，Bumke が述べていたように帰属の条件は法規範が定めるとされているところ，いかなる法規範の遵守を行為の帰属の条件とするかについて立法者が選択自由を持つと考えることによる説明である。

(a) Ulrich Stelkens の見解　こうした説明に近い見解を示すと解されるのが，自然人の行為が管轄規範に違反した場合でも帰属を肯定する Stelkens である。

Stelkens は，実定法を確認することによって，管轄規範に違反した行為も行政主体への帰属が肯定されるという立場が成立可能であることを述べる。曰く，「無効の行政行為および無効の公法契約についての規律が団体権限の踰越の場合をも対象としていることは承認されているところ，これらの規律は，いずれの場合も，団体権限の踰越の場合ですら意思表示は行政主体へとなお帰属し得る……ということから出発している。……つまり (dann)，ドイツの行政組織法は，取引の安全という利益のために，次の原則から出発している。すなわち，ある人が外部代表機関の狭義の機関担当者に選定された場合には，このことによって，あらゆる態様の・あらゆる内容の意思表示をこの機関の主体

---

52) Vgl., *Friedrich Eberhard Schnapp/Sandra Henkenötter*, Wann ist ein Verwaltungsakt fehlerhaft?, JuS, 1998, S.524, 624, 627f., *Friedrich Eberhard Schnapp/Axel Cordewener*, Welche Rechtsfolgen hat die Fehlerhaftigkeit eines Verwaltungsakts?, JuS, 1999, S.40.

〔つまり行政主体〕のために行う代表力を分配される，という原則である。この原則によれば，狭義の機関担当者の機関性的代表力は内容的に完全に無限定であり，その結果として，外部代表機関の狭義の機関担当者が行ったあらゆる意思表示は，この意思表示がこの機関の管轄にもはや関わらないものであっても，原則として，行政主体へと……帰属し得ることになるであろう」[53]。

もっとも，Stelkens 自身は，管轄規範に違反した行為も行政主体への帰属が肯定されるという立場を無条件に承認するわけではない。曰く，前段落の末尾に引いた「命題は，しかし，次のような修正可能性が存在する場合に限って，維持し得るものである。この修正可能性とは，機関性的代表者によって行われた意思表示に行政主体が拘束されることは，少なくとも，内容的に……無限定の代表力が明白に濫用された場合には排除される，というものである」[54]。ここでいう「無限定の代表力が明白に濫用された場合」を Stelkens は「代表力の濫用」と呼ぶ[55]。代表力の濫用とは，代表者の行為が義務に違反していることが第三者の観点から客観的に明白である場合に，代表者の意思表示による被代表者の拘束（つまり被代表者への意思表示の帰属）を排除するものである[56]。Stelkens が代表力の濫用による修正可能性をなぜ要求するのかは必ずしも明確ではないが，①無限定の代表力を認めると結論が不当になる場合があること[57]，②無限定の代表力を認めるのは取引保護の見地からであるため，第三者が代表者－被代表者の内部関係における制限に違反していることを知っている場合・知りうべき場合には無限定の代表力を認める必要はないこと[58]，に求められているようである。

かくして，Stelkens は，代表力の濫用がない限り，管轄規範に違反した行為も行政主体への帰属が肯定されるという立場を採る。しかし，Stelkens は，行政行為についてはこの立場を貫徹しない。曰く，「代表力の濫用の原則を行政主体の行為に用いることには，疑義がないとはいえない。というのも，立法者が，行政行為については，行手法 44 条 1 項およびそれに相当する連邦・ラ

---

53) *Ulrich Stelkens*, Verwaltungsprivatrecht, 2005, S.218.

54) *Stelkens*, a.a.O. (Fn.53), S.219.

55) Vgl., *Stelkens*, a.a.O. (Fn.53), S.219.

56) Vgl., *Stelkens*, a.a.O. (Fn.53), S.219-221.

57) Vgl., *Stelkens*, a.a.O. (Fn.53), S.219.

58) Vgl., *Stelkens*, a.a.O. (Fn.53), S.217, 220.

ント法上の行政手続法的規定において，行政主体のために行為する機関担当者の明白な管轄踰越から行政主体を保護するための，別のモデルを用いているからである：狭義の機関担当者により官庁の管轄の限界が明白に踰越されたという問題は，行政行為の場合には，──代表力の濫用の理論のように──帰属連関を切断するのではなく，（依然として行政主体へと帰属し得る）意思表示を無効とみなすことによって解決されるのである。……これにより，代表力の濫用の原則は，専ら，私法上の意思表示と，……公法契約に適用され得ることとなる」[59]。

「もっとも，いつ意思表示が行政主体へと……帰属し得るのかという問題について，意思表示の態様や法的性質如何に関わらず行政組織法が〔一律に〕規律している，という原則に，このことは違反する〔ように見える。つまり，一部の行為形式にのみ別のモデルが用いられていることについては疑問の余地があり得る〕。／……しかし，この原則は，あくまで原則として理解されるものであり，法律で別に定められない限りにおいてのみ妥当するものである。立法者は，それが意味のあることであると考えれば，意思表示の態様に応じて異なる帰属様式を創造することを自由に行うことができる。……〔行政行為という〕今論じている事柄との関連では，……代表力の濫用の原則から逸脱する〔帰属様式を選択する〕ことを〔立法者に〕命じるところの，行政行為の特殊性に内在する実質的な根拠がある：この根拠は，行政行為が，行政行為に直面する市民に対して出訴の負担を課すという，行政行為が持つ行政争訟手続上の特殊な機能に求められる。市民は，行政裁判所法70条・74条の期間内に，行政行為に対し，行政裁判所法42条・68条以下の特殊な形態を持つ法律上の救済手段を利用するか否かを決定せねばならない。これらの法律上の救済手段を用いるためには，行政裁判所法の意味における行政行為が存在することが前提となり，……行政裁判所法の意味における行政行為が存在するためには，少なくとも，行政行為がある官庁へと帰属可能でなければならない。どの官庁へも帰属可能でない『行政行為』は，行政裁判所法の意味における行政行為でもなく，異議も取消訴訟も許容されない外観上の行政行為に過ぎないから，代表力の濫用の理論を行政行為……に用いると，代表力の濫用によって発出された行

---

59) *Stelkens*, a.a.O. (Fn.53), S.221f.

346

政行為は，――それによって生じる法的外観にもかかわらず――異議・取消訴訟の対象となり得ないという帰結をもたらしてしまう。……こうした，代表力の濫用の原則を行政行為の発出に用いることによって生じる，意味がなく，争訟手続の明確性に対する市民の正当な利益を考慮に入れない争訟上の帰結を避けるために，立法者は，代表力の濫用を用いず，明白な管轄踰越に対する修正としては，……異議・取消訴訟の許容性には関わらないように，『単に』行政行為の無効とするほかなかったのである。」[60]

　以上の Stelkens の見解を要約すれば，次のようになろう。まず，管轄規範に明白に違反した行為は代表力の濫用であるとして帰属が否定され得るという帰属条件を理論的に措定する。しかし，この帰属条件は必然的なものではなく，立法者は，一定の理由があればこの条件と異なる帰属条件を設定できる。そして，行政行為については，行手法44条等が管轄違反の行為の帰結を行政行為の無効であると定め帰属を否定するとは定めていないところ，行政行為については，このように異なる帰属条件を設定する一定の理由が認められるのである。

　(b)　意義　Stelkens の見解の意義は，管轄規範違反の行政行為の帰結に関して，帰属の条件に関する立法者の選択自由という考え方を詳説する唯一のものであるという点にある。確かに，Stelkens は，管轄規範に，代表力を積極的に基礎付けるという性格を与えず，代表力を制限する性格を与える可能性を認めるにとどまる（本章第1節第4款第1項2(1)参照）。しかし，Stelkens のいう，「立法者は，それが意味のあることであると考えれば，意思表示の態様に応じて異なる帰属様式を創造することを自由に行うことができる」という理由付けからすれば，代表力を積極的に基礎付ける組織規範がいかなる組織規範であるかの選択についても，立法者の選択自由という発想を用いることは可能であろう。すなわち，理論的には管轄規範が代表力を積極的に基礎付けると考えつつも，管轄規範なくして代表を可能にするという選択を一定の場合に立法者が採ることを認める立場も，成立するように思われる。

　ただし，本節第4款で述べるとおり，Stelkens の論証の前提をなす制度・概念の理解（例えば外観上の行政行為の争訟法上の取扱い）についてはさらに検討の余地があるから，Stelkens の見解が唯一絶対のものであると考えるのは性

---

60) *Stelkens*, a.a.O.（Fn.53），S.222f. 傍点原文斜字体。

347

第2章　組織規範と帰属

急であろう。むしろ，Stelkens の見解には，"帰属の条件を立法者が選択でき
るという立場を採ろうとする際に，いかなる点に注意しなければならないか，
いかなる問題を考えねばならないか"を提示する点に，最も重要な意義がある
と考えられる。そこで，主として Stelkens の見解から読み取れる，帰属条件
に関する立法者の選択自由について注意・考察すべき事項を，4点に分けて整
理する。

　第1に，立法者の制裁余地に関連して述べたように，ある行為の帰属条件に
ついて立法者の選択自由が認められるとして，それは憲法上の要請に反しない
限りにおいてであると考えられる。そこで，一定の法規範（例えば管轄規範）に
違反した場合における帰属の肯定・否定の選択に関わる憲法上の要請が存在す
るか，検討せねばならない。しかし，こうした憲法上の要請はほとんど見られ
ず，せいぜい，公法人の作用範囲を超えた行為が公法人に帰属しないと考える
こと（ウルトラヴァイレス法理）は法治国原理に反するという主張が見られるに
とどまる[61]。そして，この主張を提示する論者も，公法人の作用範囲を定める
法規範の違反を原因とする帰属の否定についてのみ憲法上の問題を指摘してお
り，他の法規範に違反したことを原因とする帰属の否定については，違憲とす
るのではなく，そうした規定を置くことを立法論として控えるべき旨を示唆す
るにとどまる[62]。このように，一定の法規範（例えば管轄規範）に違反した場合
における帰属の肯定・否定の選択に関わる憲法上の要請は，今のところはほと
んど主張されていない。

　第2に，帰属条件に関する立法者の選択が一定の理論に照らして正当化され
るかという形で議論をするためには，帰属条件について一定の理論が措定され
ねばならない。Stelkens は，無限定の代表力を代表力の濫用により調整する
という，帰属条件の理論を措定していた。こうした帰属条件の理論に相当する
事項を扱う議論は，本章第1節で既に検討した。

61）Vgl., *Ehlers*, a.a.O.（Fn.42），Lehre, S.66-80. なお，*Christian Koenig*, Zur Anwendbarkeit der
　Ultra-vires-Lehre im Falle des Überschreitens der gesetzlich begrentzten Aufgaben
　öffentlicher Kreditanstalten am Beispiel einer Landesbank, WM, 1995, S.325 は，公法人の作用
　範囲を踰越した行為の帰属を否定することは基本法20条3項の要請である旨を示唆するとも
　読める。しかし，同条項は法律に違反した場合の帰結がいかなるものであるかについて一義
　的な言明を含まない，という理解が一般的である（vgl., *Hill*, a.a.O.（Fn.35），S.335）。

62）Vgl., *Ehlers*, a.a.O.（Fn.42），Lehre, S.78. *Ders*, a.a.O（Fn.42），Rechtsfragen, S.4 も，帰属が否
　定されるという帰結が生じる場合のすべてが法治国原理に反するとは考えていない。

第2節　組織規範違反と行為の帰結

　第3に，帰属条件に関する立法者の選択自由の当否を論じるためには，その前提として，ある法規範に違反した帰結として行政主体に行為が帰属しているが違法であるとの帰結が生じることが読み取れる，実定法規定の存在が要請される。この要請は，瑕疵ある行政行為の帰結について定めた規定が存在することと，その規定が定める帰結によって帰属の否定が表現されていないこと，という2つの要素に分解できる。前者の要素は，管轄規範についていえば，例えば行手法44条の規定である。後者の要素について敷衍する。管轄規範に違反したことの帰結を行政行為の無効・取消しとするという規定が存在することから，管轄規範に違反しても帰属が肯定されることを推論するためには，無効・取消しという概念によって帰属の否定という事態が把握されていないと理解できることが前提となる。Stelkens がこう理解できたのは，Stelkens が帰属の否定を把握するために「外観上の行政行為」という概念を用いており，無効・取消しの概念を帰属の否定に対応させなかったからである。しかし，本節のここまでの叙述が示すように，ドイツにおいては，帰属の否定という事態を把握する際に無効という概念が用いられる傾向にあった。そこで，前記のような推論を可能にするための前提として，帰属の否定という事態を把握する概念を無効（・取消し）とは別に立て，無効（・取消し）の概念によって帰属の否定が把握されないことが必要となる。

　第4に，理論的に措定された帰属条件から逸脱することが正当化されるか否かの判断には，帰属の否定という事態の裁判上の意味が関わる（取消訴訟における帰属の否定の意味を問題とする本書では行政上の不服申立てにおける意味は扱わない）。Stelkens は，帰属の否定という事態の裁判上の意味を，外観上の行政行為が訴訟法上いかなる取扱いを受けるかという形で検討している。しかし，本書でこれまで検討してきた学説では，帰属が否定される行為は無効の行政行為として扱われており，Stelkens の指摘するような特段の意味は認められてこなかった。そのため，帰属の否定という事態の裁判上の意味を明確にすることが必要となる。そして，この作業は，Stelkens のように立法者の選択自由を認める立場のみならず，管轄の推定のような解釈論上の処理を行おうとする場合にも要請される（本款第1項2(2)参照）。

　以上4点のうち，第3点・第4点について第4款で考察する。ただし，その作業の前に，組織規範に違反した行為の帰属が否定されるか否かを，他の組織

349

第2章　組織規範と帰属

規範についても検討しておくことが必要である。

第2款　その他の組織規範

第1項　官庁の所在地規範・官庁間の同意手続規範・内的構成規範

　行政行為と目される行為が，第1に，官庁の所在地規範に違反した場合と，第2に，官庁間の同意手続規範に違反した場合は，行政行為が取り消しうべき瑕疵を持つか無効の瑕疵を持つかが論じられるのみであり，行為の帰属が否定されるという理解は見られない[63]。第3に，内的構成規範については，独任制官庁を対象とする本書にとっては，官庁指導部を独任制であると定める内的構成規範に違反した場合の帰結が問題となる。しかし，この問題を扱った見解として見出せたのは Rasch の見解のみであり，Rasch は，違反の帰結として帰属の否定を念頭に置かない[64]。

　以上より，官庁の所在地規範・官庁間の同意手続規範・内的構成規範に，代表力を制限するという性格は認められていないと考えられる。

第2項　署名権を分配する規範

　管轄規範以外の組織規範の類型の中でも，署名権を分配する規範については，帰属との関係が示されることがある。

　一方で，署名権を分配する規範に外部効果を認める立場のうち，代表力の規律と別の形で外部効果を認める見解は，当該規範に違反した行政行為と目される行為を（行政主体へと帰属するが）違法な行政行為として扱う[65]。他方で，署名権を分配する規範に外部効果を認める立場のうち，署名権が代表力を規律す

---

63) 官庁の所在地規範について，z.B. vgl., *Kormann*, a.a.O.（Fn.2），System, S.243. *W. Jellinek*, a.a. O.（Fn.2），S.58f., *ders*, Verwaltungsrecht, 3.Aufl., 1948, S.272f.も帰属が否定される旨をいうわけではない。官庁間の同意手続規範について，z.B. vgl., *Friedhelm Hufen/Thorsten Siegel*, Fehler im Verwaltungsverfahren, 7.Aufl., 2021, Rn.435.

64) *Ernst Rasch*, Die staatliche Verwaltungsorganisation, 1967, S.159f. なお，この箇所で行われる言明は内的構成規範違反一般についてのものであるが，例示されるのは，合議制として定められた官庁指導部の代わりに官庁指導者個人が決定をした場合等である。

65) Vgl., *Carl Hermann Ule/Hans-Werner Laubinger*, Verwaltungsverfahrensrecht, 4. Aufl., 1995, § 10 Rn.10, *Hufeld*, a.a.O.（Fn.51），S.369–376.

350

第2節　組織規範違反と行為の帰結

るという理解によって外部効果を認める見解においては，当該規範に違反した行政行為と目される行為を行政主体へと帰属させないことになりそうである。しかし，さらに別の操作が加えられ，帰属が肯定されることがある。

1　Jürgen Kübler の見解

こうした別の操作を加える見解を示した者として，まず，Kübler が挙げられる。官庁を代表する自然人を機関担当者と代理人とに区別した Kübler において，機関担当者は機関の権限を行使するのであり，署名権を分配する規範に違反したか否かは，機関担当者による代表の成否に関して問題にならない[66]。そこで，署名権を分配する規範に違反した行為の帰結を論じる際には，Kübler の分類における代理人がある行為についての署名権を持たないで行為した場合を取り上げる必要がある。

この場合について，Kübler は，代理人が署名権を持たない場合に行為の帰属を認めると，「代表の瑕疵の帰結に関する一般的規律〔つまり代表の要件を満たさない場合は帰属が生じない〕に反してしまう」[67]ことを認める。しかし Kübler は，署名権を持たない官庁所属者の行為も学説では帰属が認められていることを指摘し[68]，この結論を所与として，「そうした例外の〔つまり帰属を可能にする〕正当化」[69]手法を求める。

この正当化手法を考察するにあたり，Kübler は，前記の一般的規律からの「例外の正当化を可能にするためには，〔署名権がなくとも帰属を認める〕特別の規律の手がかりが公法に存在せねばならない」[70]との要請を立てる。代理人の署名権に関して，こうした「特別の規律の手がかり」に相当するとされるのは，国家責任法に関する規律である[71]。Kübler は，国家責任法上の議論において，「委託された職の行使」（職務上の行為）であれば行政主体の責任が生じ

---

66) Vgl., *Jurgen Kübler*, Die Zeichnunsgbefugnis im Verwaltungsrecht, Diss, 1974, S.508.

67) *Kübler*, a.a.O.（Fn.66），S.497.

68) *Kübler*, a.a.O.（Fn.66），S.497 Fn.28 で指示されている，ebd., S.470-474 を参照。

69) *Kübler*, a.a.O.（Fn.66），S.497.

70) *Kübler*, a.a.O.（Fn.66），S.497.

71) そのほか，*Kübler*, a.a.O.（Fn.66），S.499-502, 505 では，官庁管轄規範に違反した行為も帰属が認められているという事態が手がかりとなり得る旨が示唆されるが，最終的に Kübler のいう代理人の帰属に関して利用される議論は，本文に記載した国家責任法の議論だけである（vgl., ebd., S.508）。

351

第 2 章　組織規範と帰属

るとされていること，代表力を持たない官庁所属者の行為による責任も帰属するとされていることを指摘する[72]。その上で，この国家責任法に関する議論を国家責任の文脈外での代表に用いることができるという。すなわち，まず，「同時に〔私人の〕私的な行為でもあり高権的行為でもあるという措置は存在しない。〔それゆえ，〕ある表示が〔職務上の行為であるがゆえに〕高権的と評価されれば，それによって，強制的に，代表法的にいっても公行政の被代表主体に帰属される」[73]ことになる。そして，「この根拠から，職務上の行為の国家責任法上の帰属と代表法的な〔国家責任の文脈外での行為の〕帰属は常に並行的である」[74]とされる。かくして，Kübler は，代表力を持たない官庁所属者の行為も行政主体へと帰属するという規律が，国家責任法から読み取れるというのである。

このように国家責任法上の議論の応用可能性を肯定する Kübler においては，署名権を持たない代理人であっても，「代理人がその職の行使において行為し」たのであれば，つまり代理人の行った行為が当該代理人に与えられた職と関係しているものであれば，帰属が認められることになる[75]。もっとも，職との関係とは何を意味しているか，その関係の存否の判断において何が考慮されるかは，具体的には不明である[76]。

Kübler は，自然人による機関の代表について機関性と代理を併用するところ（本章第 1 節第 3 款第 3 項 2 参照），ここで取り上げたのは代理人による場合であるから，署名権の付与によって与えられる代表力は組織規範を源泉とするものとは考えられていない。もっとも，Kübler の見解は，"署名権を分配する規範が代表力を定めると考える立場において，署名権を分配する規範に違反した場合にいかなる帰結が生じるとされるか" を示す一例とはなろう。

しかし，Kübler の見解には問題がある。

第 1 に，Kübler が，署名権を持たない官庁所属者が行った行為でも帰属を

---

72) Vgl., *Kübler*, a.a.O. (Fn.66), S.503. 傍点原文隔字体。

73) *Kübler*, a.a.O. (Fn.66), S.505.

74) *Kübler*, a.a.O. (Fn.66), S.505. 傍点原文隔字体。

75) Vgl., *Kübler*, a.a.O. (Fn.66), S.508f. 傍点原文隔字体。そのほか，権利外観法理による代表力の拡大の可能性も指摘されるが，侵害的行政行為について（いかなる場合に）これが適用されるのかは不明である（vgl., ebd, 506f.）。

76) Vgl., *Kübler*, a.a.O. (Fn.66), S.509-513.

352

肯定せねばならないという結論を所与として，それを正当化しようとした点に
問題がある。署名権を持たない官庁所属者が行った行為の帰属が否定されるこ
とによって特に問題が生じないのであれば，あえて当該行為の帰属を肯定する
必要はないから，本来，Kübler は，帰属が否定されることによって問題が生
じることを論証しなければならなかったはずである。しかるに，帰属が否定さ
れることによって問題が生じるのか否かという点は，Kübler の論稿の別の箇
所で若干検討されている[77]が，署名権を分配する規範に違反した局面では考慮
されていないのである。

　第2に，職と何らかの関係を持てば行為が帰属するのであれば，署名権が代
表力を定める基礎となるといった，代表力に関する理論構成の検討が不要にな
らないか，疑問がある。Stelkens の見解において見られたような，"措定され
た理論から逸脱するような帰結を定めている実定法規定があるとき，その逸脱
が正当化されるか"を考察する余地は，Kübler の見解では与えられていない。

2　Ulrich Stelkens の見解

　Stelkens も，官庁所属者の行為が署名権を分配する規範に違反した場合に，
当該行為は行政主体へと帰属しないことを出発点としつつ，さらに別の操作を
加えて帰属を肯定する余地を残す。

　Stelkens において，署名権が代表力に関わるのは広義の機関担当者のみで
ある。Stelkens によれば，広義の機関担当者に対して署名権の付与が有効に
行われ一定の形で代表力が定まった（本章第1節第4款第1項2(2)(b)参照）後に，
そうした機関担当者が，代表力の範囲外で行為した場合は，「代表力のない意
思表示」[78]と性質付けられる。

　もっとも，そうした機関担当者によって行政行為と目される行為が発出され
ても，権利外観法理により代表力を拡大する可能性があるとされ，その構成と
して忍容代表力と表見代表力が提示されていた（本章第1節第4款第2項2参照）。
しかし，Stelkens は，行政主体の代表に関して，権利外観法理の適用可能性
をほとんど認めない。まずは意思表示一般を念頭に置き，その説明を見よう。

　Stelkens は，権利外観法理の適用可能性を考える際には，「行政主体のため

---

　77) *Kübler*, a.a.O.（Fn.66），S.545-550.
　78) *Stelkens*, a.a.O.（Fn.53），S.244.

353

第2章　組織規範と帰属

に行為している人〔が持っているはず〕の代表力に対する第三者の信頼が，そもそもどの程度保護に値するものであり得るか」[79]が問題であるとし，この問題について場合を分けて検討する。まず，誰が行政主体を代表できるかが法律により定められている場合（機能的管轄の場合）や代表力の範囲が法律で定められている場合は，法律を見れば代表力の有無・範囲が分かるため，保護に値すべき第三者の信頼はない[80]。そこで，代表者や代表力の範囲が法律では定められておらず，「ある人に対して，一定の意思表示を行うための署名権が〔狭義の機関担当者から〕付与されたかのような法的外観が存在し，かつ，当該事例において署名権の付与が法的にも可能であった場合」[81]のみが，権利外観法理の適用対象となり得る。しかし，この場合でも，独任制官庁について権利外観法理が適用され得るのは，「せいぜい，官庁所属者または官庁外の人が，署名権が有効に与えられたかのように一定の官庁の名において繰り返し行為し，か・つ・，この行為について管轄を持つ〔つまり本来行為すべき〕機関担当者が，代理人〔つまり前記の官庁所属者や官庁外の人〕の行為を忍容したか，非難されるべき形で知らなかったために介入しなかった場合である」[82]，とされる。その結果，権利外観法理により代表力を拡大する場合は，「行政主体の代表との関係では，ただ非常に稀にのみ存在する」[83]とされる。

　さらに Stelkens は，権利外観法理による代表力の拡大を行政行為についての考察でも用いるが，侵害的行政行為の場合に，代表力の拡大が行われるのか，仮に行われるとしていかなる信頼が問題となるのかは判然としない[84]。

第3款　中間総括と要件としての代表力

第1項　中間総括

第1款・第2款における検討の結果を要約する。

---

79) *Stelkens*, a.a.O.（Fn.53），S.253.

80) Vgl., *Stelkens*, a.a.O.（Fn.53），S.253f.

81) *Stelkens*, a.a.O.（Fn.53），S.255f. 傍点原文斜字体。

82) *Stelkens*, a.a.O.（Fn.53），S.256. 傍点原文斜字体。

83) *Stelkens*, a.a.O.（Fn.53），S.257.

84) Vgl., *Ulrich Stelkens*, § 35 Rn.57, in: *Stelkens* u.a., a.a.O.（Fn.25）.

354

第2節　組織規範違反と行為の帰結

　第1。管轄規範を代表力を定めるものとして理解するとき，行政行為と目される行為が管轄規範に違反した場合の帰結としては，一方で，帰属を否定し行政行為は無効であるとする立場があるが，他方で，帰属を肯定する立場もあり得る。帰属を肯定する立場には，①管轄の推定によるもの，②立法者の制裁余地によるもの，③ある自然人の行為が行政主体へと帰属するための条件について立法者の選択自由を一定の前提の下で認めるもの，がある。しかし，②の立場は，立法者の制裁余地を認めるための諸前提を満たしていないと考えられ，採用できない。①・③の立場はそれぞれ採り得るものであるが，いずれの立場からも，帰属の否定という事態が裁判上いかなる意味を持つのかの検討が必要になり，それに加え，③の立場からは，帰属の否定という事態を把握するためにいかなる概念を用いるかを検討する必要性が示された。

　第2。署名権を分配する規範を代表力を定めるものとして理解する論者も，行政行為と目される行為がこの規範に違反した場合には，国家責任法の参照や権利外観法理の利用によって帰属を肯定し得る，という考え方を提示する。しかし，国家責任法を参照する見解については，なぜ国家責任法の参照をせねばならないのかが不明確であり，権利外観法理を利用する見解については，侵害的行政行為についてもこの法理が利用されるか否かが不明確である。

　第3。本章第1節での検討から，"その他の組織規範も代表力を制限するものであると考える余地があるため，これらの組織規範に違反した場合には帰属が否定されることがあり得る"ということが判明していた。しかし，これらの組織規範のうち少なくとも本書が取り上げているものについては，組織規範に違反した結果として行為の帰属が否定されるとする見解は見られなかった。そのため，今のところ，これらの組織規範は，代表力を制限するものであるとは理解されていないと考えられる。

　以上より，組織規範と帰属とを結合させる立場において，行政行為と目される行為が組織規範に違反した場合の帰結を考察するためには，さらに，帰属の否定という事態の裁判上の意味，および，帰属の否定という事態を把握する概念を検討せねばならないという課題が得られる。

第2項　要件としての代表力

　しかし，この検討の必要性を疑わせる事情も存在する。そのことを示すため

第2章　組織規範と帰属

には，代表の要件として代表力を要求しない見解に言及する必要がある。

　本款第1項で要約したように，“組織規範に違反したとき，結論としては，ほとんどの場合に自然人の行為が行政主体へと帰属する”と考えるのがドイツの状況である。本章第1節で示した理論構成を重視する者は，管轄の推定・権利外観法理・国家責任法の参照・立法者の選択自由といった様々な根拠によって，この状況を正当化しようとしてきた。これは，本章第1節で示した抽象的な理論構成から出発して具体的な違反の場面も説明しようとするという姿勢[85]であり，ドイツの議論のほとんどはこの姿勢を見せる。これに対し，逆に，具体的な違反の場面から出発して抽象的な理論構成を反省するという考察の仕方もあり得る。こうした考察の仕方を主として署名権に関連して示すのが，Laura Münkler である。

　Münkler は，まず，代表によって帰属が可能になる旨を指摘した上で[86]，職として分配された代表力を機関担当者が行使することによって行為が行政主体へと帰属するという，機関担当者の行為を行政主体へと帰属させるための抽象的な理論構成を要約する[87]。そして Münkler は，学説上，官庁管轄規範に違反しても帰属が肯定されていること[88]，また，署名権と代表力を結合させる見解も，結論において，署名権を持たない広義の機関担当者による行為の帰属を認めていること[89]，を指摘する。

　その上で Münkler は，帰属を肯定するという結論を，権利外観法理といった根拠で説明するのではなく，そもそも帰属の要件として代表力を不要とすることによって説明しようとする。まず一般論として曰く，「帰属は，既述の帰属論理，したがって，管轄をより小さい単位へと分割し具体的な人間へと分配していくこと，に基づくのみならず，その背後にある責任評価にも基づく。行為の帰属においては，責任分配を基礎とする，異なる法領域相互の境界付けが問題となる」[90]。そして，この一般論を機関担当者に適用して，署名権を持た

　85）帰属条件を遵守した場合に帰属が生じることを説明するための「抽象的－積極的」な理論構成と，個々の事例において帰属条件が遵守されなかった場合の「具体的－瑕疵に関係付けた」見方との対比について，vgl., *Münkler*, a.a.O.（Fn.49）, S.133f.

　86）Vgl., *Münkler*, a.a.O.（Fn.49）, S.121.

　87）Vgl., *Münkler*, a.a.O.（Fn.49）, S.127f.

　88）Vgl., *Münkler*, a.a.O.（Fn.49）, S.102 mit Fn.173, S.132f.

　89）Vgl., *Münkler*, a.a.O.（Fn.49）, S.132.

　90）*Münkler*, a.a.O.（Fn.49）, S.135.

ない機関担当者を含めたすべての機関担当者の行為が行政主体へと帰属することは,「国家に一般的に属する人間のために国家は責任を負わねばならないことから生じる」と説明する[91]。すなわち,「機関担当者が国家の法領域へと属する」[92]という自然人と国家との関係が,帰属のための決め手であり,代表力がなくとも帰属が可能になるというのである[93]。なお,自然人と国家との間にあるこの関係は「機関性的関係 (organschaftliche Verhältnis)」[94]と呼ばれる。機関担当者が官吏である場合についていえば,この機関性的関係が生じるために必要とされるのは,官吏たる機関担当者と国家との間に官吏関係が存在することのみのようである[95]。

Münkler はこれ以上について述べないが,この見解によると,本書が念頭に置いている,機関担当者が官吏である場合については,官吏関係の存在のみが帰属の条件をなすため,本書がここまで検討してきた組織規範のいずれも帰属の条件を定めるものではないことになろう。したがって,Münkler の見解を採るとすれば,組織規範に違反した行為の帰結を論じるという目的との関係では,帰属の否定という事態の裁判上の意味を論じる必要もなくなる。

しかし,Münkler の見解を採用すべき理由は今のところ存在しない。なぜなら,Münkler は,責任や法領域の境界付けが重要であると唐突に述べるにとどまり,「責任」として何を想定しているのか,行為の帰属において責任がなぜ重要か,権利外観法理等の利用ではなぜ不十分かといった点について論証

---

91) Vgl., *Münkler*, a.a.O. (Fn.49), S.136. この説明が Münkler の論証の核心をなす部分であるため,ここでやや詳細に引用しておく。Münkler 曰く,「署名権……の踰越の場合でも帰属がなされ得ることの根拠は……帰属可能性は,一方で法的安定性の原理を,他方で権利外観原理を充足せねばならないことにある。したがって,帰属は,官庁構造に関わる,多における統一 (Einheit in der Vielheit) の思考から構成されねばならず,……〔広義の〕職務担当者についても——その署名権とは独立に——肯定されねばならない。このことは,国家に一般的に属する人間のために国家は責任を負わねばならないことから生じる」(ebd., S.135f. 傍点引用者)。

92) *Münkler*, a.a.O. (Fn.49), S.137.

93) Vgl., *Münkler*, a.a.O. (Fn.49), S.135-138.

94) *Münkler*, a.a.O. (Fn.49), S.136, 138.

95) Vgl., *Münkler*, a.a.O. (Fn.49), S.136-140. ただし,「指示を受ける可能性 (Weisungsmöglichkeiten)」が存在していることをも要求するかのような箇所もある (vgl., ebd., S.136)。なお,ebd., S.138 Fn.116 では,Münkler のいう帰属条件が Hufeld の要求する帰属条件と結果的には同じである旨が示唆される。しかし,Hufeld は帰属条件として①官吏関係等の「基礎にある法関係」と②自然人の特定の官庁への配属を要求するのに対し (vgl., *Hufeld*, a.a.O. (Fn.51), S. 17, 396),Münkler は②を要求しない (vgl., *Münkler*, ebd., S.140f. mit Fn.133)。

357

第2章 組織規範と帰属

しない[96]からである。

したがって，本書にとっては，本款第1項末尾に記載した課題に取り組む必要がなお残る。この課題に取り組むのが本節第4款である。

第4款 帰属の否定という事態の裁判上の意味と概念の性格

本款では，前款において課題とした，帰属の否定という事態の裁判上の意味，および，帰属の否定という事態を把握する概念を考察する（第2項）。考察に入る前に，本款の叙述の前提を確認する（第1項）。

第1項 前 提

1 帰属の否定という事態の論じ方

⑴ 帰属の否定という事態を把握する概念

ドイツの学説には，帰属の否定という事態の意味の論じ方に特徴がある。すなわち，ドイツの学説は，ある行為の行政主体への帰属が否定されるという事態が生じる場合に，帰属の否定という事態の意味を直接問題にするというよりは，帰属の否定という事態を，行政行為の無効（Nichtigkeit）・非（行政）行為（Nichtakt, Nichtverwaltungsakt）・外観上の（行政）行為（Scheinakt, Scheinverwaltungsakt）といった概念で把握し，これらの概念がいかなる法的取扱いを受けるかという形で問題を立てるのである。その結果，帰属の否定という事態の意味の検討は，当該概念がいかなる法的取扱いを受けるかという問題の検討を通じて行われる。

ただし，このことは，無効・非（行政）行為・外観上の（行政）行為といった概念を用いる論者のすべてが本書の主題に関係のある議論をしていることを意味しない。前段落で述べた形での論じ方が成立するためには，無効・非（行政）行為・外観上の（行政）行為といった概念で把握されている事態の内実に

---

96) 本節注91) で引いた説明に即していえば，そこで傍点を付した箇所に飛躍があるということである。すなわち，第1に，法的安定性の原理・権利外観原理（これらの中身が判然としないことは措く）を充足するためには権利外観法理を利用する構成でも足りるように思われる。第2に，職務担当者の行為が署名権の有無とは独立に帰属することを肯定するために，本節注91) で引用した箇所の最終文が根拠として持ち出されているのであるが，ここでは，「責任」の内容も「責任」を考慮する重要性も判然としない。

358

注意する必要がある。例えば，非（行政）行為として把握されている事態が，帰属の否定ではなく，行政行為とは異なる行為形式による行為である[97]とか「行政行為が有効に通知されていない」[98]とかいった事態であるとすれば，非（行政）行為という概念の考察をしても，帰属の否定という事態の意味を論じたことにはならない。そのため，無効・非（行政）行為・外観上の（行政）行為といった概念の考察によって帰属の否定という事態の意味を論じるためには，これらの概念で把握されている事態が，実際に，"ある行為の行政主体への帰属が否定されること"である必要がある。

(2) 概念で把握される事態の複数・単数

本項1(1)で述べたことは，ある概念で帰属の否定という事態が実際に把握されているかという点から要請される条件であったが，さらに，当該概念で把握されている事態が帰属の否定という事態の・み・であるかという点にも注意せねばならない。

一方で，ドイツの学説の多くは，例えば非行政行為の概念は"自然人の行為が官庁へと帰属し得ないこと"と"行政行為が通知されていないこと"のいずれの事態をも表現する[99]といった形で，ある1つの概念で複数の異なる事態を把握する立場を採る。この立場であっても，その概念で帰属の否定という事態が把握されており，かつ，その叙述において帰属の否定という事態が念頭に置かれていることが確かであれば，論者がその概念の法的取扱いをどう説明しているかを検討することで，帰属の否定という事態の意味を論じることはできる。ただし，この立場では，複数の事態を包含する概念の法的取扱いとして論じる以上，当該概念の検討のみによると，帰属の否定という事態が持つ意味のうち，当該概念で把握される他の事態（例えば行政行為が通知されなかったこと）と共通するものしか把握できない。つまり，当該概念で把握されるが帰属の否定でない事態と帰属の否定という事態との間に差異がある（と考えられる）場合には，当該概念の検討だけではこの差異を捉えられず，この差異を捉えるためには，帰属の否定という事態の意味を直截に論じるといったさらなる作業を要する。

---

97) Vgl., *Werner Frotscher*, Rechtsschutz gegen „Nicht-Verwaltungsakte", Jura, 1980, S.3-5.

98) *Friedhelm Hufen*, Verwaltungsprozessrecht, 13.Aufl., 2024, § 18 Rn.35.

99) Vgl., *Steffen Detterbeck*, Allgemeines Verwaltungsrecht mit Verwaltungsprozessrecht, 21. Aufl., 2023, Rn.537f.

第2章　組織規範と帰属

したがって，この立場による検討は，帰属の否定という事態の意味を論じるための作業としては迂遠である。

他方で，ドイツの学説の中には，例えば非行為は"ある行為の行政主体への帰属が否定される"という事態のみを把握する概念であると捉える[100]等，ある1つの概念で1つの事態を捉える立場もある。この立場によれば，帰属の否定という事態を把握するある概念の法的取扱いを論じることは，帰属の否定という事態の意味を論じることと内容としては同じである。また，この立場により把握された帰属の否定という事態の意味が，他の事態（例えば行政行為が通知されなかったこと）の意味と共通性を持つ可能性は否定されないが，この立場は帰属の否定という事態の意味をひとまず直截・包括的に捉えることを可能にする。

以上より，本書は，前者の立場を採る学説も，帰属の否定という事態をある概念で把握しているといえる限りで検討の対象に含めるが，後者の立場を採る学説の考察に重点を置く。

2　用いられる概念とその性格

そこで，帰属の否定という事態を把握する概念が問題となる。近時用いられることが多いのは非（行政）行為[101]・外観上の（行政）行為[102]であるが，論者によっては無効という概念が用いられる。非（行政）行為と外観上の（行政）行為との関係は論者によって異なり，両者を同義として扱う者[103]もいれば，非（行政）行為の概念で帰属の否定という事態を把握し，外観上の（行政）行為の概念で別の事態を把握する者[104]もいる。

では，これらの概念はいかなる性格を持つか。まず，無効の概念を用いる立場と，非（行政）行為・外観上の（行政）行為の概念を用いる立場とを区別せねばならない。なぜなら，無効で把握する場合には，帰属の否定はほかの無効事由と並ぶ無効事由の1つでしかなく，無効とは別の認識論上・解釈論上の意

---

100) Vgl., *Münkler*, a.a.O.（Fn.49）, S.167f.

101) Z.B. vgl., *Ernst Rudolf Huber*, Wirtschaftsverwaltungsrecht, Bd.2, 2.Aufl., 1954, S.679-681, *Münkler*, a.a.O.（Fn.49）, S.167f.

102) Z.B. vgl., *Stelkens*, a.a.O.（Fn.53）, S.222.

103) Vgl., *Stelkens*, a.a.O.（Fn.84）, Rn.62.

104) Vgl., *Münkler*, a.a.O.（Fn.49）, S.168-173.

360

味は帰属の否定という事態に見出されていないからである（正確にいえば，帰属の否定という事態にこうした意味を見出さないからこそ，無効の概念でこの事態を把握することになる）。無効の概念を用いる立場では，せいぜい，無効事由の１つとしての帰属の否定がほかの無効事由といかなる同異を持つかを検討できるに過ぎないし，この検討はドイツでは（本節第１款第１項２(1)で見た Eyermann を除き）行われていない。

そこで，帰属の否定という事態の意味を十分に検討するためには，非（行政）行為・外観上の（行政）行為という概念を用いる立場に注目せねばならない。この立場においては，行政行為の無効とは別の概念としてこれらの概念が使用されている。そして，新たに概念を立てる以上，その概念がいかなる性格であるか，本書の用いる概念の分類でいえば認識概念か道具概念か（認識概念と道具概念の区別の基準を意識してより正確にいえば，これらの概念がいかなる法的取扱いを受けるか）が問題となり，その検討において，これらの概念で把握される，帰属の否定という事態の意味が考察されることになる。その法的取扱いは，訴訟法上の取扱いと実体法上の取扱いとに分けられる[105]。

以上を意識した上で，帰属の否定という事態の意味を，訴訟法上・実体法上の意味に分けて検討する。

第２項　訴訟法上・実体法上の意味

1　訴訟法上の意味

(1)　取消訴訟・無効確認訴訟の適法性

(a)　行政行為の存在を要件とする立場　　帰属の否定という事態の訴訟法上の意味の１つとして，取消訴訟および無効確認訴訟の適法性が否定されることが挙げられ得る[106]。これは，取消訴訟・無効確認訴訟が適法であるためには行政行為が存在していることが必要であり，行政行為が存在するためには自

---

105) ここでの実体法は，訴訟法とは区別されるものという意味で用いる。この意味における実体法には手続法も含められ得るし，実際にドイツでは含められている。

106) 取消訴訟について，vgl., *Ehlers*, a.a.O. (Fn.42), Rechtsfragen, S.2f., *Stelkens*, a.a.O. (Fn.84), Rn.62, *Wolf-Rüdiger Schenke*, § 42 Rn.4, in: *Ferdinand Otto Kopp/Wolf-Rüdiger Schenke*, VwGO, 29.Aufl., 2023. 無効確認訴訟について，vgl., *Wolf-Rüdiger Schenke*, § 43 Rn.20, in: *Kopp/Schenke*, ebd. 帰属の否定を非行為の概念で把握しているか判然としないものの，vgl. auch, *Nikolaus Marsch*, § 43 Rn. 27a, in: *Friedrich Schoch/Jens-Peter Schneider* (Hrsg.), VwGO (Stand:2023).

第2章 組織規範と帰属

然人の行為が行政主体へと帰属することが必要であるとする立場である[107]。官庁への帰属が必要とされることがしばしばある[108]のは，行手法 35 条 1 項において，行政行為が，「官庁が個別事例の規律のために公法の領域で行う……」と定義されており，行政裁判所法 42 条 1 項がそれと同じ定義を採ると解される[109]こと（要するに行政行為の主体が官庁であるとされているように読めること）に起因すると考えられる。しかし，あくまで行政主体への帰属が必要である[110]。

この立場の根拠として挙げられるのは，行政行為が存在しないのに，行政行為の存在が主張されているだけで取消訴訟・無効確認訴訟が適法であると考えるとすれば，行政裁判所法 42 条 1 項の「行政行為の取消し」という文言に反するという，文言との整合性[111]である。

　（b）　行政行為の外観の存在を要件とする立場　　これに対し，取消訴訟が適法であるためには，行政行為が存在していることは要さず，行政行為の外観が存在していればよいとする立場もある[112]。

この立場を示す Andreas Blunk/Hans-Patrick Schroeder は，まず，外観上の行政行為という概念で，「官庁による有効でない通知」，「官庁の側での意思の欠如」，「行為が官庁へと帰属しない」場合（ただし，帰属しない理由として，権限を受任していない，「官庁の外にいる人により行為が主導された」ことが挙げられ

---

107) Vgl., *Ehlers*, a.a.O.（Fn.42），Rechtsfragen, S.2f.

108) Vgl., *Schenke*, a.a.O.（Fn.106），§ 42 Rn.4 Fn.7.

109) Vgl., *Wolf-Rüdiger Schenke*, Anh. § 42 Rn.2. in: *Kopp/Schenke*, a.a.O.（Fn.106）.

110) Vgl., *Ehlers*, a.a.O.（Fn.42），Rechtsfragen, S.2f.

111) Vgl., *Schenke*, a.a.O.（Fn.106），§ 42 Rn.4. そこでは明示されないが，無効確認訴訟の適法性を否定する根拠も，行政裁判所法 43 条 1 項の「行政行為の無効」という文言との整合性であると考えられる。

112) 帰属が否定される行為に対し，無効確認訴訟（行政裁判所法 43 条 1 項）の（類推）適用によって行政行為の不存在確認訴訟の提起を適法とする見解は，学説には見出せなかった（*Ulrich Ramsauer*, § 43 Rn.100, in: *Ferdinand Otto Kopp/Ulrich Ramsauer*, VwVfG, 24.Aufl., 2023 がそうした見解を採るかに見えるが，確言はできない）。

　なお，非行為に対する無効確認訴訟の提起を適法とした裁判例がある旨が示唆されることがある。具体的には，*Jens Kersten*, Das Verwaltungsverfahrensgesetz im Spiegel der Rechtsprechung der Jahre 2004-2012, DV, 2013, S.102 Fn.84 においては，BFH, Urt. v. 26. 3. 1985, BStBl II 1985, 603 が，*Münkler*, a.a.O.（Fn.49），S.162 Fn.12 においては，BFH, Urt. v. 25. 5. 1976, BStBl II 1976, 606 が，それぞれ，非行為に対する無効確認訴訟（財政裁判所法 41 条）の提起を認めたものとして位置付けられている。しかし，ここで挙げられる裁判例は，いずれも，帰属が否定される行為に対する無効確認訴訟を認めたものではなく，Kersten・Münkler もそのように理解した上で引用しているように思われる。

362

る）の３つの事態を把握する[113]。そして，行政行為の外観が存在していれば
取消訴訟の適法性を認めてよいと考える際の根拠として，２つを挙げる。第１
の根拠は，行政行為の存在を取消訴訟の適法性の要件とすると，「行政による
措置の誤った表示（Falschbezeichnung）により生じる〔訴訟選択の失敗の〕リ
スクを原告に課すことになるところ，これは実効的権利保護と〔原告の出訴
の〕最大限の促進（Meistbegünstigung）という基本思考に反する」[114]，という
ものである。そのリスクとして，行政行為らしき法的外観のゆえに，出訴期間
内にいかなる訴訟を提起すべきかについて原告の判断が困難になること，およ
び，行政行為が存在しているにもかかわらず，原告が行政行為が存在していな
いと考えて確認訴訟を提起してしまい敗訴した場合には，新たに取消訴訟を提
起するまでに既に行政行為は確定力を有してしまっていること，が挙げられ
る[115]。第２の根拠は，行政行為が外観上存在している場合に適法であると解
する立場では，訴訟審理が進んでしまった後に，行政行為が存在しないとして
訴えが却下されてしまうという事態が生じないため，実質的にも正当である，
ということである[116]。

　この立場に従うと，帰属の否定は，取消訴訟の適法性ではなく，本案の問題
として扱われると考えられる[117]。

　以上で概観した，“取消訴訟が適法であるためには，行政行為が存在してい
ることは要さず，行政行為の外観が存在していればよい”とする立場に対して
は，批判がある。この批判は，この立場において取消訴訟の適法性が認められ
る決定的な根拠が，行政によって法的外観の原因が作られたことにあると理解
した上で（前々段落の傍点部分を参照），「帰属可能性が欠ける場合には，法的外
観の作出に国家が動因を与えていない」ため，前記の決定的な根拠は帰属の否
定の場合には当てはまらない，と指摘する[118]。要するに，Blunk/Schroeder
の見解は，外観上の行為という概念で帰属の否定以外の事態も把握していたと
ころ，彼らの見解が当てはまるのは，外観上の行為として把握される事態のう

---

113) Vgl. *Andreas Blunk/Hans-Patrick Schroeder*, Rechtsschutz gegen Scheinverwaltungsakte, JuS, 2005, S.603f.

114) *Blunk/Schroeder*, a.a.O. (Fn.113), S.605f. 傍点引用者。

115) Vgl. *Blunk/Schroeder*, a.a.O. (Fn.113), S.605f.

116) Vgl. *Blunk/Schroeder*, a.a.O. (Fn.113), S.606.

117) 本案の問題として扱う例として，vgl. *Eyermann* u.a., a.a.O. (Fn.19), VwGO, § 113 Rn.32.

363

第 2 章　組織規範と帰属

ち，帰属の否定以外の事態についてのみであるという批判である。

(2)　一般的確認訴訟の許容

　(a)　一般的確認訴訟の許容と確認の対象　　本項 1 (1)で示したいずれの立場によっても，一般的確認訴訟（行政裁判所法 42 条）を提起することは許容される[119]。確認の対象は，当該行為が帰属していれば発生していたはずの法関係（本項 2 (1)(a)参照）が，行為が帰属していないことにより不存在であること，である[120]。

　このように一般的確認訴訟の提起が許容されるという取扱いから，帰属が否定されるという事態が生じても権利保護そのものが否定されるのではないということが分かる。本項 1 (1)で示した議論は，一般的確認訴訟に加えて取消訴訟（・無効確認訴訟）を認めることが可能かという，権利保護のあり方に関して意味を持つ問題ということになる。

　(b)　一般的確認訴訟の補充性の問題　　なお，本項 1 (1)(b)で示した，取消訴訟が適法であるためには行政行為の外観が存在していればよいとする立場においては，形成訴訟・給付訴訟に対する一般的確認訴訟の補充性を定める行政裁判所法 43 条 2 項 1 文との関係で，一般的確認訴訟と取消訴訟を本当にいずれも提起できるのかという問題が提起される。

　この問題について，Blunk/Schroeder は，以下のように，一般的確認訴訟をデフォルトの訴訟類型として把握した上で，①・②の 2 つの根拠から，一般的確認訴訟と取消訴訟のいずれも提起できるとする（ただし，次の段落で述べるように，原告の選択に従って一方のみが認められる）。曰く，「確認訴訟は，……いかなる場合においても取消訴訟と並んで許容される。確認の利益は，外観上の行政行為が法的外観およびそこから生じる結果除去請求権を通じて……発生させるところの法関係から生じる。取消訴訟および取消しを求める異議手続は行政裁判所法 43 条 2 項 1 文の補充性条項を発動させない。というのも，〔①〕こ

---

　118)　Vgl., *Münkler*, a.a.O.（Fn.49），S.163. ただし，これは Münkler の帰属理論（国家の責任領域外の行為は帰属しない）に則った上での批判であろう。Münkler とは異なり，組織規範に違反した機関担当者の行為について帰属が否定されると考える場合については，法的外観の作出に国家が動因を与えているといえる余地があるかもしれない。

　119)　Vgl., *Blunk/Schroeder*, a.a.O.（Fn.113），S.606, *Münkler*, a.a.O.（Fn.49），S.163, 174, *Stelkens*, a.a.O.（Fn.84），Rn.62, *Schenke*, a.a.O,（Fn.106），§ 42 Rn.4.

　120)　Vgl., *Blunk/Schroeder*, a.a.O.（Fn.113），S.606, *Münkler*, a.a.O.（Fn.49），S.163, 174. 概ね同旨のものとして，vgl., *Schenke*, a.a.O.（Fn.106），§ 42 Rn.4.

第2節　組織規範違反と行為の帰結

れら2つの法的救済手段は，類推という方法によって適法となるに過ぎないからである。類推の目的は，〔利益状況の〕評価を行った結果を踏まえて（aus Wertungsgründen）原告・申立人の法的地位を拡大することにあるから，補充性条項を適用することによってこの利益を再び奪うことは一貫性を欠くこととなってしまう。〔②〕さらに，行政裁判所法68条・42条の類推適用がなかったとしたら唯一適法であったはずの法的救済手段〔つまり一般的確認訴訟〕が，類推の結果として許容されなくなる，という事態は，体系に反する帰結である」[121]。

Blunk/Schroeder が示す直接の根拠は以上の①・②であるが，さらに，次の記述の中からもう1つの根拠を見出せるように思われる。曰く，「このように取消訴訟・確認訴訟が共に許容されることの帰結として，原告は……〔いずれの訴訟を提起するかについての〕選択権を有する。この選択権は，──〔一般的確認訴訟を提起できず取消訴訟の提起を強制されるところの〕違法な行政行為の名宛人〔の状況〕に鑑みると，一見すると平等取扱いの原理に反するように思えるにもかかわらず──憲法適合的な前提から導かれる必然的な帰結である。憲法適合的な前提とは，ここでは，実効的権利保護の保障，および，そこから導かれる，裁判所の全部門に妥当する〔原告の出訴の〕最大限の促進という原則のことである。この原則は，誤って表示された国家措置の名宛人に対し，誤った表示自体から不利益を与えてはならない，という内容のものである。その結果として，事実および法状況を適切に判断したとすれば名宛人が正しく選択できたはずの（einschlägig wäre）法的救済手段も，措置の外観上の形式からすれば適法となる法的救済手段も，許容されねばならない。外観上の行政行為に適用すれば，この原則は，名宛人が，行政行為の不存在を確認訴訟で確認できなければならないこと，また，存在するものと誤って考えられた行政行為の除去を取消訴訟によって達成できること，を意味する」[122]。確かに，Blunk/Schroeder は，直接には，取消訴訟も一般的確認訴訟も提起できることを前提として，そのうちいずれを選択するかについては原告の自由であるという旨を説明するために，この記述を用いているようである。しかし，引用部の末尾の文からすれば，この記述は取消訴訟も一般的確認訴訟も提起できることの根拠

---

121) *Blunk/Schroeder*, a.a.O. (Fn.113), S.607.

122) *Blunk/Schroeder*, a.a.O. (Fn.113), S.607.

365

第2章　組織規範と帰属

を示しているという理解も可能であろう。こう理解できるとすると，前記の
①・②の根拠に加えて，③実効的権利保護の保障・出訴の最大限の促進という
3つ目の根拠も見出せることになる。

　ただし，以上のような Blunk/Schroeder の立場によるとしても，一般的確
認訴訟と取消訴訟の両方を原告の選択に従って提起できることは，無効の行政
行為には認められないような，帰属の否定という事態の特殊な意味である，と
はいえないと考えられる。なぜなら，次のような事情があるからである。

　確かに，行政裁判所法43条1項において，一般的確認訴訟とは別に無効確
認訴訟が定められているのは，「行政行為の無効は法関係ではなく，法関係の
確認のための1項の……規律〔つまり一般的確認訴訟の規律〕がかからない」
ため，明文で無効確認訴訟が可能であることを定める必要があったから[123]，
と説明される。しかし，このように，「明文で無効確認訴訟を挙げたことは
〔確認対象の〕拡大として形式上捉えられる」ものの，「実体としては，このこ
とと権利保護可能性の拡大とは結びつかない。なぜなら，無効確認の申立ては，
無効によって行政行為が原告の権利・義務を発生させないことの確認の申立て
としても読み替えられるからである」[124]，と説明されるのである。このように
両訴訟が実体的には同じものとして把握されるならば，このことは，"行政行
為が無効であることによって行政行為が原告の権利・義務を発生させないこと
の確認"を求める一般的確認訴訟と行政行為の無効確認訴訟のいずれも提起で
きることをもたらす（ただし，最終的には原告の選択に従っていずれか一方に絞られ
る）。したがって，一般的確認訴訟と取消訴訟の両方を原告の選択に従って提
起できることは，無効の行政行為においても，一般的確認訴訟と無効確認訴訟
の両方を原告の選択に従って提起できるという形で認められることであって，
帰属の否定という事態の特殊な意味であるとはいえない。

　123）Vgl., *Schenke*, a.a.O.（Fn.106），§ 43 Rn.20. 同旨，*Marsch*, a.a.O.（Fn.106），Rn.27.

　124）Vgl., *Marsch*, a.a.O.（Fn.106），Rn.27. 傍点原文太字。また，*Michael Happ*，§ 43 Rn.27, in:
　　　ders. u.a.（Hrsg.），VwGO, 16.Aufl., 2022 も，「無効確認は主文が特に具体的である（plastisch）
　　　という利点を持つ」と述べるにとどまり，続けて，両訴訟は「実体的な核心において相互に
　　　区別されない」と述べる。

2　実体法上の意味

(1)　法効果

(a)　法効果の不発生　　帰属が否定されることの実体法上の意味として異論なく挙げられるのは，その行為が行政主体へと帰属していれば発生したはずの法効果が発生しないことである。なお，このことは，行為が行政主体へと帰属するが無効である場合と同じであるとされる[125]。

(b)　結果除去請求権の発生　　帰属が否定される行為は，本来帰属していれば発生したはずの法効果を発生させないにしても，それ以外に法関係を発生させると考える立場がある。この立場を示す Blunk/Schroeder は，〔彼らのいう〕外観上の行政行為は，〔彼らのいう〕非行為とは異なり，行政行為が存在しているという外観から事実上の効力が生じるとし，「これを理由として，外観上の行政行為は，……無効の行政行為よりも事実行為に似る」[126]という。そして，「外観上の行政行為は，法的外観により，市民と国家との間に法関係を基礎付ける。この法関係においては，……市民に，国家に対する結果除去請求権が生じる」[127]とされる。「この結果除去請求権の根拠は，……基本権の防御機能と法律の留保にある。市民は，侵害が法律に根拠を持って行われる場合に限り侵害を受け入れねばならない。侵害規範の定める形式的要件・実体的要件が充足されない場合，侵害は違法であって除去されねばならない。〔この考え方からすれば，外観上の行政行為，すなわち，〕単に事実上負担が課されること（Belastungen）も甘受されてはならない」[128]。この結果除去請求権の内実として挙げられる結果除去の方法は，①「行手法48条の類推適用による取消し」，②「外観上の行政行為に効力がないことを主文（Tenor）において確認する行政行為」，③「裁判判決」，である[129]。

ただし，この立場によるにしても，結果除去請求権が発生するという限りでは，無効の行政行為との差異はないとも考えられる。まず，前提として，取消訴訟の背後には結果除去請求権を観念することが可能である。そして，無効の行政行為も取消訴訟の対象となると解するのが通説であるところ，無効の行政

---

125)　本段落につき，vgl., *Münkler*, a.a.O.（Fn.49），S.176.

126)　*Blunk/Schroeder*, a.a.O.（Fn.113），S.604f.

127)　*Blunk/Schroeder*, a.a.O.（Fn.113），S.605.

128)　*Blunk/Schroeder*, a.a.O.（Fn.113），S.605.

129)　Vgl., *Blunk/Schroeder*, a.a.O.（Fn.113），S.605.

第2章　組織規範と帰属

行為を取り消す（正確にいえば無効であることを確認する）場合の取消訴訟も，実体法上の結果除去請求権の存在を前提としていると考えられるのである[130]。なお，結果除去請求権の内実が，帰属が否定される行為の場合と無効の行政行為の場合とで異なる可能性はあるが，この点についての検討は Blunk/Schroeder からは行われていない。

　　(c)　象徴的な平面における差異　　行為が帰属しないことと，行為が帰属するが無効であることの間には，象徴的な平面における差異があるという指摘がある。この指摘を行う Jens Kersten は，非行為（外観上の行為も Kersten においては同義）を，行為の帰属が否定されるという事態（のみ）を把握する概念として用いる。その上で Kersten は次のようにいう。非行為に対する「官庁の行動の選択肢と関係者の権利保護可能性が同じであ〔り得〕ることに基づくと，無効の行政行為と，行政行為の外観を持つ非行為とのドグマーティッシュな差別化の機能は，単に象徴的な平面にある：無効な行政行為においては，国家は無効な行為を国家行為として帰属させねばならないが，非行為の場合には国家は当該行為から完全に離脱（distanzieren）できる。そうした象徴的な離脱のためには，ある必要性が絶対に存在すると考えられ得る：憲法国家は，自らの民主的正統化要請，政治的受容要請，法的妥当要請に鑑み，ばかげた（unsinnigen）・意味のない国家行為の外観のいずれにも自らを同一化しては（あるいはさせては）ならないのである」[131]。このように述べた後，「無効を超える象徴的な離脱は，民主的憲法国家の適当な『制裁』――行政法の実体法的・手続法的・組織法的な側面のドグマーティッシュな結合を反映する制裁である」[132]とまとめる。

　Kersten は，ドグマーティッシュな思考の機能を，①「潜在的にあり得るあらゆる事例の解決を見据えることで，個々の事例の決定における安定性を確保する」こと，②「ドグマーティッシュな示導命題および体系的な関係を動態的に発展させることにより，法秩序を恒常的に実現し持続的に発展させる」こと，③「法秩序を体系的に把握するために，抽象的な規範理解を学問的に精緻化する」こと，の3点に見出す[133]。この説明に鑑みると，Kersten が非行為にド

---

130)　Vgl., *Friedrich Eberhard Schnapp*, Die Nichtigkeit des Verwaltungsakts, DVBl, 2000, S.249f.

131)　*Kersten*, a.a.O.（Fn.112），S.102f.

132)　*Kersten*, a.a.O.（Fn.112），S.103.

368

グマーティッシュな機能を認めても，非行為が解釈論上の実益を持つことを当
然には意味しない。

Kersten のいう憲法国家における諸要請の内実は管見の限り詳説されておら
ず[134]，Kesten の見解の当否を論じる材料は少ない。Kersten の見解は，さし
あたり，解釈論上の実益はなくとも，国家論といった一定の見地から帰属の否
定という事態を特別に取り扱う立場の成立可能性を提示するものと評価できる。

(2) 法的仕組みの適用に関する決定

(a) 行政行為に関する連邦行政手続法の諸規定の適用除外　　実体法上の
意味としては，さらに，帰属が否定される行為には行政行為に関する連邦行政
手続法の諸規定が適用されないことが挙げられることがある[135]。この理解を
採る論者は，その根拠として，「いかなる点においても高権主体に自らの法行
為として帰属し得ない，いわゆる非（行政）行為あるいは外観上の行政行為は，
行手法では扱われていない」[136]ことを挙げる。この理解によると，例えば，行
政行為の職権取消しに関する行手法 48 条の規定は非行為には適用されない。

対して，行手法の規定を類推適用することを認める立場も存在する。例えば，
「非行為について『職務性（Amtlichkeit）』の外観が排除されないとき」には，
（行手法 48 条を類推適用して）この外観に対し行政庁は取消し等をする可能性が
存在するという見解[137]や，官庁が職権で無効を確定できることを定める行手
法 44 条 5 項の類推適用の余地を認める見解が存在する[138]。

これらの見解のうち，行手法 48 条の類推適用を認める見解が挙げる根拠と
しては，「なおさら論法（argumentum a fortiori）」がある。すなわち，行手法 48
条は取り消しうべき行政行為に対しても適用されているのであるから，非行政
行為に対してはなおさら適用できる，ということである[139]。

---

133) Vgl., *Kersten*, a.a.O.（Fn.112），S.88.

134) 憲法国家について Kersten が言及する主たる著作として，*Jens Kersten*, Staatstheorie oder Demokratietheorie? Der Staat Beiheft, 2013, S.307ff., *ders*, Schwarmdemokratie, 2017, S.67f., *ders/Stephan Rixen*, Der Verfassungsstaat in der Corona-Krise, 3.Aufl., 2022 があるが，これら には本文で示した諸要請についての言及は見出せなかった。

135) Vgl., *Sachs*, a.a.O.（Fn.25），Rn.5.

136) *Sachs*, a.a.O.（Fn.25），Rn.5. 傍点原文太字。

137) Vgl., *Ramsauer*, a.a.O.（Fn.112），Rn.100. 同旨，*Blunk/Schroeder*, a.a.O.（Fn.113），S.605, *Kersten*, a.a.O.（Fn.112），S.102.

138) Vgl., *Martin Will/Christian Rathgeber*, Die Nichtigkeit von Verwaltungsakten gem. § 44 VwVfG, JuS, 2012, S.1057f.

第2章　組織規範と帰属

　しかし，行手法の規定を類推適用することを認める立場については3点の注意を要する。

　第1に，この立場を採る論者の一部は，非行為または外観上の行為の概念で，帰属の否定という事態以外にも，行政行為の有効な通知が欠けていたという事態等を把握している[140]。そのため，これらの論者が，帰属の否定という事態についても行手法の類推適用を認める立場を採っているのか，定かではない[141]。

　第2に，なおさら論法による根拠付けに対しては，取り消しうべき行政行為に類推適用できるならばなおさら非行政行為に適用できるという際の，「なおさら」という評価が成立するのかがまさに問題であろう。なぜなら，本項2(2)(a)の冒頭で確認した，行手法48条の適用を排除していた論者は，帰属が認められず存在しない行為と取り消しうべき行政行為との間に，そうした「なおさら」の関係が成立しないような質的な差異がある，と解していた可能性があるからである。そうだとすると，「なおさら」という評価が成立することをさらに根拠付けることが必要となろう。そうしたさらなる根拠付けとして機能するのは，"帰属の否定においては，取消しの場合よりも著しい法違反が問題となっているのであるから，私人を保護するための手段としても，取り消しうべき行政行為に対して認められるものと少なくとも同程度のものは当然に認められるべきである"といった，外観への私人の信頼を保護すべき旨の価値判断であると思われる[142]。

　第3に，行手法上の規定ごとに，類推適用の可否が異なる可能性がある。例えば，Martin Will/Christian Rathgeber は，一方で，行手法44条5項の類推適用は認め，他方で，「行手法44条1項を非行政行為に類推適用することは，

---

139) 本段落につき，vgl., *Blunk/Schroeder*, a.a.O.（Fn.113），S.605. 傍点原文斜字体。

140) Vgl., *Blunk/Schroeder*, a.a.O（Fn.113），S.603f., *Ramsauer*, a.a.O.（Fn.112），Rn.99f.

141) *Schenke*, a.a.O.（Fn.106），§ 42 Rn.4 Fn.7 は，Blunk/Schroeder の見解において，「外観上の行政行為の概念の下に，……統一的な法的判断を妨げる，非常に様々な状況が包摂されている」ことを指摘する。

142) *Will/Rathgeber*, a.a.O.（Fn.138），S.1058 は，行手法44条5項の類推適用の余地を認める際に，こうした価値判断を示す。曰く，「非行政行為においても，〔"〕行政行為が存在していないにもかかわらず生じている法的外観を効果的に除去するために，行政行為が存在していないということを官庁によって確定してもらうこと〔"〕に対する，法的に保護に値する利益を，関係者は有している」。

370

第2節　組織規範違反と行為の帰結

——文献における見解に反して——非行政行為の要件は無効の行政行為とは本質的に異なるという理由からして既に，拒否されるべきである」[143]と述べる。

　(b)　公法からの除外　　本項2(2)(a)で挙げた見解よりも広い射程を持ち得る見解がある。

　この見解を示すMünklerは，非行為の概念[144]で帰属の否定という事態のみを把握する。この用語法に基づいて，まず，Münklerは，実体法的な評価がなされるのは，非行為に対する訴訟が一般的確認訴訟により許容された場合であるとする。その上で，「ここではしかし，実体法上，行手法44条や48条，国家的行為形式のために準備されたその他の法的規律の適用はされるべきでない。そうではなく，問題となっている行為が，当事者間に法関係を発生させたかのみが判断されるべきである。ここでは，まずもって，……行為の国家への帰属可能性が問題である。帰属可能性が欠け，したがって非行為が存在する場合，法関係は発生しない。帰結に対するさらなる実体法的な判断は，非行為に関して，公法の範囲では必要がない」という。そして結論として，「非行為は，実体法的な評価が問題になる限り，……公法の法的な観察の枠から外れる。非行為が問題となっていることを国家の側で判断する可能性，および，この事実〔つまり非行為が問題となっているという事実〕を市民にとって拘束的であるように確定することのみが必要である。これらを越えて，非行為は，法的に——少なくとも公法の観点から——さらには評価されない」とする[145]。

　以上の理解の根拠となっているのは，非行為の場合には行政の行為が存在していないという理解であると思われる[146]。

　本項2(2)(a)で見た見解も，ある種の法規範・法的仕組みの適用を除外するものであったが，Münklerの見解は，それよりも広く，公法からの除外がなされることを指摘するため，本項2(2)(a)の見解よりも広い射程を持ち得る。もっ

---

143)　*Will/Rathgeber*, a.a.O.（Fn.138），S.1058. ここで挙げられる「文献における見解」は，*Ferdinand Otto Kopp/Ulrich Ramsauer*, VwVfG, 13.Aufl., 2012, § 44 Rn.6 である。

144)　Münkler は，最終的に，非行為を「法概念（Rechtsbegriff）」ではなく「法的像（Rechtsfigur）」として把握する（vgl., *dies*, a.a.O.（Fn.49），S.185-188）。しかし，非行為は（広義の）法概念としての性格を持つこと（vgl., ebd., S.186），Münkler が示唆するように法概念とするか法的像とするかは用語法の問題であるようにも思われること（vgl., ebd., S.185-186）から，本書は非行為を法概念として叙述する。

145)　本段落につき，vgl., *Münkler*, a.a.O.（Fn.49），S.178f.

146)　Vgl., *Münkler*, a.a.O.（Fn.49），S.177f.

371

第2章　組織規範と帰属

とも，行政法に分類される法的仕組みとしては行政の行為の存在を構成要件とするもの以外も想定できる。Münkler が公法というときに具体的にいかなる法を想定しているかは不明であるものの，こうした法的仕組みもおそらくMünkler は公法に分類すると考えられるから，"帰属の否定は，行政の行為の存在を構成要件とする法的仕組みの適用の可否を決める" という趣旨をいうものとして Münkler の見解を理解するほうがより正確であろう。

3　概念の選択・性格

　本項1・2で述べた帰属の否定という事態の意味のうちいずれを採るかにより，帰属の否定という事態をどのような概念で把握するか，無効とは別の概念で把握するとして，当該概念が認識概念にとどまるか道具概念でもあるか，という問いに解答が与えられる。

　まず，帰属が否定されることに対し一致して認められている，行為が本来帰属していれば発生したであろう法効果が発生しないことは認めてよい。問題は，それを超える意味を帰属の否定に認めるか否かである。仮に，取消訴訟・無効確認訴訟の適法性を否定するという意味，実体法上の法的仕組みの適用の可否を決めるという意味の少なくとも一方を認めるとすれば，帰属の否定という事態を把握する概念（非（行政）行為・外観上の（行政）行為）は道具概念としての性格を持つことになろう。他方で，これら2つの意味のいずれも認めない，すなわち，行政行為の外観があれば取消訴訟は適法に提起されると考え，また，実体法上の法的仕組みの適用の可否は行為の帰属とは関わらない（あるいは帰属が否定される行為にも無効の行政行為に関する実体法上の規定がすべて類推適用される）と考えるとすれば[147]，帰属の否定には無効と異なる解釈論上の意味は認められない。とはいえ，この場合に，行政行為の無効とは異なり象徴的な差異があると理解して無効とは別の概念（非（行政）行為・外観上の（行政）行為）を立てるか，法効果がないという点（および，一般的確認訴訟を提起できる，結果除去請求権が発生するという点）にのみ注目して無効で把握するか，の選択肢がある。前者の選択肢を選んだ場合でも，この別の概念は認識概念にとどまる。

---

147) 論理的には，行政行為の外観があれば無効確認訴訟も適法に提起されると考えることも必要であるが，ここでは措く。

結　章　解答の提示

本章は，前章までのドイツの議論を日本に（どの程度）導入できるかを検討した上で（第1節），序章第2節第3款第1項で設定した問題に対する一応の解答を提示し（第2節），この一応の解答を見直す作業に係る展望，本書の当初の問題関心に対する展望，および，本書の扱った問題・議論と現代的な議論との接続を確認し，本書著者の今後の課題を提示する（第3節）。

第1節　日本への導入可能性

本書の課題は，序章第2節第3款第1項で設定した問題に解答を与えるべく考察を行う際に，依拠できる思考モデルとしていかなるものがあり得るか，そのモデルを用いるといかなる解答を提示できるかを示すことであった。本節では，この課題を遂行すべく，日本において前記の問題を考察する際に，前章までのドイツの議論が思考モデルとなり得るかを簡単に考察する。

序章第2節第3款第2項2で示した方針から，本節の考察は次のように進められる。

まず，①日本の問題の解決に最低限資するものであるかという基準，および，②ある論点に対するドイツの議論の中で，最も難点が少なく最も説得力があるという意味で到達点と位置付けられるべき議論であるかという基準（到達点と位置付けられるべき議論が1つに定まらず複数あり得る場合にはそれらの複数の議論のいずれかを選定する）によって，日本に導入すべき議論を選定する。予め述べておけば，本節では，叙述の便宜上，①日本の問題の解決に最低限資するものであるかという基準を満たすことには（第1款第2項2(2)を除いて）逐一言及せず，②の基準を中心に選定作業を行う。

次に，その議論を日本に導入できるかについて，ドイツの議論の根拠が日本

に妥当するか否かを3段階に分けて判断するという形で検討する。3段階というのは，第1段階として，ドイツの議論の根拠がドイツに特有のものであるか否かを確認し，第2段階として，さらに進んで，ドイツの議論の根拠と同じ理解あるいは類似する理解が日本においても提示されているか否かを確認し，第3段階として，ドイツの議論の根拠の導入を妨げる・否定する理解が日本に存在するか否か，存在するとすればそうした理解が適当であるか否かを確認する，ということである。

第1款　組織規範の裁判規範性

第1項　裁判規範性を持つための条件

1　裁判規範性を論じる2つの局面

　取消訴訟においてある法規範が裁判規範として用いられる局面は，ドイツでは，ある法規範が，(i)行政行為の違法性判断基準となるという局面と，(ii)取消訴訟の対象である行政行為の存否の判断基準となるという局面の2つに分けられ，両局面で裁判規範として用いられるための条件が異なると理解できた。そして，ある法規範に違反した帰結として，行政行為と目される行為の行政主体への帰属が否定されるとき，その法規範は(ii)の局面に関わるものと理解され得た（以上，第1章第1節第1款，第2章第2節第4款第2項1）。

　本節第2款第2項で述べるように，日本においても，組織規範に違反した帰結として行為の帰属を否定し，それにより取消訴訟の対象である行政行為の存在を否定する可能性は認められ得る。したがって，日本においても，組織規範の裁判規範性の問題（取消訴訟においてある法規範が裁判規範となるための条件，および，その条件を組織規範が満たすか）を論じる際には，(i)に加えて(ii)の局面をも視野に入れねばならない。

2　外部効果の要否と内実

(1)　ドイツの議論の整理

　ある法規範が取消訴訟における裁判規範性を持つための条件について，ドイツにおいて最も説得力があると評価できた考え方は，次のように整理できる。

ある法規範が取消訴訟において違法性判断基準となるためには，第1に，外部効果が必要であり，第2に，外部効果の内実として，法規範が，行政を義務付け，私人に権利を付与するものでなければならない。外部効果が必要である根拠は，取消訴訟において問題となる行為が，国家－私人間関係を規律する行政行為であること，また，違法に対する制裁（取消し・無効）が外部関係で問題になることに求められる。私人に権利を付与するものでなければならない根拠は，①取消訴訟は個人の権利の保護をするものであるという理解との適合性，②行政の側からの上訴可能性の確保，③訴訟経済の確保に求められる。そして，これらの根拠は，訴訟の所管配分に関わる，行政行為の存否の判断基準となるための条件についても基本的に妥当するが，こちらの基準となるための条件としては，外部効果の内実として私人に権利を付与するものである必要はない点が異なる（以上，第1章第1節）。

(2)　**日本における検討**

　このように，ドイツにおいて，ある法規範が取消訴訟における裁判規範性を持つための条件は，ドイツに特有の実定法規定の解釈ではなく，行政行為・取消訴訟に関する一定の理解を根拠として導出されていた。こうした行政行為・取消訴訟に関する一定の理解はドイツに特有のものとしては評価できない。そして，さらに進んで，こうした理解は日本においても提示されていること，また，こうした理解を批判する説にも応答が可能であること，を指摘できる。以下，3点に分けて詳論する（(a)～(c)）。

　(a)　**外部効果の必要性**　　第1に，日本においても，国家－私人間関係を規律する行政行為を取消訴訟が対象とすること（本書では行政行為以外の行為形式が取消訴訟の対象となる場合には立ち入らない），行政行為の法規範違反に対する帰結が外部関係で問題となることには異論がないと考えられる。したがって，日本においても，ある法規範が取消訴訟における裁判規範性を持つためには，当該法規範が外部効果を持たねばならないと考えられる。

　(b)　**違法性判断基準となるために必要な外部効果の内実**　　第2に，前記(i)の局面での裁判規範性の条件（つまり違法性判断基準となるための条件）についていえば，外部効果の内実に関するドイツの根拠（前記①から③）は，ドイツに特有のものではない。さらに進んで，取消訴訟が個人の権利を保護する訴訟であるとする理解は，日本においても基本的に支持されている[1]。そうすると，

375

結章　解答の提示

日本においても，"ある法規範が行政を義務付け私人に権利を付与する法規範である場合に，取消訴訟において違法性判断基準となることを認める"という立場を採ることは可能であると考えられる。

　しかし，取消訴訟が個人の権利を保護する訴訟であるという理解に対しては，村上裕章・仲野武志による批判（a・b）があるため，これらの批判が適当であるか否かを検討せねばならない。

　　　　a　村上裕章による批判　　村上は，取消訴訟において主観的権利の存在を前提とすることを批判した。

　村上は，そうした批判を行う前に，取消訴訟において主観的権利の存在を前提とする見解の前提・内容を整理する。用語法としては，取消訴訟において「実体的な主観的権利の存在を肯定する見解を『実体法的構成』，これを否定する見解を『訴訟法的構成』と……呼ぶ」[2]とされる。その上で，「実体法的構成」の前提に関して曰く，「実体法的構成がとられる場合，いくつかの前提が考慮されているように思われる。第1に司法権（裁判権）概念との関係である。……わが国の通説は司法権を『法律上の争訟の裁判』として定義し，『法律上の争訟』を『権利義務に関する紛争』と解釈している。……その結果，取消訴訟においても何らかの形で原告の権利が問題とされねばならないことになる。第2は，理論的な考慮であるが，行政法関係を私法関係をモデルとして再構成する必要である。……近時行政法関係を私法と同様の当事者間の権利義務関係として把握することが提唱されつつある」[3]。また，「実体法的構成」の内容に関して曰く，「実体法的構成の具体的内容としては，自由権を基礎とする」「自

1）参照，小早川光郎『行政法講義　下Ⅱ』（弘文堂，2005）129-130頁。

2）村上裕章「越権訴訟の性質に関する理論的考察」同『行政訴訟の基礎理論』（有斐閣，2007）102頁，250頁〔初出1989〕。

3）村上・前掲注2）251頁。同更で，村上は，本文で挙げた2つの前提のほかに，「訴訟目的論との関係」が前提となるとする。すなわち，「通説によれば取消訴訟の目的は国民の権利保護にあるとされているが，そのことから原告は何らかの権利を主張しなければならないということが導き出されるわけである」。そして，この前提に対しては，「訴訟目的の観点と法的問題の観点を区別するならば，国民の権利保護を目的とするからといって法技術的な意味での権利が存在することは必ずしも要求されないので，この点は決定的な障害とはならない」と批判する（252頁。傍点引用者）。この批判は正当であると思われるものの，傍点部にも示されているように，この批判は，訴訟目的が権利保護にあるという理解と主観的権利の存在を要求するという理解とを完全に切断するものではなく（これら2つの理解を関係付ける可能性につき，同論文256頁注434も参照），批判としては重視する必要がない。

376

由権的構成」と，「私益保護規範を基礎とする」「保護規範的構成」がある[4]。

このように整理した上で，村上は次の2つの段階を踏んで「実体法的構成」を批判する。

第1段階として，村上は「保護規範的構成」を批判する。曰く，「保護規範的構成に関しては，第1に，この見解によると法律が訴権付与を事前に決定していることが前提となっているが，このような想定は妥当であるかという問題がある。第2に，同じくこの見解によると，法律によって出訴権を恣意的に制限しうることになるが，このような『実体法上の列記主義』は憲法に照らして許されるのかという問題がある」[5]。このうちの第1の指摘は，そこで引用されている文献[6]の趣旨からして，"多様な利益状況が想定される現代では，立法者が想定しなかった紛争が生じることがあり，そうした紛争については，立法者（あるいは法律）が訴権付与を事前に決定しているとはいえない"という内容の指摘と理解できよう。

第2段階として，村上は，このように「実体法的構成は……重大な難点を含んでおり，容易に受け入れることができないように思われる。そこでさらに遡って，実体法的構成を要求する前提が正しいかどうかを再考することが必要となる」[7]として，「実体法的構成」の前提を批判する。

「実体法的構成」の前提を批判するにあたり，村上は権利概念の機能について検討する。曰く，先に見た第1の前提・第2の前提いずれを検討する場合であっても，「重要なのは，『権利』という概念が果たしている機能であり，これは私法関係と行政法関係では必ずしも同じではない……。私法関係においては，私的自治が大原則となっているため，法律関係は原則的に契約によって形成され，訴訟も契約上の権利義務関係を基礎として行われることになる。この場合，

4）参照，村上・前掲注2）251頁。

5）村上・前掲注2）252頁。「自由権的構成」への批判については同論文252頁を参照。なお，本書の検討からすると「自由権的構成」に疑問の余地が生じる（本節注27）参照）ため，村上の「自由権的構成」への批判を重視する必要はなくなるから，この批判については検討を省略する。

6）村上・前掲注2）261頁注460では，小早川光郎「取消訴訟と実体法の観念」同『行政訴訟の構造分析』（東京大学出版会，1983）1頁，179頁〔初出1973〕，宮崎良夫「取消訴訟における訴えの利益──『法律上保護された利益』説の検討──」同『行政訴訟の法理論』（三省堂，1984）114頁，136-137頁〔初出1980，1983〕が引用されている。

7）村上・前掲注2）252頁。

結章　解答の提示

訴訟を提起する要件として権利を要求することは合理的である。これに対して，行政法関係においては，私的自治が働かないことを前提としているので，原則として既存の権利義務関係に基づくことなく，一方的に介入が行われる……。むしろこの点で行政法関係に近いのは，不法行為の場合である。この場合も，予め権利義務関係がない者の間で不法行為がなされ，それを契機として訴訟が開始されるからである」[8]。

このように権利概念の機能についての認識を示した上で，村上は，「実体法的構成」の第1の前提（司法権概念の理解）に関して次のようにいう。まず，末弘厳太郎の説明を参照して，「ある者が『権利』を有するとは，一方でこの者が積極的に権利内容を実現する行為をなしうることを意味すると同時に，他方では第三者がこの実現を妨害してはならないという消極的意味をもつ」こと，しかし，不法行為法における「権利」はこうした積極的な意味を持たない利益であるに過ぎないのに不法行為に関する訴訟が可能であること，を指摘する。その上で，「このような把握が正しいとするならば，権利なる概念は本来限定された目的のために構成されたものであって，これによってすべての訴訟の可否を決することはできない……。そうであれば，司法権（裁判権）の範囲を『権利義務に関する紛争』によって画することは必ずしも自明ではない」[9]と批判する。

また，「実体法的構成」の第2の前提（私法関係をモデルとすること）に関して曰く，「上述のように，行政法関係は原則として一方的行為によって形成されるので，契約に基づいて形成される権利義務関係を問題とする私法の場合とは同列に考えることができない。行政行為に先立つ権利義務関係を構成することは，……理論的にはさほど大きな意味をもたないのではないかと思われる」[10]。

以上が村上の批判である。しかし，この批判も，「実体法的構成」（つまり取消訴訟において主観的権利の存在を前提とすること）を否定するものではないと考えられる。

まず，第1段階の批判に対しては，「保護規範的構成」においても対応策が

8）村上・前掲注2）253頁。

9）本段落につき，村上・前掲注2）253頁。同論文261頁注464で参照されるのは，末弘厳太郎『民法講話　上巻』（岩波書店，1926）112-117頁である。

10）村上・前掲注2）254頁。

378

提案されており，村上の批判だけで「実体法的構成」が完全に否定されるものではないと応答できる。対応策の内容を具体的にいえば，第1段階の第1の指摘に対しては，「基本権が非憲法法律の媒介なしに，権利を直接創設する」[11]という，基本権の規範外的効果による対応策が提案されている[12]。第1段階のうち第2点の指摘に対しては，「非憲法法律の解釈に基本権が影響を与える」という，基本権の規範内的効果，および，前記の基本権の規範外的効果による対応策が提案されている[13]。第2点の指摘に対しては，本書の検討からも，憲法原理（法治国原理・民主政原理）によって権利の付与を強制する見解が対応策となることが指摘できる（第1章第2節第2款第1項8(4)参照）。

これらの対応策が存在することに鑑みれば，村上のいうように，"立法者が想定しなかった紛争については，立法者（あるいは法律）が訴権付与を事前に決定しているとはいえない"とか「法律によって出訴権を恣意的に制限しうる」とかいった事態が仮に発生しているとしても，それらのことは，これらの対応策に不備があるという評価をもたらすものではあっても，「実体法的構成」を完全に否定するという評価をもたらすものではないといえる。

次に，第2段階の批判に対しては，次の(i)から(iii)のように応答できる。

(i)第2段階の批判を行うにあたって，村上は，「行政法関係においては，原則として既存の権利義務関係に基づくことなく，一方的に介入が行われる」という認識を示していた。行政行為等によって法関係が規律されることは確かであるが，「実体法的構成」からすれば，"当該行為に先立って法律や諸行為によって形成された法関係・権利義務関係が存在している"（こともある）という認識が採られるはずであって，村上とは認識が食い違っているように思われる。本段落冒頭で指摘したような認識を村上が持つのは，第1段階の批判が成功し

---

11) 神橋一彦「公権論における基本権の位置づけ──行政行為における憲法と法律の交錯──」同『行政訴訟と権利論（新装版）』（信山社，2008）3頁，145頁〔初出1994-1995〕。

12) 太田匡彦「『法規範が利益を一定の態様で保護する』という思考が行政法において意味するもの」太田匡彦＝山本隆司編『行政法の基礎理論──複眼的考察』（日本評論社，2023）193頁，221頁〔初出2021〕は，「立法者が行政に適切な利益調整プログラムを与えていないために権利の保護を横付けするもの」の1つとして基本権の規範外的効果を位置付ける。

13) 神橋・前掲注11) 139頁。神橋は「隠された列挙主義」（同論文118頁）への対応策として基本権の規範内的効果・規範外的効果を位置付けていると理解できる（参照，同論文135頁，158頁）。基本権の規範内的効果・規範外的効果の位置付けについては，山本隆司『行政上の主観法と法関係』（有斐閣，2000）250-251頁，254頁も参照。

結章　解答の提示

たと村上が理解していることに起因しているのであろう（本節注7）に対応する本文において示される，村上の思考の順序を参照のこと）。しかし，前々段落で示したとおり，村上の第1段階の批判は成功したとはいえない。そうだとすると，ある行為に先立って法関係・権利義務関係が存在しているという「実体法的構成」の認識それ自体は否定されていないといえる。

　(ii) 「実体法的構成」の第1の前提（司法権概念の理解）に対する村上の批判に対しては，仮に「司法権（裁判権）の範囲を『権利義務に関する紛争』によって画することは必ずしも自明ではない」という批判を受け入れたとしても，「実体法的構成」を採ることは可能である，と応答できる。なぜなら，「実体法的構成」においても，「個人の権利保護を司法の中心に据え」つつも，「裁判所の権能を個人の権利保護に原則として限定」する理解を採らないこと（つまり「権利義務に関する紛争」だけでは司法権の範囲を画さないこと）も可能だからである[14]。

　(iii) 「実体法的構成」の第2の前提（私法関係をモデルとすること）に対する村上の批判のうち，「上述のように，行政法関係は原則として一方的行為によって形成されるので，契約に基づいて形成される権利義務関係を問題とする私法の場合とは同列に考えることができない。」という部分については，(i)で述べたことから既に応答できている。したがって，第2の前提に対する村上の批判の当否は，「行政行為に先立つ権利義務関係を構成することは，……理論的にはさほど大きな意味をもたないのではないかと思われる」という指摘の当否に，専らかかってくることになる。換言すれば，“当該行為に先立って法律や諸行為によって形成された法関係・権利義務関係が存在している”（こともある）と認識し権利義務関係を構成することが，いかなる意味を持つか，という問いへの応答の成否に，専らかかってくることになる。そして，この問いに対しては，権利義務関係によって，「社会に存在する諸要素」それ自体やそうした諸要素

---

14) 直接には保護規範説を維持すべきかを論じる文脈であるが，参照，山本隆司「原告適格（1）――判断枠組」同『判例から探究する行政法』（有斐閣，2012）424頁，456頁〔初出2008〕。同論文456頁注37では，中川丈久「の提唱する，司法権の範囲をコア－中間領域－外周の三層構造とする見方が参考になる」と述べられていることから，「裁判所の権能」に関する山本の言明は，司法権あるいは法律上の争訟の理解としても利用できることが示唆されている（そこで参照されている中川丈久「行政事件訴訟法の改正――その前提となる公法学的営為――」公法63号（2001）124頁，127頁以下では，司法権の範囲と法律上の争訟の範囲とが一致することが述べられている（同論文130頁参照））。

380

第1節　日本への導入可能性

の変化を記述し指導できる[15]，と応答できるのである。

　以上のように村上の批判に応答できるとすれば，取消訴訟において主観的権利の存在を前提とすることはなお否定されていないと考えられる（ただし，このことによって，村上の示す「訴訟法的構成」の成立可能性や理論的意義が否定されるわけではない）。

　　　b　仲野武志による批判　　仲野は，取消訴訟に対応する実体法について「主観的構成」を採ること，取消訴訟を「権利保護訴訟」と理解することを批判した。

　以下，仲野の見解の骨子を確認する。仲野は，「個別意思主体の法的実在性を前提とし，主体に帰属する主観的権利を基本単位としつつ，権利の交換（移転及び帰属）関係として実体法を構成してゆく立場」を「主観的構成」と呼び，主観的構成「の実体法に対応する訴訟が……『権利保護訴訟』」であるとする[16]。その上で，取消訴訟を権利保護訴訟として把握（つまり取消訴訟に対応する行政実体法を民事実体法と等質のものとして把握）してしまうと，なぜ「行政実体法を実現するためにわざわざ民事訴訟〔および当事者訴訟〕から独立した訴訟システム〔ここでは取消訴訟〕を設けたのか」[17]，理由を説明できないとする[18]。これに対し，仲野自身は，取消訴訟に対応する実体法を「諸利益が適法な処分により調整される状態」（一体的法律状態）とし，「取消訴訟を当事者訴訟的に把握することが許されないのは，一体的法律状態が権利関係とは別次元のものだから」[19]とする。この一体的法律状態について，仲野は，確かに，一体的法律状態のうち一部は「〈主観的構成〉……〔あるいは主観的権利〕によ

---

15) 直接には法関係の機能に関する言明であるが，参照，太田匡彦「行政作用の認識または切り出しについて――現代の行政手法の把握のために」現代行政法講座編集委員会編『現代行政法講座Ⅰ　現代行政法の基礎理論』（日本評論社，2016）105頁，112-113頁。「法学は伝統的に……主体間の権利義務関係を法関係の中核として観念してきた」（同論文114頁）のであるから，太田の言明を，権利義務関係によって行政活動を把握・指導することの意義を語るものとしても利用できよう。さらに，同じく権利義務関係を含む「法関係」の意義について参照，山本・前掲注13）452-466頁。

16) 仲野武志『公権力の行使概念の研究』（有斐閣，2007）12-13頁。原文の傍点は省略した。

17) 仲野・前掲注16）4頁。

18) 参照，仲野・前掲注16）4頁，同「不可分利益の保護に関する行政法・民事法の比較分析」同『法治国原理と公法学の課題』（弘文堂，2018）151頁，153頁〔初出2013〕。

19) 参照，仲野・前掲注16）317頁，同「取消訴訟の存在理由」同・前掲注18）『法治国原理』237頁，262頁〔初出2015〕。

381

って受け止めることも可能」[20]とする。しかし，①「主観的権利は……一定の体系〔パンデクテン体系〕においてこそ存立しうる概念であるから」，主観的権利として受け止めるためには論証を要するという[21]。また，②一体的法律状態のうち名宛人の可分利益と名宛人以外の者の不可分利益との関連付けを主観的構成によって把握できる，という立場は疑問視される[22]。

以上の仲野の見解に対しては，次の3つの指摘を行うことができる。第1に，取消訴訟を権利保護訴訟として把握する立場において，取消訴訟が民事訴訟・当事者訴訟から独立して設けられた理由は取消訴訟の諸機能に求めることが可能であろう[23]。この機能的説明に加えて，取消訴訟と民事訴訟・当事者訴訟とで異質の実体法を措定するという形でも訴訟類型の差異を説明せねばならない必然性があるのか，判然としない[24]。第2に，前段落に記載した①について，主観的権利はパンデクテン体系においてこそ存立し得るという理解がむしろ論証を要すると指摘され，仲野自身その必要性を認めるため[25]，現時点では①を重視しないことが許容されよう。第3に，前段落に記載した②の関連付けが主観的構成によっては把握できないと断言できるかは，なお検討を要する[26]。

以上3点に鑑みれば，「主観的構成」を採り取消訴訟を権利保護訴訟と把握する可能性は，現時点では否定されていないと考えられる（ただし，このことによって，仲野の示す「客観的構成」の成立可能性や理論的意義が否定されるわけではない）。

20）仲野・前掲注16）317頁。

21）参照，仲野・前掲注16）318頁。亀甲括弧内につき，同書8-9頁を参照。

22）参照，仲野・前掲注18）169頁，同・前掲注19）261-262頁。不可分利益を主観的構成により把握できるかについても疑問視されるが（参照，同・前掲注16）318頁），形式的名宛人が取消訴訟の原告となる場面を想定する本書では立ち入らない。

23）例えば参照，芝池義一「行政訴訟制度改革に関する覚え書」原野翹ほか編『民営化と公共性の確保』（法律文化社，2003）67頁，75-78頁。

24）ただし，仲野・前掲注16）5頁が示す，「訴訟類型は，実体法上の法律構成如何と訴訟法上の判決効如何という，およそ＜法＞が＜法＞であるために必須の二因子を繋ぐ蝶番に他ならない」（傍点原文）という言明が，この必然性の根拠をなしているとも理解できる。この言明の当否を判断するための材料を見出せていないため，この判断は他日を期さざるを得ない。

25）参照，仲野武志「書評会を振り返って──質疑応答の要旨と今後の課題──」法政研究74巻3号（2007）683頁，686頁。

26）主観的構成によって把握できる旨を示唆するものとして，文献引用を含め参照，原田大樹「法秩序・行為形式・法関係──書評：仲野武志『公権力の行使概念の研究』」同『公共制度設計の基礎理論』（弘文堂，2014）235頁，254-255頁〔初出2007〕。

第 1 節　日本への導入可能性

　　c　行訴法 10 条 1 項の問題　　　以上，本項 2 (2)(b) a・b で述べたことからして，本書は，取消訴訟は私人の権利を保護する訴訟であるとの理解を採ることがなお可能であると考える。もっとも，日本では，この理解から，違法性判断基準が保護規範に限定されるという帰結は直ちに導かれていないことに注意を要する。このように，違法性判断基準を保護規範から拡張すべきか否かという問題が扱われるのが，違法の主張制限（行訴法 10 条 1 項。裁判所の側から見れば違法の審査範囲の制限）の問題である。したがって，日本では，行訴法 10 条 1 項の問題として違法性判断基準となるための条件をさらに考察する必要があることになる。

　もっとも，行訴法 10 条 1 項の問題については，序章第 2 節第 1 款第 1 項 2 (4)(b) a において既に整理を行った。そこでは，名宛人が原告適格を有することの理論的根拠について，（一般的自由権を根拠とする）権利侵害説と保護規範説のいずれもがひとまず成立するとした上で，それぞれの立場から違法主張・判断できる範囲を整理した。整理の結果としては，"ある法規範が取消訴訟において違法性判断基準となるためには，当該法規範が①行政を義務付け②私人に権利を付与する外部効果を持つことが必要となる" と考えることがさしあたり許容される，というものであった。したがって，行訴法 10 条 1 項の問題を視野に入れるとしてもなお，違法性判断基準となるための条件はドイツと同じものとして考えることが許容される[27]。

　　(c)　行為の存否の判断基準となるために必要な外部効果の内実　　本項 2 (2)(a) で示した第 1 点，本項 2 (2)(b) で示した第 2 点に続いて，第 3 に，本項 2 (1) で示した (i) の局面に関し示された根拠を，本項 2 (1) で示した (ii) の局面にそのまま妥当させる必要がない点はドイツと同様である。したがって，(ii) の局面で法規範が裁判規範となるための条件としては，ドイツと同様に，①行政を義務付ける外部効果の存在が要請されるにとどまると考えられる。もっとも，この外

---

27) ただし，ドイツでは，一般的自由権を根拠とする名宛人理論は，取消訴訟は私人の権利保護のための訴訟であるという，基本法 19 条 4 項によってなされる体系決定と整合しないという問題を抱えていた（第 1 章第 1 節第 1 款第 1 項 3 (2)(b)）。日本でも，司法権規定（憲法 76 条 1 項）からこうした体系決定に相当する理解を導くことは可能かもしれない。そうすると，日本でも，一般的自由権を根拠とする権利侵害説は支持できないと考える可能性がある。もっとも，このように考えず，一般的自由権を根拠とする権利侵害説がなお成り立ち得ると考えるとしても，序章第 2 節第 1 款第 1 項 2 (4)(b) a での整理がなお妥当するから，違法性判断基準となるための条件はドイツと同じものとして考えることが許容される。

383

部効果は，違法性判断基準となるために要請される外部効果（本項 2 (2)(b) c の
①・②）に包含されるため，ある法規範が(ⅱ)の局面で裁判規範となるための条
件を満たすか否かについての検討は，ある法規範が(ⅰ)の局面で裁判規範となる
ための条件（違法性判断基準となるための条件）を満たすか否かについての検討
の中に包含させられる。

第 2 項　組織規範と外部効果

1　組織規範の分類

前項で述べたことから，組織規範が取消訴訟における裁判規範性を持つか否
かの検討は，組織規範が前記①・②の外部効果（前頁参照）を持つか否かとい
う問題の検討を通じて行われることになる。この問題に関し，ドイツでは，組
織規範を一定の観点から類型化した上で，官庁に関わる組織規範の一部につい
て，外部効果を肯定・否定する議論が存在した（第 1 章第 2 節）。

このドイツの議論が日本に導入できるかを考える際には，日本とドイツでは
官庁概念が異なる点に注意を要する。すなわち，日本では，行政官庁理論によ
る場合，官庁は，省といった制度体ではなく，制度体の内部において対外的な
意思決定・表示の権限が帰属する「点」として把握されるのに対し，ドイツで
は官庁は制度体的に把握される。このように官庁概念が異なる以上は，日本で
は，ドイツにおける組織規範の類型をそのまま利用して検討を行うことはでき
ない。特に，ドイツでは，官庁レベルでの組織規範と官庁内レベルでの組織規
範とが区別されるところ，官庁内部で署名権を分配する規範は，官庁を点的に
把握する場合には観念できないものとなろう。

しかし，第 1 に，官庁を点的に把握する行政官庁理論自体が理論上必然的な
ものでなく，行政行為を行う権限等を制度体としての省等に与えることも可能
であるとされる[28]。ただし，現時点ではそうした実定法制にはなっておらず，

---

28) 参照，松戸浩「行政官庁理論」法学 81 巻 6 号（2018）271 頁，292-293 頁。そして，制度
体は内部の機関・職によって代表される必要があるところ，代表権を制度体内部のどの機関・
職に与えるかが問題となることが指摘される（参照，藤田宙靖『行政組織法（第 2 版）』（有
斐閣，2022）80-82 頁）。この問題は，行政行為権限が点的な官庁に与えられている場合には
生じないとされるが（参照，藤田・本注書 81 頁），制度体に行政行為権限を与えるという本
文で示した事態が生じれば，行政行為権限についても代表のあり方を論じる必要が生じよう。
このとき，署名権を分配する規範についてのドイツの議論が日本にとって参照に値する議論
となる。

384

したがって署名権を分配する規範についての議論を日本には導入できないと考えられる。

それでも第2に，組織規範の外部効果を論じる際のドイツの思考を見ると，官庁が制度体として把握されることは，官庁内部で署名権を分配する規範に関する考察を除いては，基本的に重視されていなかった。したがって，官庁概念の差異は，組織規範の外部効果を考察する際に，ドイツの議論がいかなる思考を用いていたかとは区別できる問題であるといえる。そのため，官庁概念が異なるにもかかわらず，いかなる思考によって組織規範の外部効果を論じるかという点については，ドイツの議論は導入可能である。この点を本項2で見よう。

2　外部効果の判断

ドイツにおいても，組織規範ごとに議論の蓄積の程度には差があった。

(1)　官庁管轄規範

まず，最も議論が豊富であった管轄規範について検討する。ドイツにおいて，管轄規範の外部効果に関する議論の到達点として位置付けられるのは，憲法原理（法治国原理・民主政原理）に依拠して，管轄を持つ官庁の行為を求める権利を付与するという外部効果を持たせることが強制されることを導く見解である（第1章第2節第2款第1項8(4)参照）。憲法原理に依拠するという思考自体は，ドイツに特有の根拠ではなく，日本にも導入することが可能であろう。

しかし，ドイツにおける管轄規範に関する議論を導入することを妨げ得る，次の2つの事情がある。

第1に，憲法原理に依拠するという思考自体は日本に導入できるとしても，憲法原理からいかなる要請を引き出すかについてはドイツと日本とで異なる判断がなされ得るという事情である。ドイツにおいて，憲法原理を考察する場合であっても，法治国原理・民主政原理から論者によって異なる要請が導かれていた（第1章第2節第2款第1項8参照）。日本でも，行政組織法を考察する際に，法治国原理・民主政原理の要請を考慮せねばならないことは指摘されているが（序章第1節第2款第1項6(2)参照），日本でも同様に，法治国原理・民主政原理から多様な要請が導かれる可能性があり，ドイツと同様の要請が導かれる保障はない。そこで，日本において，憲法原理からいかなる要請が導かれるかについて検討を要するのである。

385

結章　解答の提示

　とはいえ，日本においても，法治国原理と結びつくものとして権力分立原理を捉えた上で機関適性の考え方を導入する議論（機能的権力分立論）が既に示されている[29]ため，これを基にすれば，ドイツで示された，法治国原理から導出される機関適性の原理を媒介として外部効果を承認する議論は，日本に導入することができよう。

　第2に，ドイツの議論において，管轄規範による分配の対象として任務と権能とが共に含まれ得たという事情である。日本においては，組織規範と根拠規範とを区別し，権能を機関に与える規範は根拠規範と捉えるのが標準的な理解であろう[30]。したがって，ドイツにおける議論の中でも，権能の分配をすることを重視していた見解は，日本にはそのまま導入できないことになる。しかし，ドイツにおける到達点たる前記の議論は，管轄規範が分配する対象として任務・権能を含めていたものの，機関適性の原理を媒介として外部効果を承認する際には，分配の対象に権能が含められていたことは重要な意味を持たなかった（第1章第2節第2款第1項8⑷参照）。したがって，この第2の事情も，ドイツの議論を日本に導入することを妨げるものではない。

⑵　その他の組織規範

　ドイツでは，官庁管轄規範以外の組織規範については，説得的な議論が展開されていなかった。個別的に見れば次のとおりである。

　官庁の所在地規範について，一方で，多数説は外部効果を認めていないが，その根拠が十分に示されていたわけではない。他方で，所在地における官庁の行為を求める権利を付与するという形で，所在地規範に外部効果を認める可能性も一応提示されているが，この外部効果を認めるための詳細な議論は行われていない。

　官庁間の同意手続規範について，外部効果を認める見解は存在したものの，

---

29) 参照，渡辺康行ほか『憲法Ⅱ　総論・統治』（日本評論社，2020）106頁，114-116頁。そのほかにも，2009年において，「最近のわが国でも〔機能的権力分立論と〕同様の思考方法を採る論者が増えているように思われる」（宍戸常寿「法秩序における憲法」安西文雄ほか『憲法学の現代的論点（第2版）』（有斐閣，2009）27頁，41頁）と述べられていた。事実認定権の憲法上の分配を論じる文脈においてではあるが，日本の憲法学にもこの思考方法が多く見られることについて参照，船渡康平「事実認定と行政裁量（1）～（5・完）」行政法研究58号以下（2024-2025年刊行予定）第2章第5節。

30) 参照，塩野宏『行政法Ⅰ　行政法総論（第6版補訂版）』（有斐閣，2024）81-82頁。序章第1節第1款第2項1における定義も参照。

386

第1節　日本への導入可能性

外部効果の内実について分析が十分でなく，一定の協力行為を行うことを求める権利の存在を認める可能性が示されていたにとどまる。こうした権利を認められる可能性があること自体は，序章における日本での検討で既に示されていたため（序章第2節第1款第1項2⑷⒝ｂ参照），このドイツの議論を導入しても，日本の問題を解決するために資するとはいえない。

内的構成規範について，外部効果に関する議論はほとんどなく，外部効果に関する見解を示すものも，根拠を示さないという問題，外部効果の内実が不明確であるという問題を抱えていた。

以上からすれば，官庁管轄規範以外の組織規範に関する議論は，日本の問題の解決に最低限資するものであるかという基準を満たさないため，いずれの議論も導入すべきものとは評価されない。もちろん，官庁管轄規範についての議論をこれらの組織規範に応用するといった，さらに議論を展開する方策は想定できるものの，それは，これらの議論を導入することとは別の作業である。

第2款　組織規範と帰属との結合

第1項　帰属の対象と理論構成

1　帰属の対象

本書が設定した第2の問題について，ドイツでは，まず，帰属と帰効とが概念上区別され，かつ，自然人の行為が行政主体へと帰する局面については帰属を生じさせねばならないという主張が示されていた。この主張の根拠としては，①法人の観念，②行政の概念，③権限の自己遂行義務が示されていた（以上，第2章第1節第1款）。

これらの根拠はそれ自体としてドイツに特有のものではない。さらに進んで，日本の議論においても，これらの根拠に近い理解が示されることがある。②行政の概念に関していえば，帰属の対象として行為と法効果があることを明示した上での考察ではないものの，行政の概念を行為の連鎖として把握する論者は，法効果のみならず行為も帰属すると考えているようである[31]。また，③権限の

31）そこでは「帰属」という言葉を用いないが，参照，太田・前掲注15）108頁注9。

結章　解答の提示

自己遂行義務に関していえば，これに近い発想が日本においても示されることがある[32]。この発想を利用して，行政主体には行為の帰属が必要であるとの主張をすることも可能であろう（なお，行為が帰属する結果として法効果も帰属する）。

2　組織規範と帰属とを結合させる理論構成

こうして，日本においても行為の帰属が必要であると考えると，次の問題は，自然人の行為を行政主体へと帰属させるという性質を組織規範に結合させるか，結合させるとしていかなる組織規範を結合させるか，根拠規範にも結合させるか，である。

(1)　組織規範と帰属との結合

(a)　ドイツの議論　　まず，組織規範と帰属を結合させるかという問題について，ドイツでは，組織規範と帰属とが結合するとされていた。その根拠は，①代表によって帰属が生じると考える，②代表の要件として行為が代表力の範囲内であることが必要であると考える，③代表形態のうち機関性の特質として，帰効のみならず帰属を可能にし，また，組織規範が代表力を定めるという理解を採る，④自然人から法人までの複数の帰属段階においていずれも機関性を採用する，という4つの条件を満たすということであった（以上，第2章第1節第2款・第3款）。翻っていえば，これらの条件の1つでも満たされない場合には組織規範と帰属とが結合しないことも，ドイツの議論では示されていることになる。

(b)　日本への導入可能性　　a　ドイツに特有の根拠の不存在　　まず，これら4つの条件のうち①から③の理解が示されるにあたっては，ドイツに特有の事情が考慮されていたわけではなく（第2章第1節第2款），①から③の理解はドイツに特有の根拠に基づいているとはいえない。

次に，これら4つの条件のうち④について，自然人から法人までの複数の帰属段階においていずれも機関性を採用することの根拠としては，職による法人の代表については，機関による行為を当然の前提としているように読める基本法20条2項2文が挙げられ，自然人による職（機関）の代表については，機関性と代理を併用する理解および勤務法による代表を採用する理解にそれぞれ

---

32)　参照，稲葉馨ほか『行政法（第5版）』（有斐閣，2023）17頁〔稲葉馨〕。

388

理由がないことが挙げられた。

そこで，これらの根拠がドイツに特有のものであるかを検討する。

職による法人の代表についていえば，日本には基本法 20 条 2 項 2 文に完全に対応する条文は見出せないものの，例えば憲法には機関が国のために行為するという理解に立っている条文を見出せる（41 条，76 条 2 項等）こと，学説上，国のために機関が行為することは当然に想定されている[33]ことからすると，職による法人の代表についてドイツと同様に機関性を採用できよう。

自然人による職（機関）の代表についていえば，ドイツでこの問題を議論する実際上の必要性を示したのは連邦行政手続法 12 条の規定であったが，こうした規定は日本には今のところ存在しないと思われる。このようにドイツに特有の実定法が議論の契機となったことからすると，ドイツの議論を日本に導入できないかに見える。しかし，議論の実際の内容は，ドイツに特有の実定法から離れたものであった。具体的には，第 1 に，機関性を採用すると機関担当者関係の基本的な理解と齟齬を来すといった懸念が提示されていたところ，その懸念は当たらないという議論であり（第 2 章第 1 節第 3 款第 3 項 2 参照），第 2 に，機関性を採用すると自然人を組織の一部と把握してしまうことになるといった懸念が提示されていたところ，その懸念は当たらないという議論であった（第 2 章第 1 節第 3 款第 3 項 3 参照）。こうした理論的な議論は，ドイツに特有の根拠に基づくものではなく，日本に導入することは可能である。

　　b　日本における類似する理解の存在　　本項 2 (1)(b) a で述べたように，自然人の行為を行政主体へと帰属させるという性質を組織規範に結合させるための 4 つの条件（①から④）はドイツに特有のものではなかったが，さらに進んで，①から③に類似する理解を日本においても見出すことが可能である。

まず，①と類似する理解を日本においても見出すことが可能である。長谷部恭男は代表という言葉について次のように説明する。曰く，「法的意味においては，X がある行為を行ったとき，法律上，Y が行ったのと同じ効果を生ずる場合，X は Y を代表すると言われる。代理関係における本人と代理人との関係や法人とその機関との関係は，法的意味における代表の典型である」。「法的意味の代表においては，代表の行為の効果は直ちに本人である被代表者（法

---

33) 例えば参照，宇賀克也『行政法概説Ⅲ　行政組織法／公務員法／公物法（第 6 版）』（有斐閣，2024）27 頁，塩野宏『行政法Ⅲ　行政組織法（第 5 版）』（有斐閣，2021）20-21 頁。

389

人，被後見人等）に帰属する」[34]。この説明では帰属の対象として行為ではなく法効果が念頭に置かれているようであるが，代表によってある主体の行為が別の主体の行為としてみなされるという限りでは，①の理解と共通しているといえよう。

次に，②・③に関しても，共通する・類似する理解を日本においても見出すことが可能である（ただし，②・③に類似するこれらの理解は日本で十分に共有されているとはいえないかもしれない）。具体的には，機関性と代理の同異について1940年代頃まではドイツの議論を参照しつつ議論が行われていた[35]ところ，こうした議論の中に，②・③に類似する理解を見出せる。

まず，森口繁治・美濃部達吉は，②代表の要件として行為が代表力の範囲内であることが必要であるという理解に類似する考え方を示していた。森口は，「或る自然人の行為が，或は機関の行為として，或は代理人の行為として，法人又は本人の為めに其効果を発生するのは，全く其自然人が機関又は代理人として……の……適格を有するからである」ることを示し，「此適格（又は資格）」を指して，「Zuständigkeit, aptitude」と呼ぶ[36]。美濃部は，個人が行った行為が「其ノ国家ノ行為タル効力ヲ有スルハ機関トシテ有スル代表権ノ効果ナリ」と説明する[37]。

次に，森口・中村彌三次は，③機関性の特質として，帰効のみならず帰属を可能にし，また，代表力を定めるのが組織規範であるという理解に類似する考

---

34) 長谷部恭男「国民代表の概念について」同『憲法の円環』（岩波書店，2013）87頁，88頁〔初出2012〕。ただし，同論文88頁注3が，『『代表』と『代理』……はいずれも……ドイツでは Vertretung である」と整理するのは，少なくとも公法学の議論を念頭に置く限り，本書第2章での検討からして賛成できない。

35) 主要なものとして参照，美濃部達吉「国家機関概説」法協37巻4号（1919）515頁，523-528頁，田村徳治「機関論の発達に就いて」論叢5巻3号（1921）382頁，野津務「国家機関ノ人格ヲ論ズ（2・完）」法協39巻11号（1921）1871頁，1900-1908頁，森口繁治「国家の機関と其権限（1）（2・完）」論叢15巻1号（1926）1頁，10-19頁，論叢15巻3号（1926）304-329頁，中村彌三次「内閣官制第9条に就て」公法雑誌1巻2号（1935）166頁，173-182頁，有倉遼吉「行政法における代理の研究」同『公法における理念と現実』（多磨書店，1959）120頁，128-142頁〔初出1945〕。

36) 参照，森口・前掲注35)「（2・完）」322頁。なお，森口は，同論文323頁において，Befugnis と Macht（Vertretungsbefugnis と Vertretungsmacht）とを区別する *Josef Hupka*, Die Vollmacht, 1900, S.21 に対して，Hupka のいう Vertretungsmacht の内容の一部は森口のいう「適格」に含まれているという趣旨の議論を行っている。

37) 参照，美濃部・前掲注35)530頁。

第1節　日本への導入可能性

え方を提示していた。

　帰効・帰属に関して森口曰く，「機関関係と代理関係との差異は，……機関
関係に於ては，機関の行為は直接其被行為者の行為として効果を発生する〔別
の箇所では，機関の行為は直に法人自身の行為であるとの説明がある〕に対し，代理
関係に於ては，代理人の行為は，法律的にも，代理人の行為と考へられるので
あるが，唯其行為は，本人に対して，恰かもそれが本人の行為であるかの如き
効果を発生する点に在る」[38]。ここでは帰属という言葉は用いられていないが，
内容としては，機関性は帰効のみならず帰属を可能にするという理解に近い説
明であるといえよう[39]。さらには，中村彌三次は，「帰属」という言葉を用い
た上で，機関関係の場合には行為が帰属し，代理関係の場合には法効果のみが
帰属するという説明をしていた[40]。

　代表力の源泉に関連して森口曰く，一方で，「代理関係に於て，代理人の行
為が本人のために効果を発生するのは，特定の条件の具備」がされる場合であ
るところ，「此条件は法の定むる一定の状況，又は事件である場合もあるし，
或は法の認むる人の行為〔つまり授権〕である場合もあり得る。前の場合に於
ては所謂法定代理が存在し，後の場合に於ては任意代理が存在する」[41]。つま
り，代理においては，授権あるいは法律によって代表を行うための条件が定め
られるというのである。他方で，「機関の行為が団体の行為として通用するの
は，組織法の規定に依つて団体の機関が定まり，従つて組織法の規定する一定
の事実の発生に依つて……現実に其機関々係が成立し，機関体たる個人が機関

38）森口・前掲注35）「（2・完）」317頁。亀甲括弧内は同論文34頁。森口と結論として同旨を
　　いうものとして，野村淳治『憲法撮要』（有斐閣，1932）117-119頁，有倉・前掲注35）132
　　頁，137頁。
39）しかし，森口は，機関関係と代理関係とでなぜこの差異が認められるのか，明確な根拠を
　　提示しない（有倉・前掲注35）132頁による森口の見解の検討も参照）。本書の検討によれば，
　　機関性において行為を帰属させられる理由は，機関担当者・機関が組織に属していることに
　　求めることが可能であった（第2章第1節第2款第2項4参照）。対して森口は，機関担当
　　者・機関が組織に属していることに反対しているようにも賛成しているようにも読める（参
　　照，森口・前掲注35）「（2・完）」317-321頁）。そうした記述のうち，美濃部・前掲注35）の
　　見解を参照しながら「法人の機関其もの……は法人と云ふ全体の一部をなして居る者である
　　とは限らない」（同論文317頁）と述べる箇所に対しては，美濃部の当該見解に対する批判を
　　そのまま向けられる（本節注47）参照）。
40）中村・前掲注35）182頁。そのほかの中村の考察（同論文175-181頁）は，①から③の理
　　解に類似するものではないが，①から③の理解を日本に導入することを妨げるものでもない。
41）森口・前掲注35）「（2・完）」321頁。

391

結章　解答の提示

としての適格を有することになるからである」[42]。この説明は，組織法によって適格（権限）が定まる旨を明示的にいうものではない。また，森口は，前段落で引いた，帰効・帰属に相当する差異を機関関係と代理関係の唯一の差異としているから，代表力の源泉という差異を認めているというわけでもない。それでも，「他方で」として引いた記述には，機関としての適格が組織法によって与えられるという理解に類似する考え方を見出すことはできよう[43]。

　以上で見たように，①から③に類似する理解は日本においても示されており，①から③の理解を日本に導入する素地は皆無ではなかったといえる。確かに，これまでの日本での議論では，参照されたドイツの学説の中に Wolff の見解が含まれなかったことを主たる理由として，機関性と代理の差異のうち，代表力の源泉が組織規範であるか否かという点が明確には指摘されていなかった。そこで，前記の素地を生かしつつこの問題点を解消するために，日本の論者によって参考にされた時期以降のドイツの議論を導入することができよう。

　　　c　ドイツの議論の根拠に反対する議論の不存在　　本項 2 (1)(b) b で述べたように，①から③に類似する理解を日本においても見出せる。これに対して，①から③の理解を日本に導入することを妨げるかに見える理解も見出せるが，実際にはいずれも①から③の理解の導入を妨げるものではない。

　美濃部は，第 1 に，結論として，機関関係と代理関係の唯一の差異は，「代理関係ニ於テハ其ノ関係ハ唯法律行為ニ付テノミ存スルニ止マルニ反シテ，」機関関係のほうは，「単ニ法律行為ニノミ止マラズ，法律行為ノ性質ヲ有セザル意思行為ニ及ブコトニ在」るという[44]。第 2 に，この結論に至る過程では，代理においても機関関係と同様に行為が本人のものと評価されるという考え方を採っている[45]。この 2 点からすると，美濃部は③の理解を日本に導入することを妨げる理解を採っているかに見える。

　しかし，まず，美濃部は，代表力の源泉が組織規範であるか否かという差異

---

42) 森口・前掲注 35)「(2・完)」322 頁。

43) 有倉・前掲注 35) 138 頁も，「機関関係においては団体と機関とはその組織並びに機能の上に密接不可分の自同関係が存在し，機関なくして団体なく，機関の行為が即ち団体の行為とみられるに反し，代理者と被代理人との間にはかかる密接な自同関係は存在」しないという。この指摘も代表力の源泉に触れるものではないが，組織法と機関関係との関連性を指摘するものといえる。

44) 参照，美濃部・前掲注 35) 527 頁。

45) 参照，美濃部・前掲注 35) 519-521 頁，524 頁。

392

を明示的に退けて第1点で示した結論に至ったわけではない[46]。次に，第2点で示した考え方を採る根拠は明示されない[47]。これら2つのことからすると，美濃部のこの見解も③の理解を日本に導入することを妨げるものとはいえない。

野津務は，代理においても機関性においても行為が帰属し得る旨をいうような記述を示し[48]，③の理解を部分的に否定するかに見える。しかし，この記述の理由は明示されないから，③の理解を日本に導入することを妨げるものとはいえない。

(2) 組織規範・根拠規範と代表力の規律

本項2(1)で見たように，代表に関するドイツの議論が日本においても導入できることから，ドイツにおける説明と同様にして，日本でも，組織規範と帰属とを結合させることができる。そうすると，次の問題として，いかなる組織規範が帰属と結合するか，根拠規範も帰属と結合するかが問われることになり，これらの問題は，いかなる組織規範が代表力を規律しているか，根拠規範が代表力を規律しているかという問題として現れる。

前者の問題について，ドイツでは，代表力の規律の仕方には代表力を積極的に基礎付ける場合と代表力を制限する場合があり，前者の可能性を持つのが官庁の管轄（権限）規範・署名権を分配する規範，後者の可能性を持つのがそれ以外の組織規範であると整理されていた。また，ある組織規範が代表力を制限するか否かは当該規定の解釈に依って判断するしかないとされていた（そして，所在地規範・官庁間の同意手続を定める規範・内的構成規範については，代表力を制限するという性格は与えられていなかった。第2章第2節第2款第1項）。後者の問題，すなわち，根拠規範が代表力を規律しているかという問題については，代表力を積極的に基礎付けるという性格を根拠規範にも与える Wolff の見解があった

---

46) 参照，美濃部・前掲注35) 524-527頁。

47) さらに美濃部・前掲注35) 526頁は，「機関ハ常ニ団体ノ内ニ在リ，団体ヲ構成スル一員ナルニ反シテ，……代理人ハ本人ノ外ニ在リ，之ト相並立スル」という差異が指摘されることに対して，「府県郡ハ国ノ官吏タル府県知事郡長ヲ以テ其ノ機関ト為」すといったように，「機関関係ニ於テモ団体ノ機関ハ必ズシモ常ニ団体ノ内ヨリ発スルコトヲ必然ノ要件ト」しないと反論する。しかし，こうした事例も，「既に機関地位に就任したる以上，その以前において団体の構成員であったか否かに論なく，団体の一部を形成するものと考えられる」（有倉・前掲注35) 137頁）。

48) 参照，野津・前掲注35) 1904-1905頁。なお，同論文1906-1907頁の挙げる差異は③を否定するものではない。

結章　解答の提示

（第2章第1節第4款）。

　では，これらの議論を日本に導入できるか。

　まず，いかなる組織規範が代表力を規律しているかという問題に関するドイツの議論は，ドイツに特有の根拠に依拠していたわけではなく，日本に導入することは可能であろう。もっとも，日本に導入する際には，本款第2項1で述べたように署名権を分配する規範は現在の日本では観念できないことから，署名権を分配する規範についての議論は導入できない。したがって，日本では，代表力を積極的に基礎付けるのが官庁の管轄規範であり，代表力を制限する可能性を持つのがそれ以外の組織規範である，ということになる。ただし，ある組織規範が代表力を制限するか否かは当該規定の解釈に依って判断するしかないという方針からしても，いかなる組織規範が代表力を規律しているかを具体的に判断するためには，ドイツの議論を導入してもなお不十分な点が残るといえる。

　次に，根拠規範も代表力を規律していると解する Wolff の見解は，従来の Wolff の見解と一貫しないにもかかわらず明確な根拠が示されておらず，管轄・権限の概念が曖昧である結果として生じてきたものであった（第2章第1節第4款第1項1⑵参照）。そのため，この見解は日本に導入できるとはいえない。

第2項　組織規範違反の行為の帰結

　直前に述べたように，いかなる組織規範が代表力を規律しているかについての具体的な判断基準は，ドイツにおいても見出せなかった。もっとも，ドイツにおいて，一部の組織規範が代表力を規律していることを前提とする論者は存在し，その論者は，行政行為と目される行為が組織規範に違反した場合に帰属が肯定・否定されるかについて一定の立場を示していた。したがって，本書の設定した問題のうち，帰属の否定という事態の意味，この事態を把握する概念を検討するためには，これらの論者の議論が手がかりとなりそうである。

1　組織規範に違反した行為の帰結その1

　そこで，これらの議論を見ると，代表力を規律する組織規範に行為が違反した場合について，帰属を否定する立場と，管轄の推定・国家責任法の参照・権

394

第1節　日本への導入可能性

利外観法理といった一定の操作を加えて帰属を肯定する立場が存在した。また，管轄規範については，管轄規範に違反した帰結に関する連邦行政手続法上の規定が存在するに至ったことから，当該規定をいかに正当化するかを論じるものも存在した（以上，第2章第2節第1款・第2款・第3款）。

　これらの議論を日本に導入できるかを検討する。

　まず，帰属を否定する立場，一定の操作を加えて帰属を肯定する立場は，ドイツに特有の根拠に基づいているわけではなく，日本にこれらの議論を導入することは可能である。このようにこれらの立場をいずれも導入できるとすると，いずれの議論を導入すべきかが問題となる。一方で，一定の操作を加えて帰属を肯定する立場は，なぜそれらの操作が必要であるのかを明確にしていないという問題がある。そこで，この立場の当否を考えるためには，なぜそれらの操作が必要であるのか（つまり帰属の否定という事態の裁判上の意味）が明確にされる必要があるといえる。他方で，一定の操作を加えずに帰属を否定する立場も，帰属の否定という事態の裁判上の意味について特に考察をせずに無効であるとしているという問題がある。そこで，この立場の当否を考えるためには，帰属の否定という事態の意味を考察した上で，そうした事態に対し無効の概念を用いることが適切であるかをさらに検討する必要があるといえる。

　次に，管轄規範に違反した行為の帰結が実定法上定められたことをいかに正当化するかを問う議論は，日本にとっては両義的な意味を持つ。一方で，この議論は，ドイツに特有の実定法規定を前提としており，管轄規範に違反した行為の帰結についての実定法規定を持たない日本には，そうした規定が存在しない段階では導入できない。他方で，この議論の中では，帰属の否定という事態に無効と異なる裁判上の意味（帰属が否定される行為は取消訴訟で争えない等）が論じられており，この部分だけを取り出せば，日本に導入する可能性が開ける。もっとも，帰属の否定という事態の裁判上の意味が，この議論の中で論じられたものに尽きるとは考えられなかった。

　以上の議論状況から，まずは，帰属を否定することの裁判上の意味，および，帰属の否定という事態を把握する概念について考察する必要が生じる（2）。その後，改めて，組織規範に行為が違反した場合の帰結について，一定の操作を加えるべきか否かを考察する必要がある（3）。

395

結章　解答の提示

2　帰属の否定という事態の裁判上の意味，この事態を把握する概念

本項2では，帰属の否定という事態の裁判上の意味，および，帰属の否定という事態を把握する概念について考察する。

(1)　ドイツにおける議論

(a)　帰属の否定という事態の裁判上の意味　第1に，帰属の否定という事態の裁判上の意味に関するドイツにおける議論では，帰属の否定という事態には訴訟法上・実体法上の意味が認められることが示されていた。

具体的には，訴訟法上の意味としては，①取消訴訟・無効確認訴訟の提起が不適法であること，②一般的確認訴訟の提起が適法であること（取消訴訟の提起も適法とする見解は，両訴訟のいずれを選択するかは原告の判断に従ってよいとしていた）が示されており，①に対しては取消訴訟の提起は適法であるという反対説も存在した。次に，実体法上の意味としては，③行為が本来帰属していれば発生していたであろう法効果が発生しないこと，④結果除去請求権の発生，⑤象徴的な意味（帰属しない行為から国家が離脱する必要性），⑥法的仕組みの適用排除が示されており，⑥については，一部の法的仕組みは帰属が否定される行為についても類推適用できるとする反対説も存在した。なお，①～⑥のうち③・④は，無効の行政行為にも認められるものであって，帰属の否定という事態に特有のものではなかった。また，②に関して，かっこ内に記したように，一般的確認訴訟の提起と取消訴訟の提起をいずれも適法とする見解においては，両訴訟のいずれを選択するかは原告の判断に従ってよいとしていたところ，これも，一般的確認訴訟と無効確認訴訟の提起がいずれも適法であってその選択は原告の判断に従うという限りでは，無効の行政行為にも認められるものであった（以上，第2章第2節第4款第2項1・2）。

(b)　帰属の否定という事態を把握する概念　第2に，帰属の否定という事態を把握する概念に関するドイツにおける議論では，前記①から⑥の意味のうちいずれを採るかによって，"帰属の否定という事態をどのような概念で把握するか，無効とは別の概念で把握するとして，当該概念が認識概念にとどまるか道具概念でもあるか"という問いに解答が与えられる，と整理できた。

具体的には次のように整理できた。まず，帰属が否定されることに対し一致して認められている，③行為が本来帰属していれば発生したであろう法効果が発生しないことは認めてよい。問題は，それを超える意味を帰属の否定という

396

事態に認めるか否かである。仮に，①取消訴訟・無効確認訴訟の適法性を否定するという意味，⑥実体法上の法的仕組みの適用の可否を決めるという意味の少なくとも一方を認めるとすれば，帰属の否定という事態を把握する概念（非（行政）行為・外観上の（行政）行為）は道具概念としての性格を持つことになる。他方で，これら2つの意味のいずれも認めない，すなわち，行政行為の外観があれば取消訴訟は適法に提起されると考え，また，実体法上の法的仕組みの適用の可否は行為の帰属とは関わらない（あるいは帰属が否定される行為にも無効の行政行為に関する規定がすべて類推適用される）とすれば，帰属の否定という事態には無効と異なる解釈論上の意味は認められない。とはいえ，この場合に，⑤行政行為の無効とは異なり象徴的な差異があると理解して無効とは別の概念（非（行政）行為・外観上の（行政）行為）を立てるか，法効果がないという点（および②・④の点）のみに注目して無効で把握するか，の選択肢がある。前者の選択肢を選んだ場合でも，この別の概念は認識概念にとどまる（以上，第2章第2節第4款第2項3）。

　(c)　検討の順序　　では，以上のドイツの議論を日本に導入できるか。まず，帰属の否定という事態の裁判上の意味について検討し（(2)），その上で，帰属の否定という事態を把握する概念，その概念の性格について検討する（(3)）。

(2)　日本への導入可能性その1

　まずは，帰属の否定という事態の裁判上の意味（本項2(1)(a)参照）についてのドイツの議論を日本に導入できるかを検討する[49]。

　(a)　①取消訴訟・無効確認訴訟の適法性　　結論をいえば，帰属が否定される行為に対し取消訴訟・無効確認訴訟の提起を不適法とする見解も，取消訴訟の提起を適法とする見解も，現時点では日本に導入できると考えられる。順に考察する。

　一方で，取消訴訟・無効確認訴訟の提起を不適法とするドイツの見解の根拠は，行政裁判所法42条1項・43条1項が訴訟の対象を「行政行為」と規定しているという，実定法の文言であった（第2章第2節第4款第2項1(1)(a)参照。要するに，行政行為の外観でなく，行政行為そのものの存在が要求されているように読め

---

49)　以下，本項2(2)(a)・(b)で扱う問題を検討する必要性は，東京大学公法研究会における連載論文書評会（2022年12月23日）での西上治准教授の指摘に負う。

るということである）。日本においては，これらの規定と全く同じ文言の規定が
あるわけではないが，行訴法3条2項が，取消訴訟の対象を，「行政庁の処分
その他公権力の行使に当たる行為」と定め，行訴法3条4項が無効確認訴訟の
対象を，「処分……の……効力の有無」と定めている。これらの規定を，ドイ
ツにおける読み方と同様にして，行政行為（行政処分）そのものの存在が要求
されていると読むことは可能である。

　他方で，取消訴訟の提起を適法とする見解（なお，この見解も，無効確認訴訟
の提起を適法とすることまでは主張していなかった）の根拠としては，2つのもの
が挙げられていた。第1の根拠は，行政行為の存在を取消訴訟の適法性の要件
とすると，「行政による措置の誤った表示（Falschbezeichnung）により生じる
〔訴訟選択の失敗の〕リスクを原告に課すことになるところ，これは実効的権
利保護と〔原告の出訴の〕最大限の促進（Meistbegünstigung）という基本思考
に反する」，というものであった。第2の根拠は，行政行為が外観上存在して
いる場合に適法であると解する立場では，訴訟審理が進んでしまった後に，行
政行為が存在しないとして訴えが却下されてしまうという事態が生じないため，
実質的にも正当である，ということであった（第2章第2節第4款第2項1(1)(b)）。

　これら2つの根拠も，それ自体としてはドイツに特有の根拠ではない。また，
第1の根拠のうち実効的権利保護という基本思考は，日本でも，特に平成16
年の行訴法改正以降，憲法32条の裁判を受ける権利等を媒介として憲法上の
要請として語られてきたものである[50]。そうすると，取消訴訟の提起を適法と
する見解を日本に導入することには強い理由が認められそうである。

　しかし，第1の根拠・第2の根拠を吟味してみれば，そうした強い理由を認
めるには至らない。第1の根拠についていえば，行政行為の存在を取消訴訟の
適法性の要件としたとしても，別の訴訟（具体的な訴訟類型については本項2(2)(b)
参照）を併合提起しておけば原告のリスク回避としては十分であり，第1の根
拠を挙げるだけでは取消訴訟の外観を適法性要件とするとの結論を導くことは
できないのではないか。第2の根拠についていえば，「訴訟審理が進んでしま

50）憲法学からの議論として参照，笹田栄司「憲法学から見た行政事件訴訟法改正」民商130
　　巻6号（2004）1047頁，1048-1055頁，行政法学からの議論として参照，神橋一彦『行政救
　　済法（第3版）』（信山社，2023）33-36頁。これらの議論の背景には基本法19条4項に関す
　　るドイツの議論があったことについて，両論稿の同じ箇所を参照。

った後に，行政行為が存在しないとして訴えが却下されてしまうという事態」
も，その却下判決によって行政行為の不存在が確認されると考えれば（本節注
57）に対応する本文で後述），不当との評価を与えるまでには至らないように思
われる。

ここまでの検討を要するに，取消訴訟・無効確認訴訟の提起を不適法とする
見解も取消訴訟の提起を適法とする見解も，その根拠はドイツに特有のもので
はない。取消訴訟の提起を適法とする見解については，これを導入する強い理
由が認められるかに見えたが，そうした強い理由を認めるには至らない。そう
すると，現時点では，いずれの見解も日本に導入できそうである。

では，これらの根拠を日本に導入することを妨げる・否定する理解はあるか。
まずは見解の分布を確認する。日本では，行訴法制定以前から，行政訴訟
（抗告訴訟）の提起には行政処分の存在が必要であるという理解が提示されてき
た[51]。行訴法も，処分不存在確認訴訟（以下「不存在確認訴訟」という。行訴法3
条4項）という訴訟類型を置いており，この訴訟類型との対比から，取消訴
訟・無効確認訴訟においては行政処分の存在が前提とされているといえる[52]。
ここでいう行政処分の存在とはいかなることを意味するかについては，行訴法
制定以前には，行政行為の外観が存在していることを意味すると解する立場[53]
と，行政行為そのものが存在していることを意味すると解する立場[54]を見出せ，
行訴法制定後には前者の立場のみを見出せる[55]。

このように見解は分布しているところ，いずれの立場もその根拠を明確に示
さないことがほとんどである。また，根拠を明確に示す例外的な論稿も，前記
のドイツの議論の根拠を日本に導入することを否定するものとはいえない。こ

---

51) 議論状況の整理を含めて参照，柳瀬良幹「行政行為の不存在」同『行政行為の瑕疵』（河出
書房，1943）1頁，55-60頁〔初出1942〕。

52) 参照，杉本良吉『行政事件訴訟法の解説』（法曹会，1963）15頁。

53) 参照，美濃部達吉『日本行政法　上』（有斐閣，1936）927頁，田中二郎「行政行為の瑕疵
──無効原因の一考察──」同『行政行為論』（有斐閣，1954）1頁，19-20頁〔初出1931〕。

54) 参照，佐々木惣一『日本行政法論　総論（改版）』（有斐閣，1924）401頁，494頁。また，
杉村章三郎『日本行政法講義要綱 上巻（改訂第7版）』（有斐閣，1941）374頁は，「行政庁ノ
行為トシテノ外観ヲ備ヘザル行為，行政庁ノ行為ノ外形ガ存スルモ其成立要件ヲ充サザル行
為」の場合には処分は不存在であると述べている。

55) 例えば参照，田中二郎『新版　行政法　上巻（全訂第2版）』（弘文堂，1974）135-137頁。
田中と同旨をいうものと解せるものとして参照，田上穣治＝市原昌三郎『行政法　上巻』（法
学書院，1977）98-99頁，広岡隆『行政法総論（第4版）』（ミネルヴァ書房，2000）241頁。

399

結章　解答の提示

のことを示すために，行政行為の外観が存在していることを意味すると解する
立場を採る根拠を最も明確に示す，柳瀬良幹の見解を検討する。

　柳瀬は行訴法制定前において曰く，「行政行為の存在なる要件が如何なるこ
とを意味するかに就ては特に之を説いたものは見当らない。故にそれは結局訴
願又は行政訴訟制度の本質乃至目的から見て之を推論する外ないのであるが，
此の点に就ては，……訴願及び行政訴訟制度の目的は客観的には瑕疵があつて
無効なるべき筈の行政行為が行政機関に依つて有効なものとして執行さるる危
険から関係者を保護するために関係者の要求に依り之を審査してその無効を確
認することに在るので，従つて制度の此の本質乃至目的から言ふときは，訴願
及び行政訴訟は当然に苟くも関係者に対して右の保護を与ふる必要の認めらる
る限り常に許されなければならぬ……。それ故に，そのための要件としての行
政行為の存在の意味も亦当然に右の見地から見て解釈し，即ち訴願又は行政訴
訟に依る右の保護を与ふるに足る事実の存在を意味するものと解せねばならぬ
ので，而して訴願又は行政訴訟に依つて与へらるる保護の内容は，右の如く，
無効なりや否や疑はしい行政行為に就て之を審査してその無効を確認すること
に在るのであるから，従つてその保護を与ふるに足る事実の存在とは，当然に，
此の如き審査に値する事実，即ち無効なりや否や疑はしい，換言すれば，有効
な行政行為らしき外観を有する事実の存在を指すものでなければならぬ」[56]。

　しかし，この根拠では，行政行為の外観の存在を要求するという立場を直ち
には導けないと考えられる。なぜなら，柳瀬の論証には飛躍があるからである。
すなわち，柳瀬のように，行政訴訟制度の目的が瑕疵ある行政行為の執行から
関係者を保護することにあると考えたとしても，そこから直ちに，行政訴訟が
その保護を与える必要がある限り常に許される（つまり適法である）と考える必
要はなく，その結果として，行政行為の外観が基準となるとも考える必要もな
いのである。具体的には，次の佐々木惣一の説明が参考になる。佐々木は，行
政訴訟において前提とされる行政処分の存在とは行政行為の外観ではなく行政
行為そのものが存在していることを意味すると解しつつ，行政行為が不存在で
ある場合に行政訴訟「ヲ提起シタルトキハ……却下スヘク，此ノ却下ハ行政機
関ヲ拘束シ一種ノ不存在確認ノ意味ヲ生スルモノトス」[57]と説明している。こ

56）柳瀬・前掲注51）60-61頁。傍点原文。

57）佐々木・前掲注54）494頁。

400

第1節　日本への導入可能性

の説明に示されているように，行政訴訟制度の目的を瑕疵ある行政行為の執行
から関係者を保護することに求めたとしても，行政行為そのものの存在を要求
する立場を採りつつ行政訴訟を却下するという対応によって，この目的を達成
できるのである。

　以上からすると，ドイツの議論の根拠を日本に導入することを否定する理解
は現在のところ見出せないということになる。

　したがって，帰属が否定される行為に対し取消訴訟・無効確認訴訟の提起を
不適法とする見解も，取消訴訟の提起を適法とする見解も，現時点では導入で
きると考えられる[58]。

　(b)　②一般的確認訴訟の適法性　　a　日本における問題の所在　　ド
イツでは，帰属が否定される行為については，行為が帰属していたとすれば発
生していたはずの法関係の不存在を確認する一般的確認訴訟の提起が適法であ
るとされていた。

　この一般的確認訴訟に対応する訴訟を日本において考えてみると，行訴法4
条の実質的当事者訴訟（行政処分の不存在を前提とした現在の法律関係を確認する訴
訟）が主として想定されよう（便宜上，実質的当事者訴訟以外の訴訟で，抗告訴訟で
ないものは省略する）。しかし，日本では，不存在確認訴訟というドイツには見
られない訴訟類型を有している関係で，前記の実質的当事者訴訟と不存在確認
訴訟のいずれを提起すべきかという，ドイツには見られなかった問題が生じる
ことになる[59]。この問題は，行訴法の文言に即していえば，行訴法36条の，
「当該処分若しくは裁決の存否又はその効力の有無を前提とする現在の法律関
係に関する訴えによつて目的を達することができない」に該当するか否かとい
う問題である[60]。

　この問題に関して，学説・判例・裁判例は多様な見解を提示してきたが，
「近時，判例は，直截・適切基準説と呼ばれる柔軟な説で固まってきたといえ

---

58)　なお，取消訴訟の提起を適法とするドイツの見解は，無効確認訴訟の提起を適法とするこ
　とまでは主張していなかった。そのため，本項2(2)(a)の検討も，取消訴訟の提起を適法とす
　る見解を導入できるかという形で議論を進め，取消訴訟・無効確認訴訟の提起が適法となる
　かという形では議論してこなかった。しかし，ドイツの議論を導入できるかという議論の仕
　方から離れてみると，行政行為の外観があれば取消訴訟の提起は適法であると考える場合に
　は無効確認訴訟の提起も同様にして適法であると考えるのが自然である，と評価できる。そ
　こで，以下，取消訴訟の提起を適法とする見解に言及する場合には，取消訴訟・無効確認訴
　訟の提起を適法とする見解として扱うこととする。

401

結章　解答の提示

る」[61]から，以下，この説を用いて検討する。直截・適切基準説を示す最判平成4年9月22日民集46巻6号1090頁によれば，「当該処分の効力の有無を前提とする現在の法律関係に関する訴えによって目的を達することができない場合とは，……当該処分に起因する紛争を解決するための争訟形態として，当該処分の無効を前提とする当事者訴訟又は民事訴訟との比較において，当該処分の無効確認を求める訴えのほうがより直截的で適切な争訟形態であるとみるべき場合をも意味するものと解するのが相当である」（下線引用者）。この事件では無効確認訴訟の適法性が問題となったことから，この判示では「無効」と記載されているが，不存在確認訴訟を念頭に置く場合には，「効力」を「存在」に，「無効」を「不存在」にそれぞれ置き換えて読むことができる。

---

59) 本文で述べた問題設定を補足する。

　本項2⑵(a)で述べた見解のうち，帰属が否定される行為に対する取消訴訟・無効確認訴訟の提起を不適法とする見解によれば，帰属の否定に関して，実質的当事者訴訟と比較されるべき訴訟類型としては不存在確認訴訟が想定されるにとどまる。

　対して，本節注58) で述べたように，帰属が否定される行為に対する取消訴訟・無効確認訴訟の提起を適法とする見解も想定できる。この見解によれば，帰属の否定に関し，実質的当事者訴訟と比較されるべき訴訟類型としては，不存在確認訴訟に加え，無効確認訴訟が想定されることになる（取消訴訟との比較については本項2⑵(b)fを参照）。しかし，この見解における，無効確認訴訟と不存在確認訴訟の使い分け基準としては，無効確認訴訟は帰属が否定されるが行政行為の外観がある場合に用いられ，不存在確認訴訟は帰属が否定され行政行為の外観もない場合に用いられる，というものになろう。そうだとすれば，この見解において，両訴訟は用いられる場面が異なるにとどまり，以下の本文で述べる行訴法36条の問題（つまり実質的当事者訴訟との比較）の局面では両訴訟を区別する必要性はない。そうすると，この見解を想定する場合でも，実質的当事者訴訟と比較すべき訴訟類型は，無効確認訴訟・不存在確認訴訟のうち一方で足りる。ではどちらを選ぶかであるが，本注の前段落で述べたように，取消訴訟・無効確認訴訟の提起を不適法とする見解によれば実質的当事者訴訟と不存在確認訴訟とを比較せねばならないことからすれば，ここでも，不存在確認訴訟を選ぶのが便宜である。

　かくして，取消訴訟・無効確認訴訟の提起を適法とする見解・不適法とする見解のいずれからしても，実質的当事者訴訟と不存在確認訴訟との比較を扱えば足りることとなる。以下，本項2⑵(b)eにかけての記述は，専ら不存在確認訴訟について論じた箇所を除けば，必要に応じて，「不存在」の語を「無効」に置き換えることができる。

60) さらに条文に即していうと，行訴法36条にいう「当該処分又は裁決に続く処分により損害を受けるおそれのある者」も本文記載の要件を充足せねば訴えの利益が認められないかという問題があり（いわゆる一元説・二元説の対立），二元説からすると，「当該処分又は裁決に続く処分により損害を受けるおそれのある者」による予防訴訟には本文記載の要件は不要であることになる。一元説の可能性が排除されないこと，帰属が否定される行為に関する訴訟は予防訴訟以外にも想定されることから，本書では本文記載の要件に関する検討に絞って考察する。

61) 宇賀克也『行政法概説Ⅱ　行政救済法（第7版）』（有斐閣，2021）327頁。

402

第1節　日本への導入可能性

　　b　帰属が否定される場合の不存在確認訴訟　　では，帰属が否定される場合の不存在確認訴訟について，この基準に則って考察するといかなる帰結となるか。より特定していえば，前記の下線部の「場合」に該当するか。帰属が否定される場合の不存在確認訴訟についてこの問題を直接に扱った議論は日本には見出せないものの，以下，不存在確認訴訟一般を扱う議論を手がかりとして検討を進める（cからf）。

　　ごく簡単な考察にとどまるが，予め結論をいえば，不存在確認訴訟が適法となる場合もあれば実質的当事者訴訟が適法となる場合もあると考えられる。

　　c　「抗告訴訟の排他的管轄」　　不存在確認訴訟と実質的当事者訴訟との関係についての議論を行う論者は，その素材として，不存在確認訴訟の適法性を認めた最判平成14年1月17日民集56巻1号1頁（以下「平成14年最判」という）を用いている。そこで，平成14年最判を確認することから議論を始める。

　　事案は，ある土地（本件通路部分）に面し一部が本件通路部分に含まれる土地を所有する原告が，本件通路部分について，建築基準法42条2項の規定により同条1項の道路とみなされる道路に指定する旨の行政庁の処分が存在しないことの確認を求めた，というものである。平成14年最判は，以下のように述べて，行訴法36条の要件を充足することを認めている。曰く，「本件訴えは，本件通路部分について，本件告示による2項道路の指定の不存在確認を求めるもので，行政事件訴訟法3条4項にいう処分の存否の確認を求める抗告訴訟であり，同法36条の要件を満たすものということができる」。しかし，この簡略な説明からは，「同法36条の要件を満たす」ことの根拠を読み取ることはできない[62]。

　　そこで評釈類を見ると，「同法36条の要件を満たす」ことの根拠を提示しようと試みるものが存在する。調査官解説曰く，「本件の場合には，公法上の法律関係を直接訴訟物とする実質的当事者訴訟（X所有地につき建築基準法上の義務を負わないことの確認を求める訴え又は本件通路部分がみなし道路でないことの確認を求める訴え）を提起することができるか否かが問題となり得るところである」

---

[62]　平成14年最判を引用する下級審裁判例（東京高判令和3年5月27日判自477号102頁参照）でも，本節注64）に引く判決のほかは，「同法36条の要件を満たす」ことの根拠は明確にされない。

403

結章 解答の提示

が，「みなし道路指定の処分性を肯定する以上，ここで問題とされるみなし道路につき生ずる建築基準法上の義務は，行政処分であるみなし道路指定の効果としての義務そのものであり，その排除を目的とする上記のような訴えは，結局，公権力行使に関する不服の実体を有するものといえ，……いわゆる無名抗告訴訟として理解せざるを得ず，これを実質的当事者訴訟として構成することは困難ではないかと考えられる」。「したがって，本件のような紛争については，……公法上の実質的当事者訴訟によっても，その目的を達することが困難というべきであ」る[63]。

　この調査官解説で示された理解と同旨の理解は，一般論としては学説上も主張されてきたものである。例えば雄川一郎は，公権力の行使に関する不服については実質的当事者訴訟ではなく抗告訴訟で争わせるべきという形で，同旨の主張を行っていた[64]。

　しかし，こうした理解に対する批判も存在する。中川丈久は，こうした雄川の思考は，現在の地位の確認を原則として適切とする「民事訴訟の確認の利益の考え方と逆方向を向いている」と述べつつ，「その原因は，雄川先生が，抗告訴訟を当事者訴訟から峻別する立場──私〔中川〕は『抗告訴訟の排他的管轄』という言葉はこの考え方を指すときに限定するべきだと思っています──を取っていた故と思われます」として，「抗告訴訟の排他的管轄」が原因にあると指摘する。その上で，中川は「そのような峻別はそもそも不可能ではない

---

63) 本段落につき，参照，竹田光広「判解」『最高裁判所判例解説民事篇　平成 14 年度　上』（法曹会，2005）1 頁，13 頁。そのほかの読解可能性として，「指定の効果が発生しているか否かは，行政処分としての一括指定の瑕疵の有無の問題でなく，一般的な条件により客観的に決まっている処分の客体の範囲が具体的にはどこまでであるかという問題であるから，これを確定するための訴訟類型は，まさに，本件のような処分の存否の確認の訴えによるべきこととなり，行政事件訴訟法 36 条所定の法律上の利益も肯定されよう」（立川淳一「コメント」訟月 49 巻 1 号（2003）303 頁，308 頁）とする見解と，本節注 67）に掲げる見解を参照。

64) 参照，雄川一郎「行政行為の無効確認訴訟に関する若干の問題」同『行政争訟の理論』（有斐閣，1986）211 頁，224-225 頁〔初出 1967〕。類似の見解として参照，小早川光郎『行政法講義　下Ⅲ』（弘文堂，2007）271-272 頁（ただし小早川については同書 332-334 頁も参照）。
　　平成 14 年最判を引用する下級審裁判例の中にも，こうした理解に立つかに見えるものが存在する。当該判決曰く，「2 項道路の指定は抗告訴訟の対象となる行政処分に当たると解される以上（最高裁平成 10 年（行ヒ）第 49 号同 14 年 1 月 17 日第一小法廷判決・民集 56 巻 1 号 1 頁参照），2 項道路に該当する土地の所有権者は，当該指定の不存在の確認を求めるにつき，法律上の利益を有するということができ，当該処分の存否を前提とする現在の法律関係に関する訴えによって目的を達成することはできないというべきである。」（東京地判平成 27 年 3 月 26 日 LEX/DB25525514）。

404

第1節　日本への導入可能性

か」と述べるのである[65]。

　以上の対立から伺えるように，「抗告訴訟の排他的管轄」を根拠として不存在確認訴訟の直截性・適切性を肯定する見解の当否は，「抗告訴訟の排他的管轄」をどう評価するかという問題の検討を踏まえなければ判断できないものである。この問題はそれ自体として立ち入った考察を要するものであって，本書ではこの考察を行うことはできない。ここでは，「抗告訴訟の排他的管轄」を根拠として不存在確認訴訟の直截性・適切性を肯定する見解を採用することも採用しないことも可能である（したがって，この根拠を用いて不存在確認訴訟を適法とする立場も，この根拠を用いずに実質的当事者訴訟を適法とする立場も，いずれもあり得る）と考えるにとどめて，「抗告訴訟の排他的管轄」という考え方によらずして不存在確認訴訟と実質的当事者訴訟を比較することを試みる。

　　　d　対案——不存在確認訴訟の機能への注目　　そうした比較を行うにあたり，本項2⑵⒝aの下線部の「場合」の該当性について一般的な判断指針を示している見解として，塩野宏の見解を参照する。

　塩野は，無効確認訴訟の機能に注目するという判断指針を示している。曰く，「無効確認訴訟は時機に後れた取消訴訟であるということに留意する必要がある。すなわち，取消訴訟の機能……のうち，原状回復機能は現在の法律関係に関する訴訟により満足させることが可能であるが，差止機能・再度考慮機能・合一確定機能は現在の法律関係に関する訴訟によっては達成し難いものである。そして，原告の求めるところが判決のかかる機能である場合には，無効確認訴訟の訴えの利益が認められてよい」[66]。

　この指針を不存在確認訴訟に応用すれば，不存在確認訴訟の（現在の法律関係に関する訴訟にはない）機能を明らかにした上で，その機能を原告が求めているといえれば，不存在確認訴訟の訴えの利益が認められてよいということになる[67]。不存在確認訴訟にいかなる機能が認められるかという問題については，

---

65)　本段落につき参照，中川丈久ほか「行政訴訟における訴えの利益（3・完）」自研98巻1号（2022）7頁，28頁〔中川発言〕。傍点原文。抗告訴訟と当事者訴訟とを峻別することが不可能であるという主張については，参照，同「行政訴訟の基本構造（1）——抗告訴訟と当事者訴訟の同義性について——」民商150巻1号（2014）1頁以下，同ほか「行政訴訟における訴えの利益（1）」自研97巻11号（2021）3頁，23-26頁〔中川発言〕。

66)　塩野宏『行政法II　行政救済法（第6版）』（有斐閣，2019）229頁。この指針と直截・適切基準説とが整合することにつき，参照，同書229-230頁。

結章　解答の提示

無効確認訴訟と不存在確認訴訟とで「訴訟上の取扱いを異にしていない」[68]という行訴法の立案担当者の見解に依拠すれば，無効確認訴訟の機能をそのまま不存在確認訴訟の機能として捉えることが可能であろう[69]。

　しかし，「原告の求めるところが判決のかかる機能である場合には」との記述に現れているように，塩野は，原告の求める内容に応じて訴えの利益の存否を判断するという態度を示す。そうすると，原告が求める内容が判決のこうした機能ではない場合には，（帰属の否定という事態についても）実質的当事者訴訟が適法とされる余地があろう[70]。

　　　e　小括　　以上の検討をまとめると，「抗告訴訟の排他的管轄」を根拠として不存在確認訴訟の直截性・適切性を肯定する見解を採用することも採用しないことも可能である（本項2⑵⒝c参照），別の判断指針に則った場合でも

---

67)　平成14年最判が行訴法36条の要件の充足を認めた根拠についても，「二項道路の一括指定に関しても，その条件の定め方などのいかんによっては，法律関係の基点である指定の存否を確定する処分存否確認訴訟がより直接的で適切な争訟形態であるといえる紛争」であったという根拠を想定する可能性が指摘されている（参照，長屋文裕「判批」判タ1125号（2003）270頁，272頁）。

68)　杉本・前掲注52）15頁。

69)　ただし，不存在確認訴訟がどのような機能を持つのか，この訴訟にどのような存在理由があるのかということをより立ち入って検討しなければ（この検討の必要性は東京大学公法研究会における連載論文書評会（2022年12月23日）での巽智彦准教授の指摘に負う），本文の問題に確実な解答を与えることはできない。

　例えば，晴山一穂「二項道路一括指定を争う訴訟形式——新司法試験・公法系科目論文式第2問に寄せて——」専修ロージャーナル2号（2007）1頁，19頁以下は，平成14年最判を題材に，不存在確認訴訟にもA・Bの2つの類型があり得ると主張して，不存在確認訴訟一般の機能を語る際にも行訴法36条の充足を判断する際にも類型ごとの検討が必要であるという理解を示唆する。曰く，「不存在確認訴訟Aは，処分そのものの違法を主張してその効力を争うものではなく，処分（2項道路一括指定）それ自体の効力はこれを前提としたうえで，特定の道路が一括指定の要件に該当しないことの確認を求める訴訟であるのに対して，無効確認訴訟・不存在確認訴訟Bは，処分自体の違法（無効・不存在）を理由にその無効又は不存在の確認を求める訴訟である」（19頁）。行訴法36条は，「原則として取消訴訟によってしか処分の効力を否定することができないという取消訴訟の排他的管轄の例外である無効確認訴訟においては，処分の無効を前提とする現在の法律関係に関する訴訟においてもその目的を達することができることが少なくないことから，両者の関係を整理するために，無効確認訴訟の原告適格を限定するという考え方にもとづいて設けられた規定である」。「同条の上記趣旨からすると，無効確認訴訟と同視できる不存在確認訴訟Bは別として，無効確認訴訟と異質の訴訟である不存在確認訴訟Aについて，無効確認訴訟と同様の見地から同条の原告適格を問題にすることが果たして妥当なのか，ということ自体が問題となってくる」（21頁）。

　対して，晴山の類型化の成立可能性に疑問を呈するものとして参照，日野辰也「処分不存在確認訴訟の意義とそれを巡る訴訟選択リスク——行政処分の不存在・存在確認等訴訟と当事者訴訟（確認訴訟）の関係性——」ニューズレター44号（2014）17頁，20頁注20。

不存在確認訴訟・実質的当事者訴訟のいずれも適法とされる余地がある（本項2(2)(b) d 参照），ということになる。したがって，不存在確認訴訟が適法となる場合もあれば実質的当事者訴訟が適法となる場合もあるということが，現時点の結論となる。

　　f　取消訴訟との選択　　直前に述べたように，不存在確認訴訟・実質的当事者訴訟を提起できる場合がそれぞれ認められるとすると，そして本項2(2)(a)で述べたように取消訴訟の提起を適法とする見解も導入できるとすると，さらに，取消訴訟・不存在確認訴訟・実質的当事者の関係が問題となる。すなわち，帰属が否定される行為について取消訴訟の提起を適法とする見解によれば，当該行為を争う訴訟類型として取消訴訟・不存在確認訴訟・実質的当事者訴訟の3つが想定されるため，これらの相互関係が問題となるのである[71]。不存在確認訴訟と実質的当事者訴訟との関係は行訴法 36 条の問題として処理され，この問題は既に本項2(2)(b) a から e で扱ったから，ここでは，不存在確認訴訟・実質的当事者訴訟のうち適法とされるほうと取消訴訟との関係を問題とする。

　ドイツにおいて，取消訴訟の提起も適法とする見解は，取消訴訟と一般的確認訴訟のいずれをも提起してよいとしていたところ，その根拠としては3つのものがあると理解できた。まず，①取消訴訟が適法となるのは類推適用の結果に過ぎないところ，類推の目的は，原告の法的地位を拡大することにあるから，

---

70) なお，本文で見た一般的な判断指針とは異なる判断指針として，近時，中川丈久は，「原告の提訴目的」をまず特定し，その目的の達成にとって適切な訴えを探るという判断指針を示す（参照，中川ほか・前掲注65)「(3・完)」24-28 頁〔中川発言〕。ただし，その後の議論の中でこの指針の修正可能性が示唆されている。同論文 33-37 頁)。この指針も参照に値するものの，第1に，ここでいう「原告の提訴目的」が純粋に原告の主観的意図を指すのかが不明確であり（特に同論文 33-37 頁における公務員法を素材とした議論を参照），指針の内容にやや不明確な点が残る。第1点は度外視しても，第2に，この指針からしても，帰属の否定という事態に関して，原告の提訴目的に応じて，不存在確認訴訟が適法となる場合もあれば，実質的当事者訴訟の提起が適法となる場合もあろうから，その限りで本文の結論に変わりはない。

71) 本節注 58) で述べたことからすると，厳密にいえば，この見解の場合，取消訴訟・無効確認訴訟・不存在確認訴訟・実質的当事者訴訟という4つの訴訟類型の関係が問題となる。しかし，本節注 59) で述べた理由からして，ここでも，無効確認訴訟と不存在確認訴訟とを区別して論じる必要はない。したがって，取消訴訟・不存在確認訴訟・実質的当事者訴訟という3つの訴訟類型の関係を問えばよい。以下，本項2(2)(b) f の記述については，専ら不存在確認訴訟について論じた箇所を除けば，必要に応じて，「不存在」の語を「無効」に置き換えることができる。

結章　解答の提示

一般的確認訴訟を不適法とすることによってこの利益を再び奪うことは一貫性を欠く，ということである。次に，②取消訴訟を適法としなかったとしたら唯一適法であったはずの一般的確認訴訟が類推の結果として許容されなくなるという事態は体系に反する帰結である，ということである。最後に，③実効的権利保護の保障，および，そこから導かれる，出訴の最大限の促進である（第2章第2節第4款第2項1⑵(b)参照）。

　では，これら①・②・③を日本に導入できるか。

　確かに，①から③のいずれもそれ自体としてはドイツに特有の根拠ではない。さらに進んで，③実効的権利保護の保障は，本項2⑵(a)で見たとおり，日本でも憲法上の要請として語られてきたものである。そうすると，③実効的権利保護の保障を根拠としてドイツの主張を日本に導入することにはより強い理由があるとも考えられる。

　しかし，①から③の理解を日本に導入することを否定する方向に働く事情がある。

　まず，①・②についていえば，①・②は，帰属の否定という事態を争うためのデフォルトの訴訟類型が一般的確認訴訟であることを前提として，類推によって＋αの訴訟類型が認められるという理解に立っていた（第2章第2節第4款第2項1⑵(b)参照）。その上で，そうした＋αを認めることによってデフォルトの訴訟類型を否定することは不当であるとの論証を行うのである。しかし，日本では，実質的当事者訴訟・不存在確認訴訟・取消訴訟の中で，デフォルト・＋αという位置付けを行うことが可能か，可能であるとしていずれがデフォルトであっていずれが＋αであるのか，について，結論を出す手がかりに欠けるように思われる。そうすると，①・②を導入するための前提が成立しないから，①・②を導入することは直ちにはできない（なお，後述する③についての第2点からすると，取消訴訟がデフォルトの訴訟類型といえるかもしれない。もっとも，こういえるとしても，この場合には，③についての第2点を論じた箇所に記載した理由からして，取消訴訟とは別に＋αの訴訟類型を想定する必要はないため，結局，①・②を導入することにはならない）。

　次に，③についていえば，2つの事情を指摘できる。

　第1に，実効的権利保護の保障の見地からして，原告が訴訟類型を選択するに際して不適法な訴訟類型を選択してしまうリスクを可能な限り低減させるこ

408

第1節　日本への導入可能性

とが要請される[72]としても，こうしたリスクを低減させる方法は，ある事態を争う訴訟類型を複数用意しておいて原告に任意に選ばせるという方法に限られない。当該事態を争う訴訟類型を一元化して明示しておくという方法も想定できるからである。

　第2に，第1点で述べたことからさらに進んで，実効的権利保護の保障が本案審理のあり方まで規律するものであること[73]に鑑みると，次のように，帰属が否定されるという事態を争う訴訟類型を，（出訴期間内であれば）取消訴訟に一元化させておくべきではないかとも考えられる。まず，組織規範に違反した行政行為（と目される行為）が行われた場合に，原告は，組織規範に違反したという事由以外に，実体的・手続的な違法事由を併せて主張しようとすることが想定される。その際注意を要するのは，不存在確認訴訟では処分が不存在であることを主張せねばならないから，処分の違法を帰結するにとどまる事由を主張するのでは勝訴できないことである[74]。したがって，前記のように複数の攻撃方法を準備している原告は，取消訴訟を提起して当該違法事由を主張する必要があることになる。とすれば，最初から，取消訴訟に一元化させておいたほうが，原告の便宜に資するのではないか。

　以上のように，①から③の理解を日本に導入することを否定する方向に働く事情があること，および，前段落で述べたことに鑑みれば，日本では，取消訴訟の提起を適法とする見解を採るならば（出訴期間内であれば）取消訴訟の提起だけを適法とすべきであると考えられる[75]。

　(c)　③法効果の不発生　　帰属の否定という事態の意味のうち，行為が本来帰属していれば発生していたであろう法効果が発生しないことについては，行為が帰属しないことの当然の帰結であって，ドイツに特有の根拠に基づいているとはいえない。ゆえに，日本にも導入できると考えられる。

---

72) 実効的権利保護の保障と訴訟選択リスクの低減との関係につき参照，神橋・前掲注50) 35-36頁。

73) 笹田・前掲注50) 1055頁は，「法律及び事実問題についての裁判所による十分な事後審査が保障されるような裁判手続の形成」も実効的権利保護の保障の中に取り入れている。

74) これに対して，処分の不存在を前提とする実質的当事者訴訟の場合には，本文と異なる扱いを想定できるかもしれない。

75) ただし，こう考える場合には，そもそも取消訴訟（および無効確認訴訟）とは別に不存在確認訴訟を置いた意義が失われるのではないかという疑問が生じ，不存在確認訴訟の存在理由が再び問われることになる（本節注69) 参照）。

409

結章　解答の提示

　(d)　④結果除去請求権の発生　　帰属の否定という事態の意味のうち，結果除去請求権の発生について検討する。

　ドイツにおいて結果除去請求権の発生を認めていた見解は，その根拠として，基本権の防御機能と法律の留保を挙げていた。すなわち，私人は，侵害が法律に根拠を持って行われる場合に限り侵害を受け入れねばならないところ，侵害規範の定める形式的要件・実体的要件が充足されない場合には，帰属が否定される行為による侵害も違法であって除去されねばならないということであった（第2章第2節第4款第2項2(1)(b)参照）。この根拠もドイツに特有の根拠ではなく，日本に導入することは可能であろう[76]。

　ただし，以下の2点に鑑みて，本書では，"帰属の否定という事態についても結果除去請求権が発生し得る"という程度の理解にとどめておく。

　第1に，ドイツでも，結果除去請求権が発生するための厳密な要件について，帰属の否定という事態を念頭に置いた議論が十分に展開されていたわけではない。そのため，結果除去請求権の一般的な議論[77]を参考にしつつ，なお議論を拡充する必要がある。

　第2に，結果除去の方法として，ドイツでは，①行手法48条の類推適用による取消し，②外観上の行政行為に効力がないことを主文において確認する行政行為，③裁判判決が挙げられていた（第2章第2節第4款第2項2(1)(b)参照）。このうち①は，日本でいえば，職権取消しの根拠規定がある場合にはその類推適用ということになる（③については本項2(2)(a)での検討を参照）。しかし，本項2(2)(f)で述べるように，こうした職権取消しの規定は当然には類推適用されない。したがって，結果除去の方法として想定される内容についても，なお議論を拡充する必要がある。

　(e)　⑤象徴的な意味　　帰属の否定という事態に対し，無効とは異なる象徴的な意味を認めていたドイツの見解は，「憲法国家は，自らの民主的正統化

---

　76)　山本・前掲注13) 394頁は，「ドイツにおいて結果除去請求権・結果除去負担として論じられる問題」を日本においても「ドイツの議論を参考に」検討する方針を提示しており，その検討は事実行為についても及んでいる（参照，同書404-423頁）。

　77)　事実行為と結果除去請求権との関係，および，結果除去請求権の一般論につき，参照，高木光「公共事業の差止」同『事実行為と行政訴訟』（有斐閣，1988) 33頁，36-66頁〔初出1982〕，同「事実行為と行為形式論」同書99頁，165-172頁〔初出1982〕，山本・前掲注13) 404-423頁，太田照美「ドイツにおける公法上の結果除去請求権の根拠」同『ドイツにおける公法上の結果除去請求権の研究』（有信堂，2008) 48-100頁〔初出2000〕。

410

要請，政治的受容要請，法的妥当要請に鑑み，ばかげた（unsinnigen）・意味の
ない国家行為の外観のいずれにも自らを同一化しては（あるいはさせては）なら
ない」ということを根拠としていた（第2章第2節第4款第2項2⑴(c)参照）。こ
の根拠も，それ自体としては，ドイツに特有の根拠に基づいているものではな
い。ゆえに，日本にも導入できると考えられる。

　ただし，本書では，"帰属の否定という事態に無効とは異なる象徴的な意味
を認める可能性がある"という程度の理解にとどめておく。なぜなら，こうし
た憲法国家における諸要請の内実は不明確である（第2章第2節第4款第2項2
⑴(c)参照）ため，象徴的な意味を認める立場を実際に導入しようとするならば，
これらの点を明確にした後でなければならないからである。

　　(f)　⑥法的仕組みの適用　　帰属が否定される行為について，行政行為に
関する実体法上の法的仕組みの適用が除外されるか否かについて検討する。ド
イツにおいては，一方で，連邦行政手続法の諸規定を適用しない見解の根拠，
さらには，行為の存在を構成要素とする法的仕組みの全般を適用しない見解の
根拠は，"連邦行政手続法やそうした法的仕組みは，行政行為が存在している
ことを前提としていること"にあった（第2章第2節第4款第2項2⑵(a)・(b)参
照）。他方で，そうした規定の（少なくとも一部の）類推適用を認める見解は，
明示的には，なおさら論法を根拠としていたが，さらに遡れば，外観への私人
の信頼を保護すべきという価値判断を根拠としていたと解釈できた（第2章第
2節第4款第2項2⑵(a)参照）。

　これらの根拠はそれ自体としてドイツに特有のものではない。さらに進んで，
いずれの根拠にも類似する理解を日本にも見出すことができる。

　一方で，日本にも，"行政の行為に関するある規定は，その行為が存在して
いなければ適用されない"という前提に立つ理解が存在する。所掌事務の範囲
を越えた行政指導には行手法 32 条以下の規定が適用されないという理解は
（序章第2節第2款第2項1⑴参照），そうした前提に立つものとも理解できる。

　他方で，そうした前提に立つと理解できる論者による記述の中にも，外観へ
の私人の信頼を保護すべきという判断に基づいてある規定の適用を認めている
かのような記述を見出せる。興津征雄曰く，「外形上行政指導の形式をとって
いる行為については，任務・所掌事務の範囲や行政目的を逸脱していても，こ
れらの規定の適用を免れると解するのは妥当ではない。そうすると，任務・所

411

掌事務を逸脱する行為も他の要素が満たされる限り行政指導としてこれらの規定の適用を認めた上で，36条の2（行政指導の中止等の求め）の適用場面などにおいては違法の評価を受けると解するのが相当であるように思われる」[78]。確かに，この記述は，"組織規範に違反した行為の帰属を否定した上で，しかし，帰属が否定される行為にもある規定を類推適用できるとする"という思考ではなく，"当該規定の適用に関しては当該行為の帰属が肯定されているとみなす"という思考を示すものと理解できるため，ドイツの議論と全く同じとはいえない。また，行手法32条以下「の規定の適用を免れると解するのは妥当ではない」という判断の根拠も明らかではない。しかし，少なくとも「外形」に着目した上である規定の適用を認めていること，また，「妥当ではない」という判断の背後に，外観への私人の信頼を保護すべきという価値判断を措定することは不可能ではないことを，それぞれ指摘できる。

　そして，前段落・前々段落で示した，日本に見出せるこれらの理解の当否を論じる材料は，現時点では見出せない。

　以上からすれば，ドイツにおいて提示されていた，帰属が否定される行為について，行政行為に関する実体法上の法的仕組みの適用を除外する立場も，除外せずに類推適用する立場も，現時点では導入できると考えられる。ただし，どの法的仕組みが適用されるのか・適用されないのかについては，ドイツの議論を導入しても十分な解答を示すことができない。ドイツには，行政行為に関する連邦行政手続法上の規定をすべて適用しない立場も，一部を類推適用する立場も，さらに行為の存在を構成要件とする法的仕組みの全般を適用しない立場も存在したところ，いずれの立場についても，その当否を検討する手がかりが欠けるからである。

(3) 日本への導入可能性その2

　本項2(2)で検討してきたように，帰属の否定という事態の裁判上の意味についてのドイツの議論は，いずれも日本に導入する可能性を肯定できる。具体的には次のようになる。帰属が否定される行為に対しては，①取消訴訟・無効確認訴訟の提起が不適法であると考える可能性も認められるし，取消訴訟（および無効確認訴訟）の提起は適法であると考える可能性も認められる。また，②

---

78) 興津征雄『行政法Ⅰ　行政法総論』（新世社，2023）320頁。

行訴法36条に従って，処分不存在確認訴訟または実質的当事者訴訟のいずれ
かの提起が可能である（ただし，①のうち取消訴訟（および無効確認訴訟）の提起は
適法であると考える見解を採る場合においては，出訴期間内であれば，取消訴訟の提起
だけを適法とすべきである）。③帰属が否定される場合，当該行為が帰属してい
れば発生していたであろう法効果は発生しない。④帰属が否定される場合にも，
結果除去請求権が発生し得る。⑤帰属の否定という事態に無効とは異なる象徴
的な意味を認める可能性がある。⑥帰属が否定される行為には，行政行為に関
する実体法上の法的仕組みを適用しない可能性も認められるし，これらの法的
仕組みを（部分的に）類推適用する可能性も認められる。

　このように整理できるとすれば，帰属の否定という事態の意味という本項2
(2)で扱った問題の次の問題である，帰属の否定という事態を把握する概念如
何・その性格という問題に関しても，ドイツにおける整理（本項2(1)(b)参照）を
基本的にはそのまま導入できることになる。

　具体的には次のようになる。まず，③行為が帰属していれば発生したであろ
う法効果が発生しないことは認めてよい。問題は，それ以上の意味を認めるか
否かである。仮に，①のうち取消訴訟・無効確認訴訟の適法性を否定するとい
う意味，⑥のうち行政行為に関する実体法上の法的仕組みを（部分的には）適
用しないという意味の少なくとも一方を認めるとすれば，帰属の否定を把握す
る概念（非（行政）行為・外観上の（行政）行為）は道具概念としての性格を持つ
ことになろう。他方で，これら2つの意味のいずれも認めない，すなわち，行
政行為の外観があれば取消訴訟（および無効確認訴訟）は適法に提起できると考
え，また，行政行為に関する実体法上の法的仕組みが帰属が否定される行為に
もすべて類推適用されると考えるとすれば，帰属の否定には無効と異なる解釈
論上の意味は認められない。とはいえ，この場合に，⑤行政行為の無効とは異
なる象徴的な差異があると理解して無効とは別の概念（非（行政）行為・外観上
の（行政）行為）を立てるか，③行為が帰属していれば発生したであろう法効
果がないという点（および②・④の意味）のみに注目して無効で把握するか，の
選択肢がある。前者の選択肢を選んだ場合でも，この別の概念は認識概念にと
どまる。

結章　解答の提示

3　組織規範に違反した行為の帰結その2

本項3では，本項1の末尾で示した順序に沿い，本項2の考察を踏まえて，組織規範に行為が違反した場合の帰結について，一定の操作を加えて帰属を肯定すべきか否かを改めて考察する。

ドイツでは，一定の操作として，管轄の推定・国家責任法の参照・権利外観法理という操作が提示されていた。このうち，管轄の推定という操作については，帰属が否定される行為に対する取消訴訟の提起を適法とするための操作であると理解できた（第2章第2節第1款第1項2⑵参照）。後二者の操作についてはいかなる目的のためにそうした操作を加えるのかが明確にされていなかったが，管轄の推定という操作と同様の目的のものであると理解することは可能であろう。

こう理解すると，問題は，帰属が否定される行為に対する取消訴訟の提起を適法とするためにこうした操作を加えるべきか，ということになる。この問題については，こうした操作を加えるべきではないと考えられる。なぜなら，第1に，取消訴訟の提起を適法とするための手段は，こうした操作を加えるという手段だけではなく，取消訴訟を提起するために要求される行政行為の存在を行政行為の外観の存在として解するという手段も想定できるからである（本項2⑵⒜参照）。第2に，さらに進んで，取消訴訟の提起を適法とするための手段としては，現時点において，後者の手段のほうが優れていると理解できるからである。第2点を敷衍すれば，少なくともドイツでは，こうした一定の操作がいかなる場合に加えられるべきかを判断するための要件が十分には検討されておらず，また，侵害的行政行為についてこうした操作が加えられるのかも明確でなかった。対して，行政行為の外観の存在と解するという手段については，いかなる場合に行政行為の外観があるといえるかについて（曖昧さは残るもの）一定の判断基準が既に示されている[79]。したがって，一定の操作を加えるという手段は，取消訴訟の提起を適法とするための手段として，相対的にはより曖昧であるといえるのである。

以上からすると，現時点では，組織規範に違反した行為については，一定の

---

79) 田中・前掲注55) 136-137頁注1は，行政行為の外観の存否を，「社会の通念に従い，外観上，行政行為としての存在を肯定するに相当するだけの表象をそなえているかどうかによって判断する」と述べ，そうした表象がそなわっていない場合の具体例も挙げている。

414

第1節　日本への導入可能性

操作を加えて帰属を肯定すべきではなく，帰属を否定するという帰結を生じさせるべきであると考えられる（念のために確認すれば，帰属を否定した上で，さらに別の問題として，本項2で検討した訴訟法上・実体法上の規定の類推適用の可否等を考えていくことになる）。

第2節　解　　答

　前節での検討により，本書が設定した問題に対して一応の解答を与えられる。
改めて確認すれば，本書は，以下の問題を設定していた。

　第1に，組織規範は裁判規範性を持ち得るか。この問いは大きく分けて2つ
に細分化され（(i)・(ii)），2つ目はさらに細分化される（(ii-1)・(ii-2)）。(i)あ
る法規範が取消訴訟における裁判規範性を持つためには，当該法規範が外部効
果を持つことが必要か，必要であるとして，その外部効果の内実はいかなるも
のか。(ii-1)裁判規範性を持つための条件として法規範の外部効果を要求し，
かつ，外部効果の内実を行政の義務付け・私人の権利利益の保護と考えるとし
て，組織規範はこれらの外部効果を持つか。(ii-2)私人の権利利益を保護する
とすれば，そこでの私人の権利利益はいかなるものか。

　第2に，行政行為と目される行為が組織規範に違反した際の帰結はいかなる
ものか。この問いは大きく分けて2つに細分化され（(iii)・(iv)），それぞれさらに
細分化される（(iii-1)・(iii-2)・(iii-3)，(iv-1)・(iv-2)）。(iii-1)自然人の行為を
行政主体へと帰属させるという性質を，組織規範に結合させるか否か，組織規
範のみならず根拠規範にも結合させるか，これらの選択を支える理由は何か。
(iii-2)組織規範のみに結合させるとして，すべての組織規範に結合させるか，
一部の組織規範のみに結合させるか。これらの選択を支える理由は何か。(iii
-3)帰属の対象は，行為・法効果のいずれか。(iv-1)すべてのまたは一部の組織
規範が帰属と結合するとして，それに違反した際の帰結はいかなるものか。
(iv-2)帰属を否定することは，いかなる意味を持ち，いかなる概念によって把
握されるか。

　以上の問題に対する解答は次のとおりである。

　第1の問題について。

　(i)取消訴訟が行政行為を対象とするものであること，行政行為の法規範違反
に対する帰結が外部関係で問題となることから，ある法規範が取消訴訟におけ
る裁判規範性を持つためには，当該法規範が外部効果を持つことが必要である。
外部効果の内実については，ある法規範が違法性判断基準となる場合と，ある

416

法規範が取消訴訟の対象である行政行為の存否の判断基準となる場合とで異なる。前者の場合には，取消訴訟は個人の権利を保護する訴訟であるとの理解，および，行訴法 10 条 1 項の解釈に関する議論状況からして，行政を義務付け，私人に権利を付与することが必要であると解することが合理性を有する。後者の場合には，取消訴訟は個人の権利を保護する訴訟であるとの理解からの要請が及ばない等の理由から，行政を義務付けることが必要であるにとどまる。

（ii-1）組織規範のうち少なくとも官庁管轄規範については，（ii-2）法治国原理から導出される機関適性の原理を媒介として，行政を義務付け私人に権利（管轄を持つ官庁の行為を求める権利）を付与する外部効果を持つといえる。

第 2 の問題について。

（iii-3）行政の概念・権限の自己遂行義務等の根拠により，行政主体に対しては行為を帰属させることが必要である（なお，行為が帰属する結果として法効果も帰属する）。

（iii-1）一方で，①代表によって帰属が生じると考える，②代表の要件として行為が代表力の範囲内であることが必要であると考える，③代表形態のうち機関性の特質として，帰効のみならず帰属を可能にし，また，代表力を定めるのが組織規範であるという理解を採る，④自然人から法人までの複数の帰属段階においていずれも機関性を採用する，という 4 つの条件を満たした場合に，組織規範と帰属とが結合する。他方で，これらの条件の 1 つでも満たされない場合には組織規範と帰属とが結合しない。日本では①から④の条件を満たすと考えられるため，組織規範と帰属とが結合する。これに対し，根拠規範にも帰属を結合させる理由は現時点では見出せないため，根拠規範と帰属とは結合しない。

（iii-2）組織規範と帰属とを結合させる場合，どの組織規範が帰属と結合するかは，ある組織規範が代表力を積極的に基礎付ける・あるいは限定する性格を持つか否かによって決まる。代表力を積極的に基礎付ける規範としては管轄規範が挙げられ，それ以外の組織規範は代表力を限定する性格を持ち得る。管轄規範以外の組織規範が代表力を限定する性格を持つか否かは，当該規定の解釈に依って判断される。

（iv-1）代表力を積極的に基礎付ける組織規範あるいは代表力を限定する組織規範に違反した場合，自然人の行為の行政主体への帰属が否定される。

結章　解答の提示

　(iv-2)帰属を否定することの訴訟法上・実体法上の意味については，次のようになる。①帰属が否定される行為に対して，取消訴訟・無効確認訴訟の提起が不適法であると考える可能性も認められるし，取消訴訟（および無効確認訴訟）の提起が適法であると考える可能性も認められる。②帰属が否定される行為に対して，行訴法36条に従い，処分不存在確認訴訟または実質的当事者訴訟のいずれかの提起が可能である（ただし，①につき取消訴訟（および無効確認訴訟）の提起が適法であると考える見解を採る場合においては，出訴期間内であれば，取消訴訟の提起だけを適法とすべきである）。③帰属が否定される場合，当該行為が帰属していれば発生していたであろう法効果は発生しない。④帰属が否定される場合にも，結果除去請求権が発生し得る。⑤帰属の否定という事態に無効とは異なる象徴的な意味を認める可能性がある。⑥帰属が否定される行為には，行政行為に関する実体法上の法的仕組みを適用しない可能性も認められるし，これらの法的仕組みを（部分的に）類推適用する可能性も認められる。

　以上①から⑥のうち，③は認めてよい。それ以外の中で，①のうち取消訴訟・無効確認訴訟の適法性を否定するという意味，⑥のうち行政行為に関する実体法上の法的仕組みを（部分的には）適用しないという意味，の少なくとも一方を認めるとすれば，帰属の否定を把握する概念（非（行政）行為・外観上の（行政）行為）は道具概念としての性格を持つことになる。他方で，これら2つの意味のいずれも認めない，すなわち，行政行為の外観があれば取消訴訟（および無効確認訴訟）は適法に提起されると考え，また，行政行為に関する実体法上の法的仕組みが帰属が否定される行為にもすべて類推適用されると考えるとすれば，帰属の否定には無効と異なる解釈論上の意味は認められない。とはいえ，この場合に，⑤行政行為の無効とは異なる象徴的な差異があると理解して無効とは別の概念（非（行政）行為・外観上の（行政）行為）を立てて把握するか，③行為が帰属していれば発生したであろう法効果がないという点（および②・④の意味）のみに注目して無効で把握するか，の選択肢がある。前者の選択肢を選んだ場合でも，この別の概念は認識概念にとどまる。

418

第3節　展望と現代的展開

　前節の解答を示したことによって本書の課題は一応遂行された。本節では，本書が扱った問題および当初の問題関心に対する今後の展望，および，本書の議論と現代的な議論との接続を示し，それらとの関係における本書著者の今後の課題を提示する。

　具体的には，第1に，前節の解答を見直す可能性を展望し，この展望との関係で今後の課題を提示する（第1款）。第2に，組織規範と他の法規範の同異の解明という当初の問題関心に対して本書の作業から得られる展望を整理し，この展望との関係で今後の課題を提示する（第2款）。第3に，本書の扱った問題・議論が，情報通信技術の進展に伴って生じている現代的な議論と接続することを説明し，この現代的な議論との関係で今後の課題を提示する（第3款）。

第1款　解答を見直す必要性

　本書は，序章第2節第3款第2項1で設定した問題に対して，ドイツ公法学の議論を導入するという方法を採用して解答を提示した。この方法を採用したことからして，ドイツ公法学では十分な議論がなかった点，および，ドイツ公法学の議論を日本にそのまま導入できなかった点については，本書が示した解答は不十分なものにとどまらざるを得ない。具体的には，大きく分けて次の2点に関して，本書が示した解答を見直す必要性が特に大きい。

　第1に，どの規範が代表力を規律しているかという点である。(i)まず，組織規範のみが代表力を規律するのか，根拠規範も代表力を規律するのかという問題[1]について，本書は，教科書における Wolff の見解が，従来の Wolff の見解と整合しないにもかかわらず明確な根拠を示していなかったことを指摘したにとどまる（本章第1節第2款第1項2(2)参照）。そこで，ドイツ公法学の議論の当否・導入から離れて，さらに検討を深める必要性があろう。(ii)次に，組織規範

---

[1] この問題についての検討の不十分さは，東京大学公法研究会における連載論文書評会（2022年12月23日）での西上治准教授・興津征雄教授の指摘に負う。

結章　解答の提示

が代表力を規律しているとして，いかなる組織規範が代表力を規律しているのかという問題については，本書が扱ったドイツ公法学の議論には十分に具体的な主張を見出せなかった。この点については，ゲマインデを義務付ける意思表示に関してドイツで若干の議論がある[2]ため，そうした議論を参考にする余地が残っている。

　第2に，帰属の否定という事態の意味，および，この事態を把握する概念如何・その性格という点である。本書では，ドイツで示されていた訴訟法上・実体法上の意味のいずれも日本に導入可能であり，帰属の否定という事態を把握する（無効と異なる）概念は認識概念・道具概念いずれの性格も持ち得るという解答を示した。この解答からさらに進んで，帰属の否定という事態の意味をより明確にするためには，ドイツで示されていた意味のうちいずれを認めるべきか，認識概念・道具概念のいずれの性格を認めるべきかをより立ち入って検討することが必要になる。特に，取消訴訟の適法性の否定・法的仕組みの適用除外という意味を認めるべきかを検討するに際して重要になるのは，外観に対する私人の信頼の保護という要請を（どの程度）働かせるかという問題であろう。この問題については，私人の信頼の保護に関する一般理論に遡って検討する必要があるかもしれない。

　以上2点に関してさらに議論を展開するための方法としては，ドイツの民事法学まで視野に入れた検討を行う，ドイツのみならず他の国の議論も参照する[3]，外国法の参照に加えて（あるいは外国法を参照せず）日本の法学一般の知

2）行政主体として基本的に国を念頭に置いた本書では十分に扱えなかったが，z.B. vgl., *Liselotte Günniker*, Rechtliche Probleme der Formvorschriften kommunaler Außenvertretung, 1984, S.65-109, *Ulrich Stelkens*, Verwaltungsprivatrecht, 2005, S.210-216.

3）他の国の議論も参照するということとの関連でいえば，本書の第1の問題のうち，ある法規範が取消訴訟における裁判規範性を持つための条件如何という問題についても，解答を見直す必要性を，次のように指摘できる。ある法規範が取消訴訟における裁判規範性を持つための条件は，どのような裁判制度（特に取消訴訟制度）が採られているかによって変わり得るところ，本書の解答は，権利保護制度として取消訴訟制度を採用するドイツの行政裁判制度に依拠した（正確には，ドイツの行政裁判制度の理解に依拠して日本の裁判制度を理解した）ものとなっている。しかし，例えば，フランスの行政裁判制度（特に越権訴訟）を参照した場合には，本書の解答も変わり得るであろう（なお，フランス行政法学においても，組織規範違反に相当する議論を見出すことは可能である。例えば無権限の瑕疵が越権訴訟における取消事由の一種とされていることにつき参照，阿部泰隆『フランス行政訴訟論——越権訴訟の形成と行政行為の統制——』（有斐閣，1971）79-81頁〔初出1968-1969〕）。本注に記載したことの検討の必要性は，巽智彦准教授の指摘に負う。

420

第3節　展望と現代的展開

見を用いて議論を構築する，といったものが想定できる。いかなる方法を採用するにせよ，さらに議論を展開することは本書著者の今後の課題となる。

第2款　当初の問題意識に対する展望

　前款で示したように，本書が示した解答はあくまでも一応のものに過ぎないが，本書の作業だけからしても，組織規範と他の法規範の同異の解明という本書の当初の問題関心に対して，次の展望を獲得できる。

　組織規範と本書で扱った2つの性質との結合に関する理論構成・その選択の基準が前節までで示したものであると考えるとき，組織規範にこれらの性質を結合させることは可能であるといえよう。しかし，背後の理論構成を明示したことで，これらの性質が組織規範に特有のもの（特質）といえるかについて疑いが生じる。2点に分けて指摘する。

　第1。今後さらに検討を進め，"管轄規範以外の組織規範の一部が，取消訴訟において裁判規範となるために要請される外部効果を持たず，取消訴訟において裁判規範性を持たない"という結論を得た場合には，取消訴訟において裁判規範性を持たない（こともある）という性質を組織規範に結合させることになる。しかし，違法性判断基準にならないという意味での裁判規範性の欠如に注目すると，この事態は，"行政作用法に属する一部の法規範の中に，私人に権利を付与しているとはいえないものが存在し，その結果として当該規範は取消訴訟において違法性判断基準とならない"という事態と異ならないのではないか。

　第2。代表形態として機関性を採る場合においても，組織規範に分類されるとは直ちにはいえない「形式規範」により代表力の制限をする立場が示された（第2章第1節第4款第2項1(3)参照）。この立場からすれば，自然人の行為を行政主体へと帰属させるという性質も組織規範に特有のものとはいえないのではないか。

　これらの疑問に対する応答は組織規範以外の法規範についての検討を行わなければ示せず，本書はこの検討を行っていないため，前々段落・前段落で述べたことは仮説にとどまる。しかし，他の法規範についても検討し，前記2つの性質が組織規範の特質とはいえないとの結論を得た場合には，何らかの意味で

421

結章　解答の提示

組織規範が他の法規範との差異（特質）を持つという前提（序章第1節第1款第
1項参照）をなお維持するのであれば，前記2つの性質とは異なる特質を解明
する必要が生じる。

　では，こうした特質の解明はいかに行われ得るか。以下，行政統制における
機能の仕方に着目することを前提として，この問いについて（網羅的でないも
の）展望を示す。

　本書は，①これまでの行政作用法の考察において，「裁判規範として果して，
またどのように有効に働くか」という観点から議論が行われてきたという認識
の下，②行政行為と目される行為が組織規範に違反した場合に，当該行為の取
消訴訟において，組織規範がはたしてまたどのように有効に働くか（どのよう
な紛争解決が与えられるか）という視座を設定して（序章第1節第2款第2項3参
照），組織規範の2つの性質の検討を行った。これらの①認識・②視座に関連
して，本書とは異なる形で組織規範の特質を解明する可能性が示される。

　第1に，①認識に関連して，次の可能性を提示できる。まず，前記の認識は，
行政法を裁判規範としてのみ考察することに対する批判を行う文脈で示される
ことが多く，この批判を行う論者は，行政法の行為規範としての機能に注目す
る立場を提示した（序章第1節第2款第2項3(2)参照）。この議論の仕方に鑑みる
と，行政統制における機能の仕方に着目して組織規範の特質を考察するといっ
ても，本書とは異なる視座を設定する可能性があるといえる。例えば，前記の
立場に親和的な考え方として，行政法学を「制御学（Steurungswissenschaft）」
として捉えるドイツの近時の考え方があるところ，この考え方に則り，行政の
制御のあり方において組織規範と他の法規範とを比較するという視座を想定で
きる[4]。

　もっとも，前段落で示した立場は，行政法を裁判規範としての機能において
考察することの必要性を否定しない。したがって，この立場においても，組織
規範の裁判規範としての機能において特質を見出せるのであれば，本書の示し
た①認識に基づく検討がなお意義を持ち得る。

---

4) Z.B. vgl., *Eberhard Schmidt-Aßmann*, Das allgemeine Verwaltungsrecht als Ordnungsidee,
2.Aufl., 2004, 5.Kap. Tz.10, *Gunnar Folke Schuppert*, Verwaltungsorganisation und Verwaltung-
sorganisationsrecht als Steuerungsfaktoren, Rn. 10-19, in: *Wolfgang Hoffmann-Riem* u. a.
(Hrsg.), GVwR Bd. I , 2.Aufl., 2012.

そこで，第2に，組織規範の裁判規範としての機能において，本書とは異なる形で組織規範の特質を見出せるか，という点が問題となる。本書は，行政行為と目される行為に対し私人が取消訴訟を提起する場面を想定する，前記②の視座を設定していた。しかし，行政活動が裁判において統制されるのは行政行為の取消訴訟に限られず，訴訟類型として，日本では，抗告訴訟の各類型，公法上の当事者訴訟，機関訴訟，国家賠償請求訴訟，住民訴訟等が想定される。したがって，それぞれの訴訟類型ごとに組織規範が（いかに）機能するかを考察する必要があるところ，この考察において組織規範の特質が見出され得る。

このように，組織規範の特質は本書の作業とは別の形で解明され得る。この解明を進めていくことは，本書著者の今後の課題となる。

第3款 現代的展開——情報技術の進展との関係

組織規範の特質が本書の作業とは別の形で解明され得るとしても，組織規範の取消訴訟における裁判規範性の有無の問題，組織規範に違反した行政行為の取消訴訟における帰結の問題が重要性を失うわけではない。むしろ，これらの問題は，情報技術の進展に伴って，現代的な展開を見せつつあり，重要性を増しつつある。以下，情報技術の進展が行政法学にいかなる課題をもたらしているかを簡単に確認した後（第1項），その課題との関係で，本書が扱ってきた問題・議論が，情報技術の進展に伴って生じている現代的な議論と接続することを説明し，この現代的な議論との関係で今後の課題を提示する（第2項・第3項）。

第1項 情報技術の進展と行政法学の課題

「社会問題の解決の最前線に立つ行政法学はこれまで，」情報「技術の発展によって生じたさまざまな法的課題に対処してきた」[5]。特に，「2010年代後半に入ると，人工知能（AI）やロボット技術が実用段階に近づき，ネットワークと接続させることで，収集した情報に対応した様々な自動処理が行えるようになってきた」[6]。こうした「情報通信技術が行政活動の態様そのものに及ぼす

5）原田大樹「情報通信技術の展開と行政法」同『公共部門法の組織と手続』（東京大学出版会，2024）253頁〔初出2020〕。

結章　解答の提示

影響を分析し，AIやロボット技術を用いた新たな形態の行政活動に対する法的コントロール可能性を確保することも，行政法総論の将来にわたる重要な理論的課題である」[7]。

　ここでいう「AIやロボット技術を用いた新たな形態の行政活動」が現在行われていること，将来的に行われるであろうことは，日本でも既に紹介されている[8]。そうした行政活動の中でも，アルゴリズムを用いた「全自動化行政行為」（以下，本款において「行政行為」と「行政処分」とを互換的に用いる）が特に重要であろう。なぜなら，第1に，行為形式の中でも行政行為が今日においてなお重要だからであり，第2に，行政行為については，情報技術の進展に伴って，部分的な自動化ではなく完全な自動化が（将来的に）実現することが注目されている[9]からである。

　では，全自動化行政行為に対する法的統制の可能性をどのように確保すべきか。この問いに対し原田大樹は次のような見通しを示す。

　一方で，「行政処分の全自動化によって，人間が決定に関与しなくなった場合，その誤りを正すプロセスとしての（人間の判断が下されうる）行政上の不服申立てや行政訴訟には，現在より大きな意味が与えられる可能性がある」[10]。

　他方で，アルゴリズムや「AIによる意思決定のメカニズムが透明性を保つことができない場合には，事後的統制を効果的に行う手段が不足する可能性がある。また，情報をめぐる権利・利益の侵害の態様の中には，関係者に気づかれにくいものも多く存在する。そうすると，行政処分の全自動化の適正性を担

6）原田・前掲注5）253-254頁。なお，AIには様々な種類が想定されるところ，本書は，様々な種類のAIを広く視野に入れるために，官民データ活用推進基本法2条2項における「人工知能関連技術」の定義，すなわち，「人工的な方法による学習，推論，判断等の知的な機能の実現及び人工的な方法により実現した当該機能の活用に関する技術」という定義を採用する。この定義が「より幅広くAIを包摂する概念」であることにつき参照，宍戸常寿「ロボット・AIと法をめぐる動き」弥永真生＝宍戸常寿編『ロボット・AIと法』（有斐閣，2018）1頁，8頁。

7）原田・前掲注5）272頁。

8）関連文献を含めて参照，松尾剛行「行政におけるAI・ロボットの利用に関する法的考察」情報ネットワークローレビュー17巻（2019）92頁，94-97頁，同「ChatGPT時代の行政におけるAIの利用にあたっての法的課題　AIの利用に伴う透明性の問題（1）」戸籍時報842号（2023）61頁，63-65頁。

9）参照，原田・前掲注5）266-269頁，飯田森「全自動行政行為の性質と課題（1）──ドイツ連邦行政手続法35a条をめぐる議論から」自研100巻3号（2024）126頁，126-127頁。

10）原田・前掲注5）268頁。

424

保する制度的な枠組として，行政争訟に過大な期待をかけることはできず，それ以外の手段（例えばリスクアセスメントや恒常的なモニタリングのしくみ）をむしろ中心に据えるべきかもしれない」[11]。

以下，この見通しに沿って，全自動化行政行為を争訟の場面において統制する局面（第2項）と争訟以外の場面において統制する局面（第3項）とに分け，説明を続ける。

第2項　全自動化行政行為の争訟の場面における統制

本項では，便宜上，全自動化行政行為に対する争訟の中でも取消訴訟を取り上げることとする。

取消訴訟では，全自動化行政行為（と目される行為）が，行政処分の全自動化を規律する法規範に違反していないか，が問題となる。ゆえに，行政処分の全自動化「の誤りを正すプロセス」たる取消訴訟を実効的に機能させるためには，行政処分の全自動化を規律する法規範を構想することが必要となろう。日本においてそうした法規範を構想する際に参考になるものとして，ドイツ連邦行政手続法（以下「行手法」という）35 a 条（「法規定により認められ，裁量も判断余地も存在しない場合に限り，行政行為は，完全に，自動化された装置により発出されることができる。」）がある。ドイツでは，行手法35 a 条に違反した行為の帰結を含めて，この条文に関する議論が様々に展開されており，日本でも，そうした議論の紹介・検討が行われている[12]。

11）原田・前掲注5）268 頁。

12）主要なものとして，須田守「処分全自動発布手続と調査義務」論叢 184 巻 4 号（2019）1 頁以下，山本隆司「行政の情報処理行為に適用される比例原則の意義と限界」大橋洋一＝仲野武志編『髙木光先生退職記念論文集　法執行システムと行政訴訟』（弘文堂，2020）155 頁，177-178 頁，飯田・前掲注9）126 頁以下。

ただし，ドイツの議論を特に参照する必要性がどこにあるかについては検討の余地がある。この検討の必要性を意識させる主張を土井翼が示している。すなわち，イタリアの議論を参照する，土井翼「自動決定・IT 裁判・AI 判決——イタリアにおけるデジタル行政裁判——」一橋法学 23 巻 1 号（2024）107 頁以下は，行政処分の全自動化を含む「行政裁判の IT 化は制度的文脈に依存する程度が低い」という「性質〔を持つ〕故に，デジタル行政裁判に関する議論は国内法の枠を超えた一般理論としての性質を帯びやすい。しかし，まさにそうした一般理論に焦点を合わせるとすれば，敢えてイタリアにおける議論に検討対象を限定する理由は，少なくとも理論的には乏しくなる」（109 頁。139-140 頁も参照）と述べつつ，「イタリア行政法学に固有の議論を参照する必要」性を明示した上で（109-110 頁），検討を行っている（111-140 頁。本書の以下の議論に関わりが強い箇所として 111-120 頁）。

結章　解答の提示

1　行政行為の全自動化を規律する法規範を組織規範として捉える見解

本書の見地から興味深いのは，この行手法35 a条を組織規範として捉える見解がドイツにおいて提示されたことである。その見解を示したのは，本書でもたびたび登場したUlrich Stelkensである。Stelkens曰く，行手法35 a条に違反した行政行為には行手法「45条・46条も適用できない。なぜなら，35 a条では，手続規範ではなく組織規範が問題となっているからである」[13]。

もっとも，この説明だけでは，なぜ行手法35 a条が組織規範として捉えられるのかという疑問が残る。この疑問への解答を求めてStelkensの論稿を見ると，Stelkensは別の箇所で解答の手がかりを示している。まず，Stelkensは，「行政手続の完全自動化の問題は，官庁内部での作業過程の組織（Organisation des Arbeitsablaufs）に関する一般的な問題である」[14]と説明し，この説明を行うに際して，「行政手続と，過程としての組織（Ablauforganisation）または事務処理過程との区別について」，Jan Ziekowの論稿の参照を指示し，「さらに」と続けて，Martin Eifertの論稿およびStelkens自身の別の論稿の参照を指示している[15]。そして，ここで指示されたStelkensの論稿を確認すると，行政手続の完全自動化の問題を組織規範の問題として捉えるための思考が説明されているのである。

当該論稿においてStelkens曰く，「『情報行政法』と呼ばれることがあるところのものも，デジタル革命および電子政府に係る議論に密接に結びついている。情報行政法において問題となるのは，……国家の持つ情報への個人のアクセスだけではなく，情報のさらなる利用に関する法，公衆情報や公開のための作業の問題，データバンクとプラットフォームの設立，官庁間での情報交換に関する法，そして最後にオープンデータとオープンガバナンスの議論に関連する諸問題である。それに伴い，情報行政法は，とりわけ……，組織，および，行政が様々な関係で集積し準備した知識の利用を規律する」[16]。この「情報行

---

13) *Ulrich Stelkens*, § 35a Rn.56, in: *Paul Stelkens* u.a., VwVfG, 10.Aufl., 2023. 傍点原文斜字体，下線原文太字。

14) *Stelkens*, a.a.O.（Fn.13），Rn.4.

15) *Stelkens*, a.a.O.（Fn.13），Rn.4 Fn.6. ここで指示されるZiekowとEifertの論稿は，*Jan Ziekow*, Vom Verwaltungsverfahren über den Geschäftsprozess zum IT-Workflow, in: *Hermann Hill/Utz Schliesky*, Herausforderung e-Government, 2009, S. 81f., *Martin Eifert*, Electronic Government, 2006, S.142f. である。

政法と電子政府立法（E-Government-Gesetzgebung）は，行政（手続）法に対する，行政組織法的な（発見的）視角」をもたらす。この言明を敷衍して曰く，「行政手続法は行政における決定の過程に対し『個別化された』視点を持つ：行政手続法は，『大量の行政活動』を，官庁と各手続参加者との間の，相互に独立して存在するコミュニケーション関係の中に究極的には分配し，これらのコミュニケーション関係を，相互に並行する行政法関係へと個別化する。対して，電子政府立法ならびに情報行政法は，行政の作業過程の組織を総体的に視野に入れ，その結果として，行政組織法と行政手続法は，知識の組織および作業フローの組織に係る法（Recht der Wissenorganisation und der *Workfloworganisation*）へと融合する」[17]。

　要するに，Stelkens は，情報行政法という見方によって，「行政の作業過程の組織」全体を規律する法を（知識の組織および作業フローの組織に係る）組織規範として捉える[18]。この見方ゆえに，「行政の作業過程の組織」を規律する行手法35 a 条も，そうした組織規範の一種として捉えられることになるのである。

　以上で確認した Stelkens の見解からすれば，"全自動化行政行為（と目される行為）が行手法35 a 条（さらには行政処分の全自動化を規律する法規範一般）に違反した場合に，取消訴訟でそれが判断されるか，判断されるとしていかに判断されるか" という問題は，本書が扱ってきた問題（つまり，組織規範の裁判規範性の有無という問題，および，組織規範に違反した行為の帰結という問題）の現代的な展開であると捉えられることになる。

　このように捉えると，全自動化行政行為を取消訴訟において統制する際の議論に，本書が扱ってきた，組織規範の裁判規範性に関する議論・組織規範に違

---

16) *Ulrich Stelkens*, Verwaltung im wiedervereinigten Deutschland, Rn. 33, in: *Wolfgang Kahl/Markus Ludwigs*（Hrsg.），HVwR, Bd. I, 2021 傍点原文斜字体。

17) *Stelkens*, a.a.O.（Fn.16），Rn.34. 傍点原文斜字体。ただし，Stelkens は，本文で引いた箇所に続けて次のように述べており，こうした組織法に違反した行為の帰結にはそれほど関心を示さない。曰く，本文に引いた「この見方からすると，重要な位置を占めるのは，違法な行政活動の瑕疵の帰結に関する問題よりもむしろ，適法で……望ましく……良い決定が行われるように行政を予め『プログラム化』する可能性に関する問題である」（ebd., Rn.34）。

18) Stelkens の見解と全く同じというわけではないが，「情報加工過程全体を視野に入れた制度論・解釈論」としての「情報行政法」という見方は既に日本でも提示されていた（参照，山本隆司「事故・インシデント情報の収集・分析・公表に関する行政法上の問題（下）」ジュリ1311 号（2006）168 頁，184 頁）。

427

結章　解答の提示

反した行為の帰結に関する議論を応用する可能性が開かれる。現に，Stelkens
は，行手法 35 a 条に違反した行為の帰結を論じる際に，組織規範に違反した
行為の帰結に関する議論を応用している。すなわち曰く，「35 a 条の文言によ
れば，官庁は，法規定によって認められているときにのみ，完全に自動化され
た装置によって行政行為を発出することが『できる (kann)』とされている。
しかし，このことは，法規定の留保を遵守しなかった場合に，完全に自動化さ
れた装置によって発出された行政行為が，官庁への帰属が欠けることによって，
外観上の行政行為として扱われるべきものとなることを意味しない……。立法
者は，35 a 条を設けることによって，『完全に自動化された装置によって発出
される行政行為』がいかなる観点においても 35 条の意味における行政行為で
あることを明確にすることをも狙ったのであるから……，35 a 条の『できる』
は『許される (darf)』として読まれるべきである。したがって，35 a 条に違反
した『完全に自動化された装置によって発出された行政行為』は，異議手続お
よび取消訴訟によって取り消し得るのである」[19]。この主張は，組織規範が代
表力を制限するか否かの判断をその都度の行政組織法的な規定を解釈すること
によって行うという，第 2 章第 1 節第 4 款第 2 項 1 で見た Stelkens の見解を，
35 a 条に応用したものといえよう。

2　さらなる検討の必要性

ただし，“行政行為の全自動化を規律する法規範が組織規範であり，したが
って，本書の議論をそうした法規範の検討にも応用できる”という見立てに対
しては，次の 2 点の留保が必要である。

第 1 に，この見立ての可能性をもたらしたのは本項 1 で見たように Stel-
kens の見解であるところ，Stelkens の見解は当然に正当であるわけではない。
なぜなら，Stelkens 自身も意識しているように，行手法 35 a 条は手続法とし
て把握されることもある[20]からである。

第 2 に，仮に Stelkens の見解が正当であるとしても，行政処分の全自動化
の問題に対し，組織規範に関する本書の議論をそのまま適用できるわけではな
い。なぜなら，Stelkens が念頭に置く組織法は，「知識の組織および作業フロ

---

19) *Stelkens*, a.a.O. (Fn.13), Rn.55. 傍点原文太字。

428

一の組織に係る」法であって，本書が検討対象としてきた，そして日本・ドイツにおいてこれまで理解されてきた組織規範とは，異なるものであり得るからである（本書が本項1で検討したStelkensの見解を第1章・第2章の中で取り上げなかったのは，この事情による）。

　これら2点の留保の当否を検討することを含め，本書が扱った問題・議論と本項で述べた現代的な議論との接続可能性を検討することも，本書著者の今後の課題となる。

第3項　全自動化行政行為の争訟以外の場面における統制

　本款第2項で述べた争訟（特に取消訴訟）の場面における統制とは別に，争訟以外の場面における統制も重要である。

1　全自動化行政行為の民主的統制

　こうした統制のための制度の具体例を考えるために，山本隆司の見解を確認しよう。

　山本は，「行政手続で用いられるアルゴリズムの法的性質」について，「行政規則であり，行政手続法上の審査基準・処分基準等にも当たる」[21]と述べた後，次のようにアルゴリズムとその作動を統制する制度案を説明する。曰く，「一般の審査基準・処分基準等であれば，例外的に公にされない場合も含め，行政組織の内部における監督等のコミュニケーションにより，基準自体および基準の運用の適切性が点検される可能性がある。しかし，アルゴリズムとその作動に対しては，行政組織内部における一般のコミュニケーションの回路が当然には実効的に機能しない。そのため代替として，アルゴリズムとその作動を評価・監視するために固有の組織・手続を行政組織に設け，そこに専門家等が参加したり結果を公表したりするコミュニケーションの回路を制度化することが，

---

20)　*Stelkens*, a.a.O.（Fn.13），Rn.56 Fn.129は，自身の見解と異なる見解を採るものとして，OVG Münster BeckRS 2021, 38612 Rn.7, *Annette Guckelberger*, Automatisierte Verwaltungsent-scheidungen, DÖV, 2021, S.572, *Gerrit Hornung*, § 35a Rn.57, in: *Friedrich Schoch/Jens-Peter Schneider*, Verwaltungsrecht. VwVfG（Stand:2022），*Mario Martini/David Nink*, Subsumtion-sautomaten ante portas?, DVBl, 2018, S.1130f. をこの順番で引いている。このうち最後に挙げられた論稿は35 a条を明確に手続法として位置付けている。

21)　山本隆司「情報秩序としての行政過程の法問題」太田匡彦＝山本隆司編『行政法の基礎理論──複眼的考察』（日本評論社，2023）159頁，167頁〔初出2021〕。

429

結章　解答の提示

理論上も実際上も極めて重要な意味を持つ」[22]。山本は，この引用部の末尾に付された注で，具体的な組織・手続のあり方に関して別の論稿の参照を指示する[23]。指示された論稿では，「AIによる知識創出を監視・学習および補完するための人間の組織・手続は，権利利益の保護・実現を要請する法治国原理，および民主的正統化や参加を要請する民主政原理を満たさなければならない」[24]との条件が述べられた後，こうした条件を満たすための制度が具体的に検討されており[25]，その制度の一種として行手法35a条が取り上げられている[26]。

この山本の見解に見られるように，全自動化行政行為の争訟以外の場面における統制の問題は，行政活動の民主的統制の問題の一環として（も）捉えられることになる[27]。

2　民主的統制の前提問題としての帰属の問題

本書の見地から重要であるのは，"行政活動の民主的統制の問題を論じるためには，その前提として，ある行為が行政主体へと帰属し，当該行為が行政の行為として評価されることが必要となる"ということである[28]。このことからすれば，全自動化行政行為の民主的統制の問題を論じるためにも，全自動化行政行為と目される行為が，行政主体へと帰属し，当該行為が行政の行為として評価されることが必要となる。問題は，機関担当者の行為が介在していないように見えるにもかかわらず，全自動化行政行為が行政主体へと帰属する行為といえるか，という点にある。

この問題についてもドイツで議論の蓄積がある。先行研究[29]を参考にしつつドイツでの議論状況をごく簡単にまとめると，一方で，多くの論者は，機関担

22）山本・前掲注21）168頁。

23）山本・前掲注21）168頁注23。

24）山本・前掲注12）174頁。この条件と類似する条件は，同・前掲注21）164-165頁でも説明されている。

25）参照，山本・前掲注12）174-178頁。

26）参照，山本・前掲注12）177-178頁。

27）全自動化行政行為を民主的に統制する必要性については，須田守「全自動発布処分を追試する」法時91巻9号（2019）144頁，148-149頁も参照。

28）民主的統制の前提として行為の帰属が必要であることにつき，vgl., *Viktoria Herold*, Demokratische Legitimation automatisiert erlassener Verwaltungsakte, 2020, S.101, 180, 183.

29）参照，須田・前掲注12）8-9頁。1993年までの議論状況の整理として，vgl., *Ralf-Michael Polomski*, Der automatisierte Verwaltungsakt, 1993, S.75-82.

430

第3節　展望と現代的展開

当者が行政行為そのものを行っていないことを認めつつも,「自動化をなすこと自体の決定,またそのためのプログラムの導入決定に〔帰属の対象となる機関担当者の行為を〕前倒し」[30]して考えるといった理路によって,全自動化行政行為は,行政主体へと帰属する行為としての性格を持つとする[31]。他方で,Jan Ziekow は,「ソフトウェアの作動の仕方やソフトウェアが誤る可能性について判断するための固有の専門的能力が官庁には通常欠けていることに鑑みて,このような帰属の前倒しが,行政行為が存在するために求められる要請に対応しているのか」を疑い,この問いを「全く解明されていない問題」と評する[32]。もっとも,Ziekow も,この問題「に対して〔全自動化行政行為も行政へと帰属し行政行為であるとの〕判断を行うことが,まさに行手法35 a 条の機能である」[33]と述べる。要するに,Ziekow は,行手法35 a 条を,「行政行為性をめぐる問題の理論的な解決は迂回しつつ実定法上解決し,全自動化行政行為も行政行為であることを明示したものとみる」[34]のである。

　このように,ドイツでは,全自動化行政行為が行政主体へと帰属する行為としての性格を持つかという問題に対して,理論的には疑問の余地を認める論者も,実定法による立法的な解決が図られたと考えて,理論的な整理にそれほど立ち入っていない。対して,こうした実定法を（まだ）持たない日本[35]では,この問題に対する理論的な整理を行っておく必要がある。この理論的な整理を行う際には,ある行為が行政主体へと帰属するための条件はいかなるものかという問いを検討することが有益であろう。この問いは,本書が扱ってきた,組織規範が自然人の行為を行政主体へと帰属させるという性質を持つか否か（組織規範が自然人の行為を行政主体へと帰属させるための条件となるのか）という問題と,接続する部分がある。

　かくして,全自動化行政行為を民主的に統制するための前提問題たる行為の

---

30) 須田・前掲注12) 8 頁。

31) それぞれ根拠は異なるが, z.B. vgl., *Nadja Braun Binder*, Vollautomatisierte Verwaltungsverfahren im allgemeinen Verwaltungsverfahrensrecht?, NVwZ, 2016, S.963f., *Herlod*, a.a.O. (Fn.28), S.180-187.

32) Vgl., *Jan Ziekow*, Das Verwaltugnsverfahrensrecht in der Digitalisierung der Verwaltung, NVwZ, 2018, S.1171.

33) *Ziekow*, a.a.O. (Fn.32), S.1171.

34) 須田・前掲注12) 9 頁。

35) 参照, 原田・前掲注5) 267 頁。

結章　解答の提示

帰属の問題は，本書が扱ってきた，組織規範が自然人の行為を行政主体へと帰属させるという性質を持つか否かという問題の，現代的な展開であると捉えられることになる。

このように捉えると，全自動化行政行為を争訟以外の場面において統制する際の議論に，本書が扱ってきた，組織規範と帰属との結合に関する議論を応用する可能性が開かれる。現に，行政行為の自動化に関する古典的な論稿を著した Hans Peter Bull は，自動化された行政行為の帰属を論じる際に，Hans Julius Wolff の教授資格申請論文における議論を（部分的に）参照して検討を行っている[36]。

3　さらなる検討の必要性

ただし，"全自動化行政行為を争訟以外の場面において統制する際の議論に，本書が扱った，組織規範と帰属との結合に関する議論を応用できる"という見立てに対しても，次の留保が必要である。すなわち，"近時の議論は，全自動化行政行為の帰属を論じる際に，必ずしも組織規範や代表の理論から出発していないように見える[37]ため，本書の議論を応用できる範囲はそれほど広くない可能性がある[38]"という留保である（本書が全自動化行政行為の帰属の問題を第1章・第2章の中で取り上げなかったのは，この事情による）。

この留保の当否を検討することを含め，本書が扱った問題・議論と本項で述べた現代的な議論との接続可能性を検討することも，本書著者の今後の課題となる。

---

36) Vgl., *Hans Peter Bull*, Verwaltung durch Machinen, 2.Aufl., 1964, S.67 mit Fn.238.

37) Z.B. vgl., *Braun Binder*, a.a.O.（Fn.31），S.963f., *Ziekow*, a.a.O.（Fn.32），S.1171, *Herold*, a.a.O.（Fn.28），S.93-103.

38) 近時の議論を評価するためには，本書の議論を応用することよりも，むしろ，ある行為がある主体に帰属する条件をより広く検討するほうが優先されるべきかもしれない。こうした検討を行う *Alexander Hobusch*, Zurechnung im Recht, 2023（序章第2節注147）参照）は，全自動化行政行為を直接に扱うものではないが，全自動化行政行為に関する議論に対しても有益であるように思われる。

要　約

　本書は，行政法を構成する法規範の一種である「組織規範」が法規範としていかなる性質を持つか（つまり組織規範の法的性質）を検討するものである。

　本書は4つの章から構成される。序章において，問題を設定し，第1章・第2章において，この問題についてのドイツの議論を検討し，結章において，ドイツの議論を日本に導入できることを論証し，問題に対する一応の解答を与える。

　序章　問題の設定

　序章では，本書が解答を与えるべき問題を設定する。

　第1節　組織規範の法的性質と考察の視座

　行政法学は，法を対象とした考察をする営為，法を用いて行政を秩序付けようとする考察をする営為であり，そこで考察の対象・手段となっている各法の特質（その法が有している，他の法にはない性質）を解明することは行政法学の重要な課題である。本書は，この課題を遂行するべく，行政法を構成する法のうち，組織規範（行政機関の設立に関する定め，行政機関の所掌事務の定め，行政機関相互の関係を規律する定め）を対象として，組織規範が行政法を構成する他の法規範（特に行政作用法）と比較したときにいかなる特質を持つかを検討するものである（以上，第1款）。

　組織規範が他の法規範と比べていかなる特質を持つかという問いに答えるためには，組織規範と他の法規範とに共通する視座を設定し，その視座から，それぞれの法規範を検討・比較することが必要である。

　こうした視座に関する従来の議論を検討した結果，本書の関心に最も適合するのは，行政統制の手段として組織規範を考察する視座であるといえる。さらに，従来の行政法学では，他の法規範の性質が検討されるとき，"行政行為の取消訴訟において，法規範がはたして，またどのように有効に働くか（どのような紛争解決が与えられるか）"に着目されてきたことに鑑み，本書は，前記の視座をより特定された形に修正する。すなわち，本書は，"行政行為の取消訴訟

433

要　約

において，組織規範が，はたして，またどのように有効に働くか（どのような紛争解決が与えられるか）” という視座を設定する。

　組織規範の特質を明確にするためには，ある共通の視座から，組織規範と他の法規範の性質をそれぞれ確認・比較し，組織規範のみが有する性質であるかを検証するという作業を行うことが要請される。本書では，専ら筆者の能力の限界により，基本的に組織規範のみを対象とした考察を行えるに過ぎないが，その場合でも，他の法規範との比較を見据えた形で組織規範を考察することが要請される。この要請に鑑みると，これまで「組織規範の特質」とされてきた性質に注目し，組織規範はこの性質を持つか，この性質を持つことはいかなる理論構成によるか（その理論構成によれば他の法規範も当該性質を持つことにならないか），という観点からの検討を行うのが，比較のために便宜である。

　そして，前記のように，“行政行為の取消訴訟において，組織規範が，はたして，またどのように有効に働くか（どのような紛争解決が与えられるか）” という視座から考察するとき，裁判規範性を持つための条件（はたして）・裁判規範性を持つことの帰結（どのように有効に）に関わる問題の検討が要請されるといえる。日本の行政法学の議論からは，裁判規範性を持つための条件・裁判規範性を持つことの帰結のそれぞれに関わるものとして，「組織規範の特質」とされてきた性質を2つ挙げることができる。それは，組織規範は，①少なくともその一部は裁判規範性を持たない，②自然人の行為を行政主体へ帰属させる，という2つの性質である。

　ただし，②の性質については，それが裁判規範性を持つことの帰結に関わるかどうかという点も論争的であり，この点も検討の対象としなければならない。敷衍すれば，一方で，組織規範は自然人の行為を行政主体へと帰属させると理解する立場の中には，“行政の行為と目される行為が組織規範に違反した場合には，それは行政作用としては評価されないとの帰結が生じる” と考える見解もある。こう考えるとすれば，組織規範は，裁判の帰結において他の法規範との差異を示すものと把握され得ることになる。しかし他方で，組織規範は自然人の行為を行政主体へと帰属させると理解する立場の中にも，前記の帰結が生じるとは考えない見解もあるのである。

　以上を要するに，本書は，“組織規範は①・②の性質を持つか，①・②の性質を持つことはいかなる理論構成によるか，②の性質を持つことの帰結はいか

434

なるものか”という観点からの検討を行う（以上，第2款）。

第2節　問題の設定

第2節では，①・②の性質に関する従来の日本の議論を検討し，より具体的な問題を設定する。

①の性質については，次のように議論状況を整理できる。第1に，組織規範の少なくとも一部が取消訴訟において裁判規範性を持つことは認められている。しかし，第2に，組織規範が裁判規範性を持つための条件として，私人との関係で外部効果を持つことが必要か，必要であるとしてその外部効果とはいかなるものかについては，議論の必要性が残っている。第3に，裁判規範性を持つための条件として想定される外部効果（行政の義務付け，私人への権利の付与）を組織規範が有しているか否かも不明確である（以上，第1款）。

②の性質については，次のように議論状況を整理できる。第1に，②の性質を組織規範に与えない立場も与える立場もあり，また，②の性質を根拠規範にも与える立場もあるところ，いずれの立場もその根拠・理論構成が不明確である。第2に，仮に組織規範が②の性質を持つとすれば，“ある行為が組織規範に違反した場合，それは行政作用としては評価されない”との帰結が生じると考えることが自然である。しかし，行政行為を論じる文脈では，組織規範に違反したとしても（違法ではあるが）なお行政行為であると評価されている。そこで，組織規範に違反した行政行為（と目される行為）は，帰属を否定して行政行為ではないとするべきか，帰属を肯定し行政行為とした上で違法・無効とするべきか，という問題が浮上する。この問題を解決するためには，帰属の否定という事態にどのような意味が認められ，どのような概念で把握されるのかという問い（道具概念・認識概念のいずれの性格を持つのかという問いを含む）を検討して，帰属を肯定した上で違法・無効とすることとの差異を明らかにせねばならない（以上，第2款）。

以上の検討を踏まえ，本書は大きく分けて2つの問題を設定した。

第1に，組織規範は裁判規範性を持ち得るか。この問いは以下のように細分化できる。(i)ある法規範が取消訴訟における裁判規範性を持つためには，当該法規範が外部効果を持つことが必要か，必要であるとして，その外部効果の内実はいかなるものか。(ii-1)裁判規範性を持つための条件として法規範の外部

要　約

効果を要求し，かつ，外部効果の内実を，行政の義務付け・私人の権利利益の保護と考えるとして，組織規範はこれらの外部効果を持つか。(ⅱ-2)私人の権利利益を保護するとすれば，そこでの私人の権利利益はいかなるものか。

　第2に，行政行為と目される行為が組織規範に違反した際の帰結はいかなるものか。この問いは以下のように細分化できる。(ⅲ-1)自然人の行為を行政主体へと帰属させるという性質を，組織規範に結合させるか否か，組織規範のみならず根拠規範にも結合させるか，これらの選択を支える理由は何か。(ⅲ-2)組織規範のみに結合させるとして，すべての組織規範に結合させるか，一部の組織規範のみに結合させるか。これらの選択を支える理由は何か。(ⅲ-3)帰属の対象は，行為・法効果のいずれか。(ⅳ-1)すべてのまたは一部の組織規範が帰属と結合するとして，それに違反した際の帰結はいかなるものか。(ⅳ-2)帰属を否定することは，いかなる意味を持ち，いかなる概念によって把握されるか。

　本書の課題は，以上の第1・第2の問題に解答を与えるべく考察を行う際に，依拠できる思考モデルとしていかなるものがあり得るか，そのモデルを用いるといかなる解答を提示できるか，を示すことである。

　この課題を遂行するために，本書は，19世紀末から現在に至るまでのドイツの議論を参照するという方法を採る。参照の仕方を具体的にいえば，第1に，ドイツにおける議論を可能な限り網羅的に参照し，その主張・論証を相互に比較することで，ドイツの中での到達点たる議論を明らかにする。第2に，到達点たるドイツの議論について，その根拠が日本に妥当するのかという観点から，日本においてどこまで導入できるかを明らかにする（以上，第3款）。

第1章　組織規範の裁判規範性

　第1章では，序章第2節で設定した第1の問題に関するドイツの議論を検討する。

　第1節　裁判規範性を持つための条件

　第1節では，第1の問題のうち，"(ⅰ)ある法規範が取消訴訟における裁判規範性を持つためには，当該法規範が外部効果を持つことが必要か，必要であるとして，その外部効果の内実はいかなるものか"という問いに関するドイツの

436

議論を検討する。

　ドイツにおいては，組織規範が裁判規範として機能し得る局面は2つに分けられる。1つには，訴えの利益の存否・本案における違法性判断の局面であり（行政裁判所法42条2項・113条1項1文），もう1つには，民事訴訟・一般的確認訴訟との所管配分を行う局面である。後者の局面について敷衍すれば，"行政裁判所法42条1項は，行政行為の取消しを求めることができるとしているところ，一定の組織規範に違反する場合に行政主体への帰属が否定されると考えるときには，取消訴訟の対象たる「行政行為」が存在しないことになり，取消訴訟では争えなくなるのではないか"が問題となる局面である。これら2つの局面を分けつつ，(i)の問いについての検討の結果を記せば，次のとおりである。

　取消訴訟においてある法規範が違法性判断の基準となるためには，その法規範が外部効果を持つことが必要である。外部効果を持つことの必要性は，訴訟の所管配分の判断においてある法規範が裁判規範として用いられる場合についても同様に妥当する。

　外部効果には，行政の義務付けと私人への権利の付与とが考えられるところ，違法性判断の局面については，基本法19条4項等の体系決定等の根拠から，行政の義務付けと私人への権利の付与が必要である。これに対し，訴訟の所管配分の判断の局面については，基本法19条4項等の体系決定等の根拠が妥当しないこと等から，私人への権利の付与は不要であり，行政の義務付けだけで十分である。

　以上の条件を組織規範が満たすとき，組織規範は裁判規範性を持つことになる（以上，第1款・第2款）。

　　第2節　組織規範と外部効果
　第2節では，第1の問題のうち，"(ii-1)裁判規範性を持つための条件として法規範の外部効果を要求し，かつ，外部効果の内実を，行政の義務付け・私人の権利利益の保護と考えるとして，組織規範はこれらの外部効果を持つか。(ii-2)私人の権利利益を保護するとすれば，そこでの私人の権利利益はいかなるものか"という問いに関するドイツの議論を検討する。

　この検討を行うために，まず，組織規範を分類する。ドイツにおける標準的

437

要　約

な組織規範の分類を出発点とした上で，行政行為と目される行為が組織規範に
違反した局面を扱うという本書の問題設定，および，ドイツにおいて議論が行
われていないという実際上の理由から限定を加えると，本書が対象とする組織
規範は次の5つとなる。すなわち，①官庁の管轄規範，②官庁の所在地を定め
る規範，③官庁の行う行政行為に関し官庁間の同意手続を定める規範，④官庁
が独任制か合議制かを定める規範（内的構成規範），⑤官庁内で署名権を分配す
る規範，の5つである（以上，第1款）。

この5つのそれぞれにつき，外部効果の有無・内容，外部効果を認めるため
の根拠を検討したところ，いずれの組織規範についても何らかの形で外部効果
を認める議論が存在していることが明らかになった。具体的には，まず，①官
庁の管轄規範については，管轄を持つ官庁の行為を求める権利を私人に付与す
る外部効果が認められており，この外部効果を認めるための根拠として憲法原
理を利用するものが到達点として位置付けられることが明らかになった。次に，
②〜⑤については，何らかの形で外部効果を認める議論が存在していたものの，
総じて，裁判規範として用いられるために必要な外部効果の存在が説得的には
論証されていないことが明らかになった（以上，第2款から第4款）。

第2章　組織規範と帰属

第2章では，序章第2節で設定した第2の問題に関するドイツの議論を検討
する。

第1節　組織規範と帰属の結合

第1節では，第2の問題のうち，“(ⅲ-1)自然人の行為を行政主体へと帰属
させるという性質を，組織規範に結合させるか否か，組織規範のみならず根拠
規範にも結合させるか，これらの選択を支える理由は何か。(ⅲ-2)組織規範の
みに結合させるとして，すべての組織規範に結合させるか，一部の組織規範の
みに結合させるか。これらの選択を支える理由は何か。(ⅲ-3)帰属の対象は，
行為・法効果のいずれか”という問いに関するドイツの議論を検討する。

ドイツでは，行政主体に対しては，法効果のみならず行為も帰属させねばな
らないと考えられている（第1款）。

帰属の対象が法効果・行為のいずれであるにせよ，帰属を可能にする理論構

438

成が代表（Vertretung）である。そして，代表が生じるためには代表者の行為が代表力の範囲内であることが必要とされている。

代表は単一の法制度ではなく，行政主体の代表に特に関係するものとしては，機関性（Organschaft），代理（Stellvertretung），狭義の法的代表（Repräsentation），勤務法による代表（dienstrechtliche Vertretung）の4つの代表形態があり，どの代表形態によるかによって代表に関する要件・効果の詳細が異なる。特に重要であるのは，機関性においては，法効果の帰属のみならず行為の帰属が可能であるとされていること，組織規範が代表力を定めるという理解が採られていることである（以上，第2款）。

そして，ドイツでは，自然人による法人の代表（自然人から法人までの行為の帰属）を説明する際に機関性を採用する立場が到達点として位置付けられる（第3款）。

以上をまとめれば，組織規範は，次の4つの条件を満たした場合に，自然人の行為を行政主体へと帰属させるという性質を有することになる。すなわち，①帰属がなされるためには代表が必要であると考える，②代表が生じるためには代表者の行為が代表力の範囲内であることが必要であると考える，③機関性の特質として，帰効のみならず行為の帰属を可能にし，また，組織規範が代表力を定めるという理解を採る，④自然人から法人までの複数の帰属段階においていずれも機関性を採用する，という4つの条件である。

以上からすると，ある規範が自然人の行為を行政主体へと帰属させるという性質を持つか否かは，当該規範が代表力を定めているかによって決まることとなる。そこで，どの組織規範が自然人の行為を行政主体へと帰属させるという性質を持つかという問題は，どの組織規範が代表力を定めるのかという形で問題となる。

この問題については，ドイツでもなお十分に議論が蓄積していない。さしあたり，代表力を積極的に基礎付けるものとして①官庁の管轄規範・⑤官庁内で署名権を分配する規範が位置付けられ得ること，それ以外の組織規範，本書が取り上げているものでいえば，②官庁の所在地を定める規範・③官庁の行う行政行為に関し官庁間の同意手続を定める規範・④官庁が独任制か合議制かを定める規範（内的構成規範）が，代表力を限定するものとして位置付けられ得ること，は指摘できる。ただし，注意を要するのは，①官庁の管轄規範に関連し

439

要　約

て，代表力を規律するという性格を根拠規範にも認める見解が示されたこと，
③・④の規範に関連して，組織規範には分類されにくい「形式規範」（公務員の
意思表示を一定の文書形式に拠らせることを要求する法規範等）により代表力の制限
をする立場も示されていること，である（以上，第4款）。

　　　第2節　組織規範違反と行為の帰結
　本章第1節での整理からすると，行政行為と目される行為が組織規範に違反
した場合には，それがどの組織規範であっても，帰属が否定されることがあり
得ることになる。第2節では，序章で設定した第2の問題のうち，"(iv-1)す
べてのまたは一部の組織規範が帰属と結合するとして，それに違反した際の帰
結はいかなるものか。(iv-2)帰属を否定することは，いかなる意味を持ち，い
かなる概念によって把握されるか"という問いに関するドイツの議論を検討す
る。
　検討結果の概要は次のとおりである。
　第1。管轄規範を代表力を定めるものとして理解するとき，行政行為と目さ
れる行為が管轄規範に違反した場合の帰結としては，一方で，帰属を否定し行
政行為は無効であるとする立場があるが，他方で，帰属を肯定する立場もある。
帰属を肯定する立場には，①管轄の推定によるもの，②立法者の制裁余地によ
るもの，③ある自然人の行為が行政主体へと帰属するための条件について立法
者の選択自由を一定の前提の下で認めるもの，がある。しかし，②の立場は，
立法者の制裁余地を認めるための諸前提を満たしていないと考えられ，採用で
きない。①・③の立場はそれぞれ採り得るものであるが，いずれの立場からも，
帰属を否定することが裁判上いかなる意味を持つのかの検討が必要になり，そ
れに加え，③の立場からは，帰属が否定される場合にいかなる概念を用いるか
を検討する必要性が示された（以上，第1款）。
　第2。署名権を分配する規範を代表力を定めるものとして理解する論者も，
行政行為と目される行為がこの規範に違反した場合には，国家責任法の参照や
権利外観法理の利用によって帰属を肯定し得るという考え方を示す。しかし，
国家責任法を参照する見解については，なぜ国家責任法を参照せねばならない
のかが不明確であり，権利外観法理を利用する見解については，侵害的行政行
為についてもこの法理が利用されるか否かが不明確である。

第3。本章第1節での検討から，"その他の組織規範も代表力を制限するものであると考える余地があるため，これらの組織規範に違反した場合には帰属が否定されることがあり得る"ということが判明していた。しかし，これらの組織規範のうち少なくとも本書が取り上げているものについては，組織規範に違反した結果として行為の帰属を否定するという見解は見られなかった。そのため，今のところ，これらの組織規範は，代表力を制限するものであるとは理解されていないといえる（以上，第2款）。

以上より，組織規範と帰属とを結合させる立場において，行政行為と目される行為が組織規範に違反した場合の帰結を考察するためには，さらに，（iv-2）帰属を否定することは，いかなる意味を持ち，いかなる概念によって把握されるかを問う必要が生じる（第3款）。

帰属を否定することが持つ意味に関しては，訴訟法上・実体法上の意味に分けて様々に議論されている。訴訟法上の意味としては，①取消訴訟・無効確認訴訟の適法性の否定，②一般的確認訴訟を提起できること，が挙げられる。実体法上の意味としては，③当該行為が本来有するはずであった法効果が発生しないこと，④違法な行為によって生じた結果の除去を求める結果除去請求権が発生すること，⑤違法な行為から国家が無関係でいられるという，象徴的な平面における意義，⑥行政行為に関する諸規定の適用排除，が挙げられる。②・③が認められることには異論がないが，①・④・⑥を認めるか否かについては見解が分かれており，⑤については議論が進展していない。

帰属を否定することにはこうした意味が認められ得るが，では，帰属を否定することはいかなる概念で把握されるか。第1に，②・③・④の意味を認めるだけならば，帰属の否定という事態は行政行為の無効という事態と同じ意味しか持たないから，帰属の否定は行政行為の無効という概念で表現される。第2に，②・③・④に加えて，①・⑥の少なくとも一方の意味を認めるならば，帰属の否定という事態には無効と異なる解釈論上の意味があることになるため，無効とは別の道具概念（非（行政）行為・外観上の（行政）行為）で把握する必要が生じる。第3に，②・③・④に加えて⑤だけを認め，別の概念（非（行政）行為・外観上の（行政）行為）で把握したとしても，⑤の意味には解釈論上の意味がないから，その概念は認識概念にとどまる（以上，第4款）。

441

要　約

結章　解答の提示

　結章では，まず，第1章・第2章で検討したドイツの議論を日本にどの程度
導入できるかを検討した上で（第1節），序章で設定した第1・第2の問題に解
答を与える（第2節）。次に，当初の問題関心に対する展望を確認し，情報通信
技術の進展に伴って生じている問題と本書が扱ってきた問題が接続することを
説明し，今後の課題を提示する（第3節）。

　　第1節　日本への導入可能性

　第1・第2の問いに対するドイツの議論は，若干の修正を要するが，そのほ
とんどを日本法へと導入することが可能である。

　　第2節　解答

　そうすると，第1・第2の問いに対する解答は，次のようになる。

　第1の問い，すなわち「組織規範が裁判規範性を持ち得るか」という問いに
ついて。

　(ⅰ)取消訴訟が行政行為を対象とするものであること，行政行為の法規範違反
に対する帰結が外部関係で問題となることから，ある法規範が取消訴訟におけ
る裁判規範性を持つためには，当該法規範が外部効果を持つことが必要である。
外部効果の内実については，ある法規範が違法性判断基準となる場合と，ある
法規範が取消訴訟の対象である行政行為の存否の判断基準となる場合とで異な
る。前者の場合には，取消訴訟は個人の権利を保護する訴訟であるとの理解，
および，行訴法10条1項の解釈に関する議論状況からして，行政を義務付け，
私人に権利を付与することが必要であると解することが合理性を有する。後者
の場合には，取消訴訟は個人の権利を保護する訴訟であるとの理解からの要請
が及ばない等の理由から，行政を義務付けることが必要であるにとどまる。

　(ⅱ-1)組織規範のうち少なくとも官庁管轄規範については，(ⅱ-2)法治国原
理から導出される機関適性の原理を媒介として，行政を義務付け私人に権利
（管轄を持つ官庁の行為を求める権利）を付与する外部効果を持つといえる。

　第2の問題，すなわち，「行政行為と目される行為が組織規範に違反した際
の帰結はいかなるものか」という問いについて。

　(ⅲ-3)行政の概念・権限の自己遂行義務等の根拠により，行政主体に対して

442

は行為を帰属させることが必要である（なお，行為が帰属する結果として法効果も帰属する）。

（iii-1）一方で，①代表によって帰属が生じると考える，②代表の要件として行為が代表力の範囲内であることが必要であると考える，③代表形態のうち機関性の特質として，帰効のみならず帰属を可能にし，また，組織規範が代表力を定めるという理解を採る，④自然人から法人までの複数の帰属段階においていずれも機関性を採用する，という4つの条件を満たした場合に，組織規範と帰属とが結合する。他方で，これらの条件の1つでも満たされない場合には組織規範と帰属とが結合しない。日本では①から④の条件を満たすと考えられるため，組織規範と帰属とが結合する。これに対し，根拠規範にも帰属を結合させる理由は現時点では見出せないため，根拠規範と帰属とは結合しない。

（iii-2）組織規範と帰属とを結合させる場合，どの組織規範が帰属と結合するかは，ある組織規範が代表力を積極的に基礎付ける・あるいは限定する性格を持つか否かによって決まる。代表力を積極的に基礎付ける規範としては管轄規範が挙げられ，それ以外の組織規範は代表力を限定する性格を持ち得る。管轄規範以外の組織規範が代表力を限定する性格を持つか否かは，当該規定の解釈に依って判断される。

（iv-1）代表力を積極的に基礎付ける組織規範あるいは代表力を限定する組織規範に違反した場合，自然人の行為の行政主体への帰属が否定される。

（iv-2）帰属を否定することの訴訟法上・実体法上の意味については，次のようになる。①帰属が否定される行為に対して，取消訴訟・無効確認訴訟の提起が不適法であると考える可能性も認められるし，取消訴訟（および無効確認訴訟）の提起が適法であると考える可能性も認められる。②帰属が否定される行為に対して，行訴法36条に従い，処分不存在確認訴訟または実質的当事者訴訟のいずれかの提起が可能である（ただし，①につき取消訴訟（および無効確認訴訟）の提起が適法であると考える見解を採る場合においては，出訴期間内であれば，取消訴訟の提起だけを適法とすべきである）。③帰属が否定される場合，当該行為が帰属していれば発生していたであろう法効果は発生しない。④帰属が否定される場合にも，結果除去請求権が発生し得る。⑤帰属の否定という事態に無効とは異なる象徴的な意味を認める可能性がある。⑥帰属が否定される行為には，行政行為に関する実体法上の法的仕組みを適用しない可能性も認められるし，

これらの法的仕組みを（部分的に）類推適用する可能性も認められる。

　以上①から⑥のうち，③は認めてよい。それ以外の中で，①のうち取消訴訟・無効確認訴訟の適法性を否定するという意味，⑥のうち行政行為に関する実体法上の法的仕組みを（部分的には）適用しないという意味，の少なくとも一方を認めるとすれば，帰属の否定を把握する概念（非（行政）行為・外観上の（行政）行為）は道具概念としての性格を持つことになる。他方で，これら2つの意味のいずれも認めない，すなわち，行政行為の外観があれば取消訴訟（および無効確認訴訟）は適法に提起されると考え，また，行政行為に関する実体法上の法的仕組みが帰属が否定される行為にもすべて類推適用されると考えるとすれば，帰属の否定には無効と異なる解釈論上の意味は認められない。とはいえ，この場合に，⑤行政行為の無効とは異なる象徴的な差異があると理解して無効とは別の概念（非（行政）行為・外観上の（行政）行為）を立てて把握するか，③行為が帰属していれば発生したであろう法効果がないという点（および②・④の意味）のみに注目して無効で把握するか，の選択肢がある。前者の選択肢を選んだ場合でも，この別の概念は認識概念にとどまる。

　　第3節　展望と現代的展開

　前節で示した解答はあくまで暫定的なものに過ぎず，今後さらに修正の可能性・必要性がある（第1款）。

　もっとも，本書の作業からだけでも，組織規範と他の法規範の同異の解明という当初の関心に対する仮説を獲得できる。すなわち，組織規範は，①少なくともその一部は裁判規範性を持たないという性質を持つ可能性があるし，②自然人の行為を行政主体へ帰属させるという性質を持つといえる。しかし，第1に，①の性質についていえば，違法性判断基準にならないという意味での裁判規範性の欠如に注目すると，この事態は，"行政作用法に属する一部の法規範の中に，私人に権利を付与しているとはいえないものが存在し，その結果として当該規範は取消訴訟において違法性判断基準とならないという事態"と異ならないのではないか。第2に，②の性質についていえば，機関性を採る場合においても，組織規範に分類されるとは直ちにはいえない「形式規範」により代表力の制限をする立場が示されていた。この立場からすれば，自然人の行為を行政主体へと帰属させるという性質も組織規範に特有のものとはいえないので

444

はないか（以上，第2款）。

　しかし，このような仮説が獲得されたとしても，組織規範の取消訴訟における裁判規範性の有無の問題，組織規範に違反した行政行為の取消訴訟における帰結の問題が重要性を失うわけではない。むしろ，情報技術の進展に伴って，全自動化行政行為の争訟統制・非争訟統制が重要性を増しつつある中で，これらの問題は重要性を増している。具体的にいえば，全自動化行政行為の争訟統制においては，行政行為の全自動化を規律する法規範が統制基準として重要になるところ，こうした法規範を組織規範として捉える見解がドイツにおいて登場したことから，これらの問題は現代的な重要性を獲得しているといえる（以上，第3款）。

主要参照文献一覧

⑴ 日本語文献

有倉遼吉「行政法における代理の研究」同『公法における理念と現実』（多磨書店，1959）120頁以下〔初出 1945〕

安念潤司「取消訴訟における原告適格の構造（4・完）」国家 99 巻 7 = 8 号（1986）473 頁以下

飯田森「全自動行政行為の性質と課題⑴──ドイツ連邦行政手続法 35a 条をめぐる議論から」自研 100 巻 3 号（2024）126 頁以下

磯部力「行政システムの構造変化と行政法学の方法」小早川光郎 = 宇賀克也編『塩野宏先生古稀記念　行政法の発展と変革　上巻』（有斐閣，2001）47 頁以下

稲葉馨「行政組織法（論）の位置付けと方法──歴史的概観」同『行政組織の法理論』（弘文堂，1994）2 頁以下〔初出 1982〕

──「行政『組織法』の概念」同『行政組織の法理論』（弘文堂，1994）41 頁以下〔初出 1989〕

──「行政組織編成権論」同『行政組織の法理論』（弘文堂，1994）245 頁以下〔初出 1991〕

宇賀克也『行政法概説Ⅰ　行政法総論（第 8 版）』（有斐閣，2023）

──『行政法概説Ⅲ　行政組織法／公務員法／公物法（第 6 版）』（有斐閣，2024）

遠藤博也『実定行政法』（有斐閣，1989）

太田匡彦「行政指導」磯部力ほか編『行政法の新構想Ⅱ　行政作用・行政手続・行政情報法』（有斐閣，2008）161 頁以下

──「行政作用の認識または切り出しについて──現代の行政手法の把握のために」現代行政法講座編集委員会編『現代行政法講座Ⅰ　現代行政法の基礎理論』（日本評論社，2016）105頁以下

大橋洋一「行政手法から見た現代行政の変容」同『行政法学の構造的変革』（有斐閣，1996）3頁以下〔初出 1993〕

──「制度的留保理論の構造分析──行政組織の法定化に関する一考察」同『都市空間制御の法理論』（有斐閣，2008）264 頁以下〔初出 2000〕

──「新世紀の行政法理論──行政過程論を越えて」同『都市空間制御の法理論』（有斐閣，2008）326 頁以下〔初出 2001〕

──「制度変革期における行政法の理論と体系」同『都市空間制御の法理論』（有斐閣，2008）346 頁以下〔初出 2003〕

──「行政の自己制御と法」同『対話型行政法の開拓線』（有斐閣，2019）136 頁以下〔初出 2011〕

──『行政法Ⅰ　現代行政過程論（第 5 版）』（有斐閣，2023）

興津征雄『行政法Ⅰ　行政法総論』（新世社，2023）

兼子仁『行政法学』（岩波書店，1997）

川合敏樹「行政指導」小早川光郎 = 青栁馨編著『論点体系　判例行政法　1』（第一法規，2017）297 頁以下

神橋一彦「公権論における基本権の位置づけ──行政行為における憲法と法律の交錯──」同

『行政訴訟と権利論（新装版）』（信山社，2008）3頁以下〔初出 1994-1995〕

――『行政救済法（第 3 版）』（信山社，2023）

木藤茂「2 つの『行政機関』概念と行政責任の相関をめぐる一考察――行政組織法と行政救済法の『対話』のための 1 つの視点」行政法研究 2 号（2013）7 頁以下

小早川光郎「取消訴訟と実体法の観念」同『行政訴訟の構造分析』（東京大学出版会，1983）1 頁以下〔初出 1973〕

――「行政組織法と行政手続法」公法 50 号（1988）164 頁以下

――「行政内部手続と外部法関係」兼子仁＝磯部力編『手続法的行政法学の理論』（勁草書房，1995）99 頁以下

――『行政法　上』（弘文堂，1999）

――『行政法講義　下 I』（弘文堂，2002）

――『行政法講義　下 II』（弘文堂，2005）

――『行政法講義　下 III』（弘文堂，2007）

小林博志「ドイツ法と『行政庁』概念の展開」同『行政組織と行政訴訟』（成文堂，2000）3 頁以下〔初出 1981〕

斎藤誠「公法における機能的考察の意義と限界――『機関適性』に関する断章――」稲葉馨＝亘理格編『藤田宙靖博士東北大学退職記念　行政法の思考様式』（青林書院，2008）37 頁以下

佐々木惣一『日本行政法論　総論（改版）』（有斐閣，1924）

――「法律・命令と法規」公法雑誌 1 巻 1 号（1935）1 頁以下

笹田栄司「憲法学から見た行政事件訴訟法改正」民商 130 巻 6 号（2004）1047 頁以下

佐藤功『行政組織法（新版・増補）』（有斐閣，1986）

塩野宏「判批」法協 75 巻 4 号（1958）526 頁以下

――「資金交付行政の法律問題――資金交付行政と法律の根拠――」同『行政過程とその統制』（有斐閣，1989）35 頁以下〔初出 1964〕

――「行政指導――その法的側面――」同『行政過程とその統制』（有斐閣，1989）181 頁以下〔初出 1966〕

――「特殊法人に関する一考察――行政組織法的観点からみた――」同『行政組織法の諸問題』（有斐閣，1991）3 頁以下〔初出 1975〕

――「行政法概念の諸相――中核と周辺――」同『行政法概念の諸相』（有斐閣，2011）3 頁以下〔初出 2011〕

――『行政法 II　行政救済法（第 6 版）』（有斐閣，2019）

――『行政法 III　行政組織法（第 5 版）』（有斐閣，2021）

――『行政法 I　行政法総論（第 6 版補訂版）』（有斐閣，2024）

須田守「取消訴訟における『完全な審査』（4）」論叢 178 巻 5 号（2016）27 頁以下

――「処分全自動発布手続と調査義務」論叢 184 巻 4 号（2019）1 頁以下

芝池義一『行政法総論講義（第 4 版補訂版）』（有斐閣，2006）

高木光「32 条」高木光ほか『条解　行政手続法（第 2 版）』（弘文堂，2017）346 頁以下

高田篤「行政機関との関係における議会――行政統制を中心にして――」公法 72 号（2010）36 頁以下

田中二郎「行政行為の瑕疵——無効原因の一考察——」同『行政行為論』（有斐閣，1954）1
頁以下〔初出 1931〕

——「『法律による行政』の原理——行政に於ける法律の支配とその限界——」同『法律による行政の原理』（酒井書店，1954）1 頁以下〔初出 1938〕

——『行政法総論』（有斐閣，1957）

——『新版　行政法　上巻（全訂第 2 版）』（弘文堂，1974）

——『新版　行政法　中巻（全訂第 2 版）』（弘文堂，1976）

玉蟲由樹「人間の尊厳の『尊重』と『保護』」同『人間の尊厳保障の法理——人間の尊厳条項の規範的意義と動態』（尚学社，2013）96 頁以下〔初出 2011〕

中川丈久「行政活動の憲法上の位置付け——法律の留保論の多義性，およびアメリカ行政法における法律の留保について——」神戸法学年報 14 号（1998）125 頁以下

——「行政による新たな法的空間の創出——三者関係としての『統治システム』の視点から——」長谷部恭男ほか編『岩波講座　憲法 4　変容する統治システム』（岩波書店，2007）195 頁以下

——「行政法の体系における行政行為・行政処分の位置付け」高木光ほか編『阿部泰隆先生古稀記念　行政法学の未来に向けて』（有斐閣，2012）59 頁以下

——「行政手続法の整備——抜本的な見直しに向けて」行政法研究 30 号（2019）3 頁以下

中川丈久ほか「行政訴訟における訴えの利益（3・完）」自研 98 巻 1 号（2022）7 頁以下

仲野武志『公権力の行使概念の研究』（有斐閣，2007）

——「不可分利益の保護に関する行政法・民事法の比較分析」同『法治国原理と公法学の課題』（弘文堂，2018）151 頁以下〔初出 2013〕

中原茂樹『基本行政法（第 4 版）』（日本評論社，2024）

中村彌三次「内閣官制第 9 条に就て」公法雑誌 1 巻 2 号（1935）166 頁以下

長屋文裕「第 10 条」高橋滋ほか編『条解　行政事件訴訟法（第 5 版）』（弘文堂，2023）360 頁以下

西上治『機関争訟の「法律上の争訟」性』（有斐閣，2017）

沼本祐太「行政組織編成権の日独仏比較研究——行政各部編成論第一部——」行政法研究 37 号（2021）129 頁以下

野津務「国家機関ノ人格ヲ論ズ（2・完）」法協 39 巻 11 号（1921）1871 頁以下

野呂充「行政事件訴訟法における『法律上の利益』をめぐって」法と政治 72 巻 1 号（2021）475 頁以下

橋本博之「行政主体論に関する覚え書き——情報公開制度との関連で——」立教法学 60 号（2002）30 頁以下

原田大樹「法秩序・行為形式・法関係——書評：仲野武志『公権力の行使概念の研究』」同『公共制度設計の基礎理論』（弘文堂，2014）235 頁以下〔初出 2007〕

——「情報通信技術の展開と行政法」同『公共部門法の組織と手続』（東京大学出版会，2024）253 頁以下〔初出 2020〕

——「本書の問題意識」同『公共部門法の組織と手続』（東京大学出版会，2024）1 頁以下

平岡久「『法規』に関する若干の考察」同『行政立法と行政基準』（有斐閣，1995）109 頁以下〔初出 1984〕

主要参照文献一覧

藤田宙靖「行政と法」同『行政法の基礎理論　上巻』（有斐閣，2005）3 頁以下〔初出 1983〕

――「警察法 2 条の意義に関する若干の考察」同『行政法の基礎理論　上巻』（有斐閣，2005）351 頁以下〔初出 1988-1989〕

――『行政組織法（新版）』（良書普及会，2001）

――『新版　行政法総論（上）』（青林書院，2020）

――『行政組織法（第 2 版）』（有斐閣，2022）

藤谷武史「財政活動の実体法的把握のための覚書（1）」国家 119 巻 3 = 4 号（2006）127 頁以下

堀内健志『ドイツ「法律」概念の研究序説』（多賀出版，1984）

間田穆「ドイツにおける伝統的行政組織権理論の確立」名古屋大学法政論集 60 号（1973）52 頁以下

松戸浩「行政組織編成と立法・行政間の権限分配の原理（2）」法学 65 巻 3 号（2001）354 頁以下

――「行政組織と法律との関係（上）（下）――我国に於ける学説の検討」自研 78 巻 1 号（2002）89 頁以下，78 巻 4 号（2002）110 頁以下

――「組織法と作用法」髙木光 = 宇賀克也編『行政法の争点』（有斐閣，2014）18 頁以下

――「行政指導の法的根拠（1）」広島法学 29 巻 4 号（2006）1 頁以下

――「行政指導の法的根拠（3・完）」広島法学 30 巻 3 号（2007）47 頁以下

――「『行政主体』の多様化と裁判所による統制（1）」立教法学 95 号（2017）45 頁以下

――「外部法と内部法の『はざま』（上）」法時 95 巻 6 号（2023）87 頁以下

美濃部達吉「国家機関概説」法協 37 巻 4 号（1919）515 頁以下

――『日本行政法　上』（有斐閣，1936）

村上裕章「越権訴訟の性質に関する理論的考察」同『行政訴訟の基礎理論』（有斐閣，2007）102 頁以下〔初出 1989〕

村西良太「『独立命令』全面違憲論の批判的考察」行政法研究 26 号（2018）75 頁以下

森口繁治「国家の機関と其権限（1）（2・完）」論叢 15 巻 1 号（1926）1 頁以下，論叢 15 巻 3 号（1926）26 頁以下

森田寛二『行政機関と内閣府』（良書普及会，2000）

柳瀬良幹「行政行為の不存在」同『行政行為の瑕疵』（河出書房，1943）1 頁以下〔初出 1942〕

――「行政学と行政法学」公法 14 号（1956）108 頁以下

――「行政と行政法」同『元首と機関』（有斐閣，1969）247 頁以下〔初出 1958〕

山本隆司『行政上の主観法と法関係』（有斐閣，2000）

――「行政組織における法人」小早川光郎 = 宇賀克也編『塩野宏先生古稀記念　行政法の発展と変革　上巻』（有斐閣，2001）847 頁以下

――「行政の主体」磯部力ほか編『行政法の新構想 I　行政法の基礎理論』（有斐閣，2011）89 頁以下

――「現代における行政法学の体系」現代行政法講座編集委員会編『現代行政法講座 I　現代行政法の基礎理論』（日本評論社，2016）31 頁以下

――「行政の情報処理行為に適用される比例原則の意義と限界」大橋洋一 = 仲野武志編『髙木光先生退職記念論文集　法執行システムと行政訴訟』（弘文堂，2020）155 頁以下

――「情報秩序としての行政過程の法問題」太田匡彦＝山本隆司編『行政法の基礎理論――複眼的考察』（日本評論社，2023）159頁以下〔初出2021〕

(2) ドイツ語文献

Adami, Rainer, Zuständigkeit, Unzuständigkeit und Unzuständigkeitsfolgen in der staatlichen Verwaltungsorganisation, Diss, 1971

Baedeker, Hans Jürgen, Die Organisationsgewalt im Bund und der Vorbehalt des Gesetzes, Diss, 1969

Baumeister, Peter, Der Beseitigungsanspruch als Fehlerfolge des rechtswidrigen Verwaltungsakts, 2006

Berger, Ariane, Staatseigenschaft gemischtwirtschaftlicher Unternehmen, 2006

Berroth, Rudolf, Die Vertretung der Gemeinde nach außen, Diss, 1964

Braun Binder, Nadja, Vollautomatisierte Verwaltungsverfahren im allgemeinen Verwaltungsverfahrensrecht, NVwZ, 2016, S.960ff.

Blunk, Andreas/Schroeder, Hans-Patrick, Rechtsschutz gegen Scheinverwaltungsakte, JuS, 2005, S.602ff.

Bertram, Hans-Bodo, Behördliche und gemeindliche Organisationsakte und ihre Einordnung in das Rechtsschutzsystem, Diss, 1971

Bettermann, Karl August, Die Legitimation zur verwaltungsgerichtlichen Anfechtung Nach österreichschem und deutschem Recht, in: *Hans W. Fasching/Winfried Kralik* (Hrsg.), Festschrift für Hans Schima zum 75.Geburtstag, 1969, S.71ff.

Bickelhaupt, Werner, Die Praxis der Organisationsbestimmung im deutschen Recht, Diss, 1958

Böckenförde, Ernst-Wolfgang, Organ, Organisation, Juristische Person, in: *Christian-Friedrich Menger* (Hrsg.), Festschrift für Hans J. Wolff zum 75.Geburtstag, 1973, S.269ff.

――Die Organisationsgewalt im Bereich der Regierung, 2.Aufl., 1998

Brunner, Georg, Der Selbsteintritt der höheren Behörde, DÖV, 1969, S.773ff.

Bumke, Christian, Relative Rechtswidrigkeit, 2004

――Verwaltungsakte, in: *Andreas Voßkuhle* u.a. (Hrsg.), GVwR, Bd. II, 3.Aufl., 2022, S.513ff.

Bundesministerium des Innern (Hrsg.), Musterentwurf eines Verwaltungsverfahrensgesetzes (EVwVerfG 1963), 1964

Burckhardt, Walther, Die Organisation der Rechtsgemeinschaft, 1.Aufl., 1927

Burgi, Martin, Verwaltungsorganisationsrecht, in: *Dirk Ehlers/Hermann Pünder* (Hrsg.), Allgemeines Verwaltungsrecht, 16. Aufl., 2022, S.348ff.

Dreier, Ralf, Organlehre, in: *Herman Kunst* u.a. (Hrsg.), Evangelisches Staatslexikon, 1.Aufl., 1966, S.1423ff.

Ehlers, Dirk, Die Lehre von der Teilrechtsfähigkeit juristischer Personen des öffentlichen Rechts und die Ultra-vires-Doktrin des öffentlichen Rechts, 2000

――Rechtsfragen der Exitenz, der Wirksamkeit und der Bestandkraft von Verwaltungsakten, in: *Walter Krebs* (Hrsg.), Liber amicorum Hans-Uwe Erichsen, 2004, S.1ff.

Eibert, Reinhard, Die formelle Rechtswidrigkeit von Verwaltungsakten, Diss, 1978

Erichsen, Hans-Uwe, Der Innenrechtsstreit, in: *ders,* u.a. (Hrsg.), Festschrift für Christian-Friedrich Menger zum 70. Geburtstag, 1985, S.211ff.

——Allgemeine Handlungsfreiheit, in: *Josef Isensee/Paul Kirchhof* (Hrsg.), HStR, Bd. Ⅵ, 2. Aufl., 2001, S.1185ff.

Eyermann, Erich, Unzuständigkeit des Staatsorgans, BayVBl, 1933, S.113ff.

Eyermann, Erich u.a., VwGO, 9.Aufl., 1988

Fleiner, Fritz, Institutionen des Deutschen Verwaltungsrechts, 8.Aufl., 1928

Frischmann, Otto/Weingart, Olaf, Zur selbständigen Anfechtbarkeit behördlicher Mitwirkungsakte, DÖV, 1962, S.721ff.

Friauf, Karl Heinrich, Die behördliche Zustimmung zu Verwaltungsakten anderer Behörden, DÖV, 1961, S.666ff.

Fügemann, Malte W., Zuständigkeit als organisationsrechtliche Kategorie, 2004

Gerhardt, Michael, Vorb § 113, in: *Friedrich Schoch* u.a. (Hrsg.), VwGO Kommentar (Stand: 1997)

Giacometti, Zaccaria, Allgemeine Lehren des rechtsstaatlichen Verwaltungsrechts, Bd.1, 1960

Gierke, Otto, Die Genossenschaftstheorie und die deutsche Rechtsprechung, 1887

Gräf, Manuel, Subjektive öffentliche Verfahrensrechte unter dem Einfluss des Unionsrechts, 2020

Groschupf, Otto, Wie entscheidet das Verwaltungsgericht, wenn das Verwaltungsverfahren fehlerhaft war?, DVBl, 1962, S.627ff.

Groß, Thomas, Das Kollegialprinzip in der Verwaltungsorganisation, 1999

——Von der Kontrolle der Polizei zur Kontrolle des Gesetzgebers, DÖV, 2006, S.856ff.

——Die Verwaltungsorganisation als Teil der Staatsorganisation, in: *Andreas Voßkuhle* u.a. (Hrsg.), GVwR, Bd. Ⅰ, 3.Aufl., 2022, S.1115ff.

Guttenberg, Ulrich, Weisungsbefugnisse und Selbsteintritt, 1992

Haenel, Albert, Das Gesetz im formellen und materiellen Sinne, 1888

Heinze, Christian, Das Zusammenwirken von Behörden beim Erlaß von Verwaltungsakten, DÖV, 1967, S.33ff.

Herfritz, Hans, Die Vertretung der Städte und Landgemeinden nach außen in dem Gemeinderecht der östlichen Provinzen Preußens, 1916

Herold, Viktoria, Demokratische Legitimation automatisiert erlassener Verwaltungsakte, 2020

Hill, Hermann, Das fehlerhafte Verfahren und seine Folgen im Verwaltungsrecht, 1986

Hobusch, Alexander, Zurechnung im Recht, 2023

Hong, Mathias, Der Menschenwürdegehalt der Grundrechte, 2019

Horn, Thomas J., Das organisationsrechtliche Mandat, NVwZ, 1986, S.808ff.

Huber, Ernst Rudolf, Wirtschaftsverwaltungsrecht, Bd.2, 2.Aufl., 1954

Hufeld, Ulrich, Die Vertretung der Behörde, 2003

Hufen, Friedhelm/Siegel, Thorsten, Fehler im Verwaltungsverfahren, 7.Aufl., 2021

Huwar, Gerhard, Der Erlaß von Rechts- und Verwaltungsverordnungen durch den Bundespräsidenten, 1967

Jellinek, Georg, Gesetz und Verordnung, 1887

——System der subjektiven öffentlichen Rechte, 2.Aufl., 1905

Jellinek, Walter, Der fehlerhafte Staatsakt und seine Wirkungen, 1908

Jesch, Dietrich, Gesetz und Verwaltung, 1961

Jestaedt, Matthias, Grundbegriffe des Verwaltungsorganisationsrechts, in: *Andreas Voßkuhle* u. a. (Hrsg.), GVwR, Bd. I , 3.Aufl., 2022, S.1179ff.

Kaup, Wolfgang, Das subjektive Recht der regelrecht zuständigen Behörde auf den selbsteintrittsfreien Funktionsbereich, BayVBl, 1990, S.193ff.

Kelsen, Hans, Hauptprobleme der Staatslehre, 2.Aufl., 1923

——Allgemeine Staatslehre, 1925

Kersten, Jens, Das Verwaltungsverfahrensgesetz im Spiegel der Rechtsprechung der Jahre 2004–2012, DV, 2013, S.87ff.

Kleindiek, Detlef, Deliktshaftung und juristische Person, 1997

Kluckert, Sebastian, Zuwendung und Gesetz, 2018

Köbner, Hans Erich, Staatsakt und Zuständigkeit, Diss, 1935

Koehler, Alexander, Verwaltungsgerichtsordnung vom 21. Januar 1960, 1960

Kohl, Georg, Die Organisationsgewalt in Württemberg, Diss, 1933

Köpfler, Alexander, Die Bedeutung von Art.2 Abs.1 Grundgesetz im Verwaltungsprozess, 2008

Kopp, Ferdinand Otto, Rechtsnatur der Aufhebung oder Verlegung von Verwaltungsbehörden, DÖV, 1965, S.267ff.

——VwVfG, 1.Aufl., 1976

Kormann, Karl, System der rechtsgeschäftlichen Staatsakte, 1910

Krause, Peter, Rechtsformen des Verwaltungshandelns, 1974

Krebs, Walter, Subjektiver Rechtsschutz und objektive Rechtskontrolle, in: *Hans-Uwe Erichsen* u.a (Hrsg.), Festschrift für Christian-Friedrich Menger zum 70.Geburtstag, 1985, S.191ff.

——Verwaltungsorganisation, in: *Josef Isensee/Paul Kirchhof* (Hrsg.), HStR, Bd. III, 2.Aufl., 1996, S.567ff.

Krüger, Herbert, Allgemeine Staatslehre, 2.Aufl., 1966

Kübler, Jürgen, Die Zeichnunsbefugnis im Verwaltungsrecht, Diss, 1974

Laband, Paul, Zum zweiten Buch des Entwurfs eines bürgerlichen Gesetzbuches für das Detsche Reich. I .Abschmitt. Titel 1 bis 3, ACP, 1888, S.161ff.

——Das Staatsrecht des Deutschen Reiches, Bd. II , 5.Aufl., 1911

Ladenburger, Clemens, Verfahrensfehlerfolgen im französischen und im deutschen Verwaltungsrecht, 1999

Loeser, Roman, System des Verwaltungsrechts, Bd.2, 1994

Lorenz, Dieter, Der Rechtsschutz des Bürgers und die Rechtsweggarantie, 1973

Martens, Claudius, Die Rechtsnatur der Organisationsverordnung, Diss, 1930

Marsch, Nikolaus, § 43, in: *Friedrich Schoch/Jens-Peter Schneider* (Hrsg.), VwGO (Stand: 2023)

Marx, Gregor, Das Herbeiführen der Spruchreife im Verwaltungsprozeß, 1996

Maurer, Hartmut/Waldhoff, Christian, Allgemeines Verwaltungsrecht, 21.Aufl., 2024

Mayer, Otto, Deutsches Verwaltungsrecht, Bd. I , 3.Aufl., 1924

Meyer, Georg/Anschütz, Gerhard, Lehrbuch des deutschen Staatsrechts, 7.Aufl., 1919

Münkler, Laura, Der Nichtakt, 2015

Mußgnug, Reinhard, Das Recht auf den gesetzlichen Verwaltungsbeamten?, 1970

Obermayer, Klaus, Die Übertragung von Hoheitsbefugnissen im Bereich der Verwaltungsbehörden, JZ, 1956, S.625ff.

——Das Bundesverfassungsgericht und der Vorbehalt des Gesetzes, DVBl, 1959, S.354ff.

——Allgemeines Verwaltungsrecht, in: *Johann Mang* u.a. (Hrsg.), Staats- und Verwaltungsrecht in Bayern, 4.Aufl., 1975, S.123ff.

Ohler, Christoph, Der institutionelle Vorbehalt des Gesetzes, AöR, Bd.131, 2006, S.336ff.

Ossenbühl, Fritz, Verwaltungsvorschriften und Grundgesetz, 1968

Pollmann, Hans, Repräsentation und Organschaft, 1969

Preuß, Hugo, Über Organpersönlichkeiten, Schmollers Jahb, 1902, S.103ff.

——Stellvertretung oder Organschaft?, Jherings Jahb, 1902, S.429ff.

Ramsauer, Ulrich/Schlatmann, Arno, § 12, in: *Ferdinand Otto Kopp/Ulrich Ramsauer,* VwVfG, 24.Aufl., 2023

Rasch, Ernst, Die Festlegung und Veränderung staatlicher Zuständigkeiten, DÖV, 1957, S. 337ff.

——Die staatliche Verwaltungsorganisation, 1967

——Bemerkungen zur Rechtsnatur organisatorischer Maßnahmen, DVBl, 1983, S.617ff.

Reinhardt, Thorsten, Delegation und Mandat im im öffenlichen Recht, 2006

Remmert, Barbara, Private Dienstleistungen in staatlichen Verwaltungsverfahren, 2003

Richter, Lutz, Die Organisationsgewalt, 1926

Riese, Kai-Uwe, Vorb § 113, § 113 in: *Friedrich Schoch* u.a. (Hrsg.), VwGO Kommentar (Stand:2023)

Rosin, Heinrich, Das Polizeiverordnungsrecht in Preußen, 2.Aufl., 1895

Rupp, Hans Heinrich, Bemerkungen zum verfahrensfehlerhaften Verwaltungsakt, in: *Güntter Püttner* (Hrsg.), Festschrift für Otto Bachof zum 70.Geburtstag, 1984, S.151ff.

——Grundfragen der heutigen Verwaltungsrechtslehre, 2.Aufl., 1991

Sachs, Michael, Zur formellen Rechtswidrigkeit von Verwaltungsakten, VerwArch, Bd.97, 2006, S.573ff.

——Verfahrensfehler im Verwaltungsverfahren, in: *Wolfgang Hoffmann-Riem* u.a. (Hrsg.), GVwR, Bd.II, 2.Aufl., 2012, S.799ff.

—— § 44, § 45, § 46, in: *Paul Stelkens* u.a. VwVfG, 10.Aufl., 2023

Schenke, Wolf-Rüdiger, Delegation und Mandat im Öffenlichen Recht, VerwArch, Bd.68, 1977, S.118ff.

——Art.19 Abs.4, in: *Wolfgang Kahl* u.a. (Hrsg.), BK (Stand:2009)

——Anh § 42, § 42, § 43 in: *Ferdinand Otto Kopp/Wolf-Rüdiger Schenke,* VwGO, 29.Aufl.,

2023

Schmidt, Franz, Die Errichtung und Einrichtung der Staatsbehörden nach preußischem Recht, Diss, 1905

Schmidt-Aßmann, Eberhard, Die Lehre von den Rechtsformen des Verwaltungshandelns, DVBl, 1989, S.533ff.

——Das Verwaltungsverfahren und seine Folgen, in: *ders*, Aufgaben und Perspektiven verwaltungsrechtlicher Forschung, 2006, S. 177ff. [Erstveröffentlichung zusammen mit *Hannes Krämer*, 1993]

——Verwaltungsrechtliche Dogmatik, 2013

——Art.19 Abs.4, in: *Theodor Maunz/Günter Dürig* (Hrsg.), GG (Stand:2023)

Schmitz, Heribert, § 12, in: *Paul Stelkens* u.a. (Hrsg.), VwVfG, 10.Aufl., 2023

Schnapp, Friedrich Eberhard, Amtsrecht und Beamtenrecht, 1977

——Ausgewählte Probleme des öffentlichen Organisationsrechts, Jura, 1980, S.293ff.

——Dogmatische Überlegungen zu einer Theorie des Organisationsrechts, AöR, Bd.105, 1980, S.243ff.

——Grundbegriffe des öffentlichen Organisationsrechts, Jura, 1980, S.68ff.

Schwabe, Jürgen, Zum organisationsrechtlichen Mandat, DVBl, 1974, S.69ff.

——Innenrecht und Außenrecht, JA, 1975, S.45ff.

Schwan, Eggert, Zuständigkeitsregelungen und Vorbehalt des Gesetzes, Diss, 1971

Schween, Jürgen, Handlungs- und Rechtsschutzformbestimmung bei Regelungen der institutionellen Behördenorganisation, Diss, 1991

Seer, Roman, Verständigungen in Steuerverfahren, 1996

Sennekamp, Christoph, VwGO § 42, in: *Michael Fehling* u.a. (Hrsg.), Verwaltungsrecht : VwVfG VwGO Nebengesetze Handkommentar, 5.Aufl., 2021

Stelkens, Ulrich, Verwaltungsprivatrecht, 2005

——Verwaltung im wiedervereinigten Deutschland, in: *Wolfgang Kahl/Markus Ludwigs* (Hrsg.), HVwR, Bd. I , 2021, S.195ff.

——§ 35, § 35a, in: *Paul Stelkens* u.a., VwVfG, 10.Aufl., 2023

Stettner, Rupert, Grundfragen einer Kompetenzlehre, 1983

Thoma, Richard, Der Vorbehalt der Legislative und das Prinzip der Gesetzmäßigkeit von Verwaltung und Rechtsprechung, in: *Gerhard Anschütz/Richard Thoma* (Hrsg.), Handbuch des deutschen Staatsrechts, Bd.2, 1932, S.221ff.

Triepel, Heinrich, Delegation und Mandat im öffentlichen Recht, 1942

Ule, Carl Hermann/Laubinger, Hans-Werner, VwVfG, 4.Aufl.,1995

Wahl, Rainer, Stellvertretung im Verfassungsrecht, 1971

——Vorb § 42 Abs.2, in: *Friedrich Schoch* u.a. (Hrsg.), VwGO Kommentar (Stand:2023)

Wahl, Rainer/Schütz, Peter, § 42 Abs.2, in: *Friedrich Schoch* u.a. (Hrsg.), VwGO Kommentar (Stand:2023)

Will, Martin/Rathgeber, Christian, Die Nichtigkeit von Verwaltungsakten gem. § 44 VwVfG, JuS, 2012, S.1057ff.

主要参照文献一覧

Wolff, Hans Julius, Juristische Person und Staatsperson, 1933

——Theorie der Vertretung, 1934

——Verwaltungsrecht Ⅱ, 1.Aufl., 1962

——Verwaltungsrecht Ⅱ, 2.Aufl., 1967

——Verwaltungsrecht Ⅱ, 3.Aufl., 1970

Wolff, Hans Julius/Bachof, Otto, Verwaltungsrecht Ⅰ, 9.Aufl., 1974

——Verwaltungsrecht Ⅱ, 4.Aufl., 1976

Woywod, Uwe, Der mehrstufige Verwaltungsakt, Diss, 1968

Ziekow, Jan, Das Verwaltugnsverfahrensrecht in der Disitalisierung der Verwaltung, NVwZ, 2018, S.1169ff.

事項索引

A～Z

AI‥‥‥‥‥‥‥‥‥‥‥‥‥‥‥‥‥‥‥‥‥‥‥‥‥‥*423～*

Delegation‥‥‥‥‥‥‥‥‥‥*140, 205-206*

Dürfen‥‥‥‥‥‥‥‥‥‥‥‥‥‥‥*195, 224*

Können‥‥‥‥‥‥‥‥‥‥‥‥‥‥‥*195, 224*

Mandat‥‥‥‥‥‥‥‥‥‥‥‥‥‥*119, 202～*

　官庁間――‥‥‥‥‥‥‥‥‥‥‥‥‥‥‥‥*207*

　官庁内――‥‥‥‥‥‥‥‥‥‥‥*119, 202～*

あ 行

一体的考察‥‥‥‥‥‥‥‥‥‥‥‥‥‥‥‥‥*281*

一般的確認訴訟‥‥‥‥‥‥‥‥*80, 364-366*

　――の補充性‥‥‥‥‥‥‥‥‥‥*364-366*

一般的自由権‥‥‥*44-45, 89～, 167-169, 187-189*

違法（Rechtswidrigkeit）‥‥‥‥‥*80, 337～*

違法性連関（Rechtswidrigkeitszusam-

　menhang）‥‥‥‥‥‥‥‥‥‥‥‥‥*87-89*

　実体権との――‥‥‥‥‥‥‥‥‥*95-97*

か 行

管　轄‥‥‥*32-33, 42, 120～　→管轄規範も参照*

　――の推定‥‥‥‥‥‥‥‥‥*330-331, 414*

　階級――‥‥‥‥‥‥*123, 154～, 165, 174～*

　機能的――‥‥‥‥*123, 166-167, 228, 354*

　所轄――‥‥‥‥‥‥*123, 159-161, 164*

　事項的――‥‥‥‥‥‥‥‥‥‥‥‥‥‥*123*

　土地――‥‥‥‥‥‥‥‥‥‥*123, 145-146*

管轄規範‥‥‥‥‥*32-33, 62-63, 116-117, 120～,

　313～, 324～, 385, 393　→管轄も参照*

官庁（日本の）‥‥‥‥‥‥‥‥*26, 115, 384*

　合議制――‥‥‥‥‥‥‥‥‥‥‥‥‥‥‥*26*

　独任制――‥‥‥‥‥‥‥‥‥‥‥‥‥‥‥*26*

官庁（ドイツの）‥‥‥‥‥‥‥‥*114-115*

　合議制――‥‥‥‥‥‥‥‥‥‥‥*116, 200*

　独任制――‥‥‥‥‥‥‥‥‥‥‥*116, 200*

　一人――‥‥‥‥‥‥‥‥‥‥‥‥‥‥‥*115*

官庁指導者‥‥‥*203, 207, 213, 226-227, 283-284*

官庁指導部‥‥‥‥‥‥*115, 200-201, 203, 209,

　216-217, 226～*

官庁間の同意手続規範

　‥‥*116-117, 194～, 320-321, 350, 386-387, 393*

官吏関係‥‥‥‥‥‥‥*288-289, 302～, 357*

　→基礎にある法関係も参照

外観上の（行政）行為‥‥‥*333, 346, 349, 358～*

概　念‥‥‥‥‥‥‥‥‥‥‥‥‥‥‥‥‥‥‥*68～*

　――の性格‥‥‥‥‥‥‥*70, 361, 372, 413*

　道具――‥‥‥‥‥‥‥‥*70, 361, 372, 413*

　認識――‥‥‥‥‥‥‥‥*70, 361, 372, 413*

外部効果‥‥‥‥‥‥‥‥‥‥*32～, 82～, 374～*

　――の内実‥‥‥‥‥‥‥‥‥‥*38～, 106～*

　――の判断方法‥‥‥‥‥‥‥‥*101～, 108*

外部法‥‥‥‥‥‥‥‥‥‥‥‥‥‥‥‥‥‥‥‥*83*

外部法留保‥‥‥‥‥‥‥‥‥‥‥‥‥*110-111*

機関‥‥‥‥‥‥‥‥‥*251, 259, 263～, 274*

機関性‥‥‥‥‥‥*254, 257-258, 263～, 388～*

機関担当者‥‥‥‥‥‥*221, 251, 274～, 289～*

　狭義の――‥‥‥‥‥‥‥‥‥‥‥*221, 289～*

　広義の――‥‥‥‥‥‥‥‥‥‥‥*221, 289～*

機関担当者関係‥‥‥*288-289, 292-293, 296, 302-

　303*

機関適性（の原理）‥‥‥‥‥‥‥*183-184, 386*

帰　効‥‥‥*255～, 277-278, 309　→帰属も参照*

基礎にある法関係‥‥‥‥‥‥‥‥*288-289, 302～*

帰　属‥‥*27, 49～, 247～, 387～, 428, 430-432*

　――の対象‥‥‥‥‥‥‥*58-60, 255-257, 277-278,

　309-310, 387～*

　――の段階（連鎖）‥‥‥‥‥*274, 281, 293, 296*

　規範的主観的――‥‥‥‥‥‥‥‥‥‥*248～*

　周縁的――‥‥‥‥‥‥‥‥‥‥‥‥*249-251*

　中心的――‥‥‥‥‥‥‥‥‥‥*249-250, 254*

勤務法による代表‥‥‥‥‥*258, 296, 301～*

行　政‥‥‥‥‥‥‥‥‥‥‥‥‥‥*51-52, 256*

行政行為‥‥‥‥‥‥‥‥‥*26, 80, 107, 362*

　――の通知‥‥‥‥‥‥‥‥‥‥‥*107-108*

　――の名宛人‥‥‥‥‥‥‥‥‥‥‥‥‥*26*

　――の無効‥‥‥‥‥*66-68, 325, 327, 330-331,

　333-334, 349, 358～*

　――の不存在‥‥‥‥‥‥‥‥‥*66-67, 399*

　→処分不存在確認訴訟も参照

行政作用法　→作用法，根拠規範

行政作用法（藤田宙靖）‥‥‥‥‥‥*15-17*

行政指導‥‥‥‥‥‥‥‥‥‥*60-62, 411-412*

行政主体‥‥‥‥‥‥‥‥‥‥‥‥‥*254-255*

事 項 索 引

行政事件訴訟法 10 条 1 項……*34, 44〜, 383-384*
行政組織………*14-16, 148-149*　→組織も参照
　——の構成原理………………………*14〜*
行政組織編成権………………*12-13, 48, 109-111*
行政組織法　→組織法，組織規範
行政組織法（藤田宙靖）………………*15-17*
行政組織法定主義　→行政組織編成権
行政単位………………………………*113, 301〜*
行政統制…………………………………*15〜, 21*
　——における機能の仕方…………*19, 22〜*
行政内部規定の形式…………*33, 38, 103-104,*
　203-204, 215, 219, 244
形式的違法性論………………………*98-100*
結果除去請求権………………………*367-368, 410*
権限（Kompetenz）………*121-122, 256, 269,*
　314-316
　——の自己遂行義務……………*256, 387-388*
権限規範（田中二郎・藤田宙靖）………*50, 52*
権限規範（ドイツ）……………*121-122, 313〜*
権能（Befugnis）………………*120〜, 314-316*
憲法原理…………………………*17-19, 169〜, 385*
　→権力分立原理，法治国原理，民主政原理も
　参照
権利外観法理…………*322, 353-354, 356-357*
　→忍容代表力，表見代表力も参照
権力分立原理……………………*178-180, 386*
原告適格……………………………*44-47, 401〜*
　行政事件訴訟法 36 条の——…………*401〜*
行為規範…………………………*16-17, 25, 422*
「抗告訴訟の排他的管轄」……………*404-405*
公務員法………*4*　→勤務法による代表も参照
国家責任法………………………………*351-352*
国家賠償請求訴訟………………………*29, 69*
　→国家責任法も参照
根拠規範………………*5, 8〜, 53-55, 316, 386,*
　393-394, 419　→作用法も参照

さ 行

裁判規範（性）…………………………*16-17, 35*
　——の条件………………………*27, 72-73*
　——の帰結………………………*27, 72-73*
作用法………*2, 5, 8-9*　→根拠規範も参照
職（Amt）………*259, 273-274, 295-296*
職務遂行義務……………………………*297〜*

職務担当者　→機関担当者
職務担当者関係　→機関担当者関係
所在地規範……*116-117, 191〜, 321, 350, 386, 393*
署名権を分配する規範………*117, 202〜, 317〜,*
　350〜, 384
処分不存在確認訴訟……………………*399〜*
信頼保護……*218, 224. 231-232, 330-331, 354, 420*
事案の成熟性導出義務…………………*100-101*
自己介入………………*154〜, 163, 165, 174-176*
実効的権利保護……………*363, 398, 408-409*
事　務……………………………………*314-315*
重要事項留保説………*12*　→本質性理論も参照
情報行政法………………………………*426-427*
制裁余地…………………………………*335〜*
責　任……………………………*29, 356-358*
全自動化行政行為………………………*424〜*
組　織…………*148, 252〜, 266〜, 297〜*
　→行政組織も参照
組織間手続………………*33-34, 39-41, 48, 63, 67*
　→官庁間の同意手続規範も参照
組織行為………………………………*117-119*
組織措置　→組織行為
組織法………*1, 4-5, 234-235*　→組織規範も参照
組織規範………*1〜*　　→組織法も参照
　——の外部効果…………*42〜, 112〜, 384〜*
　——の裁判規範性…*27, 31〜, 79〜, 374〜, 427*
　——の実体法実現機能…………………*136〜*
　——の定義………………*4, 113-114*
　——の特質………………*26-27, 422-423*
　——の分類……………………*49, 112〜*
　——の法規性……………………………*12*
　——の法的性質……………………*1〜*
　——の保護規範性………………*47-49*
　——を考察する視座……………………*7〜*
訴訟の所管配分…………………………*80*

た 行

代表（Vertretung）…*216〜, 257〜, 388〜, 432*
　狭義の法的——………………*258, 263*
　広義の——………………………*258〜*
代表形態……………………*258, 260, 262*
　→機関代表，勤務法による代表，代理も参照
代表権能（Vertretungsbefugnis）…*239, 260,*
　278, 314

代表力（Vertretungsmacht）……*216～, 260,*
278, 310, 312～, 330-331, 345～
──の濫用…………………………*345～*
忍容──………………*322, 353-354*
表見──………………*322, 353-354*
代　理………………*258, 263～, 293～*
代理人………………*221, 274, 294～*
取消訴訟…………………*26, 422-423*
──の適法性………………………*361～*

な　行

名宛人理論……………………*89～, 168-170*
→一般的自由権も参照
内的構成規範………*116-117, 321, 350, 387, 393*
内部法……………………………………*83*
人間の道具化……………*301, 303, 308, 310-311*
任務（Aufgabe/Aufgaben）………*120～, 315*

は　行

非（行政）行為……………*327～, 333, 358～*
→外観上の（行政）行為も参照
不浸透性理論……………………………*81, 83*
不存在　→行政行為の不存在
分節的考察………………………………*281*
分配（Zuweisung）………………*150-151*
──規範………………*121, 144, 151*
法化要請………………*169, 172, 175, 226～*

法人（論）………………*59-60, 248～, 263～*
（法）人格…………………………………*248*
被代表者の──………………*259, 281-282*
法命題…………………………………*81～*
法治国原理…………*18, 170～, 224～, 385-386*
法　律……………………………*22, 81*
形式的──………………………………*81*
実質的──………………………………*81*
二重──概念……………………………*81*
法律形式の内部法命題……*84-85, 180, 196, 227,*
229　→形式的法律も参照
法律執行請求権………………*90, 92-94*
法律による行政の原理…………………*13-14*
形式的意味における──………*56-58*
法律の留保………………………*8～, 110-111*
保護規範（説）……………………*44～, 168*
本質性理論
………*110, 185～*　→重要事項留保説も参照

ま　行

民主政原理……*18, 177～, 234, 237, 239, 241, 385*
無　効　→行政行為の無効
無効確認訴訟…………………………*361～*

ら　行

立法の形式………………………*33, 38, 103*

人名索引

日　本

稲葉馨···················53
太田匡彦··················69
大橋洋一··················19
興津征雄·········· 61-62, 411-412
川合敏樹··················69
木藤茂···················29
小早川光郎········· 30, 33-34, 38-39, 42, 46, 48
佐々木惣一···············47, 400
佐藤功··················14-15
塩野宏···· 20, 31-33, 35〜, 45, 50-51, 55〜, 60〜, 405-406
髙木光···················69
田中二郎········· 8, 32, 35-38, 50, 63
中川丈久···············18, 404-405
仲野武志·················381-382
中村彌三次···············390-391
野津務···················393
野呂充···················45
長谷部恭男···············389-390
平岡久···················35
藤田宙靖········· 15-17, 51-52, 65-66
藤谷武史·················3-4
松戸浩················9-12, 59-60
美濃部達吉············ 390, 392-393
森口繁治·················390-392
森田寛二·················58-59
柳瀬良幹···············51, 64-65
山本隆司·················429-430

スイス・ドイツ

Rainer Adami···············147〜
Hans Jürgen Baedeker ········137〜, 201-202, 216〜, 320
Ariane Berger···············306〜
Werner Bickelhaupt ········· 132-134, 200
Andreas Blunk···············362〜
Ernst-Wolfgang Böckenförde···· 83-84, 135-137
Georg Brunner···············154〜
Hans Peter Bull···············432

Christian Bumke ············· 337-339
Walther Burckhardt ·············55
Dirk Ehlers ················ 338
Hans-Uwe Erichsen ···········297〜
Erich Eyermann ············· 327-330
Karl Heinrich Friauf ········· 195-197
Otto Frischmann················197
Zaccaria Giacometti ···········56-58
Ulrich Guttenberg ······· 92-94, 173〜, 226〜
Christian Heinze ············ 197-198
Ulrich Hufeld ·········· 177〜, 232〜, 319
Gerhard Huwar ·············· 211-213
Georg Jellinek ··········· 124, 127-128
Dietrich Jesch················56-57
Hans Kelsen ·············· 249, 277
Jens Kersten ··············· 368-369
Hans Erich Köbner ············ 325-326
Ferdinand Otto Kopp ············ 192
Karl Kormann ·················195
Peter Krause ·················256
Herbert Krüger ············· 171, 179
Jürgen Kübler ·········· 220〜, 290〜, 351-353
Paul Laband ···············124〜
Clemens Ladenburger················96
Laura Münkler ······· 256, 356-358, 371-372
Reinhard Mußgnug·············159〜
Klaus Obermayer············· 134-135, 192, 208
Hugo Preuß ···············263〜
Ernst Rasch ···143〜, 201, 209-210, 313-314, 350
Christian Rathgeber ··········· 370-371
Gerhard Reifenrath·············218
Thorsten Reinhardt ··········· 180〜, 227-229
Barbara Remmert ··········· 256, 301〜
Lutz Richter ··················132
Hans Heinrich Rupp ·············83, 189
Michael Sachs·············· 99-100
Wolf-Rüdiger Schenke ········· 140-143
Franz Schmidt ·············· 129-131
Eberhard Schmidt-Aßmann ······ 96-97, 340-341
Friedrich Eberhard Schnapp ······· 166〜, 335〜
Hans-Patrick Schroeder ·········362〜
Jürgen Schwabe ···············177

459

Eggert Schwan ·································· *170~*
Jürgen Schween ························· *192-194*
Roman Seer ································ *229~, 319*
Ulrich Stelkens ············· *242~, 320~, 344~,*
   353-354, 426~
Rupert Stettner ······························· *185~*
Richard Thoma ································ *56-57*
Heinrich Triepel ···························· *204~*

Rainer Wahl ································· *213-214*
Olaf Weingart ·································· *197*
Martin Will ································ *370-371*
Hans Julius Wolff ············· *59, 114, 221, 247~,*
   288-290, 314-317, 330-331
Uwe Woywod ······························· *198-199*
Jan Ziekow ································· *431*

著者紹介　　　船渡　康平（ふなと　こうへい）

1992 年　岐阜県生まれ
2015 年　東京大学法学部卒業
2017 年　東京大学大学院法学政治学研究科法曹養成専攻修了
同　　年　東京大学大学院法学政治学研究科　助教
2020 年　信州大学学術研究院（社会科学系）准教授，現在に至る。

行政法における組織規範の法的性質
Die Rechtsnatur der Organisationsnormen im Verwaltungsrecht

2025 年 3 月 10 日　初版第 1 刷発行

著　者　船渡康平

発行者　江草貞治

発行所　株式会社有斐閣

　　　　〒 101-0051 東京都千代田区神田神保町 2-17

　　　　https://www.yuhikaku.co.jp/

印　刷　精文堂印刷株式会社

製　本　牧製本印刷株式会社

装丁印刷　株式会社亨有堂印刷所

落丁・乱丁本はお取替えいたします。定価はカバーに表示してあります。
©2025, Kohei, Funato
Printed in Japan. ISBN 978-4-641-22837-5

本書のコピー，スキャン，デジタル化等の無断複製は著作権法上での例外を除き禁じられています。本書を代行業者等の第三者に依頼してスキャンやデジタル化することは，たとえ個人や家庭内の利用でも著作権法違反です。

JCOPY　本書の無断複写（コピー）は，著作権法上での例外を除き，禁じられています。複写される場合は，そのつど事前に，（一社）出版者著作権管理機構（電話 03-5244-5088，FAX03-5244-5089，e-mail:info@jcopy.or.jp）の許諾を得てください。